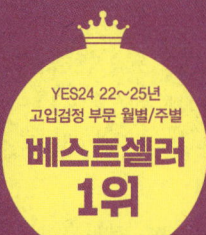

EBS
교육방송교재

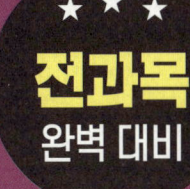

★ ★ ★
전과목
완벽 대비

검스타트
검정고시
**2026
최신판**
중졸 기출문제집

국어 · 수학 · 영어 · 사회 · 과학 · 도덕

최신 5개년(2021~2025) 기출문제 All 수록!

검스타트 고득점 합격 로드맵

기출이 답이다
최신 기출문제
+ 무료 강의

연습은 실전처럼
온라인 모의고사
+ 상세 해설

빈틈 없는 마무리
시험장에서 보는
5분 정리집

빠른 결과 확인
가답안 문자 예약
+ 자동 채점

시험 안내

중졸 검정고시는 부득이한 이유로 정규 중학교 과정을 마치지 못한 사람들을 대상으로 실시하는 국가 자격시험으로, 중졸 검정고시에 합격한 자는 중학교를 졸업한 자와 동등한 자격을 인정받습니다.

※ 자세한 사항은 각 시·도별 공고문을 참고하십시오.

1 시행 기관

- 시·도 교육청 : 시행 공고, 원서 교부 및 접수, 시험 실시, 채점, 합격자 발표
- 한국교육과정평가원(KICE) : 문제 출제, 인쇄 및 배포

2 시험 일정*

구분	공고 기간	접수 기간	시험일	합격자 발표
제1회	1월 말 ~ 2월 초	2월 초 ~ 중순	4월 초·중순	5월 초·중순
제2회	5월 말 ~ 6월 초	6월 초 ~ 중순	8월 초·중순	8월 하순

※ 상기 일정은 시·도 교육청 협의에 따라 변경될 수 있습니다. 반드시 해당 시험 공고문을 참조하세요.

3 시험 과목 및 시간표

구분	1교시	2교시	3교시	4교시	중식	5교시	6교시
시간	09:00~ 09:40	10:00~ 10:40	11:00~ 11:40	12:00~ 12:30	중식 12:30~ 13:30	13:40~ 14:10	14:30~ 15:00
	40분	40분	40분	30분		30분	30분
시험 과목	국어	수학	영어	사회		과학	선택 과목

※ 필수 과목 : 국어, 수학, 영어, 사회, 과학(이상 5과목)
※ 6교시 선택 과목은 '도덕, 기술·가정, 체육, 음악, 미술, 정보' 중 1과목(총 6과목 응시)
※ 유의 사항 : 1교시 응시자는 시험 당일 08:40분까지, 2~6교시 응시자는 해당 과목 시험 시간 10분 전까지 지정 시험실에 입실하여야 합니다.

4 출제 형식 및 배점

- 문항 형식 : 객관식 4지 택 1형
- 출제 문항 수 및 배점

구분	문항 수	배점
중졸	각 과목별 25문항(단, 수학은 20문항)	각 과목별 1문항당 4점(단, 수학은 1문항당 5점)

5 **합격자 결정 및 취소**

- 전과목 합격 ➡ 100점 만점 기준으로 결시 없이 평균 60점 이상 취득한 자(과락제 폐지)
- 과목 합격 ➡ 과목당 60점 이상 취득 과목
- 합격 취소 ➡ 응시 자격에 결격이 있는 자, 제출 서류를 위조 또는 변조한 자, 부정행위자

6 **응시 자격 및 제한**

◆ 응시자격 및 응시과목

응시자격	응시과목
초등학교 졸업자 및 이와 동등 이상의 학력이 있는 자	• 국어, 수학, 영어, 사회, 과학 【필수 : 5과목】 • 도덕, 기술 · 가정, 체육, 음악, 미술, 정보 【선택 : 1과목】
초등학교 졸업학력 검정고시 합격자	
초 · 중등교육법 시행령 제29조의 규정에 의하여 학적이 정원외로 관리되는 자	
보호소년 등의 처우에 관한 법률 시행령 제69조 제2호에 해당하는 자	
3년제 고등공민학교 및 중학교에 준하는 각종학교의 졸업자 또는 졸업예정자	국어, 수학, 영어 【총 3과목】
'92.9.3 이전 사회교육법 시행령 제7조 제1항의 규정에 의한 중학교 교육과정에 상응하는 사회교육 과정을 이수한 자	
만 18세 이후에 평생교육법 제23조 제2항에 따라 평가 인정한 학습과정 중 고시과목에 관련된 과정을 교육부장관이 정하는 바에 따라 과목당 90시간 이상 이수한 자	국어, 수학, 영어 【3과목】 + 미이수 과목

◆ 응시 자격 제한
- 중학교 또는 초 · 중등교육법 시행령 제97조 제1항 제2호의 학교를 졸업한 자 또는 재학 중인 자 (휴학 중인 자 포함)
- 공고일 이후 초등학교 졸업자
- 공고일 이후 '제1호'의 학교에 재학 중 학적이 정원외로 관리되는 자
- 고시에 관하여 부정행위를 한 자로서 2년이 경과되지 아니한 자

7 **제출 서류**

- 검정고시 응시원서(소정서식) 1부
- 사진(최근 3개월 이내 촬영한 탈모 상반신 3.5㎝×4.5㎝) 2매
- 최종학력증명서 1부(아래에 해당서류 중 한 가지)
  - 초졸 검정고시 합격자 : 초졸 검정고시 합격증서 사본(원본 지참)
  - 중학교 정원외 관리자 : 중학교 정원외 관리증명서(유예증명서 아님)
  - 중학교 면제자 : 중학교 면제증명서
  - 중학교 제적자(의무교육이전) : 중학교 제적증명서
  - 초등학교 졸업 후 상급학교 미진학자 : 검정고시용 초등학교 졸업증명서, 미진학사실확인서
    ※ 졸업증명서는 반드시 검정고시용으로 제출하여야 함
  - 귀국자 : 귀국자 학력 인정 및 제출서류 내용에 따름
- 과목 면제자 : 과목합격증명서, 평생학습이력증명서(해당자에 한함)
- 장애인등록증 사본 또는 복지카드 사본(원본 제시) 1부(장애인으로 등록되어 있는 자에 한함)

8 출제 수준, 세부 출제 기준 및 방향

◆ 출제 수준
- 중학교 졸업 정도의 지식과 그 응용 능력을 측정할 수 있는 수준

◆ 세부 출제 기준 및 방향
- 2015 개정 교육과정에서 출제
- 각 교과의 검정(또는 인정) 교과서를 출제 범위에 활용
  - 가급적 최소 3종 이상의 교과서에서 공통으로 다루고 있는 내용으로 출제
    (단, 국어와 영어의 경우 교과서 외의 지문 활용 가능)
- 문제은행(기출문항 포함) 출제 방식을 학교 급별로 차등 적용
  - 초졸 : 50% 내외, 중졸 : 30% 내외, 고졸 : 적용하지 않음.
  - 출제 비율은 과목에 따라서 달라질 수 있음.
- 출제 난이도 : 최근 5년간 평균 합격률을 고려하여 적정 난이도 유지
- 중졸 검정고시의 '사회' 과목에 역사(한국사만 출제, 세계사 제외)를 포함하여 출제

9 응시자 시험 당일 준비물

◆ 중졸 및 고졸

> **(필수) 수험표, 신분증, 컴퓨터용 수성사인펜**
> (선택) 아날로그 손목시계, 수정 테이프, 도시락

※ 수험표 분실자는 응시원서에 부착한 동일한 사진 1매를 지참하고 시험 당일 08시 20분까지 해당 고사장 시험 본부에서 수험표를 재교부 받을 수 있다.

※ 시험 당일 고사장에는 차량을 주차할 수 없으므로 대중교통을 이용해야 한다.

검정고시 온라인 원서 접수, 이렇게 해요!

※ 사전 준비 : 본인의 '공동인증서' 발급 받기

1. 온라인 접수 기간에 시·도 교육청의 검정고시 서비스 사이트에 접속

http://kged.sen.go.kr

2. 검정고시 전체 서비스 메인 화면에서, 화면 왼쪽의 검정고시 온라인 접수 클릭

3. 왼편의 검정고시 온라인 접수에서 해당하는 '시·도 교육청'을 선택하여 이동

4. 상단의 〈온라인 원서 접수〉 메뉴에서 본인이 희망하는 자격의 검정고시 선택
   ☞ 해당 자격의 원서 접수하기 버튼을 클릭하면 '온라인 원서 접수 페이지'로 이동

5. 성명과 주민등록번호(또는 외국인등록번호)를 입력하고, 원서 접수 허위 사실 기재에 관한 안내 및 서약서와 개인식별번호 처리 동의에 체크(✔)한 뒤, 인증서 로그인 을 클릭한 후 본인의 공동 인증서를 통해 로그인

6. 응시자 정보 ➡ 학력 과목 정보 ➡ 고사장 선택 ➡ 접수 완료 순으로 작성

   (1) 응시자 정보에서 본인의 기본 신상 정보와 검정고시 응시 기본 정보를 입력한 후 저장 버튼을 클릭하여 저장 (*표시는 필수 입력 항목으로, 미입력 시 다음 순서로 진행되지 않음) ➡ 다음 버튼 클릭
       • 사진 파일은 100kb 크기 미만의 jpg와 gif 파일만 저장 가능

   (2) 학력 과목 정보에서 응시자 본인의 학력 정보와 과목 응시 정보를 등록, 관련된 서류를 첨부한 후 저장 버튼을 클릭하여 저장 ➡ 다음 버튼 클릭

   (3) 고사장 선택에서 금회차의 고사장이 조회되며, 고사장별 수용 인원이 도달할 때까지 응시자가 신청할 수 있음 ➡ 다음 버튼 클릭
       ※ 고사장을 변경할 시에는 상단의 〈원서 조회〉 메뉴에서 '3. 고사장 선택 입력 단계 화면'에서 수정

   (4) 접수 완료에서 이전 단계에서 등록했던 주요 항목을 다시 한번 확인한 후, 제출 버튼을 클릭하여, 최종적으로 원서 제출
       ※ 입력을 완료하였으나 제출을 하지 않을 경우 오프라인으로 재접수를 해야만 응시 가능
       ※ 제출 완료한 응시원서에 수정이 필요한 경우, 〈수정후제출〉 버튼을 클릭하여 수정

7. 상단의 〈원서 조회〉 메뉴를 통해 본인이 응시한 검정고시 원서 조회 가능(공동인증서로 로그인)

8. 상단의 〈수험표 출력〉 메뉴에서 수험표 출력 가능(해당 자격의 수험표 출력하기 버튼 클릭)
   ※ 식별이 가능하도록 가급적 컬러프린터로 출력하여 시험 당일 소지할 것

이 책의 구성과 특징

1 최근 5개년 기출문제(2021~2025년)

- "2021년 1회차 시험부터 2025년 2회차 시험까지" 기출문제 총 10회분을 수록하였습니다.
- 필수 5과목(국어 · 수학 · 영어 · 사회 · 과학)과 선택 1과목(도덕)으로 구성되어 있습니다.

2 친절하고 상세한 해설

- 정답이 왜 정답인지, 오답이 왜 오답인지를 정확하게 알 수 있도록 명쾌한 해설을 수록하였습니다.
- 중요하거나 이해가 잘 안될 수 있는 부분은 콕콕! 더 상세한 해설을 수록하였습니다.

3 최근 5개년 기출분석

∧ 출제 경향 분석

최근 5개년 기출 경향을 면밀하게 분석하여 단원별 출제 빈도를 한눈에 알 수 있도록 그래프로 제시하였습니다.

1 중졸 국어

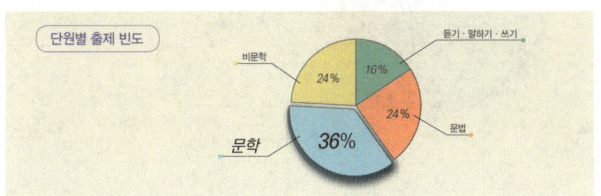

단원별 출제 빈도

- 듣기·말하기·쓰기 16%
- 문법 24%
- 문학 36%
- 비문학 24%

■ 최근 출제 경향

최근 기출문제 유형과 내용을 바탕으로 중학교 교과 과정 내 핵심 개념과 지문이 추가로 포함된 형태로 출제되고 있습니다. 특히 **문학 영역**에서는 교과서에 수록된 작품이나 유사한 형태의 지문이 제시되어 작품의 주제나 인물의 심리, 표현 기법 등을 정확히 파악해야 하는 문제들이 출제되고 있습니다. **비문학 영역**에서는 설명문·논설문·안내문 등의 실용 지문을 중심으로 중심 생각 파악, 문단 구조 분석, 표현 방식 이해 등 지문을 해석하고 적용하는 사고력 문제가 증가하는 경향을 보이고 있습니다. 또한 **문법과 쓰기 영역**에서는 핵심 개념 정리와 정확한 개념 이해를 바탕으로, 실제 문장에 적용해 보는 능력을 요구하는 문항이 포함되고 있습니다.

2 중졸 수학

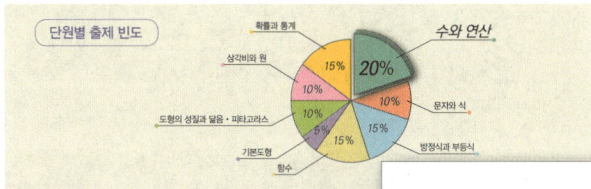

단원별 출제 빈도

- 수와 연산 20%
- 문자와 식 10%
- 방정식과 부등식 15%
- 함수 15%
- 기본도형 5%
- 도형의 성질과 닮음·피타고라스 10%
- 삼각비와 원 10%
- 확률과 통계 15%

4 실전대비 OMR 답안지 수록

- 실전 대비용으로 활용할 수 있도록 OMR 답안지를 기출문제 뒤편에 수록하였습니다.
- 실제 시험장에서처럼 컴퓨터용 수성사인펜을 사용하여 미리 활용해보시기 바랍니다.

중학교 졸업학력 검정고시 답안지

성 명 (한 글)	

수 험 번 호						
(1)						
(2)	⓪ ⓪ ⓪ ⓪ ⓪ ⓪					
	① ① ① ① ① ①					
	② ② ② ② ② ②					
	③ ③ ③ ③ ③ ③					
	④ ④ ④ ④ ④ ④					
	⑤ ⑤ ⑤ ⑤ ⑤ ⑤					
	⑥ ⑥ ⑥ ⑥ ⑥ ⑥					
	⑦ ⑦ ⑦ ⑦ ⑦ ⑦					
	⑧ ⑧ ⑧ ⑧ ⑧ ⑧					
	⑨ ⑨ ⑨ ⑨ ⑨ ⑨					

교시	과 목 명	표기란
1		○
2		○
3		○
4		○
5		○
6		○
7		○

문항	답 란	문항	답 란	문항	답 란
1	① ② ③ ④	11	① ② ③ ④	21	① ② ③ ④
2	① ② ③ ④	12	① ② ③ ④	22	① ② ③ ④
3	① ② ③ ④	13	① ② ③ ④	23	① ② ③ ④
4	① ② ③ ④	14	① ② ③ ④	24	① ② ③ ④
5	① ② ③ ④	15	① ② ③ ④	25	① ② ③ ④
6	① ② ③ ④	16	① ② ③ ④		
7	① ② ③ ④	17	① ② ③ ④		
8	① ② ③ ④	18	① ② ③ ④		
9	① ② ③ ④	19	① ② ③ ④		
10	① ② ③ ④	20	① ② ③ ④		

※ 성명, 수험번호, 과목명 확인 후 감독관 날인

감독관 확인란	

※ 응시자는 표기하지 마시오.

결시자 표기란	○

답안지 작성요령

1. 답안지 작성은 반드시 컴퓨터용 수성사인펜을 사용하여 다음 보기와 같이 표기합니다.
   (보기) 정상 답안 표기: ● 무효 처리 답안 표기: ⊗ ⊙ ○ ◐ ⊘
2. 성명은 한글로 기재합니다.
3. 수험번호 (1)란은 아라비아 숫자를 쓰고, (2)란은 해당번호에 ● 표기 합니다.
4. 과목명 받은 해당교시 과목명을 한글로 기재하고 ● 표기 합니다.
5. 답안지에 낙서를 하거나 긁거나 구기면 안 됩니다.
6. 수정액(수정스티커)을 사용하거나 2개 이상 표기한 문항은 무효 처리 됩니다.

✂

1 중졸 국어

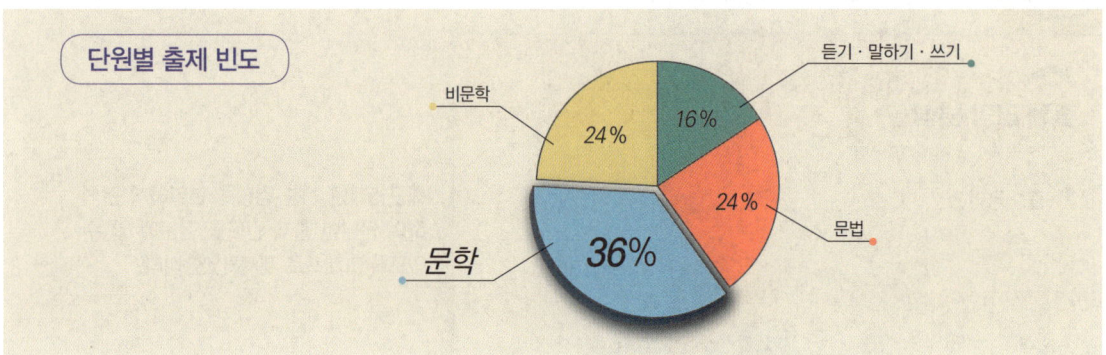

단원별 출제 빈도

- 듣기·말하기·쓰기 16%
- 문법 24%
- 문학 36%
- 비문학 24%

■ 최근 출제 경향

최근 기출문제 유형과 내용을 바탕으로 중학교 교과 과정 내 핵심 개념과 지문이 추가로 포함된 형태로 출제되고 있습니다. 특히 문학 영역에서는 교과서에 수록된 작품이나 유사한 형태의 지문이 제시되어 작품의 주제나 인물의 심리, 표현 기법 등을 정확히 파악해야 하는 문제들이 출제되고 있습니다. 비문학 영역에서는 설명문·논설문·안내문 등의 실용 지문을 중심으로 중심 생각 파악, 문단 구조 분석, 표현 방식 이해 등 지문을 해석하고 적용하는 사고력 문제가 증가하는 경향을 보이고 있습니다. 또한 문법과 쓰기 영역에서는 핵심 개념 정리와 정확한 개념 이해를 바탕으로, 실제 문장에 적용해 보는 능력을 요구하는 문항이 포함되고 있습니다.

2 중졸 수학

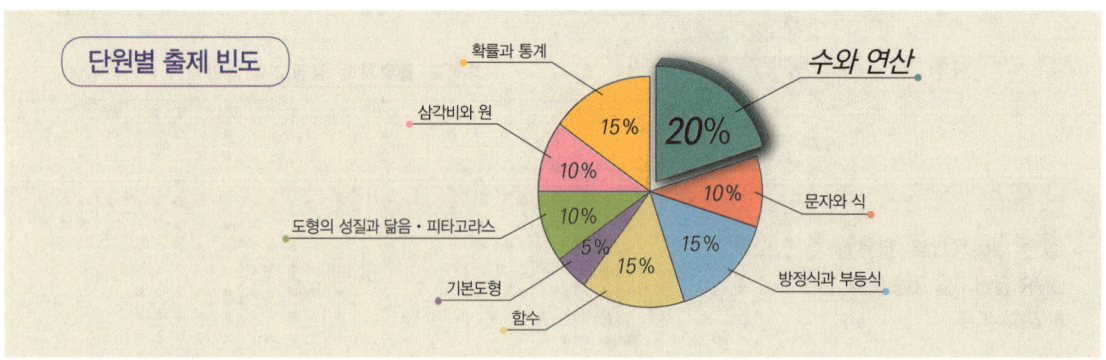

단원별 출제 빈도

- 확률과 통계 15%
- 삼각비와 원 10%
- 도형의 성질과 닮음·피타고라스 10%
- 기본도형 5%
- 함수 15%
- 방정식과 부등식 15%
- 문자와 식 10%
- 수와 연산 20%

■ 최근 출제 경향

최근 중졸 검정고시 수학은 이전 기출문제의 출제 경향과는 다소 다른 흐름을 보이고 있습니다. 기존에 자주 출제되던 빈출 유형 외의 개념들이 포함되고, 문항의 형태 또한 변형된 사례들이 등장하면서 난이도가 확연히 높아지고 있습니다. 전반적으로 문제를 단순히 풀어내는 것을 넘어 사고력과 문제해결력까지 요구하는 구성이며, 기출문제의 반복만으로는 대응하기 어려운 복합적 사고를 요하는 문항이 다수 출제되고 있습니다. 전반적으로 기초 개념에 대한 정확한 이해와 함께 다양한 유형에 대한 응용력을 갖추는 것이 고득점의 핵심이라는 점을 지속적으로 보여주고 있습니다.

3 중졸 영어

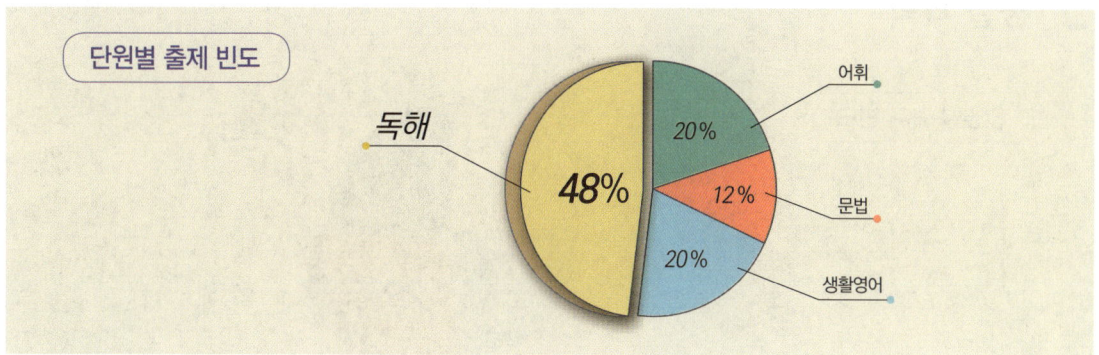

단원별 출제 빈도

독해 48%

어휘 20%

문법 12%

생활영어 20%

■ 최근 출제 경향

최근 중졸 검정고시 영어 시험은 예년과 유사한 형식으로 출제되고 있으며, 기출문제를 충분히 학습한 수험생이라면 익숙하게 문제를 풀 수 있는 난이도를 보이고 있습니다. 어휘는 기초 수준에서 출제되며, 문장의 길이나 문법 구조 역시 복잡하지 않아 전반적으로 평이한 수준을 유지하고 있습니다. 일부 문항의 경우 조금 더 긴 문장이나 낯선 표현을 포함하고 있지만, 기본 어휘와 표현을 충실히 학습한다면 무리 없이 해결 가능한 수준입니다.

4 중졸 사회

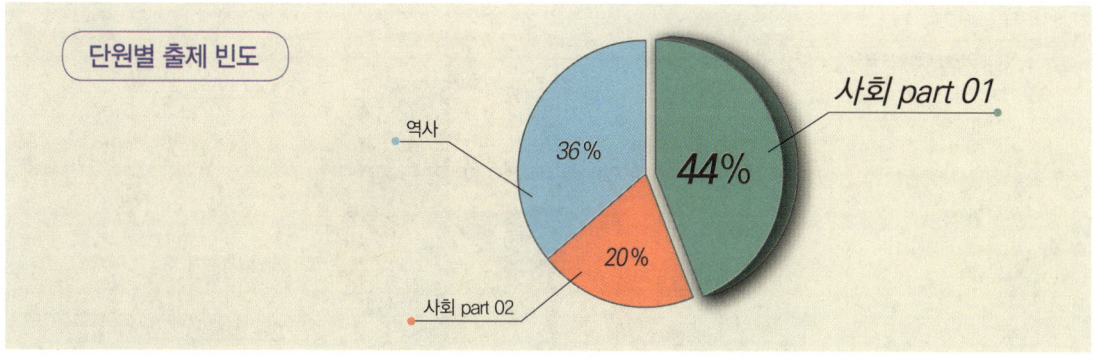

단원별 출제 빈도

역사 36%

사회 part 01 44%

사회 part 02 20%

■ 최근 출제 경향

중졸 검정고시 사회 시험은 이번에도 전반적으로 균형 잡힌 구성을 보였습니다.
역사 영역에서는 구석기 시대의 주먹도끼부터 6월 민주 항쟁까지 전 시기를 아우르며, 특정 주제에 치우치지 않고 전 영역에서 고르게 출제되었습니다. 또한 복잡한 추론보다는 기초 개념 이해와 사례 적용에 초점을 맞춘 문제가 다수를 차지했기 때문에, 핵심 개념 정리만 충실히 한다면 고득점 확보가 충분히 가능한 수준이었습니다.
결론적으로, 사회와 역사 영역 모두에서 개념 중심 학습과 기출 유형 반복 훈련이 효과적인 대비 전략으로 작용할 수 있는 무난한 난이도의 시험이었습니다.

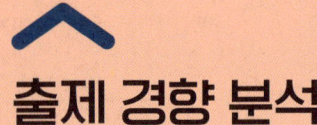

5 중졸 과학

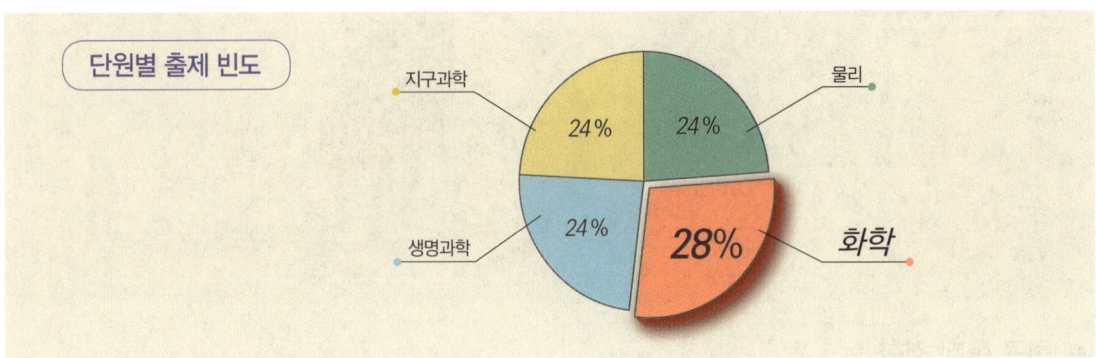

단원별 출제 빈도

- 지구과학 24%
- 물리 24%
- 생명과학 24%
- 화학 28%

■ 최근 출제 경향

기존 출제 유형의 문제가 다수 출제되었으나, 단순히 반복형 문제에 그치지 않고 변화가 일어날 때, 변하는 요소와 변화가 일어나지 않는 요소를 구분하도록 묻는 문제의 비중이 높아졌습니다. 또한 기초 용어의 의미를 정확히 알고 있어야 해결할 수 있는 문항이 다수 포함되었습니다. 전반적으로 기본 개념과 원리를 탄탄하게 학습한 경우라면 안정적인 점수를 확보할 수 있는 수준의 시험이었습니다.

6 중졸 도덕

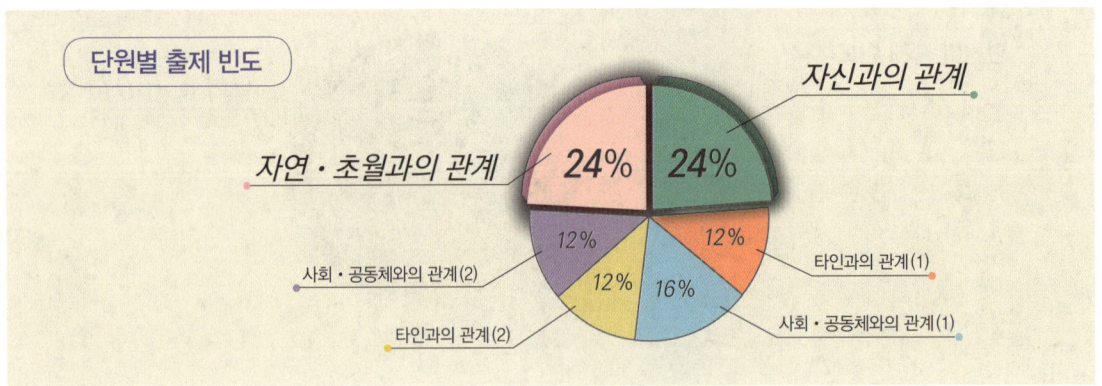

단원별 출제 빈도

- 자연·초월과의 관계 24%
- 자신과의 관계 24%
- 사회·공동체와의 관계(2) 12%
- 타인과의 관계(2) 12%
- 사회·공동체와의 관계(1) 16%
- 타인과의 관계(1) 12%

■ 최근 출제 경향

중졸 검정고시 도덕은 매년 비슷한 수준의 난이도로, 전반적으로 평이하게 출제되고 있습니다. 최근 단원별 출제 문항을 살펴보면, 1단원(도덕적 자아 정체성)과 6단원(사회 정의와 윤리적 삶)에서 가장 많은 문항이 출제되고 있는 것이 특징입니다. 하지만 도덕 과목은 매 시험마다 단원별 출제 비율에 변동이 있기 때문에, 특정 단원에만 집중하지 말고 전 범위를 고르게 학습하는 전략이 필요합니다.

검스타트 합격 스토리!
다음 합격 스토리의 주인공은 바로 당신!

k*****

선생님들의 좋은 강의와 교재로 열심히 공부한 결과
고득점(평균 98.86점)을 받았습니다.

검스타트는 검정고시 관련 정보를 다양하게 제공하고 있어
시험 준비에 많은 도움을 받았습니다.
특히 다양한 학습자료가 정말 맘에 들었습니다.

수험생들의 학습을 위해 많은 배려를 하고 있다는 느낌을
받았고, 저렴한 수강료도 좋았지만
수험생의 합격을 위한 진실함이 있다고 느꼈습니다.

이 모든 것들이 검스타트를 선택한 배경이었습니다.

동*

전체에서 한 문제 틀렸습니다.
과학에서 아쉽게 틀려서 만점을 못 받았습니다.

첫 관문을 잘 넘었으니 이제 대학 진학이라는 더 큰 목표를
위해 더 열심히 공부하려고 합니다.

강의해 주신 선생님들 정말 감사합니다.
핵심을 잘 정리해 주시고 이해하기 쉽도록
강의를 잘 해주신 덕분에 높은 점수를 받았습니다.

검스타트 최고 !!!

합***

인강 선택을 위해 제 아들과 상의하고 합격수기가 많은
검스타트를 선택했습니다.

공부한 지 오래되어 기초실력이 없기에
제일 처음 기초강의부터 반복해서 들었습니다.
이어서 이론공부를 시작했습니다.

강의와 교재를 반복해서 공부하다 보니 어느새 틀이
잡혀지고 자신감이 생겼습니다.

이론을 마치고 문제풀이, 기출풀이를 공부하니 검정고시가
그다지 어렵지 않게 느껴졌습니다.

시험을 마치고 채점을 해보니 총점은 합격점수를
충분히 넘었습니다.

ㅣ***

50대 중반 주부입니다.
38년 만에 처음으로 도전해 보았는데 혼자 공부하는 거라
처음엔 막막하고 지루하고 어려웠습니다.

검스타트 상담선생님께서 말씀해 주신 대로 쉬운 과목부터
완벽하게 준비해 나갔습니다.
기본강의, 예상문제, 모의고사, 기출문제 순서로 공부했고
무엇보다도 문제를 많이 풀어보았습니다.

특히 핵심총정리가 많은 도움이 되었습니다.
향후 사이버 대학에 도전해보려 합니다.

열심히 강의해 주신 선생님들께 감사드립니다.

심****

검스타트와 인연을 맺은 지 1년.

훌륭하신 선생님들의 헌신적인 강의에 힘입어
70 가까운 나이에 중학교 과정과 고등학교 과정을 잘 마쳤고
특히 고등학교 과정은 7과목 중 4과목을
만점을 받을 정도의 성적으로 무사히 마쳤습니다.

이 모두가 검스타트 임직원 여러분과 각 과목 선생님들의
땀과 아낌 없는 희생 덕분이라 생각합니다.

고맙습니다.
이제부터는 대입 준비 열심히 하여 대입에 도전해 보려
합니다.

이젠, 여러분이
합격할 차례입니다!

목차

100% 합격을 위한 나만의 학습 계획

◆ 『중졸 검정고시 기출문제집』 학습 진도표

구분		진도 체크(✓)*			구분		진도 체크(✓)*		
		1회	2회	3회			1회	2회	3회
2025 제2회 기출문제	국어				**2025** 제1회 기출문제	국어			
	수학					수학			
	영어					영어			
	사회					사회			
	과학					과학			
	도덕					도덕			
2024 제2회 기출문제	국어				**2024** 제1회 기출문제	국어			
	수학					수학			
	영어					영어			
	사회					사회			
	과학					과학			
	도덕					도덕			
2023 제2회 기출문제	국어				**2023** 제1회 기출문제	국어			
	수학					수학			
	영어					영어			
	사회					사회			
	과학					과학			
	도덕					도덕			
2022 제2회 기출문제	국어				**2022** 제1회 기출문제	국어			
	수학					수학			
	영어					영어			
	사회					사회			
	과학					과학			
	도덕					도덕			

구분		진도 체크(✓)*			구분		진도 체크(✓)*		
		1회	2회	3회			1회	2회	3회
2021 제2회 기출문제	국어				**2021** 제1회 기출문제	국어			
	수학					수학			
	영어					영어			
	사회					사회			
	과학					과학			
	도덕					도덕			

* 1회는 첫 모의 평가 시, 2회는 복습 시(두 번째 모의 평가 시), 3회는 최종 점검 시(최종 모의 평가 시) 표시해 주세요(평가 회차 사이에 시간적 간격을 넉넉하게 둘 것. 적어도 한 달 이상). 평가 점수를 적으셔도 좋습니다.

당부 사항 복습을 위해 적어도 첫 번째와 두 번째 모의 평가 시까지는 문제지에 정답을 표시하지 말고, 본 교재 끝에 첨부한 OMR 체크 카드를 사용하시기 바랍니다(컴퓨터용 수성사인펜 사용). 또 모의 평가를 할 때는 시험 시간은 물론 과목 순서까지 실제 시험과 같은 조건을 갖추어 놓고 치를 것을 권합니다. 그래야 실전 감각을 더 키울 수 있습니다. 또 기출문제집의 기출문제까지 합쳐 전체 모의 평가 계획을 잡아보는 것도 좋습니다. 이럴 경우 기출문제들을 먼저 풀어본 다음에 실전모의고사들을 치르는 순서로 진행하시기를 권합니다.

◆ **시리즈 전체 공부 순서**

Type 1 ① 과목별 개념서 ➔ ② 핵심 총정리(개념서 학습 정리용으로 활용) ➔ ③ 기출문제집 ➔ ④ 실전모의고사 ➔ ⑤ 과목별 개념서 혹은 핵심 총정리로 최종 정리 [권장]

Type 2 ① 핵심 총정리(예습용으로 활용) ➔ ② 과목별 개념서 ➔ ③ 기출문제집 ➔ ④ 실전모의고사 ➔ ⑤ 과목별 개념서 혹은 핵심 총정리로 최종 정리 [하위권 수험생]

Type 3 ① 기출문제집 ➔ ② 과목별 개념서 ➔ ③ 핵심 총정리 ➔ ④ 실전모의고사 ➔ ⑤ 과목별 개념서 혹은 핵심 총정리로 최종 정리 [상위권 수험생]

EBS 교육방송교재

중졸 검정고시 **기출문제집**

2025년

제2회 기출문제

- ▶ 국어
- ▶ 수학
- ▶ 영어
- ▶ 사회
- ▶ 과학
- ▶ 도덕

EBS 교육방송교재

중졸 검정고시 기출문제집

01 다음 대화에서 ㉠에 대한 설명으로 가장 적절한 것은?

사소한 일로 친구와 싸웠는데 화해를 못 하고 있어서 고민이에요.

㉠ 그래? 무슨 일로 싸웠는데?

① 상대방의 말과 관련 없는 대답을 하고 있다.
② 상대방의 의견에 적극적으로 반대하고 있다.
③ 상대방이 이야기를 이어 가도록 질문을 하고 있다.
④ 상대방의 고민에 대한 해결 방안을 제시하고 있다.

02 다음 중 ㉠에 들어갈 말로 적절하지 않은 것은?

이모 : 표정이 좋지 않네. 무슨 일 있어?
조카 : 친구들 앞에서 발표할 때마다 불안해요.
이모 : 그럴 때는 발표하기 전에 ㉠

① 연습을 절대로 하지 마.
② 눈을 감고 심호흡을 해 봐.
③ 참고할 수 있는 메모를 준비해 봐.
④ 몸을 가볍게 풀어 주는 것도 도움이 돼.

03 다음 설명에 해당하는 언어의 특성으로 가장 적절한 것은?

말소리와 의미의 관계는 필연적이지 않다. 그래서 ' '를 한국어로는 '나무[나무]'라고 하지만 영어로는 'tree[트리]'라고 한다.

① 사회성   ② 역사성
③ 자의성   ④ 창조성

04 다음에서 설명하는 모음이 사용되지 않은 단어는?

단모음이란 소리를 낼 때 입술 모양이나 혀의 위치가 고정되어 움직이지 않는 모음을 말한다.

① 미로   ② 여유
③ 잔치   ④ 호수

05 밑줄 친 단어의 품사가 ㉠과 같은 것은?

나는 ㉠ 새 구두를 신었다.

① 우아! 꽃이 예쁘다.
② 친구가 내 손을 잡았다.
③ 그는 옛 추억을 떠올렸다.
④ 여기가 바로 내 고향이다.

06 다음 중 ㉠에 해당하는 문장 성분은?

아기가 잠을 ㉠ 새근새근 잔다.

① 주어 ② 보어
③ 목적어 ④ 부사어

07 밑줄 친 부분 중 다음 규정에 맞게 발음하지 않은 것은?

■ 표준 발음법 ■
【제14항】 겹받침이 모음으로 시작된 조사나 어미, 접미사와 결합되는 경우에는, 뒤엣것만을 뒤 음절 첫소리로 옮겨 발음한다. (이 경우, 'ㅅ'은 된소리로 발음함.)

① 그가 키우는 닭은 건강하다. → [다근]
② 바닥에 앉아서 책을 읽었다. → [안자서]
③ 언니는 아름다운 풍경에 넋을 잃었다. → [넉쓸]
④ 강아지가 아이의 손등을 핥아 주었다. → [할타]

08 밑줄 친 부분이 '한글 맞춤법'에 맞게 표기된 것은?

① 이 집은 된장찌게가 맛있어.
② 내가 친구로서 너를 응원할게.
③ 감기가 빨리 낳았으면 좋겠다.
④ 앞으로 어디에 가던지 꼭 전화해.

09 다음 중 ㉠의 세부 내용으로 가장 적절한 것은?

제목	우리나라의 야생화, 달맞이꽃
처음	달맞이꽃 소개
중간	1. 달맞이꽃의 생김새 2. 달맞이꽃의 자생 환경 3. 달맞이꽃의 쓰임새 ·············· ㉠
끝	달맞이꽃 보호의 필요성

① 달맞이꽃 이름의 뜻
② 달맞이꽃의 꽃잎 모양
③ 달맞이꽃이 잘 자라는 환경
④ 달맞이꽃을 활용한 천연염료

10 ㉠~㉣에 대한 고쳐쓰기 방안으로 적절하지 않은 것은?

소음은 보통 불쾌하고 시끄러워 듣는 ㉠ 사람을 별로 도움이 되지 ㉡ 안는 소리를 말한다. 소음의 기준은 매우 주관적이다. ㉢ 백색 소음은 백색광에서 유래됐다. 아무리 좋은 소리라도 듣는 사람이 처한 환경이나 마음 상태에 따라서 그 소리가 소음이 될 수도 있다는 말이다. ㉣ 결코 아기의 울음소리는 엄마나 아기에게는 아주 중요하고 의미 있는 소리지만 주변 사람들에게는 소음으로 들릴 수 있다.

① ㉠ : 조사의 쓰임이 맞지 않으므로 '사람에게'로 바꾼다.
② ㉡ : 맞춤법에 어긋나므로 '않는'으로 고친다.
③ ㉢ : 글의 흐름에서 벗어난 내용이므로 삭제한다.
④ ㉣ : 문맥에 어울리지 않으므로 '하지만'으로 고친다.

[11~13] 다음 글을 읽고 물음에 답하시오.

열무 삼십 단을 이고
시장에 간 우리 엄마
안 오시네, 해는 시든 지 오래
㉠ 나는 찬밥처럼 방에 담겨
아무리 천천히 숙제를 해도
엄마 안 오시네, 배춧잎 같은 발소리 타박타박
안 들리네, 어둡고 무서워
금 간 창틈으로 고요히 빗소리
빈방에 혼자 엎드려 훌쩍거리던

　　아주 먼 옛날
[A] 지금도 내 눈시울을 뜨겁게 하는
　　그 시절, 내 유년[1]의 윗목[2]

　　　　　　　　　　－ 기형도, 「엄마 걱정」 －

―――――――――――
1) 유년 : 나이가 어린 때.
2) 윗목 : 온돌방에서 아궁이로부터 먼 쪽의 방바닥. 불길이 잘 닿지 않아 아랫목보다 상대적으로 차가운 쪽이다.

11 다음 중 윗글에 대한 설명으로 가장 적절한 것은?

① 계절의 변화가 드러난다.
② 후각적 이미지가 나타난다.
③ 화자가 과거를 회상하고 있다.
④ 묻고 답하는 형식을 사용하고 있다.

12 다음 중 [A]에 나타난 화자의 주된 정서는?

① 슬픔　　　　　　② 뿌듯함
③ 즐거움　　　　　④ 행복함

13 다음 중 ㉠과 같은 비유적 표현이 쓰인 것은?

① 봄빛처럼 포근한 눈
② 민들레가 피고 까치가 날고
③ 죽어도 아니 눈물 흘리우리다
④ 가난하다고 해서 외로움을 모르겠는가

[14~16] 다음 글을 읽고 물음에 답하시오.

[앞부분 줄거리] 소년은 서울에서 전학 온 소녀와 함께 산으로 놀러 가 즐거운 한나절을 보낸다. 소나기가 내리자 소년은 소녀를 업고 물이 불어난 도랑을 건넌다. 소나기를 맞은 탓에 며칠 앓았다는 소녀는 그날 입었던 옷의 얼룩을 보여 주며 얼마 뒤 이사를 가게 되었다는 소식을 소년에게 전한다.

㉠ 개울물은 날로 여물어 갔다.
소년은 갈림길에서 아래쪽으로 가 보았다. 갈밭 머리에서 바라보는 서당골 마을은 쪽빛 하늘 아래 한결 가까워 보였다.
어른들의 말이, 내일 소녀네가 양평읍으로 이사 간다는 것이었다. 거기 가서는 조그마한 가겟방을 보게 되리라는 것이었다.
소년은 저도 모르게 ㉡ 주머니 속 호두알을 만지작거리며, 한 손으로는 수없이 갈꽃을 휘어 꺾고 있었다.

　　그날 밤, 소년은 자리에 누워서도 같은 생각
[A] 뿐이었다. 내일 소녀네가 이사하는 걸 가 보나
　　어쩌나. 가면 소녀를 보게 될까 어떨까.
그러다가 까무룩 잠 들었는가 하는데,
"허, 참, 세상일도……."
마을 갔던 아버지가 언제 돌아왔는지,
"윤 초시 댁도 말이 아니야. 그 많던 전답[1]을 다 팔아 버리고, 대대로 살아오던 집마저 남의 손에 넘기더니, 또 악상[2]까지 당하는 걸 보면……."
남폿불[3] 밑에서 ㉢ 바느질감을 안고 있던 어머니가,
"증손이라곤 계집애 그 애 하나뿐이었지요?"
"그렇지. 사내애 둘 있던 건 어려서 잃어버리고……."
"어쩌면 그렇게 자식 복이 없을까."
"글쎄 말이지. 이번 앤 꽤 여러 날 앓는 걸 약도 변변히 못 써 봤다더군. 지금 같아서는 윤 초시네도 대가 끊긴 셈이지……. 그런데 참 이번 계집애는 어린 것이 여간 잔망스럽지[4]가 않아. 글쎄 죽기

전에 이런 말을 했다지 않아? 자기가 죽거든
ⓔ 자기 입던 옷을 꼭 그대로 입혀서 묻어 달라
고……."

– 황순원, 「소나기」 –

---

1) 전답 : 논밭
2) 악상 : 젊어서 부모보다 먼저 자식이 죽는 경우
3) 남폿불 : 남포등에 켜 놓은 불
4) 잔망스럽다 : 얄밉도록 맹랑한 데가 있다.

---

14 윗글에서 알 수 있는 내용으로 적절하지 <u>않은</u>
것은?

① '소년'은 '소녀'의 죽음을 알게 되었다.

② '윤 초시 댁'에 불행한 일이 일어났다.

③ '소년'은 양평읍으로 이사를 갈 예정이다.

④ '아버지'는 '소녀'를 잔망스럽다고 여긴다.

15 다음 중 [A]에 드러난 갈등의 유형은?

① 인물의 내적 갈등

② 인물과 사회의 갈등

③ 인물과 자연의 갈등

④ 인물과 다른 인물의 갈등

16 ⓐ~ⓔ 중 다음 설명에 해당하는 것은?

> 죽어 가면서도 '소년'과의 추억을 간직하고
> 싶어 하는 '소녀'의 마음이 드러나는 소재

① ⓐ   ② ⓒ

③ ⓓ   ④ ⓔ

[17~19] 다음 글을 읽고 물음에 답하시오.

[앞부분 줄거리] 병에 걸린 남해 용왕에게 토끼의 간이 약이 된
다고 하여 별주부가 토끼를 용왕 앞에 데리고 온다.

"토끼의 간이 아니면 다른 약이 없는 처지에 별
주부가 충성심을 발휘해 그 험한 육지에 가서
너를 잡아 왔느니라.
ⓐ 네 간을 내어 먹고 짐의 병이 낫는다면, 토끼
너의 공을 어찌 잊겠느냐. 우리 용궁 최고의 건
축물인 기린각 능운대에 네 이름을 새겨 길이
보존할 것이다. 그게 아니면 네가 원하는 것은
다 이루어 주마. 목숨을 바쳐 명분을 이루는 것
또한 의미 있는 삶이 아니겠느냐. 그러니 조금
도 서러워하지 말고 어서 칼을 받거라."

(중략)

토끼는 바닷물 빛이 보이지 않도록 한참을 훌쩍
가서야 바위 위에 높이 앉아 마음껏 별주부에게
   ⓑ   했다.

"이놈 자라야! 네 죄를 따지자면 죽여도 아깝지
않도록 괘씸하다. 만일 내 말재주가 네 용왕처
럼 미련했더라면, 아까운 이내 목숨 수중 원혼
이 되었겠구나. 옛 책에는 '짐승이 미련하기가
물고기와 같다.' 했는데 너희 물고기들이 미련하
기는 우리 털 있는 짐승보다 더하구나.

오장에 붙어 있는 간을 어찌 넣고 빼고 할 수
가 있겠느냐? 네 소행을 생각하면 산속으로 잡
아다가 푹 삶아서 백소주 안줏감으로 초장이나
찍어 먹으며 우리 동무들과 잔치를 벌이고 싶은
마음 간절하구나. 그러나 임금을 위하는 마음에
서 그런 것이며, 만경창파 그 먼 길을 네 등으로
왕래하며 죽고 사는 고생을 함께하였기에 목숨
만은 살려 보내주겠다. 그리 알고 속히 궁으로
돌아가거라.

좋은 약을 보내기로 네 왕에게 약속했으니,
점잖은 내 체면에 어찌 식언을 하겠느냐? 내 똥
이 매우 좋아 열을 내리게 한다 하여 사람들이
주워서 앓는 아이에게 먹인단다. 내가 살펴보니

네 왕의 두 눈자위에 열기가 아주 많이 몰렸더라. 이걸 갖다가 먹이면 병이 곧 나을 게다."

토끼는 작은 총알 같은 똥을 많이 누어 칡잎에 단단히 싸서 별주부 등에 올려놓고 칡으로 감아 주었다. 별주부는 할 수 없이 토끼 똥을 짊어지고 수궁으로 발길을 돌렸다.

죽을 목숨 살아 나온 토끼의 기쁨이야 오죽하겠는가. 깡장깡장 뛰어가며 흔들흔들 방자하게 뽐내며 자랑하는 모습이 혼자 보기 아까웠다.

[A]
"나의 재주는 내가 생각해도 신통하구나. 매끄러운 말솜씨로 용왕을 속여서 무사히 고향으로 돌아왔구나. 반갑구나, 반가워. 우리 고향 반갑구나. 푸른 산, 푸른 물, 모두 전에 보던 그대로다. 내가 앉아 졸던 저 높은 봉우리와 흰 구름도 변함없고, 나무 열매도 주워 먹던 그대로구나.

아이고! 너구리 아재요, 평안하시지요? 오소리 형님도 잘 있었지요? 모두들 벼슬 생각, 이사 생각, 절대로 하지 마시오. 벼슬하면 몸 위태롭고, 타향에 가면 천대받는다는 옛말 하나 그른 것이 없습디다."

한편 토끼를 놓쳐 버린 별주부는 '차라리 육지로 올라가 죽어 버릴까?' 하는 생각도 했다. 하지만 처자식과 늙으신 어머니가 마음에 걸려 무거운 발걸음을 옮겨 수궁으로 돌아갔다. 다행스럽게도 토끼가 준 토끼 똥의 효험이 있어 용왕의 병이 씻은 듯이 나았다. 그토록 원하던 충신이 되어 어머니와 아내, 자식 모두 함께 평안한 여생을 누렸다.

– 작자 미상, 『토끼전』 –

17 [A]의 내용으로 적절하지 **않은** 것은?

① '토끼'는 '용왕'을 속이고 고향으로 돌아왔다.
② '토끼'는 '오소리'에게 이사를 권했다.
③ '용왕'은 '토끼'의 똥을 써서 병이 나았다.
④ '별주부'는 자신이 원하던 충신이 되었다.

18 ㉠에 대한 설명으로 적절하지 **않은** 것은?

① '용왕'이 '토끼'에게 원하는 것
② '토끼'가 살기 위해 지켜야 하는 것
③ '별주부'가 '용왕'에게 바치고 싶은 것
④ '너구리'가 열을 내리기 위해 먹는 것

19 다음 중 ㉡에 들어갈 말로 가장 적절한 것은?

① 아첨　　　　② 축하
③ 충성　　　　④ 호령

(가) 우리에게 문이란 어떤 뜻이 있을까? 국어사전에는 '드나들거나 물건을 넣었다 꺼냈다 하기 위하여 틔워 놓은 곳. 또는 그곳에 달아 놓고 여닫게 만든 시설.'이라고 정의되어 있지만, 이것만으로는 부족하다. 좀 더 자세하게 말하면 문은 기능의 측면과 동시에 상징의 측면도 가지고 있다. 거기로 사람이 드나들 뿐 아니라, 어떤 것의 경계를 ㉠표시하고, 새로운 시작을 위한 기점 역할도 한다.

(나) 문은 여닫는 방법에 따라 크게 옆으로 밀어 여는 미닫이문과 안팎으로 여닫는 여닫이문이 있는데, 여닫이문은 다시 실내를 ㉡기준으로 하여 문이 안쪽으로 열리는 안여닫이와 바깥쪽으로 열리는 밖여닫이, 그리고 안팎으로 모두 열리는 양 여닫이로 나뉜다. 그런데 이러한 문들은 건물의 쓰임새에 따라 어떤 건물에는 안여닫이가, 어떤 건물에는 밖여닫이가 사용된다.

(다) 아파트를 제외한 주택의 현관문은 문을 여닫는 방향을 결정하는 요인이 공간 활용인 측면이 강하다. ㉮신을 신고 실내로 들어가는 외국과 달리 한국에서는 신을 벗고 실내로 들어간다. 즉 신을 벗어 둘 공간이 필요한 것이다. 그 공간의 크기는 집의 ㉢규모에 따라 다르겠지만 대략 1제곱미터(m²) 내외이고 현관문의 폭도 1미터(m) 내외이니, 만약 현관문이 안으로 열린다면 문을 열 때마다 현관에 벗어 둔 신들이 이리저리 쓸려 다닐 것이다.

(라) 은행은 다른 어느 곳보다도 안전과 신용을 중시하는 곳이다. 물론 모든 건축이 안전을 ㉣전제한다는 점은 은행과 마찬가지이다. 단지 대부분의 건축이 생각하는 안전은 재난으로부터의 대피에 주 관심사가 놓여 있는 데 비해, 은행은 도난으로부터의 안전이 주 관심사인 차이가 있다. 그래서 은행에는 안여닫이를 다는 것이다.

도둑이나 강도가 범죄를 저지르고 도망칠 때 쉽게 도망치지 못하도록 말이다.

– 이재인, 「은행 문은 왜 안쪽으로 열릴까」 –

20 다음 중 (가)~(라)의 내용과 일치하지 <u>않는</u> 것은?

① (가) : 문은 기능의 측면과 상징의 측면을 함께 가지고 있다.
② (나) : 건물의 쓰임새에 따라 문을 여닫는 방향이 다르다.
③ (다) : 문을 여닫는 방향은 공간의 활용과 관련이 없다.
④ (라) : 은행은 도난으로부터의 안전을 위해 안여닫이를 단다.

21 다음 중 ㉮에서 쓰인 설명 방법으로 가장 적절한 것은?

① 대조   ② 분석
③ 인과   ④ 정의

22 ㉠~㉣의 사전적 의미로 적절하지 <u>않은</u> 것은?

① ㉠ : 표를 하여 외부에 드러내 보임.
② ㉡ : 기본이 되는 표준.
③ ㉢ : 사물이나 현상의 크기나 범위.
④ ㉣ : 어떤 일이나 사물이 생겨남.

[23~25] 다음 글을 읽고 물음에 답하시오.

내비게이션이 없으면 여러 번 갔던 길도 찾을 수 없고, 심지어는 가족의 생일과 같은 단순한 정보도 기억하지 못하는 경우가 있다. 이러한 현상을 '디지털 치매', 또는 '아이티(IT) 건망증'이라 부른다.

이처럼 디지털 기술에 지나치게 의존한 나머지 기억력과 계산능력 등이 현저하게 떨어지는 현상에 관해 많은 사람들이 걱정을 한다. 하지만 이러한 현상은 단지 좋다, 나쁘다고 쉽게 말할 성격의 것은 아니다. 왜냐하면 디지털 치매 현상은 인류의 진화, 우리 사회의 노동 환경의 변화와 연관된 복잡한 현상이기 때문이다.

먼저 프랑스의 철학자 미셸 세르의 저서 『호미네상스』와 2005년 12월 '새로운 기술들은 우리에게 무엇을 가져다 주는가'라는 제목의 강연 내용을 살펴보면 인류의 진화 과정에 관한 흥미로운 내용을 볼 수 있다. 이를 요약하면 다음과 같다.

– 직립 원인으로 진화하는 과정에서 인류는 손을 도구로 사용하게 됨으로써 그 이전에 먹이나 물건을 무는 데 쓰였던 입의 기능이 퇴화했지만, 그 대신 입은 말하는 기능을 획득했다.

– 문자와 인쇄술이 발명되면서 인간은 호메로스의 서사시를 암송할 수준의 기억력을 상실했지만, 기억의 압박에서 해방되어 새로운 지식 생산과 같은 일에 능력을 활용하게 되었다.

– 인류의 진화 과정과 역사를 돌아볼 때, 인간은 상실하는 능력이 있으면 동시에 얻게 되는 능력도 있다.

이러한 관점으로 볼 때, 디지털 기술은 인간의 기억력, 계산력 등의 약화를 가져온 대신 그보다 창조적인 능력을 향상한 것이라 볼 수 있다. (㉠) 디지털 치매 현상은 인간 진화의 양상으로 볼 수 있지 않겠는가?

– 이준기, 「디지털 치매, 걱정할 일 아니다」 –

23 다음 중 윗글에 대한 설명으로 가장 적절한 것은?

① 통계 자료를 활용하였다.

② 실험 결과를 예측하였다.

③ 관련된 속담을 인용하였다.

④ 전문가의 견해를 제시하였다.

24 다음 중 윗글의 중심 소재로 가장 적절한 것은?

① 입의 기능

② 디지털 치매 현상

③ 노동 환경의 변화

④ 문자와 인쇄술의 발명

25 다음 중 ㉠에 들어갈 말로 가장 적절한 것은?

① 그러나   ② 그러므로

③ 만약에   ④ 왜냐하면

01 그림은 90을 소인수분해하는 과정을 나타낸 것이다. 90을 소인수분해한 결과로 옳은 것은?

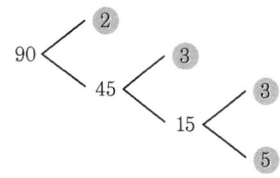

① 3×5

② $2 \times 3 \times 5$

③ $2 \times 3^2 \times 5$

④ $2^3 \times 3 \times 5$

02 $(+2)+(-5)$를 계산한 값은?

① -3 ② -1

③ 1 ④ 3

03 다음을 문자를 사용한 식으로 바르게 나타낸 것은?

> 무게가 100g인 빈 상자에 무게가 300g인 토끼 인형 x개를 넣었을 때, 상자 전체의 무게

① $(300x - 100)$g ② $(300x + 100)$g

③ $(300x + 300)$g ④ $(300x + 500)$g

04 일차방정식 $3x - 1 = x + 7$의 해는?

① $x = 0$ ② $x = 2$

③ $x = 4$ ④ $x = 6$

05 다음 좌표평면 위에 있는 점 A의 좌표는?

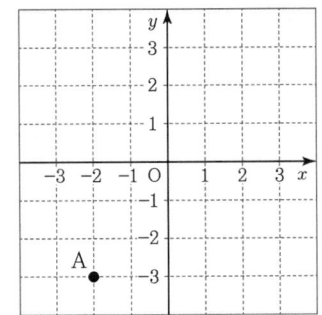

① $\text{A}(2,\ 3)$

② $\text{A}(2,\ -3)$

③ $\text{A}(-2,\ 3)$

④ $\text{A}(-2,\ -3)$

06 그림과 같이 평행한 두 직선 l, m이 다른 한 직선 n과 만날 때, $\angle x$의 크기는?

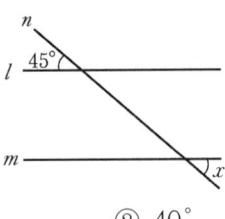

① $35°$ ② $40°$

③ $45°$ ④ $50°$

07 다음은 어느 반 학생 20명의 하루 동안의 휴대 전화 통화 시간을 조사하여 줄기와 잎 그림으로 나타낸 것이다. 휴대 전화 통화 시간이 40분 이상인 학생의 수는?

휴대 전화 통화 시간   (1 | 3은 13분)

줄기	잎
1	3 5 6 7
2	1 2 4 5 7 9
3	2 4 5 6 8 9 9
4	3 6 7

① 3   ② 4
③ 6   ④ 7

08 다음은 순환소수 $0.\dot{4}$를 분수로 나타내는 과정이다. □ 안에 공통으로 들어갈 수는?

순환소수 $0.\dot{4}$를 x라고 하면

$\quad x = 0.444\cdots$ ·················· ㉠

㉠의 양변에 10을 곱하면

$\quad 10x = 4.444\cdots$ ·················· ㉡

이때, ㉡에서 ㉠을 변끼리 빼면

$\quad\quad 10x = 4.444\cdots$

$\quad -)\quad x = 0.444\cdots$

$\quad\quad\overline{\quad\square x = 4\quad}$

따라서 $x = \dfrac{4}{\square}$이므로 $0.\dot{4} = \dfrac{4}{\square}$이다.

① 9   ② 10
③ 90   ④ 99

09 $7^5 \div 7^3$을 간단히 한 것은?

① 7   ② 7^2
③ 7^3 ④ 7^4

10 연립방정식 $\begin{cases} y = 2x \\ 3x - y = 3 \end{cases}$의 해는?

① $x=1,\ y=2$ ② $x=2,\ y=5$
③ $x=3,\ y=4$ ④ $x=3,\ y=6$

11 일차함수 $y = x + 1$의 그래프는 일차함수 $y = x$의 그래프를 y축의 방향으로 b만큼 평행 이동한 것이다. 수 b의 값은?

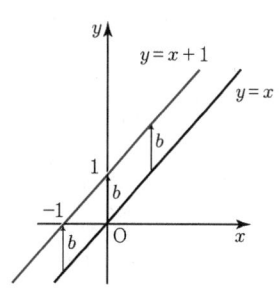

① 1   ② 2
③ 3   ④ 4

12 그림과 같이 $\overline{AB} = \overline{AC}$ 인 이등변삼각형 ABC 에서 ∠A의 이등분선과 $\overline{BC}$ 의 교점을 D 라고 하자. $\overline{BD} = 8\,\text{cm}$ 일 때, $\overline{BC}$ 의 길이는?

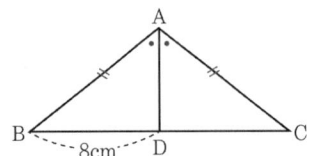

① 10cm 　　② 12cm

③ 14cm 　　④ 16cm

13 그림에서 △ABC ∽ △DEF일 때, $\overline{EF}$ 의 길이는?

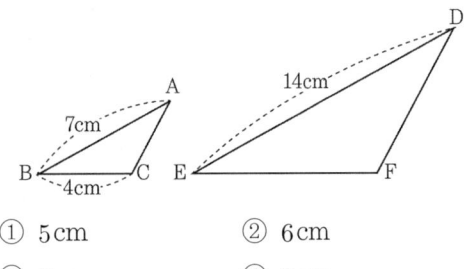

① 5cm 　　② 6cm

③ 7cm 　　④ 8cm

14 다음은 어느 여행객이 준비한 상의 3벌과 하의 2벌이다. 이 여행객이 상의와 하의를 각각 하나씩 입는 경우의 수는?

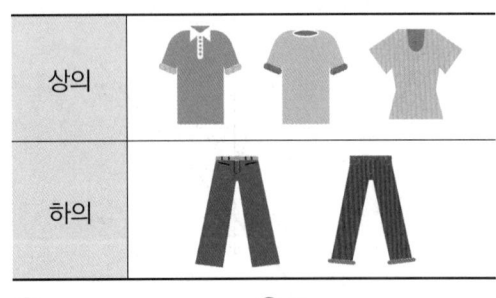

상의	
하의	

① 6 　　② 7

③ 8 　　④ 9

15 $\sqrt{50} = \sqrt{5^2 \times 2} = a\sqrt{2}$ 일 때, 수 a의 값은?

① 4 　　② 5

③ 6 　　④ 7

16 $(x+2)(x+3)$을 전개한 식이 $x^2 + mx + 6$일 때, 수 m의 값은?

① 3 　　② 4

③ 5 　　④ 6

17 이차함수 $y = (x-1)^2 - 1$의 그래프에 대한 설명으로 옳은 것은?

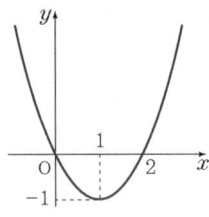

① 위로 볼록이다.

② 점 $(0, 1)$을 지난다.

③ 직선 $x = -1$을 축으로 한다.

④ 꼭짓점의 좌표는 $(1, -1)$이다.

18 그림과 같은 직각삼각형 ABC에서 $\overline{AB}=5$, $\overline{BC}=3$, $\overline{CA}=4$일 때, $\cos B$의 값은?

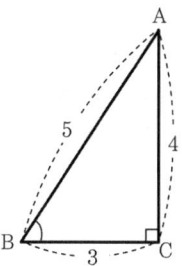

① $\dfrac{3}{4}$ ② $\dfrac{3}{5}$

③ $\dfrac{4}{5}$ ④ $\dfrac{5}{4}$

19 그림의 원 O에서 호 AB에 대한 원주각 $\angle APB = 50°$일 때, 호 AB에 대한 중심각 $\angle AOB$의 크기는?

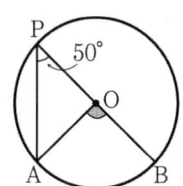

① 60°   ② 80°

③ 100°   ④ 120°

20 자료는 어느 소방서에서 최초 신고 시각부터 현장 도착 시각까지의 소요 시간을 7차례 조사하여 나타낸 것이다. 이 자료의 중앙값은?

(단위 : 분)

7 8 4 9 15 5 3

① 4분   ② 7분

③ 8분   ④ 15분

2025년 제2회

영어

2025년 제2회 기출문제

정답 및 해설 p.42

01 다음 중 밑줄 친 단어의 뜻으로 가장 적절한 것은?

> Students are usually <u>quiet</u> in the library.

① 가까운   ② 건강한

③ 신나는   ④ 조용한

02 다음 중 밑줄 친 두 단어의 의미 관계와 <u>다른</u> 것은?

> I feel so <u>cold</u>. I need some <u>hot</u> water.

① thin – thick

② small – little

③ weak – strong

④ light – heavy

[3~4] 다음 중 빈칸에 들어갈 말로 가장 적절한 것을 고르시오.

03

> My math teacher _____ so smart.

① am   ② is

③ are   ④ were

04

> Amy has one brother, _____ he is seven years old.

① of   ② to

③ and   ④ with

[5~6] 다음 중 대화의 빈칸에 들어갈 말로 가장 적절한 것을 고르시오.

05

> A : Harry, _____ you do me a favor?
> B : Sure. What is it?

① am   ② are

③ can   ④ have

06

> A : What are you going to do this weekend?
> B : I'm going to go hiking. Do you want to come with me?
> A : _____.

① Yes, you are

② No, he wasn't

③ They look tired

④ Yes, I'd love to

07 다음 중 빈칸에 공통으로 들어갈 말로 가장 적절한 것은?

> • She wants to _____ her son.
> • I am so sorry. I missed your _____.

① call
② well
③ drink
④ travel

08 다음은 John의 주중 계획표이다. 화요일에 할 일은?

Monday	Tuesday	Wednesday	Thursday
play the piano	ride a bike	clean my room	go to a museum

① 피아노 치기
② 자전거 타기
③ 방 청소하기
④ 박물관 가기

09 그림으로 보아 빈칸에 들어갈 말로 가장 적절한 것은?

> A : What is the girl doing?
> B : She is _____.

① drinking tea
② making cookies
③ eating an apple
④ washing the dishes

10 다음 대화가 끝난 후 두 사람이 함께 할 일은?

> A : Oh, no! The dance contest is tomorrow.
> B : Is there anything I can do to help?
> A : Can you help me practice dancing?
> B : Sure. Let's go practice together.

① 농구하러 가기
② 우편물 보내기
③ 사진 찍으러 가기
④ 춤 연습하러 가기

11 다음 대화의 빈칸에 들어갈 말로 가장 적절한 것은?

> A : Did you enjoy the magic show?
> B : Yes, _____. How about you?
> A : I also enjoyed it. The tricks were amazing.

① it was wonderful
② we had a boring time
③ he doesn't like vegetables
④ I played baseball with my friends

12 다음 대화의 주제로 가장 적절한 것은?

> A : Are you ready for the trip tomorrow?
> B : Yes. I packed everything, but I don't have a fan.
> A : Don't worry. I'll bring one for you.

① 강의 계획　　　② 동물 보호
③ 여행 준비　　　④ 음식 소개

13 다음 홍보문을 보고 행사에 대해 알 수 <u>없는</u> 것은?

> **Movie of the Week**
> ● Title : The Life of Polar Bears
> ● Place : Dream Community Center
> ● Time : 7:00~9:00 p.m.

① 영화 제목　　　② 관람 비용
③ 상영 장소　　　④ 상영 시간

14 다음 방송의 목적으로 가장 적절한 것은?

> Attention, shoppers! We have a special event for our customers this week. If you spend over $50, you will get a 5% discount. Thank you for shopping with us.

① 지역 특산물 소개
② 계절 한정 상품 소개
③ 매장 마감 시간 안내
④ 특별 할인 행사 안내

15 다음 대화에서 A가 학교 콘서트에 가고 싶어 하는 이유는?

> A : I can't wait to go to the school concert!
> B : Why? Is there anything special this year?
> A : Yes, a popular band is performing.

① 경품 행사가 있어서
② 무료 사진 촬영이 있어서
③ 수업이 일찍 끝나서
④ 인기 있는 밴드가 공연해서

16 다음 *Forest Adventures*에 대한 설명과 일치하지 <u>않는</u> 것은?

> The book, *Forest Adventures*, was written by the famous writer, Anna Brown. The main characters are a girl and a puppy. The book tells a story about their friendship. You can buy it in bookstores in October.

① 무명 작가에 의해 쓰였다.
② 주인공은 소녀와 강아지이다.
③ 우정에 관한 이야기를 담고 있다.
④ 서점에서 10월에 구매할 수 있다.

17 다음 글에서 The Pig Festival에 대해 언급된 내용이 <u>아닌</u> 것은?

The Pig Festival is the biggest celebration in my town. Last year, 5,500 people visited the festival. Its main events are a pig race and a fireworks show. People can buy delicious food like hot dogs and cotton candy.

① 작년 방문자 수
② 주차장 위치
③ 주요 행사
④ 판매 음식

18 다음 글에서 Jiho가 제안한 것으로 가장 적절한 것은?

I'm worried because I often buy things that I don't need. So, I asked my friend, Jiho, for advice. He suggested making a list of things to buy. I think this is a really good idea.

① 운동화 구매하기
② 구매 목록 작성하기
③ 가족과 시간 보내기
④ 새로운 친구 사귀기

19 그래프로 보아 다음 빈칸에 들어갈 말로 가장 적절한 것은?

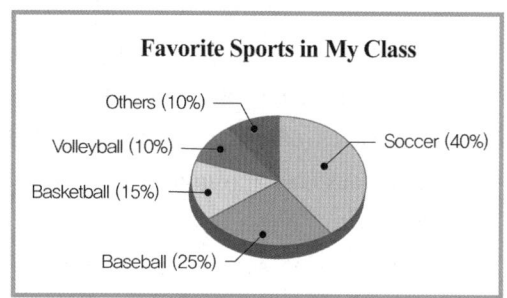

The students in my class like _____ the most.

① soccer
② baseball
③ basketball
④ volleyball

20 다음 글의 흐름으로 보아 어울리지 <u>않는</u> 문장은?

These days, robots play many different roles. ① <u>Some robots take orders in restaurants.</u> ② <u>Others make coffee at cafés.</u> ③ <u>Coffee beans are grown in warm areas.</u> ④ <u>They also work as guides at airports.</u> Robots are all around us.

21 다음 글에서 밑줄 친 them이 가리키는 것으로 가장 적절한 것은?

> Imagine mosquitoes are flying around in your room. What would you do? Tomatoes can help. Many people like tomatoes, but mosquitoes dislike them. Bowls of crushed tomatoes can keep these insects away from your room.

① bowls
② trees
③ tomatoes
④ mosquitoes

22 극장에서 지켜야 할 사항으로 언급되지 <u>않은</u> 것은?

> **Theater Rules**
> • Don't take pictures.
> • Don't make loud noises.
> • Don't kick the seat in front of you.

① 음식 먹지 않기
② 사진 찍지 않기
③ 시끄럽게 하지 않기
④ 앞 좌석 발로 차지 않기

23 다음 글의 주제로 가장 적절한 것은?

> Using mobile phones too much can have harmful effects. For example, it can cause dry eyes. Also, you can get neck pains. It is important to know these negative effects.

① 현명한 시간 관리 방법
② 영상 편집 기술의 발전
③ 휴대폰 과다 사용의 악영향
④ 주기적인 스트레칭의 중요성

24 다음 글을 쓴 목적으로 가장 적절한 것은?

> Hi, Steve. This is Bill. There is a student debate this Friday. However, one of our team members caught a bad cold, so he cannot come to the debate. Can you help us and join our team? We hope to hear from you soon.

① 거절하려고
② 구매하려고
③ 부탁하려고
④ 환불하려고

25 다음 글의 바로 뒤에 이어질 내용으로 가장 적절한 것은?

> Living in another country is not always easy. I have been living in Mexico for three years. Since my family moved here, I have found many cultural differences between Mexico and Korea. Here are some examples that I want to share with you.

① 프랑스 대학에 입학하는 방법
② 한국에 남아 있는 가족의 소식
③ 1년 전 한국으로 이사를 한 이유
④ 멕시코와 한국의 문화적 차이 사례

사회

2025년 제2회 기출문제

정답 및 해설 p.46

01 다음 설명에 해당하는 기후는?

> • 짧은 여름 동안에만 기온이 0℃ 이상으로 올라간다.
> • 농업이 거의 불가능하여 주민들은 순록을 유목하거나 물고기, 바다표범 등을 사냥하며 생활한다.

① 스텝 기후　　　　② 툰드라 기후
③ 지중해성 기후　　④ 서안 해양성 기후

02 다음 중 석회동굴 내부에서 발달할 수 <u>없는</u> 것은?

① 석순　　　　② 석주
③ 오름　　　　④ 종유석

03 다음 설명에 해당하는 문화 지역은?

> • 우리나라와 중국, 일본을 중심으로 한다.
> • 유교, 불교, 한자, 젓가락 문화 등이 공통으로 나타난다.

① 건조 문화 지역
② 유럽 문화 지역
③ 동아시아 문화 지역
④ 아프리카 문화 지역

04 다음의 행동 요령과 관련된 자연재해는?

> • 내 집 앞, 내 점포 앞 도로의 눈은 내가 치웁니다.
> • 제설 도구나 미끄럼 방지 장치를 차량에 준비합니다.
> • 붕괴가 우려되는 가옥이나 건축물은 사전 점검 및 보강하여 피해를 예방합니다.

① 가뭄　　　　② 지진
③ 태풍　　　　④ 폭설

05 다음 설명에 해당하는 자원은?

> • 고온 다습한 아시아 계절풍 지대의 넓은 평야 지대에서 주로 재배한다.
> • 대체로 생산지에서 소비되므로 국제 이동량이 적은 편이다.
> • 이 자원으로 만든 대표 음식으로는 베트남의 국수, 인도네시아의 나시고렝이 있다.

① 쌀　　　　② 커피
③ 옥수수　　④ 카카오

06 다음에서 설명하는 것은?

> 산업화와 도시화로 촌락의 인구가 도시로 이동하는 현상

① 랜드마크
② 이촌 향도
③ 인구 밀도
④ 다국적 기업

07 다음에서 설명하는 것은?

> 도시의 무질서한 팽창을 막고 녹지 공간을 확보하기 위해 일부 대도시 주변에 설정한 지역이다.

① 부도심
② 위성 도시
③ 중심 업무 지구(CBD)
④ 개발 제한 구역(greenbelt)

08 다음 중 ㉠, ㉡에 들어갈 내용으로 옳은 것은?

> • (㉠) : 영토 주변의 바다로, 그 범위는 일반적으로 기선으로부터 12해리까지이다.
> • (㉡) : 기선으로부터 200해리까지의 수역 중 (㉠)을/를 제외한 바다이다.

	㉠	㉡
①	영공	영해
②	영공	배타적 경제 수역
③	영해	배타적 경제 수역
④	배타적 경제 수역	영해

09 다음에서 설명하는 국가 기관은?

> • 선거의 공정한 관리와 정당에 관한 사무 처리를 위하여 설치되었다.
> • 선거 운동과 투표 및 개표를 관리하고 유권자의 투표 참여를 독려한다.

① 대법원
② 특허 법원
③ 국가 인권 위원회
④ 선거 관리 위원회

10 다음 중 ㉠에 들어갈 내용으로 옳은 것은?

> 주권이란 국가의 의사를 결정하는 최고 권력입니다. (㉠)(이)란 이와 같은 주권이 국민에게 있다는 것을 의미합니다. 따라서 국민은 국가의 주인으로서 권리를 행사할 수 있으며, 모든 국가 권력의 행사는 국민의 동의를 바탕으로 합니다.

① 희소성
② 심급 제도
③ 국민 주권의 원리
④ 권력 분립의 원리

11 다음에서 설명하는 것은?

> • 대통령, 국무총리, 국무 위원으로 구성되는 행정부의 최고 심의 기관이다.
> • 행정부의 권한에 속하는 중요한 정책을 심의한다.

① 국회
② 국무 회의
③ 노동조합
④ 헌법 재판소

12 다음에서 설명하는 법은?

> • 공적인 생활 영역을 다루는 법이자 우리나라의 최고 법이다.
> • 국민의 권리와 의무, 국가의 통치 조직과 운영 원리 등을 규정한다.

① 민법   ② 상법
③ 헌법   ④ 노동법

13 표에서 알 수 있는 초콜릿의 균형 가격에 따른 균형 거래량은?

〈 초콜릿의 가격에 따른 수요량과 공급량 〉

가격(원)	2,000	4,000	6,000	8,000
수요량 (만 개)	22	20	18	16
공급량 (만 개)	14	16	18	20

① 14만 개   ② 16만 개
③ 18만 개   ④ 20만 개

14 다음 중 ㉠에 들어갈 용어는?

(㉠)은/는 시장에서 거래되는 여러 상품의 가격을 종합한 평균적인 가격 수준을 의미합니다. (㉠)이/가 지속적으로 상승하는 현상을 인플레이션이라고 합니다.

① 물가   ② 분업
③ 신용   ④ 실업

15 다음 설명에 해당하는 집단으로 가장 적절한 것은?

> • 인간의 사회화에 영향을 미치는 집단이다.
> • 비슷한 나이의 친구 집단으로, 소속감과 심리적 안정감을 추구한다.
> • 놀이를 통해 공동체 생활에 필요한 규칙과 질서를 배운다.

① 정당   ② 회사
③ 이익 집단   ④ 또래 집단

16 다음에서 설명하는 것은?

> 한 사회의 구성원들이 주어진 환경에 적응하면서 만들어 온 공통의 생활 양식으로 의식주, 예술, 종교 등이 포함된다.

① 문화   ② 본능
③ 인종   ④ 유전

17 다음 유물을 처음으로 제작한 시대는?

◆ 한국사 유물 카드 ◆

• 명칭 : 주먹도끼
• 특징 : 사냥, 나무 손질 등 다양한 용도로 사용됨.

① 철기 시대   ② 구석기 시대
③ 신석기 시대   ④ 청동기 시대

18 다음 설명에 해당하는 백제의 왕은?

- 수도를 사비로 옮겼다.
- 국호를 남부여로 바꾸었다.
- 관산성 전투에서 전사하였다.

① 성왕　　　　② 광종
③ 세조　　　　④ 광개토 대왕

19 다음 중 ㉠에 들어갈 나라는?

대조영은 고구려 유민과 말갈족을 이끌고, 동모산을 도읍으로 정하고 (㉠)을/를 세웠다. 이 나라는 일본에 보낸 외교 문서에 '고려 국왕'이라 표현하며 고구려 계승 의식을 분명히 나타내었다.

① 가야　　　　② 발해
③ 신라　　　　④ 대한 제국

20 다음 중 ㉠에 들어갈 고려의 왕으로 옳은 것은?

〈　㉠　의 개혁 정치〉

- 친원 세력 제거
- 쌍성총관부 공격
- 전민변정도감 설치

① 영조　　　　② 공민왕
③ 의자왕　　　④ 선덕여왕

21 다음에서 설명하는 사건은?

- 원인 : 조선이 청의 군신 관계 요구를 받아들이지 않음.
- 전개 : 청이 조선을 침략하자 인조는 남한산성에서 항전함.
- 결과 : 인조는 삼전도에서 청과 굴욕적인 화의를 맺음.

① 병자호란　　② 귀주 대첩
③ 살수 대첩　　④ 삼국 통일

22 다음 중 ㉠에 들어갈 내용으로 옳은 것은?

정조의 뒤를 이어 어린 나이의 순조가 왕위에 오르자 안동 김씨 등 특정 가문이 권력을 잡고 국정을 장악하는 (㉠)이/가 본격적으로 전개되었다.

① 골품제　　　② 세도 정치
③ 유신 헌법　　④ 화백 회의

23 조선 세종의 정책으로 옳은 것을 〈보기〉에서 고른 것은?

| 보기 |

ㄱ. 4군 6진 개척　　ㄴ. 갑오개혁 실시
ㄷ. 을사늑약 체결　　ㄹ. 훈민정음 창제

① ㄱ, ㄴ　　　② ㄱ, ㄹ
③ ㄴ, ㄷ　　　④ ㄷ, ㄹ

24 다음 중 ㉠에 들어갈 일제 식민 정책으로 옳은 것은?

> 1910년부터 1918년까지 일제는 근대적 토지 소유권 확립을 명분으로 (㉠)을 실시하였고, 빼앗은 국유지와 공유지는 일본인에게 싼 값으로 넘겼다.

① 탕평책　　　　② 호패법
③ 노비안검법　　④ 토지 조사 사업

25 다음 설명에 해당하는 사건은?

> 1987년 학생과 시민들은 대학생 박종철이 고문으로 인해 사망하자, 이에 대한 진상 규명과 대통령 직선제 개헌을 요구하며 대규모 시위를 전개하였다.

① 새마을 운동　　② 위화도 회군
③ 6월 민주 항쟁　④ 국채 보상 운동

01 그림과 같이 수평면에서 물체를 밀어 움직일 때, 물체의 바닥면에 작용하는 마찰력의 방향은?

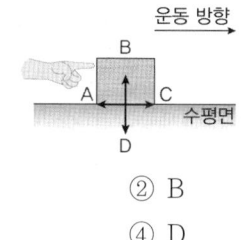

① A
② B
③ C
④ D

02 다음 설명에 해당하는 것은?

> • 물체의 실제 크기보다 상의 크기가 작고, 넓은 범위를 볼 수 있다.
> • 굽은 도로의 안전 거울로 사용된다.

① 볼록 거울
② 오목 거울
③ 볼록 렌즈
④ 오목 렌즈

03 그림은 전압이 3V인 전지를 이용하여 구성한 전기 회로를 나타낸 것이다. 전구 ㉠에 걸리는 전압이 3V일 때, 전구 ㉡에 걸리는 전압(V)은?

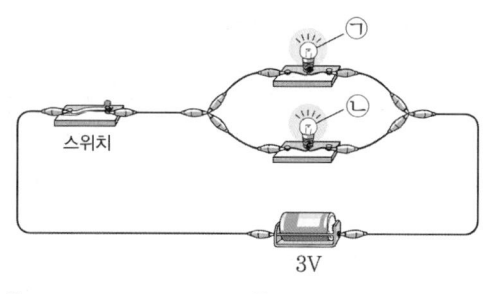

① 1
② 2
③ 3
④ 4

04 구리 공을 가열하였더니 부피가 커졌다. 다음 중 구리 공의 부피가 커질 때 증가한 것은?

① 구리 입자의 수
② 구리 공의 밀도
③ 구리 입자의 질량
④ 구리 입자 사이의 거리

05 그래프는 일정한 속력으로 운동하는 물체의 시간에 따른 속력을 나타낸 것이다. 0~5초 동안 물체가 이동한 거리(m)는?

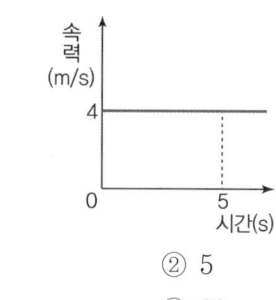

① 4
② 5
③ 10
④ 20

06 다음 설명에서 ㉠에 해당하는 에너지는?

> 물체의 위치 에너지와 ┌─ ㉠ ─┐의 합을 역학적 에너지라고 한다.

① 빛에너지
② 열에너지
③ 운동 에너지
④ 전기 에너지

07 다음 설명에서 ㉠에 해당하는 현상은?

> 향수병의 뚜껑을 열어 두면 향수 입자가 멀리 퍼진다. 그 이유는 향수 입자가 스스로 운동하여 공기 중으로 ㉠ 하기 때문이다.

① 액화
② 융해
③ 응고
④ 확산

08 그림은 물질의 상태 변화를 나타낸 것이다. A~D 중 물이 끓어서 수증기가 되는 과정은?

① A
② B
③ C
④ D

09 그림은 메테인 분자(CH_4) 모형을 나타낸 것이다. 메테인 분자 1개를 구성하는 수소 원자의 개수는?

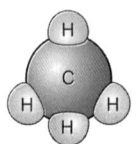

① 1개
② 2개
③ 3개
④ 4개

10 그림은 컵에 식용유와 물을 넣은 모습을 나타낸 것이다. 식용유가 물 위에 뜨는 이유는?

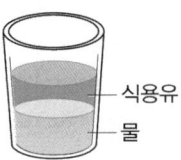

식용유
물

① 식용유의 밀도가 물보다 작기 때문이다.
② 식용유의 비열이 물보다 작기 때문이다.
③ 식용유의 어는점이 물보다 낮기 때문이다.
④ 식용유의 끓는점이 물보다 높기 때문이다.

11 그림은 수소(H_2)와 질소(N_2)가 반응하여 암모니아(NH_3)를 생성하는 과정을 나타낸 것이다. 다음 중 이와 같은 화학 반응이 일어날 때 달라지는 것은?

수소   질소   암모니아

① 원자의 개수
② 원자의 배열
③ 원자의 종류
④ 원자의 질량

12 다음 설명에 해당하는 법칙은?

> 화학 반응이 일어날 때 반응 물질의 총 질량과 생성 물질의 총 질량은 항상 같다.

① 보일 법칙
② 기체 반응 법칙
③ 질량 보존 법칙
④ 일정 성분비 법칙

13 다음 설명에 해당하는 생물계는?

- 참새, 개구리, 호랑이가 포함된다.
- 먹이를 섭취하여 양분을 얻는 생물 무리이다.

① 균계
② 동물계
③ 식물계
④ 원생생물계

14 그림은 식물의 잎에서 일어나는 광합성 과정을 나타낸 것이다. 광합성 결과 생성된 기체 ㉠은?

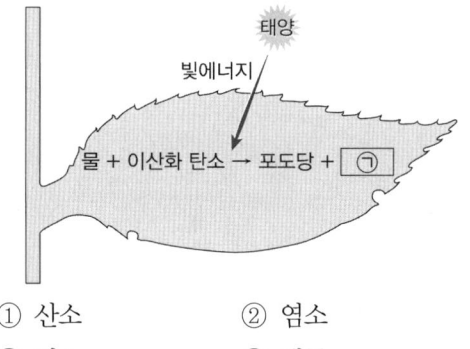

① 산소
② 염소
③ 질소
④ 헬륨

15 다음 중 사람의 호흡계에 속하지 <u>않는</u> 기관은?

① 위
② 코
③ 폐
④ 기관지

16 다음 설명에 해당하는 것은?

- 산소를 운반한다.
- 붉은색을 띠는 헤모글로빈이 들어 있다.

① 백혈구
② 적혈구
③ 혈소판
④ 암모니아

17 사람 눈의 구조 중 동공의 크기를 변화시켜 눈으로 들어오는 빛의 양을 조절하는 것은?

① 고막
② 홍채
③ 수정체
④ 달팽이관

18 다음 설명에 해당하는 것은?

- 혈당량 감소에 관여하는 호르몬이다.
- 내분비샘 중 이자에서 분비된다.

① 인슐린
② 쓸개즙
③ 아밀레이스
④ 에스트로젠

19 그림은 어느 집안의 ABO식 혈액형 가계도를 유전자형으로 나타낸 것이다. ㉠에 해당하는 유전자형은? (단, 돌연변이는 없다.)

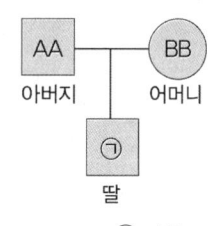

① AA
② AB
③ BB
④ BO

20 다음 설명에 해당하는 암석은?

- 마그마가 천천히 식어서 굳어진 것이다.
- 주로 밝은색 광물로 구성되어 있다.

① 사암
② 역암
③ 현무암
④ 화강암

21 다음 설명에서 ㉠에 해당하는 광물은?

> ㉠ 은 자성이 있어 쇠못이나 클립과 같은 작은 쇠붙이가 달라붙는 성질이 있다.

① 금   ② 석영
③ 방해석   ④ 자철석

22 다음 설명에 해당하는 태양계 행성은?

> • 태양과 가장 가까운 거리에 있다.
> • 대기가 거의 없어 표면에 운석 구덩이가 많다.

① 금성   ② 목성
③ 수성   ④ 화성

23 다음 중 지구의 수권에서 가장 큰 부피를 차지하는 것은?

① 빙하   ② 해수
③ 지하수   ④ 하천수와 호수

24 그림은 우리나라의 날씨에 영향을 주는 기단을 나타낸 것이다. 다음 중 시베리아 기단의 성질에 해당하는 것은?

① 고온 다습   ② 온난 건조
③ 한랭 건조   ④ 한랭 다습

25 다음 설명에 해당하는 우리은하의 구성 천체는?

> • 수만에서 수십만 개의 별들이 공 모양으로 빽빽하게 모여 있다.
> • 붉은색을 띠는 저온의 별이 많다.

① 구상 성단   ② 산개 성단
③ 반사 성운   ④ 방출 성운

도덕

2025년 제2회 기출문제

정답 및 해설 p.53

01 다음은 서술형 평가 문제와 학생 답안이다. 밑줄 친 ㈀~㈃ 중 적절하지 않은 것은?

> 문제 : 사람의 특성에 대해 서술하시오.
>
> 〈학생 답안〉
> 사람은 ㈀ 생각하는 능력을 지닌 이성적 존재이며, ㈁ 욕구와 충동을 조절하며 옳은 것을 선택할 수 있는 도덕적 존재이다. 또한 ㈂ 필요한 도구를 만들어 사용하는 도구적 존재이며, ㈃ 다른 사람과 동떨어져 고립되어 살아가는 사회적 존재이다.

① ㈀
② ㈁
③ ㈂
④ ㈃

02 다음에서 소개하는 인물은?

> ◈ 도덕 인물 카드 ◈
> • 유교의 대표적 사상가
> • 사람은 누구나 타인을 측은히 여기는 선한 마음을 가지고 태어난다고 주장함.

① 맹자
② 순자
③ 장자
④ 석가모니

03 다음 중 통일 한국이 추구해야 할 가치로 적절하지 않은 것은?

① 인권
② 자유
③ 혐오
④ 정의

04 다음에서 도덕적인 행동을 하기 위해 A에게 필요한 것은?

> A가 친구의 컵을 실수로 깨뜨렸다. A는 거짓말을 하지 말아야 한다는 것을 알고 있었지만, 누가 컵을 깨뜨렸냐는 친구의 물음에 솔직하게 답하지 못했다.

① 고정관념
② 생명 존중
③ 책임 전가
④ 도덕적 실천 의지

05 다음 대화에서 교사가 사용한 도덕 원리 검토 방법은?

제가 그 아이에게 욕을 한 이유는 친한 친구 사이이기 때문입니다.
학생

그 친구도 너와 친하다는 이유로 너에게 욕을 해도 괜찮을까?
교사

① 반증 사례 검사
② 사실 판단 검토
③ 역할 교환 검사
④ 정보의 출처 평가

06 다음에서 설명하고 있는 사이버 공간의 특징은?

> 사이버 공간은 누구에게나 열려 있는 공간으로 자신이 원하는 정보에 쉽게 접근할 수 있으며, 다양한 정보나 의견을 주고받을 수 있다.

① 개방성　　　　② 대면성

③ 제약성　　　　④ 폐쇄성

07 ㉠에 들어갈 용어로 가장 적절한 것은?

> 〈　　　㉠　　　〉
> • 의미 : 인간의 정신 활동을 통해 얻는 가치
> • 예시 : 사랑, 지혜, 아름다움 등

① 도구적 가치　　② 물질적 가치

③ 수단적 가치　　④ 정신적 가치

08 다음 중 죽음에 대한 도덕적 성찰의 필요성으로 가장 적절한 것은?

① 삶을 허비하기 위함이다.

② 삶의 무한함을 알기 위함이다.

③ 삶의 소중함을 깨닫기 위함이다.

④ 두려움과 고통 속에서 살아가기 위함이다.

09 (가), (나)에 해당하는 덕목으로 옳게 짝지어진 것은?

> • (가) : 부모가 자녀에게 베푸는 헌신적인 사랑
> • (나) : 형제자매가 서로 아끼고 정답게 지내는 것

	(가)	(나)
①	자애	우애
②	자애	경로
③	경로	효도
④	우애	효도

10 봉사 활동에 참여하는 바람직한 태도로 옳은 것을 〈보기〉에서 고른 것은?

> ┤ 보기 ├
> ㄱ. 금전적인 대가를 요구하지 않아야 한다.
> ㄴ. 이웃에 대한 사랑을 기반으로 실시해야 한다.
> ㄷ. 공공의 이익보다 자신의 이익만을 추구해야 한다.
> ㄹ. 자발적으로 하는 것이 아니라 남이 시킬 때 해야 한다.

① ㄱ, ㄴ　　　　② ㄱ, ㄹ

③ ㄴ, ㄷ　　　　④ ㄷ, ㄹ

11 다음에서 강조하는 덕목으로 가장 적절한 것은?

> • 자네가 행복할 때 자네 못지않게 그것을 기뻐해 줄 누군가가 있다면 얼마나 더 기쁘겠는가?
>   – 키케로 –
> • 선행은 친구를 향한 것일 때 가장 탁월하고 칭찬받을 만하다. 친구와 함께 가면 생각도 행동도 더욱 강해진다.
>   – 아리스토텔레스 –

① 경쟁   ② 우정
③ 복종   ④ 위선

12 표에서 폭력을 예방하는 방법으로 옳은 것만을 모두 '✔' 표시한 학생은?

방법＼학생	A	B	C	D
• 타인에게 공감하는 능력 키우기		✔		✔
• 폭력 예방 교육에 적극적으로 참여하기		✔	✔	✔
• 강압적으로 문제를 해결하는 습관 기르기	✔		✔	✔

① A   ② B
③ C   ④ D

13 ㉠에 들어갈 용어로 가장 적절한 것은?

> 북한은 경계의 대상이면서 다른 한편으로는 교류하고 협력해야 하는 대상이다. 그러므로 북한을 올바르게 이해하기 위해서는 북한에 대한 (㉠)인 시각을 가져야 한다.

① 균형적   ② 배타적
③ 일방적   ④ 편향적

14 바람직한 시민의 태도로 옳은 것을 〈보기〉에서 고른 것은?

> ┤ 보기 ├
> ㄱ. 타인의 권리를 경시하는 태도
> ㄴ. 국가 공동체를 소중히 여기는 태도
> ㄷ. 다른 민족과 국가를 배척하는 태도
> ㄹ. 국가의 정책 결정 과정에 자발적으로 참여하는 태도

① ㄱ, ㄴ   ② ㄱ, ㄷ
③ ㄴ, ㄹ   ④ ㄷ, ㄹ

2025년 제2회

15 ㉠에 들어갈 말로 가장 적절한 것은?

정의로운 사회는 왜 필요할까요?

(㉠) 필요합니다.

① 비도덕적 공동체를 형성하기 위해
② 불합리한 사회 제도를 만들기 위해
③ 사회 구성원의 인간다운 삶을 보장하기 위해
④ 일부 구성원에게만 유리한 사회를 만들기 위해

16 다음 설명에 해당하는 용어는?

- 국민의 인간다운 삶을 보장하기 위해 국가가 적극적인 역할을 해야 한다는 국가관
- 의료나 교육 등 다양한 복지를 제공해야 한다는 국가관

① 무정부 국가관
② 소극적 국가관
③ 적극적 국가관
④ 폐쇄적 국가관

17 ㉠에 들어갈 용어로 가장 적절한 것은?

갈등을 (㉠)적으로 해결하면 어떤 점이 좋을까? 서로가 만족할 수 있는 해결책을 찾을 수 있고, 서로를 이해하고 존중하는 기회가 될 수 있다.

① 독단
② 억압
③ 차별
④ 평화

18 다음 중 인권의 특징으로 적절하지 않은 것은?

① 보편성
② 일회성
③ 천부성
④ 불가침성

19 (가)와 (나)에 해당하는 내용으로 가장 적절한 것은?

현대 과학 기술의 발전에는 (가) 긍정적인 측면과 아울러 (나) 부정적인 측면도 있다.

① (가) : 자연환경을 훼손한다.
② (가) : 건강한 삶과 생명 연장에 기여한다.
③ (나) : 교통의 발달로 생활권이 확대된다.
④ (나) : 생활을 풍요롭고 편리하게 해 준다.

20 ㉠에 공통으로 들어갈 용어로 가장 적절한 것은?

> • (㉠)이란 일반적으로 즐거움이나 만족감을 느끼는 상태를 말한다.
> • 진정한 (㉠)을 위해서는 좋은 습관이 필요하다.

① 불안 ② 비판
③ 탐욕 ④ 행복

21 다음 중 바람직한 성 윤리에 대한 설명으로 가장 적절한 것은?

① 성적 욕구가 곧 사랑이라고 생각한다.
② 성에 대한 상대방의 의사를 존중하고 배려한다.
③ 성에 대한 자신의 의사를 일방적으로 강요한다.
④ 행위의 결과를 고려하지 않고 성적 욕구를 충족한다.

22 다음 퀴즈에 대한 정답으로 옳은 것은?

> 자신에게 잘못한 사람을 향한 분노와 같은 감정을 버리고, 그 사람을 너그럽게 대하는 것을 무엇이라고 할까요?

① 미움 ② 용서
③ 질투 ④ 충동

23 다음 문제를 해결하기 위해 필요한 태도로 가장 적절한 것은?

> 〈 세계 시민이 겪는 도덕 문제 〉
> • 식량 부족으로 인한 빈곤과 기아
> • 기후 위기나 전쟁 등으로 인한 난민 증가

① 방관 ② 불신
③ 무관심 ④ 인류애

24 다음 중 자아에 대한 설명으로 가장 적절한 것은?

① 내가 보는 타인의 모습을 자아라고 한다.
② 자아는 개인적인 특징, 능력, 성격과 무관하다.
③ 자아는 영원히 변할 수 없고 고정되어 있는 것이다.
④ 나를 알아가는 과정에서 확인하는 자신의 모습이다.

25 교사의 질문에 적절한 대답을 한 학생은?

> 다양한 문화를 바라보는 바람직한 태도는 무엇일까요? 교사

> 학생 1 보편 규범에 근거하여 문화를 성찰해야 합니다.
> 학생 2 다양한 문화가 지닌 고유한 의미를 무시해야 합니다.
> 학생 3 우리 문화보다 다른 문화를 열등하게 여겨야 합니다.
> 학생 4 문화 사대주의 관점에서 다른 문화를 바라보아야 합니다.

① 학생 1 ② 학생 2
③ 학생 3 ④ 학생 4

국어 2025년 제2회				
01 ③	02 ①	03 ③	04 ②	05 ③
06 ④	07 ①	08 ②	09 ④	10 ④
11 ③	12 ①	13 ①	14 ③	15 ①
16 ④	17 ②	18 ④	19 ④	20 ③
21 ①	22 ④	23 ④	24 ②	25 ②

01 정답 ③

왼쪽 남자 아이는 '친구와 싸웠는데 화해를 못 해서 고민'이라고 말하고 있다. 그러자 오른쪽 사람이 '무슨 일로 싸웠냐'며 ㉠과 같이 묻고 있다. 따라서 ㉠은 상대방이 이야기를 이어가도록 질문을 하고 있는 것이므로 ③이 적절하다.

02 정답 ①

조카가 친구들 앞에서 발표할 때마다 불안하다고 하였고, 따라서 발표 불안에 대한 해결책을 주는 것이 적절하다. 따라서 ㉠에 들어갈 말로 적절하지 않은 것은 '연습을 절대 하지 말라'는 ①이다.

03 정답 ③

박스 안의 내용은 '대상을 가리키는 말소리와 의미 관계는 직접적 연관이 없다'는 '언어의 자의성'에 대한 설명이다. 따라서 ③이 적절하다.

오답 피하기

① 언어를 사용하는 사람들 사이의 약속으로 개인이 바꿀 수 없는 것이 언어의 사회성이다.
② 시간의 흐름에 따라 언어는 생성, 소멸, 변화된다는 것이 언어의 역사성이다.
④ 배웠거나 알고 있는 말을 바탕으로 새로운 단어나 문장을 끊임없이 만들어 낼 수 있는 것이 언어의 창조성이다.

04 정답 ②

단모음은 발음하는 동안 혀의 위치나 입술 모양이 변하지 않는 모음으로, 10개(ㅡ, ㅓ, ㅏ, ㅜ, ㅗ, ㅣ, ㅔ, ㅐ, ㅟ, ㅚ)가 존재한다. 이중모음은 발음 과정에서 혀의 위치나 입술 모양이 변하는 모음이다. '여유'는 이중모음으로 이루어져 있고 단모음만으로 이루어진 다른 낱말과 다르다. 따라서 ②가 적절하다.

05 정답 ③

'새'는 관형사로, 뒤에 오는 명사 '구두'를 꾸미는 기능을 한다. ③ '옛 추억'에서 '옛'은 뒤의 명사를 수식하는 관형사이므로 같은 품사이다.

오답 피하기

① '우아!'는 느낌을 의미하는 감탄사이다.
② '잡았다'는 동작이나 작용을 의미하는 동사이다.
④ '여기'는 장소를 나타내는 대명사이다.

06 정답 ④

'아기가 잠을 새근새근 잔다'에서 '새근새근'은 소리나 모양을 나타내는 음성상징어이다. '어떻게'의 의미를 나타내므로 부사어 역할을 하는 문장 성분이다. 따라서 부사어에 해당하는 ④가 정답이다.

오답 피하기

① 주어는 주체가 되는 말로 '아기가'가 해당한다.
② 보어는 '되다, 아니다' 앞에 오는 조사 '이, 가'가 붙은 문장 성분이다.
③ 목적어는 주체의 대상이 되고, 조사 '을, 를'이 붙은 문장 성분으로 '잠을'이 해당한다.

07 정답 ①

표준 발음법 제14항에서는 겹받침이 모음으로 시작하는 조사, 어미, 접미사와 결합할 때 앞의 자음은 종성으로 남고 뒤의 자음만 다음 음절의 첫소리로 옮겨 발음한다고 말하고 있다. 즉, 겹받침 뒤에 모음으로 시작하는 형식형태소가 오면 겹받침의 두 번째 자음이 연음된다는 것이다. 따라서 ①의 '닭은'은 [달근]으로 발음해야 적절하므로 답은 ①이다.

08 정답 ②

보기의 밑줄 친 낱말들 중 한글 맞춤법에 맞는 것은 '친구로서'이다. '~로서'는 신분이나 자격을 나타낼 때 사용하고, '~로써'는 수단이나 도구를 나타낼 때 사용한다.

오답 피하기

① 된장을 넣고 끓인 찌개는 '된장찌개'로 표기하는 것이 옳다.
③ '낳다'는 '새끼, 아이를 출산하다, 어떤 상황을 나타나게 하다'라는 뜻으로 예를 들어 '아이를 낳다, 분단의 비극을 낳다' 등이 있다. '낫다'는 '보다 더 좋다, 고쳐 원래대로 되다'라는 뜻으로 예문으로는 '외모는 형이 낫다, 병이 낫다' 등이 있다. 따라서 '낫다'인 '나았으면'으로 써야 한다.
④ '-든지'는 어느 것이 선택되어도 차이가 없는 둘 이상의 일을 나열할 때 사용하고, '-던지'는 과거 회상을 나타낼 때 사용한다.

09 정답 ④

달맞이꽃 관련 표에서 ㉠에 들어가야 할 내용은 달맞이꽃의 쓰임새에 관한 내용이어야 한다. 달맞이꽃을 활용한 천연염료의 내용은 쓰임새에 적절하므로 ④가 알맞다.

오답 피하기

① 달맞이꽃 이름의 뜻은 '달맞이꽃 소개'의 세부 내용으로 적절하다.
② 달맞이꽃의 꽃잎 모양은 '달맞이꽃의 생김새'의 세부 내용으로 적절하다.
③ 달맞이꽃이 잘 자라는 환경은 '달맞이꽃의 자생 환경'의 세부 내용으로 적절하다.

10 정답 ④

㉣은 '아무리 좋은 소리라도 듣는 사람이 처한 환경이나 마음 상태에 따라 소음이 될 수 있다'는 내용과 '아기의 울음소리도 엄마나 아기에게는 중요하지만 주변 사람들에게는 소음으로 들릴 수 있다'는 내용을 연결해줘야 한

다. 즉, '하지만'이 아닌 '예를 들어'로 바꾸는 것이 적절하다. 따라서 ④가 옳지 않다.

오답 피하기

① ㉠은 문맥이 자연스럽도록 '사람을'을 '사람에게'로 바꾸는 것이 적절하다.
② ㉡은 '안다'가 아닌 '않다'의 의미이므로 '않는'으로 고치는 것이 적절하다.
③ 이 글의 내용은 소음에 대한 이야기이다. ㉢은 백색소음의 유래에 관한 내용이기 때문에 글의 흐름에서 벗어나므로 삭제한다.

11 정답 ③

기형도의 시 「엄마 걱정」에서 화자는 어린 시절 혼자 집을 지키며 엄마를 기다렸던 경험을 회상한다. '아주 먼 옛날, 내 유년의 윗목'이라는 부분에서 화자가 과거를 돌아보는 회상의 형식임을 알 수 있다. 따라서 답은 ③이 적절하다.

오답 피하기

① 계절의 변화는 나와있지 않고, 시간적 배경은 '해는 시든 지 오래'를 통해 알 수 있다.
② 후각적 이미지는 냄새 또는 향기를 표현한 것이어야 한다. 위 시는 시각과 청각, 촉각이 나와있다.
④ 묻고 답하는 형식은 시 안에서 질문을 하고 답이 나와있는 것을 이야기한다. 이 시에는 나와있지 않다.

12 정답 ①

이 시의 화자는 A에서 엄마를 기다리며 불안과 외로움을 느꼈던 어린 시절을 회상하며 눈시울이 뜨거워진다. 이 표현에서 드러나는 주된 정서는 슬픔이므로 ①이 적절하다. '뿌듯함'이나 '즐거움'은 상황과 맞지 않으며, '행복함'도 부적절하다.

13 정답 ①

㉠은 '나는 찬밥처럼 방에 담겨'는 사물을 다른 사물에 비유할 때 '-처럼, -같이, -인 양, -인 듯'을 사용하여 대상을 드러내는 직유법이다. ① '봄빛처럼 포근한 눈'이 봄빛과 눈을 '-처럼'으로 연결하여 직접 비교하고 있으므로 적절하다.

② '-고'로 나열하고 있는 '열거법'이다.
③ 속마음과 반대로 표현하는 '반어법'이다.
④ 의문문의 형식으로 표현하는 '설의법'이다.

14 정답 ③
제시된 본문에 따르면 '소년'은 양평읍으로 이사를 갈 예정인 것이 아니라, 서울에서 온 '소녀'가 양평읍으로 이사 가는 것이다. 따라서 ③ '소년은 양평읍으로 이사를 갈 예정이다'라는 설명이 글의 내용과 일치하지 않는다.

15 정답 ①
[A]를 보면 소년은 자리에 누워서 내일 소녀네가 이사하는 것을 가볼 것인지 말 것인지를 고민한다. 이는 한 인물의 내면에서 어떤 것을 선택할지 갈등하는 내적 갈등이다. 따라서 ① 인물의 내적 갈등이 적절하다.

16 정답 ④
소설 「소나기」에서 소녀는 죽음을 앞두고 '자기 입던 옷을 그대로 입혀서 묻어 달라.'고 부탁한다. 이 옷은 소년이 소녀를 업고 도랑을 건널 때 젖은 옷이었고 두 사람의 추억이 담긴 물건이다. 따라서 소녀가 추억을 간직하고 싶어 하는 마음이 드러나는 소재는 ㄹ, 즉 자기 입던 옷이다.

17 정답 ②
「토끼전」의 [A] 부분에서 토끼는 오소리에게 '벼슬과 이사 생각을 하지 말라'고 경고한다. 따라서 ② '토끼는 오소리에게 이사를 권했다'는 설명은 사실과 정반대이므로 적절하지 않다. 나머지 선지의 토끼가 용왕을 속여 돌아왔다는 내용, 용왕이 토끼의 똥을 사용해 병이 낫는다는 내용, 별주부가 충신이 되었다는 내용은 모두 본문과 일치한다.

18 정답 ④
㉠은 용왕이 토끼에게 요구한 '간'(간을 내어 먹으면 병이 낫는다)을 가리킨다. 이는 용왕이 토끼에게 원하는 것이자 별주부가 바치고 싶어 했던 대상이며, 토끼가 살기 위해 지켜야 하는 신체 기관이다. 그러나 너구리가 열을 내리기 위해 먹는 것은 간이 아니므로 ④가 적절하지 않다.

19 정답 ④
토끼는 바닷가 바위에 올라 별주부를 향해 자신이 속았던 일을 꾸짖고 호통을 친다. 따라서 '마음껏 별주부에게 호령했다'는 표현이 어울리므로 ④가 적절하다. 아첨이나 축하는 토끼의 감정과 맞지 않으며, '충성' 역시 상황에 맞지 않는다.

20 정답 ③
윗글 「은행 문은 왜 안쪽으로 열릴까」에서는 문에 관한 네 부분을 설명한다. (가)에서 문이 기능적, 상징적 측면을 함께 가진다고 밝혔으며, (나)에서는 건물의 쓰임새에 따라 안여닫이, 밖여닫이로 구분된다고 했다. (다)에서는 주택 현관문이 공간 활용과 관련이 크다고 했고, (라)에서는 은행이 도난 방지를 위해 안여닫이를 달아 놓는다고 설명한다. 따라서 '문을 여닫는 방향은 공간의 활용과 관련이 없다'는 ③이 글의 내용과 일치하지 않는다.

21 정답 ①
(다) 부분의 ㉮에서는 외국과 우리나라의 주택 문화를 비교하여 현관문의 방향이 다른 이유를 설명하고 있다. 이는 두 대상을 비교하여 차이를 드러내는 대조의 설명 방법이므로 ①이 맞다.

② 분석은 대상을 구성 요소로 나누어 설명하는 방법이다.
③ 인과는 사실이나 현상의 원인과 결과를 연결해 설명하는 방법이다.
④ 정의는 어떤 대상의 본질적 뜻이나 개념을 풀이하는 설명 방법이다.

22 정답 ④

㉣ '전제'는 '어떤 일을 하기 앞서 그 일을 성립시키기 위한 조건이나 가정을 내세움'이라는 뜻이므로 '어떤 일이나 사물이 생겨남'은 적절하지 않다. 따라서 ④가 정답이다.

오답 피하기

㉠ '표시'는 '표를 하여 밖으로 드러내 보임'이라는 뜻이다.

㉡ '기준'은 '기본이 되는 표준'이라는 뜻이다.

㉢ '규모'는 '사물이나 현상의 크기나 범위'라는 뜻이다.

23 정답 ④

윗글 「디지털 치매, 걱정할 일 아니다」는 디지털 기기 사용과 기억력 저하를 둘러싼 현상을 다루면서 철학자 '미셸 세르'의 저서와 강연의 내용을 통해 전문가의 견해를 제시하고 있다. 통계 자료나 실험 예측, 속담 인용은 등장하지 않기 때문에 ④가 적절하다.

24 정답 ②

윗글의 중심 소재는 디지털 치매 현상이다. 본문을 보면 디지털 기술에 지나치게 의존해 기억력과 계산 능력이 떨어지는 현상을 소개하고, 이러한 현상을 인류의 진화 과정을 통해 장, 단점을 이야기하고 있다. 입의 기능이나 노동 환경의 변화, 문자와 인쇄술의 발명은 모두 보충 내용으로 언급되었을 뿐 중심 소재라고 볼 수 없으므로 답은 ②이다.

25 정답 ②

'디지털 기술은 인간의 기억력과 계산력 약화를 가져왔지만 창조적 능력을 향상시켰다'라는 문장 뒤에 '디지털 치매 현상은 인간 진화의 한 양상으로 볼 수 있지 않겠는가?' 라고 연결되고 있다. 따라서 ㉠에는 앞의 내용이 뒤의 내용의 이유나 원인, 근거가 될 때 쓰는 '그러므로'가 가장 적절하다.

오답 피하기

① '그러나'는 역접, ③ '만약에'는 조건, ④ '왜냐하면'은 이유를 도입하는 말이므로 문맥에 맞지 않는다.

수학 2025년 제2회

01	③	02	①	03	②	04	③	05	④
06	③	07	①	08	①	09	②	10	④
11	①	12	④	13	④	14	①	15	②
16	③	17	④	18	②	19	③	20	②

01 정답 ③

| 풀이 |

문제의 그림을 참고하면, 90은 $2 \times 3 \times 3 \times 5$와 같이 나타내어지고, 같은 수의 곱을 거듭제곱을 이용하여 나타내면, $2 \times 3^2 \times 5$가 된다.

따라서 정답은 ③이다.

> | 참고 | 거듭제곱
>
> 같은 수 또는 문자를 여러 번 곱할 때, 거듭제곱을 이용하여 나타낸다.
>
> 이때, 밑은 곱하여 지는 수, 지수는 곱한 횟수를 뜻한다.
>
> 예 $3 \times 3 \times 3 \times 3 = 3^4$

02 정답 ①

| 풀이 |

부호가 다른 두 수의 덧셈이므로, 수직선을 이용하여 계산하면,

$(+2)+(-5)$의 값은 원점으로부터 오른쪽으로 2만큼 이동한 후, 다시 왼쪽으로 5만큼 이동한 후의 점에 대응하는 수와 같으므로 -3이다.

그러므로, $(+2)+(-5)=-3$이다.

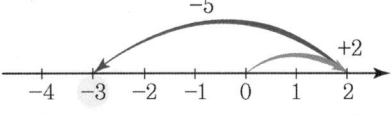

따라서 정답은 ①이다.

| 다른 풀이 |

부호가 다른 두 수의 덧셈은 두 수의 절댓값의 차에 절댓값이 큰 수의 부호를 붙인다.

2의 절댓값은 2이고, −5의 절댓값은 5이므로, 두 수의 절댓값의 차는 5−2＝3과 같고,
절댓값이 큰 수의 부호는 −이므로, 계산결과는 −3이 된다.

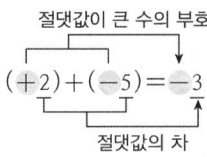

그러므로, 2+(−5)＝−3이다.

03 정답 ②

| 풀이 |

무게가 300g인 토끼 인형 1개, 2개, …의 무게는 각각 300×1, 300×2, 300×3, …이므로 300g짜리 토끼인형 x개의 무게는 300×x(g)으로 나타낼 수 있다.
이때, 무게가 100g인 빈 상자에 토끼인형을 넣었으므로, 상자 전체의 무게는 (300x+100)g이다.
따라서 정답은 ②이다.

04 정답 ③

| 풀이 |

일차방정식의 풀이는 다음과 같은 순서로 계산한다.
$3x-1=x+7$ ➡ 좌변의 −1을 우변으로, 우변의 x를 좌변으로 이항
$3x-x=7+1$ ➡ 동류항끼리 계산
$2x=8$ ➡ 양변을 2로 나눈다.
∴ $x=4$
따라서 정답은 ③이다.

> | 참고 | 일차방정식의 풀이
>
> $$일차식=0 \xrightarrow[\text{등식의 성질}]{\text{이항}} x=(수)$$
>
> ❶ 일차항은 좌변, 상수항은 우변으로 각각 이항하여 정리한다.
> ❷ 등식의 양변을 간단히 하여 $ax=b\,(a \neq 0)$의 꼴로 만든다.
> ❸ 등식의 양변을 x의 계수 a로 나눈다.

05 정답 ④

| 풀이 |

점 A의 좌표를 읽으면, A(−2, −3)이므로 정답은 ④이다.

> | 참고 |
>
> 좌표평면 위의 한 점 P에서 x축, y축에 각각 수선을 긋고 이 수선이 x축, y축과 만나는 점에 대응하는 수를 각각 a, b라고 할 때, 순서쌍 (a, b)를 점 P의 좌표라 하고, 이것을 기호로 P(a, b)와 같이 나타낸다.
> 이때, a를 점 P의 x좌표, b를 점 P의 y좌표라 한다.
>
>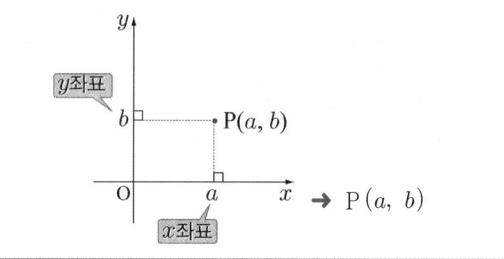

06 정답 ③

| 풀이 |

두 직선이 평행하면 동위각의 크기가 같으므로, 다음 그림과 같이 x의 맞꼭지각의 크기는 45°이다.

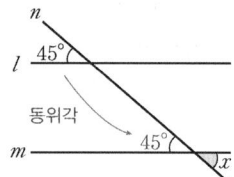

맞꼭지각의 크기가 같음을 이용하면,
∴ ∠$x=45°$
따라서 정답은 ③이다.

07 정답 ①

| 풀이 |

주어진 줄기와 잎 그림에서 하루 동안의 휴대 전화 통화 시간이 40분 이상인 자료는 줄기가 4인 자료들을 읽으면 되며, 43, 46, 47로 3개이다.
따라서 하루 동안의 휴대 전화 통화 시간이 40분 이상인

학생의 수는 3명이다.
그러므로 정답은 ①이다.

08 정답 ①

| 풀이 |

첫 번째 빈칸에 알맞은 식은 주어진 ㉡의 좌변에서 ㉠의 좌변을 뺀 식이므로, $10x - x = \square x$임을 알 수 있다.
위의 식을 계산하면, $10x - x = (10-1)x = 9x$이므로, 빈칸에 알맞은 수는 9이다.
이때, $9x = 4$이므로, 양변을 x의 계수인 9로 나누면, $x = \dfrac{4}{9}$가 되어,
다음 빈칸인 $x = \dfrac{4}{\square}$에 알맞은 수 역시 9임을 알 수 있다.
따라서 정답은 ①이다.

09 정답 ②

| 풀이 |

같은 문자 또는 숫자를 여러 번 곱한 것은 거듭제곱을 이용하여 간단히 표현한다.
$7^5 \div 7^3$을 풀어서 표현하면,
$(7 \times 7 \times 7 \times 7 \times 7) \div (7 \times 7 \times 7)$이고,
계산하면, $\dfrac{7 \times 7 \times 7 \times 7 \times 7}{7 \times 7 \times 7} = 7 \times 7 = 7^2$
거듭제곱을 이용하여 표현하면 7^2이다.
따라서 정답은 ②이다.

| 다른 풀이 |

지수법칙 $a^m \times a^n = a^{m+n}$, $a^m \div a^n = a^{m-n}$ $(m > n)$을 이용하여 간단히 할 수 있다.
$7^5 \div 7^3 = 7^{5-3} = 7^2$이다.

10 정답 ④

| 풀이 |

대입법을 이용하여 연립방정식의 해를 구할 수 있다.
연립방정식 $\begin{cases} y = 2x & \cdots\cdots ㉠ \\ 3x - y = 3 & \cdots\cdots ㉡ \end{cases}$에서 ㉠을 ㉡에 대입하면, $3x - (2x) = 3$ ➡ $x = 3$이다. $\cdots\cdots$ ㉢
㉢을 다시 식 ㉠에 대입하면,
$y = 2x$ ➡ $y = 2 \times 3$ ➡ $y = 6$이다.

그러므로 연립방정식의 해는 $x = 3$, $y = 6$이 된다.
따라서 정답은 ④이다.

| 다른 풀이 |

연립방정식의 해는 두 식을 동시에 만족하는 미지수 x, y의 값이므로 식에 대입하여 문제를 해결할 수 있다.
연립방정식 $\begin{cases} y = 2x & \cdots\cdots ㉠ \\ 3x - y = 3 & \cdots\cdots ㉡ \end{cases}$에 각 보기의 수를 대입하면,

① $x = 1$, $y = 2$ ➡ ㉠ : $2 = 2$ [참]
　　　　　　　　　　㉡ : $3 - 2 = 1 \neq 3$ [거짓]
② $x = 2$, $y = 5$ ➡ ㉠ : $5 \neq 4$ [거짓]
　　　　　　　　　　㉡ : $6 - 5 = 1 \neq 3$ [거짓]
③ $x = 3$, $y = 4$ ➡ ㉠ : $4 \neq 6$ [거짓]
　　　　　　　　　　㉡ : $9 - 4 = 5 \neq 3$ [거짓]
④ $x = 3$, $y = 6$ ➡ ㉠ : $6 = 6$ [참]
　　　　　　　　　　㉡ : $9 - 6 = 3$ [참]

식 ㉠, ㉡을 모두 만족하는 보기는 ④이므로 정답은 ④이다.

> **| 참고 |** 연립방정식의 해
> 두 개 이상의 식을 동시에 만족시키는 x, y의 값 또는 그 순서쌍 (x, y)

11 정답 ①

| 풀이 |

$y = x$의 그래프를 y축의 방향으로 b만큼 평행이동하면 $y = x + b$이다.
그러므로 $y = x + 1$의 그래프는 $y = x$의 그래프를 y축의 방향으로 1만큼 평행이동한 것이므로, $b = 1$임을 알 수 있다.
따라서 정답은 ①이다.

12 정답 ④

| 풀이 |

이등변삼각형의 꼭지각의 이등분선은 밑변을 수직 이등분한다.

그러므로 $\overline{BD}=\overline{CD}$이고, $\overline{BD}=8\text{cm}$이므로,

$\overline{BD}=\overline{CD}=8\text{cm}$이다.

$\therefore \overline{BC}=16\text{cm}$

따라서 정답은 ④이다.

| 참고 |

$\angle BAD=\angle CAD$

$\overline{AD}$ 공통, $\overline{AB}=\overline{AC}$이므로,

$\triangle ABD \equiv \triangle ACD$(SAS합동)

따라서, $\overline{BD}=\overline{CD}$이다.

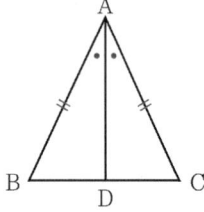

13 정답 ④

| 풀이 |

두 삼각형이 서로 닮음이므로 대응변의 길이의 비는 항상 일정하며, 그 대응변의 비를 닮음비라 한다.

대응변의 비를 구하면, $\overline{AB}:\overline{DE}=7:14=1:2$이므로 두 도형의 닮음비는 $1:2$이다.

이때, $4:\overline{EF}=1:2$이므로, 내항의 곱과 외항의 곱이 같음을 이용하면, $1\times\overline{EF}=4\times2 \Rightarrow \overline{EF}=8\,(\text{cm})$이다.

따라서 정답은 ④이다.

| 참고 |

❶ 닮음의 기호($\backsim$) : □ABCD와 □EFGH가 서로 닮은 도형일 때, 기호 $\backsim$를 사용하여 □ABCD $\backsim$□EFGH라고 표현한다.

❷ 닮음비 : 닮음 도형의 대응하는 변의 길이의 비는 일정하고, 대응하는 각의 크기는 각각 같다. 이때, 일정한 길이의 비를 닮음비라 한다.

14 정답 ①

| 풀이 |

상의와 하의를 하나씩 입는 경우의 수를 구하면,

먼저 상의를 고르는 경우의 수는 3가지, 하의를 고르는 경우의 수는 2가지이고,

이때, 두 가지 사건은 동시에 일어날 수 있으므로 곱의 법칙에 의해 계산하면 $3\times2=6$가지이다.

따라서 정답은 ①이다.

15 정답 ②

| 풀이 |

$\sqrt{50}=\sqrt{5^2\times2}=\sqrt{5^2}\times\sqrt{2}=5\sqrt{2}$와 같다.

$\therefore a=5$

그러므로 정답은 ②이다.

| 참고 |

$a>0$, $b>0$일 때,

$\sqrt{ab}=\sqrt{a}\times\sqrt{b}$이고, $a=\sqrt{a^2}$이다.

16 정답 ③

| 풀이 |

다항식이 전개를 이용하여 식을 전개한 다음, 동류항끼리 간단히 계산하면 다음과 같다.

$(x+2)(x+3)=x^2+3x+2x+6=x^2+(3+2)x+6$

$=x^2+5x+6$

이때, m은 일차항의 계수이므로 $m=5$이다.

따라서 정답은 ③이다.

| 참고 |

다항식의 곱셈은 분배법칙을 이용하여 다음과 같이 전개한다.

$$(a+b)(c+d)=\underset{①}{ac}+\underset{②}{ad}+\underset{③}{bc}+\underset{④}{bd}$$

17 정답 ④

| 풀이 |

① 위로 볼록이다.

→ 이차항의 계수가 양수이므로 아래로 볼록하다.

② 점 $(0, 1)$을 지난다.

→ 주어진 그래프가 $(0, 1)$을 지나면, 주어진 식에 대입하였을 때 식이 참이 되어야 한다. 식에 $(0, 1)$을 대입하면, $1 \neq (-1)^2 - 1$이므로 그래프는 $(0, 1)$을 지나지 않는다.

③ 직선 $x = -1$을 축으로 한다.

→ 대칭축은 $x = 1$이므로 틀린 설명이다.

④ 꼭짓점의 좌표는 $(1, -1)$이다.

→ 꼭짓점의 좌표는 $(1, -1)$이다.

따라서 정답은 ④이다.

18 정답 ②

| 풀이 |

$\cos A = \dfrac{밑변}{빗변}$이므로, $\cos B = \dfrac{\overline{BC}}{\overline{AB}} = \dfrac{3}{5}$이다.

따라서 정답은 ②이다.

| 참고 |

$\angle C = 90°$인 직각삼각형 ABC에서 $\angle B$의 크기가 정해지면 직각삼각형의 크기에 관계없이 $\dfrac{\overline{AC}}{\overline{AB}}$, $\dfrac{\overline{BC}}{\overline{AB}}$, $\dfrac{\overline{AC}}{\overline{BC}}$의 값은 항상 일정하다.

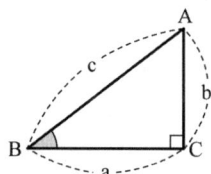

→ $\sin B = \dfrac{b}{c}$, $\cos B = \dfrac{a}{c}$, $\tan B = \dfrac{b}{a}$

19 정답 ③

| 풀이 |

한 호에 대한 중심각의 크기는 원주각의 크기의 2배이다.

즉, 원 O에서 호 AB의 중심각 $\angle AOB$는 원주각 $\angle APB$의 2배이다.

$\therefore \angle AOB = 50° \times 2 = 100°$

따라서 정답은 ③이다.

| 참고 |

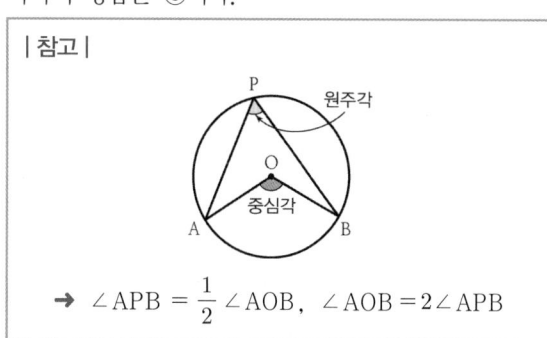

→ $\angle APB = \dfrac{1}{2} \angle AOB$, $\angle AOB = 2\angle APB$

20 정답 ②

| 풀이 |

중앙값이란 자료를 크기대로 나열하였을 때, 중앙에 위치한 값을 말한다.

문제의 자료를 크기대로 나열하면, 3 4 5 7 8 9 15가 되고, 자료의 개수가 7개이므로 중앙값은 4번째 수인 7이 된다.

따라서 중앙값은 7(분)이다.

그러므로 정답은 ②이다.

01	④	02	②	03	②	04	③	05	③
06	④	07	①	08	②	09	④	10	④
11	①	12	③	13	②	14	④	15	④
16	①	17	②	18	②	19	①	20	③
21	③	22	①	23	③	24	③	25	④

01 정답 ④

해석 학생들은 보통 도서관에서 조용하다.

어휘 • usually 보통, 대개

해설 quiet는 '조용한'이라는 뜻의 형용사이다.

02 정답 ②

해석 나는 너무 춥다. 따뜻한 물이 필요하다.

해설 밑줄 친 두 단어의 뜻은 '춥다'와 '덥다'로 반의어 관계이다. ②는 같은 의미의 동의어이므로 밑줄 친 두 단어와는 다른 관계이다.
① thin 얇은 - thick 두꺼운
② small 작은 - little 작은
③ weak 약한 - strong 강한
④ light 가벼운 - heavy 무거운

03 정답 ②

해석 나의 수학 선생님은 매우 똑똑하다.

해설 빈칸에 들어갈 말은 '~이다'의 의미를 가진 〈be동사〉이다. 주어 my math teacher는 3인칭 단수형이므로 알맞은 be동사는 is이다.

04 정답 ③

해석 Amy에게는 남자 형제가 한 명 있는데, 그는 7살이다.

해설 빈칸에 들어갈 말은 앞 문장과 뒷 문장을 연결하는 접속사이다. and는 '그리고'라는 의미로 두 문장을 자연스럽게 연결한다.

05 정답 ③

해석 A : Harry, 부탁 하나 들어줄 수 있니?
　　 B : 물론이지. 그게 뭐야?

해설 빈칸에 들어갈 말은 '~할 수 있다'라는 의미의 조동사이다. '부탁'을 들어줄 수 있는지 묻는 의미이므로 can이 알맞다.

06 정답 ④

해석 A : 너 이번 주말에 뭐 할 거야?
　　 B : 나 등산 갈 거야. 같이 갈래?
　　 A : 응, 정말 그러고 싶어.

어휘 • be going to ~할 예정이다
　　 • weekend 주말
　　 • hiking 등산
　　 • tired 피곤한

해설 B가 등산을 함께하자는 제안에 ④의 'Yes, I'd love to'는 '응, 정말 그러고 싶어'라는 뜻으로 제안을 수락하는 표현이 적절하다.
① 네, 당신은 그렇습니다.
② 아니, 그는 그렇지 않았다.
③ 그들은 피곤해 보인다.

07 정답 ①

해석 • 그녀는 아들에게 전화하고 싶어 한다.
　　 • 정말 미안해. 네 통화를 놓쳤어.

어휘 • miss 놓치다

해설 첫 번째 문장은 '전화하다'라는 의미의 동사가 필요하고, 두 번째 문장은 '(전화) 통화'라는 의미의 명사가 필요하다. call은 동사로 '전화하다', 명사로 '통화'라는 뜻을 모두 가지므로 두 문장 모두에 적절하다.
② well 우물, 잘, 건강한
③ drink 마시다, 음료
④ travel 여행하다, 여행

08 정답 ②

해석 월요일 – 피아노 치기
화요일 – 자전거 타기
수요일 – 방 청소하기
목요일 – 박물관 가기

어휘 • play 연주하다
• ride 타다
• clean 청소하다
• museum 박물관

해설 화요일에 할 일은 ②이다.

09 정답 ④

해석 A : 소녀는 무엇을 하고 있니?
B : 그녀는 설거지를 하는 중이야.

어휘 • drink 마시다
• wash the dishes 설거지 하다

해설 She is washing the dishes에서 be동사 현재형 + Ving의 형태는 '~하고 있는 중'을 나타내는 현재 진행형이다. She is washing the dishes. 소녀는 설거지를 하는 중이다.

10 정답 ④

해석 A : 이런! 댄스 대회가 내일이야.
B : 내가 도와줄 수 있는 게 있을까?
A : 나 춤 연습하는 걸 도와줄래?
B : 물론이지. 같이 연습하러 가자.

어휘 • contest 대회
• tomorrow 내일
• anything 무언가
• help 돕다
• practice 연습하다
• together 함께

해설 A가 춤 연습을 도와 달라고 부탁했고, B가 "Let's go practice together."라고 말하며 함께 연습하러 갈 것을 제안했다. 따라서 두 사람이 함께 할 일은 '춤 연습하러 가기'이다.

11 정답 ①

해석 A : 마술 공연 즐기셨나요?
B : 네, 멋졌어요. 당신은요?
A : 저도 그것을 즐겼어요. 마술 묘기가 정말 놀라웠어요.

어휘 • enjoy 즐기다
• magic show 마술 공연
• wonderful 멋진
• trick 묘기
• amazing 놀라운

해설 마술 공연을 즐겼는지 묻는 질문(Did you enjoy the magic show?)에 대답으로 'it was wonderful (멋졌다)'가 가장 적절하다.
② 우리는 지루한 시간을 보냈어.
③ 그는 채소를 좋아하지 않아.
④ 친구들과 함께 야구를 했어.

12 정답 ③

해석 A : 내일 여행 준비됐어?
B : 응. 모든 것을 챙겼는데, 부채가 없어.
A : 걱정 마. 내가 너를 위해 하나 가져갈게.

어휘 • be ready for ~에 준비되다
• pack 짐을 싸다
• fan 부채
• bring 가져오다

해설 두 사람은 내일 있을 여행을 '준비하는 것'에 대해 이야기하고 있다.

13 정답 ②

해석 이 주의 영화
제목 : 북극 곰들의 삶
장소 : 드림 커뮤니티 센터
시간 : 저녁 7~9시

해설 '관람 비용'에 대한 언급은 없다.

14 정답 ④

해석 주목해 주세요, 고객 여러분! 이번 주 저희 고객들을 위한 특별 행사가 있습니다. 만약 50달러 이상 구매하시면 5% 할인을 받으실 수 있습니다. 저희 매장에서 쇼핑해 주셔서 감사합니다.

어휘 • attention 주목
• special event 특별 행사
• customer 고객
• discount 할인
• spend 돈을 쓰다
• over ~이상

해설 방송의 목적은 '50달러 이상 구매 시 5% 할인'이라는 특별 할인 행사를 '알리는 것'이다.

15 정답 ④

해석 A : 학교 콘서트에 빨리 가고 싶어!
B : 왜? 올해 특별한 거라도 있어?
A : 응, 인기 있는 밴드가 공연할거야.

어휘 • concert 콘서트
• special 특별한
• popular 인기 있는
• band 밴드
• perform 공연하다
• I can't wait to V V 하기를 기대하다,
빨리 V하고 싶다

해설 A가 콘서트에 가고 싶어 하는 이유는 보기 ④ '인기 있는 밴드가 공연하기 때문'이다.

16 정답 ①

해석 책 『Forest Adventures』는 유명한 작가 Anna Brown에 의해 쓰였다. 주인공은 소녀와 강아지이며, 이 책은 그들의 우정에 관한 이야기를 한다. 당신은 10월에 서점에서 구매할 수 있다.

어휘 • write 쓰다
• famous 유명한
• writer 작가
• main character 주인공
• friendship 우정
• bookstore 서점
• in October 10월에

해설 지문에서는 '유명한 작가'라고 했는데, 보기 ①은 '무명 작가'라고 하여 내용과 다르다.

17 정답 ②

해석 돼지 축제는 우리 마을에서 가장 큰 축제이다. 작년에는 5,500명이 축제를 방문했다. 이 축제의 주요 행사는 돼지 경주와 불꽃놀이이다. 사람들은 핫도그와 솜사탕 같은 맛있는 음식을 살 수 있다.

어휘 • festival 축제
• celebration 축하 행사
• visit 방문하다
• visitor 방문객
• main event 주요 행사
• race 경주
• firework 불꽃놀이
• cotton candy 솜사탕

해설 지문에 '주차장 위치'에 대한 언급은 없다.

18 정답 ②

해석 나는 필요하지 않은 물건을 자주 사서 걱정된다. 그래서 친구 지호에게 조언을 구했다. 지호는 살 물건의 목록을 작성하라고 제안했다. 나는 이것이 정말 좋은 생각이라고 생각한다.

어휘 • worried 걱정하는
• need 필요
• ask 요청하다
• advice 조언
• suggest 제안하다
• make a list 목록을 작성하다

해설 지문에서 Jiho가 제안한 것은 '구매 목록 작성하기'이다.

19 정답 ①

해석 우리 반에서 가장 인기 있는 스포츠
축구(40%), 야구(25%), 농구(15%), 배구(10%), 기타(10%)
우리 반 학생들은 축구를 가장 좋아한다.

어휘 • favorite 가장 좋아하는
• the most 가장
• volleyball 배구

해설 그래프에서 '축구'를 선택한 비율이 40%로 우리 반에서 가장 인기 있는 스포츠이다.

20 정답 ③

해석 요즘 로봇은 다양한 역할을 한다. ① 일부 로봇은 음식점에서 주문을 받는다. ② 다른 로봇들은 카페에서 커피를 만든다. ③ 커피 원두는 따뜻한 지역에서 재배된다. ④ 그들은 공항에서 안내원으로도 일한다. 로봇은 우리 주변 모든 곳에 있다.

어휘 • play ~ role ~역할을 하다
• take order 주문을 받다
• make coffee 커피를 만들다
• coffee bean 커피 원두
• be grown 재배되다
• warm 따뜻한
• area 지역
• work as ~로 일하다
• guide 안내원
• airport 공항
• around ~주변에

해설 지문은 로봇의 다양한 역할을 나열하고 있는데, ③은 '커피 원두 재배'에 대한 내용으로 글의 흐름에 어울리지 않는다.

21 정답 ③

해석 방 안에 모기가 날아다니고 있다고 상상해 보세요. 무엇을 하시겠습니까? 토마토가 도움이 될 수 있습니다. 많은 사람들이 토마토를 좋아하지만, 모기는 그것들을 싫어합니다. 으깬 토마토를 담은 그릇은 이런 곤충들을 방에서 쫓아낼 수 있습니다.

어휘 • imagine 상상하다
• fly around 이리저리 날다
• dislike 싫어하다
• bowl 그릇
• crush 으깨다
• insect 곤충
• keep A away from B A를 B로부터 멀리하다

해설 mosquitoes dislike <u>them</u>(모기는 <u>그것들을</u> 싫어한다)에서 모기가 싫어하는 그것들이 토마토여야 다음 문장 '그릇에 담은 으깬 토마토가 모기를 멀리하게 한다.'와 논리적으로 연결된다.

22 정답 ①

해석 극장 규칙
• 사진을 찍지 마세요.
• 시끄럽게 떠들지 마세요.
• 앞 좌석을 발로 차지 마세요.

어휘 • Don't ~하지 마라
• make noise 소음을 내다
• loud 시끄러운
• take (사진을) 찍다
• kick 차다
• in front of ~앞에
• seat 좌석

해설 '음식 먹지 않기'는 언급되지 않았다.

23 정답 ③

해석 휴대폰을 너무 많이 사용하는 것은 해로운 영향을 줄수 있다. 예를 들어, 이것은 건조한 눈을 유발할 수 있다. 또한, 목 통증이 생길 수 있다. 이러한 부정적인 영향을 아는 것이 중요하다.

어휘 • harmful 해로운
• effect 영향
• cause ~을 유발하다
• dry eyes 안구 건조증
• neck pain 목 통증
• important 중요한
• negative 부정적인

해설 글에서는 휴대폰 과다 사용의 부정적인 영향(건조한 눈, 목 통증)을 구체적으로 언급하며, 이를 아는 것이 중요하다고 말하고 있다. 그러므로 주제는 ③'휴대폰 과다 사용의 악영향'이다.

24 정답 ③

해석 안녕, Steve. 나는 Bill이야. 이번 금요일에 학생 토론이 있어. 그런데 우리 팀원 중 한 명이 심한 감기에 걸려서 토론에 올 수 없어. 우리를 도와서 우리 팀에 들어올 수 있니? 곧 답변해 주길 바랄게.

어휘 • debate 토론
• team member 팀원
• catch a cold 감기에 걸리다
• join ~에 합류하다

해설 글에서는 팀원의 결석으로 인해 Steve에게 토론에 참가해 달라고 요청하고 있다. 따라서 목적은 ③ '부탁하려고'이다.

25 정답 ④

해석 다른 나라에서 사는 것은 항상 쉬운 일이 아니다. 나는 멕시코에서 3년째 살고 있다. 우리 가족이 이곳으로 이사 온 이후로, 멕시코와 한국 사이에 많은 문화적 차이점을 발견했다. 여러분과 공유하고 싶은 몇 가지 예가 있다.

어휘 • since ~이후로
• move 이사하다
• cultural difference 문화적 차이
• example 사례
• share 공유하다

해설 글의 마지막 문장에서 '공유하고 싶은 몇 가지 예가 있다(Here are some examples)'라고 했으므로, 뒤에는 멕시코와 한국의 문화 차이에 대한 구체적인 사례가 이어질 것이다. 따라서 ④가 가장 적절하다.

사회 2025년 제2회

01	②	02	③	03	③	04	④	05	①
06	②	07	④	08	③	09	④	10	③
11	②	12	③	13	③	14	①	15	④
16	①	17	②	18	①	19	②	20	②
21	①	22	②	23	②	24	④	25	③

01 정답 ②

한대 기후는 짧은 여름에 기온이 영상으로 올라가는 툰드라 기후와 일 년 내내 영하인 빙설기후가 있다. 툰드라 기후는 고상 가옥이 나타나며 순록의 유목을 한다.

오답 피하기

① 스텝 기후는 강수량보다 증발량이 많은 건조 기후이다.

③ 지중해성 기후는 여름에 아열대 고압대의 영향으로 고온 건조한 기후이다.

④ 서안 해양성 기후는 일 년 내내 편서풍의 영향으로 온난 습윤하다.

02 정답 ③

석회 동굴은 과거 바다에 퇴적된 석회암층이 융기하여 육지가 된 후 지하수에 의해 녹아 만들어진다. 오름은 용암이 분출하면서 생긴 작은 화산이다.

오답 피하기

① 석순은 동굴의 밑바닥에 죽순 모양으로 자란다.

② 석주는 종유석과 석순이 맞닿아 이어지면 만들어진다.

④ 종유석은 동굴의 천장에 고드름 모양으로 매달린 모양이다.

03 정답 ③

한국, 중국, 일본을 동아시아로 구분한다. 동아시아에서 공통으로 나타나는 문화는 유교, 불교, 한자, 젓가락 등이 있다.

오답 피하기

① 건조 문화 지역은 주로 이슬람교를 믿으며 여성들은 히잡, 차도르 등을 착용한다.

② 유럽 문화 지역은 주로 크리스트교를 믿는다.
④ 아프리카 문화 지역은 사하라 사막 이남 지역이다.

04 정답 ④

제시된 자연재해는 폭설이다. 폭설은 기후와 관련된 재해로 겨울철 짧은 시간에 많은 눈이 내리는 현상이다. 비닐하우스・건축물 붕괴, 교통 장애 유발 등의 피해를 준다.

오답 피하기

① 가뭄은 오랫동안 비가 내리지 않아 물이 부족하고 땅이 메마르는 현상이다.
② 지진은 지각판이 움직이면서 땅이 갈라지고 흔들리는 현상이다.
③ 태풍은 적도 부근의 열대 바다에서 발생하여 중위도 지역으로 이동하는 열대성 저기압이다.

05 정답 ①

쌀은 고온 다습한 아시아 계절풍 기후 지역의 비옥한 충적토에서 재배된다. 생산에 많은 노동력이 필요하며 다른 작물에 비해 인구 부양력이 높다.

오답 피하기

②・④ 커피, 카카오는 열대 우림 지역에서 플랜테이션 방식으로 재배한다.

06 정답 ②

산업화로 인해 도시에 일자리가 만들어지고 농촌의 인구가 일자리를 찾아서 도시로 이동하는 현상을 이촌 향도 현상이라 한다.

오답 피하기

① 랜드마크는 어떤 지역을 대표하거나 구별하는 역할을 하는 건물이다.
③ 인구 밀도는 일정한 지역의 단위 면적에 대한 인구 수의 비율이다.
④ 다국적 기업은 여러 나라에서 물건을 생산하고 판매하는 기업이다.

07 정답 ④

개발 제한 구역은 도시의 무질서한 팽창을 막고 녹지 공간을 확보하기 위해 일부 대도시 주변에 설정한 지역이다.

오답 피하기

① 부도심은 도심의 기능을 일부 분담한 지역이다.
② 위성 도시는 도시의 기능을 일부 분담한 도시이다.
③ 중심 업무 지구(CBD)는 상업시설, 대기업 본사, 정부 기관이 모여 있는 지역이다.

08 정답 ③

㉠ 영해는 일반적으로 해안선으로부터 12해리까지이다. 영해는 그 나라의 주권행사가 가능한 지역이다.
㉡ 배타적 경제 수역은 해안선으로부터 200해리 중 영해를 제외한 188해리이다. 배타적 경제수역의 연안국이 경제권을 가지며 어업활동, 광물 채취 등의 활동이 가능하다.

09 정답 ④

선거 관리 위원회는 국민 투표의 공정한 관리, 정당 및 정치 자금에 관한 사무를 처리하기 위하여 설치된 독립 기관이다.

오답 피하기

① 대법원은 법의 구체적 해석과 적용 등을 담당하는 사법부의 최고 기관이다.
② 특허 법원은 산업재산권 관련 특허 분쟁을 해결하기 위해 설립한 법원이다.
③ 국가 인권 위원회는 우리나라에서 인권을 보호하기 위한 인권 전담 기구이다.

10 정답 ③

국민 주권 주의는 국가 의사를 결정하는 최고의 원동력은 국민에게 있다는 것을 의미한다. 통치권자는 국민에 의해서 결정되고, 국가의 모든 통치권의 행사는 국민에 의해서 이루어지는 것이다.

오답 피하기

① 희소성은 인간의 욕구에 비하여 재화가 부족한 상태이다.
② 하나의 소송사건에 대하여 서로 다른 계급의 법원에서 반복하여 심판하는 제도이다.
④ 국가의 권력을 각각 입법, 사법, 행정으로 분리하여 국민의 기본권을 보장하기 위한 제도이다.

11 정답 ②

국무 회의는 정부의 최고 심의 기관이다. 의장 대통령, 부의장 국무총리, 국무위원으로 이루어져 있다.

오답 피하기

① 국회는 국민의 대표 기관이며 입법 기관이다.

③ 근로자가 주체가 되어 근로 조건의 유지, 개선을 위해 조직한 조직이다.

④ 헌법 재판소는 위헌 법률 심판, 탄핵 심판, 정당 해산 심판 등을 담당하는 국가 기관이다.

12 정답 ③

헌법은 국가의 통치 체제와 기본권 보장의 기초에 관한 최고의 법이다.

오답 피하기

① 민법은 개인과 개인의 관계를 다루는 법이다.

② 상법은 기업의 생활관계를 규율하는 법이다.

④ 노동법은 노동자의 인간다운 생활을 보장하는 법이다.

13 정답 ③

수요량과 공급량이 일치할 때의 가격을 균형 가격(시장 가격)이라 한다. 수요량과 공급량이 일치할 때의 수량을 균형 거래량이라 한다.

오답 피하기

①·② 14만 개, 16만 개는 초과 수요가 나타난다.

④ 20만 개는 초과 공급이 나타난다.

14 정답 ①

여러 상품의 가격을 종합한 평균적인 가격 수준을 물가라 한다. 물가가 지속적으로 상승하는 현상을 인플레이션이라 한다.

오답 피하기

② 일을 나누어 하는 것을 분업이라 한다.

④ 일할 능력과 의사를 가진 사람이 일할 기회를 얻지 못하는 상태를 실업이라 한다.

15 정답 ④

또래 집단은 비슷한 나이의 사람들이 형성한 집단으로 놀이를 통해 필요한 규칙과 질서를 배우고 소속감과 심리적 안정감을 가질 수 있다.

오답 피하기

① 정당은 정치적인 주장이 같은 사람들이 정권 획득을 목표로 조직한 단체이다.

③ 특수 이익을 실현하기 위해 모인 집단이다.

16 정답 ①

문화란 인간의 모든 생활양식으로 의식주 등이 해당한다. 선천적인 것, 한 사람의 습관은 문화가 아니다.

오답 피하기

③ 인류를 지역과 신체적 특성에 따라 구분한 것을 인종이라 한다.

17 정답 ②

구석기 시대는 사냥과 채집을 하며 살았다. 이동 생활을 했기 때문에 동굴이나 막집에서 거주하였다. 제시된 주먹도끼는 구석기 시대의 대표적인 사냥도구이다.

18 정답 ①

백제의 성왕은 수도를 웅진에서 사비로 천도하였으며 국호를 남부여로 바꾸었다. 백제와 신라는 고구려의 한강을 공격하고, 성왕은 한강 하류를 차지했지만 신라 진흥왕의 배신으로 관산성 전투에서 전사하였다.

19 정답 ②

고구려 장군인 대조영이 고구려를 계승하는 발해를 건국하였다. 일본에 보내는 외교 문서에 고려 국왕이라 쓰며, 고구려의 무덤 양식, 기와, 온돌 등을 사용한 것을 통해 발해의 고구려 계승 의식을 알 수 있다.

20 정답 ②

고려의 공민왕은 원나라 간섭기에 개혁 정치를 실시한 왕이다. 몽골풍을 금지시켰으며 기철 등의 친원 세력을 제거하고, 쌍성총관부 수복, 신돈에게 전민변정도감을 설치하게 하였다.

21 정답 ①

제시된 사건은 병자호란이다. 후금이 나라 이름을 청으로 변경하고 조선에 군신 관계를 요구하였지만 받아들이지 않자 청이 조선을 침략한 사건이다.

인조는 남한산성에서 항전하였지만 결국 항복하고 삼전도의 굴욕을 겪었다.

오답 피하기

② 귀주 대첩은 거란의 3차 침입을 고려의 강감찬 장군이 귀주에서 크게 무찌른 싸움이다.

③ 살수 대첩은 고구려의 을지문덕 장군이 수나라의 공격을 격퇴하고 크게 승리한 싸움이다.

22 정답 ②

정조가 갑자기 사망하자 어린 순조가 왕위에 오른다. 이후 순조, 헌종, 철종에 걸쳐 60년 동안 안동 김씨, 풍양 조씨의 외척 가문이 국정을 장악하는 정치 형태를 세도 정치라 한다.

오답 피하기

① 골품제는 신라의 신분 제도이다.

③ 유신 헌법은 박정희 정권의 독재를 위해 만든 법이다.

④ 화백 회의는 신라의 귀족 회의로 만장일치제이다.

23 정답 ②

세종은 왕권과 신권의 조화를 위해 의정부 서사제를 실시하였고 집현전을 설치하여 훈민정음을 창제하였다. 당시 자격루, 앙부일구, 『농사직설』 등을 통해 과학과 농업이 발달하였다. 또 최윤덕과 김종서에게 4군과 6진을 개척시켜 영토를 확장하였으며 대마도를 정벌하였다.

오답 피하기

ㄴ. 갑오개혁을 통해 1894년에 신분 제도가 사라졌다.

ㄷ. 1905년 을사늑약을 통해 외교권 박탈, 통감부가 설치되었다.

24 정답 ④

1910년 한일 병합 이후 근대적 토지 소유권을 확립한다는 명분으로 토지 조사 사업을 시행하여 신고하지 않은 토지를 일본인에게 싼 값에 넘겼다.

오답 피하기

① 탕평책은 붕당의 폐단을 없애기 위해 인재를 고르게 등용하는 정책이다.

② 호패법은 조선 시대 신분을 나타내기 위한 제도이다.

③ 광종은 양민이었던 노비를 해방시켜 주기 위해 노비 안검법을 실시하였다.

25 정답 ③

전두환 정부의 강압적인 통치, 1987년 박종철 고문 사망 사건, 4·13 호헌 조치를 계기로 전국적으로 대규모의 시위가 일어났다. 이 사건을 6월 민주 항쟁이라 한다. 6월 민주 항쟁으로 대통령 선거가 간선제에서 직선제로 변하게 되는 민주주의의 중요한 사건이다.

오답 피하기

① 새마을 운동은 1970년부터 시작된 지역 사회 개발 운동이다.

② 이성계는 위화도 회군을 통해 정치적·군사적 장악을 하여 조선을 건국하였다.

④ 국채 보상 운동은 일본으로부터 빌려 쓴 1,300만 원을 갚기 위한 운동이다.

01	①	02	①	03	③	04	④	05	④
06	③	07	④	08	②	09	④	10	①
11	②	12	③	13	②	14	①	15	①
16	②	17	②	18	①	19	②	20	④
21	④	22	③	23	②	24	③	25	①

01 정답 ①

마찰력은 접촉면에서 물체의 운동을 방해하는 힘으로 물체의 운동 방향과 반대 방향으로 작용한다.

02 정답 ①

볼록 거울은 나란하게 들어간 빛을 퍼뜨리는 성질이 있어 자동차 측면 거울이나 도로의 안전 거울과 같이 넓은 범위를 보는 데 이용한다. 항상 실제 물체보다 작고 바로 선 모습의 상이 생긴다.

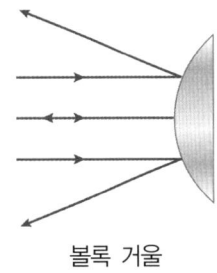

볼록 거울

03 정답 ③

전기 회로에 병렬로 연결된 전구의 경우 같은 크기의 전압이 걸린다. 따라서 ㉠ 전구에 걸린 전압이 3V인 경우 ㉡ 전구에 걸리는 전압도 3V로 같다.

04 정답 ④

공을 가열하면 공을 구성하는 입자의 운동이 활발해지면서 입자 사이의 거리가 멀어져 부피가 커지게 된다. 이처럼 온도에 따라 물체의 길이, 부피가 변하는 것을 열팽창이라고 한다. 열팽창이 일어날 때 입자의 운동, 입자 사이의 거리는 변하지만, 물체를 이루는 입자의 개수, 입자의 질량은 변하지 않는다. 더불어 구리라는 물질의 종류가 변하지 않았으므로 밀도도 변하지 않는다.

05 정답 ④

속력–시간 그래프에서 아랫부분의 넓이는 이동거리를 의미하므로, 4m/s × 5초 = 20m이다.

06 정답 ③

물체가 가진 위치 에너지와 운동 에너지의 합을 역학적 에너지라고 한다.

> 역학적 에너지 = 위치 에너지+운동 에너지

07 정답 ④

확산은 물질을 이루는 입자들이 스스로 운동하여 모든 방향으로 퍼져 나가는 현상이다.

예 • 물에 잉크를 떨어뜨리면 물 전체에 골고루 퍼진다.
　• 방 안에 향수병을 열어 놓으면 방 전체에서 향수 냄새가 난다.
　• 냉면에 식초를 떨어뜨리면 국물 전체에서 신맛이 난다.

08 정답 ②

A : 융해, B : 기화, C : 응고, D : 액화
액체 상태의 물이 기체 상태의 수증기로 상태 변화하는 과정은 B이다.

09 정답 ④

분자 모형은 분자를 구성하는 원자의 종류와 수, 배열 상태를 나타낸 모형이다.
분자 모형을 통해 메테인 분자 1개는 탄소(C) 원자 1개와 수소(H) 원자 4개로 이루어져 있음을 확인할 수 있다.

10 정답 ①

밀도가 다르고 서로 섞이지 않는 액체를 혼합한 경우 밀도가 작은 액체가 위, 밀도가 큰 액체가 아래에 위치하게 된다. 식용유와 물을 컵에 넣자 식용유가 물 위에 뜨는 것은 식용유가 물보다 밀도가 작기 때문이다.

11 정답 ②

암모니아 생성은 화학 변화로, 화학 변화는 원자의 배열이 달라지면서 반응 물질과 성질이 다른 새로운 물질이 생성된다. 화학 변화가 일어나는 과정에서 원자의 종류, 개수, 질량, 크기 등은 변하지 않는다.

12 정답 ③

화학 반응이 일어날 때 반응 물질의 총 질량과 생성 물질의 총 질량이 같은 것을 질량 보존 법칙이라고 하고 이는 물리 변화, 화학 변화 모두 적용된다.

오답 피하기

① 보일 법칙 : 일정한 온도에서 기체의 부피와 압력은 반비례 관계이다.

② 기체 반응 법칙 : 일정한 온도와 압력에서 기체가 반응하여 새로운 기체를 생성할 때 각 기체의 부피 사이에는 간단한 정수비가 성립한다.

④ 일정 성분비 법칙 : 화합물을 구성하는 성분 원소 사이에는 일정한 질량비가 성립한다.

13 정답 ②

동물계는 핵이 있고 스스로 양분을 만들지 못하므로 먹이를 섭취하여 양분을 얻는다. 또한, 세포벽이 없고 기관이 발달했으며 참새, 개구리, 호랑이가 포함된다.

14 정답 ①

광합성은 식물이 빛에너지를 이용하여 물과 이산화 탄소를 원료로 포도당과 산소(㉠)를 만드는 작용이다.

15 정답 ①

호흡계는 산소와 이산화 탄소의 기체 교환이 이루어지는 데 관여하는 기관들의 모임으로, 호흡계에 속하는 기관은 코, 기관, 기관지, 폐가 있다.

오답 피하기

위는 소화계에 속한다.

16 정답 ②

적혈구는 가운데가 오목한 원반 모양으로 헤모글로빈이 들어있어 붉게 보인다. 산소를 운반하는 역할을 한다.

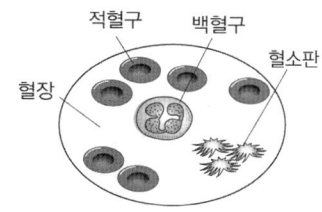

17 정답 ②

홍채는 동공의 크기를 조절하여 눈으로 들어오는 빛의 양을 조절한다.

밝을 때	어두울 때
동공 축소　　홍채 확장	동공 확대　　홍채 축소
홍채 확장 → 동공 축소	홍채 축소 → 동공 확대
눈으로 들어오는 빛의 양 감소	눈으로 들어오는 빛의 양 증가

18 정답 ①

이자는 호르몬을 분비하는 내분비샘으로 인슐린과 글루카곤을 분비한다. 인슐린은 혈당량을 낮추고, 글루카곤은 혈당량을 높인다.

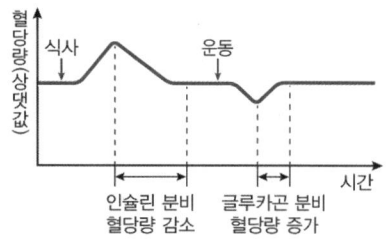

오답 피하기

② 쓸개즙 : 지방의 소화를 돕는 소화액으로 간에서 생성된다.

③ 아밀레이스 : 녹말을 엿당으로 소화시키는 소화효소이다.

④ 에스트로젠 : 난소에서 분비되는 여성의 2차 성징에 관여하는 호르몬이다.

19 정답 ②

아버지의 유전자형은 AA로 딸에게 A만 줄 수 있고, 어머니의 유전자형은 BB로 딸에게 B만 줄 수 있다. 따라서 딸의 혈액형 유전자형은 AB만 가능하다.

20 정답 ④

마그마가 천천히 식어 굳어진 암석 중 밝은색을 띠는 암석으로 화강암이 있다.

오답 피하기

① 사암 : 퇴적암으로 주로 모래가 퇴적되어 형성된다.
② 역암 : 퇴적암으로 주로 자갈이 퇴적되어 형성된다.
③ 현무암 : 용암이 빠르게 식어 굳어진 암석으로 어두운 색을 띤다.

21 정답 ④

자성은 쇠붙이를 끌어당기는 성질로, 자철석은 자성을 가지고 있어 쇠못이나 클립이 달라붙는다.

22 정답 ③

수성은 태양과 가장 가까운 거리의 행성으로 대기가 거의 없어 풍화, 침식 작용이 거의 일어나지 않아 운석 구덩이가 많다.

23 정답 ②

수권은 지구 표면에서 물이 분포하는 영역을 말한다. 수권에서 가장 많은 양을 차지하는 것은 해수이고, 육지의 물 중 가장 많은 것은 빙하이다.

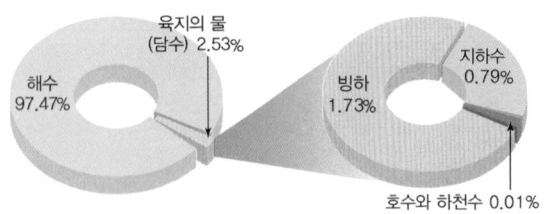

24 정답 ③

기단은 같은 장소에 오랫동안 머물러 기온과 습도 등의 성질이 비슷한 큰 공기 덩어리로, 발생 장소에 따라 성질이 다르다.

발생 장소	고위도	저위도	대륙	해양
기단 성질	한랭	온난	건조	다습

시베리아 기단은 고위도 대륙에서 형성되었으므로 한랭 건조한 특징을 갖는다.

오답 피하기

① 고온 다습 : 북태평양 기단
② 온난 건조 : 양쯔강 기단
④ 한랭 다습 : 오호츠크해 기단

25 정답 ①

구상 성단은 수만에서 수십만 개의 별들이 공 모양으로 빽빽하게 모여 있다. 구성하는 별의 나이는 많고 온도는 낮아 붉은색을 띤다.

도덕 2025년 제2회

01	④	02	①	03	③	04	④	05	③
06	①	07	④	08	③	09	①	10	①
11	②	12	②	13	①	14	④	15	③
16	③	17	④	18	②	19	②	20	④
21	②	22	②	23	④	24	④	25	①

01 정답 ④

사람은 사회적 존재로서, 본능적으로 타인과 관계를 맺고 상호작용하며 살아간다. 이는 개인의 정서적·심리적 건강, 자아 인식, 그리고 사회적 조화에 필수적인 특성이다.

02 정답 ①

문제에 제시된 인물의 사상적 특징을 파악하여 동양 사상가 중 누구인지 판단하는 문제이다. 맹자의 성선설은 인간 본성이 선하다는 철학적 주장으로, 교육과 환경의 영향을 통해 선함을 기를 수 있다고 강조한다. 이는 춘추전국 시대의 정치적 혼란과 도덕적 타락 속에서 민중의 고통을 위로하고, 어진 정치를 촉구하는 맥락에서 탄생하였다.

03 정답 ③

통일 한국이 추구해야 할 가치는 인권, 자유, 정의와 같은 보편적 가치이다. 혐오는 다른 집단에 대한 부정적 감정과 차별을 의미하므로, 통일 한국이 추구해야 할 가치로 적절하지 않다.

• 통일 관련 문제는 인권, 평화, 공존, 화해, 협력, 민주주의, 자유 등의 긍정적 가치를 중심으로 생각하면 된다.

04 정답 ④

A는 거짓말을 하지 말아야 한다는 도덕적 지식은 알고 있으나, 실제 상황에서 실천하지 못하였다. 따라서 A에게는 도덕적 지식을 실천으로 옮기는 '도덕적 실천 의지'가 필요하다.

• 도덕적 행동의 요소로 '도덕적 지식', '도덕적 판단력', '도덕적 감정', '도덕적 실천 의지'가 있음을 기억해야 한다. 알고 있지만 실천하지 못하는 경우는 '도덕적 실천 의지'의 부족을 의미한다.

05 정답 ③

역할 교환 검사는 자신과 타인의 입장을 바꿔서 생각해 보는 방법이다. 이를 통해 자신의 도덕 원리가 보편타당한지 검토할 수 있다.

• 도덕 원리 검토 방법에는 보편화 결과 검사, 역할 교환 검사, 반증 사례 검사, 사실 판단 검토, 정보의 출처 평가 등이 있다. 특히, 보편화 결과 검사와 역할 교환 검사 방법의 특징을 정확히 이해해야 한다.

06 정답 ①

사이버 공간은 누구에게나 열려 있고, 원하는 정보에 쉽게 접근할 수 있으며, 다양한 정보나 의견을 주고받을 수 있다는 특징이 있다. 이는 사이버 공간의 '개방성'을 설명한 것이다.

• 사이버 공간의 특징으로 개방성, 익명성, 즉시성, 비대면성 등이 있다. 각 특징의 긍정적 측면과 부정적 측면을 함께 이해해두면 좋다.

07 정답 ④

정신적 가치는 물질적 가치와 대비되는 개념으로, 사랑·우정·행복·정의 등 눈에 보이지 않는 가치를 의미한다.

08 정답 ③

문제는 죽음이라는 중요한 주제에 대한 도덕적 성찰의 진정한 의미를 묻고 있다. 우리가 죽음을 성찰하는 것은 결코 삶을 포기하거나 두려워하기 위함이 아니다. 오히려 죽음이 언젠가 찾아올 유한한 것임을 인지함으로써, 현재 우리가 살아가고 있는 삶의 매 순간이 얼마나 소중하고 값진지를 깊이 깨닫게 되는 것이 가장 핵심적인 목적이다.

09 정답 ①

(가)는 부모가 자녀를 사랑하는 마음, 즉 '자애(慈愛)'를 의미한다. 부모님의 헌신적인 사랑은 '자애'라는 덕목으로 표현된다. (나)는 형제자매 간의 사랑과 화목함을 나타내는 것으로, 이를 '우애(友愛)'라고 한다. 따라서 두 설명에 가장 적합한 덕목은 ①번 '자애 - 우애'이다.

- **자애(慈愛)** : 윗사람, 특히 부모가 아랫사람, 특히 자녀에게 베푸는 사랑과 인자함.
- **우애(友愛)** : 친구나 형제자매처럼 서로 친하게 지내며 아끼고 사랑하는 마음
- **경로(敬老)** : 노인을 공경하는 것
- **효도(孝道)** : 부모를 잘 섬기고 봉양하는 도리

10 정답 ①

봉사 활동은 이웃 사랑을 실천하고 더불어 사는 사회를 만드는 데 기여하는 순수한 활동이다. '봉사'라는 말 자체가 대가를 바라지 않는다는 의미를 내포하고 있다. 따라서 ㄱ과 ㄴ은 봉사 활동의 본질적인 태도이다. 반면 ㄷ은 자신의 이익을 우선시하는 것이므로 공공의 이익을 추구하는 봉사와는 거리가 멀고, ㄹ은 자발성이 아닌 타율적인 행동이므로 바람직한 봉사 태도가 아니다.

11 정답 ②

두 인용문 모두 '함께 기뻐해 줄 누군가', '친구를 향한 선행', '친구와 함께 가면' 등의 표현을 통해 서로 돕고, 이해하며, 지지해 주는 관계를 강조하고 있다. 이러한 관계 속에서 빛나는 덕목은 바로 '우정'이다. 우정은 개인의 삶을 더욱 풍요롭게 하고, 더 큰 기쁨과 힘을 가져다준다.

12 정답 ②

〈폭력을 예방하기 위한 바람직한 방법〉

- **타인의 입장을 이해하고 공감하는 능력 키우기** : 갈등을 대화로 해결하고 폭력을 행사하지 않기 위한 기본 전제이다.
- **자신의 감정을 평화롭게 표현하고 조절하기** : 분노나 좌절감 등 부정적인 감정을 폭력으로 표출하지 않도록 스스로 통제하는 연습이 필요하다.

- **생명 존중 및 인권 교육 강화** : 모든 생명과 인간은 존엄하다는 인식을 함양하여 어떠한 형태의 폭력도 정당화될 수 없음을 깨닫게 한다.
- **공동체 구성원으로서의 책임감 함양** : 서로를 존중하고 배려하며 공동의 안전을 위해 노력하는 태도가 중요하다.
- **적극적인 신고 및 도움 요청** : 폭력을 목격하거나 당했을 때 혼자 감당하지 않고 전문가나 어른에게 알리고 도움을 청하는 용기가 필요하다.

13 정답 ①

북한에 대한 바람직한 시각은 '경계'와 '협력'이라는 두 가지 측면을 동시에 고려해야 한다는 내용이다. 한쪽으로 치우치지 않고, 여러 측면을 종합적으로 판단하며 상황에 따라 적절한 태도를 취하는 것을 우리는 '균형적'이라고 표현한다. '배타적', '일방적', '편향적' 시각은 어느 한쪽에만 치우쳐 다른 측면을 고려하지 않는 부정적인 태도이다.

14 정답 ③

바람직한 시민은 공동체의 구성원으로서 권리뿐만 아니라 책임과 의무를 다해야 한다. ㄱ. 타인의 권리 경시는 이기적인 태도이며, ㄷ. 다른 민족과 국가를 배척하는 태도는 세계 시민 의식에 어긋난다. 반면, ㄴ. 국가 공동체를 소중히 여기고, ㄹ. 국가의 정책 결정 과정에 자발적으로 참여하여 자신의 의견을 개진하는 것은 민주 시민으로서 매우 중요한 덕목이다.

15 정답 ③

이 문제는 사회 정의가 왜 필요한지를 묻고 있다. 사회 정의는 특정 계층이나 집단이 아닌, 모든 사회 구성원이 인간으로서 존엄성을 지키며 행복하게 살아갈 수 있는 '인간다운 삶'을 보장하는 것을 목적으로 한다. 비도덕적 공동체, 불합리한 제도, 일부에게만 유리한 사회는 사회 정의와는 반대되는 개념이다.

16 정답 ③

국가가 국민의 삶에 개입하여 의료, 교육, 복지 등 다양한 분야에서 적극적인 역할을 해야 한다고 보는 관점은 '적극적 국가관'이다. 반면, '소극적 국가관'은 국가의 역할을 최소화하고 개인의 자유와 책임을 강조한다. '무정부 국가관'은 국가 자체가 필요 없다고 보는 것이며, '폐쇄적 국가관'은 다른 국가와의 교류를 거부하는 개념이다.

• 국가관은 '적극적'과 '소극적'으로 크게 구분되는데, 지문에서 '복지', '제공', '개입', '인간다운 삶 보장' 등의 키워드가 나오면 적극적 국가관을, '최소한', '자유', '간섭하지 않음' 등의 키워드가 나오면 소극적 국가관을 떠올리면 된다.

17 정답 ④

갈등 해결 방식은 매우 중요하다. 문제에서 갈등 해결의 결과로 '서로가 만족', '서로를 이해하고 존중'이라는 긍정적인 결과가 제시되었다. 이러한 결과를 가져올 수 있는 갈등 해결 방식은 바로 '평화적' 해결이다. '독단', '억압', '차별'은 갈등을 악화시키거나 일방적인 희생을 강요하는 부정적인 방식이다.

18 정답 ②

인권은 한 번 주어지고 사라지는 '일회성'의 특징을 가지지 않는다. 오히려 태어날 때부터 죽을 때까지 계속해서 보장되어야 하는 지속적인 권리이다.

• 인권의 특징은 '천부인권', '보편성', '불가침성', '항구성(지속성)', '양도 불가능성' 등이 있다. '일회성'이나 '선별성', '제한성' 등은 인권의 특징이 아님을 명심해야 한다.

19 정답 ②

① '자연환경 훼손'은 과학 기술의 '부정적 측면'이다.
② '건강한 삶과 생명 연장에 기여'는 과학 기술의 대표적인 '긍정적 측면'이다.
③ '교통 발달로 생활권 확대'는 과학 기술의 '긍정적 측면'이다.
④ '생활을 풍요롭고 편리하게 해 줌'은 과학 기술의 '긍정적 측면'이다.

따라서 (가) 긍정적인 측면에 해당하며 가장 적절한 내용은 ②이다.

20 정답 ④

'즐거움이나 만족감'은 '행복'을 정의하는 핵심적인 표현이다. 또한 '진정한 행복을 위해서는 좋은 습관이 필요하다'는 말은 행복이 단순히 외부적인 조건뿐만 아니라 내면의 노력과 습관 형성을 통해 얻어질 수 있음을 보여준다. '불안', '비판', '탐욕'은 모두 행복과 거리가 먼 부정적인 개념이다.

21 정답 ②

바람직한 성 윤리의 핵심은 '책임'과 '존중'이다. 특히 상대방의 의사를 존중하고 배려하는 것은 성적 자기 결정권을 포함한 기본적인 인권 존중의 태도이다. 성적 욕구와 사랑을 동일시하거나(①), 자신의 의사를 강요하고(③), 결과는 고려하지 않는 것(④)은 모두 바람직하지 못한 성 윤리에 해당한다.

22 정답 ②

용서는 타인의 잘못이나 허물을 너그러이 이해하고 비난하거나 벌하지 않는 태도를 의미한다. 이는 미움, 질투, 충동과 같은 부정적인 감정에서 벗어나 상처를 치유하고 관계를 회복하는 데 중요한 역할을 한다. 용서는 피해자가 가해자에게 베푸는 행위이며, 자신을 위한 것이기도 하다.

23 정답 ④

'인류애(人類愛)'는 모든 인류에 대한 보편적인 사랑과 동정심을 의미한다. 만약 이 문제가 사회적 약자, 국제 문제, 빈곤, 환경 문제 등 인류 전체의 행복과 관련된 것이라면 '인류애'를 바탕으로 문제를 해결하려는 태도가 가장 중요하고 바람직하다.

24 정답 ④

'자아(自我)'는 곧 '나 자신'을 의미한다. 자아는 고정된 것이 아니라, 자신을 탐색하고 다양한 경험을 통해 성장하면서 끊임없이 변화하고 발전하는 모습이다. 내가 보는 타인의 모습은 '타자'이며, 자아는 개인의 특징, 능력, 성격과 밀접하게 관련되어 있다. 따라서 ④ 나를 알아가는 과정에서 확인하는 자신의 모습이라는 설명이 가장 적절하다.

25 정답 ①

다양한 문화를 바라보는 바람직한 태도는 보편 규범에 근거하여 문화를 성찰하는 문화 상대주의적 태도이다. 문화의 우열을 구분하며 특정한 기준으로 상대 문화를 평가하는 문화 절대주의 태도는 바람직하지 않다.

2025년

제1회 기출문제

▶ 국어

▶ 수학

▶ 영어

▶ 사회

▶ 과학

▶ 도덕

EBS 교육방송교재

중졸 검정고시  기출문제집

국어

2025년 제1회 기출문제

정답 및 해설 p.89

01 상대의 말에 공감하며 반응하는 대화로 ㉠에 들어가기에 가장 적절한 것은?

오늘 미술 시간에 인물화를 그렸는데 점수를 낮게 받아서 우울해.

㉠

① 나는 인물화 정말 잘 그리는데, 부럽지?
② 점수를 낮게 받아서 정말 많이 속상하겠다.
③ 평소에 연습도 안 하면서 점수만 잘 받길 바라니?
④ 난 만점 받아서 하늘로 날아갈 것처럼 기분이 좋아.

02 다음 말하기에서 알 수 있는 사회자의 역할로 가장 적절한 것은?

> 사회자 : 안녕하세요. 오늘 토의 주제는 '우리 지역 축제 활성화 방안'입니다. 토의는 축제 프로그램 구성, 관광객 유치 방안, 주민 참여 활성화 방안을 논의하는 순서로 진행하겠습니다.

① 토의의 개념을 설명한다.
② 토의의 순서를 안내한다.
③ 토의 결과를 요약하며 마무리한다.
④ 토의 참여자를 청중에게 소개한다.

03 밑줄 친 부분이 '한글 맞춤법'에 맞게 표기된 것은?

① 감기 <u>어서</u> 빨리 <u>낳아</u>.
② <u>떡뽁기</u>를 같이 만들어 먹자.
③ 토요일에 우리 집에 놀러 와도 <u>돼</u>.
④ 나는 매콤한 <u>김치찌게</u>를 먹고 싶어.

04 밑줄 친 단어들의 공통점으로 적절한 것은?

> • 비행기<u>가</u> 하늘로 날아올랐다.
> • 등굣길<u>에</u> 친구<u>와</u> 만나서 같이 갔다.

① 사람이나 사물의 이름을 나타낸다.
② 놀람, 느낌, 부름, 대답을 나타낸다.
③ 사람이나 사물의 움직임을 나타낸다.
④ 다른 말과의 문법적 관계를 나타낸다.

05 밑줄 친 부분이 ㉠에 해당하는 것은?

> 문장 성분에는 주어, ㉠ 서술어, 목적어, 보어, 관형어 등이 있다.

① <u>아기가</u> 하품을 했다.
② 영수가 <u>신발을</u> 샀다.
③ 우리는 과자를 <u>먹었다</u>.
④ 민주가 <u>반장이</u> 되었다.

06 다음과 관련 있는 언어의 특성으로 가장 적절한 것은?

> 새로운 단어나 문장을 끊임없이 만들어 낼 수 있다.

① 창조성 ② 자의성
③ 사회성 ④ 분절성

07 다음 규정에 맞게 발음하지 <u>않은</u> 것은?

> ■ 표준 발음법 ■
> 【제13항】 홑받침이나 쌍받침이 모음으로 시작된 조사나 어미, 접미사와 결합되는 경우에는, 제 음가대로 뒤 음절 첫소리로 옮겨 발음한다.

① 꽃을[꼬즐] ② 낮이[나지]
③ 밖에[바께] ④ 옷을[오슬]

08 다음을 참고할 때, 이어진 문장이 <u>아닌</u> 것은?

> 두 개 이상의 문장이 나란히 이어져서 연결된 문장을 이어진 문장이라고 한다.

① 마당에 꽃이 피었다.
② 윤지는 웃었지만 민서는 울었다.
③ 이것은 감이며 저것은 사과이다.
④ 동생은 초등학생이고 형은 중학생이다.

09 다음 개요에서 통일성에 <u>어긋나는</u> 부분은?

제목	카페인 섭취를 줄여야 한다.
처음	• 카페인을 과도하게 섭취하는 사람들이 많다. ························· ㉠
중간	• 카페인을 과도하게 섭취하면 수면의 질이 떨어진다. ·············· ㉡ • 바른 언어 습관은 원만한 인간관계 형성에 도움이 된다. ·········· ㉢ • 카페인을 과도하게 섭취하면 잦은 이뇨 작용으로 몸속의 수분이 부족해진다. ························· ㉣
끝	카페인을 과도하게 섭취하면 건강에 좋지 않으므로 카페인 섭취를 줄여야 한다.

① ㉠ ② ㉡
③ ㉢ ④ ㉣

10 ⊙~㉣에 대한 고쳐 쓰기 방안으로 적절하지 않은 것은?

> 머리카락은 우리 몸에서 다양한 기능을 한다. 먼저 머리카락은 각종 노폐물을 배출한다. 수은이나 비소와 같은 중금속이 우리 몸에 쌓이면 위험한데, 머리카락은 이러한 성분을 끊임없이 ⊙ 두피밖으로 내보낸다. ⓒ 중금속은 산업 발전의 중요한 원동력이다.
>
> 또한 머리카락은 우리의 뇌를 보호한다. 한 사람의 머리에는 약 십만 가닥 정도의 머리카락이 있다. 이 많은 머리카락이 두개골을 감싸 뇌가 받는 충격을 ⓒ 더해 준다. ㉣ 왜냐하면 두피의 온도가 급격하게 올라가거나 내려가지 않도록 하여 뇌를 안전하게 지켜 준다.

① ⊙ : 띄어쓰기에 어긋나므로 '두피 밖으로'로 고친다.

② ⓒ : 글의 흐름에서 벗어난 내용이므로 삭제한다.

③ ⓒ : 문맥에 어울리지 않으므로 '줄여'로 바꾼다.

④ ㉣ : 문장의 호응을 고려하여 '만일'로 고친다.

[11~13] 다음 글을 읽고 물음에 답하시오.

> 나 보기가 역겨워
> 가실 때에는
> 말 없이 고이 보내 드리우리다
>
> 영변에 약산
> 진달래꽃
> 아름 따다 가실 길에 뿌리우리다

가시는 걸음걸음
놓인 그 꽃을
사뿐히 즈려밟고 가시옵소서

나 보기가 역겨워
가실 때에는
죽어도 아니 눈물 흘리우리다

　　　　　　 – 김소월, 「진달래꽃」 –

11 윗글에 대한 설명으로 가장 적절한 것은?

① 같은 구절을 반복했다.

② 청유형 문장을 사용했다.

③ 미각적 이미지를 사용했다.

④ 묻고 답하는 형식을 활용했다.

12 윗글의 화자에 대한 설명으로 가장 적절한 것은?

① 이별의 상황을 가정하고 있다.

② 물질주의적 삶을 동경하고 있다.

③ 자신의 유년 시절을 회상하고 있다.

④ 떠나온 고향의 모습을 그리워하고 있다.

13 다음을 참고할 때, 윗글의 끊어 읽기가 적절하지 않은 것은?

> 이 시는 전통적인 3음보의 율격을 계승하였기에 시의 내용을 생각하며 적절하게 세 번씩 끊어 읽는 것이 좋다.

① 나 보기가 / 역겨워 / 가실 때에는 //

② 말 / 없이 고이 보내 / 드리우리다 //

③ 아름 따다 / 가실 길에 / 뿌리우리다 //

④ 사뿐히 / 즈려밟고 / 가시옵소서 //

⊙ 하루는 밤에 아저씨 방에서 놀다가 졸려서 안방으로 들어오려고 일어서니까 아저씨가 하얀 봉투를 서랍에서 꺼내어 내게 주었습니다.

"옥희, 이거 갖다가 엄마 드리고 지나간 달 밥값이라고, 응."

나는 그 봉투를 갖다가 어머니에게 드렸습니다. ⓒ 어머니는 그 봉투를 받아 들자 갑자기 얼굴이 파랗게 질렸습니다. 그 전날 달밤에 마루에 앉았을 때보다도 더 새하얗다고 생각되었습니다. 어머니는 그 봉투를 들고 어쩔 줄을 모르는 듯이 초조한 빛이 나타났습니다. 나는,

"그거 지나간 달 밥값이래."

하고 말을 하니까 어머니는 갑자기 잠자다 깨나는 사람처럼 "응?" 하고 놀라더니 또 금시에 ⓒ 백지장같이 새하얗던 얼굴이 발갛게 물들었습니다. 봉투 속으로 들어갔던 어머니의 파들파들 떨리는 손가락이 지전을 몇 장 끌고 나왔습니다. 어머니는 입술에 약간 웃음을 띠면서 "후!" 하고 한숨을 내쉬었습니다. 그러나 그것도 잠깐, 다시 어머니는 무엇에 놀랐는지 흠칫하더니 금시에 ⓔ 얼굴이 다시 새하얘지고 입술이 바르르 떨렸습니다. 어머니의 손을 바라다보니 거기에는 지전 몇 장 외에 네모로 접은 하얀 종이가 한 장 잡혀 있는 것이었습니다.

[A]
어머니는 한참을 망설이는 모양이었습니다. 그러더니 무슨 결심을 한 듯이 입술을 악물고 그 종이를 차근차근 펴 들고 그 안에 쓰인 글을 읽었습니다. 나는 그 안에 무슨 글이 씌어 있는지 알 도리가 없었으나 어머니는 그 글을 읽으면서 금시에 얼굴이 파랬다 발갰다 하고 그 종이를 든 두 손은 이제는 바들바들이 아니라 와들와들 떨려서 그 종이가 부석부석 소리를 내게 되었습니다.

한참 후에 어머니는 그 종이를 아까 모양으로 네모지게 접어서 돈과 함께 봉투에 도로 넣어 반짇고리에 던졌습니다. 그러고는 정신 나간 사람처럼

멀거니 앉아서 전등만 쳐다보는데 어머니 가슴이 불룩불룩합니다.

　　　　　　　　　　　－ 주요섭, 「사랑손님과 어머니」－

14 윗글의 내용으로 적절하지 <u>않은</u> 것은?

① 아저씨는 나에게 하얀 봉투를 주었다.

② 나는 하얀 봉투를 어머니께 드렸다.

③ 어머니는 하얀 봉투를 열지 않았다.

④ 어머니는 하얀 봉투를 반짇고리에 던졌다.

15 [A]에 대한 설명으로 적절한 것은?

① 계절의 변화가 나타난다.

② 구체적인 지명이 제시된다.

③ 인물과 자연환경의 대립이 나타난다.

④ 인물의 행동을 통해 심리가 드러난다.

16 ⊙~ⓔ 중 다음 설명에 해당하지 <u>않는</u> 것은?

'나(옥희)'는 '어머니'의 모습을 관찰자 입장에서 서술하고 있다.

① ⊙　　　　　　　② ⓒ

③ ⓒ　　　　　　　④ ⓔ

[17~19] 다음 글을 읽고 물음에 답하시오.

어사또는 동헌 마루에 높이 앉아 분부하였다.

"남원부 변 사또는 악행이 높으니 당장 포박하여 옥에 가둬라!"

변 사또를 옥에 가둔 어사또는 옥중에 갇힌 죄인의 사연을 다 들은 후 죄 없는 사람은 즉시 풀어 주었다. 풀려난 사람들은 기뻐 춤을 추며 어사또의 공덕을 치하하였다.

마지막으로 어사또는 옥을 지키는 형리에게 일렀다.

"춘향이를 칼* 벗겨 대령하라."

(중략)

춘향이는 죽은 듯이 엎드려 있는데, 가는 목에 큰칼 차고 곱던 머리 산발하고 옷자락에는 붉은 핏물 얼룩지고 그 참혹한 광경은 두 눈 뜨고 차마 보지 못할 지경이었다. 어사또 눈에 눈물이 그렁그렁, 혹 남에게 들킬세라 부채로 얼굴을 가린 채 물었다.

"분부 들어라. 너는 기생으로서 관의 명령을 어기고 발악하였으니 살기를 바랄쏘냐? 죽어 마땅하나 내 수청을 든다면 목숨은 살려 주마."

기가 막힌 춘향이가 고개를 번쩍 들고,

"초록은 동색이요, 가재는 게 편이라더니 내려오는 사또마다 빠짐없이 명관이로구나."

한탄하며 말을 이었다.

"어사또는 들으시오. 절벽 위에 우뚝 솟은 높은 바위 바람 분들 무너지며, 사시사철 푸른 소나무 눈이 온들 비가 온들 변하리까? 틀린 소리 마옵시고 어서 바삐 죽여 주소."

어사또는 더 이상 묻지 않고 빙긋 웃더니 옥반지를 꺼내 사령에게 주었다.

"이것을 춘향이에게 주어라."

춘향이 제 앞에 놓인 옥반지 를 보니, 이별할 때 자기가 이 도령에게 준 바로 그것이었다.

"춘향이는 고개를 들라."

그제야 춘향이가 번쩍 고개를 들었다. 동헌 마루에 높이 앉은 어사또는 어제 저녁 옥문 밖에 왔던 낭군이 분명하였다. 꿈인가 생시인가. 물끄러미 어사또를 바라보는 춘향이 눈에 구슬 같은 눈물이 서려 옷깃을 적시며 조용히 흘러내렸다.

"얼씨구 좋구나, 지화자 좋구나. 어제 저녁 걸인 사위, 어사가 웬 말이냐? 꿈이거든 깨지 말고 생시거든 오늘만 같아라."

춘향이가 죽을 줄만 알고 울며불며 따라왔던 월매는 울다 웃다 덩실덩실 어깨춤을 추었다.

– 작자 미상, 「춘향전」–

___

* 칼 : 죄인에게 씌우던 형틀

17 윗글에 대한 설명으로 적절한 것은?

① 이야기를 장과 막으로 전개한다.

② 의인화된 사물의 일생을 기록한다.

③ 실제 경험한 일을 진솔하게 표현한다.

④ 서술자가 인물에 대한 이야기를 전달한다.

18 윗글의 내용으로 적절하지 <u>않은</u> 것은?

① 어사또는 변 사또를 옥에 가두라고 분부했다.

② 어사또는 형리에게 춘향이를 대령하라고 일렀다.

③ 어사또는 눈물을 들킬까 봐 부채로 얼굴을 가렸다.

④ 월매는 사위가 어사가 된 것을 알고 크게 실망했다.

19 옥반지 에 대한 설명으로 적절한 것은?

① 춘향이의 잘못을 드러낸다.

② 어사또의 정체를 드러낸다.

③ 변 사또의 결백을 밝혀 준다.

④ 이 도령의 질투심을 표현한다.

[20~22] 다음 글을 읽고 물음에 답하시오.

우리나라는 '배달 공화국'이라고 해도 지나치지 않을 만큼 배달 산업이 발달하였다. 이로 인해 배달 산업에 참여하는 업체가 많아지면서 빠른 속도는 경쟁력이 되었다. 심지어 오전에 주문하면 오후에 받는 당일 배달도 가능해졌다. 세상이 편해졌다고 좋아할 수도 있겠지만 그 이면에는 부정적인 ㉠ 측면도 있다. 일부 택배 기사들은 빨리 배달하려고 ㉡ 과속을 하거나 신호를 어겨 교통사고가 나기도 한다. 실제로 2012년 안전보건공단의 조사에 따르면 택배 업종에서 발생한 산업 재해* 가운데 도로 교통사고가 절반 이상을 차지하였다.

이 외에도 문제는 또 있다. 아침에 분류한 물건을 그날 안에 배달해야 하기 때문에 택배 기사들은 밤늦게까지 일을 멈출 수 없다. 2017년 서울노동권익센터가 실시한 조사에 따르면 이들의 주당 평균 노동 시간은 74시간이다. 일 년이면 3,848시간으로 2017년 기준 경제협력개발기구(OECD) 1인당 연간 평균 노동 시간 1,759시간의 두 배가 넘는다. 우리나라 택배 기사들은 배송 시간을 지키려고 과도한 노동을 하고 있는 것이다.

산업의 규모가 커지면 해당 업종에 종사하는 사람들의 ㉢ 수입이 느는 게 일반적이지만, 택배 기사들은 그렇지 못하다. 택배 시장이 과열되면서 더 저렴한 가격을 내세운 가격 경쟁이 심해졌기 때문이다. 유류비, 통신비 등의 각종 비용을 제외하면 택배 기사들은 택배 한 건당 평균 800원 정도를 벌 수 있다. ㉣ 단순 계산해서, 한 달에 약 350만 원 정도를 벌려면 25.3일을 일하면서 하루 평균 170개 가까운 물건을 배달해야 한다. 결국 더 적게 벌면서 더 많이 배달하고 있는 것이고, 그 때문에 택배 기사는 눈코 뜰 사이 없이 일할 수밖에 없는 것이다.

　　　　　　－ 김용섭, 「왜 속도를 고민해야 하는가?」 －

─────────

* 산업 재해 : 노동 과정에서 발생하는 사고 때문에 근로자에게 생긴 신체상의 재해

20 윗글에 대한 설명으로 적절한 것은?

① 관련된 속담을 인용하였다.
② 구체적인 수치를 제시하였다.
③ 조사 계획을 표로 제시하였다.
④ 예상되는 실험 결과를 추측하였다.

21 윗글의 내용과 일치하지 <u>않는</u> 것은?

① 배달 산업에 참여하는 업체가 많아지면서 빠른 속도는 경쟁력이 되었다.
② 배달 산업의 발달로 오전에 주문하면 오후에 받는 당일 배달도 가능해졌다.
③ 우리나라 택배 기사들은 물건의 배송 시간을 지키려고 과도한 노동을 한다.
④ 택배 시장이 과열되면서 더 비싼 가격을 내세운 가격 경쟁이 심해졌다.

22 ㉠~㉣의 사전적 의미로 적절하지 <u>않은</u> 것은?

① ㉠ : 사물이나 현상의 한 부분
② ㉡ : 느린 속도
③ ㉢ : 돈이나 물품 따위를 거두어들이는 것
④ ㉣ : 복잡하지 않고 간단함.

[23~25] 다음 글을 읽고 물음에 답하시오.

과학자들은 지구 온난화가 지속되면 가장 먼저 생존에 위협을 받을 종으로 북극곰을 꼽았다. 미국은 지구 온난화로 북극의 바다 얼음이 줄어들어 북극곰의 서식지가 파괴되고 있는 현상을 확인하고, 2008년에 알래스카에 사는 북극곰을 멸종 위기종으로 등록했다. ㉠ 멸종이란 생물의 한 종류가 아주 없어지는 것을 의미한다. 기후 변화 때문에 멸종 위기종으로 등록된 것은 세계적으로 북극곰이 처음이었다. 북극곰이 지구 온난화의 첫 번째 공식 피해자로 인정받은 것이다.

미국의 멸종 위기종 보호법에 따르면, 한 동식물이 멸종 위기종으로 등록되면 정부는 이들의 서식 현황을 파악하고, 멸종을 방지하기 위해 구체적인 계획을 세워야 한다. 북극곰이 멸종 위기종이 되면서 미국 정부는 북극곰의 멸종을 막기 위해 바다 얼음이 줄어드는 데 영향을 주는 온실가스를 감축하기 위한 계획을 세워야만 하게 되었다.

그럼에도 불구하고 북극곰이 멸종 위기에서 탈출할 수 있을지는 아무도 장담할 수 없다. 지구 온난화를 막기 위해서는 세계 각국의 관심과 진정한 협력이 필요하기 때문이다. '2009년 유엔기후변화회의'를 시작으로 각국에 온실가스 감축량을 할당하는 논의가 진행되었다. ㉡ 강제적이고 실효성 있는 대책을 마련하는 데는 아직 어려움을 겪고 있다.

– 남종영, 「사라져 가는 북극곰」 –

23 윗글의 내용과 일치하지 <u>않는</u> 것은?

① 지구 온난화로 북극의 바다 얼음이 늘어나고 있다.

② 미국은 2008년에 알래스카에 사는 북극곰을 멸종 위기종으로 등록했다.

③ 북극곰 멸종을 막기 위해 미국 정부는 온실가스 감축 계획을 세워야만 하게 되었다.

④ 지구 온난화를 막기 위해서는 세계 각국의 관심과 진정한 협력이 필요하다.

24 ㉠과 같은 설명 방법이 사용된 것은?

① 동물은 척추동물과 무척추동물로 나뉜다.

② 발효 음식의 예로 김치, 간장, 된장이 있다.

③ 오늘 아침에 늦잠을 자서 학교에 지각을 했다.

④ 삼각형은 세 개의 선분으로 둘러싸인 평면 도형이다.

25 문맥상 ㉡에 들어갈 말로 가장 적절한 것은?

① 결코　　　　② 그러면

③ 하지만　　　④ 그러므로

01 다음은 45를 소인수분해하는 과정을 나타낸 것이다. 45를 소인수분해한 결과로 옳은 것은?

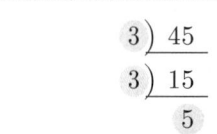

① 3^2

② 3×5

③ $3^2 \times 5$

④ $3^2 \times 5^2$

02 $6 + (-4)$를 계산한 값은?

① 1

② 2

③ 3

④ 4

03 다음을 문자가 사용된 식으로 바르게 나타낸 것은?

한 송이에 2000원인 장미꽃 a 송이의 가격

① $(2000 + a)$원

② $(2000 - a)$원

③ $(2000 \times a)$원

④ $(2000 \div a)$원

04 일차방정식 $2x - 3 = 5$의 해는?

① 3

② 4

③ 5

④ 6

05 다음은 5km 단축 마라톤 대회에 참가한 어느 학생의 시간에 따른 이동 거리를 나타낸 그래프이다. 이 학생이 출발한 후 10분부터 25분까지 이동한 거리는?

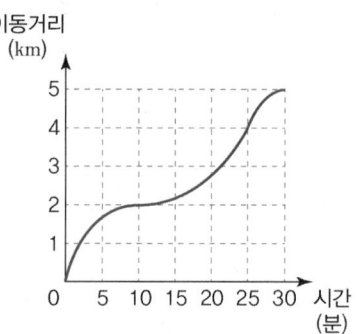

① 2km

② 3km

③ 4km

④ 5km

06 그림과 같이 원 O에서 부채꼴 AOB의 넓이는 3cm^2, 부채꼴 COD의 넓이는 5cm^2이다. ∠AOB $= 60°$일 때, ∠COD의 크기는?

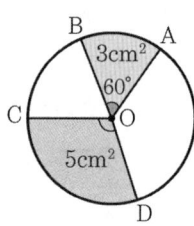

① $90°$

② $100°$

③ $110°$

④ $120°$

07 다음은 어느 반 학생 20명의 통학 시간을 조사하여 나타낸 표이다. a의 값은?

통학 시간 (분)	학생 수 (명)	상대도수
$0^{이상}$ ~ $10^{미만}$	2	0.1
10 ~ 20	12	a
20 ~ 30	6	0.3
합계	20	1

① 0.5 ② 0.6
③ 0.7 ④ 0.8

08 순환소수 $0.\dot{8}$을 기약분수로 나타낸 것은?

① $\dfrac{5}{9}$ ② $\dfrac{2}{3}$
③ $\dfrac{7}{9}$ ④ $\dfrac{8}{9}$

09 $a^2 \times a^7 \div a^3$을 간단히 한 것은? (단, $a \neq 0$)

① a^4 ② a^5
③ a^6 ④ a^7

10 연립방정식 $\begin{cases} x - y = 1 \\ 2x - y = 3 \end{cases}$ 의 해는?

① $x = 1$, $y = 1$ ② $x = 2$, $y = 1$
③ $x = 3$, $y = 2$ ④ $x = 4$, $y = 3$

11 그림은 일차함수 $y = ax + 4$의 그래프이다. 상수 a의 값은?

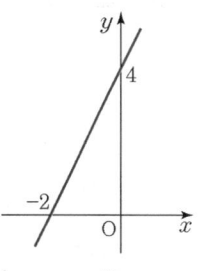

① 2 ② 3
③ 4 ④ 5

12 그림과 같이 $\overline{AB} = \overline{AC}$ 인 이등변삼각형 ABC에서 $\angle A = 80°$일 때, $\angle x$의 크기는?

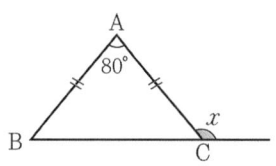

① 130° ② 140°
③ 150° ④ 160°

13 그림과 같이 삼각형 ABC에서 변 BC에 평행한 직선이 두 변 AB, AC와 만나는 점을 각각 D, E 라고 하자. $\overline{AD} = 6$cm, $\overline{DB} = 3$cm, $\overline{AE} = 8$cm, $\overline{EC} = x$cm일 때, x의 값은?

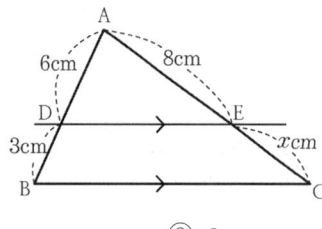

① 1 ② 2
③ 3 ④ 4

14 그림과 같이 1부터 10까지의 자연수가 적힌 공 10개가 들어 있는 상자가 있다. 이 상자에서 임의로 한 개의 공을 꺼낼 때, 5의 배수가 나올 확률은?

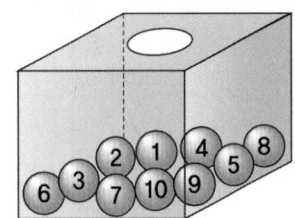

① $\dfrac{1}{5}$ ② $\dfrac{3}{10}$

③ $\dfrac{2}{5}$ ④ $\dfrac{1}{2}$

15 $2\sqrt{5} = \sqrt{a}$ 일 때, a의 값은?

① 10   ② 15

③ 20   ④ 25

16 이차방정식 $x^2 - 3x + 2 = 0$의 한 근이 1이다. 다른 한 근은?

① 2   ② 3

③ 4   ④ 5

17 이차함수 $y = x^2 + 2$의 그래프에 대한 설명으로 옳은 것은?

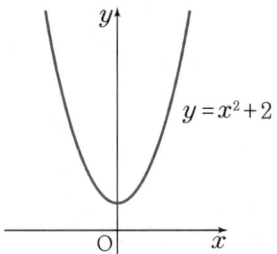

① 위로 볼록하다.

② 점 $(1,\ 4)$를 지난다.

③ 직선 $y = 1$을 축으로 한다.

④ 꼭짓점의 좌표는 $(0,\ 2)$이다.

18 직각삼각형 ABC에서 $\overline{AB} = 8$, $\overline{BC} = 17$, $\overline{CA} = 15$일 때, $\sin B$의 값은?

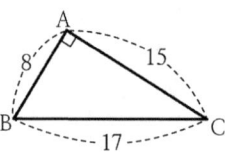

① $\dfrac{8}{17}$ ② $\dfrac{8}{15}$

③ $\dfrac{15}{17}$ ④ $\dfrac{15}{8}$

19 그림에서 두 점 A, B는 점 P에서 원 O에 그은 두 접선의 접점이다. $\overline{PB} = 5\,cm$, $\angle PBA = 60°$ 일 때, $\overline{AB}$의 길이는?

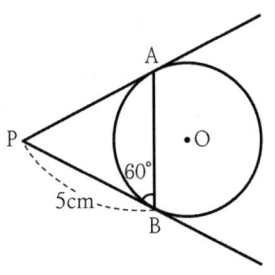

① 5cm

② 6cm

③ 7cm

④ 8cm

20 다음 중 표준편차가 가장 큰 자료는?

① 1, 1, 1, 1, 1, 1

② 1, 2, 1, 2, 1, 2

③ 2, 3, 2, 3, 2, 3

④ 2, 4, 2, 4, 2, 4

2025년 제1회

01 다음 중 밑줄 친 단어의 뜻으로 가장 적절한 것은?

> My parents are really <u>proud</u> of me.

① 신나는   ② 친절한
③ 무관심한   ④ 자랑스러운

02 다음 중 밑줄 친 두 단어의 의미 관계와 <u>다른</u> 것은?

> This question is <u>difficult</u>. Please give me an <u>easy</u> one.

① wide – narrow
② wise – foolish
③ healthy – colorful
④ cheap – expensive

[3~4] 다음 중 빈칸에 들어갈 말로 가장 적절한 것을 고르시오.

03

> Eric and I _____ good friends.

① are   ② am
③ is   ④ be

04

> He brushed his teeth _____ he had lunch.

① to   ② of
③ with   ④ after

[5~6] 다음 중 대화의 빈칸에 들어갈 말로 가장 적절한 것을 고르시오.

05

> A : How _____ tickets do you need?
> B : I need three tickets, please.

① long   ② many
③ much   ④ often

06

> A : What are you going to do this afternoon?
> B : I'm going to play computer games with my brother.
> A : _____.

① No, I haven't
② You're welcome
③ Of course not
④ That sounds fun

07 다음 중 빈칸에 공통으로 들어갈 말로 가장 적절한 것은?

- What _____ of music do you like?
- She helped me a lot. I think she is very _____.

① kind
② fat
③ well
④ light

08 다음은 Mike의 여행 일정표이다. 오전 10시에 할 일은?

8:00 a.m.	10:00 a.m.	3:00 p.m.	5:00 p.m.
have breakfast at the hotel	visit the traditional market	have snacks in the park	go to the theater

① 호텔에서 아침 먹기
② 전통 시장 방문하기
③ 공원에서 간식 먹기
④ 극장에 가기

09 그림으로 보아 빈칸에 들어갈 말로 가장 적절한 것은?

 A : What is the boy doing?
B : He is _____.

① watching TV
② driving a car
③ drinking water
④ playing the guitar

10 다음 대화가 끝난 후 두 사람이 함께 할 일은?

A : Oh, my! I lost my smartphone.
B : Really? Can you remember where you put it?
A : I'm not sure. I should check the Lost and Found center, first.
B : That's a good idea. Let's go together.

① 수영하러 가기
② 치과 진료 받기
③ 분실물 센터 가기
④ 합창 연습하러 가기

11 다음 대화의 빈칸에 들어갈 말로 가장 적절한 것은?

A : What do you think of this bag?
B : _____. Did you buy it?
A : No, my sister gave it to me as a gift.

① It looks pretty
② I think so, too
③ I want to be a doctor
④ Don't forget to call me

12 다음 대화의 주제로 가장 적절한 것은?

> A : Kevin, what are you interested in?
> B : I'm interested in making robots.
>   How about you?
> A : I like playing badminton.

① 관심 분야   ② 요리 방법
③ 교통안전   ④ 환경 보호

13 다음 홍보문을 보고 행사에 대해 알 수 <u>없는</u> 것은?

> ### *School Sports Day*
> • When : 9:00~11:00 a.m., May 9th, 2025
> • Where : Mirae Middle School
> • What to do : Baseball, Basketball,
>   and Volleyball
> *Have Fun! Enjoy Sports!*

① 행사 일시   ② 행사 장소
③ 경기 종목   ④ 신청 방법

14 다음 방송의 목적으로 가장 적절한 것은?

> Hello, students. I have an announcement. There is a problem with the school air conditioner. We are trying to fix it, but it will take two hours. Thank you for your understanding.

① 학교 규칙 공지
② 강의 주제 전달
③ 학생회 선거 홍보
④ 에어컨 고장 안내

15 다음 대화에서 B가 수업에 늦은 이유는?

> A : Why are you late, Amy?
> B : I missed the bus. I'm sorry for being
>   late.
> A : Well, try to be on time. Let's begin
>   our class.

① 버스를 놓쳐서
② 수업이 빨리 끝나서
③ 숙제를 안 해서
④ 아침을 먹지 않아서

16 다음 Mr. Papa에 대한 설명과 일치하지 <u>않는</u> 것은?

> There is a story about an old man called Mr. Papa. He wears a hat made of gold. He flies on a dragon on June 5th. He gives good children toys and candies. However, he gives garlic and onions to bad kids.

① 황금으로 만든 모자를 쓴다.
② 6월 5일에 용을 타고 날아다닌다.
③ 착한 어린이들에게는 장난감과 사탕을 준다.
④ 나쁜 어린이들에게는 아무것도 주지 않는다.

17 다음 글에서 Julia Smith에 대해 언급된 내용이 <u>아닌</u> 것은?

Julia Smith found her true talent in her 40s. At the age of 46, she moved to Rome with her husband. She went to a cooking school there. While she was studying, she ran an Italian restaurant, '*Julia's Trattoria*' and it became famous for pasta.

① 재능 발견 시기　② 이사한 도시
③ 남편의 직업　　④ 운영한 식당

18 다음 글에서 Alex가 제안한 것으로 가장 적절한 것은?

Tomorrow is my mom's birthday. I was thinking about what to get her, so I asked Alex for advice. He suggested that I write her a letter because I'm good at writing.

① 선물 사기　　② 편지 쓰기
③ 청소하기　　④ 여행 가기

19 그래프로 보아 다음 빈칸에 들어갈 말로 가장 적절한 것은?

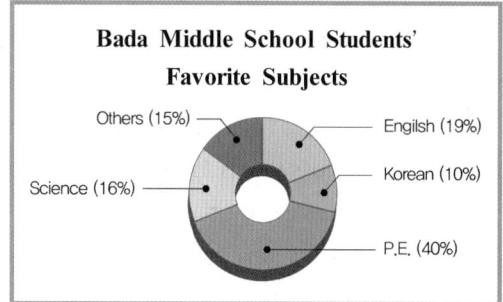

Bada Middle School Students' Favorite Subjects

Others (15%)
English (19%)
Science (16%)
Korean (10%)
P.E. (40%)

The students at Bada Middle School like _____ the most.

① English　　② Korean
③ P.E.　　　④ Science

20 다음 글의 흐름으로 보아 어울리지 <u>않는</u> 문장은?

There are several things to remember during a flood. ① <u>First of all, you should turn off all electricity.</u> ② <u>Second, you should stay out of moving water.</u> ③ <u>You need to water the plants regularly.</u> ④ <u>You have to move to higher ground for safety.</u> Finally, keep listening to the news reports.

21 다음 글에서 밑줄 친 <u>They</u>가 가리키는 것으로 가장 적절한 것은?

> Jiho likes making new things from something old. Yesterday, he brought pencil cases that he made from used clothes to school. He gave them to his classmates. <u>They</u> were surprised to get his presents and wanted to know how he made them.

① cups ② teachers
③ classmates ④ pencil cases

22 미술관에서 지켜야 할 사항으로 언급되지 <u>않은</u> 것은?

> ### Modern Art Museum Rules
> • Don't run.
> • Don't eat food.
> • Don't take picture

① 뛰지 않기 ② 낙서하지 않기
③ 음식 먹지 않기 ④ 사진 찍지 않기

23 다음 글의 주제로 가장 적절한 것은?

> Have you ever seen eagles flying high in the sky? They can see even small ants from up there. They are great hunters because of their powerful eyes. They can see tiny animals 2.8 kilometers away. Isn't that amazing?

① 개미의 특성 ② 독수리의 시력
③ 사냥의 역사 ④ 시력에 좋은 음식

24 다음 글을 쓴 목적으로 가장 적절한 것은?

> I have a jacket for sale. It is white and has many pockets. I bought it last year but it is just like new. I paid 80 dollars. I'm selling it for only 20 dollars!

① 판매하려고 ② 환불하려고
③ 사과하려고 ④ 구입하려고

25 다음 글의 바로 뒤에 이어질 내용으로 가장 적절한 것은?

> Hi! My name is Brian. I am Canadian and I have been living in Korea for two years. Have you ever been to Canada? Today, I will give you some tips for visiting Canada. Let's start with the best time to visit there.

① 한국의 다양한 날씨
② 효과적인 영어 학습 방법
③ 자신이 좋아하는 음악 소개
④ 캐나다를 방문하기에 좋은 시기

2025년 제1회 기출문제

정답 및 해설 p.102

01 다음에서 설명하는 것은?

> 지리 정보를 수집하여 컴퓨터에 입력, 저장한 후 이를 사용자의 필요에 따라 가공, 분석하여 사용하는 종합적인 정보 시스템

① 랜드 마크
② 원격 탐사
③ 플랜테이션
④ 지리 정보 시스템(GIS)

02 다음 ㉠에 공통으로 들어갈 용어로 옳은 것은?

> • (㉠)은/는 적도를 기준으로 하여 북쪽은 북위 0°~90°, 남쪽은 남위 0°~90°로 나타낸다.
> • 지구는 둥글기 때문에 태양으로부터 지표면에 도달하는 일사량은 (㉠)에 따라 차이가 난다.

① 경도
② 위도
③ 날짜 변경선
④ 본초 자오선

03 다음에서 설명하는 농업 방식은?

> 열대 우림 기후에서는 숲을 태워 만든 밭에서 카사바, 얌 등을 재배하고, 땅이 척박해지면 새로운 농경지를 만들기 위해 다른 장소로 이동합니다.

① 낙농업
② 수목 농업
③ 오아시스 농업
④ 이동식 화전 농업

04 다음에서 설명하고 있는 기후는?

> • 바다에서 불어오는 편서풍의 영향으로 연중 강수량이 고르고 기온의 연교차가 작다.
> • 주로 곡물 재배와 가축 사육이 함께 이루어지는 혼합 농업이 발달한다.

① 사막 기후
② 스텝 기후
③ 툰드라 기후
④ 서안 해양성 기후

05 다음 ㉠에 들어갈 용어로 옳은 것은?

> 2025년 ○월 □일
> 오늘은 오스트레일리아의 그레이트 오션 로드에 갔다. 그곳엔 주로 파도의 (㉠) 작용을 받아 형성된 해안 절벽과 기둥 모양의 바위가 있었다.

① 습곡
② 침식
③ 퇴적
④ 화산

06 다음에서 설명하는 현상은?

> • 도심의 주거 기능 약화로 나타나는 현상
> • 낮에는 업무나 쇼핑을 위해 이동해 온 사람들이 많지만, 밤에는 도심 바깥쪽의 주거 지역으로 빠져나가는 현상

① 스콜
② 기후 변화
③ 성비 불균형
④ 인구 공동화

07 다음에서 설명하는 것은?

> • 다국적 기업이 여러 기능에 따라 서로 다른 지역에 입지하여 업무를 분담함.
> • 본사는 주로 자국의 대도시에 위치하고, 생산 공장은 대체로 노동비가 저렴한 국가에 위치함.

① 공정 무역
② 공간적 분업
③ 장소 마케팅
④ 국제 비정부 기구

08 다음 ㉠에 공통으로 들어갈 용어로 옳은 것은?

> • (㉠)은/는 영해를 설정한 기선에서부터 200해리에 이르는 수역 중 영해를 제외한 바다이다.
> • (㉠)에서는 해양 자원을 탐사하고 개발할 수 있다.

① 영공
② 영토
③ 중심 업무 지구
④ 배타적 경제 수역(EEZ)

09 다음 ㉠에 들어갈 용어로 옳은 것은?

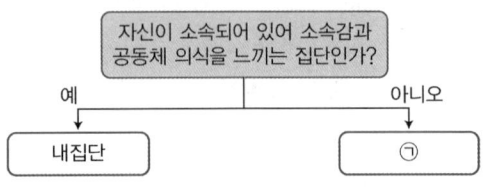

소속감에 따른 사회 집단의 분류

자신이 소속되어 있어 소속감과 공동체 의식을 느끼는 집단인가?

예 → 내집단
아니오 → ㉠

① 외집단
② 우리 집단
③ 1차 집단
④ 2차 집단

10 다음에서 설명하는 문화의 속성은?

문화는 선천적으로 타고나는 것이 아니라 자신이 속한 사회에서 성장하면서 후천적으로 배우는 것입니다.

① 변동성
② 전체성
③ 학습성
④ 획일성

11 다음 ㉠에 해당하는 민주주의의 원리는?

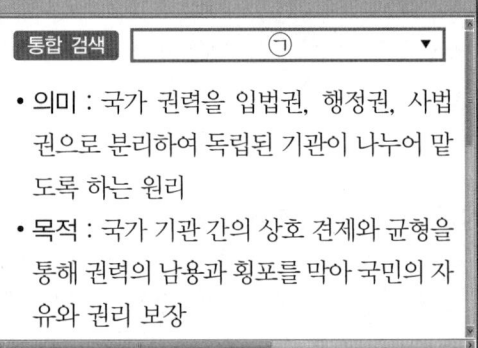

통합 검색 [㉠ ▼]

> • 의미 : 국가 권력을 입법권, 행정권, 사법권으로 분리하여 독립된 기관이 나누어 맡도록 하는 원리
> • 목적 : 국가 기관 간의 상호 견제와 균형을 통해 권력의 남용과 횡포를 막아 국민의 자유와 권리 보장

① 입헌주의의 원리
② 국민 자치의 원리
③ 국민 주권의 원리
④ 권력 분립의 원리

12 다음에서 설명하는 기본권은?

> • 국민이 국가 기관의 형성과 국가의 정치적 의사 형성 과정에 참여할 수 있는 권리이다.
> • 선거권, 국민 투표권, 공무 담임권 등을 예로 들 수 있다.

① 교육권
② 사회권
③ 참정권
④ 환경권

13 다음에서 설명하는 민주 선거의 원칙은?

> • 어느 후보나 정당에 투표하였는지 다른 사람이 알지 못하도록 한다.
> • 유권자가 다른 사람으로부터 압력을 받지 않고 본인의 의사에 따라 자유롭게 투표할 수 있도록 하기 위한 것이다.

① 공개 선거   ② 보통 선거

③ 비밀 선거   ④ 직접 선거

15 다음 ㉠, ㉡에 들어갈 내용으로 옳은 것은?

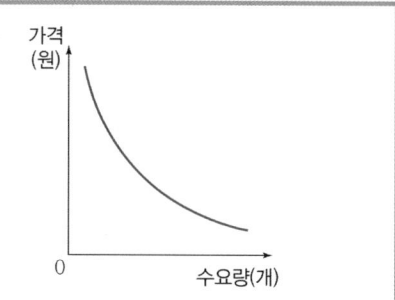

> 이 그래프는 빵의 가격과 수요량 간의 관계를 나타낸 것이다. 가격이 상승하면 수요량이 (㉠)하고, 가격이 하락하면 수요량이 (㉡)하는 수요 법칙을 알 수 있다.

	㉠	㉡
①	감소	감소
②	감소	증가
③	증가	감소
④	증가	증가

14 다음 ㉠에 들어갈 용어는?

> 국회의 가장 대표적인 역할은 입법 활동이다. 따라서 국회는 (㉠)을/를 제정하고 개정할 수 있는 권한과 헌법 개정을 제안하고 의결할 수 있는 권한을 갖는다.

① 도덕   ② 법률

③ 조례   ④ 행정

16 다음 상황에 대한 설명으로 옳은 것을 〈보기〉에서 고른 것은? (단, 원화 기준으로 판단함.)

> 이전에는 1달러를 1,300원에 살 수 있었다면 이제는 환율의 변화로 1달러를 1,500원에 살 수 있다.

┤ 보기 ├
ㄱ. 환율 상승   ㄴ. 환율 하락
ㄷ. 원화 가치 상승   ㄹ. 원화 가치 하락

① ㄱ, ㄷ   ② ㄱ, ㄹ

③ ㄴ, ㄷ   ④ ㄴ, ㄹ

17 다음에서 설명하는 나라는?

> • 우리나라 역사상 최초의 국가이다.
> • '남을 다치게 한 사람은 곡식으로 갚는다.'는 내용이 담긴 8조법을 만들었다.

① 발해
② 고구려
③ 고조선
④ 대한 제국

18 다음 설명에 해당하는 왕은?

> • 화랑도를 국가적인 조직으로 정비함.
> • 영토 확장을 기념하여 정복한 지역에 순수비를 세움.

① 세종
② 공민왕
③ 진흥왕
④ 광개토 대왕

19 다음에서 설명하는 국가유산을 제작한 나라는?

> • 명칭 : 석굴암 본존불
> • 소재지 : 경상북도 경주시
> • 특징 : 완벽한 비례로 안정감과 균형미를 자랑함.

① 고려
② 부여
③ 조선
④ 통일 신라

20 다음 ㉠에 들어갈 내용으로 옳은 것은?

> 이성계는 [㉠]을 계기로 권력을 장악하였습니다. 그 후 나라의 이름을 조선으로 정하고 수도를 한양으로 옮겼습니다.

① 병자호란
② 임진왜란
③ 살수 대첩
④ 위화도 회군

21 다음 설명에 해당하는 사건은?

> • 1920년 평양에서 시작되었다.
> • 민족 산업 발전을 통한 경제적 자립을 목표로 하였다.
> • 국산품 애용, '내 살림 내 것으로', '조선 사람 조선 것' 등을 주장하였다.

① 6 · 10 만세 운동
② 동학 농민 운동
③ 물산 장려 운동
④ 서경 천도 운동

22 다음 ㉠에 해당하는 사건은?

> 1894년에 군국기무처가 추진한 (㉠)으로 과거제와 신분제가 폐지되었다.

① 갑오개혁
② 무신 정변
③ 아관 파천
④ 이자겸의 난

23 다음 ㉠에 해당하는 것은?

> 중종반정을 주도한 훈구 세력이 정국을 주도하자, 중종은 훈구 세력을 견제하고자 조광조를 비롯한 (㉠)을/를 등용하였다.

① 사림   ② 호족

③ 6두품   ④ 개화파

25 다음 ㉠에 해당하는 사건은?

> (㉠)은 1919년에 일어난 독립 운동으로 중국 상하이에 대한민국 임시 정부가 수립되는 계기가 되었다.

① 3・1 운동
② 새마을 운동
③ 국채 보상 운동
④ 금 모으기 운동

24 다음 ㉠에 들어갈 업적으로 옳은 것은?

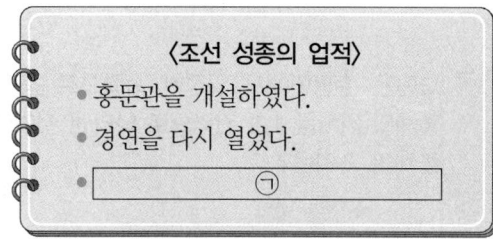

> 〈조선 성종의 업적〉
> • 홍문관을 개설하였다.
> • 경연을 다시 열었다.
> •   ㉠

① 훈요 10조를 남겼다.
② 척화비를 건립하였다.
③ 탕평책을 실시하였다.
④ 『경국대전』을 완성하였다.

01 지구에서 측정한 물체의 질량이 3kg이다. 이 물체를 달에서 측정하였을 때의 질량은?

① 0.5kg   ② 1kg

③ 3kg   ④ 6kg

02 다음 설명에서 ㉠에 공통으로 들어갈 빛의 색은?

- 영상 장치에서 쓰는 빛의 삼원색으로 ㉠ , 초록색, 파란색이 있다.
- ㉠ 과 초록색 빛을 합성하면 노란색 빛이 된다.

① 흰색   ② 빨간색

③ 자홍색   ④ 청록색

03 그림은 전지, 스위치, 동일한 전구 (가), (나)로 구성한 회로이다. 스위치를 닫았을 때, 이 회로에 대한 설명으로 옳은 것은?

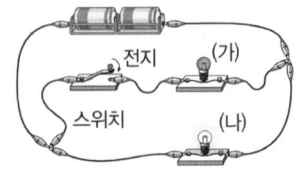

① (가)에 불이 켜진다.

② (나)에 불이 꺼진다.

③ (나)의 밝기는 더 밝아진다.

④ (가)와 (나)는 직렬연결이다.

04 그림은 온도가 다른 두 물체 A, B를 접촉시켜 놓았을 때, 시간에 따른 온도 변화를 나타낸 것이다. 이에 대한 설명으로 옳은 것은? (단, 외부와의 열 출입은 없다.)

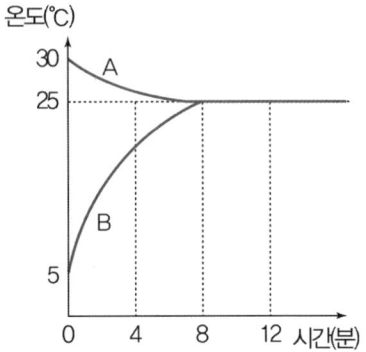

① 열평형 온도는 30℃이다.

② 12분일 때 A와 B의 온도는 같다.

③ 열평형에 도달할 때까지 걸린 시간은 4분이다.

④ 4~8분 사이에 A를 구성하는 입자의 운동은 점점 빨라진다.

05 그림은 수평면에서 일정한 속력으로 움직이는 물체의 위치를 1초 간격으로 나타낸 것이다. 이 물체의 속력은?

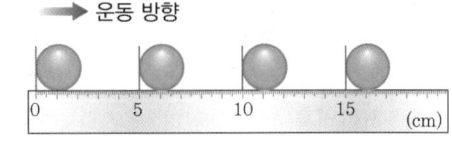

① 5cm/s   ② 10cm/s

③ 15cm/s   ④ 20cm/s

06 그림은 A지점에서 자유 낙하시킨 공이 B지점을 지나는 모습을 나타낸 것이다. A지점에서의 역학적 에너지가 15J이었다면 B지점에서의 역학적 에너지는? (단, 공기 저항은 무시한다.)

① 0J ② 5J
③ 10J ④ 15J

07 표는 어떤 기체의 압력에 따른 부피 변화를 나타낸 것이다. ㉠에 해당하는 것은? (단, 온도는 일정하다.)

압력(기압)	1	2	4
부피(mL)	40	㉠	10

① 10 ② 20
③ 30 ④ 40

08 그림은 1기압에서 얼음의 가열 시간에 따른 온도 변화를 나타낸 것이다. 온도 A에서 일어나는 물질의 상태 변화는?

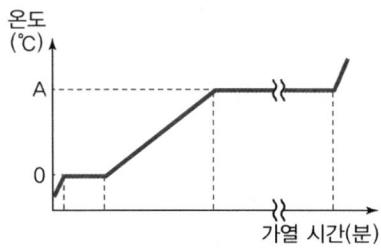

① 기화 ② 승화
③ 융해 ④ 응고

09 그림은 큰 공 1개와 작은 공 4개를 이용하여 분자 모형을 나타낸 것이다. 이 모형으로 표현하고자 한 물질의 화학식은?

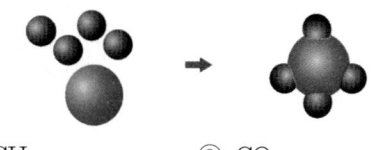

① CH_4 ② CO_2
③ H_2O ④ NH_3

10 그림은 물과 식용유를 분리하기 위한 실험 장치를 나타낸 것이다. 물과 식용유를 분리하기 위해 이용한 물질의 특성은?

① 밀도 ② 끓는점
③ 어는점 ④ 용해도

11 그림은 구리와 산소가 반응하여 산화 구리(Ⅱ)가 생성될 때의 질량 관계를 나타낸 것이다. 산화 구리(Ⅱ)를 구성하는 구리와 산소의 질량비는?

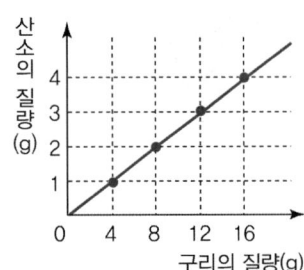

	구리		산소
①	1	:	4
②	2	:	3
③	3	:	2
④	4	:	1

12 그림은 수증기(H_2O)를 생성하는 반응의 부피 모형을 나타낸 것이다. 수소 기체 2L와 산소 기체 1L가 모두 반응할 때, 생성되는 수증기의 부피는? (단, 온도와 압력은 일정하다.)

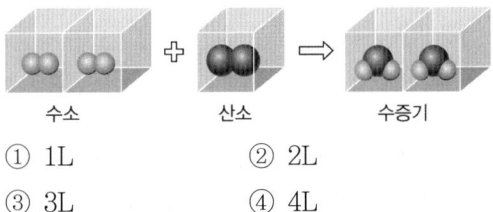

수소 　　 산소 　　 수증기

① 1L 　　　　　 ② 2L
③ 3L 　　　　　 ④ 4L

13 그림은 생물을 5가지 계로 분류하여 나타낸 것이다. 다음 중 균계에 속하는 생물은?

① 버섯 　　　　 ② 아메바
③ 진달래 　　　 ④ 코끼리

14 그림은 식물의 잎에서 일어나는 광합성 과정을 나타낸 것이다. ㉠에 해당하는 기체는?

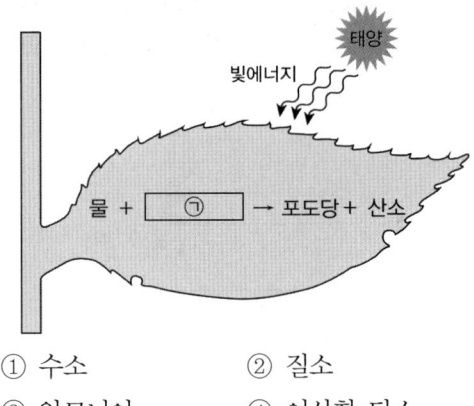

물 + ㉠ → 포도당 + 산소

① 수소 　　　　 ② 질소
③ 암모니아 　　 ④ 이산화 탄소

15 그림은 사람 귀의 구조를 나타낸 것이다. A~D 중 다음 설명에 해당하는 것은?

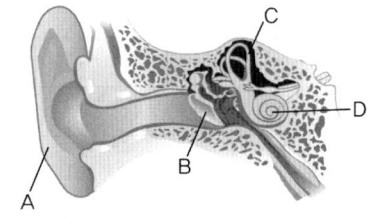

- 세 개의 반고리관으로 이루어져 있다.
- 몸의 회전에 대한 자극을 받아들인다.

① A 　　　　　 ② B
③ C 　　　　　 ④ D

16 무조건 반사의 예에 해당하는 것은?

① 큰 소리를 듣고 손으로 귀를 막는다.
② 건널목에서 빨간 신호등을 보고 멈춘다.
③ 날아오는 공을 보고 야구 방망이로 친다.
④ 무릎을 고무망치로 치면 저절로 다리가 들린다.

17 다음은 동물의 체세포 분열 과정의 일부에 대한 설명이다. 이에 해당하는 시기는?

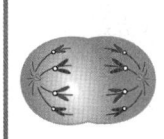
- 염색체가 두 가닥으로 분리된다.
- 분리된 염색 분체가 양쪽 끝으로 이동한다.

① 간기 ② 전기
③ 중기 ④ 후기

18 그림은 순종의 둥근 완두와 순종의 주름진 완두를 교배하여 자손 1대를 얻은 결과를 나타낸 것이다. ㉠과 ㉡의 유전자형으로 옳게 짝지어진 것은? (단, R은 r에 대해 우성이다.)

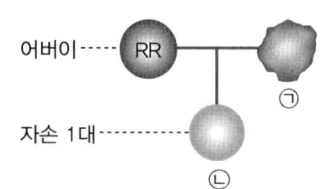

어버이 ······ RR
자손 1대 ········· ㉡

	㉠	㉡		㉠	㉡
①	RR	RR	②	r	RR
③	rr	Rr	④	rr	rr

19 다음 설명에 해당하는 우리 몸의 기관계는?

- 위, 소장, 대장 등의 기관으로 구성된다.
- 크기가 큰 영양소를 작은 영양소로 분해한다.

① 배설계 ② 소화계
③ 순환계 ④ 호흡계

20 다음 암석의 공통점은?

규암, 대리암, 편마암

① 화석이 포함되어 있다.
② 마그마가 식어서 만들어졌다.
③ 열과 압력을 받아 성질이 변하였다.
④ 퇴적물이 다져지고 굳어져서 만들어졌다.

21 다음 설명에 해당하는 행성은?

- 목성형 행성이며, 태양계 행성 중 두 번째로 크다.
- 암석과 얼음으로 된 뚜렷한 고리가 있다.

① 수성 ② 지구
③ 화성 ④ 토성

22 표는 별 A~D의 색깔을 나타낸 것이다. 표면 온도가 가장 낮은 별은?

별	A	B	C	D
색깔	청백색	노란색	백색	붉은색

① A ② B
③ C ④ D

23 그림은 기권의 층상 구조를 나타낸 것이다. 구간 A~D 중 다음 설명에 해당하는 것은?

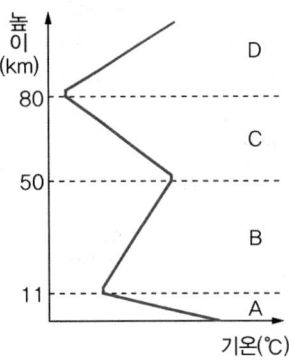

- 높이 올라갈수록 기온이 낮아진다.
- 수증기가 거의 없어 기상 현상은 발생하지 않는다.

① A
② B
③ C
④ D

24 그림은 기온에 따른 포화 수증기량 곡선을 나타낸 것이다. 공기 A~D 중 상대 습도가 가장 높은 것은?

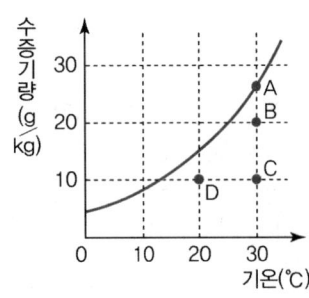

① A
② B
③ C
④ D

25 그림은 지구에서 6개월 간격으로 별 S를 관측한 모습을 나타낸 것이다. 별 S의 연주 시차는?

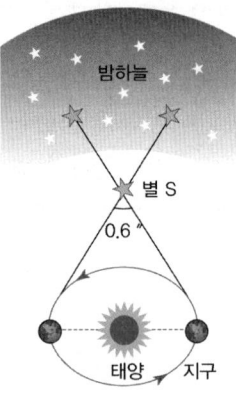

① 0.1″
② 0.2″
③ 0.3″
④ 0.6″

01 ㉠에 들어갈 용어로 적절한 것은?

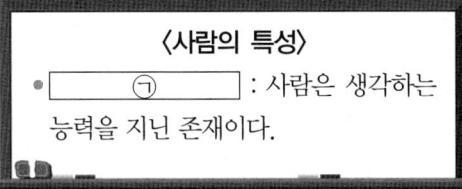

〈사람의 특성〉
• [㉠] : 사람은 생각하는 능력을 지닌 존재이다.

① 본능적 존재 ② 이성적 존재
③ 이기적 존재 ④ 쾌락적 존재

02 다음 중 도덕적 성찰이 필요한 이유로 적절하지 <u>않은</u> 것은?

① 훌륭한 인격을 갖추기 위해서이다.
② 잘못을 줄이고 더욱 성장하기 위해서이다.
③ 충동적인 욕구를 실현할 수 있기 때문이다.
④ 사람은 누구나 불완전한 존재이기 때문이다.

03 다음 중 교사의 질문에 적절한 대답을 한 학생은?

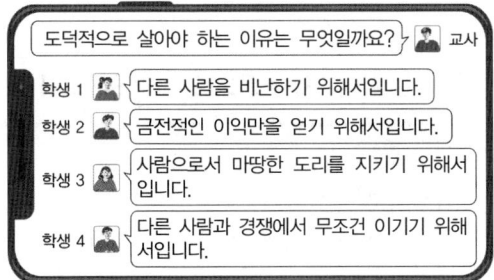

도덕적으로 살아야 하는 이유는 무엇일까요? 👤 교사

학생 1 〈 다른 사람을 비난하기 위해서입니다.
학생 2 〈 금전적인 이익만을 얻기 위해서입니다.
학생 3 〈 사람으로서 마땅한 도리를 지키기 위해서입니다.
학생 4 〈 다른 사람과 경쟁에서 무조건 이기기 위해서입니다.

① 학생 1 ② 학생 2
③ 학생 3 ④ 학생 4

04 정신적 가치에 해당하는 것을 〈보기〉에서 고른 것은?

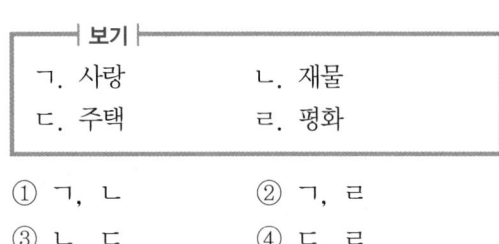

| 보기 |
ㄱ. 사랑   ㄴ. 재물
ㄷ. 주택   ㄹ. 평화

① ㄱ, ㄴ ② ㄱ, ㄹ
③ ㄴ, ㄷ ④ ㄷ, ㄹ

05 다음 중 바람직한 이웃 관계를 맺기 위한 방법으로 가장 적절한 것은?

① 이웃을 마주치면 무시하며 지나친다.
② 갈등이 생길 때마다 경찰에 신고한다.
③ 이웃의 사생활에 적극적으로 간섭한다.
④ 이웃에게 관심을 갖고 작은 일에도 배려한다.

06 다음 퀴즈에 대한 정답으로 옳은 것은?

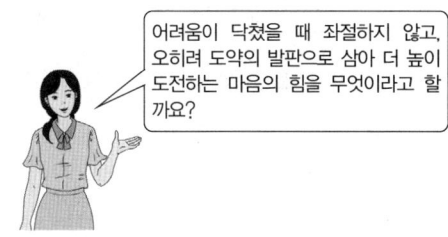

어려움이 닥쳤을 때 좌절하지 않고, 오히려 도약의 발판으로 삼아 더 높이 도전하는 마음의 힘을 무엇이라고 할까요?

① 개성 ② 절제
③ 공동체 의식 ④ 회복 탄력성

07 (가)에 들어갈 개념으로 옳은 것은?

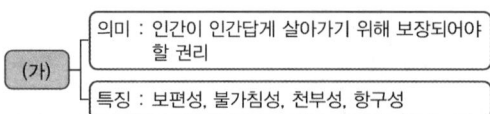

(가)	의미 : 인간이 인간답게 살아가기 위해 보장되어야 할 권리
	특징 : 보편성, 불가침성, 천부성, 항구성

① 감사
② 관용
③ 인권
④ 협동

08 화목한 가정을 이루기 위한 방법으로 옳은 것을 〈보기〉에서 고른 것은?

┤ 보기 ├
ㄱ. 기본 예절 갖추기
ㄴ. 강압적으로 의사 전달하기
ㄷ. 각자의 역할과 책임 다하기
ㄹ. 갈등이 발생하면 소통을 항상 회피하기

① ㄱ, ㄴ
② ㄱ, ㄷ
③ ㄴ, ㄹ
④ ㄷ, ㄹ

09 ㉠에 들어갈 내용으로 적절하지 <u>않은</u> 것은?

① 어려움을 당할 때 돕는 친구야.
② 기본적인 예의를 지켜 주는 친구야.
③ 다른 사람에게 내 험담을 하는 친구야.
④ 잘못에 대해 진심 어린 충고를 해 주는 친구야.

10 다음 중 양성평등을 실현하기 위한 노력으로 가장 적절한 것은?

① 학교에서 성별에 따라 역할을 차별한다.
② 전통적인 성 역할에 대한 고정 관념을 따른다.
③ 성차별이 나타나는 사회 구조에 비판적 관점을 갖는다.
④ 대중 매체에 등장하는 성차별적 표현을 그대로 사용한다.

11 표에서 평화적인 갈등 해결 방법에만 '✔' 표시한 학생은?

갈등 해결 방법 　　　　　　　학생	A	B	C	D
• 강압적인 힘과 폭력			✔	✔
• 감정을 앞세워 비난하기		✔	✔	
• 대화를 통한 양보와 타협	✔	✔		
• 상대방의 입장 생각해 보기	✔			✔

① A
② B
③ C
④ D

12 다음 사례에서 공통으로 나타나는 도덕 문제는?

• 뇌물 수수
• 부정 청탁
• 공직자의 권력 남용

① 부패 행위
② 세대 갈등
③ 종교 갈등
④ 환경 파괴

13 ㉠에 들어갈 개념에 대한 설명으로 옳은 것은?

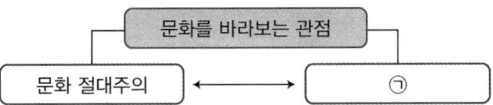

```
        문화를 바라보는 관점
      ┌──────────┴──────────┐
  문화 절대주의  ◄─────►        ㉠
```

① 하나의 기준으로 문화를 평가한다.

② 자기 문화만 가장 우수하다고 여긴다.

③ 문화가 발생한 역사적 맥락을 이해하고자 한다.

④ 타 문화를 동경하여 자신의 문화를 업신여긴다.

14 다음 중 세계 시민으로서의 자세로 적절하지 않은 것은?

경제적으로 이익이 되는 일만 해야 해. ①

지구촌의 고통에 공감할 수 있어야 해. ②

평화롭게 공존할 수 있는 마음을 가져야 해. ③

지구촌 문제가 인류 공동의 문제라는 인식을 가져야 해. ④

15 사이버 공간에서 발생할 수 있는 도덕 문제에 해당하는 것만을 〈보기〉에서 모두 고른 것은?

┌─── 보기 ───
ㄱ. 층간 소음
ㄴ. 개인 정보 유출
ㄷ. 불법 사이트 운영
ㄹ. 악성 프로그램 유포

① ㄱ, ㄴ   ② ㄱ, ㄷ

③ ㄱ, ㄴ, ㄹ   ④ ㄴ, ㄷ, ㄹ

16 다음 중 도덕적 신념의 조건으로 적절하지 않은 것은?

① 물질적 욕심만을 추구해야 한다.

② 보편적 도덕 원리에 부합해야 한다.

③ 타인에게 좋은 영향을 미쳐야 한다.

④ 신념이 올바른지 끊임없이 점검해야 한다.

17 폭력이 비도덕적인 이유를 올바르게 작성한 모둠이 옳게 짝지어진 것은?

몸과 마음의 고통을 가져옴.	인간의 존엄성을 보장함.	사회 질서의 혼란을 초래함.	타인의 자유와 권리를 존중함.
(1모둠)	(2모둠)	(3모둠)	(4모둠)

① 1모둠, 2모둠   ② 1모둠, 3모둠

③ 2모둠, 4모둠   ④ 3모둠, 4모둠

18 학생의 서술형 평가 답안이다. 밑줄 친 ㉠~㉣ 중 옳은 것은?

> 문제 : 정의로운 국가가 갖추어야 할 조건을 서술하시오.

〈학생 답안〉

정의로운 국가는 ㉠ 영토 확장을 위해 전쟁을 해야 하고, ㉡ 소수 인종에 대해 차별 대우를 해야 한다. 그리고 ㉢ 개인의 자유를 억압하고 국가의 이익을 가장 앞세워야 하며, ㉣ 사회적 약자를 배려하는 제도를 마련해야 한다.

① ㉠   ② ㉡

③ ㉢   ④ ㉣

19 다음 중 의미 있는 삶을 위해 필요한 가치가 아닌 것은?

① 교만   ② 나눔

③ 도전   ④ 배려

20 (가)에 들어갈 검색어로 옳은 것은?

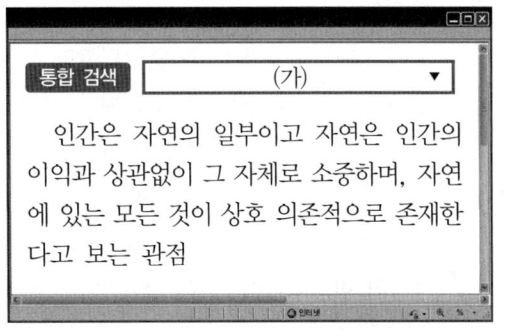

인간은 자연의 일부이고 자연은 인간의 이익과 상관없이 그 자체로 소중하며, 자연에 있는 모든 것이 상호 의존적으로 존재한다고 보는 관점

① 결과 중심주의　　② 물질 중심주의
③ 생태 중심주의　　④ 인간 중심주의

21 다음에서 설명하는 개념은?

- 남북의 분단 상태가 지속되는 동안 발생하는 비용
- 안보 비용, 전쟁 가능성에 대한 공포 등

① 개발 비용　　　　② 분단 비용
③ 통일 비용　　　　④ 통일 편익

22 ㉠에 들어갈 용어로 적절한 것은?

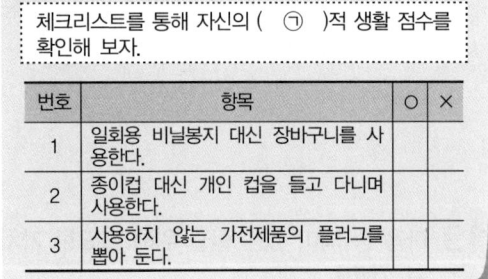

체크리스트를 통해 자신의 (㉠)적 생활 점수를 확인해 보자.

번호	항목	O	X
1	일회용 비닐봉지 대신 장바구니를 사용한다.		
2	종이컵 대신 개인 컵을 들고 다니며 사용한다.		
3	사용하지 않는 가전제품의 플러그를 뽑아 둔다.		

① 예술　　　　　　② 종교
③ 쾌락　　　　　　④ 환경 친화

23 다음에서 과학자에게 강조되는 덕목은?

　　과학 기술은 우리 삶의 모든 영역에 큰 영향을 미친다. 따라서 과학자는 과학 기술이 미치는 사회적 영향력에 주의해야 하며, 과학 기술의 잘못된 활용으로 발생하는 사회적 문제에 경각심을 가져야 한다.

① 독단　　　　　　② 방관
③ 은폐　　　　　　④ 책임

24 다음 중 고통에 대처하기 위한 자세로 적절한 것은?

① 주변 사람들을 탓하며 자책한다.
② 자신의 삶을 비관적으로 바라본다.
③ 고통을 극복할 수 있는 용기를 지녀야 한다.
④ 수단과 방법을 가리지 않고 고통을 없애야 한다.

25 ㉠에 들어갈 내용으로 적절하지 <u>않은</u> 것은?

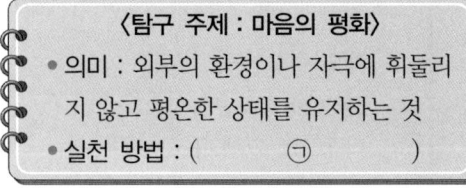

〈탐구 주제 : 마음의 평화〉
- 의미 : 외부의 환경이나 자극에 휘둘리지 않고 평온한 상태를 유지하는 것
- 실천 방법 : (㉠)

① 독서　　　　　　② 명상
③ 산책　　　　　　④ 폭행

2025 제1회 정답 및 해설

기출문제 p. 59

국어 2025년 제1회

01	②	02	②	03	③	04	④	05	③
06	①	07	①	08	①	09	③	10	④
11	①	12	①	13	②	14	③	15	④
16	①	17	④	18	④	19	②	20	②
21	④	22	②	23	①	24	④	25	③

01 정답 ②

왼쪽 남자 아이는 '미술 시간에 인물화를 그렸는데 점수를 낮게 받아서 우울하다'라고 말하고 있다. 상대의 말에 공감하며 반응하는 대화를 하여야 하므로 ㉠에는 점수를 낮게 받아서 속상할 상대의 감정을 이해하고 공감하는 말이 들어가야 한다. 따라서 '많이 속상하겠다'라고 말하는 ②가 적절하다.

02 정답 ②

다음 말하기에서 사회자는 인사를 한 뒤, 토의 주제를 소개하고, 토의 순서를 안내하고 있다. 따라서 알 수 있는 사회자의 역할은 ② '토의 순서를 안내한다'이다.

03 정답 ③

'돼'는 '되다'에 '어'가 결합된 '되어'가 줄어든 말로 적절한 표기이다.

오답 피하기

① '낳다'는 '새끼, 아이를 출산하다, 어떤 상황을 나타나게 하다' 라는 뜻으로 예를 들어 '아이를 낳다, 분단의 비극을 낳다' 등이 있다. '낫다'는 '보다 더 좋다, 고쳐 원래대로 되다'라는 뜻으로 예문으로는 '외모는 형이 낫다, 병이 낫다' 등이 있다. 따라서 '낫다'의 의미로 사용하는 것이 옳으므로 '나아'로 써야 한다.
② 떡볶이는 '떡+볶이'로 떡을 볶은 것을 의미한다. 따라서 '떡볶이'로 표기하는 것이 옳다.
④ 김치를 넣고 끓인 찌개는 '김치찌개'로 표기하는 것이 옳다.

04 정답 ④

밑줄 친 단어는 비행기, 하늘, 등굣길, 친구와 같은 체언(대명사, 명사, 수사) 뒤에 붙어 있으므로 문법적 관계를 나타내는 '조사'이다. 따라서 ④가 정답이다.

오답 피하기

① 사람이나 사물의 이름을 나타내는 품사는 명사이다.
② 놀람, 느낌, 부름, 대답을 나타내는 품사는 감탄사이다.
③ 사람이나 사물의 움직임을 나타내는 품사는 동사이다.

05 정답 ③

㉠은 서술어로 서술어는 대상의 동작이나 행동, 상태나 성질 등을 설명하는 말이다. 즉, 품사 중 동사, 형용사, 체언+서술격 조사 '이다'에 해당하는 것이 서술어이므로 답은 '먹었다'인 ③이다.

오답 피하기

① '아기가'는 행위의 주체가 되는 말이므로 주어이다.
② '신발을'은 행위의 대상이 되는 말이므로 목적어이다.
④ '반장이'는 서술어 되다 앞에서 서술어를 보충해 주는 말이므로 보어이다.

06 정답 ①

새로운 단어나 문장을 끊임없이 만들어 낼 수 있는 언어의 특성은 배웠거나 알고 있는 말을 바탕으로 무한하게 새말을 만드는 '창조성'이다. 따라서 답은 ①이다.

오답 피하기

② 대상을 가리키는 말소리와 대상 사이에 직접적 연관이 없는 것이 언어의 자의성이다.
③ 언어를 사용하는 사람들 사이의 약속으로 개인이 바꿀 수 없는 것이 언어의 사회성이다.
④ 언어는 연속적으로 이루어져 있는 세계를 불연속적으로 끊어서 표현한다는 것이 언어의 분절성이다. 예를 들면, 얼굴을 이마, 뺨, 턱으로 나누어 표현하는 것을 말한다.

07 정답 ①

제시된 규정은 홑받침이나 쌍받침이 모음으로 시작된 조사, 어미, 접사와 같은 형식형태소를 만나면 제 음가대로 뒤 음절 첫소리로 옮겨 발음하는 '연음'에 대한 설명이다. 그런데 ①은 꽃을을 [꼬즐]로 발음하고 있으므로 제 음가대로 뒤 음절 첫소리로 옮겨 발음한 것이 아니다. 제13항 규정대로면 [꼬츨]로 발음해야 하므로 ①이 적절하지 않다.

08 정답 ①

두 개의 문장이 나란히 이어져 연결된 이어진 문장은 서술어가 2개 있어야 한다. 그런데 ①은 서술어가 '피었다' 하나만 있으므로 홑문장이다. 따라서 ①은 이어진 문장이 아니다.

> 오답 피하기

② '윤지는 웃었다.'와 '민서는 울었다.'라는 두 문장이 대등하게 이어진 문장이고 대조의 의미 관계를 갖는다.
③ '이것은 감이다.'와 '저것은 사과이다.'라는 두 문장이 대등하게 이어진 문장이고 나열의 의미 관계를 갖는다.
④ '동생은 초등학생이다.'와 '형은 중학생이다.'라는 두 문장이 대등하게 이어진 문장이고 나열의 의미 관계를 갖는다.

09 정답 ③

제시된 자료는 카페인 섭취를 줄여야 한다는 주제 아래 써진 개요이다. ㉠, ㉡은 카페인의 과도한 섭취에 따른 문제점이고 ㉣은 카페인의 과도한 섭취를 줄여야 한다는 결론이다. 그러나 ㉢은 바른 언어 습관에 대해 말하고 있으므로 통일성에서 어긋난다. 따라서 정답은 ③이다.

10 정답 ④

㉣은 머리카락이 뇌가 받는 충격을 줄여준다는 내용 뒤에 이어져서 두피 온도의 급격한 변화를 막아 뇌를 안전하게 지켜준다는 내용이므로 '만일'이 아닌 '그래서'로 바꾸는 것이 적절하다. 따라서 ④가 옳지 않다.

> 오답 피하기

① '두피밖으로'에서 '밖'은 겉이 되는 부분을 의미하는 명사이므로 '두피 밖으로'로 띄어써야 한다.
② 글의 내용은 머리카락의 기능에 대한 이야기이다. ㉡은 중금속이 산업 발전의 원동력이라는 내용이기 때문에 글의 흐름에서 벗어나므로 삭제한다.
③ ㉢의 앞 문장은 머리카락이 뇌를 보호한다는 내용이므로 ㉢ 역시 그 내용이 이어져야 한다. 따라서 '더해 준다'가 아닌 '줄여 준다'로 바꾸는 것이 맞다.

11 정답 ①

제시된 시는 김소월의 「진달래꽃」이다. 1연과 4연에서 '나 보기가 역겨워', '가실 때에는'의 구절이 반복되고 있다. 따라서 ①이 적절하다.

> 오답 피하기

② 청유형 문장은 '-자'로 끝나는 문장으로 어떠한 행동을 같이 할 것을 요청하는 것을 말한다. 「진달래꽃」에서는 나와있지 않다.
③ 미각적 이미지는 맛을 느끼는 감각이 시에 표현되어 있는 것을 의미한다. 「진달래꽃」에는 나와있지 않다.
④ 묻고 답하는 형식은 시 안에서 질문과 그에 대한 답이 나와있는 것을 의미한다. 「진달래꽃」에는 나와있지 않다.

12 정답 ①

제시된 시의 화자는 만약 님이 '나보기가 역겨워 떠나신다고 하면'이라는 이별 상황을 가정하여 떠나더라도 말 없이 보내주고 진달래꽃을 뿌리며 축복해주겠다, 그리고 슬퍼도 울지 않겠다고 말하는 희생적, 순종적 여인상이다. 따라서 이별의 상황을 가정하고 있는 ①이 적절하다.

13 정답 ②

「진달래꽃」은 전통적인 3음보의 율격을 가지고 3번 끊어 읽는 운율감을 보여준다. 3음보로 끊어 읽는 것이 적절하지 않은 것은 ②로 적절하게 끊어 읽으려면 '말 없이 / 고이 보내 / 드리우리다 //'로 나누어야 한다. 3음보로 끊어 읽을 때는 3글자나 4글자, 5글자로 끊거나 혹은 내용상 끊어지는 부분에서 나누는 것이 적절하다.

14 정답 ③

「사랑손님과 어머니」에서 아저씨가 하얀 봉투를 내게 주었고, 나(옥희)는 어머니께 그 봉투를 드렸다. ⓒ 다음 문장을 보면, '봉투 속에 들어갔던 어머니의 파들파들 떨리는 손가락이 지전을 몇 장 끌고 나왔다'는 부분이 있다. 즉, 어머니는 하얀 봉투를 열어보았고 거기서 지전(돈)과 하얀 종이(편지)를 꺼내 보았으므로 ③은 적절하지 않다.

15 정답 ④

[A]를 보면 '어머니는 아저씨가 준 하얀 종이를 보고 망설이다가 입술을 악물고 펴 들고 읽었다. 그리고 얼굴이 파랬다 발갰다 했으며 와들와들 두 손을 떨었다.'라고 표현되어 있다. 이는 인물(어머니)의 행동을 통해 어머니의 당황, 놀라움, 떨림의 심리를 보여준다. 따라서 ④가 적절하다.

16 정답 ①

내가 어머니의 모습을 관찰자의 입장에서 서술하면, 어머니의 심리는 알 수 없어야 하고, 나의 행동보다는 어머니를 관찰하는 부분이 나와야 적절하다. ⓒ, ⓒ, ⓔ은 옥희가 어머니의 표정, 행동을 관찰하고 있지만 ㉠은 나(옥희)의 행동이므로 ①이 제시된 설명에 해당하지 않는다.

17 정답 ④

제시된 글은 고전소설로 소설은 서술자가 인물에 대한 이야기를 전달하는 갈래이다. 따라서 ④가 적절하다.

> **오답 피하기**

① 이야기를 장과 막으로 나누어 전개하는 것은 희곡에 대한 설명이다.
② 의인화된 사물의 일생을 기록하는 것은 가전(가전체)에 대한 설명이다.
③ 실제 경험한 일을 진솔하게 표현하는 것은 수필에 대한 설명이다.

18 정답 ④

「춘향전」 본문 마지막 밑에서 5번째 줄, '얼씨구 좋구나, 지화자 좋구나. 어제 저녁 걸인 사위, 어사가 웬 말이냐 ~ 덩실덩실 어깨춤을 추었다.'에서 알 수 있듯 걸인 사위가 어사가 되어 나타나자 덩실덩실 춤을 추는 월매의 모습으로 보아 사위가 어사가 된 것을 알고 크게 실망했다는 ④는 적절하지 않다.

19 정답 ②

옥반지는 이별할 때 춘향이가 이 도령에게 준 것으로 어사또가 사령을 통해 춘향이에게 옥반지를 주자 춘향이는 고개를 들고 어사또가 사랑하는 낭군임을 알게 된다. 따라서 옥반지는 어사또의 정체를 드러낸 매개체이므로 정답은 ②이다.

20 정답 ②

제시된 글의 2문단에서 '택배 기사들의 주당 평균 노동 시간이 74시간이며, 일 년이면 3,848시간'이라는 구체적인 수치가 나와 있으며, 3문단에도 '택배 한 건당 평균 800원, 한 달 350만 원' 등 구체적인 수치가 드러나 있다. 따라서 정답은 ②이다.

21 정답 ④

글쓴이는 3문단 두 번째 문장에서 '택배 시장이 과열되면서 더 저렴한 가격을 내세운 가격 경쟁이 심해졌다'고 하였으므로 글의 내용과 일치하지 않는 것은 ④이다.

> **오답 피하기**

① 1문단 두 번째 문장에서 확인할 수 있다.
② 1문단 네 번째 문장에서 확인할 수 있다.
③ 2문단 마지막 문장에서 확인할 수 있다.

22 정답 ②

ⓒ 과속은 너무 빠른 속도를 의미하므로 ②가 적절하지 않다.

23 정답 ①

1문단에 따르면 '지구 온난화로 북극의 바다 얼음이 줄어들어 북극곰의 서식지가 파괴되고 있는 현상을 미국이 확인했다'고 나와있다. 따라서 ①의 바다 얼음이 늘어나고 있다는 내용은 적절하지 않다.

오답 피하기

② 1문단 다섯 번째 줄에서 확인할 수 있다.

③ 2문단 마지막 문장에서 확인할 수 있다.

④ 3문단 두 번째 문장에서 확인할 수 있다.

24 정답 ④

'⊙ 멸종이란 생물의 한 종류가 아주 없어지는 것을 의미한다.'의 설명 방법은 '정의'이다. 보기 중 ⊙과 같이 정의를 내리고 있는 것은 삼각형의 개념을 설명하는 ④이다.

오답 피하기

① 동물을 기준에 따라 척추동물과 무척추동물로 나눈 것은 '구분'의 설명 방법이다.

② 발효 음식의 예로 김치, 간장, 된장을 든 것은 '예시'의 설명 방법이다.

③ 오늘 아침에 늦잠을 자서 학교에 지각을 했다고 하였으므로, 원인과 결과를 밝히는 '인과'의 설명 방법이다.

25 정답 ③

ⓛ의 앞 문장은 유엔기후변화회의를 시작으로 각국에 온실가스 감축량을 할당하는 논의가 진행되고 있다는 것이고 ⓛ의 뒷 문장은 강제적이고 실효성이 있는 대책 마련에 어려움을 겪고 있다는 내용이다. 따라서 서로 일치하지 않거나 상반되는 사실이 이어질 때 쓰는 접속사인 ③ '하지만'이 적절하다.

수학 2025년 제1회

01	③	02	②	03	③	04	②	05	①
06	②	07	②	08	④	09	③	10	②
11	①	12	①	13	④	14	①	15	③
16	①	17	④	18	③	19	①	20	④

01 정답 ③

| 풀이 |

문제의 그림을 참고하면, $45 = 3 \times 3 \times 5$와 같이 나타내어지고, 같은 수의 곱을 거듭제곱을 이용하여 나타내면, $3^2 \times 5$가 된다.

따라서 정답은 ③이다.

> | 참고 | 거듭제곱
>
> 같은 수 또는 문자를 여러 번 곱할 때, 거듭제곱을 이용하여 나타낸다.
>
> 이때, 밑은 곱하여 지는 수, 지수는 곱한 횟수를 뜻한다.
>
> 예 $3 \times 3 \times 3 \times 3 = 3^4$ ← 지수
> ← 밑

02 정답 ②

| 풀이 |

부호가 다른 두 수의 덧셈이므로, 수직선을 이용하여 계산하면,

$6+(-4)$의 값은 원점으로부터 오른쪽으로 6만큼 이동한 후, 다시 왼쪽으로 4만큼 이동한 점에 대응하는 수와 같으므로 $+2$이다.

그러므로 $6+(-4)=2$이다.

따라서 정답은 ②이다.

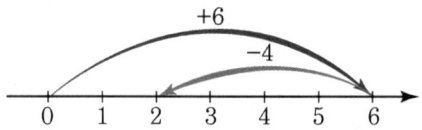

| 다른 풀이 |

부호가 다른 두 수의 덧셈은 두 수의 절댓값의 차에 절댓값이 큰 수의 부호를 붙인다.

6의 절댓값은 6이고, -4의 절댓값은 4이므로, 두 수의 절댓값의 차는 $6-4=2$와 같고,

절댓값이 큰 수의 부호는 $+$이므로, 계산 결과는 $+2$가 된다.

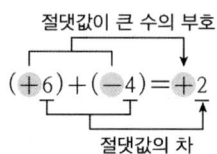

그러므로 $6+(-4)=2$이다.

03 정답 ③

| 풀이 |

2000원짜리 장미꽃을 1송이, 2송이, … 구입하는 데 필요한 금액은 각각

$2000 \times 1 = 2000$원,

$2000 \times 2 = 4000$원,

$2000 \times 3 = 6000$원, … 이므로

2000원짜리 장미꽃 a송이를 구입하는 데 필요한 금액은 $2000 \times a$(원)으로 나타낼 수 있다.

따라서 정답은 ③이다.

04 정답 ②

| 풀이 |

일차방정식의 풀이는 다음과 같은 순서로 계산한다.

$2x - 3 = 5$　← 좌변의 -3을 우변으로 이항

$2x = 5 + 3$　← 동류항끼리 계산

$2x = 8$　　← 양변을 2로 나눈다.

$\therefore\ x = 4$

따라서 정답은 ②이다.

| 참고 | 일차방정식의 풀이

$$\text{일차식} = 0 \xrightarrow[\text{등식의 성질}]{\text{이항}} x = (\text{수})$$

❶ 일차항은 좌변, 상수항은 우변으로 각각 이항하여 정리한다.

❷ 등식의 양변을 간단히 하여 $ax = b\ (a \neq 0)$의 꼴로 만든다.

❸ 등식의 양변을 x의 계수 a로 나눈다.

05 정답 ①

| 풀이 |

x축은 시간(분), y축은 이동거리(km)를 뜻하므로 이동시간과, 거리를 순서쌍으로 표현하면 (시간, 거리)이다.

학생이 출발하고 10분 동안 이동한 거리를 a라 하고 좌표로 나타내면 $(10, a)$이다.

그래프에서 $x = 10$인 점을 찾으면 $(10, 2)$를 지남을 알 수 있다. $a = 2$이므로, 10분 동안 이동한 거리는 2km이다.

또한, 학생이 출발하고 25분 동안 이동한 거리를 b라 하고 좌표로 나타내면 $(25, b)$이다.

그래프에서 $x = 25$인 점을 찾으면 $(25, 4)$를 지남을 알 수 있다. $b = 4$이므로, 25분 동안 이동한 거리는 4 km이다.

문제에서 학생이 출발한 후 10분부터 25분까지 움직인 거리를 구하라고 하였으므로

$4 - 2 = 2(\text{km})$

따라서 정답은 ①이다.

06 정답 ②

| 풀이 |

부채꼴의 넓이는 중심각의 크기에 정비례하므로, 중심각의 크기 역시 부채꼴의 넓이에 정비례한다.

부채꼴의 넓이의 비가 3 : 5이므로,

$\angle \text{AOB} = 60°$, $\angle \text{COD} = x°$라 놓으면,

$\angle \text{AOB} : \angle \text{COD} = 60° : x°$

따라서 $60° : x° = 3 : 5$

비례식의 외항과 내항의 곱이 서로 같음을 이용하면,

$x° \times 3 = 60° \times 5$

$3x° = 300°$

$\therefore x° = 100°$

따라서 정답은 ②이다.

| 참고 | 부채꼴의 중심각과 호의 길이, 넓이의 관계

한 원 또는 합동인 두 원에서

❶ 중심각의 크기가 같은 두 부채꼴의 호의 길이와 넓이는 각각 같다.

❷ 부채꼴의 호의 길이와 넓이는 각각 중심각의 크기에 정비례한다.

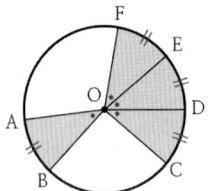

← $\overset{\frown}{AB} = \overset{\frown}{CD} = \overset{\frown}{DE} = \overset{\frown}{EF}$, $3 \times \overset{\frown}{AB} = \overset{\frown}{CF}$

---

07 정답 ②

| 풀이 |

상대도수는 해당 계급의 도수를 전체도수로 나눈 것을 뜻한다.

통학 시간이 10시간 이상 20시간 미만인 계급의 도수가

12이므로, 해당 계급의 상대도수는 $\dfrac{12}{20} = 0.6$이다.

$\therefore a = 0.6$

따라서 정답은 ②이다.

|다른 풀이|

상대도수의 총합이 1임을 이용하여 문제를 해결할 수 있다.

$0.1 + a + 0.3 = 1$

$a + 0.4 = 1$

$\therefore a = 0.6$

---

08 정답 ④

| 풀이 |

순환소수를 분수로 바꾸는 공식은

$\dfrac{분자}{분모} = \dfrac{전체의 수 - 순환하지 않는 부분}{순환마디 9, 순환하지 않는 자리만큼 0을 쓴다.}$

$0.\dot{8}$은 순환마디가 8 한 자리이므로 분모는 9이고, 분자는 전체의 수가 8이고, 순환하지 않는 부분이 없으므로 $8 - 0 = 8$이다.

그러므로

$0.\dot{8} = \dfrac{전체의 수 - 순환하지 않는 부분}{순환마디 9, 순환하지 않는 자리만큼 0을 쓴다.}$

$= \dfrac{8}{9}$

따라서 정답은 ④이다.

|다른 풀이|

$0.\dot{8}$을 x라고 하면 $x = 0.8888 \cdots$ ➜ ㉠

㉠의 양변에 10을 곱하면

$10 \times x = 10 \times 0.888 \cdots$

$10x = 8.888 \cdots$ ➜ ㉡

㉡에서 ㉠을 변끼리 빼면

$9x = 8$

$x = \dfrac{8}{9}$

$\therefore 0.\dot{8} = \dfrac{8}{9}$

---

09 정답 ③

| 풀이 |

단항식의 곱셈은 계수는 계수끼리, 문자는 문자끼리 계산한다. 또한 같은 문자를 여러 번 곱한 것은 거듭제곱을 이용하여 간단히 표현한다.

$a^2 \times a^7 \div a^3$을 풀어서 표현하여 계산하면

$(a \times a) \times (a \times a \times a \times a \times a \times a \times a) \div (a \times a \times a)$

$= \dfrac{(a \times a) \times (a \times a \times a \times a \times a \times a \times a)}{(a \times a \times a)}$

$= a \times a \times a \times a \times a \times a$

$= a^6$

따라서 정답은 ③번이다.

|다른 풀이|

지수법칙 $a^m \times a^n = a^{m+n}$, $a^m \div a^n = a^{m-n}$ $(m > n)$을 이용하여 간단히 정리할 수 있다.

$a^2 \times a^7 \div a^3 = a^{2+7-3} = a^6$

10 정답 ②

| 풀이 |

대입법을 이용하여 연립방정식의 해를 구할 수 있다.

연립방정식 $\begin{cases} x-y=1 & \cdots\cdots ㉠ \\ 2x-y=3 & \cdots\cdots ㉡ \end{cases}$ 에서

㉠$-$㉡을 하면,

$x-2x=1-3 \Rightarrow -x=-2 \Rightarrow x=2$이다. $\cdots\cdots ㉢$

㉢을 다시 식 ㉠에 대입하면,

$2-y=1 \Rightarrow -y=1-2 \Rightarrow -y=-1 \Rightarrow y=1$이다.

그러므로 연립방정식의 해는 $x=2$, $y=1$이 된다.

따라서 정답은 ②이다.

| 다른 풀이 |

연립방정식의 해는 두 식을 동시에 만족하는 미지수 x, y의 값이므로 식에 대입하여 문제를 해결할 수 있다.

연립방정식 $\begin{cases} x-y=1 & \cdots\cdots ㉠ \\ 2x-y=3 & \cdots\cdots ㉡ \end{cases}$ 에

각 보기의 수를 대입하면,

① $x=1$, $y=1$

㉠ : $1-1=0 \neq 1$ [거짓]

㉡ : $2-1=1 \neq 3$ [거짓]

② $x=2$, $y=1$

㉠ : $2-1=1$ [참]

㉡ : $4-1=3$ [참]

③ $x=3$, $y=2$

㉠ : $3-2=1$ [참]

㉡ : $6-2=4 \neq 3$ [거짓]

④ $x=4$, $y=3$

㉠ : $4-3=1$ [참]

㉡ : $8-3=5 \neq 3$ [거짓]

식 ㉠, ㉡을 모두 만족하는 것은 ②이다.

| 참고 | 연립방정식의 해

두 개 이상의 식을 동시에 만족시키는 x, y의 값 또는 그 순서쌍 (x, y)

11 정답 ①

| 풀이 |

$y=ax+4$에서 a는 기울기를 뜻한다.

기울기 $a=\dfrac{(y값의 증가량)}{(x값의 증가량)}=\dfrac{+4}{+2}=2$

따라서 정답은 ①이다.

| 참고 | 일차함수

일차함수 $y=ax+b$에서 x의 계수인 a를 일차함수의 기울기라 하고, 상수항 b를 y절편이라 한다.

$$y=ax+b$$

기울기 y절편

12 정답 ①

| 풀이 |

이등변 삼각형의 두 밑각의 크기는 같으므로

$\angle B = \angle C$

또한 삼각형의 세 내각의 합은 $180°$이므로,

$80° + \angle B + \angle C = 180°$

$\angle B + \angle C = 100°$

두 각의 크기는 같으므로,

$\angle B = \angle C = 50°$

이때, $\angle x$는 $\angle C$의 외각이므로,

$\angle x = 180° - \angle C = 180° - 50° = 130°$

따라서 정답은 ①이다.

13 정답 ④

| 풀이 |

$\overline{BC} /\!/ \overline{DE}$이므로, 삼각형의 평행선의 성질에 의해,

$\overline{AD} : \overline{DB} = \overline{AE} : \overline{EC}$이다.

$6 : 3 = 8 : x$이므로,

비례식의 내항과 외항의 곱이 서로 같음을 이용하면,

$6 \times x = 3 \times 8$

$6x = 24$

$\therefore x = 4$

따라서 정답은 ④이다.

| 참고 | 평행선과 선분의 길이의 비

△ABC에서 $\overline{BC} /\!/ \overline{DE}$이면, $\overline{AD} : \overline{DB} = \overline{AE} : \overline{EC}$

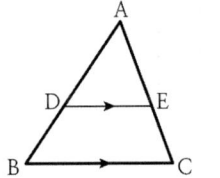

14 정답 ①

| 풀이 |

1에서 10까지의 자연수가 적힌 상자에서 공 한 개를 꺼낼 때, 5의 배수가 나오는 경우는 5, 10이다.

5의 배수가 나올 확률은 다음과 같다.

$$확률 = \frac{(5의\ 배수가\ 나올\ 경우의\ 수)}{(일어날\ 수\ 있는\ 모든\ 경우의\ 수)} = \frac{2}{10} = \frac{1}{5}$$

따라서 정답은 ①이다.

| 참고 |

$$확률\ p = \frac{(사건\ A가\ 일어날\ 경우의\ 수)}{(일어날\ 수\ 있는\ 모든\ 경우의\ 수)}$$

15 정답 ③

| 풀이 |

$2\sqrt{5} = \sqrt{2^2} \times \sqrt{5} = \sqrt{2^2 \times 5} = \sqrt{20}$

$\therefore\ a = 20$

따라서 정답은 ③이다.

| 참고 |

$a > 0$, $b > 0$일 때,

$\sqrt{ab} = \sqrt{a} \times \sqrt{b}$이고, $a = \sqrt{a^2}$이다.

16 정답 ①

| 풀이 |

두 수의 합과 곱을 이용하여 이차방정식을 인수분해하면,

곱이 2인 수	합이 -3
1, 2	×
$-1, -2$	O

$x^2 - 3x + 2 = 0$ ➡ $(x-1)(x-2) = 0$

$AB = 0$이면 $A = 0$ 또는 $B = 0$에 의해

$x - 1 = 0$ 또는 $x - 2 = 0$

$\therefore\ x = 1$ 또는 $x = 2$

따라서 정답은 ①이다.

| 다른 풀이 |

멜빵공식을 이용하여 인수분해하면 다음과 같다.

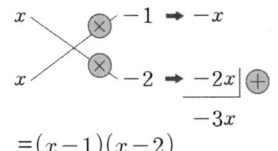

$= (x-1)(x-2)$

$AB = 0$이면 $A = 0$ 또는 $B = 0$에 의해

$x - 1 = 0$ 또는 $x - 2 = 0$

$\therefore\ x = 1$ 또는 $x = 2$

따라서 정답은 ①이다.

| 참고 | 인수분해를 이용하여 이차방정식의 해 구하기

$AB = 0$ ➡ $A = 0$ 또는 $B = 0$

멜빵공식

$x^2 + \boxed{(a+b)x} + ab$

$= (x+a)(x+b)$

17 정답 ④

| 풀이 |

① 위로 볼록하다.

➡ 이차항의 계수가 양수이므로 아래로 볼록하다.

② 점 $(1, 4)$를 지난다.

➡ 주어진 그래프가 $(1, 4)$를 지나면, 주어진 식에 대입하였을 때 식이 참이 되어야 한다.

식에 $(1, 4)$를 대입하면, $4 \neq 1^2 + 2$이므로 그래프는

(1, 4)를 지나지 않는다.

③ 직선 $y=1$을 축으로 한다.

→ 대칭축은 $x=0$이므로 틀린 설명이다.

④ 꼭짓점의 좌표는 $(0, 2)$이다.

→ 꼭짓점의 좌표는 $(0, 2)$이다.

따라서 정답은 ④이다.

18 정답 ③

| 풀이 |

$\angle A = 90°$인 직각삼각형 ABC에서 $\angle B$의 크기가 정해지면 직각삼각형의 크기에 관계없이 $\dfrac{\overline{AC}}{\overline{BC}}$, $\dfrac{\overline{AB}}{\overline{BC}}$, $\dfrac{\overline{AC}}{\overline{AB}}$의 값은 항상 일정하다.

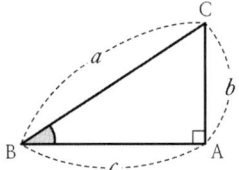

→ $\sin B = \dfrac{b}{a}$, $\cos B = \dfrac{c}{a}$, $\tan B = \dfrac{b}{c}$

이때, $\sin B = \dfrac{\overline{AC}}{\overline{BC}}$ 이므로

$\therefore \sin B = \dfrac{15}{17}$

따라서 정답은 ③이다.

오답 피하기

문제에 나온 그림은 삼각비의 기본공식에 쓰인 그림과 다르게 돌려서 그려져 있으므로, 그림을 돌려서 다시 그린 후 문제를 푸는 것이 좋다.

19 정답 ①

| 풀이 |

원 밖의 한 점에서 원에 그은 접선은 항상 2개이고, 그 길이가 같다.

따라서 $\overline{PA} = \overline{PB}$ 이므로, 삼각형 PAB는 이등변삼각형이다.

이등변삼각형의 두 밑각의 크기는 같으므로,

$\angle ABP = \angle BAP = 60°$

이때, 삼각형의 세 각의 크기의 합은 $180°$임을 이용하면,

$\angle APB = 60°$이므로, 삼각형 PAB는 정삼각형이다.

$\therefore \overline{PA} = \overline{PB} = \overline{AB} = 5\text{cm}$

따라서 정답은 ①이다.

| 참고 | 원의 접선의 성질

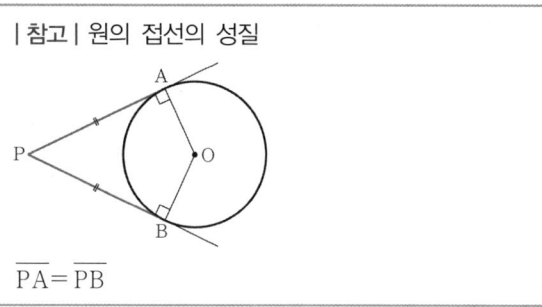

$\overline{PA} = \overline{PB}$

20 정답 ④

| 풀이 |

① 평균 $= \dfrac{1+1+1+1+1+1}{6} = 1$,

분산 $= 0$, 표준편차 $= 0$

② 평균 $= \dfrac{1+2+1+2+1+2}{6} = \dfrac{3}{2}$,

분산 $= \dfrac{\left(\dfrac{1}{2}\right)^2 \times 6}{6} = \left(\dfrac{1}{2}\right)^2$, 표준편차 $= \dfrac{1}{2}$

③ 평균 $= \dfrac{2+3+2+3+2+3}{6} = \dfrac{5}{2}$,

분산 $= \dfrac{\left(\dfrac{1}{2}\right)^2 \times 6}{6} = \left(\dfrac{1}{2}\right)^2$, 표준편차 $= \dfrac{1}{2}$

④ 평균 $= \dfrac{2+4+2+4+2+4}{6} = 3$

분산 $= \dfrac{(1)^2 \times 6}{6} = 1$, 표준편차 $= 1$

그러므로 정답은 ④이다.

| 참고 |

변량이 흩어져 있는 정도를 하나의 수로 나타낸 값을 산포도라 한다.

평균 $= \dfrac{\text{변량의 총합}}{\text{총도수}}$

편차 $=$ 변량 $-$ 평균

분산 $=$ 편차의 제곱의 평균

표준편차 $=$ 분산의 양의 제곱근

01	④	02	③	03	①	04	④	05	②
06	④	07	①	08	②	09	③	10	③
11	①	12	①	13	④	14	④	15	①
16	④	17	③	18	②	19	③	20	③
21	③	22	②	23	②	24	①	25	④

01 정답 ④

해석 부모님은 저를 정말 자랑스러워하십니다.

어휘 • be proud of ~를 자랑스러워하다

해설 proud는 '자랑스러운'이다.

02 정답 ③

해석 이 질문은 어렵습니다. 쉬운 질문을 해 주세요.
① 폭이 넓은 – 좁은, ② 현명한 – 어리석은,
③ 건강한 – 다채로운, ④ 저렴한 – 비싼

해설 밑줄 친 두 단어의 뜻은 '어려운'과 '쉬운'으로 반의어 관계이다. ③은 특별한 관계가 없는 두 단어이다.

03 정답 ①

해석 Eric과 나는 좋은 친구야.

해설 빈칸에 들어갈 말은 '~이다'의 의미를 가진 'be동사'이다. 주어 Eric과 I는 We(우리) 1인칭 복수형이므로 알맞은 be동사는 are이다.

04 정답 ④

해석 그는 점심을 먹은 후에 이를 닦았습니다.

해설 빈칸에 들어갈 말은 '~후에'로 접속사 after이 온다.

05 정답 ②

해석 A : 얼마나 많은 티켓이 필요하세요?
B : 티켓 세 장 주세요.

해설 B의 답변에서 '세 장'이라는 정보를 통해 A의 질문이 티켓 몇 장이 필요한 지 묻는 질문이었다는 것을 알 수 있다. ② how many ③ how much 둘 다 '얼마나 많은 ~'을 묻는 표현이지만, '티켓'처럼 셀 수 있는 명사 앞에는 '수'가 많다는 의미인 many만 올 수 있다.
① long 긴
③ much (양이) 많은
④ often 자주

06 정답 ④

해석 A : 오늘 오후에 뭐 할 거야?
B : 형과 함께 컴퓨터 게임을 할 거야.
A : 재미있을 것 같네.

어휘 • be going to ~할 예정이다.
• play (게임을) 하다
• with ~와 함께

해설 B의 계획에 대한 적절한 반응은 ④이다.
① 아니. 그렇지 않아.
② 천만에.
③ 물론 아니지.

07 정답 ①

해석 • 어떤 종류의 음악을 좋아하세요?
• 그녀는 저에게 많은 도움을 주었습니다. 그녀는 매우 친절한 것 같습니다.

어휘 • like 좋아하다
• help 돕다
• a lot 많이
• think 생각하다

해설 첫 번째 빈칸에 들어갈 말은 '종류' 두 번째 빈칸에 들어갈 말은 '친절한'이다. 두 의미를 모두 가진 단어는 kind이다.
② 지방, 뚱뚱한
③ 우물, 건강한, 잘
④ 빛, 가벼운

08 정답 ②

해석 8:00 a.m. – 호텔에서 아침 먹기
10:00 a.m. – 전통 시장 방문하기
3:00 p.m. – 공원에서 간식 먹기
5:00 p.m. – 극장에 가기

어휘 • have 먹다

  • breakfast 아침

  • visit 방문하다

  • traditional 전통적인

  • snack 간식

  • park 공원

  • theater 극장

해설 오전 10시에 할 일은 ②이다.

09 정답 ③

해석 A : 이 소년은 무엇을 하고 있니?

  B : 그는 물을 마시고 있어.

어휘 • watch 보다

  • drive 운전하다

  • drink 마시다

  • play 연주하다

해설 소년이 물을 마시고 있으므로 의미적으로 drink water이 옳다. be동사 현재형 + Ving의 형태는 '~하고 있는 중'을 나타내는 현재 진행형이므로 He is drinking water라는 표현이 옳다.

10 정답 ③

해석 A : 세상에! 스마트폰을 잃어버렸어.

  B : 정말? 어디에 두었는지 기억나?

  A : 잘 모르겠어. 먼저 분실물 센터를 확인해야겠어.

  B : 좋은 생각이야. 같이 가자.

어휘 • lose - lost 잃다

  • remember 기억하다

  • where 어디에

  • put 놓다

  • sure 확신하는

  • should ~해야 한다

  • check 확인하다

  • Lost and Found center 분실물 센터

해설 분실물 센터에 가서 확인해야 한다는 A의 말에 B가 동의하고 있다. '~하자'를 의미하는 'Let's~'라는 표현을 통해 대화 후 그곳에 함께 갈 것임을 알 수 있다.

11 정답 ①

해석 A : 이 가방에 대해 어떻게 생각하세요?

  B : 예뻐 보여요. 이것을 구매했나요?

  A : 아니요, 제 여동생이 저에게 선물로 줬어요.

어휘 • give - gave 주다

  • buy 구매하다

  • as 로서

해설 가방에 대한 의견을 묻는 표현(What do you think of~? ~에 대해 어떻게 생각해?)에 가장 알맞은 대답은 예뻐 보인다는 의미의 ①이다.

  ② 저도 그렇게 생각합니다.

  ③ 의사가 되고 싶습니다.

  ④ 잊지 말고 전화주세요.

12 정답 ①

해석 A : 케빈, 무엇에 관심이 있으신가요?

  B : 저는 로봇 제작에 관심이 있습니다. 당신은요?

  A : 저는 배드민턴을 좋아합니다.

어휘 • be interested in ~에 관심 있다

  • make 만들다

  • how about ~? ~는 어때?

  • play 경기하다

  • badminton 배드민턴

해설 두 사람은 '관심이 있는 분야'에 대해 이야기를 나누고 있다.

13 정답 ④

해석 학교 체육 대회

  언제 : 오전 9~11시, 2025년 5월 9일

  어디서 : 미래 중학교

  무엇을 하는지 : 야구, 농구 그리고 배구

  즐거운 시간을 보내자! 스포츠를 즐기자!

해설 신청 방법에 대한 내용은 언급되지 않았다.

14 정답 ④

해석 안녕하세요, 학생 여러분. 공지사항이 있습니다. 학교 에어컨에 문제가 있습니다. 저희가 문제를 해결하고 있지만 두 시간이 걸릴 것 같습니다. 이해해 주셔서 감사합니다.

어휘 • announcement 안내, 공지
  • there is/are ~가 있다
  • problem 문제
  • air conditioner 에어컨
  • fix 고치다
  • take (시간이) 걸리다
  • understand 이해하다
해설 방송의 목적은 '에어컨 고장'에 대한 안내이다.

15 정답 ①
해석 A : Amy, 왜 늦었어?
  B : 버스를 놓쳤어요. 늦어서 죄송합니다.
  A : 음, 시간을 잘 지키려고 노력하렴. 수업 시작하자.
어휘 • late 늦은
  • try to ~하도록 노력하다
  • on time 제 시간에
  • let's ~하자
  • begin 시작하다
해설 Why는 '이유'를 묻는 의문사이다. 늦은 이유를 묻는 물음에 B는 버스를 놓쳤다고 말했다.

16 정답 ④
해석 미스터 파파라는 노인에 대한 이야기가 있습니다. 그는 황금으로 만든 모자를 씁니다. 6월 5일에 그는 용을 타고 비행합니다. 그는 착한 아이들에게 장난감과 사탕을 주지만, 나쁜 아이들에게는 마늘과 양파를 줍니다.
어휘 • story 이야기
  • about ~에 관한
  • called ~라 불리는
  • wear 입다, 착용하다
  • made of ~로 만들어 진
  • fly 날다
  • give 주다
  • however 그러나
  • garlic 마늘
  • onion 양파
해설 나쁜 어린이들에게는 아무것도 주지 않는 것이 아니라 마늘과 양파를 준다.

17 정답 ③
해석 줄리아 스미스는 40대에 진정한 재능을 발견했습니다. 46세의 나이에 남편과 함께 로마로 이사했고, 그곳에서 요리 학교를 다녔습니다. 공부하는 동안 이탈리안 레스토랑 'Julia's Trattoria'를 운영했고 이곳은 파스타로 유명해졌습니다.
어휘 • find - found 찾다
  • talent 재능
  • move to ~로 이사하다
  • while ~동안
  • run-ran 운영하다
  • famous 유명한
해설 남편의 직업에 대한 언급은 없다.

18 정답 ②
해석 내일은 엄마의 생일입니다. 무엇을 엄마에게 드려야 할지 고민하다가 알렉스에게 조언을 구했습니다. 알렉스는 제가 글을 잘 쓰기 때문에 편지를 써보라고 제안했어요.
어휘 • ask 물어보다
  • advice 조언
  • suggest 제안하다
  • be good at ~을 잘하다
해설 suggest는 '제안하다'이다. 알렉스는 '내가 글을 잘 쓰기 때문에 편지를 쓰라고' 제안했다.

19 정답 ③
해석 바다 중학교 학생들이 가장 좋아하는 과목
  체육(40%) 영어(19%) 과학(16%) 기타(15%) 국어(10%)
  바다 중학교의 학생들은 체육을 가장 좋아한다.
어휘 • favorite 가장 좋아하는
  • subject 과목
  • English 영어
  • Korean 국어
  • P.E. 체육
  • Science 과학
  • others 기타
해설 그래프에서 '체육'을 선택한 비율이 40%이므로, 체육이 바다 중학교 학생들이 가장 좋아하는 과목이다.

20 정답 ③

해석 홍수 시 기억해야 할 몇 가지 사항이 있습니다. ① 우선, 모든 전기를 꺼야 합니다. ② 둘째, 흐르는 물에서 벗어나야 합니다. ③ 식물에 정기적으로 물을 주어야 합니다. ④ 안전을 위해 더 높은 지대로 이동해야 합니다. 마지막으로 뉴스 보도를 계속 들으세요.

어휘 • several 몇몇의
• during ~동안
• flood 홍수
• should ~해야 한다
• turn off 끄다
• electricity 전기
• stay out of ~에서 벗어나다
• moving water 흐르는 물
• need to ~해야 한다
• water 물을 주다
• plant 식물
• regularly 정기적으로
• have to ~해야 한다
• ground 땅
• safety 안전
• keep V-ing 계속 V하다
• report 보도, 보고

해설 홍수 시 지켜야 할 안전 요령을 설명하는 글에서 '식물에 물을 주어야 한다'는 내용은 흐름상 어울리지 않는다.

21 정답 ③

해석 지호는 오래된 것으로 새로운 것을 만드는 것을 좋아합니다. 어제 학교에 헌 옷으로 만든 필통을 가져와서 반 친구들에게 주었습니다. 그들은 선물을 받고 놀랐고 어떻게 만들었는지 알고 싶어 했습니다.

어휘 • like 좋아하다
• make 만들다
• new 새로운
• bring - brought 가져오다
• used 사용된, 중고의
• give 주다
• be surprised to ~해서 놀라다

• get 얻다
• present 선물
• want 원하다
• know 알다
• how 어떻게

해설 were surprised는 '놀랐다'라는 뜻으로 '사람'만이 이 동사의 주체(주어)가 될 수 있다. they가 가리키는 것은 선물을 받은 반 친구들이다.

22 정답 ②

해석 모던 미술관 규칙
   – 뛰지 마세요.
   – 음식을 먹지 마세요.
   – 사진을 찍지 마세요.

어휘 • Don't ~ ~하지 마라
• run 뛰다
• eat 먹다
• take (사진을) 찍다

해설 '낙서하지 않기'는 규칙으로 언급되지 않았다.

23 정답 ②

해석 독수리가 하늘 높이 나는 것을 본 적이 있나요? 독수리는 저 위에서 작은 개미도 볼 수 있습니다. 그들은 강력한 시력 때문에 훌륭한 사냥꾼입니다. 그들은 2.8km 떨어진 곳에서도 작은 동물을 볼 수 있습니다. 놀랍지 않나요?

어휘 • Have ~ seen ~? ~를 본 적 있니?
• eagle 독수리
• high 높은, 높게
• hunter 사냥꾼
• because of ~ 때문에
• tiny 작은
• away 떨어져
• amazing 놀라운

해설 '독수리의 강력한 시력'에 관해 말하고 있는 글이다.

24 정답 ①

해석 판매할 자켓이 있습니다. 흰색이고 주머니가 많습니다. 작년에 구입했는데 새것과 비슷합니다. 80달러를 지불했습니다. 단 20달러에 판매하고 있습니다!

어휘 • for sale 판매용의, 판매 중인
- • pocket 주머니
- • buy - bought 사다
- • new 새로운
- • sell 팔다

해설 작년에 샀던 자켓을 판매하려는 목적이다.

25 정답 ④

해석 안녕하세요! 제 이름은 브라이언입니다. 저는 캐나다 사람이고 한국에 2년째 살고 있습니다. 캐나다에 가본 적이 있나요? 오늘은 캐나다를 방문하기 위한 몇 가지 팁을 드리겠습니다. 캐나다를 방문하기 가장 좋은 시기부터 시작하겠습니다.

어휘 • Canadian 캐나다인
- • have been to ~에 가본 적 있다
- • give 주다
- • tip 조언
- • visit 방문하다
- • Let's ~하자
- • start 시작하다

해설 캐나다를 방문하기 가장 좋은 시기부터 시작하겠다(Let's start with~)는 마지막 말을 통해 이어질 내용이 ④임을 유추할 수 있다.

사회 2025년 제1회

01	④	02	②	03	④	04	④	05	②
06	④	07	②	08	④	09	①	10	③
11	④	12	③	13	③	14	②	15	②
16	②	17	③	18	③	19	④	20	④
21	③	22	①	23	①	24	④	25	①

01 정답 ④

지리 정보 시스템(GIS)은 다양한 지리 정보를 수치화하여 컴퓨터에 입력·저장하고 이를 사용자의 요구에 따라 다양한 방법으로 분석·종합하여 제공하는 정보 처리 시스템이다.

오답 피하기

① 랜드 마크는 지역에서 유명한 지형적 물체를 말한다.

② 원격 탐사는 인공위성이나 항공기 등을 이용하여 접근하기 어려운 곳의 정보를 수집한다.

02 정답 ②

㉠은 위도에 대한 설명이다. 위도에 따라 일사량 차이가 나타나 수평적 기후 분포가 나타난다.

오답 피하기

① 경도는 경선에 매겨진 값이다.

③ 날짜 변경선은 경도 180°와 대체로 일치하며, 날짜 변경선을 기준으로 양쪽 지역 간에 24시간의 시차가 발생한다.

④ 본초는 '기준', 자오선은 '경선'을 뜻한다. 즉, 본초 자오선은 경도 0°로 동반구와 서반구를 구분하는 기준이다.

03 정답 ④

열대 기후에서는 땅이 척박해 숲에 불을 질러 만든 밭에서 카사바, 얌 등을 재배하는 이동식 화전 농업을 한다.

오답 피하기

① 낙농업은 우유, 치즈, 버터를 생산한다.

② 수목 농업은 오렌지, 포도, 코크스 등을 재배한다.

③ 건조 기후 지역에서 오아시스 농업을 통해 대추 야자를 재배한다.

04 정답 ④

서안 해양성 기후는 일년 내내 바다에서 불어오는 편서풍의 영향으로 연중 강수량이 고르고 온난 습윤하다. 흐리고 비 내리는 날이 많아 외출할 때 긴 코트를 입거나, 우산 등을 늘 가지고 다닌다.

05 정답 ②

오스트레일리아의 그레이트 오션 로드 해안에서는 파도의 침식을 받아 형성된 돌기인 시스택을 관찰할 수 있다.

오답 피하기

① 퇴적된 지층이 압력을 받아 휘어진 상태를 습곡이라 한다.

③ 암석의 파편 등이 일정한 곳에 쌓이는 것이 퇴적이다.

06 정답 ④

인구 공동화 현상은 비싼 땅값으로 인해 도심의 상주인구가 감소하면서 낮에는 일자리가 많아 인구 밀도가 높지만 밤에는 인구 밀도가 낮아지는 현상을 의미한다.

오답 피하기

① 열대 기후에서 소나기를 스콜이라 부른다.

③ 여자 100명당 남자의 수를 성비라 하며 남자, 또는 여자가 많을 경우 성비 불균형이라 한다.

07 정답 ②

다국적 기업은 여러 기능에 따라 서로 다른 지역에 입지하여 업무를 분담한다. 다국적 기업의 본사는 자국 내 도심 또는 세계도시에, 연구소는 쾌적환 환경·대학가 근처에, 생산 공장은 임금이 저렴한 개발 도상국에 입지한다.

오답 피하기

① 공정 무역은 개발 도상국에서 생산하는 제품에 정당한 가격을 지급하여 생산자가 경제적으로 자립할 수 있도록 해주는 무역 방식이다.

③ 장소 마케팅은 특정 장소의 자연환경, 역사적·문화적 특성을 부각하여 장소를 매력적인 상품으로 만들어 이를 판매하려는 활동이다.

08 정답 ④

㉠은 배타적 경제 수역(EEZ)이다. 영해를 설정한 기준선으로부터 200해리까지의 바다 중 영해를 제외한 바다이며, 연안국이 바다에 대한 경제적 권리를 가지고 있어 인공 섬 설치, 해양 자원, 자원 탐사·개발 등을 실시할 수 있다.

오답 피하기

① 영토와 영해의 수직 상공을 영공이라 한다.

② 영토는 한반도와 부속도서이다.

③ 중심 업무 지구는 백화점, 금융 기관, 대기업 본사, 행정 관청 등이 입지 하여 중추 관리 기능을 담당한다.

09 정답 ①

사회 집단은 접촉 방식, 결합 의지, 소속감에 따라 집단을 구분할 수 있다. 자신이 소속되어 있고 소속감을 가지는 집단을 내집단이라 하고, 자신이 소속되어 있지 않고 이질감이나 적대감을 가지는 집단을 외집단이라 한다.

오답 피하기

③ 1차 집단은 구성원 간의 침밀감을 바탕으로 전인격적인 인관관계가 이루어지는 집단이다.

④ 2차 집단은 특정 목적을 달성하기 위해 인위적으로 만들어진 집단으로 형식적 접촉, 공식적인 절차와 규칙에 의해 운영된다.

10 정답 ③

문화의 속성에는 공유성, 학습성, 변동성, 축적성, 전체성이 있다. 문화는 타고나는 것이 아니라 후천적으로 습득하게 되는데 이를 문화의 학습성이라고 한다.

오답 피하기

① 변동성은 문화가 시간이 흐르면서 그 형태나 의미가 변화하는 것이다.

② 문화는 여러 구성 요소들이 서로 밀접한 관계를 맺으면서 부분이 아닌 전체로서의 의미를 갖는데 이를 문화의 전체성이라고 한다.

11 정답 ④

제시된 내용은 권력 분립의 원리이다.

오답 피하기

① 국민의 기본권 보장과 국가 기관의 조직 및 작용의 원리를 헌법에 규정하고, 그 헌법에 따라 통치해야 한다는 것을 입헌주의 원리라 한다.

② 주권을 가진 국민이 국가를 다스려야 한다는 것이 국민 자치의 원리이다.

③ 국가의 의사를 최종적으로 결정하는 최고의 권력인 주권이 국민에게 있다는 것이 국민 주권의 원리이다.

12 정답 ③

국가의 의사 결정 과정에 참여할 수 있는 권리는 참정권이다.

오답 피하기

② 사회권은 국가에 인간다운 생활의 보장을 요구할 수 있는 적극적 권리로 근로의 권리, 교육을 받을 권리 등이 있다.

13 정답 ③

비밀 선거는 유권자가 누구에게 투표했는지 다른 사람들이 모르게 하는 제도이다.

오답 피하기

② 보통 선거는 일정 연령 이상의 국민 누구나 선거를 할 수 있다는 제도이다.

④ 직접 선거는 국민 주권의 원리에 부합하기 위한 유권자가 대리인을 거치지 않고 직접 투표를 해야 한다는 제도이다.

14 정답 ②

국회는 법률의 제정 및 개정, 헌법 개정안의 제안 및 의결, 조약 체결 동의, 예산안의 심의 및 확정, 국정 감사, 국정 조사, 탄핵 소추 의결 등의 권한을 가진다.

오답 피하기

③ 조례는 지방 의회에서 제공하는 법이다.

15 정답 ②

수요량이란 일정한 가격에서 사고자 하는 상품의 수량이다. 가격이 상승하면 수요량이 감소하고, 가격이 하락하면 수요량이 증가하는 것을 수요 법칙이라 한다.

16 정답 ②

환율이란 두 나라 화폐 사이의 교환 비율이다. 1달러에 1,300원에서 1달러에 1,500원으로 올랐다면 환율은 상승한 것이며 원화의 가치는 하락한 것이다. 환율이 상승하면 수출 증가, 수입 감소, 물가 상승 등의 현상이 나타난다.

17 정답 ③

우리나라 최초의 국가인 고조선에 대한 설명이다. 8조법을 통해 고조선의 생활 모습을 알 수 있다. '남을 다치게 한 사람은 곡식으로 갚는다'는 내용을 통해 고조선이 노동력을 중시하는 농업사회라는 것을 알 수 있다.

18 정답 ③

신라의 진흥왕은 화랑도를 국가적 기관으로 개편하여 전쟁에 동원하였으며, 영토 확장을 기념하여 단양적성비 외에 진흥왕 순수비를 건립하였다.

19 정답 ④

통일 신라 때 제작된 석굴암 본존불은 경주에 위치해 있으며, 완벽한 비례로 안정감과 균형미를 자랑한다.

20 정답 ④

고려 우왕의 명령으로 요동 정벌의 명령을 받은 이성계는 위화도에서 군대를 회군하면서 정권, 군사력을 장악하였다.

오답 피하기

① 병자호란은 청나라 태종이 군사를 이끌고 조선을 침략한 사건이다.

② 임진왜란은 일본이 명을 정벌하겠다는 구실로 조선을 침략한 사건이다.

③ 살수 대첩은 중국 수나라가 고구려를 침략한 사건이다.

21 정답 ③

물산 장려 운동은 1920년 평양에서 조만식을 중심으로 일어난 사건이다. 민족 산업 발전을 위해 국산품 애용, '내 살림 내 것으로', '조선 사람 조선 것' 등을 주장하였다.

오답 피하기

① 6·10 만세 운동은 일제 강점기에 조선인 학생을 중심으로 순종의 장례가 있었던 1926년 6월 10일에 일어난 만세 운동이다.

② 동학 농민 운동은 1894년에 농민들이 힘을 합쳐 일으킨 사회 개혁 운동이다.

④ 서경 천도 운동은 이자겸의 난 이후 왕권의 권위가 약화 되자 묘청을 중심으로 수도를 서경으로 천도하자는 운동이다.

22 정답 ①

1894년 군국기무처에서 과거제·신분제 폐지, 과부의 재가 허용 등을 내용으로 하는 갑오개혁을 시행하였다.

오답 피하기

② 무신 정변은 의종의 향락과 무신에 대한 차별대우로 무신들이 일으킨 정변이다.

③ 을미사변 이후 고종이 러시아 공사관으로 처소를 옮긴 사건이 아관 파천이다.

④ 고려 문벌 귀족인 이자겸이 일으킨 난이다.

23 정답 ①

사림은 조선의 건국을 반대했던 유생들로, 중종은 훈구파를 견제하고자 사림을 등용하였다.

오답 피하기

② 호족은 통일신라 말에 나타난 지방 귀족을 말한다.

③ 6두품은 신라의 계급이다.

24 정답 ④

조선 성종은 조선의 통치 방향과 이념을 제시하였다. 홍문관을 설치하였고, 세조 대에 편찬을 시작한 『경국대전』이 완성되었다.

오답 피하기

① 고려 태조 왕건이 후대 왕들에게 훈요 10조를 남겼다.

② 흥선 대원군이 척화비를 건립하였다.

③ 조선의 영조와 정조가 탕평책을 실시하였다.

25 정답 ①

고종 암살설과 미국 대통령 윌슨의 민족자결주의를 배경으로 1919년 3·1운동이 일어났다. 이후 조직적 독립운동을 위해 임시 정부가 수립되었다.

오답 피하기

③ 1907년 대구에서 서상돈을 중심으로 일본에 1,300만 원의 차관을 상환하자는 국채 보상 운동이 일어났다.

④ 1997년 외환위기를 극복하기 위해 금 모으기 운동을 실시하였다.

과학 2025년 제1회

01	③	02	②	03	①	04	②	05	①
06	④	07	②	08	①	09	①	10	①
11	④	12	②	13	①	14	④	15	③
16	④	17	④	18	③	19	②	20	③
21	④	22	④	23	③	24	①	25	③

01 정답 ③
질량은 물체가 가지는 고유한 양으로 측정 장소에 따라 변하지 않는다.

02 정답 ②
빛의 삼원색은 빨간색, 초록색, 파란색이다. 서로 다른 두 가지 이상의 빛이 합쳐져 다른 색의 빛으로 보이는 현상을 빛의 합성이라고 한다. 빨간색과 초록색 빛을 합성하면 노란색 빛이 된다.

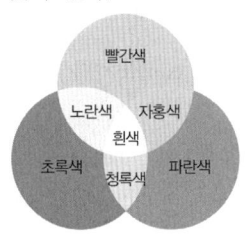

- 빨간색 + 초록색 ⇨ 노란색
- 빨간색 + 파란색 ⇨ 자홍색
- 파란색 + 초록색 ⇨ 청록색
- 빨간색 + 초록색 + 파란색 ⇨ 흰색

03 정답 ①
스위치를 닫기 전에는 전구 (나)에는 불이 켜져 있고 스위치를 닫으면 전구 (가)와 (나)는 병렬연결된다. 병렬연결된 전구 (가)는 전구 (나)와 같은 크기의 전압이 걸려 전류가 흐르고 불이 켜진다. 스위치를 닫기 전과 후 전구 (나)에 걸리는 전압은 변화가 없으므로 밝기 또한 변화가 없다.

04 정답 ②
온도가 다른 두 물체가 접촉하면, 온도가 높은 물체에서 낮은 물체로 열이 이동하여 두 물체의 온도가 같아지는 열평형에 도달한다. 열평형에 도달하기 전인 0~8분 사이에는 A는 열을 잃어 온도가 낮아지고 입자 운동은 둔해진다. B는 열을 얻어 온도가 높아지고 입자 운동이 활발해진다. 열평형 도달 시각인 8분 이후 A와 B의 온도는 25℃로 같고 입자 운동 정도도 같다.

05 정답 ①
속력은 단위 시간 당 이동한 거리를 말한다. 물체는 1초간 5cm를 이동했으므로 5cm/s다.

$$속력 = \frac{이동\ 거리}{시간} = \frac{5cm}{1s} = 5cm/s이다.$$

06 정답 ④
공기 저항을 무시할 때 자유 낙하하는 물체의 역학적 에너지는 보존된다.

07 정답 ②
온도가 일정할 때 일정량의 기체의 부피는 압력에 반비례하는데 이를 보일 법칙이라고 한다. 압력과 부피의 곱은 일정하므로 1기압×40mL=2기압 × ㉠mL이다.
따라서 ㉠=20이다.

08 정답 ①
1기압에서 얼음을 가열하면 녹는점 0℃에서 융해가 일어나고 끓는점(A) 100℃에서 기화가 일어난다. 녹는점이란 고체가 액체가 될 때 일정하게 유지되는 온도이고, 끓는점이란 액체가 기체가 될 때 일정하게 유지되는 온도이다.

09 정답 ①
분자를 구성하는 입자의 개수는 큰 공 1개 : 작은 공 4개로 1 : 4의 원자 개수비로 이루어진 물질의 화학식을 찾으면 ① CH_4이다.

CH₄	메테인	C : H = 1 : 4
CO₂	이산화 탄소	C : O = 1 : 2
H₂O	물	H : O = 2 : 1
NH₃	암모니아	N : H = 1 : 3

10 정답 ①

실험 장치는 분별 깔때기로 밀도가 달라 서로 섞이지 않는 다른 액체 혼합물을 분리할 때 사용한다. 분별 깔때기 내에서 밀도가 큰 액체는 아래쪽, 밀도가 작은 액체는 위쪽에 위치한다.

11 정답 ④

일정 성분비 법칙은 화합물을 구성하는 원소들 사이에는 일정한 질량비가 있다는 화학 법칙이다. 그래프를 통해 구리와 산소의 질량비가 4 : 1임을 알 수 있다.

12 정답 ②

일정한 온도와 압력에서 기체가 반응하여 새로운 기체를 생성할 때 각 기체의 부피 사이에는 간단한 정수비가 성립한다. 수소 : 산소 : 수증기 = 2 : 1 : 2의 부피비가 성립하므로, 수소 기체 2L와 산소 기체 1L를 모두 사용하면 수증기가 2L 생성된다.

13 정답 ①

균계에 속하는 생물은 핵이 있고, 스스로 양분을 만들 수 없으므로, 죽은 생물이나 배설물을 분해하여 양분을 얻는다. 균계에 속하는 생물로 버섯, 곰팡이, 효모가 있다.

오답 피하기

아메바는 원생생물계, 진달래는 식물계, 코끼리는 동물계에 속한다.

14 정답 ④

광합성은 식물이 빛에너지를 이용하여 물과 이산화 탄소(㉠)를 원료로 양분을 만드는 작용이다.

15 정답 ③

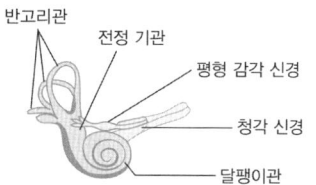

반고리관은 3개의 고리가 서로 직각으로 연결되어 있고, 림프액이 들어 있어 몸의 회전 자극을 받아들인다.

16 정답 ④

무조건 반사는 대뇌가 관여하지 않아 자신의 의지와 관계없이 일어나는 무의식적인 반응이다. 무릎을 고무 망치로 치면 저절로 다리가 들리는 무릎반사가 대표적이다.

오답 피하기

큰소리에 귀를 막거나, 신호를 보고 신호등을 건너는 행동, 날아오는 공을 보고 방망이로 치는 것은 모두 대뇌가 중추가 되는 의식적인 반응이다.

17 정답 ④

체세포 분열 과정 중 염색 분체가 분리되어 양쪽으로 이동하는 과정은 후기에 해당한다.

간기	분열기			
	전기	중기	후기	말기
유전 물질 2배 복제	핵막이 사라지고 염색체가 나타남.	• 염색체가 세포 중앙에 배열 • 염색체를 관찰하기 좋은 시기	염색 분체가 분리되어 양쪽 끝으로 이동	염색체가 풀어지고 핵막이 생김.

18 정답 ③

순종은 대립유전자 구성이 동일한 것을 말한다. 어버이의 순종 둥근 완두의 유전자형이 RR이므로 순종 주름진 완두의 유전자형(㉠)은 rr이고, 자손(㉡)은 부모에게 R과 r을 각각 하나씩 받아 Rr의 유전자형을 갖는다.

19 정답 ②

영양소를 흡수할 수 있는 크기로 분해하는 과정을 소화라고 하고, 소화계는 음식물의 소화와 흡수에 관여하는 기관들의 모임이다. 입, 식도, 위 ,소장, 대장, 항문, 간, 이자, 쓸개 등이 해당한다.

20 정답 ③

변성암은 암석이 높은 열과 압력을 받아 성질이 변한 암석으로 규암, 대리암, 편마암 등이 해당한다.

> **오답 피하기**
>
> ① · ④ 화석을 발견할 수 있고, 퇴적물이 다져지고 굳어진 암석은 퇴적암이다. 역암, 사암, 셰일, 석회암 등이 해당한다.
>
> ② 마그마가 식어 형성된 암석은 화성암이다. 현무암, 화강암, 유문암 등이 해당한다.

21 정답 ④

토성은 목성형 행성에 속하는 행성으로 얼음과 암석으로 된 뚜렷한 고리가 있고, 목성 다음으로 크기가 크다.

22 정답 ④

별의 표면 온도가 낮을수록 붉은색을 띠고, 높을수록 파란색을 띤다.

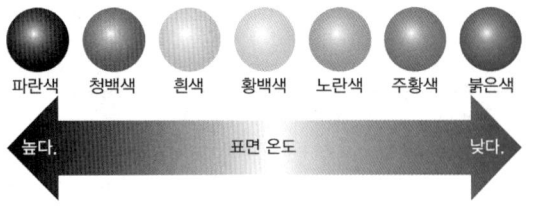

23 정답 ③

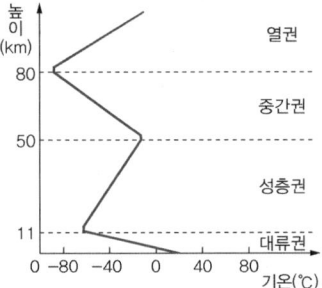

기권은 높이에 따른 기온 변화로 4개 층으로 구분된다. 높이 올라갈수록 기온이 낮아지는 층은 대류권과 중간권이고 중간권은 수증기가 거의 없어 기상현상이 나타나지 않는다.

24 정답 ①

상대 습도(%)

$$= \frac{\text{현재 공기의 실제 수증기량(g/kg)}}{\text{현재 기온의 포화 수증기량(g/kg)}} \times 100$$

포화 수증기는 포화 상태인 공기 1kg에 들어 있는 수증기량을 g으로 나타낸 것으로, 포화 수증기량 곡선 위의 지점은 포화 상태이고 상대 습도는 100%이다. A는 포화 상태이고 B, C, D는 불포화 상태이므로 포화상태인 A의 습도가 가장 높다.

25 정답 ③

지구에서 별을 6개월 간격으로 관측했을 때 나타나는 시차의 절반을 연주 시차라고 한다.
별의 시차가 0.6″이므로 연주 시차는 0.3″다.

도덕 2025년 제1회

01	②	02	③	03	③	04	②	05	④
06	④	07	③	08	②	09	③	10	③
11	①	12	①	13	③	14	①	15	④
16	①	17	②	18	④	19	①	20	③
21	②	22	④	23	④	24	③	25	④

01 정답 ②
사람은 생각할 수 있는 능력을 가지고 있는 이성적 존재이다. 사람은 이성을 통해 어떤 문제의 옳고 그름을 스스로 판단할 수 있다.

02 정답 ③
도덕적 성찰을 통해 자신의 말과 행동, 그리고 내면에 대해 더 자세히 알게 되고, 앞으로 어떻게 도덕적으로 살아야 할지 알 수 있게 된다.

03 정답 ③
도덕적으로 사는 것은 사람답게 사는 것이고, 이것은 우리를 행복한 삶으로 이끈다. 도덕적으로 살아감으로써 우리는 자신이 살아가는 의미를 찾을 수 있다.

04 정답 ②
사랑, 보람과 같이 정신적인 만족을 줄 수 있는 가치는 정신적 가치에 해당한다. 정신적 가치는 눈에 보이지 않지만 우리가 의미 있는 삶을 사는 데 중요한 역할을 하며, 학문, 종교, 예술, 도덕 등과 관련되어 있다. ㄴ의 재물, ㄷ의 주택은 물질적 가치에 해당한다.

05 정답 ④
바람직한 이웃 관계를 맺기 위해서는 이웃을 배려하는 자세를 가져야 한다. 이웃에게 관심을 가지고 양보하는 자세와 기본예절을 지켜야 한다.

06 정답 ④
회복 탄력성은 자신에게 닥치는 온갖 역경과 어려움을 오히려 도약의 발판으로 삼는 힘이다.

오답 피하기
② 절제 : 정도에 넘지 아니하도록 알맞게 조절하여 제한함.

07 정답 ③
인권은 사람이 사람답게 사는 데 필요한 권리로, 인권이 보장되어야 모든 국민이 인간으로서 존엄한 삶을 살 수 있다.

오답 피하기
② 관용 : 남의 잘못 따위를 너그럽게 받아들이거나 용서함.

08 정답 ②
화목한 가정을 이루기 위해서는 각자의 역할과 책임에 충실해야 한다. 또한 가족 구성원들과 함께 충분한 시간을 공유하고 추억을 쌓기 위해 노력해야 하며, 충분한 의사소통을 해야 한다.

오답 피하기
ㄹ. 갈등을 부정적인 것으로만 생각하지 말고, 바람직하게 갈등을 해결하려는 자세를 갖추어야 한다.

09 정답 ③
진정한 친구는 나와 마음을 깊게 나눌 수 있는 사람이고, 선의의 경쟁을 통해 서로 성장할 수 있는 친구이다. 또한, 협력을 통해 서로를 격려하고 상대방의 부족한 점을 채워줄 수 있는 친구이다.

10 정답 ③
성 역할에 대한 고정 관념과 성차별은 개인의 자유권과 평등권 그리고 행복 추구권을 침해한다. 양성평등은 남녀 간의 차이를 무시하고 똑같이 대우하는 절대적 평등이 아니라, 양성 간의 차이를 인정하되 차별은 하지 않는 것을 의미한다.

11 정답 ①

갈등을 평화적으로 해결하기 위해 필요한 태도

• 감정을 조절하고 상황을 이성적으로 판단하는 태도
• 역지사지의 태도
• 합의된 결과를 수용하고 따르는 태도

12 정답 ①

부패는 개인이나 집단, 정치, 사상, 의식 따위가 도덕적으로 타락한 것을 의미한다.

| 참고 | 부패의 종류

• **뇌물** : 공적인 일을 자신에게 더 유리하게 진행하게 하려고 제공하는 이익
• **횡령** : 공적인 재산을 사사롭게 사용하는 것
• **배임** : 자신의 책임을 다하지 않음으로써 누군가가 이익을 취하게 하는 것

13 정답 ③

문화 상대주의는 그 문화가 생기게 된 배경이나 원인을 그 사회의 관점에서 이해하려는 태도를 말한다. 문화 절대주의에는 자문화 중심주의와 문화 사대주의가 있다.

오답 피하기

② 자문화 중심주의에 대한 설명이다.
④ 문화 사대주의에 대한 설명이다.

14 정답 ①

세계 시민이란 더불어 사는 지구촌을 만들기 위해 공동체 의식을 바탕으로 다양한 지구촌의 문제에 관심을 가지고, 그 문제를 해결하기 위해 적극적으로 행동하는 사람을 의미한다.

15 정답 ④

가상 공간 역시 사람들이 모여 함께 살아가는 공간이므로, 현실 공간에서처럼 여러 가지 도덕 문제가 발생할 수 있다.

| 참고 | 정보화 시대의 도덕 문제

• 사생활 침해
• 인터넷 중독
• 사이버 폭력
• 지적 재산권 침해
• 해킹이나 컴퓨터 바이러스 유포
• 정보 격차

16 정답 ①

도덕적 신념은 생명 존중, 자유, 평등, 정의 등의 보편적 가치와 일치하는 신념이어야 한다. 또한, 도덕적 신념은 사회에 기여할 수 있는 신념이어야 한다.

17 정답 ②

폭력이 비도덕적인 이유

• 피해자에게 신체적·정신적 고통을 주기 때문
• 폭력의 악순환이 계속되기 때문
• 인간의 존엄성을 훼손하기 때문
• 사회적으로 갈등을 심화하기 때문

18 정답 ④

정의로운 국가는 인간의 존엄성을 존중하고 보편적 가치를 추구하며 정의로운 사회 제도를 갖춘 국가이다.

19 정답 ①

의미 있는 삶의 모습

• 스스로 선택하고 결정하며 행동하는 삶
• 의미 있는 삶을 추구하기 위해 노력하는 삶
• 타인을 소중히 여기고 배려하는 삶

20 정답 ③

생태 중심주의 자연관은 인간과 동식물, 나아가 산과 바다 같은 무생물도 모두 자연의 일부이며 그 자체로 소중하다고 보는 관점이다.

오답 피하기

④ 인간 중심주의적 자연관은 인간은 자연보다 우월하므로 자연을 지배하고 이용할 수 있으며, 자연은 인간의 삶에 도움이 될 때 비로소 가치가 있다고 본다.

21 정답 ②

남북의 분단이 지속되는 과정에서 발생하는 모든 비용을 분단 비용이라고 한다.

오답 피하기

③ 통일 비용은 통일에 따라 발생하는 모든 비용을 의미한다. 투자 비용의 성격으로 한시적으로 발생한다.

④ 통일 편익은 통일로 얻어지는 모든 보상과 혜택을 의미하며, 통일 비용보다 크고 영구적으로 발생한다.

22 정답 ④

환경 친화적 삶을 실천할 때 비로소 우리가 풍요롭게 살아가기 위한 발전을 이루면서 미래 세대 또한 삶의 터전을 보장받을 수 있다.

23 정답 ④

과학 기술에 책임이 필요한 이유

• 과학 기술이 가져올 결과를 예측하기 어렵기 때문
• 과학 기술의 영향이 광범위하고 빠르게 전파되기 때문
• 생명 과학 기술의 경우, 생명에 피해를 주는 일이 생길 수 있기 때문

24 정답 ③

고통에 올바르게 대처하는 방법

• 고통을 있는 그대로 바라보아야 함.
• 불필요한 욕심과 집착을 줄여야 함.
• 환경과 상황을 변화시키기 위해 노력해야 함.
• 적극적인 자세로 고통을 마주해야 함.
• 다른 사람의 고통에 관심을 가지고, 그들을 도와야 함.

25 정답 ④

고통이나 욕심, 분노, 질투 등의 감정이 잘 다스려져 어떠한 상황에도 평안하고 고요한 마음을 평정심이라고 한다. 독서, 명상, 산책 등을 통해 평정심을 갖춘다면, 우리는 마음의 평화를 얻을 수 있다.

EBS 교육방송교재

중졸 검정고시 기출문제집

2024 년

제2회 기출문제

EBS 교육방송교재

중졸 검정고시 기출문제집

01 다음 대화에서 ㉠에 담긴 '민재'의 말하기 의도로 가장 적절한 것은?

민재 : 지후야, 내일 축구 경기 잊지 않았지?
지후 : 나는 첫 출전이라 팀에 방해가 되는 건 아닌지 걱정이야. 실수라도 하면 어쩌지?
민재 : ㉠지난번에 연습할 때 엄청 잘했잖아. 긴장하지 말고 평소 실력을 발휘하면 잘할 수 있을 거야!
지후 : 고마워, 내일 열심히 하자!

① 감사
② 격려
③ 사과
④ 양보

02 다음은 학생의 일기이다. 일기를 쓴 '나'가 보완해야 할 점으로 가장 적절한 것은?

○○의 일기

나는 오늘 국어 시간에 토론에 참여했다. 토론은 '급식 자율 배식'에 관한 주제로 진행되었다. 평소 말하기에는 자신이 있었기 때문에 별다른 준비를 하지 않았다. 하지만 막상 토론을 해 보니, 상대방의 주장에 반박할 타당한 근거가 떠오르지 않아 당황스러웠다. 우물쭈물하다가 토론이 끝나 버려 매우 아쉬웠다.

① 토론의 절차와 규칙을 준수한다.
② 상대방을 존중하는 언어를 사용한다.
③ 자신의 감정을 앞세워 상대방을 비판하지 않는다.
④ 상대방의 주장에 반박할 타당한 근거를 미리 마련한다.

03 다음과 관련 있는 언어의 특성으로 가장 적절한 것은?

'버스'를 '가방'으로, '사람'을 '토끼'로, '책상'을 '비행기'로 바꾸어 말한다면 다른 사람들이 잘 알아들을 수 없을 것이다.

① 언어는 시간의 흐름에 따라 끊임없이 변화한다.
② 언어의 의미와 말소리 사이에는 필연적인 관계가 없다.
③ 언어는 같은 언어를 사용하는 사람들 사이의 약속이다.
④ 언어를 사용하여 새로운 단어나 문장을 끊임없이 만들어 낼 수 있다.

04 밑줄 친 부분이 '한글 맞춤법'에 맞게 표기된 것은?

① 된장찌개 가격이 너무 올랐어.
② 이따 수업 맞히고 도서관에 가자.
③ 오늘은 웬지 그림을 그리고 싶어.
④ 남은 짐들은 모두 집으로 부쳤어.

05 다음 설명에 해당하는 자음은?

'잇몸소리'는 혀끝과 윗잇몸이 닿아서 나는 소리이다.

① ㄱ
② ㅁ
③ ㅈ
④ ㅌ

06 다음 규정에 맞게 발음하지 <u>않은</u> 것은?

■ 표준 발음법 ■

【제11항】 겹받침 'ㄺ, ㄻ, ㄿ'은 어말 또는 자음 앞에서 각각 [ㄱ, ㅁ, ㅂ]으로 발음한다. 다만, 용언의 어간 말음 'ㄺ'은 'ㄱ' 앞에서 [ㄹ]로 발음한다.

① 굵고[굴:꼬]　　② 맑게[막께]

③ 읊고[읍꼬]　　④ 젊지[점:찌]

07 밑줄 친 단어의 품사가 ㉠과 같은 것은?

그곳의 경치는 ㉠ <u>아름답다</u>.

① 밥이 정말 <u>맛있다</u>.

② 새로 산 신발이 나에게 <u>작다</u>.

③ 사진을 보니 <u>옛</u> 추억이 생각난다.

④ 학생들이 <u>운동장</u>에서 축구를 한다.

08 다음 설명에 해당하는 예로 적절하지 <u>않은</u> 것은?

주어와 서술어의 관계가 두 번 이상 나타나는 문장을 '겹문장'이라고 한다.

① 토끼가 들판에서 풀을 뜯는다.

② 바람이 불고 나무가 흔들린다.

③ 나는 겨울이 오기를 기다린다.

④ 비가 와서 우리는 소풍을 연기했다.

09 다음 개요의 ㉠에 들어갈 내용으로 가장 적절한 것은?

처음	웃음에 대한 사람들의 경험
중간	1. 웃음의 신체적 효과 　가. 폐 기능을 개선할 수 있다. 　나. 근육의 긴장을 풀 수 있다. 2. 웃음의 정신적 효과 　가. 불안감을 해소할 수 있다. 　나. 행복감과 편안함을 얻을 수 있다. 3. 웃음의 사회적 효과 　가. ㉠ 　나. 공동체의 분위기를 긍정적으로 만들 수 있다.
끝	웃음의 중요성

① 면역력을 강화할 수 있다.

② 스트레스를 해소할 수 있다.

③ 심장 건강을 증진할 수 있다.

④ 타인과의 유대감을 강화할 수 있다.

10 ㉠~㉣에 대한 고쳐쓰기 방안으로 적절하지 않은 것은?

> 지금까지 내가 겪은 많은 일 가운데 가장 기억에 남는 일은 축구부 활동을 ㉠했다. 나는 초등학교 3학년 때 축구부 감독님께 ㉡발각되어서 축구부에 들어갔다. ㉢이번 월드컵에서 우리나라 축구 대표 팀이 좋은 성과를 거두었다. 그런데 초등학교 5학년 때 축구부가 해체되었고, 다시 축구를 하려면 전학을 가서 기숙사 생활을 해야 했다. ㉣왜냐하면 나는 축구를 그만두게 되었다.

① ㉠ : 문장의 호응을 고려하여 '할 것이다'로 바꾼다.

② ㉡ : 문맥에 어울리지 않으므로 '발탁'으로 바꾼다.

③ ㉢ : 글의 흐름에서 벗어난 내용이므로 삭제한다.

④ ㉣ : 문장이 자연스럽게 연결되도록 '결국'으로 바꾼다.

[11~13] 다음 글을 읽고 물음에 답하시오.

> "아부지!"
> 부르는 소리가 들렸다. 만도는 깜짝 놀라며 얼른 뒤를 돌아보았다. 그 순간 만도의 두 눈은 무섭도록 크게 떠지고, 입은 딱 벌어졌다. 틀림없는 아들이었으나, 옛날과 같은 진수는 아니었다. 양쪽 겨드랑이에 지팡이를 끼고 서 있는데, 스쳐 가는 바람결에 한쪽 바짓가랑이가 펄럭거리는 것이 아닌가. 만도는 눈앞이 노래지는 것을 어쩌지 못했다. 한참 동안 그저 멍멍하기만 하다 코허리가 찡해지면서 두 눈에 뜨거운 것이 핑 도는 것이었다.
> "에라이, 이놈아!"
> 만도의 입술에서 모질게 튀어나온 첫마디였다. 떨리는 목소리였다. 고등어를 든 손이 불끈 주먹을 쥐고 있었다.
> "이기 무슨 꼴이고, 이기?"
> "아부지!"
> "이놈아, 이놈아……."
> 만도의 들창코가 크게 벌름거리다가 훌쩍 물코를 들이마셨다. 진수의 두 눈에서는 어느 결에 눈물이 꾀죄죄하게 흘러내리고 있었다. 만도는 모든 게 진수의 잘못이기나 한 듯 험한 얼굴로,
> "가자, 어서!"
> 무뚝뚝한 한마디를 던지고는 성큼성큼 앞장을 서 가는 것이었다.
> (중략)
> 개천 둑에 이르렀다. 외나무다리가 놓여 있는 그 시냇물이다. 진수는 슬그머니 걱정이 되었다. 물은 그렇게 깊은 것 같지 않지만, 밑바닥이 모래흙이어서 지팡이를 짚고 건너가기가 만만할 것 같지 않기 때문이다. 외나무다리 위로는 도저히 건너갈 재주가 없고……. 진수는 하는 수 없이 둑에 퍼지고 앉아서 바짓가랑이를 걷어 올리기 시작했다. 만도는 잠시 멀뚱히 서서 아들의 하는 양을 내려다보고 있다가,
> "진수야, 그만두고 자아, 업자."
> 하는 것이었다.

"업고 건너면 일이 다 되는 거 아니가. 자아, 이거 받아라."

고등어 묶음을 진수 앞으로 민다.

"⋯⋯."

진수는 퍽 난처해하면서, 못 이기는 듯이 그것을 받아 들었다. 만도는 등어리[1]를 아들 앞에 갖다 대고 하나밖에 없는 팔을 뒤로 버쩍 내밀며,

"자아, 어서!"

진수는 지팡이와 고등어를 각각 한 손에 쥐고, 아버지의 등어리로 가서 슬그머니 업혔다. 만도는 팔뚝을 뒤로 돌리면서 아들의 하나뿐인 다리를 꼭 안았다. 그리고,

"팔로 내 목을 감아야 될 끼다."

했다. 진수는 무척 황송한 듯 한쪽 눈을 찍 감으면서, 고등어와 지팡이를 든 두 팔로 아버지의 굵은 목줄기[2]를 부둥켜안았다. 만도는 아랫배에 힘을 주며, '끙!' 하고 일어났다. 아랫도리가 약간 후들거렸으나, 걸어갈 만은 했다. 외나무다리 위로 조심조심 발을 내디디며 만도는 속으로,

'이제 새파랗게 젊은 놈이 벌써 이게 무슨 꼴이고? 세상을 잘못 만나서 진수 니 신세도 참 똥이다, 똥!'

이런 소리를 주워섬겼고[3], 아버지의 등에 업힌 진수는 곧장 미안스러운 얼굴을 하며,

'나꺼정 이렇게 되다니 아부지도 참 복도 더럽게 없지. 차라리 내가 죽어 버렸더라면 나았을 낀데⋯⋯.'

하고 중얼거렸다.

㉠ 만도는 아직 술기가 약간 있었으나, 용케 몸을 가누며 아들을 업고 외나무다리를 조심조심 건너가는 것이었다. 눈앞에 우뚝 솟은 용머리재가 이 광경을 가만히 내려다보고 있었다.

– 하근찬, 「수난이대」 –

---

1) 등어리 : '등'의 방언.
2) 목줄기 : '목덜미'의 방언.
3) 주워섬기다 : 들은 대로 본 대로 이러저러한 말을 아무렇게나 늘어놓다.

11 윗글에 나타난 인물들의 심리 상태로 적절하지 <u>않은</u> 것은?

① 만도는 처음에 진수의 모습을 보고 매우 놀란다.

② 진수는 만도가 자신을 업는 것에 대해 미안해한다.

③ 만도는 현재 진수의 상황에 대해 안타까워하고 있다.

④ 진수는 자신을 외면하는 만도에게 증오심을 느끼고 있다.

12 윗글에서 알 수 있는 내용으로 적절하지 <u>않은</u> 것은?

① 만도는 진수의 아버지이다.

② 진수는 외나무다리를 보고 난감해한다.

③ 진수는 지팡이를 내려놓고 만도의 등에 업혔다.

④ 만도는 한쪽 팔이 없고, 진수는 한쪽 다리가 없다.

13 윗글의 내용을 고려할 때, ㉠에 대한 설명으로 가장 적절한 것은?

① 만도와 진수의 대립 양상을 드러낸다.

② 현실을 회피하려는 만도의 심정을 강조한다.

③ 등장인물이 난관을 극복해 나가는 모습을 보여 준다.

④ 현재 상황에 대한 인물들의 냉소적인 태도를 암시한다.

[14~16] 다음 글을 읽고 물음에 답하시오.

> 먼 훗날 당신이 찾으시면
> 그때에 내 말이 '잊었노라'
>
> 당신이 속으로 나무라면
> '무척 그리다가 잊었노라'
>
> 그래도 당신이 나무라면
> '믿기지 않아서 잊었노라'
>
> 오늘도 어제도 아니 잊고
> 먼 훗날 그때에 '잊었노라'
>
> – 김소월, 「먼 후일」 –

14 윗글에 대한 설명으로 가장 적절한 것은?

① 의인화한 소재들을 나열하고 있다.

② 시적 상황을 가정하여 표현하고 있다.

③ 의문문의 형식을 사용하여 표현하고 있다.

④ 화자의 감정을 자연물에 이입시키고 있다.

15 윗글에서 운율을 형성하는 요소로 적절하지 않은 것은?

① 각 행을 세 마디로 끊어 읽을 수 있다.

② 각 연을 동일한 글자로 시작하고 있다.

③ 동일한 시어를 반복적으로 사용하고 있다.

④ 유사한 문장 구조가 여러 번 나타나고 있다.

16 윗글에 나타난 화자의 주된 정서로 가장 적절한 것은?

① 임에 대한 그리움

② 이웃에 대한 연민

③ 이상향에 대한 동경

④ 자신에 대한 부끄러움

[17~19] 다음 글을 읽고 물음에 답하시오.

북곽 선생이 소스라치게 놀라 달아나는데, 혹 사람들이 ㉠자기를 알아볼까 겁을 먹고는 한 다리를 목에 걸어 귀신 춤을 추고 귀신 웃음소리를 내었다. 문을 박차고 달아나다가 그만 들판의 움 속에 빠졌는데, 그 안에는 똥이 그득 차 있었다. 겨우 버둥거리며 붙잡고 나와 머리를 내밀고 살펴보니 이번엔 범이 앞길을 막고 떡 버티고 서 있다. 범이 얼굴을 찌푸리며 구역질을 하고, 코를 가리고 머리를 돌리면서 한숨을 쉬며,

"㉡선비, 어이구. 지독한 냄새로다."

하였다. 북곽 선생은 머리를 조아리고 엉금엉금 기어서 앞으로 나가 세 번 절하고 꿇어앉아 머리를 들며,

"범 님의 덕이야말로 참으로 지극합니다. 군자들은 범의 빠른 변화를 본받고, 제왕은 범의 걸음걸이를 배우며, 사람의 자제들은 범의 효성을 본받고, 장수들은 범의 위엄을 취합니다. 범의 이름은 신령한 용과 함께 나란하여, 구름은 용을 따르고 바람은 범을 따릅니다. 인간 세상의 천한 사람이 감히 범 님의 영향 아래에 있습니다."

하니 범이 호통을 치며,

"가까이 오지도 마라. ㉢내 일찍이 들으매 선비 유 자는 아첨 유 자로 통한다더니 과연 그렇구나. 네가 평소에는 천하의 나쁜 이름이란 이름은 모두 끌어모으다가 함부로 우리 범에게 덮어씌우더니, 이제 사정이 급해지니까 면전에서 낯 간지러운 아첨을 하는구나. 그래, 누가 네 말을 곧이듣겠느냐?"

(중략)

북곽 선생은 자리를 옮겨 엎드리고 엉거주춤 절을 두 번 하고는 머리를 거듭 조아리며,

"옛글에 이르기를, '비록 악한 사람이라도 목욕재계[1]하면 하느님도 섬길 수 있다.'라고 했으니, ㉣이 천한 신하, 감히 범 님의 다스림을 받고자 합니다."

하고는 숨을 죽이고 가만히 들어 보니, 오래도록 범의 분부가 없었다. 두렵기도 하고 황송하기도 하여

손을 맞잡고 머리를 조아리며 우러러 살펴보니, 날이 밝았고 범은 이미 가 버렸다.

아침에 김을 매러 가는 농부가 있어서,
"북곽 선생께서 어찌하여 이른 아침부터 들판에 절을 하고 계십니까?"
하고 물으니 북곽 선생은,
[A] "내가 『시경』²⁾에 있는 말을 들었으니, '하늘이 높다 이르지만 감히 등을 굽히지 않을 수 없고 땅이 두텁다 이르지만 살금살금 걷지 않을 수 없네.' 하였다네."
라며 대꾸했다.

– 박지원, 「호질」 –

1) 목욕재계 : 부정(不淨)을 타지 않도록 깨끗이 목욕하고 몸 가짐을 가다듬는 일.
2) 『시경』 : 오경(五經)의 하나. 중국 최고(最古)의 시집으로, 주나라 초부터 춘추 시대까지의 시 311편을 수록함.

17 윗글의 내용으로 적절하지 <u>않은</u> 것은?

① 북곽 선생은 귀신 춤을 추며 달아났다.

② 북곽 선생의 몸에서는 지독한 냄새가 풍겼다.

③ 범은 북곽 선생의 말을 곧이곧대로 받아들였다.

④ 범은 북곽 선생에게 인사도 없이 사라져 버렸다.

18 [A]에 드러난 '북곽 선생'의 태도로 가장 적절한 것은?

① 허세를 부리고 있다.

② 농부를 칭찬하고 있다.

③ 잘못을 자책하고 있다.

④ 범에게 고마워하고 있다.

19 ㉠~㉢ 중 가리키는 대상이 나머지와 <u>다른</u> 것은?

① ㉠　　　　　② ㉡

③ ㉢　　　　　④ ㉣

[20~22] 다음 글을 읽고 물음에 답하시오.

해양 쓰레기의 60에서 80퍼센트는 플라스틱이 차지하고 있다. 플라스틱 쓰레기는 바다를 떠다니다가 잘게 부서져 새와 바다거북, 돌고래와 같은 동물들에게 해를 끼치고 있다. (㉠) 흉물스럽게 버려진 플라스틱 쓰레기는 자연 경관을 해쳐 관광 산업에도 피해를 주며, 선박의 안전도 위협한다. 그뿐만 아니라, 사람의 눈에 잘 보이지 않는 미세 플라스틱은 물고기의 내장이나 싱싱한 굴 속에도 유입되어 우리의 식탁에 오른다. 결국은 우리의 건강까지 위협하는 것이다.

지질 시대에 만들어진 석유는 지구가 매우 오랜 기간에 걸쳐 만들어 낸 소중한 자원이다. 하지만 우리는 이 소중한 석유를 겨우 10분가량 사용할 플라스틱으로 만들었다가, 다시 수백 년 동안 분해되지 않는 쓰레기로 만들고 있다. 길바닥에 나뒹구는 쓰레기로, 바다를 떠다니는 해양 쓰레기로, 매립장에 가득 쌓인 쓰레기로 말이다. 지금까지 사람들이 만들어 낸 모든 플라스틱 쓰레기는 썩지 않고 이 지구 어딘가에 존재하고 있다. 그런데도 계속해서 플라스틱을 이렇게 편하게 쓰고 쉽게 버려도 될까? 손이 닿는 곳이면 어디에나 있는 플라스틱을 전혀 사용하지 않고 생활하기는 어렵겠지만, 줄일 수 있다면 줄여 보자. 특히 짧은 시간 사용하고 버리는 일회용 플라스틱 제품은 더더욱 선택하지 말자.

– 박경화, 「플라스틱은 전혀 분해되지 않았다」 –

20 윗글에서 알 수 있는 글쓴이의 핵심 주장으로 가장 적절한 것은?

① 일회용품을 많이 사용하자.

② 국내외의 해양 생물을 보호하자.

③ 플라스틱의 생산을 전면 금지하자.

④ 플라스틱 사용을 줄이려고 노력하자.

21 다음은 윗글의 [A]를 정리한 내용이다. ㉮에 들어갈 수 없는 것은?

> • 플라스틱 쓰레기로 인한 다양한 문제점
> – 플라스틱 쓰레기는 ⬚㉮⬚

① 쉽게 분해되어 토양을 오염시킨다.

② 자연 경관을 해쳐 관광 산업에 피해를 준다.

③ 바다거북, 돌고래와 같은 동물들에게 해를 끼친다.

④ 해산물에 유입되어 식탁에 올라 인간의 건강을 위협한다.

22 ㉠에 들어갈 말로 가장 적절한 것은?

① 결코   ② 또한

③ 그렇지만   ④ 왜냐하면

[23~25] 다음 글을 읽고 물음에 답하시오.

소리를 들으면 모양이나 색깔을 보는 사람들이 있어요. 바로 공감각자들이지요. 공감각이란 어떤 하나의 감각이 다른 영역의 감각을 일으키는 것을 말해요.

영국 화가 데이비드 호크니의 그림 〈풍덩〉을 감상하면 공감각을 이해할 수 있습니다. 호크니는 수영장에서 다이빙할 때 들리는 '풍덩' 소리를 그림에 표현했거든요. 귀로 듣는 '풍덩' 소리를 어떻게 눈으로 보게 했을까요? 색채와 기법, 구도 등 여러 요소로 조화를 이루어 그것을 가능하게 했지요.

먼저 (㉠)을/를 살펴볼까요? 수영장의 파란색 물과 다이빙 보드의 노란색이 무척 선명하게 보이는군요. 유화 물감 대신 아크릴 물감을 사용했기 때문이지요. 아크릴 물감은 유화 물감보다 빨리

마르고 색채도 더 선명하고 강렬합니다.

다음은 기법입니다. 물보라가 ㉡일어나는 부분만 붓으로 흰색을 거칠게 칠하고 다른 부분은 롤러를 사용해 파란색으로 매끈하게 칠했네요. 선명한 아크릴 물감, 거칠고 매끈한 붓질의 대비가 다이빙할 때의 '풍덩' 소리와 물보라를 강조하고 있지요.

끝으로 구도인데요. 캘리포니아의 집, 수영장의 수평선, 다이빙 보드의 대각선이 야자수 줄기의 수직선과 대비를 이루네요. 거실 유리창에는 맞은편 건물이 비치고요. 한낮의 눈부신 햇살과 무더위, 정적을 나타낸 것이지요.

– 이명옥, 「그림에서 들려오는 소리」 –

23 윗글에서 알 수 있는 데이비드 호크니의 그림 〈풍덩〉에 대한 설명으로 적절한 것은?

① 파도가 치는 소리를 그림에 표현했다.

② 유화 물감을 사용하여 색을 선명하게 표현했다.

③ 롤러를 사용해 물보라를 노란색으로 매끈하게 칠했다.

④ 수영장의 수평선이 야자수 줄기의 수직선과 대비를 이룬다.

24 ㉠에 들어갈 단어로 적절한 것은?

① 색채   ② 소리

③ 질감   ④ 향기

25 밑줄 친 부분이 ㉡과 같은 의미로 쓰인 것은?

① 나는 오늘 아침 일찍 일어났다.

② 물에 세제를 풀자 거품이 일어났다.

③ 민수가 외출하기 위해 자리에서 일어났다.

④ 그는 감기에 걸렸지만 금방 털고 일어났다.

01 다음은 84를 소인수분해하는 과정을 나타낸 것이다. 84를 소인수분해한 것은?

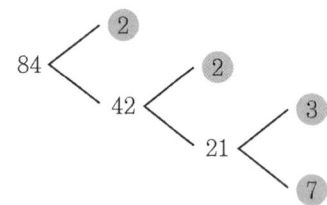

① 3×7

② $2 \times 3 \times 7$

③ $2^2 \times 3 \times 7$

④ $2^3 \times 3 \times 7$

02 다음 중 수의 대소 관계가 옳은 것은?

① $-4 > -3$

② $-\dfrac{1}{2} < \dfrac{5}{2}$

③ $0 > (-3)^2$

④ $5 < 4$

03 그림은 밑변의 길이가 $6\,\mathrm{cm}$, 높이가 $a\,\mathrm{cm}$인 직각삼각형이다. 이 직각삼각형의 넓이를 문자를 사용하여 나타낸 식으로 옳은 것은?

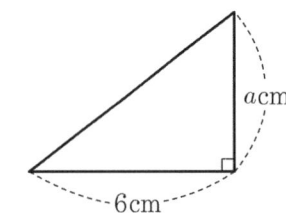

① $\dfrac{(6+a)}{2}\,\mathrm{cm}^2$

② $\dfrac{(6 \times a)}{2}\,\mathrm{cm}^2$

③ $(6+a)\,\mathrm{cm}^2$

④ $(6 \times a)\,\mathrm{cm}^2$

04 일차방정식 $3x - 5 = 3 + x$의 해는?

① 1

② 2

③ 3

④ 4

05 다음은 어느 학생이 집에서부터 $5\,\mathrm{km}$ 떨어진 도서관까지 자전거를 타고 가는 동안 시간에 따른 이동 거리를 나타낸 그래프이다. 이 학생이 집을 출발한 후 10분 동안 이동한 거리는?

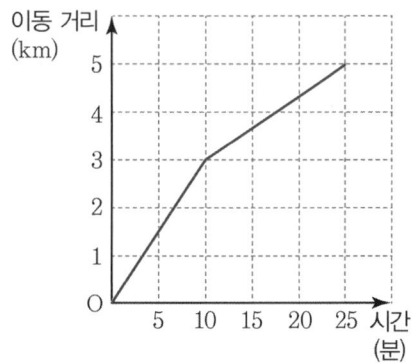

① $1\,\mathrm{km}$

② $2\,\mathrm{km}$

③ $3\,\mathrm{km}$

④ $4\,\mathrm{km}$

06 그림과 같이 평행한 두 직선 l, m이 다른 한 직선 n과 만날 때, $\angle x$의 크기는?

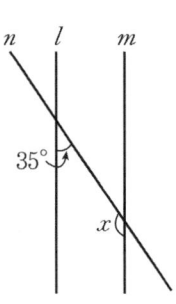

① $135°$

② $140°$

③ $145°$

④ $150°$

07 다음은 어느 반 학생 25명의 통학 시간을 조사하여 나타낸 히스토그램이다. 통학 시간이 30분 미만인 학생 수는?

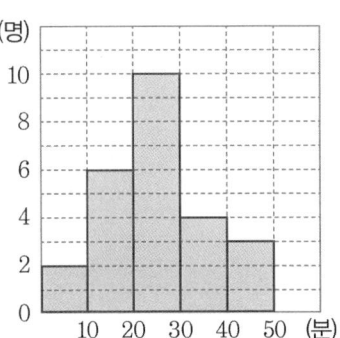

① 18명 ② 19명
③ 20명 ④ 21명

08 분수 $\dfrac{x}{2^2 \times 7}$를 유한소수로 나타낼 수 있을 때, x의 값이 될 수 있는 가장 작은 자연수는?

① 1 ② 3
③ 5 ④ 7

09 $(2x^3)^2$을 간단히 한 것은?

① $2x^5$ ② $2x^6$
③ $4x^5$ ④ $4x^6$

10 $(5a - 2b) + (2a + 3b)$를 간단히 한 것은?

① $7a - b$ ② $7a + b$
③ $8a - b$ ④ $8a + b$

11 일차부등식 $5x - 20 \geq 0$의 해를 수직선 위에 나타낸 것은?

①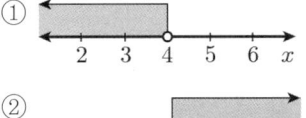

②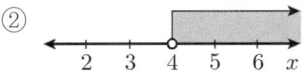

③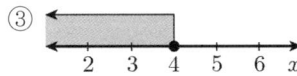

④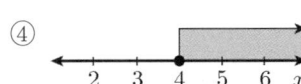

12 그림은 연립방정식 $\begin{cases} x + y = 3 \\ 3x - y = 1 \end{cases}$의 해를 구하기 위하여 두 일차방정식의 그래프를 좌표평면 위에 나타낸 것이다. 이 연립방정식의 해는?

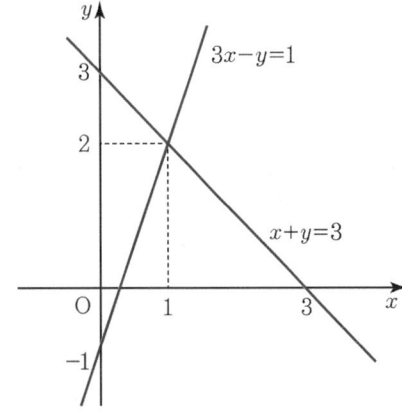

① $x = 0, \ y = 3$
② $x = 1, \ y = 0$
③ $x = 1, \ y = 2$
④ $x = 2, \ y = 1$

13 그림과 같이 삼각형 ABC에서 변 BC에 평행한 직선이 두 변 AB, AC와 만나는 점을 각각 D, E 라고 하자. $\overline{AC} = 15$cm, $\overline{AD} = 4$cm, $\overline{AE} = 6$cm일 때, x의 값은?

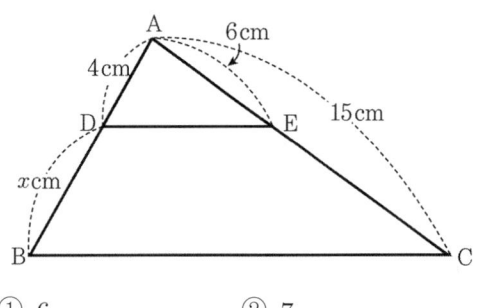

① 6   ② 7

③ 8   ④ 9

14 그림과 같이 1에서 10까지의 자연수가 각각 적힌 공 10개가 들어 있는 주머니가 있다. 이 주머니에서 공 한 개를 꺼낼 때, 4의 배수 또는 6의 배수가 나오는 경우의 수는?

① 1   ② 2

③ 3   ④ 4

15 $7\sqrt{5} - 4\sqrt{5}$를 간단히 한 것은?

① $3\sqrt{5}$ ② $4\sqrt{5}$

③ $5\sqrt{5}$ ④ $6\sqrt{5}$

16 이차방정식 $(x-2)(x+5) = 0$의 한 근이 -5 일 때, 다른 한 근은?

① 1   ② 2

③ 3   ④ 4

17 이차함수 $y = (x-2)^2$의 그래프에 대한 설명으로 옳은 것은?

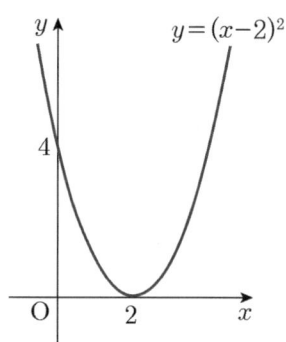

① 위로 볼록하다.

② 점 $(4, 0)$을 지난다.

③ 꼭짓점의 좌표는 $(2, 0)$이다.

④ 직선 $y = 2$를 축으로 한다.

18 그림과 같이 직각삼각형 ABC에서 $\overline{AB} = 10$, $\overline{BC} = 6$, $\overline{CA} = 8$일 때, $\tan B$의 값은?

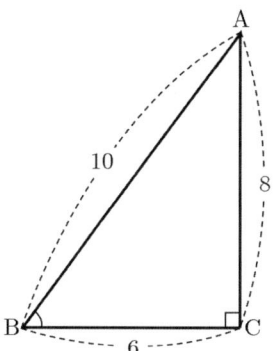

① $\dfrac{3}{5}$

② $\dfrac{3}{4}$

③ $\dfrac{4}{5}$

④ $\dfrac{4}{3}$

19 그림과 같이 원 O 위에 서로 다른 네 점 A, B, C, D가 있다. 호 AB에 대한 원주각 $\angle ACB = 40°$일 때, $\angle ADB$의 크기는?

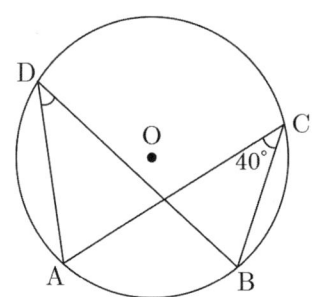

① 40°

② 45°

③ 50°

④ 55°

20 자료는 학생 4명이 주말 동안 봉사 활동에 참여한 시간을 조사하여 나타낸 것이다. 이 자료의 평균은?

(단위 : 시간)

4	5	7	8

① 5시간

② 6시간

③ 7시간

④ 8시간

수학 **125**

01 다음 밑줄 친 단어의 뜻으로 가장 적절한 것은?

> I feel shy when I speak in front of people.

① 고마운   ② 신나는
③ 피곤한   ④ 부끄러운

02 다음 밑줄 친 두 단어의 의미 관계와 다른 것은?

> Don't make a loud noise in our quiet area.

① rich − poor   ② kind − nice
③ clean − dirty   ④ full − empty

[3~4] 다음 빈칸에 들어갈 말로 가장 적절한 것을 고르시오.

03

> There _____ many wonderful places in Korea.

① are   ② be
③ is   ④ was

04

> I called him yesterday, _____ he didn't answer.

① but   ② of
③ to   ④ with

[5~6] 다음 대화의 빈칸에 들어갈 말로 가장 적절한 것을 고르시오.

05

> A : _____ color do you like more, yellow or blue?
> B : I prefer blue to yellow.

① How   ② Where
③ Which   ④ Why

06

> A : What's the matter, John? Are you okay?
> B : I hurt my back when I lifted a box yesterday.
> A : _____.

① That's too bad
② I'm afraid I can't
③ I look forward to it
④ Turn off the water

07 다음 빈칸에 공통으로 들어갈 말로 가장 적절한 것은?

> • Please take a _____ at this picture.
> • He will _____ after my dog when I'm away.

① buy   ② look
③ tell   ④ wear

08 다음은 Julia의 내일 일정표이다. 내일 오후 8시에 할 일은?

8:00 a.m.	12:00 p.m.	4:00 p.m.	8:00 p.m.
exercise at the gym	have lunch with Mike	go shopping with Mary	do English homework

① 체육관에서 운동하기

② Mike와 점심 먹기

③ Mary와 쇼핑하기

④ 영어 숙제 하기

09 그림으로 보아 빈칸에 들어갈 말로 가장 적절한 것은?

A : What is the girl doing?

B : She is _____ a ball.

① buying   ② kicking

③ throwing   ④ washing

10 다음 대화가 끝난 후 오후에 두 사람이 함께 할 일은?

A : Are you free this afternoon?

B : Yeah, why?

A : I was thinking we could go to the library and study together.

B : Okay. That sounds like a good plan.

① 집에서 숙제하기

② 서점에서 책 읽기

③ 학교에서 수업 듣기

④ 도서관에서 공부하기

11 다음 대화의 빈칸에 들어갈 말로 가장 적절한 것은?

A : What should we do for Jane's birthday?

B : Let's have dinner at her favorite restaurant.

A : _____.

① He must be tired

② Nice to meet you

③ That's a good idea

④ It's not your fault

12 다음 대화의 주제로 가장 적절한 것은?

A : Sam, what do you do in your free time?

B : I like watching movies. What about you?

A : I enjoy playing the guitar.

① 여가 활동   ② 영화 예매

③ 음악 감상   ④ 여행 계획

13 다음 홍보문을 보고 알 수 <u>없는</u> 것은?

Summer Science Camp

• Place : National Science Museum

• Date : August 10th-11th, 2024

• To sign up, visit www.sciencecamp.org.
Meet and learn from real scientists!

① 행사 장소   ② 행사 날짜

③ 참가 인원   ④ 신청 방법

14 다음 방송의 목적으로 가장 적절한 것은?

> Good evening, ladies and gentlemen. The musical is going to start soon. Please turn off your phones. Also, please avoid taking photos during the show. We hope you have a wonderful time!

① 관람 예절 안내
② 예매 방법 설명
③ 장소 변경 공지
④ 출연 배우 소개

15 다음 대화에서 A가 동아리 활동에 참여하지 못하는 이유는?

> A : I won't be able to make it to our club meeting today.
> B : Oh no, I'm sorry to hear that. Why not?
> A : I have a bad cold.

① 감기에 걸려서
② 날씨가 너무 추워서
③ 콘서트에 가야 해서
④ 친구와 약속이 있어서

16 다음 Songkran에 대한 설명과 일치하지 <u>않는</u> 것은?

> Songkran, a big festival in Thailand, is held in April. This festival celebrates the traditional Thai New Year. You can enjoy a big water fight at the festival. You can also try traditional Thai food.

① 태국에서 4월에 열리는 큰 축제이다.
② 태국의 전통적인 새해맞이 행사이다.
③ 축제 기간 동안 소싸움을 즐길 수 있다.
④ 태국 전통 음식을 맛볼 수 있다.

17 다음 글에서 Siberian tiger에 대해 언급된 내용이 <u>아닌</u> 것은?

> The Siberian tiger is the biggest cat in the world. It lives in cold places in eastern Russia. It has orange fur with black stripes. It likes to eat big animals like deer. A hungry tiger can eat almost 30 kilograms in one night.

① 서식지   ② 수명
③ 털 무늬   ④ 먹이

18 다음 글에서 Yumi가 제안한 것으로 가장 적절한 것은?

> These days, I often forget things that I need to do. For example, I forgot to bring my soccer uniform today. I asked Yumi for advice. She suggested making a list of things to do. It might be helpful.

① 축구 연습하기
② 운동복 구매하기
③ 전문가와 상담하기
④ 할 일 목록 작성하기

19 그래프로 보아 빈칸에 들어갈 말로 가장 적절한 것은?

Our Students' Favorite Smartphone Activitie

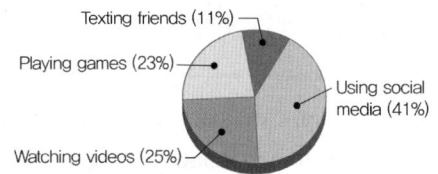

Texting friends (11%)
Playing games (23%)
Watching videos (25%)
Using social media (41%)

> More students at our school like _____ than watching videos on their smartphones.

① using social media
② calling friends
③ playing games
④ texting friends

20 다음 글의 흐름으로 보아 어울리지 <u>않는</u> 문장은?

> My favorite season is summer. ① <u>I love going to the beach and playing in the sand.</u> ② <u>Swimming in the sea feels great.</u> ③ <u>I also enjoy eating ice cream to cool down.</u> ④ <u>Earth's ice is melting fast.</u> Summer is the best time to have fun.

21 다음 글에서 밑줄 친 <u>They</u>가 가리키는 것으로 가장 적절한 것은?

> Imagine you are on the 10th floor. Can you see ants on the street? Of course not. But eagles can. They are great hunters because of their powerful eyes. <u>They</u> can see rabbits up to 3.2 kilometers away.

① ants   ② eagles
③ rabbits   ④ kilometers

22 다음 글에서 동물원 안전 수칙으로 언급되지 않은 것은?

> Zoo Safety Rules:
> - Don't feed the animals.
> - Don't enter any cages.
> - Keep your voice down.

① 먹이 주지 않기
② 사진 찍지 않기
③ 우리에 들어가지 않기
④ 목소리 낮춰 말하기

23 다음 글의 주제로 가장 적절한 것은?

> I'll share some tips on how I reduce my stress. First, I go outside for a walk. When I get some fresh air, I feel better. I also listen to my favorite music. It helps me relax. I hope these tips can help you feel less stressed.

① 올바른 걷기 자세
② 대기 오염의 심각성
③ 클래식 음악의 역사
④ 스트레스를 줄이는 방법

24 다음 글을 쓴 목적으로 가장 적절한 것은?

> I ordered a black cap from your website on July 3rd. But the cap I got is brown, not black. I'm sending the wrong cap back to you. Please return my money when you receive the brown cap.

① 주문하려고
② 교환하려고
③ 환불을 요청하려고
④ 분실 신고 하려고

25 다음 글의 바로 뒤에 이어질 내용으로 가장 적절한 것은?

> We can learn many useful things by reading. Reading good books helps us build thinking skills and understand others' feelings. What kinds of books should we read, then? Here is how to choose the right books.

① 다양한 독서 방법
② 잘못된 의사소통 사례
③ 창의적인 사람의 특징
④ 적절한 책을 고르는 방법

01 ㉠에 들어갈 내용으로 옳은 것은?

> • 주제 : (㉠) 차이에 따른 인간 생활
> • 사례 : 미국의 실리콘 밸리와 인도는 약 12시간의 시차가 나는데, 이러한 지리적 특성이 인도의 정보 기술 산업 발달에 큰 몫을 하였다. 양쪽의 밤낮이 반대가 되어 작업을 끊임없이 할 수 있기 때문이다.

① 경도   ② 기온
③ 해류   ④ 강수량

02 밑줄 친 ㉠에 해당하는 기후는?

> ○○에게,
> 오늘도 ㉠ 이곳은 덥단다.
> 사회 선생님께서 ㉠ 이곳은 가장 추운 달의 평균 기온이 18℃ 이상이고 연중 덥고 습하다고 하셨어.
> 하지만 괜찮아! 낮에 쏟아진 스콜이 더위를 식혀 주니까.

① 냉대 기후
② 한대 기후
③ 지중해성 기후
④ 열대 우림 기후

03 지도에 표시된 (가) 지역에 대한 설명으로 적절하지 <u>않은</u> 것은?

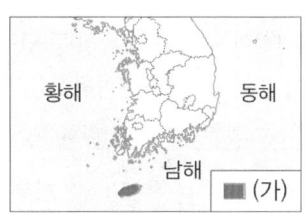

① 용암 동굴인 만장굴이 있다.
② 화강암 산지인 설악산이 있다.
③ 작은 화산체인 오름이 분포한다.
④ 화산 지형인 성산 일출봉이 있다.

04 ㉠에 들어갈 내용으로 가장 적절한 것은?

> • 건조 기후 지역은 강수량보다 증발량이 많아 (㉠)이/가 부족한 현상이 나타난다.
> • 국제 하천 주변의 일부 국가들은 용수 확보를 위해 (㉠)을/를 둘러싼 갈등을 겪고 있다.

① 슬럼   ② 해식애
③ 현무암   ④ 물 자원

05 다음에서 설명하는 것은?

> 국경을 넘어 제품 기획과 생산, 판매 활동을 하는 기업으로 두 개 이상의 국가에 자회사, 영업소, 생산 공장을 운영함.

① 노동조합   ② 민주주의
③ 석회동굴   ④ 다국적 기업

06 ㉠에 들어갈 검색어로 옳은 것은?

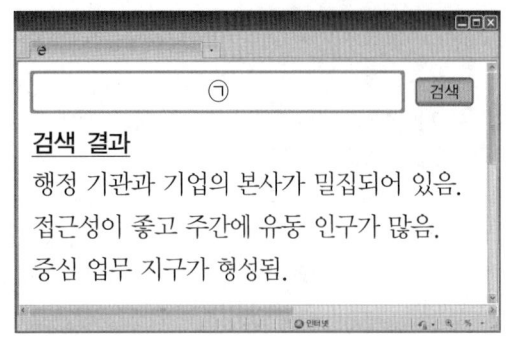

검색

검색 결과
행정 기관과 기업의 본사가 밀집되어 있음.
접근성이 좋고 주간에 유동 인구가 많음.
중심 업무 지구가 형성됨.

① 도심
② 비무장 지대
③ 개발 제한 구역
④ 세계 자연 유산

07 다음에서 설명하는 환경 문제는?

대기 중에 온실가스의 양이 많아지면서 온실 효과가 과도하게 나타나 지구의 평균 기온이 높아지는 현상

① 인구 공동화
② 전자 쓰레기
③ 지구 온난화
④ 해양 쓰레기

08 다음에서 설명하는 지역화 전략은?

• 사례 : 보성 녹차, 성주 참외, 의성 마늘 등
• 의미 : 특정 상품을 생산지의 기후와 지형, 토양 등 지역의 자연환경과 독특한 재배 방법으로 생산하고 품질이 우수했을 때 원산지의 지명을 상표권으로 인정하는 제도

① 인플레이션
② 생태 발자국
③ 지리적 표시제
④ 기후 변화 협약

09 다음에서 설명하는 개념은?

• 의미 : 지위나 사회 환경의 변화로 다시 새로운 지식과 기술, 생활 양식 등을 배우는 것
• 사례 : 직장이 바뀌어서 새로운 지식과 기술을 익히는 것, 우리나라에 이민 온 외국인이 한국 문화를 배우는 것

① 재사회화
② 귀속 지위
③ 역할 갈등
④ 지방 자치 제도

10 다음에서 강조하는 문화의 속성은?

문화는 선천적으로 타고나는 것이 아니라 후천적으로 배우는 것이다. 한국 사람이 한국어로 말할 수 있는 것은 후천적으로 한국어를 배웠기 때문이다.

① 수익성
② 안전성
③ 학습성
④ 희소성

11 ㉠에 들어갈 내용으로 옳은 것은?

국회는 국민이 직접 뽑은 대표들로 구성된 국민의 대표 기관이며, (㉠)을 제정·개정한다.

① 관습
② 도덕
③ 법률
④ 종교 규범

12 민주 선거의 기본 원칙으로 옳지 <u>않은</u> 것은?

① 비밀 선거　　② 제한 선거

③ 직접 선거　　④ 평등 선거

13 다음에서 설명하는 것은?

> • 급을 달리하는 법원에서 여러 번 재판을 받을 수 있도록 하는 제도이다.
> • 우리나라에서는 일반적으로 하나의 사건에 대해 세 번까지 재판을 받을 수 있다.

① 심급 제도

② 선거 공영제

③ 선거구 법정주의

④ 국민 참여 재판 제도

14 표는 라면의 가격에 따른 수요량과 공급량을 나타낸 것이다. 라면의 균형 가격과 균형 거래량은?

가격(원)	1,000	2,000	3,000	4,000
수요량(개)	250	200	150	100
공급량(개)	50	100	150	200

	균형 가격	균형 거래량
①	1,000원	250개
②	2,000원	100개
③	3,000원	150개
④	4,000원	200개

15 다음에서 설명하는 것은?

> 　일을 할 수 있는 능력이 있고 일을 하고자 하는 마음도 있지만 일자리가 없어서 일을 하지 못하는 상태

① 신용　　② 실업

③ 환율　　④ 물가 지수

16 '노동 3권' 중 ㉠에 들어갈 내용으로 옳은 것은?

> 헌법
> 제33조 ① 근로자는 근로 조건의 향상을 위하여 자주적인 단결권·단체 교섭권 및 ㉠ 을 가진다.

① 자유권　　② 평등권

③ 국민 투표권　　④ 단체 행동권

17 다음 유물을 처음으로 제작한 시대의 생활 모습으로 옳지 <u>않은</u> 것은?

〈주먹도끼〉

① 사냥을 하였다.

② 동굴에서 살았다.

③ 뗀석기를 사용하였다.

④ 철제 농기구를 제작하였다.

18 ㉠에 들어갈 내용으로 옳은 것은?

> 〈학습 주제 : ㉠ 의 전개〉
> • 시기 : 조선 순조, 헌종, 철종 3대 60여 년
> • 정치 : 일부 유력 가문이 외척의 지위를 이용하여 정치 권력을 독점함.
> • 사회 : 삼정의 문란이 심화됨.

① 골품제
② 세도 정치
③ 제가 회의
④ 병참 기지화 정책

19 ㉠에 해당하는 나라는?

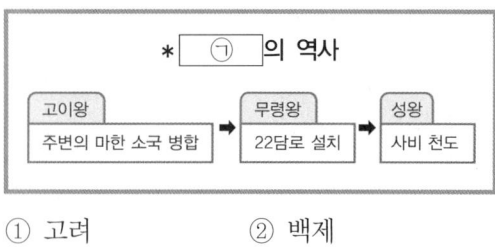

① 고려
② 백제
③ 옥저
④ 고조선

20 ㉠에 해당하는 인물은?

> (㉠)은/는 옛 고구려 장군 출신으로 고구려 유민과 말갈인 일부를 이끌고 지린성 동모산 근처에 도읍을 정하고 발해를 건국하였다.

① 원효
② 대조영
③ 정약용
④ 흥선 대원군

21 다음에서 설명하는 역사서는?

> 고려 인종의 명을 받아 김부식이 유교적 입장에서 편찬한 역사서로, 주로 신라, 고구려, 백제에 대한 역사를 기록하고 있다.

① 천마도
② 농사직설
③ 삼국사기
④ 대동여지도

22 ㉠에 들어갈 내용으로 옳은 것은?

> 〈조선 시대 세종의 업적〉
> • 국방 : 4군 6진 개척
> • 문화 : 자격루 제작, 훈민정음 창제
> • 정치 : 경연의 활성화, (㉠)

① 집현전 설치
② 화랑도 조직
③ 유신 헌법 제정
④ 한국광복군 창설

23 ㉠에 해당하는 지역은?

① 독도
② 강화도
③ 거문도
④ 제주도

24 ㉠에 해당하는 인물은?

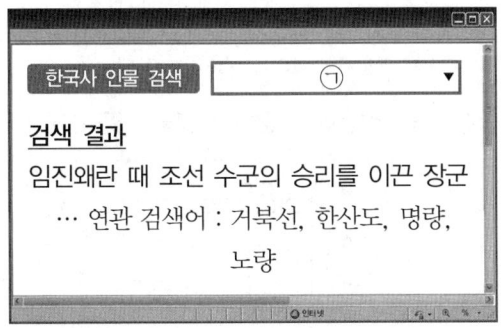

| 한국사 인물 검색 | ㉠ ▼ |

검색 결과

임진왜란 때 조선 수군의 승리를 이끈 장군

… 연관 검색어 : 거북선, 한산도, 명량,
노량

① 강감찬   ② 김유신

③ 윤봉길   ④ 이순신

25 다음에서 설명하는 사건은?

- 배경 : 3 · 15 부정 선거(1960년)
- 과정 : 학생과 시민들이 전국적인 시위를 전
  개함.
- 결과 : 이승만이 대통령직에서 물러남.

① 3 · 1 운동

② 4 · 19 혁명

③ 6 · 25 전쟁

④ 광주 학생 항일 운동

과학

2024년 제2회 기출문제

정답 및 해설 p.160

01 그림과 같이 수평면에서 물체를 끌어당겨 움직일 때 접촉면에서 물체의 운동 방향과 반대 방향으로 작용하는 힘 A는?

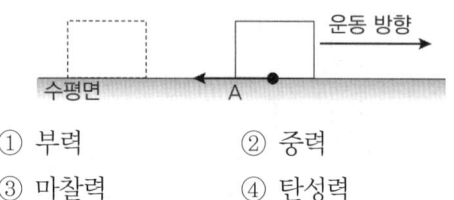

① 부력　　　　　② 중력
③ 마찰력　　　　④ 탄성력

02 그림은 횡파의 모습을 나타낸 것이다. ㉠에 해당하는 것은?

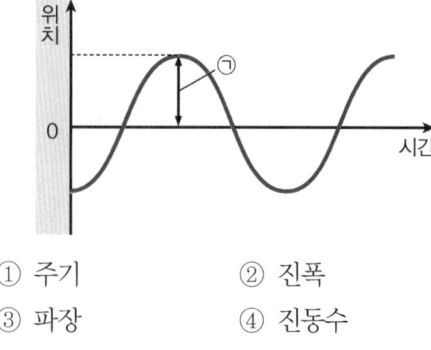

① 주기　　　　　② 진폭
③ 파장　　　　　④ 진동수

03 표는 니크롬선에 걸리는 전압을 2V씩 높이면서 측정한 전류의 세기를 나타낸 것이다. 이 니크롬선의 저항은? (단, 니크롬선을 제외한 모든 저항은 무시한다.)

전압(V)	2	4	6
전류(A)	1	2	3

① 0.5Ω　　　　　② 1Ω
③ 2Ω　　　　　④ 4Ω

04 다음 설명에 해당하는 열의 이동 방법은?

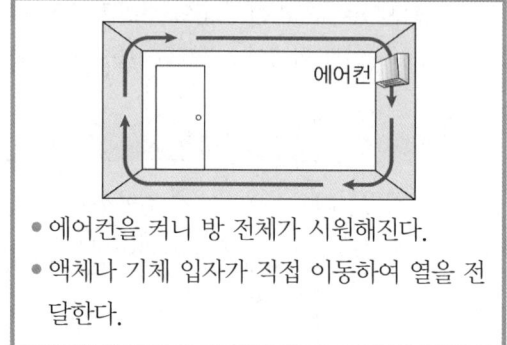

- 에어컨을 켜니 방 전체가 시원해진다.
- 액체나 기체 입자가 직접 이동하여 열을 전달한다.

① 단열　　　　　② 대류
③ 복사　　　　　④ 전도

05 무게가 20N인 물체를 지면으로부터 5m 높이까지 일정한 속력으로 들어 올렸을 때 중력에 대하여 한 일의 양은? (단, 공기의 저항은 무시한다.)

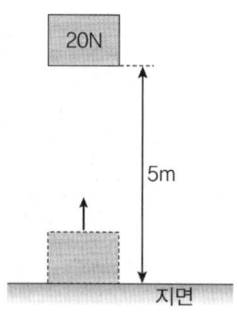

① 25J　　　　　② 50J
③ 75J　　　　　④ 100J

06 다음 설명에서 ㉠에 공통으로 해당하는 것은?

- 물체의 위치 에너지와 운동 에너지의 합을 ㉠ 에너지라고 한다.
- 공기의 저항이 없으면 자유 낙하하는 물체의 ㉠ 에너지는 일정하다.

① 빛 ② 열
③ 전기 ④ 역학적

07 그림과 같이 피스톤을 눌러 기체의 부피를 변화시켰을 때 주사기 속 기체의 압력과 입자 사이의 거리 변화로 옳은 것은? (단, 온도는 일정하고 기체의 출입은 없다.)

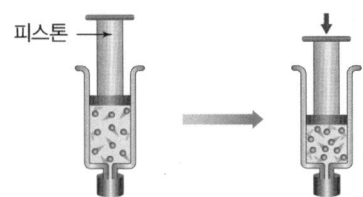

	압력	입자 사이의 거리
①	감소	변화 없음
②	감소	증가
③	증가	변화 없음
④	증가	감소

08 그림의 상태 변화 A~D 중 쇳물이 식어 단단한 철이 되는 현상에 해당하는 것은?

① A ② B
③ C ④ D

09 다음 설명에서 ㉠에 공통으로 해당하는 것은?

- ㉠ 은/는 물질을 이루는 기본 성분이다.
- 일부 금속 ㉠ 은/는 특정한 불꽃 반응 색을 나타낸다.

① 원소 ② 분자
③ 혼합물 ④ 화합물

10 표는 물질 A~D의 질량과 부피를 나타낸 것이다. 밀도가 가장 큰 것은?

물질	A	B	C	D
질량(g)	10	20	30	50
부피(mL)	10	10	20	20

① A ② B
③ C ④ D

11 다음 화학 반응식에서 수소 분자 3개와 질소 분자 1개가 모두 반응할 때 생성되는 암모니아 분자의 개수는?

$$3H_2 + N_2 \rightarrow 2NH_3$$

① 2개 ② 3개
③ 4개 ④ 5개

12 표는 구리가 연소할 때 반응한 구리와 생성된 산화 구리(Ⅱ)의 질량을 나타낸 것이다. ㉠에 해당하는 것은?

구리(g)	4	8	12
산화 구리(Ⅱ)(g)	5	㉠	15

① 8 ② 10
③ 12 ④ 14

13 다음은 식물의 광합성 과정이다. ㉠에 해당하는 것은?

$$\boxed{㉠} + 물 \xrightarrow{\text{빛에너지}} 포도당 + 산소$$

① 녹말　　　　　② 수소
③ 질소　　　　　④ 이산화 탄소

14 다음 설명에 해당하는 생물계는?

> 다른 생물로부터 양분을 얻는 생물 무리로, 버섯과 곰팡이가 포함된다.

① 균계　　　　　② 동물계
③ 식물계　　　　④ 원핵생물계

15 생물을 구성하는 단계 중 ㉠에 공통으로 해당하는 것은?

> • ㉠ 은/는 생명체를 구성하는 기본 단위이다.
> • 모양과 기능이 비슷한 ㉠ 이/가 모여 조직을 이룬다.

① 세포　　　　　② 기관
③ 기관계　　　　④ 개체

16 그림의 A~D 중 다음 설명에 해당하는 것은?

> • 좌우 두 개의 반구로 이루어져 있다.
> • 기억, 추리, 판단, 학습 등의 정신 활동을 담당한다.

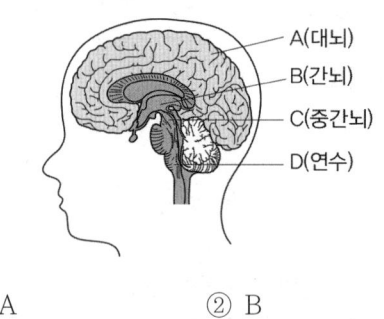

A(대뇌)
B(간뇌)
C(중간뇌)
D(연수)

① A　　　　　② B
③ C　　　　　④ D

17 다음 설명에서 ㉠에 해당하는 것은?

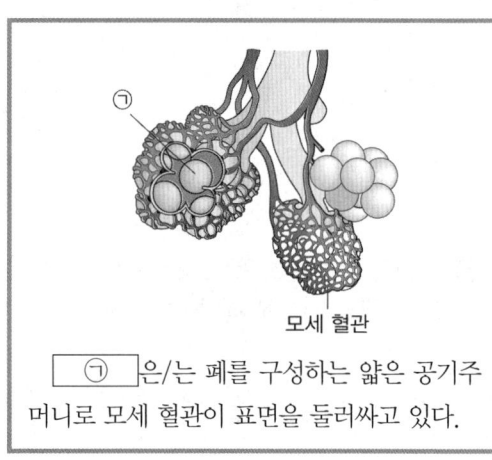

㉠
모세 혈관

> ㉠ 은/는 폐를 구성하는 얇은 공기주머니로 모세 혈관이 표면을 둘러싸고 있다.

① 융털　　　　　② 이자
③ 폐포　　　　　④ 네프론

18 그림은 체세포 분열 과정의 일부를 나타낸 것이다. 전기 단계에서 세포 1개당 염색체 수가 4개일 때, 1개의 딸세포 A의 염색체 수는? (단, 돌연변이는 없다.)

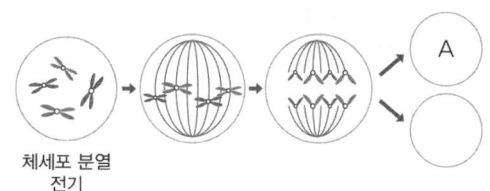

체세포 분열
전기

① 1개　　　　　② 2개

③ 4개　　　　　④ 8개

19 그림은 어느 집안의 특정 형질에 대한 유전자형을 가계도로 나타낸 것이다. ㉠에 해당하는 유전자형은? (단, 돌연변이는 없다.)

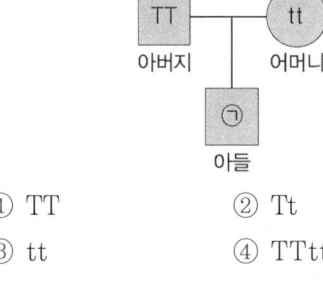

① TT　　　　　② Tt

③ tt　　　　　④ TTtt

20 다음은 지권의 층상 구조에 대한 설명이다. ㉠에 해당하는 것은?

> 　㉠　은 지구 내부 구조에서 가장 두꺼운 층이고 지구 전체 부피의 약 80%를 차지하고 있다.

① 지각　　　　　② 맨틀

③ 외핵　　　　　④ 내핵

21 다음 현상이 나타나는 원인은?

> 　어느 날 밤 우리나라 북쪽 하늘을 2시간 동안 관찰하였더니 북극성을 중심으로 북두칠성이 시계 반대 방향으로 30° 정도 이동하였다.

① 달의 공전　　　　　② 달의 자전

③ 지구의 공전　　　　④ 지구의 자전

22 다음 설명에 해당하는 태양계의 행성은?

> • 과거에 물이 흘렀던 흔적이 있다.
> • 얼음과 드라이아이스로 된 극관이 있다.

① 금성　　　　　② 화성

③ 목성　　　　　④ 토성

23 그림은 염분이 35.0psu인 해수 1000g에 녹아 있는 염류의 양을 나타낸 것이다. ㉠에 해당하는 염류는?

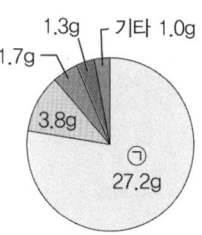

① 황산 칼슘　　　　　② 염화 나트륨

③ 염화 마그네슘　　　④ 황산 마그네슘

24 그림은 기온에 따른 포화 수증기량 곡선을 나타낸 것이다. 공기 A~D 중 포화 상태인 것을 모두 고른 것은?

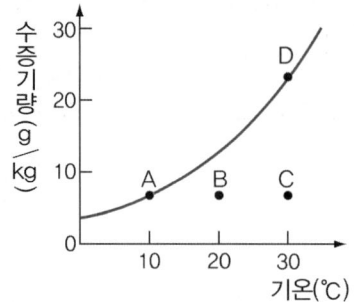

① A, B
② A, D
③ B, C
④ C, D

25 표는 별 A~D의 겉보기 등급과 절대 등급을 나타낸 것이다. 지구에서 맨눈으로 보았을 때 가장 밝게 보이는 별은?

별	A	B	C	D
겉보기 등급	−2.0	−1.0	1.0	2.0
절대 등급	1.0	2.0	−2.0	−1.0

① A
② B
③ C
④ D

2024년 제2회 기출문제

정답 및 해설 p.163

01 ㉠에 들어갈 용어로 가장 적절한 것은?

> (㉠)은/는 옳고 그름을 판단할 수 있는 기준을 제공하고, 옳은 일을 자발적으로 실천할 수 있도록 돕는다.

① 강요   ② 도덕
③ 본능   ④ 욕망

02 다음 대화에서 교사가 사용한 도덕 원리 검사 방법은?

선생님, 제가 새치기를 한 것은 바쁜 일이 있었기 때문이에요.

바쁘다고 모든 사람이 새치기를 한다면 어떤 결과가 따르겠니?

학생 / 교사

① 사실 관계 검사   ② 정보 원천 검사
③ 증거 확인 검사   ④ 보편화 결과 검사

03 행복한 삶을 위한 좋은 습관을 〈보기〉에서 고른 것은?

| 보기 |
ㄱ. 시간을 낭비한다.
ㄴ. 독서를 생활화한다.
ㄷ. 사소한 일에도 금방 화를 낸다.
ㄹ. 건강을 위해 꾸준히 운동을 한다.

① ㄱ, ㄴ   ② ㄱ, ㄷ
③ ㄴ, ㄹ   ④ ㄷ, ㄹ

04 다음에서 인권의 특징에만 '✔'를 표시한 학생은?

특징＼학생	A	B	C	D
• 인간이라면 누구나 누려야 하는 권리	✔	✔		✔
• 누구도 절대 침해해서는 안 되는 권리	✔		✔	✔
• 인종, 성별에 따라 차별할 수 있는 권리		✔	✔	✔

① A   ② B
③ C   ④ D

05 ㉠에 들어갈 대답으로 적절하지 않은 것은?

바람직한 삶의 목적을 설정할 때 고려할 점은 무엇일까?
㉠

① 사회에 도움을 줄 수 있어야 해.
② 그 자체로 의미 있고 옳은 것이어야 해.
③ 돈을 많이 벌 수 있다면 법을 어겨도 돼.
④ 다른 사람에게 고통과 피해를 주지 않아야 해.

06 다음에서 설명하는 폭력의 유형은?

> 수치심을 느끼게 하는 사진, 동영상을 인터넷이나 사회 관계망 서비스(SNS)에 퍼뜨리는 행위

① 절도
② 약물 중독
③ 신체 폭력
④ 사이버 폭력

07 도덕 추론 과정에서 ㉠에 들어갈 용어는?

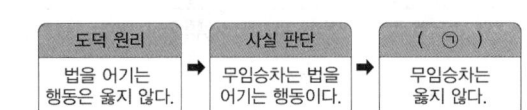

도덕 원리	사실 판단	(㉠)
법을 어기는 행동은 옳지 않다.	무임승차는 법을 어기는 행동이다.	무임승차는 옳지 않다.

① 가치 갈등
② 고정 관념
③ 도덕 판단
④ 이해 조정

08 다음 퀴즈에 대한 정답으로 옳은 것은?

'그'는 고대 그리스의 철학자로서 우리가 궁극적으로 추구하는 것은 행복이라고 하였습니다. 행복은 도덕적 행동을 습관화할 때 얻을 수 있음을 강조한 이 사상가는 누구일까요?

① 순자
② 로크
③ 슈바이처
④ 아리스토텔레스

09 다음에서 설명하는 개념은?

> 친구 사이에서 느끼는 따뜻하고 친밀한 정서적 유대감

① 효
② 우정
③ 경로
④ 자애

10 ㉠에 들어갈 내용으로 적절하지 않은 것은?

> **탐구 주제 : 세계 시민**
> • 의미 : 지구촌의 문제에 관심을 가지고, 이를 해결하기 위해 적극적으로 노력하는 사람
> • 세계 시민이 갖추어야 할 도덕적 가치 : (㉠)

① 인류애
② 연대 의식
③ 차별 의식
④ 평화 의식

11 이웃과의 관계에서 필요한 도덕적 자세를 〈보기〉에서 고른 것은?

> ┤ 보기 ├
> ㄱ. 서로 대화하고 소통한다.
> ㄴ. 서로 양보하는 자세를 갖는다.
> ㄷ. 갈등이 생기면 자신의 이익만을 내세운다.
> ㄹ. 상호 간에 관심을 갖고 사생활을 침해한다.

① ㄱ, ㄴ
② ㄱ, ㄹ
③ ㄴ, ㄷ
④ ㄷ, ㄹ

12 정보 통신 매체 활용을 위한 덕목으로 적절하지 않은 것은?

① 절제
② 존중
③ 책임
④ 해악

13 (가)에 들어갈 인물은?

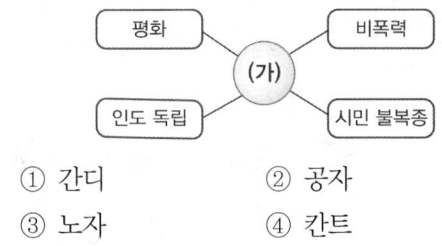

① 간디   ② 공자

③ 노자   ④ 칸트

14 다문화 사회에서의 바람직한 태도로 적절한 것은?

① 우리 문화만을 고집한다.

② 인류의 보편적 가치를 추구한다.

③ 다른 문화에 대해 편견을 갖는다.

④ 문화가 다르다는 이유로 차별한다.

15 ㉠에 들어갈 내용으로 적절하지 **않은** 것은?

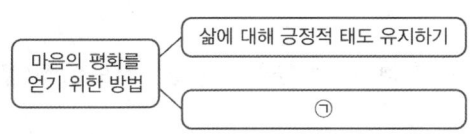

① 미움과 원한 표출하기

② 용서와 사랑 실천하기

③ 감정과 욕구 조절하기

④ 몸과 마음 건강하게 하기

16 교사의 질문에 적절한 대답을 한 학생은?

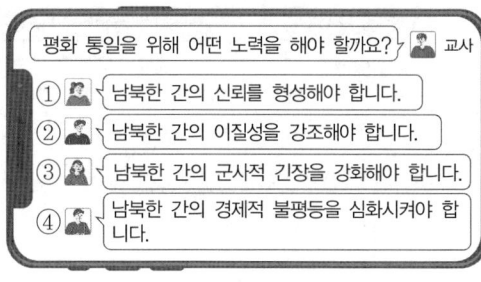

17 평화적 갈등 해결 방법을 〈보기〉에서 고른 것은?

보기
ㄱ. 중재   ㄴ. 방관
ㄷ. 회피   ㄹ. 협상

① ㄱ, ㄴ   ② ㄱ, ㄹ

③ ㄴ, ㄷ   ④ ㄷ, ㄹ

18 다음은 서술형 평가 문제와 학생 답안이다. 밑줄 친 ㉠~㉣ 중 적절하지 **않은** 것은?

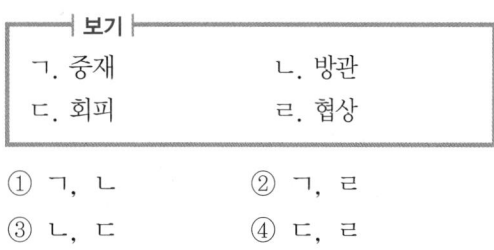

① ㉠   ② ㉡

③ ㉢   ④ ㉣

19 다음에서 설명하는 용어는?

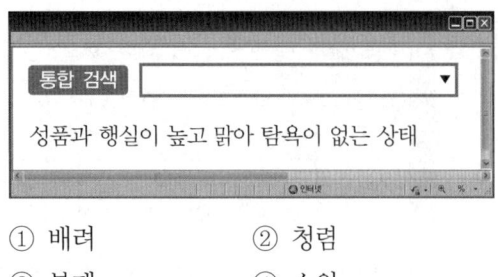

통합 검색

성품과 행실이 높고 맑아 탐욕이 없는 상태

① 배려
② 청렴
③ 부패
④ 소외

20 통일 한국이 추구해야 할 가치에 해당하지 <u>않는</u> 것은?

① 독재
② 민주
③ 자주
④ 정의

21 다음에 해당하는 국제 사회의 문제는?

> 세계 각국은 지구 온난화 방지를 위해 온실 가스 배출량을 제한하고, 해로운 쓰레기가 국제적으로 이동하는 것을 규제하는 협약을 체결했다.

① 빈부 격차
② 성 상품화
③ 종교 갈등
④ 환경 파괴

22 (가)에 들어갈 내용으로 적절한 것은?

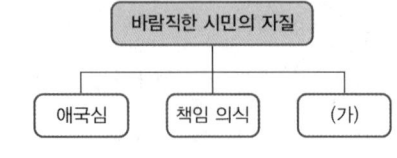

바람직한 시민의 자질 — 애국심 / 책임 의식 / (가)

① 무관심
② 혐오감
③ 참여 의식
④ 특권 의식

23 도덕적 성찰의 방법으로 적절하지 <u>않은</u> 것은?

좌우명을 정하고 삶의 지침으로 삼을 수 있어.

자신을 돌이켜 보는 명상을 할 수 있어.

자신의 나쁜 습관을 반복하고자 다짐할 수 있어.

자신의 행동을 반성하며 일기를 쓸 수 있어.

학생 1   학생 2   학생 3   학생 4

① 학생 1
② 학생 2
③ 학생 3
④ 학생 4

24 바람직한 국가의 역할로 옳은 것만을 〈보기〉에서 모두 고른 것은?

┤ 보기 ├
ㄱ. 공정한 법과 제도 마련
ㄴ. 국민의 생명과 재산 보호
ㄷ. 사회적 차별과 갈등 조장
ㄹ. 인간다운 삶을 위한 복지 제도 운영

① ㄱ, ㄴ
② ㄴ, ㄷ
③ ㄷ, ㄹ
④ ㄱ, ㄴ, ㄹ

25 환경친화적 삶을 위한 실천 태도로 적절하지 <u>않</u>은 것은?

① 일회용품 사용 줄이기
② 식사 후 음식 많이 남기기
③ 가까운 거리를 이동할 때 걷기
④ 사용하지 않는 전기 플러그 뽑아 두기

국어 2024년 제2회

01	②	02	④	03	③	04	④	05	④
06	②	07	②	08	①	09	④	10	①
11	④	12	③	13	③	14	④	15	②
16	①	17	③	18	①	19	③	20	④
21	①	22	②	23	④	24	①	25	②

01 정답 ②

민재는 축구 경기 출전이 처음이라 팀에 방해되는 게 아닌지 걱정이라는 지후의 말에 "엄청 잘했잖아. 긴장하지 말고 평소 실력을 발휘하면 잘 할 수 있을 거야!"라며 격려하고 있다. 용기나 힘을 북돋아 주고 있으므로 ② 격려이다.

02 정답 ④

일기 내용을 보면, 나는 토론에 참여했지만 '주장에 반박할 타당한 근거가 떠오르지 않아 당황스러웠다'고 하였다. 나의 문제점이 언급되었으므로 그 부분이 보완점이 된다. 따라서 ④ '상대방의 주장에 반박할 타당한 근거를 미리 마련한다.'가 적절하다.

03 정답 ③

언어는 그 언어를 사용하는 사람들 사이의 약속이므로 개인이 마음대로 바꾸어 쓸 수 없다는 '언어의 사회성'에 관한 설명이다. 따라서 같은 언어를 사용하는 사람들 사이의 약속은 사회성에 대한 설명이므로 ③이 적절하다.

오답 피하기

① 언어가 시간의 흐름에 따라 끊임없이 변화한다는 것은 언어의 역사성이다.
② 의미와 말소리 사이에는 필연적인 관계가 없다는 것은 언어의 자의성이다.
④ 새로운 단어나 문장을 끊임없이 만들어 낼 수 있다는 것은 언어의 창조성이다.

04 정답 ④

'부치다'는 '편지나 물건 따위를 일정한 수단이나 방법을 써서 상대에게 보내다'라는 의미이므로 ④가 적절하다.

오답 피하기

① '된장찌개'가 올바른 맞춤법이다.
② 수업을 '마치고'라고 써야 올바른 맞춤법이다.
③ '왠지'라고 쓰는 것이 올바른 맞춤법이다.

05 정답 ④

'잇몸소리'에 해당하는 자음은 'ㄷ, ㄸ, ㅌ, ㅅ, ㅆ, ㄴ, ㄹ'이 있다. 따라서 답은 ④ ㅌ이다.

오답 피하기

① ㄱ은 여린입천장소리이다.
② ㅁ은 입술소리이다.
③ ㅈ은 센입천장소리이다.

06 정답 ②

규정은 겹받침의 발음이다. 제11항의 '다만'에 따르면 ② '맑게'는 [말께]로 발음해야 한다.

07 정답 ②

밑줄 친 ㉠ '아름답다'의 품사는 성질과 상태를 나타내는 '형용사'이다. 따라서 성질과 상태를 나타내는 형용사는 ② '작다'이다.

오답 피하기

① '정말'은 '맛있다'를 수식하는 부사이다.
③ '옛'은 '추억'을 수식하는 관형사이다.
④ '운동장'은 대상이나 개념의 이름을 나타내는 명사이다.

08 정답 ①

주어와 서술어의 관계가 두 번 이상 나타나는 겹문장이 아닌 것은 ①이다.
'토끼가 들판에서 풀을 뜯는다.'는 주어와 서술어가 1번 나타난 홑문장이다.

② '바람이 분다, 나무가 흔들린다'는 주어와 서술어 관계가 2번 나온 겹문장이다.

③ '겨울이 오다, 나는 기다린다'로 주어와 서술어 관계가 2번 나온 겹문장이다.

④ '비가 오다, 우리는 소풍을 연기했다'로 주어와 서술어 관계가 2번 나온 겹문장이다.

09 정답 ④

개요에서 ㉠에 들어갈 내용은 '웃음의 신체적, 정신적 효과'가 아닌 '웃음의 사회적 효과'에 대한 내용이어야 한다. 따라서 사회적 효과와 관련된 내용은 ④이다.

① 웃음의 신체적 효과에 대한 설명이다.

② 웃음의 정신적 효과에 대한 설명이다.

③ 웃음의 신체적 효과에 대한 설명이다.

10 정답 ①

문장의 호응을 고려하면 ㉠은 '지금까지 내가 겪은 많은 일 가운데 가장 기억에 남는 일은 ~ 했던 것이다'로 고쳐쓰기 해야 한다.

② '발각'은 '숨겼던 일이 드러나 알려지다'의 의미이므로 '여러 사람 가운데에서 쓸 만한 사람을 가려서 뽑다'의 의미인 '발탁'으로 고치는 것이 옳다.

③ 내가 겪은 일 중 축구부 활동을 하고 그만두게 된 이야기를 하고 있다. 따라서 '우리나라 축구 대표 팀이 좋은 성과를 거둔 것'은 글의 흐름에서 벗어나므로 삭제해야 한다.

④ 문장의 연결을 고려하면 일의 결과에 대한 내용이 이어지므로 '왜냐하면'을 '결국'으로 바꾸어야 한다.

11 정답 ④

아버지 만도는 아들 진수가 다리를 잃은 모습을 보고 놀라고, 안타까워하였다. 아들 진수 또한 아버지가 자신을 업는 것에 미안해하였다. 그러나 힘을 합쳐 외나무다리를 건너며 극복해 가려 하고 있으므로 ④ 아들 진수가 자신을 외면하는 아버지 만도에게 증오심을 느끼는 모습은 나와 있지 않다.

12 정답 ③

'진수는 지팡이와 고등어를 각각 한 손에 쥐고 아버지의 등어리로 가서 슬그머니 업혔다.'라고 나와 있으므로 ③ 진수가 지팡이를 내려놓았다는 내용은 적절하지 않다.

13 정답 ③

「수난이대」는 일제 강점기와 6·25 전쟁으로 인한 아버지 만도와 아들 진수의 고난과 시련, 그리고 ㉠ 부분은 외나무다리를 힘을 합쳐 건너는 모습을 통해 극복 의지를 보여 주고 있다. 따라서 ③ 외나무다리를 건너는 것은 난관을 극복해 나가는 모습을 보여 준다.

① 만도와 진수는 대립 양상을 보이지 않는다.

② 만도는 현실을 회피하려 하지 않고 극복하려고 하고 있다.

④ 현재 상황에서 인물들의 무관심하거나 쌀쌀맞은 태도로 비웃는 모습은 없다.

14 정답 ②

1연 '당신이 찾으시면', 2연 '속으로 나무라면', 3연 '당신이 나무라면'에서 시적 상황을 가정하여 표현하고 있다.

① 사람이 아닌 것을 사람처럼 표현한 의인법이 쓰여 나열된 부분은 없다.

③ 의문문의 형식, 설의법을 사용하여 표현한 부분은 없다.

④ 화자의 감정을 자연물에 이입한 감정 이입된 부분은 없다.

15 정답 ②

각 연은 동일한 글자가 아닌 1연은 '먼', 2연은 '당신이', 3연은 '그래도', 4연은 '오늘도'와 같이 모두 다른 글자로 시작하고 있으므로 ②는 옳지 않다.

① 김소월의 「먼 후일」은 각 행을 세 마디로 끊어 읽는 3음보의 율격을 지닌다.

③ '당신이', '잊었노라', '나무라면' 등 동일한 시어를 반복적으로 사용하고 있다.
④ '-면 -노라'와 같은 유사한 문장 구조가 1, 2, 3연에 나타나고 있다.

16 정답 ①
화자의 주된 정서는 잊었다고 하지만 이별 후 잊지 못해 그리워하는 '임에 대한 그리움'이다.

17 정답 ③
범은 북곽 선생에게 호통을 치며 양반의 위선과 허례허식을 꾸짖고 있으므로 ③ 범이 북곽 선생의 말을 곧이곧대로 받아들였다는 내용은 적절하지 않다.

18 정답 ①
[A]에서 호랑이에게 머리를 조아리며 살려 달라던 북곽 선생이 농부에게는 중국 최고의 시집을 이야기하며 거드름을 피우고 있으므로 ① '허세를 부리고 있다.'가 적절하다.

19 정답 ③
ⓒ은 범이 북곽 선생에게 호통을 치면서 이야기하는 부분으로 '범'을 가리킨다.

오답 피하기
① '자기'는 북곽 선생이다.
② '선비'는 범이 말하는 북곽 선생이다.
④ '이 천한 신하'는 자신을 범에게 낮춰 말하는 북곽 선생이다.

20 정답 ④
1문단에서는 해양 쓰레기 중 플라스틱 쓰레기의 위험성을, 2문단에서는 플라스틱을 전혀 사용하지 않을 수 없으므로 줄이자고 주장하고 있다.

21 정답 ①
[A]는 플라스틱 쓰레기로 인한 다양한 문제점을 이야기하고 있다. 잘게 부서져 해양 동물들에게 해를 끼치고, 자연 경관을 해쳐 관광 산업에 피해를 주며, 해산물에

유입되어 인간의 건강을 위협한다고 나와 있다. 그러나 ① 쉽게 분해된다는 내용은 없으므로 적절하지 않다.

22 정답 ②
'플라스틱 쓰레기는 ~ 바다거북, 돌고래와 같은 동물들에게 해를 끼치고 있다' 뒤에 '자연 경관을 해쳐 관광 산업에도 피해를 준다'라는 내용이 이어지고 있으므로 둘 이상의 대상이 서로 마찬가지일 때 쓰여 이어 주는 말인 '또한'이 적절하다.

23 정답 ④
5문단에 따르면 수영장의 수평선이 야자수 줄기의 수직선과 대비를 이루는 구도가 나와 있으므로 적절한 것은 ④이다.

오답 피하기
① 파도가 치는 소리가 아닌 수영장에서 다이빙할 때 들리는 소리를 그림에 표현하였다.
② 유화 물감 대신 아크릴 물감을 사용해 색을 선명하게 표현하였다.
③ 물보라가 일어나는 부분만 붓으로 흰색을 거칠게 칠하고 다른 부분은 롤러를 사용해 파란색으로 매끈하게 칠하였다.

24 정답 ①
㉠을 포함한 문단은 수영장 물의 파란색과 다이빙 보드의 노란색에 대해 이야기하고 있으므로 ㉠에 들어갈 단어는 ① '색채'이다.

25 정답 ②
ⓛ의 '일어나다'는 '위로 솟거나 부풀어 오르다'의 뜻이므로 ② '거품이 일어나다'와 같은 의미로 쓰였다.

오답 피하기
① '일어나다'는 '잠을 깨다'의 의미이다.
③ '일어나다'는 '누웠다 앉거나 앉았다가 서다'의 의미이다.
④ '일어나다'는 '병이나 고난을 이겨내다'의 의미이다.

01	③	02	②	03	②	04	④	05	③
06	③	07	①	08	④	09	④	10	②
11	④	12	③	13	①	14	③	15	①
16	②	17	③	18	④	19	①	20	②

01 정답 ③

| 풀이 |

문제의 그림을 참고하면, 84는 $2 \times 2 \times 3 \times 7$과 같이 나타내어지고,

같은 수의 곱을 거듭제곱을 이용하여 나타내면,

$2^2 \times 3 \times 7$이 된다.

따라서 정답은 ③이다.

> | 참고 | 거듭제곱
>
> 같은 수 또는 문자를 여러 번 곱할 때, 거듭제곱을 이용하여 나타낸다.
>
> 이때, 밑은 곱하여지는 수, 지수는 곱한 횟수를 뜻한다.
>
> 예 $3 \times 3 \times 3 \times 3 = 3^4$

02 정답 ②

| 풀이 |

음수는 절댓값이 클수록 작은 수이고, 양수는 절댓값이 클수록 큰 수이다. 또한 항상 (음수) < 0 < (양수)이다.

② $-\dfrac{1}{2} < \dfrac{5}{2}$ → 음수 < 양수이므로 참이다.

따라서 정답은 ②이다.

오답 피하기

① $-4 > -3$ → 음수는 절댓값이 클수록 작은 수이므로 $-4 < -3$이다.

③ $0 > (-3)^2$ → $(-3)^2 = +9$, $0 <$양수이므로 $0 < (-3)^2$이다.

④ $5 < 4$ → 양수는 절댓값이 클수록 큰 수이므로 $5 > 4$이다.

03 정답 ②

| 풀이 |

주어진 직각삼각형의 밑변의 길이는 6 cm, 높이는 $a \text{ cm}$이고,

직각삼각형의 넓이$= \dfrac{1}{2} \times$밑변$\times$높이이다.

그러므로 직각삼각형의 넓이는

$\dfrac{1}{2} \times 6 \times a = \dfrac{(6 \times a)}{2} \text{ cm}^2$로 나타낼 수 있다.

따라서 정답은 ②이다.

04 정답 ④

| 풀이 |

일차방정식의 풀이는 다음과 같은 순서로 계산한다.

$3x - 5 = 3 + x$ ← 우변의 x를 좌변으로 이항

$3x - 5 - x = 3$ ← 좌변의 -5를 우변으로 이항

$3x - x = 3 + 5$ ← 동류항끼리 정리한다.

$2x = 8$ ← 양변을 2로 나눈다.

$x = 4$

따라서 정답은 ④이다.

> | 참고 | 일차방정식의 풀이
>
> (일차식) $= 0$ $\xrightarrow[\text{등식의 성질}]{\text{이항}}$ $x = (수)$
>
> ❶ 일차항은 좌변, 상수항은 우변으로 각각 이항하여 정리한다.
>
> ❷ 등식의 양변을 간단히 하여 $ax = b\ (a \neq 0)$의 꼴로 만든다.
>
> ❸ 등식의 양변을 x의 계수 a로 나눈다.

05 정답 ③

| 풀이 |

x축은 시간(분), y축은 이동 거리(km)를 뜻하므로 이동 시간과 거리를 순서쌍으로 표현하면 (시간, 거리)이다.

학생이 출발한 지 10분 동안 이동한 거리를 a라 하여 좌표로 나타내면 $(10, a)$이다.

그래프에서 $x = 10$인 점을 찾으면 $(10, 3)$을 지남을 알

수 있다.

그러므로 $a = 3$, 즉 10분 동안 이동한 거리는 $3\,\mathrm{km}$이다.

따라서 정답은 ③이다.

06 정답 ③

| 풀이 |

두 직선이 평행하면 동위각의 크기가
같다.

그림에서 주어진 각 $35°$와 동위각을
찾아 표시하면 오른쪽 그림과 같고,

$x = 180° - 35° = 145°$

$\therefore \ \angle x = 145°$

따라서 정답은 ③이다.

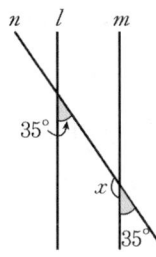

07 정답 ①

| 풀이 |

주어진 히스토그램에서 통학 시간이 30분 미만인 계급
은 (0분 이상 ~ 10분 미만)인 계급과 (10분 이상 ~ 20
분 미만)인 계급, (20분 이상 ~ 30분 미만)인 계급 세
개가 해당된다.

그러므로 통학 시간이 30분 미만인 학생 수는 세 계급의
도수 합인

$2 + 6 + 10 = 18$(명)임을 알 수 있다.

따라서 정답은 ①이다.

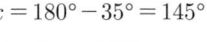

통학 시간이 30분 미만인 계급은 세 개의 계급이 해당
되므로 세 계급의 도수 합을 구해야 한다. (20분 이상
~ 30분 미만)인 계급의 도수인 10만 읽지 않도록 주의
한다.

08 정답 ④

| 풀이 |

정수가 아닌 유리수를 기약분수로 나타내었을 때, 분모
의 소인수가 2나 5뿐이면 그 분수는 유한소수로 나타낼
수 있고, 그 이외의 소인수가 있으면 유한소수로 나타낼
수 없다.

문제의 분모에 7이 있으므로, 주어진 분수가 유한소수
가 되려면, 7은 약분되어야 한다. 그러므로 x는 7의

배수이고, x의 값이 될 수 있는 가장 작은 자연수는 7
이다.

따라서 정답은 ④이다.

09 정답 ④

| 풀이 |

단항식의 곱셈은 계수는 계수끼리, 문자는 문자끼리 계
산한다.

또한 같은 문자를 여러 번 곱한 것은 거듭제곱을 이용하
여 간단히 표현한다.

$(2x^3)^2 = 2x^3 \times 2x^3$이므로,

$$\begin{aligned}
(2x^3)^2 &= 2x^3 \times 2x^3 = 2 \times x^3 \times 2 \times x^3 = 2 \times 2 \times x^3 \times x^3 \\
&= 2 \times 2 \times x \times x \times x \times x \times x \times x \\
&= 4x^6
\end{aligned}$$

따라서 정답은 ④이다.

| 다른 풀이 |

지수 법칙 $a^n \times a^m = a^{n+m}$을 이용하여 간단히 할 수 있다.

이때, 계수는 계수끼리, 문자는 문자끼리 계산한다.

$$\begin{aligned}
(2x^3)^2 &= 2x^3 \times 2x^3 = 2 \times x^3 \times 2 \times x^3 = 2 \times 2 \times x^3 \times x^3 \\
&= 4 \times x^{3+3} = 4x^6
\end{aligned}$$

10 정답 ②

| 풀이 |

다항식의 덧셈과 뺄셈은 동류항끼리 계산한다.

$(5a - 2b) + (2a + 3b)$ ← 괄호를 풀고, 동류항끼리

$= 5a + 2a - 2b + 3b$　　　정리

$= (5 + 2)a + (-2 + 3)b$ ← 동류항끼리 계산

$= 7a + b$

따라서 정답은 ②이다.

11 정답 ④

| 풀이 |

일차부등식의 풀이는 다음과 같은 순서로 계산한다.

$5x - 20 \geq 0$ ← 좌변의 -20을 우변으로 이항

$5x \geq 20$　　　← 양변을 5로 나눈다.

$x \geq 4$

부등식의 성질에 따라 부등식의 양변을 같은 양수로 나

누어도 부등호 방향은 그대로이다.

따라서 해를 수직선 위에 나타낸 것은 ④이다.

오답 피하기

① $x < 4$, ② $x > 4$, ③ $x \leq 4$

> **| 참고 | 일차부등식의 풀이**
>
> ❶ x를 포함한 항은 좌변으로, 상수항은 우변으로 이항한다.
>
> ❷ 양변을 간단히 하여 $ax > b$, $ax < b$, $ax \geq b$, $ax \leq b$ $(a \neq 0)$의 꼴로 만든다.
>
> ❸ x의 계수 a로 양변을 나눈다. (단 $a < 0$이면 부등호의 방향을 바꾼다.)

12 정답 ③

| 풀이 |

연립방정식의 해는 두 일차방정식의 그래프를 좌표평면 위에 나타내었을 때, 두 직선의 교점의 좌표와 같다.

따라서 두 직선의 교점의 좌표는 $(1, 2)$이므로,

$x = 1$, $y = 2$이다.

따라서 정답은 ③이다.

13 정답 ①

| 풀이 |

$\overline{EC} = \overline{AC} - \overline{AE} = 15 - 6 = 9\,cm$이고,

$\overline{BC} // \overline{DE}$이므로, $\overline{AD} : \overline{DB} = \overline{AE} : \overline{EC}$이다.

$4 : x = 6 : 9$이므로, 비례식의 내항과 외항의 곱이 서로 같음을 이용하면,

$6 \times x = 4 \times 9$

$6x = 36$

$\therefore\ x = 6$

따라서 정답은 ①이다.

> **| 참고 | 평행선과 선분의 길이의 비**
>
> $\triangle ABC$에서 $\overline{BC} // \overline{DE}$이면, $\overline{AD} : \overline{DB} = \overline{AE} : \overline{EC}$
>
>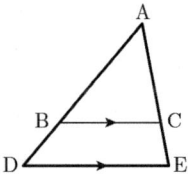

14 정답 ③

| 풀이 |

1에서 10까지의 자연수가 각각 적힌 공 10개가 들어 있는 주머니에서 공 한 개를 꺼낼 때,

4의 배수가 나오는 경우는 4, 8이고,

6의 배수가 나오는 경우는 6이다.

그러므로 4의 배수 또는 6의 배수가 나오는 경우의 수는 3가지이다.

따라서 정답은 ③이다.

15 정답 ①

| 풀이 |

$7\sqrt{5} - 4\sqrt{5}$는 분배법칙을 이용하여 계산할 수 있다.

$7\sqrt{5} - 4\sqrt{5} = (7 - 4)\sqrt{5} = 3\sqrt{5}$

따라서 정답은 ①이다.

> **| 참고 |**
>
> $a > 0$, m, n이 유리수일 때,
>
> $m\sqrt{a} - n\sqrt{a} = (m - n)\sqrt{a}$

16 정답 ②

| 풀이 |

$AB = 0$이면 $A = 0$ 또는 $B = 0$에 의해

$(x - 2)(x + 5) = 0$이면, $x - 2 = 0$ 또는 $x + 5 = 0$이다.

이차방정식의 근이 $x = 2$ 또는 $x = -5$이므로 다른 한 근은 $x = 2$이다.

따라서 정답은 ②이다.

| 참고 | 인수분해를 이용하여 이차방정식의 해 구하기

$$AB = 0 \ \rightarrow \ A = 0 \ \text{또는} \ B = 0$$

17 정답 ③

| 풀이 |

① 위로 볼록하다.
→ 이차항의 계수가 양수이므로 아래로 볼록하다.

② 점 $(4, 0)$을 지난다.
→ 주어진 그래프가 점 $(4, 0)$을 지나면, 주어진 식에 대입하였을 때 식이 참이 되어야 한다. 식에 점 $(4, 0)$을 대입하면, $0 \neq (4-2)^2$이므로 그래프는 점 $(4, 0)$을 지나지 않는다.

③ 꼭짓점의 좌표는 $(2, 0)$이다.
→ 꼭짓점의 좌표는 $(2, 0)$이다.

④ 직선 $y = 2$를 축으로 한다.
→ 대칭축은 $x = 2$이다.

따라서 정답은 ③이다.

18 정답 ④

| 풀이 |

$\tan B = \dfrac{\text{높이}}{\text{밑변}}$ 이므로, $\tan B = \dfrac{\overline{AC}}{\overline{BC}} = \dfrac{8}{6} = \dfrac{4}{3}$ 이다.

따라서 정답은 ④이다.

| 참고 |

$\angle C = 90°$인 직각삼각형 ABC에서 $\angle B$의 크기가 정해지면 직각삼각형의 크기에 관계없이

$\dfrac{\overline{AC}}{\overline{AB}}, \ \dfrac{\overline{BC}}{\overline{AB}}, \ \dfrac{\overline{AC}}{\overline{BC}}$의 값은 항상 일정하다.

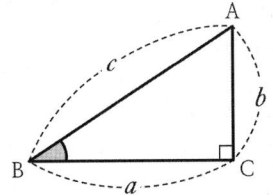

→ $\sin B = \dfrac{b}{c}, \ \cos B = \dfrac{a}{c}, \ \tan B = \dfrac{b}{a}$

19 정답 ①

| 풀이 |

한 호에 대한 원주각의 크기는 모두 같다.

$\angle ACB$와 $\angle ADB$는 모두 호 AB에 대한 원주각이므로, 그 크기가 같다.

그러므로 $\angle ADB = 40°$

따라서 정답은 ①이다.

| 참고 | 원주각의 성질

한 호에 대한 원주각은 여러 개이지만 그 호에 대한 중심각은 하나이므로 한 호에 대한 원주각의 크기는 모두 같다.

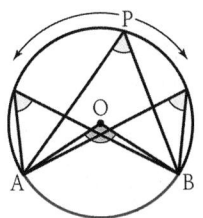

20 정답 ②

| 풀이 |

평균이란 자료의 총합을 자료의 개수로 나눈 값을 말한다.

$$(\text{평균}) = \frac{4+5+7+8}{4} = \frac{24}{4} = 6 \text{시간}$$

따라서 정답은 ②이다.

01	④	02	②	03	①	04	①	05	③
06	①	07	②	08	④	09	③	10	④
11	③	12	①	13	③	14	①	15	①
16	③	17	②	18	③	19	①	20	④
21	②	22	②	23	④	24	③	25	④

01 정답 ④

해석 나는 사람들 앞에서 말할 때 부끄러워요.

해설 shy 부끄러운, 수줍은

① 고마운 thankful

② 신나는 excited

③ 피곤한 tired

02 정답 ②

해석 우리의 <u>조용한</u> 장소에서 큰 소음을 내지 마시오.

해설 ① · ③ · ④ 반의어 관계, ② 유의어 관계

① rich － poor / 부유한 － 가난한

② kind － nice / 친절한 － 상냥한

③ clean － dirty / 깨끗한 － 더러운

④ full － empty / 가득 찬 － 텅 빈

03 정답 ①

해석 한국에는 많은 멋진 장소들이 있다.

어휘 • there is/are ~가 있다

• wonderful 멋진

• place 장소

해설 'There is/are ~가 있다' there be 구문은 be동사 뒤에 오는 명사에 수의 일치(단수, 복수)를 따른다. be동사 뒤로 many wonderful places로 복수 명사가 이어지고 있으므로 복수형 주어인 are가 알맞다.

04 정답 ①

해석 나는 어제 그에게 전화했다. 하지만 그는 받지 않았다.

어휘 • call 전화하다, 부르다

• but 그러나

• answer 대답하다, 응답하다

해설 '전화를 했다', '받지 않았다' '반대'의 의미를 가진 두 문장 사이에 빈칸이 있기 때문에 반대의 내용을 연결하는 연결사 but이 알맞다.

05 정답 ③

해석 A : 어느 색깔을 더 좋아하니? 노랑 아니면 파랑?

B : 나는 노랑보다 파랑을 더 좋아해.

어휘 • color 색깔

• prefer A to B B보다 A를 더 좋아하다(prefer 는 '~보다'의 의미로 than이 아닌 to를 쓴다.)

해설 prefer A to B : B보다 A를 더 좋아하다

B가 둘 중에 더 선호하는 것을 말하고 있으므로 앞선 A의 질문은 '어떤 색'을 더 좋아하냐는 의문사 which(어느 것)가 알맞다.

① how 어떻게

② where 어디에서

④ why 왜

06 정답 ①

해석 A : John, 무슨 일이야? 너 괜찮아?

B : 나 어제 박스를 들어 올리다가 허리를 다쳤어.

A : <u>그것 참 안됐다.</u>

어휘 • matter 문제

• hurt 다치다

• back 허리, 등

• lift 들어 올리다

해설 다쳤다는 B의 말에 A의 알맞은 응답으로 걱정하는 표현의 ① That's too bad가 알맞다.

② I'm afraid I can't 미안하지만 안 돼

③ I look forward to it 그것이 너무 기다려져

④ Turn off the water 수돗물을 잠가라

07 정답 ②

해석 • 이 사진을 <u>봐 주세요.</u>

• 제가 없는 동안에 그가 제 개를 돌봐 줄 것입니다.

어휘 • away 떨어져[떨어진 곳에], 자리에 없는

해설 take a look at 살펴보다, 보다 / look after 돌보다

① buy 사다

③ tell 말하다

④ wear 입다, 착용하다

08 정답 ④

해석 오전 8시 : 체육관에서 운동하기

오후 12시 : Mike와 점심 먹기

오후 4시 : Mary와 쇼핑하기

오후 8시 : 영어 숙제 하기

어휘 • exercise 운동하다

• go shopping 쇼핑하러 가다

• do homework 숙제를 하다

해설 오후 8시 : 영어 숙제 하기

09 정답 ③

해석 A : 여자아이는 뭐 하고 있니?

B : 그녀는 공을 던지고 있다.

해설 현재진행시제(~을 하고 있다 : be + V-ing)의 질문과 답변이다.

throw a ball 공을 던지다

① buy 구매하다

② kick 발로 차다

④ wash 세탁, 세척하다

10 정답 ④

해석 A : 오늘 오후에 시간 되시나요?

B : 네, 왜요?

A : 도서관에 가서 같이 공부하면 어떨까 해서요.

B : 네 좋아요. 좋은 계획인 것 같네요.

어휘 • free 시간이 있는

• library 도서관

• study 공부하다

• sound like ~처럼 들리다

해설 오후에 도서관에 가서 공부하자는 A의 말에 B가 좋은 계획이라며 동의하고 있다.

11 정답 ③

해석 A : Jane의 생일에 우리가 뭘 해야 할까?

B : 그녀가 가장 좋아하는 식당에서 저녁을 먹자.

A : 그거 좋은 생각이다.

어휘 • should ~해야 한다

• dinner 저녁 식사

• favorite 가장 좋아하는

해설 Jane의 생일에 할 일을 제안하는 말에 알맞은 대답은 ③ That's a good idea(그거 좋은 생각이다)이다.

① He must be tired 그는 틀림없이 피곤할 거야(must be ~임에 틀림없다)

② Nice to meet you 만나서 반가워요

④ It's not your fault 너의 잘못이 아니야 (fault 잘못)

12 정답 ①

해석 A : Sam, 당신은 여가 시간에 무엇을 하나요?

B : 저는 영화 보는 것을 좋아합니다. 당신은요?

A : 저는 기타 치는 것을 즐깁니다.

어휘 • free time 여가 시간

• watch 보다

• what about ~는 어때?

• enjoy 즐기다

• play the guitar 기타를 연주하다

해설 대화의 주제는 ① '여가 활동'이다.

13 정답 ③

해석 여름 과학 캠프

장소 : 국립 과학 박물관

날짜 : 2024년 8월 10~11일

참가 신청을 위해서 www.sciencecamp.org.에 방문하세요.

진짜 과학자들과 만나서 그들에게 배우세요!

어휘 • place 장소

• national 국가적인, 국립의

• museum 박물관

• date 날짜

• sign up 등록하다

• learn 배우다

해설 참가 인원에 대한 내용은 언급되지 않았다.

14 정답 ①

해석 안녕하세요, 신사 숙녀 여러분. 뮤지컬이 곧 시작될 예정입니다. 핸드폰을 꺼 주세요. 또한, 공연 중에는 사진 촬영을 피하시기 바랍니다. 멋진 시간 보내시길 바랍니다.

어휘
- evening 저녁
- lady 숙녀
- gentleman 신사
- musical 뮤지컬
- be going to ~할 예정이다
- turn off 끄다
- avoid 피하다
- take photo 사진을 찍다
- during ~ 도중에
- hope 바라다

해설 공연 관람 중에 휴대폰을 끄고 사진 촬영을 하지 말라는 안내를 하고 있으므로 이 글의 목적은 ① '관람 예절 안내'임을 알 수 있다.

15 정답 ①

해석 A : 오늘 동아리 모임에 참석하지 못할 것 같습니다.
B : 이런, 안타깝네요. 왜 안 될까요?
A : 감기가 너무 심해요.

어휘
- won't = will not ~하지 않을 것이다
- be able to (= can) ~ 할 수 있다
- make it 참석하다, 시간 맞춰 가다
- I'm sorry to hear that 유감입니다
- cold 감기

해설 A는 'I have a bad cold' 감기에 걸려서 동아리 활동에 참여하지 못한다.

16 정답 ③

해석 태국의 큰 축제인 송끄란은 4월에 열립니다. 이 축제는 태국의 전통적인 새해를 기념합니다. 축제에서 큰 물싸움을 즐길 수 있습니다. 태국 전통 음식도 먹어볼 수 있습니다.

어휘
- festival 축제
- Thailand 태국
- hold 개최하다 (be held 개최되다)
- April 4월
- celebrate 기념하다
- traditional 전통적인
- Thai 태국의
- New year 새해
- enjoy 즐기다
- try 먹어 보다

해설 You can enjoy a big water fight at the festival. 축제에서 즐길 수 있는 것은 소싸움이 아니라 물싸움이다.
① 태국에서 4월에 열리는 큰 축제이다.
　is held in April
② 태국의 전통적인 새해맞이 행사이다.
　celebrates the traditional Thai New Year
④ 태국 전통 음식을 맛볼 수 있다.
　can also try traditional Thai food

17 정답 ②

해석 시베리아 호랑이는 세상에서 가장 큰 고양잇과입니다. 그것은 러시아 동부의 추운 지역에 삽니다. 검은색 줄무늬가 있는 주황색 털이 있습니다. 사슴과 같은 큰 동물을 먹는 것을 좋아합니다. 배고픈 호랑이는 하룻밤에 거의 30킬로그램을 먹을 수 있습니다.

어휘
- place 장소
- eastern 동쪽의
- fur 털
- stripe 줄무늬
- animal 동물
- deer 사슴
- almost 거의

해설 수명은 언급되지 않았다.
① 서식지 in cold places in eastern Russia
③ 털 무늬 orange fur with black stripes
④ 먹이 big animals like deer

18 정답 ④

해석 요즘은 제가 해야 할 일들을 자주 잊어버립니다. 예를 들어, 오늘 축구 유니폼을 가져오는 것을 잊었습니다. 유미에게 조언을 구했습니다. 그녀는 할 일 목록을 만들 것을 제안했습니다. 도움이 될 것 같습니다.

어휘 • often 자주
- forget 잊다
- need to ~할 필요가 있다
- for example 예를 들어
- bring 가져오다
- uniform 유니폼
- ask A for B A에게 B를 요청하다
- advice 조언
- suggest 제안하다
- list 목록
- things to do 할 일들
- helpful 유용한, 도움이 되는

해설 She suggested making a list of things to do. Yumi는 할 일 목록을 만들 것을 제안했다.

19 정답 ①

해석 우리 학생들의 가장 선호하는 스마트폰 활동들
소셜미디어 사용 (41%), 영상 시청 (25%), 게임 (23%), 친구와 메신저 (11%)
우리 학교의 더 많은 학생들이 스마트폰으로 영상 시청하는 것보다 소셜미디어 사용을 더 좋아한다.

어휘 • favorite 가장 좋아하는
- activity 활동
- texting 문자, 메신저하기
- more 더 많은
- than ~보다

해설 스마트폰으로 영상 시청하는 것(25%)보다 더 높은 비율을 차지하는 것은 소셜미디어 사용(41%)이다.

20 정답 ④

해석 제가 좋아하는 계절은 여름입니다. ① 저는 해변에 가서 모래놀이 하는 것을 좋아합니다. ② 바다에서 수영하는 것은 기분이 좋습니다. ③ 저는 또한 더위를 식히기 위해 아이스크림을 즐겨 먹습니다. ④ 지구의 얼음은 빠르게 녹고 있습니다. 여름은 즐거운 시간을 보내기에 가장 좋은 때입니다.

어휘 • season 계절
- beach 해변
- sand 모래
- cool down 열을 식히다
- melt 녹다, 녹이다

해설 여름에 할 수 있는 즐거운 활동들을 열거하는 중간에 ④ Earth's ice is melting fast. (지구의 얼음이 녹고 있다.)라고 환경 문제를 언급한 것은 문맥상 어울리지 않는다.

21 정답 ②

해석 당신이 10층에 있다고 상상해 보세요. 길에서 개미들이 보이나요? 물론 아닙니다. 하지만 독수리는 할 수 있습니다. 그들은 강력한 눈 때문에 훌륭한 사냥꾼입니다. 그들은 토끼를 3.2 킬로미터 멀리에서도 볼 수 있습니다.

어휘 • imagine 상상하다
- 10th 열 번째
- floor ~층
- street 길
- hunter 사냥꾼
- because 왜냐하면
- powerful 강력한
- up to ~까지
- away 멀리

해설 멀리에서도 토끼를 볼 수 있는 것은 앞 문장에서 언급된 ② eagles '독수리'이다. 독수리는 아주 높은 곳에서도 잘 보이는 시력을 가지고 있는 훌륭한 사냥꾼이기 때문이다.
① ants 개미
③ rabbits 토끼
④ kilometers 킬로미터

22 정답 ②

해석 동물원 안전 수칙
  • 동물들에게 먹이를 주지 마세요.
  • 어떤 우리에도 들어가지 마세요.
  • 목소리를 낮춰 주세요.

어휘 • safety 안전
  • rule 규칙, 수칙
  • feed 먹이를 주다
  • cage 우리
  • voice 목소리
  • keep ~ down 낮게 유지하다

해설 ② 사진 찍지 않기는 수칙에서 언급되지 않았다.
  ① 먹이 주지 않기 Don't feed the animals.
  ③ 우리에 들어가지 않기
    Don't enter any cages.
  ④ 목소리 낮춰 말하기 Keep your voice down.

23 정답 ④

해석 스트레스를 줄이는 방법에 대한 몇 가지 팁을 공유하겠습니다. 먼저 산책을 하러 밖으로 나갑니다. 저는 바람을 쐬면 기분이 좋아집니다. 저는 또한 좋아하는 음악도 듣습니다. 이것은 긴장을 푸는 데 도움이 됩니다. 이 팁들이 스트레스를 덜 받는 데 도움이 되기를 바랍니다.

어휘 • share 공유하다
  • tip 조언
  • reduce 줄이다
  • walk 산책
  • fresh 신선한
  • favorite 가장 좋아하는
  • relax 긴장을 풀다
  • less stressed 덜 스트레스받는

해설 스트레스를 줄이는 방법에 대한 몇 가지 방법을 말하고 있다.

24 정답 ③

해석 7월 3일에 귀하의 웹사이트에서 검은색 모자를 주문했습니다. 하지만 제가 받은 모자는 검은색이 아니라 갈색입니다. 잘못된 모자를 다시 보내드립니다. 갈색 모자를 받으시면 제 돈을 돌려주세요.

어휘 • order 주문하다
  • cap 모자
  • send back 다시 되돌려 보내다
  • return 반납하다, 돌려주다
  • receive 받다

해설 Please return my money when you receive the brown cap. 문장으로 보아 '환불을 요청할' 목적임을 알 수 있다. (return 되돌려주다)

25 정답 ④

해석 우리는 독서를 통해 많은 유용한 것들을 배울 수 있습니다. 좋은 책을 읽는 것은 사고력을 키우고 다른 사람의 감정을 이해하는 데 도움이 됩니다. 그럼 어떤 종류의 책을 읽어야 할까요? 여기에 올바른 책을 선택하는 방법이 있습니다.

어휘 • learn 배우다
  • useful 유용한
  • by + V-ing ~함으로써(by reading 독서를 함으로써)
  • build 쌓다, 만들다
  • skill 능력
  • understand 이해하다
  • feeling 감정
  • kind 종류

해설 Here is how to choose the right books. 뒤에 이어질 내용은 ④ 적절한 책을 고르는 방법임을 알 수 있다. (here is 여기에 ~가 있다, how to V V하는 방법, right book 적절한 책)

사회 2024년 제2회

01	①	02	④	03	②	04	④	05	④
06	①	07	③	08	③	09	①	10	③
11	③	12	②	13	①	14	③	15	④
16	④	17	④	18	②	19	②	20	②
21	③	22	①	23	①	24	④	25	②

01 정답 ①

시차가 발생하는 원인은 지구가 서쪽에서 동쪽으로 하루에 한 바퀴씩 자전하기 때문이다. 하루 24시간 동안 360° 회전하므로 경도 15°마다 1시간의 시차가 발생한다. 미국의 실리콘 밸리와 인도는 약 12시간의 시차가 발생한다.

오답 피하기

② 기온은 대기의 온도이다.

③ 해류는 일정한 방향과 속도로 이동하는 바닷물의 흐름이다.

④ 강수량은 비, 눈, 우박, 안개 등이 일정 기간 동안 일정한 곳에 내린 물의 총량이다.

02 정답 ④

열대 우림 기후는 1년 내내 기온이 높고 강수량이 많아 덥고 습한 날씨가 나타난다. 열대성 소나기인 스콜이 자주 내리며 적도 주변에 분포한다. 식생은 상록 활엽수림으로 구성되어 있으며 토양의 비옥도는 낮다.

03 정답 ②

제주도는 유동성이 큰 현무암질 용암이 분출하여 형성된 화산이다.

오답 피하기

① 제주도의 용암 동굴은 용암 표면이 먼저 식어 굳어지고 속에 있는 마그마는 계속 흘러가 형성된 동굴이다.

04 정답 ④

물 자원이 부족한 현상으로 인해 용수 부족, 농작물의 생산량 감소로 인한 식량 부족, 국제적 물 분쟁 등의 문제점이 건조 기후 지역과 그 주변 지역에서 자주 나타난다.

오답 피하기

① 슬럼은 가난한 사람들이 모여 사는 도시의 한 지역을 의미한다.

② 해식애는 파도의 침식으로 형성된 해안 절벽이다.

③ 현무암은 용암이 굳어진 암석으로 검은색이나 회색이며 겉 표면에는 크고 작은 구멍이 있다.

05 정답 ④

다국적 기업은 국경을 넘어 전 세계를 대상으로 생산과 판매 활동을 하는 기업이다. 기업의 기능이 점차 세분화되면서 각각의 기능에 따라 유리한 입지가 달라지기 때문에 기업의 관리, 연구, 생산 기능의 공간적 분업이 나타난다.

오답 피하기

① 노동조합은 노동자가 근로 조건 개선 등을 목적으로 조직한 단체이다.

② 민주주의는 국가의 주권이 국민에게 있고 국민을 위하여 정치하는 제도이다.

③ 석회동굴은 석회암층에 형성된 동굴이다.

06 정답 ①

도심은 도시 중심부에 위치하여 접근성이 가장 높고 땅값이 매우 비싸기 때문에 고층 건물이 밀집된 지역이다. 도심은 백화점, 금융 기관, 대기업 본사, 행정 관청 등이 입지하여 중심 업무 지구(CBD)를 형성하고 비싼 땅값으로 밤에는 인구 밀도가 낮은 인구 공동화 현상이 나타난다.

오답 피하기

② 비무장 지대는 국제 조약에 따라 무장이 금지된 지역이다.

③ 개발 제한 구역은 도시의 무질서한 팽창을 방지하고 녹지 공간을 확보하기 위해 설정한 공간이다.

④ 세계 자연 유산은 유네스코가 보호해야 할 보편적 가치가 있다고 인정한 유산이다.

07 정답 ③

지구 온난화는 화석 연료 사용 급증으로 지구의 평균 기온이 높아지는 현상이다. 지구 온난화로 인해 빙하의 면적 감소, 해수면의 상승, 해안 지대나 일부 섬 침수, 홍수·가뭄·태풍 등 자연재해에 영향을 준다.

오답 피하기

① 도심에 낮에는 일자리가 많아 인구 밀도가 높지만, 밤에는 인구 밀도가 낮은 상태를 인구 공동화 현상이라 한다.

② 못 쓰게 되어 내다 버리는 전자 제품을 전자 쓰레기라 한다.

④ 해양에 잔존하는 각종 폐기물을 해양 쓰레기라 한다.

08 정답 ③

지리적 표시제는 지역의 우수 농산물과 그 가공품에 지역명을 표시하고 다른 곳에서 이를 함부로 사용하지 못하게 하여 지적 재산권을 보장하는 제도이다. 보성 녹차는 2002년 제1호 우리나라 최초의 지리적 표시 상품이다.

오답 피하기

① 인플레이션은 화폐 가치가 하락하여 물가가 상승하는 현상이다.

② 생태 발자국은 인간이 주위 환경과 지역에 미치는 영향을 토지의 면적으로 환산한 수치이다.

④ 기후 변화 협약은 지구 온난화 방지를 위한 협약이다.

09 정답 ①

재사회화는 사회의 변화에 적응하기 위해 새로운 지식, 생활 양식, 기술, 규범 등을 다시 배우는 과정으로 사회 변화의 속도가 빠른 현대 사회에 필요성이 증가하고 있다.

오답 피하기

② 귀속 지위는 태어나면서 자연적으로 주어지는 지위이다.

③ 역할 갈등은 한 개인에게 기대되는 두 가지 이상의 역할이 서로 충돌하는 것이다.

④ 지방 자치 제도는 지방의 행정을 지방 주민이 선출한 기관을 통해 처리하는 제도이다.

10 정답 ③

문화의 속성으로 공유성, 학습성, 전체성, 변동성, 축적성이 있다. 문화는 타고나는 것이 아니라 후천적 학습에 의해 형성되는 것은 학습성에 해당한다.

오답 피하기

① 투자한 금액에 비해 이익이 날 수 있는 크기의 정도를 수익성이라 한다.

④ 희소성은 인간의 욕구는 무한한 데 비해 이를 충족시켜 줄 자원의 양은 상대적으로 부족한 현상이다.

11 정답 ③

국회는 국민의 대표로 구성된 기관으로서 국민의 다양한 의견을 모아 법률을 제정하거나 개정하는 공식적 정치 참여 주체이다.

오답 피하기

① 관습은 어떤 사회에서 오랫동안 지켜 내려온 행동 유형이다.

② 도덕은 인간이 지켜야 할 바람직한 기준이다.

④ 종교 규범은 종교에서 지켜야 할 것을 정해 놓은 규범이다.

12 정답 ②

민주 선거의 4원칙은 보통 선거, 평등 선거, 직접 선거, 비밀 선거이다.

13 정답 ①

심급 제도는 공정한 재판을 위하여 하나의 사건에 대하여 여러 번 재판을 받을 수 있게 하는 제도이다. 재판의 당사자가 하급 법원의 판결에 불복하여 상급 법원에 다시 재판을 청구하는 것을 상소라 한다.

오답 피하기

② 선거 공영제는 선거 운동을 국가 기관이 관리하여 부정 선거를 막고, 국가와 지방 자치 단체가 선거 비용의 일부를 지원하는 제도이다.

③ 선거구 법정주의는 특정 후보자나 정당의 당선을 위한 선거구의 조작(게리맨더링)을 방지하기 위해 국회에서 선거구를 법률로 정하는 것이다.

④ 국민 참여 재판 제도는 만 20세 이상의 국민이 배심원 또는 예비 배심원으로 참여하여 피고인의 유·무죄를 결정하고, 어떤 형벌을 내려야 할지에 대해 재판관과 토의하는 형사 재판 제도이다.

14 정답 ③

수요량과 공급량이 일치하여 균형을 이루는 지점에서의 가격이 균형 가격이다. 균형 거래량은 균형 가격에서 거래되는 상품의 수량이다. 제시된 자료에서 3,000원에 수요량 150개, 공급량 150개가 일치하여 균형 가격은 3,000원이며 균형 거래량은 150개이다.

15 정답 ②

일할 능력과 의사가 있음에도 불구하고 일자리를 구하지 못한 상태를 실업이라 한다. 실업의 원인으로 경기적 실업, 구조적 실업, 계절적 실업, 마찰적 실업이 있다.

> **오답 피하기**
> ① 신용은 정해진 날짜에 갚을 것을 약속하고 재화나 서비스를 소비하거나 현금을 빌릴 수 있는 능력이다.
> ③ 환율은 두 나라 화폐 사이의 교환 비율이다.
> ④ 물가 지수는 기준 시점의 물가를 100으로 했을 때 비교 시점의 물가 수준을 종합적으로 측정한 값이다.

16 정답 ④

단결권, 단체 교섭권, 단체 행동권은 노동 3권에 해당하며 헌법상의 노동자의 권리이다.

> **오답 피하기**
> ③ 국민 투표권은 국가의 중요한 정책을 직접 결정할 수 있는 권리이다.

17 정답 ④

뗀석기인 주먹도끼는 구석기 시대의 유물이다. 구석기 시대는 사냥, 채집, 어로 등의 경제생활을 하며 동굴이나 바위 그늘, 막집에 거주한다.
④ 철제 농기구 사용은 철기 시대에 해당한다.

18 정답 ②

정조 사후 나이 어린 왕이 즉위하자 왕실과 혼인 관계를 맺은 외척 가문이 권력을 독점하는 정치 형태를 세도 정치라 한다. 세도 정치 결과 왕권이 약화되고, 매관매직, 삼정의 문란으로 농민 봉기가 발생하였다.

19 정답 ②

고이왕, 무령왕, 성왕은 백제의 왕이다. 고이왕은 마한의 목지국을 병합하고 율령을 반포하여 국가 기틀을 마련하였다. 무령왕은 지방의 중요한 지역에 왕족을 파견하여 22담로를 설치하였다. 성왕은 수도를 사비로 옮기고 국호를 남부여로 변경하였다.

20 정답 ②

옛 고구려의 장수였던 대조영이 자신의 무리를 이끌고 동모산에 수도를 정하고 발해를 건국하여 남쪽의 신라와 북쪽의 발해가 공존하는 남북국 시대가 되었다.

> **오답 피하기**
> ① 원효는 일심 사상을 강조한 통일 신라의 승려이다.
> ③ 정약용은 조선 후기 실학자이며 거중기를 제작한 인물이다.
> ④ 흥선 대원군은 고종이 왕으로 즉위하고 권력을 잡았다.

21 정답 ③

『삼국사기』는 현재까지 전해 오는 가장 오래된 역사책이다. 1145년 김부식이 주도하여 편찬하였다. 주로 고구려, 백제, 신라에 대한 역사를 기록하고 있으며, 고려가 신라를 계승하였다는 입장을 취하였다.

> **오답 피하기**
> ① 천마도는 경주 천마총에서 발견된 신라의 유물이다.
> ② 『농사직설』은 조선 세종 때 발행된 농사 책이다.
> ④ 「대동여지도」는 조선 후기 김정호가 제작한 지도이다.

22 정답 ①

세종은 집현전을 설치하여 학문을 연구하였으며, 의정부 서사제를 실시하여 왕권과 신권의 조화를 추구하였다. 4군 6진을 개척하여 영토를 확장하였다.

② 화랑도는 신라의 청소년 수련 단체이다.

③ 박정희 정부가 유신 헌법을 제정하였다.

④ 대한민국 임시 정부가 지청천을 총사령관으로 하는 한국 광복군을 창설하였다.

23 정답 ①

1877년 일본 메이지 정부의 최고 행정 기관인 태정관이 '울릉도와 독도에 관한 것은 일본과 관련 없음을 명심할 것'이라고 결정하여 지령을 내렸다. 1900년 대한 제국 칙령 제41조를 공포하여 울릉도를 울도군으로 승격하고, 울릉 군수가 울릉도와 함께 독도를 관할하도록 규정하였다.

24 정답 ④

일본이 명을 정벌하러 가는 길을 빌려달라고 하였으나 조선이 거절하자 이를 구실로 일본이 조선을 침략한 사건을 임진왜란이라 한다. 전쟁 초반 불리하던 전세가 이순신이 이끄는 수군이 일본군을 노량에서 물리치면서 역전되었다.

① 강감찬은 거란의 3차 침입을 귀주에서 물리친 고려의 장군이다.

② 김유신은 신라의 장군이다.

③ 한인 애국단의 윤봉길은 홍커우 공원에서 폭탄을 던져 일본군을 응징하였다.

25 정답 ②

이승만 정부와 자유당이 1960년 정·부통령 선거에서 각종 부정을 저지르자(3·15 부정 선거), 학생과 시민들이 부정 선거와 이승만 정부의 독재에 항의하며 일으킨 사건이 4·19 혁명이다.

① 3·1 운동은 일제 강점기 최대 규모의 민족 운동이다.

③ 6·25 전쟁은 북한의 남침으로 시작되었다.

④ 광주 학생 항일 운동은 3·1 운동 이후 최대 규모의 반일 학생 투쟁으로 학생 시위로 시작하여 일반 국민들까지 가담하여 전국적으로 전개되었다.

과학 2024년 제2회

01	③	02	②	03	③	04	②	05	④
06	④	07	④	08	③	09	①	10	④
11	①	12	②	13	④	14	①	15	④
16	①	17	③	18	③	19	②	20	②
21	④	22	②	23	②	24	②	25	①

01 정답 ③

마찰력은 물체의 운동을 방해하는 힘으로 물체의 운동 방향과 반대 방향으로 작용한다.

02 정답 ②

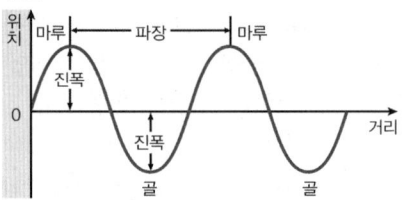

진폭은 진동의 중심에서 마루나 골까지의 수직 거리를 말한다.

03 정답 ③

전압(V) = 전류(A) × 저항(Ω)이므로

니크롬선의 저항(Ω) = $\dfrac{전압(V)}{전류(A)}$ 로 구할 수 있다.

04 정답 ②

대류는 액체나 기체 입자가 직접 이동하여 열을 전달하는 방법으로 따뜻한 공기는 위로 이동하고 차가운 공기는 아래로 이동하므로 냉방기는 위쪽에 설치하는 것이 효과적이다.

05 정답 ④

중력에 대하여 한 일은 물체를 들어 올리는 일로 '물체의 무게(N) × 들어 올린 높이(m)'로 계산할 수 있다. 따라서 중력에 대하여 한 일 = 20N×5m = 100J이다.

06 정답 ④

역학적 에너지는 물체의 위치 에너지와 운동 에너지의 합으로 공기의 저항과 마찰이 없는 경우 역학적 에너지는 일정하게 보존되고 이를 역학적 에너지 보존 법칙이라 한다.

07 정답 ④

온도가 일정할 때 피스톤을 누르게 되면 입자 사이의 거리가 가까워지고 주사기 속 부피가 감소한다. 이때 주사기 속 입자의 개수는 변하지 않으므로 같은 면적에 기체 입자의 충돌 횟수가 증가하여 주사기 속 기체의 압력은 증가한다.

08 정답 ③

액체 상태인 쇳물이 식어 고체 상태인 단단한 철이 되는 현상은 C이고 이를 응고라고 한다.

09 정답 ①

원소는 더 이상 다른 물질로 분해되지 않는 물질을 구성하는 기본 성분이다. 일부 금속 원소나 금속 원소가 포함된 물질에 불을 붙이면 특정한 불꽃 반응 색이 나타나는 불꽃 반응이나 불꽃색을 분광기로 관찰할 때 나타나는 선 스펙트럼을 통해 원소를 구분할 수 있다.

10 정답 ④

밀도는 단위 부피당 물질의 질량으로 물질의 질량을 부피로 나누어 구한다.

$$A = \frac{10(g)}{10(mL)} = 1(g/mL)$$

$$B = \frac{20(g)}{10(mL)} = 2(g/mL)$$

$$C = \frac{30(g)}{20(mL)} = 1.5(g/mL)$$

$$D = \frac{50(g)}{20(mL)} = 2.5(g/mL)$$

이므로 D의 밀도가 가장 크다.

11 정답 ①

화학 반응식에서 화학식 앞에 쓰인 숫자를 계수라 부르고 계수 비는 분자 수의 비와 같다.

수소 분자(H_2) : 질소 분자(N_2) : 암모니아 분자(NH_3)의 계수 비가 3 : 1 : 2이므로 분자 수 비도 3 : 1 : 2로 같다. 따라서 수소 분자 3분자와 질소 분자 1분자가 반응하면 암모니아 분자는 2개가 생성된다.

12 정답 ②

일정 성분비 법칙은 화합물을 구성하는 원소들 사이에는 일정한 질량비가 있음을 나타내는 것으로 4g의 구리가 반응하면 5g의 산화 구리(Ⅱ)가 생성된 것을 통해 구리 : 산화 구리(Ⅱ)의 질량비는 4 : 5임을 알 수 있다. 따라서 구리의 질량이 8g이면 산화 구리(Ⅱ)의 질량은 10g이 되어야 한다.

13 정답 ④

광합성은 식물이 빛에너지를 이용하여 물과 이산화 탄소를 원료로 양분을 만드는 작용으로 엽록체에서 일어난다.

14 정답 ①

균계는 대부분 몸이 균사라고 하는 실 모양의 구조로 이루어진 핵이 있는 생물로 스스로 양분을 만들 수 없으므로 죽은 생물이나 배설물을 분해하여 양분을 얻는다. 버섯, 곰팡이, 효모가 균계에 포함된다.

15 정답 ①

생물의 구성 단계는 세포 → 조직 → 기관 → 개체로 세포는 생물체를 구성하는 기본 단위를 말한다. 모양과 기능이 같은 세포들이 모여 조직을 이루고 여러 조직이 모여 일정한 형태를 이루고 특정 기능을 수행하는 기관이 된다.

16 정답 ①

대뇌는 좌우 2개 반구로 되어 있고 주름이 많은 특징을 가지며 기억, 추리, 판단, 언어 등 고등 정신 활동을 담당한다.

17 정답 ③

호흡계는 산소와 이산화 탄소의 기체 교환이 이루어지는 데 관여하는 기관들의 모임으로 기체 교환의 효율을 높이기 위해 폐는 폐포 형태의 작은 공기주머니로 되어 있다.

18 정답 ③

체세포 분열은 1회 분열로 모세포와 같은 2개의 딸세포를 만들게 되고 형성된 딸세포의 염색체 수는 모세포와 같다. 따라서 체세포 분열 전기의 염색체 수는 4개이므로 딸세포 A의 염색체 수도 4개로 같다.

19 정답 ②

쌍으로 존재하는 유전자는 두 개 중 하나만 자손에게 전달된다. 이때 아버지가 아들에게 줄 수 있는 유전자는 T, 어머니가 줄 수 있는 유전자는 t뿐이므로 아들의 유전자형은 Tt이다.

20 정답 ②

맨틀은 지구 전체 부피의 약 80% 정도를 차지하는 가장 두꺼운 층상 구조로 유동성이 있는 고체 상태이다.

21 정답 ④

태양, 달, 별과 같은 천체가 하루에 한 바퀴씩 원을 그리며 도는 천체의 일주 운동은 지구 자전에 의한 현상이다.

22 정답 ②

화성의 표면은 붉은색 산화 철 성분의 토양이 있고, 물이 흐른 흔적이 있다. 또한 양극에 드라이아이스와 얼음으로 된 극관이 있고, 계절의 변화가 있어 여름에는 극관의 크기가 작아지고 겨울에 커진다.

23 정답 ②

염류는 해수에 녹아 있는 여러 가지 물질로 짠맛을 내는 염화 나트륨이 가장 많고 쓴맛을 내는 염화 마그네슘이 두 번째로 많다. 전체 염류 중 ㉠의 양이 가장 많으므로 ㉠은 염화 나트륨이다.

24 정답 ②

포화 상태는 어떤 공기가 수증기를 최대로 포함하고 있는 상태로 포화 수증기량 곡선 위의 지점(A, D)은 포화 상태이다. 지점 B, C는 공기가 최대로 포함할 수 있는 수증기량보다 적은 양의 수증기를 포함한 상태인 불포화 상태이다.

25 정답 ①

겉보기 등급은 지구의 관측자가 맨눈으로 보이는 별의 밝기를 상대적으로 비교하여 나타낸 등급으로 등급이 작을수록 밝은 별이다.

도덕 2024년 제2회

01	②	02	④	03	③	04	①	05	③
06	④	07	③	08	④	09	②	10	③
11	①	12	④	13	①	14	②	15	①
16	①	17	②	18	④	19	②	20	①
21	④	22	③	23	③	24	④	25	②

01 정답 ②
제시문은 옳고 그름의 판단 기준이 되는 도덕에 대한 설명이다.

오답 피하기
① 강요 : 억지로 또는 강제로 요구함.
③ 본능 : 생물이 선천적으로 타고나는 경향성
④ 욕망 : 부족을 느껴 무엇을 가지거나 누리고자 하는 마음

02 정답 ④
대화를 통해 설명하고 있는 도덕 원리 검사 방법은 어떤 도덕 원리를 모든 사람이 받아들였을 때 나타날 수 있는 결과를 예상하여 도덕 원리의 적절성을 검토하는 보편화 결과 검사이다.

오답 피하기
① 정보에 대한 사실을 검사하는 것
② 정보가 신뢰할 만한 전문가나 객관적 증거에서 비롯된 것인지 확인하는 것

03 정답 ③
행복한 삶을 살아가기 위해서는 자신이 잘할 수 있는 일, 좋아하는 일, 소중히 여기는 가치를 바탕으로 삶의 목적을 설정해야 한다.

04 정답 ①
인권은 인간이 지니는 근본적인 권리이자 인간 존엄성을 보장하기 위한 권리를 의미한다. 인권의 특징에는 보편적 가치, 천부 인권, 불가침의 권리 등이 있다.

• 인종, 성별에 따라 차별할 수 있는 권리 : 모든 인간은 인권을 보장받아야 하기 때문에 차별하는 것은 인권을 침해하는 비도덕적 행동이다.

05 정답 ③
바람직한 삶의 목적을 세우기 위해서는 삶의 목적이 자신뿐만 아니라 다른 사람들과 사회에도 도움을 줄 수 있는 것인지 생각해 보아야 한다.
③ 돈을 많이 벌기 위해 법을 어기는 행동은 다른 사람과 사회에 악영향을 줄 수 있기 때문에 옳지 않다.

06 정답 ④
정보화 시대에 발생하는 도덕 문제에는 사이버 폭력, 사생활 침해, 사이버 중독 등이 대표적이다. 제시문은 사이버 폭력에 대한 설명이다.

07 정답 ③
도덕 판단은 가치 판단 중에서 어떤 사람의 인격이나 행위, 도덕적 상황 등에 관하여 도덕적 관점에서 내리는 판단을 의미한다.
①·②·④ 도덕 추론 과정과 관련이 없다.

오답 피하기
② 고정 관념 : 잘 변하지 않는 행동을 주로 결정하는 확고한 의식이나 관념

08 정답 ④
고대 그리스의 철학자 아리스토텔레스는 행복을 그 자체로 목적으로 추구되는 본래적 가치로 제시하였다.

09 정답 ②
친구 사이에서 나누는 정신적 유대감이나 정(情)을 우정이라고 한다.

오답 피하기
① 효 : 어버이를 잘 섬기는 일
③ 경로 : 노인을 공경함.
④ 자애 : 아랫사람에게 베푸는 도타운 사랑

10 정답 ③

세계 시민이 갖추어야 할 도덕적 가치에는 인류애, 연대 의식, 평화 의식 등이 있다.

11 정답 ①

이웃 간에 관심을 두고 작은 일에서부터 배려를 실천할 때 서로 도움을 주고받는 바람직한 공동체를 만들 수 있다.

12 정답 ④

정보화 시대에 도덕적 책임을 실천하는 바람직한 자세에는 인간 존중, 책임 의식, 해악 금지, 정의 추구 등이 있다.

13 정답 ①

제시된 자료는 시민 불복종에 대한 자료로 인도의 독립 과정에서 영국의 식민 통치를 평화적 방법으로 저항한 인물인 간디에 대한 설명이다.

14 정답 ②

오늘날 우리 사회가 바람직한 다문화 사회로 나아가기 위해서는 서로 다른 문화적 배경을 지닌 사람이 평화롭게 공존할 수 있는 삶의 자세를 익히고, 다양한 문화 간에 조화를 모색하는 일이 중요하다.

15 정답 ①

고통이나 욕심, 분노, 질투 등의 감정이 잘 다스려져 어떠한 상황에도 평안하고 고요한 마음을 평정심이라고 한다. 평정심을 갖춘다면, 우리는 마음의 평화를 얻을 수 있다.

16 정답 ①

평화 통일을 이루기 위해서는 사회적인 준비와 함께 국민 개개인의 노력이 뒷받침되어야 한다.
- 사회적 노력 : 민족 동질성 회복, 지속적인 교류·협력, 법·제도 정비, 통일 비용 마련, 통일에 우호적인 국제 분위기 조성을 위한 외교적 노력

- 개인적 노력 : 통일에 관심, 관용적·개방적인 자세, 올바른 안보 의식, 평화를 사랑하는 마음

17 정답 ②

평화적 갈등 해결 방법에는 당사자들이 자발적으로 대화하여 서로가 만족할 만한 합의를 이끌어 내는 협상이 있고, 당사자 간의 협상이 어려울 때는 제3자가 개입하여 갈등을 해결하도록 도와주는 조정과 중재가 있다.

18 정답 ④

우리가 활용하는 과학 기술의 결과는 현재뿐만 아니라 미래에까지 영향을 미친다. 지구는 미래 세대가 살아갈 터전이기에 지구를 보존하여 온전히 물려주어야 한다. 그러므로 우리는 과학 기술이 미래 세대에 어떤 영향을 끼칠지 예상하면서 활용하여야 한다.

19 정답 ②

부패를 예방하고 근절하기 위해서는 먼저 개인이 청렴 의식을 갖춰야 한다.
- 청렴(清 맑을 청, 廉 청렴할 렴) : 성품과 행실이 깨끗하고 맑으며, 재물을 탐하는 마음이 없는 것

> **오답 피하기**

① **배려** : 도와주거나 보살펴 주려고 마음을 씀.
③ **부패** : 사적 이익을 취하기 위해 공적 권력을 남용하는 것
④ **소외** : 어떤 무리에서 기피하여 따돌리거나 멀리함.

20 정답 ①

통일 한국은 지금까지 인류의 역사에서 보편적으로 추구해 온 인간의 존엄성, 자유, 평등, 정의, 복지 등의 기본 가치를 중요하게 여기는 나라가 되어야 한다.

21 정답 ④

환경 문제는 특정 지역을 넘어서 전 지구에 영향을 준다. 이외에도 지구 온난화, 사막화 현상, 황사 및 미세먼지, 각종 기상 이변, 전염병의 증가 등 수많은 환경 문제들은 우리의 삶과 생태계의 균형을 심각하게 위협하고 있다.

22 정답 ③

바람직한 민주 시민은 자신이 속한 공동체의 문제에 관심을 가지고 문제 해결을 위한 과정에 적극적으로 참여해야 한다.

오답 피하기

④ 특권 의식 : 사회·정치·경제적으로 특별한 권리를 누리고자 하는 태도

23 정답 ③

바람직한 삶을 살기 위해 자신의 내면과 행동에 잘못함과 부족함이 없는지 살펴보는데, 이를 도덕적 성찰이라고 한다.

24 정답 ④

정의로운 국가는 인간의 존엄성을 존중하고 보편적 가치를 추구하며, 정의로운 사회 제도를 갖춘 국가를 의미한다.

오답 피하기

ㄷ. 정의로운 국가는 정의로운 사회 제도를 갖추어야 한다. 국가 공동체 안에서 벌어지는 차별과 갈등을 해결하기 위해 제도나 법적인 절차를 마련해야 한다.

25 정답 ②

내가 사용하는 물건이 만들어지고 폐기되기까지 환경에 미치는 영향을 고려해 소비해야 한다. 우리가 환경을 생각하는 소비 습관을 기르고 실천할 때 환경친화적 삶을 살아갈 수 있다.

EBS 교육방송교재

중졸 검정고시 기출문제집

2024 년

제1회 기출문제

EBS 교육방송교재

중졸 검정고시 기출문제집

01 다음 대화에서 '민재'의 말하기 의도로 가장 적절한 것은?

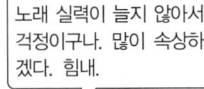

민재야. 나 요즘 노래 실력이 늘지 않아서 걱정이야.

노래 실력이 늘지 않아서 걱정이구나. 많이 속상하겠다. 힘내.

① 상대방의 잘못된 점을 지적하기
② 상대방의 감정에 공감하며 위로하기
③ 상대방의 좋은 점을 말하며 칭찬하기
④ 타당한 근거를 들어서 상대방을 설득하기

02 다음 면담의 질문 내용으로 적절하지 않은 것은?

> 면담 대상 : 커피 전문가
> 면담 목적 : 커피 전문가라는 직업에 대한 정
> 보 얻기
> 질문 내용 : _____

① 커피 전문가의 전망은 어떠한가요?
② 커피 전문가가 하는 일은 무엇인가요?
③ 커피 전문가가 되려면 어떻게 해야 하나요?
④ 커피 전문가는 어떤 운동을 가장 좋아하나요?

03 다음 규정에 맞게 발음하지 않은 것은?

> ■ 표준 발음법 ■
> 【제14항】 겹받침이 모음으로 시작된 조사나
> 어미, 접미사와 결합되는 경우에는 뒤엣것
> 만을 뒤 음절 첫소리로 옮겨 발음한다.(이
> 경우, 'ㅅ'은 된소리로 발음함.)

① 값이[갑씨]   ② 넓은[널븐]
③ 읊어[을퍼]   ④ 흙은[흐근]

04 다음에서 설명하는 모음이 들어 있는 단어는?

> 이중 모음이란 소리를 낼 때 입술의 모양
> 이나 혀의 위치가 달라지는 모음을 말한다.

① 강진   ② 부산
③ 영월   ④ 전주

05 다음 단어의 공통된 특성으로 적절한 것은?

> 바다   사탕   엄마   연필

① 수량이나 순서를 나타낸다.
② 대상의 동작이나 작용을 나타낸다.
③ 사람이나 사물의 이름을 나타낸다.
④ 대상의 성질이나 상태를 나타낸다.

06 다음을 참고할 때 밑줄 친 단어의 기본형으로 적절한 것은?

> 국어사전에서 동사와 형용사를 찾을 때는 활용할 때 변하지 않는 부분인 어간에 '−다'를 붙인 기본형으로 찾아야 한다.
> 예 달리니, 달리는, 달렸다 → 달리다

① 담장에 <u>작은</u> 참새가 앉았다. → 작다
② 여기에 <u>서니</u> 독도가 보인다. → 섰다
③ 도서관에는 <u>많은</u> 책이 있다. → 많았다
④ 여름에 <u>먹는</u> 냉면은 맛있다. → 먹는다

07 밑줄 친 부분의 문장 성분이 ㉠과 같은 것은?

> 내 동생은 ㉠ <u>연구원이</u> 되었다.

① 바람이 세차게 <u>분다</u>.
② 봄꽃이 <u>활짝</u> 피었다.
③ 민서는 <u>연예인이</u> 아니다.
④ <u>아기가</u> 아장아장 걷는다.

08 밑줄 친 부분이 '한글 맞춤법'에 맞게 표기된 것은?

① 편지에 우표를 <u>부치지</u> 않고 보냈다.
② 감기가 다 <u>낳아서</u> 병원에서 퇴원했다.
③ 이번 학교 축제에는 <u>반드시</u> 참여할 거야.
④ 나는 친구가 낸 수수께끼의 정답을 <u>마쳤다</u>.

09 다음 개요에서 통일성에 <u>어긋나는</u> 부분은?

제목	동물이 행복한 동물원은 없다.
서론	• 좁은 우리 안에 갇힌 동물을 본 경험 ·············· ㉠
본론	• 동물원은 동물이 살기에 부적합한 환경임. ·············· ㉡ 　− 동물원 돌고래들의 짧은 평균 수명 • 동물원에서 동물은 극심한 스트레스를 받음. ·············· ㉢ 　− 스트레스로 인한 코끼리들의 이상 행동 • 동물원은 야생 동물을 보호하는 기능을 함. ·············· ㉣ 　− 사육사들의 따뜻한 돌봄을 받는 반달가슴곰
결론	동물의 행복을 위해서 동물원을 없애야 함.

① ㉠　　　　　　② ㉡
③ ㉢　　　　　　④ ㉣

10 ㉠~㉣에 대한 고쳐쓰기 방안으로 적절하지 않은 것은?

> 수많은 생물들이 ㉠습지를 보금자리로 삼아 살고 있다. ㉡결코 습지가 사라진다면 이곳에 사는 생물들도 사라질 것이다. 그런데 우리나라의 습지가 급속히 사라지고 있다. ㉢습지는 가뭄과 홍수를 예방해 주는 역할도 한다. 서해안 갯벌의 경우 간척 사업 등으로 인해 이미 갯벌의 1/3이 사라졌다. 우리가 습지를 보존하지 못하면 우리나라 습지에 사는 생물들을 ㉣영원이 다시 보지 못하게 될지도 모른다.

① ㉠: 조사의 쓰임을 고려하여 '습지의'로 바꾼다.

② ㉡: 문장의 호응이 맞지 않으므로 '만일'로 고친다.

③ ㉢: 글의 흐름에서 벗어난 내용이므로 삭제한다.

④ ㉣: 한글 맞춤법에 어긋나므로 '영원히'로 고친다.

[11~13] 다음 글을 읽고 물음에 답하시오.

> | 앞부분 줄거리 | 숙모의 심부름을 간 문기는 고깃집에서 거스름돈보다 더 많은 돈을 받는다. 그 사실을 안 수만이는 돈을 쓰자고 문기를 유혹하여 사고 싶었던 물건들을 함께 산다. 그러나 양심의 가책을 느낀 문기는 남은 돈은 고깃집 마당에 던지고 샀던 물건들은 버린다. 하지만 수만이가 이것을 믿지 않고 문기에게 돈을 계속 요구하며 괴롭히자 문기는 숙모의 돈을 훔쳐서 수만이에게 준다. 이후 이웃집 점순이가 숙모의 돈을 훔쳤다는 죄를 뒤집어쓴다.

그날 밤이었다. 아랫방 들창 밑에 홀쩍홀쩍 우는 어린아이 울음소리가 났다. 아랫집 심부름하는 아이 점순이 음성이었다. 숙모가 직접 그 집에 가서 무슨 말을 한 것은 아니로되 자연 그 말이 한 입 걸러 두 입 걸러 그 집까지 들어갔고, 그리고 그 집주인 여자는 점순이를 때려 쫓아낸 것이다. 먼저는 동네 아이들이 모여 지껄지껄하더니 차차 하나 가고 둘 가고 홀쩍홀쩍 우는 그 소리만 남는다. 방 안의 문기는 그 밤을 뜬눈으로 새웠다.

이튿날 아침이다. 문기는 밥을 두어 술 뜨다가는 고만둔다. 뭐 그 돈을 갚기 위한 그것이 아니다. 도무지 입맛이 나지 않았다. 학교엘 갔다. 첫 시간은 수신 시간[1], 그리고 공교로이[2] 제목이 '정직'이다. 선생님은 뒷짐을 지고 교단 위를 왔다 갔다 하며 거짓이라는 것이 얼마나 악한 것이고 정직이 얼마나 귀하고 중한 것인가를 누누이 말씀한다. 그럴 때마다 문기는 가슴이 뜨끔뜨끔해진다. 문기는 자기 한 사람에게만 들리기 위한 정직이요 수신 시간인 듯싶었다. 그만치 선생님은 제 속을 다 들여다보고 하는 말인 듯싶었다.

운동장에서 문기는 풀[3]이 없다. 사람 없는 교실 뒤 버드나무 옆 그런 데만 찾아다니며 고개를 숙이고 깊은 생각에 잠기거나 팔짱을 찌르고 왔다 갔다 하기도 한다. 그러다 누가 등을 치면 소스라쳐 깜짝깜짝 놀란다.

언제나 다름없이 하늘은 맑고 푸르건만 문기는 어쩐지 그 하늘조차 쳐다보기가 두려워졌다. 자기는 감히 떳떳한 얼굴로 그 하늘을 쳐다볼 만한 사람이 못 된다 싶었다.

언제나 다름없이 여러 아이들은 넓은 운동장에서 마음대로 뛰고 마음대로 지껄이고 마음대로 즐기건만 문기 한 사람만은 어둠과 같이 컴컴하고 무거운 마음에 잠겨 고개를 들지 못한다. 무엇보다도 문기는 전일처럼 맑은 하늘 아래서 아무 거리낌 없이 즐길 수 있는 마음이 갖고 싶다. 떳떳이 하늘을 쳐다볼 수 있는, 떳떳이 남을 대할 수 있는 마음이 갖고 싶었다.

– 현덕, 「하늘은 맑건만」 –

---

1) 수신 시간 : 일제 강점기의 도덕 시간
2) 공교로이 : 생각하지 않았거나 뜻하지 않게 우연히
3) 풀 : 세찬 기세나 활발한 기운

11 윗글의 서술자에 대한 설명으로 적절한 것은?

① 서술자인 '나'가 자신이 겪은 사건을 서술하고 있다.

② 서술자가 사건의 전개와 배경의 변화에 따라 바뀌고 있다.

③ 서술자가 사건과 등장인물의 심리를 직접적으로 설명하고 있다.

④ 서술자인 '나'가 주변 인물의 사건을 간접적으로 전달하고 있다.

12 윗글을 읽은 학생의 반응으로 가장 적절한 것은?

① 친구와의 약속을 지키려고 노력해야겠어.

② 정직하고 떳떳하게 사는 태도가 중요하지.

③ 성실하게 수업에 참여하는 자세가 필요해.

④ 하늘을 쳐다볼 수 있는 여유를 가져야겠어.

13 윗글에서 알 수 있는 내용으로 가장 적절한 것은?

① 문기는 자신의 행동이 정당하다고 생각했다.

② 점순이는 아랫집에서 심부름을 하며 살았다.

③ 선생님은 문기의 잘못을 이미 알고 '정직'을 주제로 수업했다.

④ 숙모는 직접 아랫집에 가서 주인 여자에게 점순이가 돈을 훔쳤다고 말했다.

[14~16] 다음 글을 읽고 물음에 답하시오.

눈을 가만 감으면 ① 굽이 잦은 풀밭 길이,
개울물 돌돌돌 길섶¹⁾으로 흘러가고,
백양 숲 사립을 가린 초집들도 보이구요.

송아지 몰고 오며 바라보던 진달래도
저녁노을처럼 산을 둘러 퍼질 것을,
어마씨²⁾ 그리운 솜씨에 향그러운 꽃지짐.

어질고 고운 그들 멧남새³⁾도 캐어 오리.
집집 끼니마다 봄을 씹고 사는 마을.
감았던 그 눈을 뜨면 마음 도로 애젓하오⁴⁾.

– 김상옥, 「사향(思鄉)⁵⁾」 –

---

1) 길섶 : 길의 가장자리. 흔히 풀이 나 있는 곳을 가리킨다.
2) 어마씨 : 어머니
3) 멧남새 : 산나물
4) 애젓하오 : 애틋하오. 섭섭하고 애가 타는 듯하오.
5) 사향(思鄉) : 고향을 생각함.

14 윗글에서 시적 화자가 떠올린 고향의 모습으로 적절하지 <u>않은</u> 것은?

① 고깃배가 나란히 들어선 항구

② 온 산을 둘러 피어 있는 진달래

③ 어머니의 맛있고 향긋한 꽃지짐

④ 산나물을 캐서 돌아오는 사람들

15 윗글에서 느낄 수 있는 시적 화자의 주된 정서는?

① 그리움　　　② 두려움

③ 부러움　　　④ 지겨움

16 ⊙과 같은 감각적 이미지가 쓰인 것은?

① 구수한 청국장 냄새

② 하늘에 울리는 종소리

③ 달콤한 사랑의 추억

④ 노랗게 물든 황금 들판

[17~19] 다음 글을 읽고 물음에 답하시오.

놀부는 더욱 화를 내며 나무란다.

"이놈아, 들어 보아라. 쌀이 아무리 많다고 해도 너를 주려고 섬[1]을 헐며, 벼가 많다고 하여 너 주려고 노적[2]을 헐며, 돈이 많이 있다 한들 너 주자고 돈꿰미를 헐며, 곡식 가루나 주고 싶어도 너 주자고 큰독에 가득한 걸 떠내며, 옷가지나 주려 한들 너 주자고 행랑채에 있는 아랫것들을 벗기며, 찬밥을 주려 한들 너 주자고 마루 아래 청삽사리를 굶기며, 술지게미나 주려 한들 새끼 낳은 돼지를 굶기며, 콩이나 한 섬 주려 한들 농사지을 황소가 네 필인데 너를 주고 소를 굶기겠느냐. 염치없고 생각 없는 놈이로다."

"아무리 그렇더라도 죽는 동생 한 번만 살려 주십시오."

(중략)

흥부 아내의 말이 변하여 울음이 되니 흥부가 말 없이 듣고 있다가 자리에서 일어섰다.

"여보 마누라, 울지 말아요. 내가 오늘 읍내를 나갔다 오리다."

"읍내는 무엇 하려요?"

"양식을 좀 꾸어서라도 얻어 와야 저 자식들을 먹이지."

"여보 영감, 그 모양에 곡식 먹고 도망한다고 안 줄 테니 가 보아야 소용없는 일입니다."

"가장이 나서는데 그게 무슨 소리! 어찌 될지는 가 봐야 아는 일이지 장 안에서 도포[3]나 꺼내 와요."

"아이고, 우리 집에 무슨 장이 있단 말이오?"

"어허, 닭장은 장이 아닌가? 가서 내 갓도 챙겨 나와요."

"갓은 또 어디에 있답니까?"

"뒤뜰 굴뚝 속에 가 봐요."

"세상에 갓을 어찌 굴뚝 속에 두었단 말입니까?"

"그런 게 아니라 지난번 국상[4] 뒤에 어느 친구한테 흰 갓 하나를 얻었는데 우리 형편에 칠해 쓸 수도 없고 연기에 그을려 쓰려고 굴뚝 속에 넣어 둔 지 벌써 오래요."

[A] ⌈ 흥부가 그렇게 저렇게 의관을 갖추는데 모양이 볼만 했다.

헌 망건을 꺼내 쓸 때 물렛줄로 줄을 삼고 박조각으로 관자 달아서 상투를 매어 쓰고, 갓 테떨어진 파립은 노끈을 총총 매어 갓끈 삼아 달아 쓰고, 다 떨어진 고의적삼 살점이 울긋불긋, 발바닥은 뻥 뚫리고 목만 남은 헌 버선에 짚 대 ⌊ 님이 희한하다.

– 작자 미상, 「흥부전」 –

1) 섬 : 곡식 등을 담기 위하여 짚으로 엮어 만든 그릇
2) 노적 : 곡식 등을 한데에 수북이 쌓음.
3) 도포 : 예전에 통상예복으로 입던 남자의 겉옷. 소매가 넓고 등 뒤에는 딴 폭을 댄다.
4) 국상 : 국민 전체가 상중에 상복을 입던 왕실의 초상

17 '놀부'와 비슷한 성격의 인물로 가장 적절한 것은?

① 일회용품 줄이기를 실천하는 사람

② 돈은 많으면서 남을 전혀 돕지 않는 사람

③ 파도에 밀려서 온 쓰레기를 청소하는 사람

④ 혼자 사는 노인을 방문하여 말벗이 되어 주는 사람

18 '흥부'에 대한 설명으로 적절하지 <u>않은</u> 것은?

① 가족의 생계에 대해 전혀 관심이 없다.

② 자식을 먹이기 위해 읍내로 가려고 한다.

③ 아내의 판단과 충고를 받아들이지 않는다.

④ 양식을 빌리러 가기 어려울 정도로 행색이 초라하다.

19 [A]에 대한 설명으로 적절한 것은?

① 사건을 요약적으로 제시한다.

② 배경을 통해 사건을 암시한다.

③ 인물 사이의 갈등을 강조한다.

④ 인물의 모습을 해학적으로 표현한다.

[20~22] 다음 글을 읽고 물음에 답하시오.

> ㉠ <u>세금은 그것을 납부하는 방식에 따라 직접세와 간접세로 나눌 수 있다.</u> 직접세는 세금을 내야 하는 의무가 있는 사람과 실제로 그 세금을 내야 하는 사람이 일치하는 세금으로 소득세, 법인세, 재산세, 상속세 등이 직접세에 해당한다.
>
> 조금 더 자세히 살펴보면, 직접세는 소득이나 재산에 따라 누진적으로 적용되는 경우가 많다. 즉 소득이 많은 사람은 세율이 높아 세금을 많이 내고 소득이 적은 사람은 세율이 낮아 세금을 적게 내는 식이다. 그렇기 때문에 직접세는 소득 격차를 줄이고 소득을 재분배하는 효과가 있다. (㉡) 직접세를 걷는 입장에서는 모든 사람의 소득이나 재산을 일일이 조사하여 그에 따라 세금을 거두어야 한다는 번거로움이 있다.
>
> 간접세는 세금을 내야 하는 의무가 있는 사람과 실제로 그 세금을 내는 사람이 다른 세금이다. 부가가치세를 비롯하여 개별 소비세, 인지세 등이 간접

세에 해당한다.

> 간접세는 소득이나 재산에 상관없이 모두에게 똑같이 적용된다. 예를 들어 음료수를 사 마실 때, 소득이 많은 사람이든 소득이 적은 사람이든 동일한 음료수를 산다면 모두 똑같은 세금을 내고 있는 셈이다. 그렇기 때문에 간접세를 걷는 입장에서는 편리하게 세금을 걷을 수 있다. 하지만 간접세는 같은 액수의 세금이라도 소득이 적은 사람에게는 소득에 비해 내야 할 세금의 비율이 높아지기 때문에 소득이 적은 사람일수록 세금에 대한 부담감이 커진다는 문제점이 있다.
>
> – 조준현, 「중학생인 나도 세금을 내고 있다고?」–

20 윗글의 내용과 일치하지 <u>않는</u> 것은?

① 직접세는 소득 격차 감소와 소득 재분배의 효과가 있다.

② 직접세는 간접세보다 세금을 걷는 입장에서 걷기 편하다.

③ 간접세는 소득이나 재산에 상관없이 모두에게 똑같이 적용된다.

④ 간접세는 소득이 적은 사람일수록 세금에 대한 부담이 크다.

21 ㉠과 같은 설명 방법이 사용된 것은?

① 김 교수는 "백색 소음이 집중력을 높인다."라고 말했다.

② 원통형 기둥은 위아래 지름이 일정한 기둥을 뜻한다.

③ 소설은 길이에 따라 단편, 중편, 장편 소설로 나눈다.

④ 젖산은 약한 산성이어서 유해균 증식을 억제할 수 있다.

22 ㉡에 들어갈 말로 적절한 것은?

① 그러나　　　　② 따라서

③ 그렇다면　　　④ 왜냐하면

[23~25] 다음 글을 읽고 물음에 답하시오.

근래에는 아직 초등학교에도 입학하지 않은 어린 아이들이 부모와 똑같은, 혹은 더 많은 양의 소금을 섭취하고 있다고 한다. 이는 대단히 ㉠심각한 문제이다. 아이들은 어른들보다 혈액량이 적어 똑같은 양의 소금을 섭취하더라도 혈액 속 염화 나트륨의 비율이 어른들보다 훨씬 높아지기 때문이다.

이뿐만 아니라 어릴 때부터 소금을 많이 먹으면 혀가 ㉡둔감해져 점점 더 짜고 자극적인 맛을 찾게 된다. 짠맛은 중추를 자극한다. 만약 계속해서 소금을 과하게 섭취한다면 아이들은 이런 쾌감을 유지하기 위해 배가 고프지 않더라도 음식을 계속 먹는 '음식 중독'에 걸릴 수 있다. 결국 폭식증이나 비만에 시달리게 되는 것이다.

문제는 여기서 그치지 않는다. 영국의 한 대학 연구팀에서 4세에서 18세까지 아동 및 청소년 1,688명을 일주일간 관찰한 결과, 짜게 먹는 아이일수록 음료를 많이 마신다는 사실을 ㉢발견했다. 소금이 체세포의 수분을 빼앗아 그만큼 갈증이 나기 때문이다. 그런데 대부분의 아이들은 갈증을 달래기 위해 건강에 좋은 음료가 아니라, 단맛이 강한 탄산음료를 찾는다. 탄산음료 속에 녹아 있는 탄수화물은 비만을 더욱 ㉣부추길 수 있다.

소금은 분명 맛있는 유혹이지만, 너무 많이 섭취하면 우리의 세포를 죽이고 건강을 위협한다. 건강을 생각한다면 지금이 라도 당장 소금 섭취를 줄여야 한다.

– 클라우스 오버바일, 「소금의 덫」 –

23 윗글을 읽는 방법으로 가장 적절한 것은?

① 주장과 근거를 파악한다.

② 상징적 의미를 추론한다.

③ 경험과 깨달음을 구분한다.

④ 갈등의 해결 과정을 분석한다.

24 윗글에서 글쓴이가 말하고자 하는 바로 가장 적절한 것은?

① 탄산음료는 갈증 해소에 도움이 된다.

② 건강을 위해 소금 섭취를 줄여야 한다.

③ 음식 중독은 사회적으로 심각한 문제이다.

④ 자녀를 위해 부모들이 직접 요리를 해야 한다.

25 ㉠~㉣의 사전적 의미로 적절하지 <u>않은</u> 것은?

① ㉠: 상태나 정도가 매우 깊고 중대하다.

② ㉡: 감정이나 감각이 무뎌지다.

③ ㉢: 아직 알려지지 않은 사실 따위를 찾아내다.

④ ㉣: 남의 의견을 판단 없이 믿고 따르다.

01 다음은 24를 소인수분해하는 과정을 나타낸 것이다. 24를 소인수분해한 것은?

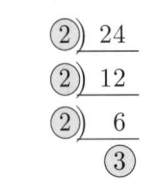

① 2×3

② 2×3^2

③ $2^3 \times 3$

④ $2^3 \times 3^2$

02 다음 수를 작은 수부터 차례대로 나열할 때, 세 번째 수는?

$$-\frac{2}{3}, \quad 4, \quad 3, \quad -5, \quad 11$$

① -5

② $-\frac{2}{3}$

③ 3

④ 4

03 그림은 가로의 길이가 $4\,\text{cm}$, 세로의 길이가 $a\,\text{cm}$인 직사각형이다. 이 직사각형의 넓이를 문자를 사용한 식으로 바르게 나타낸 것은?

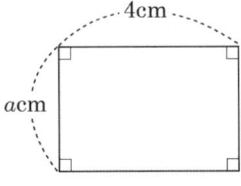

① $(2+a)\,\text{cm}^2$

② $(4+a)\,\text{cm}^2$

③ $(2 \times a)\,\text{cm}^2$

④ $(4 \times a)\,\text{cm}^2$

04 $a=5$일 때, $2a+3$의 값은?

① 11

② 13

③ 15

④ 17

05 다음 좌표평면 위에 있는 점 A의 좌표는?

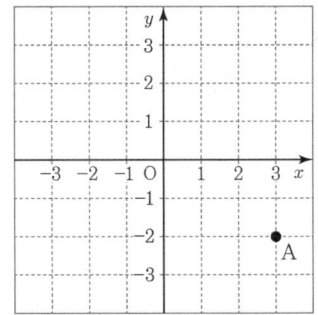

① $\text{A}(3, -2)$

② $\text{A}(2, 3)$

③ $\text{A}(-3, 2)$

④ $\text{A}(-3, -2)$

06 그림과 같이 평행한 두 직선 l, m이 다른 한 직선 n과 만날 때, $\angle x$의 크기는?

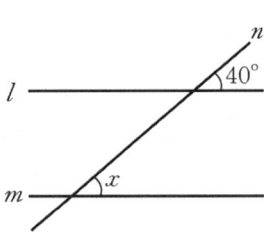

① $40°$

② $60°$

③ $80°$

④ $100°$

07 다음은 어느 반 학생 30명의 하루 수면 시간을 조사하여 나타낸 도수분포표이다. 하루 수면 시간이 6시간 미만인 학생 수는?

수면 시간(시간)	도수(명)
$4^{이상}$ ~ $5^{미만}$	5
5 ~ 6	3
6 ~ 7	4
7 ~ 8	15
8 ~ 9	3
합계	30

① 5명 　　　　② 6명
③ 7명 　　　　④ 8명

08 순환소수 $0.\dot{2}$를 기약분수로 나타낸 것은?

① $\dfrac{1}{9}$ 　　　　② $\dfrac{2}{9}$

③ $\dfrac{1}{3}$ 　　　　④ $\dfrac{4}{9}$

09 $2a \times 3a^2$을 간단히 한 것은?

① $2a$ 　　　　② $3a^2$
③ $5a^3$ 　　　　④ $6a^3$

10 일차부등식 $20x \geq 40$을 풀면?

① $x > 2$ 　　　　② $x \geq 2$
③ $x \leq 2$ 　　　　④ $x < 2$

11 그림은 일차함수 $y = -\dfrac{3}{2}x + 3$의 그래프이다. 이 일차함수의 그래프의 y절편은?

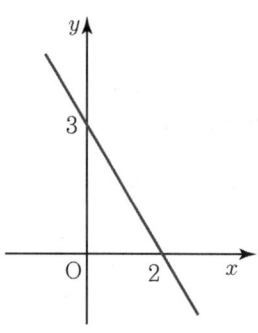

① -3 　　　　② 2
③ 3 　　　　④ 6

12 그림과 같이 $\overline{AB} = \overline{AC}$ 인 이등변삼각형 ABC에서 ∠A의 이등분선과 변 BC의 교점을 D라고 하자. $\overline{BD} = 4\,\text{cm}$일 때, $\overline{BC}$의 길이는?

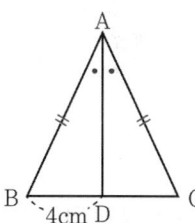

① 7 cm 　　　　② 8 cm
③ 9 cm 　　　　④ 10 cm

13 그림에서 $\triangle ABC \backsim \triangle DEF$일 때, $\overline{DE}$ 의 길이는?

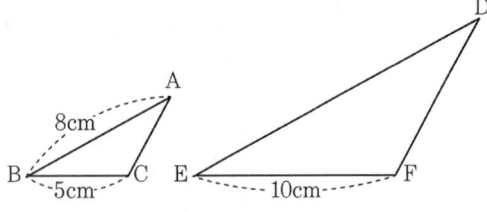

① 12 cm
② 14 cm
③ 16 cm
④ 18 cm

14 그림과 같이 주머니 속에 모양과 크기가 같은 흰 공 3개, 검은 공 5개가 들어 있다. 이 주머니에서 임의로 한 개의 공을 꺼낼 때, 흰 공이 나올 확률은?

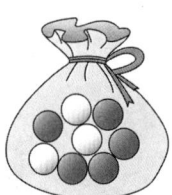

① $\dfrac{3}{8}$
② $\dfrac{1}{2}$
③ $\dfrac{5}{8}$
④ $\dfrac{3}{4}$

15 $2\sqrt{5} + 3\sqrt{5}$ 를 간단히 한 것은?

① $5\sqrt{5}$
② $6\sqrt{5}$
③ $7\sqrt{5}$
④ $8\sqrt{5}$

16 이차방정식 $(x-7)^2 = 0$의 근은?

① 4
② 5
③ 6
④ 7

17 이차함수 $y = \dfrac{1}{4}x^2$의 그래프에 대한 설명으로 옳은 것은?

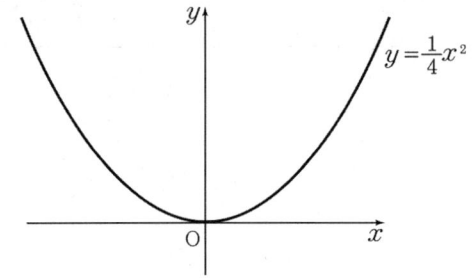

① 위로 볼록하다.
② y축을 축으로 한다.
③ 점 $(-1,\ 2)$를 지난다.
④ 꼭짓점의 좌표는 $\left(\dfrac{1}{4},\ 0\right)$이다.

18 그림과 같이 직각삼각형 ABC에서 $\overline{AB} = 13$, $\overline{BC} = 12$, $\overline{CA} = 5$일 때, $\cos B$의 값은?

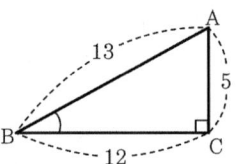

① $\dfrac{5}{13}$
② $\dfrac{5}{12}$
③ $\dfrac{12}{13}$
④ $\dfrac{12}{5}$

19 그림과 같이 원 O의 중심에서 두 현 AB, CD 에 내린 수선의 발을 각각 M, N이라고 하자. $\overline{AB} = \overline{CD} = 8\,cm$, $\overline{OM} = 5\,cm$일 때, $\overline{ON}$의 길이는?

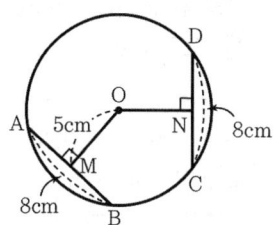

① 5 cm   ② 6 cm

③ 7 cm   ④ 8 cm

20 자료는 학생 5명의 수학 점수를 조사하여 나타 낸 것이다. 이 자료의 중앙값은?

(단위 : 점)

80	75	85	95	90

① 75   ② 80

③ 85   ④ 90

01 밑줄 친 단어의 뜻으로 가장 적절한 것은?

> Everyone thinks that ice cream is <u>delicious</u>.

① 쉬운　　　　② 가능한
③ 맛있는　　　④ 흥미로운

02 다음 중 두 단어의 의미 관계가 나머지 셋과 다른 것은?

① big - small　　② dry - wet
③ old - young　　④ tall - high

[3~4] 다음 빈칸에 들어갈 말로 가장 적절한 것을 고르시오.

03

> A lot of students _____ standing in line.

① am　　　　② is
③ was　　　④ were

04

> How _____ does it take to go to the train station?

① long　　　② many
③ often　　④ tall

[5~6] 다음 대화의 빈칸에 들어갈 말로 가장 적절한 것을 고르시오.

05

> A : _____ do you usually get up?
> B : I usually get up at seven.

① How　　　② What
③ When　　④ Which

06

> A : Can you ride a bike?
> B : _____.

① Yes, I can
② No, I don't
③ Yes, you can
④ No, I'm not

07 다음 빈칸에 공통으로 들어갈 말로 가장 적절한 것은?

> • I play the piano in my _____ time.
> • You can have this candy for _____.

① busy　　　② close
③ free　　　④ hard

08 다음은 가족이 주말에 할 일이다. Tom이 할 일은?

Father	Mother	Tom	Emma
water the plants	clean the windows	do the laundry	bake cookies

① 식물 물 주기
② 창문 닦기
③ 빨래하기
④ 쿠키 굽기

09 그림으로 보아 빈칸에 들어갈 말로 가장 적절한 것은?

A : What is the girl doing?
B : She is _____.

① reading a book
② drawing a picture
③ listening to music
④ playing basketball

10 다음 대화가 끝난 후 두 사람이 함께 갈 장소는?

A : I'm worried about my leg. I can't walk easily.
B : Why don't you see a doctor?
A : I think I should. Can you go with me now?
B : Sure.

① 병원   ② 서점
③ 문구점   ④ 우체국

11 다음 대화의 빈칸에 들어갈 말로 가장 적절한 것은?

A : How's the weather outside?
B : It's raining. _____?
A : No, I don't. I have to buy one.

① What time is it
② How have you been
③ Where did you get it
④ Do you have an umbrella

12 다음 대화의 주제로 가장 적절한 것은?

A : We need to change the meeting time. It's too early.
B : I agree. What about 10 a.m.?
A : That's much better.

① 회의 시간 변경
② 회의 장소 변경
③ 회의 주제 변경
④ 회의 참가자 변경

13 다음 홍보문을 보고 알 수 없는 것은?

World Food Festival
* Date : April 13th − 14th
* Time : 11 a.m. − 4 p.m.
* Place : Seaside Park
Come and Enjoy!
Try food from all over the world!

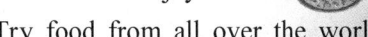

① 행사 날짜   ② 행사 시간
③ 행사 장소   ④ 행사 참가비

14 다음 방송의 목적으로 가장 적절한 것은?

> Hello, everyone. I have something to tell you about tomorrow's lunch menu. The original menu was spaghetti, cake, and orange juice. However, we'll serve milk instead of orange juice. Sorry about the change.

① 기부금 모금
② 학교 규칙 안내
③ 새로운 요리사 소개
④ 점심 메뉴 변경 공지

15 다음 대화에서 B가 수영장에 가지 못하는 이유는?

> A : Steve and I are going to the swimming pool this Saturday. Do you want to join us?
> B : Sorry, but I'm taking a trip with my family this weekend.
> A : Okay. Maybe next time.

① 수학 시험이 있어서
② 가족 여행을 가야 해서
③ 치과 예약이 있어서
④ 축구 경기를 해야 해서

16 다음 Moai에 대한 설명과 일치하지 <u>않는</u> 것은?

> Have you ever heard of the Moai? They are on Easter Island. They are tall, human-shaped stones. Most of them are about four meters tall, and the tallest one is around 20 meters tall. They mainly face towards the village, and some are looking out to sea.

① 이스터섬에 있다.
② 사람 모양의 돌이다.
③ 대부분 높이가 약 20미터이다.
④ 주로 마을 쪽을 보고 있다.

17 다음 글에서 City Flea Market에 대해 언급된 내용이 <u>아닌</u> 것은?

> City Flea Market is a great place for many shoppers. It is open every Saturday. It is in front of the History Museum. You can buy clothes, shoes, books, and toys at low prices in this market.

① 열리는 요일
② 열리는 장소
③ 주차 정보
④ 판매 품목

18 다음 글에서 Jimin이 제안한 것으로 가장 적절한 것은?

> My big problem at school is getting poor grades on tests. I never do well on them. So, I asked Jimin for advice. Jimin suggested making a study group. He told me that studying with friends could help me do better on tests.

① 친구들과 함께 공부하기

② 조용한 공부 장소 찾기

③ 시험공부 계획 세우기

④ 선생님께 질문하기

19 다음 그래프로 보아 빈칸에 들어갈 말로 가장 적절한 것은?

Our Classmates' Interests

- Others (5%)
- Playing sports (45%)
- Reading books (10%)
- Listening to music (15%)
- Playing computer games (25%)

> More than forty percent of the students in our class are interested in _____.

① playing sports

② playing computer games

③ listening to music

④ reading books

20 다음 글의 흐름으로 보아 어울리지 <u>않는</u> 문장은?

> Last year, I went to a mountain. ① <u>I took a cable car to the middle of the mountain.</u> ② <u>My father bought a new car.</u> ③ <u>Then, I hiked to the top.</u> ④ <u>At the top, I found that the trees were red and yellow.</u> It was amazing and exciting to see beautiful autumn leaves.

21 밑줄 친 It이 가리키는 것으로 가장 적절한 것은?

> Do you like walking? How many steps do you walk in a day? Walking can offer lots of health benefits to people of all ages. <u>It</u> may help prevent certain diseases, so you can live a long life. It also doesn't require any special equipment and can be done anywhere.

① Equipment

② Life

③ Stress

④ Walking

22 도서관 이용 시 주의해야 할 사항으로 언급되지 <u>않은</u> 것은?

> Library Rules :
> • Return books on time.
> • Do not make loud noises.
> • Do not eat any food.

① 제시간에 책 반납하기
② 시끄럽게 하지 않기
③ 음식 먹지 않기
④ 책에 낙서하지 않기

23 다음 글의 주제로 가장 적절한 것은?

> Do you know what to do when there is a fire? You should shout, "Fire!" You need to cover your face with a wet towel. You have to stay low and get out. Remember to use the stairs, not the elevator. Also, you need to call 119 as soon as possible.

① 건강한 식생활 방법
② 지진의 원인과 대처법
③ 화재 발생 시 행동 요령
④ 전자 제품 사용 시 유의점

24 다음 글을 쓴 목적으로 가장 적절한 것은?

> My name is John Brown. I'd like to report a problem on Main Street. This morning I saw that the traffic lights were broken. I'm afraid this might cause an accident. Please come and check right away.

① 사과하려고   ② 신고하려고
③ 축하하려고   ④ 홍보하려고

25 다음 글의 바로 뒤에 이어질 내용으로 가장 적절한 것은?

> Yoga is a mind and body practice that can build strength and balance. It may also help manage pain and reduce stress. There are a lot of types of yoga. Let's take a look at the various types of yoga.

① 요가의 좋은 점
② 다양한 요가의 유형
③ 요가가 시작된 나라
④ 요가할 때 주의할 점

01 ㉠에 들어갈 자원으로 가장 적절한 것은?

> ### ○ ○ 신 문   ○○○○년 ○○월 ○○일
>
> **첨단 산업에 필수적인 (㉠)**
>
> 원자 번호 21번 스칸듐(Sc), 39번 이트륨(Y), 57~71번까지 총 17개의 원소 그룹을 말한다. 스마트폰, 전기차 배터리 등을 만드는 데 없어서는 안 될 중요한 자원이 되었지만 생산 지역이 한정되어 있고 생산량도 매우 적다.

① 석탄
② 철광석
③ 희토류
④ 천연가스

02 다음에서 설명하는 것으로 가장 적절한 것은?

> • 한 장소를 상징하는 대표적인 건축물이나 조형물 등을 말한다.
> • 주변 경관 중에서 눈에 가장 잘 띄기 때문에 사람들이 자신의 위치를 파악하는 데 도움을 준다.

① 위도
② 랜드마크
③ 행정 구역
④ 날짜 변경선

03 다음에서 설명하는 문화 지역으로 가장 적절한 것은?

> • 북부 아프리카, 서남아시아, 중앙아시아 일대에 나타난다.
> • 주로 이슬람교를 믿으며, 유목과 관개 농업을 볼 수 있다.

① 건조 문화 지역
② 북극 문화 지역
③ 유럽 문화 지역
④ 오세아니아 문화 지역

04 ㉠에 들어갈 기후로 가장 적절한 것은?

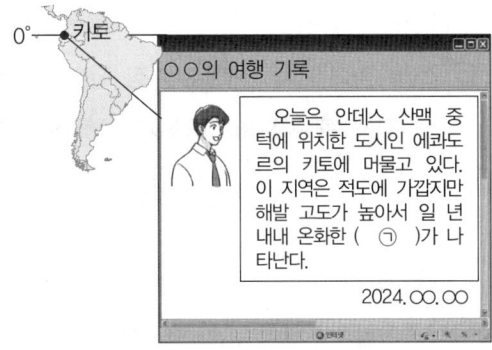

> ○○의 여행 기록
>
> 오늘은 안데스 산맥 중턱에 위치한 도시인 에콰도르의 키토에 머물고 있다. 이 지역은 적도에 가깝지만 해발 고도가 높아서 일 년 내내 온화한 (㉠)가 나타난다.
>
> 2024. ○○. ○○

① 건조 기후
② 고산 기후
③ 열대 기후
④ 한대 기후

05 다음에서 설명하는 섬으로 옳은 것은?

> • 우리나라에서 가장 동쪽에 위치한 영토이다.
> • 섬 전체가 천연기념물로 지정되어 있다.

① 독도　　　　　② 마라도
③ 울릉도　　　　④ 제주도

06 다음에서 설명하는 농업으로 옳은 것은?

> • 열대 기후 지역에서 선진국의 자본과 기술, 원주민의 노동력을 결합하여 상품 작물을 대규모로 재배한다.
> • 주요 작물로는 천연고무, 카카오, 바나나 등이 있다.

① 낙농업　　　　② 수목 농업
③ 혼합 농업　　　④ 플랜테이션

07 ㉠에 들어갈 자연재해로 가장 적절한 것은?

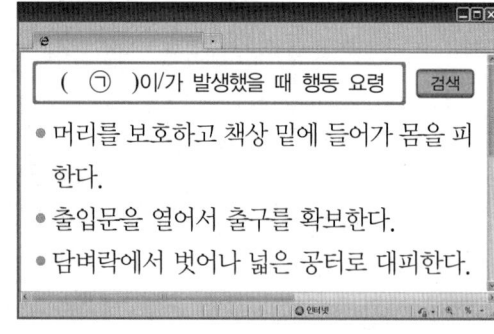

> (㉠)이/가 발생했을 때 행동 요령　[검색]
> • 머리를 보호하고 책상 밑에 들어가 몸을 피한다.
> • 출입문을 열어서 출구를 확보한다.
> • 담벼락에서 벗어나 넓은 공터로 대피한다.

① 가뭄　　　　　② 지진
③ 폭설　　　　　④ 홍수

08 ㉠에 들어갈 지형으로 옳은 것은?

> 조류가 운반하는 모래나 점토가 잔잔한 해안에 퇴적되어 형성되었으며 양식장이나 염전, 생태 학습장이나 관광지로 활용되는 지형은 무엇일까요?

> (㉠)입니다.

① 갯벌　　　　　② 고원
③ 피오르　　　　④ 용암 동굴

09 ㉠에 들어갈 내용으로 옳은 것은?

> • 서로 다른 두 나라 화폐의 교환 비율을 (㉠)이라고 한다.
> • (㉠)은 외국 화폐 1단위와 교환되는 자국 화폐의 가격으로 표시한다.

① 환율
② 실업률
③ 경제 성장률
④ 물가 상승률

10 다음 설명에 해당하는 문화의 속성은?

> • 한번 만들어진 문화는 고정되는 것이 아니라 시간이 흐름에 따라 끊임없이 변화한다.
> • 휴대 전화가 급속하게 보급되면서 공중전화가 점차 사라져 가고 있는 것을 그 예로 들 수 있다.

① 변동성　　　　② 수익성
③ 일회성　　　　④ 희소성

11 다음 퀴즈에 대한 정답으로 옳은 것은?

> **노동권 침해 사례**

 회사원 김○○씨가 회사에 결혼한다고 말하자 회사는 결혼한 여성은 근무할 수 없다며 사표를 강요하였습니다. 결국 김○○씨는 결혼 후 회사를 그만두게 되었습니다. 김○○씨의 사례는 어디에 해당할까요?

① 권력 분립　　② 부당 해고
③ 임금 체불　　④ 국민 투표

12 다음 설명에 해당하는 것은?

- 선거구를 미리 법률로 획정하는 것이다.
- 특정 정당이나 특정 후보에게 유리하도록 임의로 선거구를 변경하는 것을 막아 선거가 공정하게 치러지도록 보장한다.

① 심급 제도
② 지역화 전략
③ 사법부의 독립
④ 선거구 법정주의

13 다음에서 설명하는 정치 주체는?

- 정치 과정에 참여하는 국가 기관이다.
- 국회에서 제정한 법률에 근거하여 구체적인 정책을 수립하고 이를 실행에 옮긴다.

① 언론　　② 정당
③ 정부　　④ 이익 집단

14 다음 심판을 담당하는 기관은?

> 위헌 법률 심판, 헌법 소원 심판, 탄핵 심판, 권한 쟁의 심판, 정당 해산 심판

① 국회
② 지방 법원
③ 헌법 재판소
④ 선거 관리 위원회

15 다음에서 설명하는 것은?

- 개인이나 단체가 소유한, 경제적 가치가 있는 실물 자산이다.
- 아파트나 빌딩 등과 같이 움직여 옮길 수 없는 자산이다.

① 예금　　② 적금
③ 현금　　④ 부동산

16 표는 아이스크림의 가격에 따른 수요량과 공급량을 나타낸 것이다. 이를 통해 알 수 있는 균형 가격은?

가격(원)	1,000	1,500	2,000	2,500	3,000
수요량(개)	300	250	200	150	100
공급량(개)	100	150	200	250	300

① 1,000원　　② 1,500원
③ 2,000원　　④ 2,500원

17 다음 유적이 처음으로 만들어진 시대는?

• 명칭 : 탁자식 고인돌
• 용도 : 주로 지배자의 무덤으로 사용

① 구석기 시대
② 신석기 시대
③ 청동기 시대
④ 철기 시대

18 ㉠에 들어갈 내용으로 옳은 것은?

〈조선 후기 ㉠ 의 등장〉
• 주요 인물 : 정약용, 박지원, 박제가 등
• 특징 : 현실 문제를 해결하기 위해 토지 제도 개혁, 상공업 발전 등을 주장함.

① 불교
② 도교
③ 실학
④ 풍수지리설

19 다음 퀴즈의 정답으로 옳은 것은?

조선 시대에 영조와 정조가 붕당의 대립을 줄이고 왕권을 강화하고자 실시한 정책은 무엇일까요?

① 호패법
② 탕평책
③ 과전법
④ 위화도 회군

20 ㉠에 들어갈 왕은?

〈통일 신라 시대 ㉠ 의 정책〉
• 교육 제도 : 국학 설치
• 지방 제도 : 9주 5소경 설치
• 토지 제도 : 관료전 지급, 녹읍 폐지

① 세조
② 신문왕
③ 유형원
④ 흥선 대원군

21 다음 설명에 해당하는 내용으로 옳은 것은?

청과의 전쟁에 패한 후 청에게 복수하여야 한다는 움직임이 일어났다. 이를 주도한 효종은 성곽과 무기를 정비하고 군대를 양성하여 청을 정벌하고자 하였다.

① 북벌 운동
② 화랑도 조직
③ 별무반 편성
④ 광주 학생 항일 운동

22 ㉠에 들어갈 내용으로 가장 적절한 것은?

〈신라의 ㉠ 과정〉
신라와 당의 동맹 → 백제의 멸망 → 고구려의 멸망 → 신라와 당의 전쟁에서 신라 승리

① 삼국 통일
② 신분제 폐지
③ 금속 활자 발명
④ 임진왜란 승리

23 ㉠에 해당하는 나라는?

> 학습 주제 :
>
> ┌─────┐
> │ ㉠ │ 이/가 몽골의 침입에 맞서 싸우다.
> └─────┘
> • 강화도 천도
> • 삼별초의 항쟁
> • 팔만대장경 완성

① 가야　　　　② 발해

③ 고려　　　　④ 조선

25 ㉠에 들어갈 답변으로 옳은 것은?

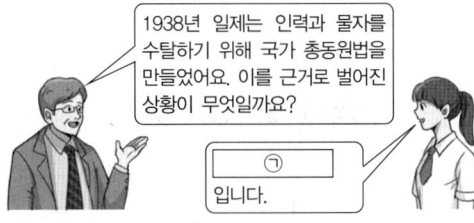

1938년 일제는 인력과 물자를 수탈하기 위해 국가 총동원법을 만들었어요. 이를 근거로 벌어진 상황이 무엇일까요?

┌─────┐
│ ㉠ │ 입니다.
└─────┘

① 병자호란

② 과거제 시행

③ 서경 천도 운동

④ 일본군 '위안부' 동원

24 다음 정책을 추진한 정부는?

> • 한 · 일 국교 정상화
> • 베트남 파병
> • 새마을 운동
> • 유신 헌법 선포

① 김대중 정부　　② 김영삼 정부

③ 노태우 정부　　④ 박정희 정부

01 다음 설명에 해당하는 힘은?

- 액체나 기체 속에서 물체를 밀어 올리는 힘이다.
- 힘의 크기는 액체나 기체에 잠긴 물체의 부피가 클수록 크다.

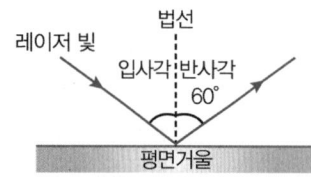

① 부력　　　　② 중력

③ 마찰력　　　④ 탄성력

03 그림과 같이 (+)대전체를 알루미늄 막대에 가까이 하였을 때, 알루미늄 막대의 양 끝 ㉠과 ㉡에 유도되는 전하의 종류가 옳게 짝지어진 것은?

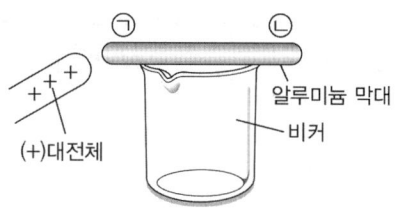

	㉠	㉡
①	(+)	(+)
②	(+)	(−)
③	(−)	(−)
④	(−)	(+)

04 그림은 전류가 흐르는 도선 위에 놓인 나침반의 모습을 나타낸 것이다. 전류가 흐르는 방향을 반대로 하였을 때 나침반의 모습은? (단, 전류에 의한 자기장만 고려한다.)

① 　　②

③ 　　④

02 그림은 레이저 빛이 평면거울에 입사하여 반사되는 모습을 나타낸 것이다. 반사각의 크기가 60°일 때, 입사각의 크기는?

레이저 빛　법선
입사각 반사각
60°
평면거울

① 40°　　　　② 50°

③ 60°　　　　④ 70°

05 그래프는 일정한 속력으로 운동하는 물체의 시간에 따른 이동 거리를 나타낸 것이다. 이 물체의 속력은?

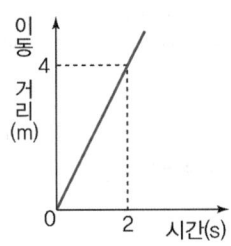

① 2m/s   ② 4m/s
③ 6m/s   ④ 8m/s

06 그림은 질량이 같은 물체 A~D의 위치를 나타낸 것이다. A~D 중 중력에 의한 위치 에너지가 가장 큰 것은? (단, 물체의 중력에 의한 위치 에너지는 지면을 기준으로 한다.)

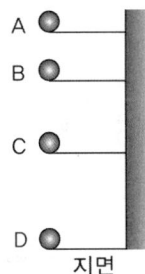

① A
② B
③ C
④ D

07 다음 ㉠에 해당하는 현상은?

> 향수병 마개를 연 채로 놓아두면 향수 입자는 사방으로 퍼진다. 이처럼 물질을 이루는 입자가 스스로 운동하여 퍼져 나가는 현상을 ㉠ (이)라고 한다.

① 융해   ② 응결
③ 응고   ④ 확산

08 그림은 물질의 상태 변화를 나타낸 것이다. A~D 중 기화에 해당하는 것은?

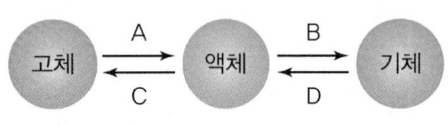

① A   ② B
③ C   ④ D

09 그림은 암모니아(NH_3)의 분자 모형을 나타낸 것이다. 암모니아 분자 1개를 구성하는 수소 원자(H)의 개수는?

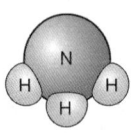

① 1개   ② 2개
③ 3개   ④ 4개

10 그림은 서로 섞이지 않는 액체 A~D를 컵에 넣고 일정 시간이 지난 뒤의 모습을 나타낸 것이다. A~D 중 밀도가 가장 큰 것은?

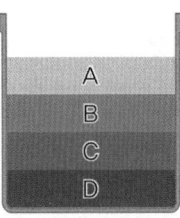

① A   ② B
③ C   ④ D

11 다음은 과산화 수소를 분해하여 물과 산소가 생성되는 반응의 화학 반응식이다. ⊙에 해당하는 것은?

$$2H_2O_2 \rightarrow 2\boxed{\text{⊙}} + O_2$$

① N_2　　　　② H_2O
③ CO_2　　　　④ NH_3

12 그래프는 마그네슘을 연소시켜 산화 마그네슘이 생성될 때 마그네슘과 산화 마그네슘의 질량 관계를 나타낸 것이다. 마그네슘 3g을 모두 연소시켰을 때 생성된 산화 마그네슘의 질량은?

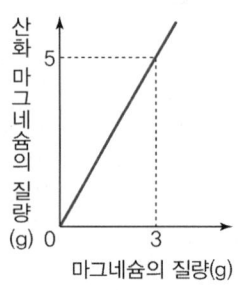

① 2g　　　　② 3g
③ 4g　　　　④ 5g

13 다음은 무궁화에 대한 설명이다. 이 생물이 속하는 계는?

- 광합성을 하여 스스로 양분을 만든다.
- 뿌리, 줄기, 잎, 꽃이 발달한 다세포 생물이다.

① 균계　　　　② 동물계
③ 식물계　　　　④ 원생생물계

14 다음은 생물의 호흡 과정이다. ⊙에 해당하는 것은?

포도당 + 산소 → ⊙ + 물 + 에너지

① 산소　　　　② 질소
③ 헬륨　　　　④ 이산화 탄소

15 사람의 소화계에 속하지 <u>않는</u> 기관은?

① 간　　　　② 위
③ 폐　　　　④ 소장

16 다음 ⊙에 해당하는 것은?

사람 심장의 심방과 심실 사이, 심실과 동맥 사이에는 혈액이 거꾸로 흐르지 않고 한 방향으로만 흐르게 하는 ⊙ 이/가 존재한다.

① 융털　　　　② 판막
③ 폐포　　　　④ 혈구

17 다음 설명에 해당하는 것은?

- 내분비샘에서 만들어져 혈액을 따라 이동한다.
- 혈당량을 조절하는 인슐린, 글루카곤이 그 예이다.

① 물　　　　② 호르몬
③ 무기 염류　　　　④ 바이타민

18 그림은 어떤 동물 세포 1개의 생식세포 형성 과정을 나타낸 것이다. 이와 같은 과정으로 만들어지는 것은?

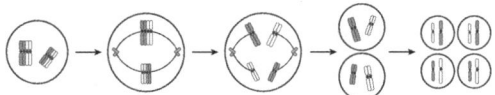

① 정자
② 간 세포
③ 심장 세포
④ 이자 세포

19 그림은 어느 집안의 ABO식 혈액형 가계도를 유전자형으로 나타낸 것이다. ㉠에 해당하는 유전자형은? (단, 돌연변이는 없다.)

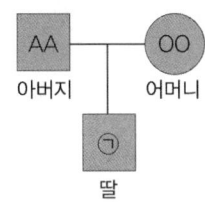

AA   OO
아버지   어머니

㉠
딸

① AO
② BO
③ BB
④ AB

20 지진이 발생할 때 생긴 진동을 분석하여 지구 내부 구조를 연구하는 방법은?

① 화석 연구
② 오존층 연구
③ 지진파 연구
④ 태양풍 연구

21 다음 설명에 해당하는 암석의 종류는?

• 열과 압력을 받아 성질이 변한 암석이다.
• 알갱이들이 재배열되어 줄무늬가 나타나기도 한다.

① 변성암
② 심성암
③ 퇴적암
④ 화산암

22 다음은 월식에 대한 설명이다. 월식이 일어날 수 있는 달의 위치는?

월식은 달이 지구 주위를 공전하는 동안 지구의 그림자 속으로 들어가 어둡게 보이는 현상이다.

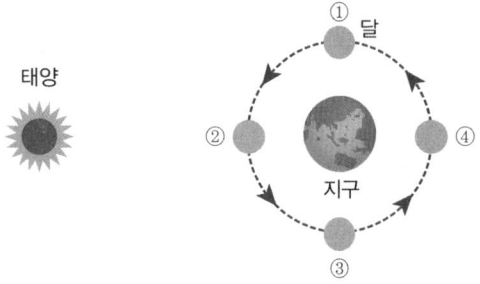

23 그림과 같이 태양계 행성을 물리적 특성에 따라 분류할 때 지구형 행성에 해당하지 <u>않는</u> 행성은?

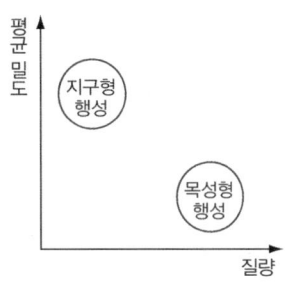

① 금성
② 수성
③ 목성
④ 화성

2024년 제1회

24 다음 설명에 해당하는 전선은?

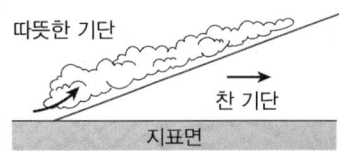

- 따뜻한 기단이 찬 기단 위로 타고 올라갈 때 만들어진다.
- 전선 통과 후 기온이 상승한다.

① 온난 전선
② 정체 전선
③ 폐색 전선
④ 한랭 전선

25 그림은 지구에서 6개월 간격으로 별을 관측한 연주 시차를 나타낸 것이다. 연주 시차가 발생하는 원인은?

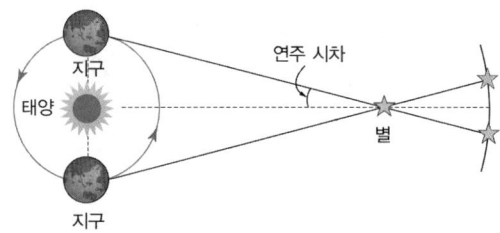

① 별의 공전
② 지구의 공전
③ 지구의 자전
④ 태양의 자전

2024년 제1회 기출문제

정답 및 해설 p. 217

01 다음에서 설명하는 인간의 특성은?

> 사람은 혼자서는 살아가기 어려우므로 다른 사람과 도움을 주고받으며 더불어 살아가고자 한다.

① 배타적 존재   ② 사회적 존재

③ 맹목적 존재   ④ 충동적 존재

02 다음 중 도덕 원리에 해당하는 것은?

① 정직해야 한다.

② 장미꽃은 아름답다.

③ 해는 동쪽에서 뜬다.

④ 서울은 대한민국의 수도이다.

03 다음 퀴즈에 대한 정답으로 옳은 것은?

'이것'은 불교의 핵심 원리로서 남을 깊이 사랑하고 가엾게 여기는 마음입니다. 생명 존중을 강조하는 '이것'은 무엇일까요?

① 분노   ② 자비

③ 준법   ④ 쾌락

04 이웃 간의 갈등을 해결하기 위한 적절한 자세를 〈보기〉에서 고른 것은?

> ┤ 보기 ├
> ㄱ. 양보   ㄴ. 배려
> ㄷ. 이기심   ㄹ. 사생활 침해

① ㄱ, ㄴ   ② ㄱ, ㄹ

③ ㄴ, ㄷ   ④ ㄷ, ㄹ

05 ㉠에 들어갈 내용으로 적절하지 <u>않은</u> 것은?

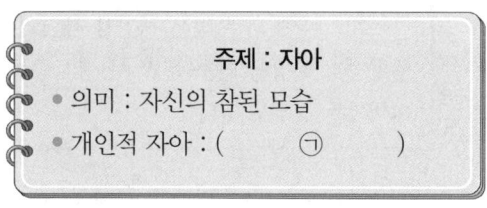

> **주제 : 자아**
> • 의미 : 자신의 참된 모습
> • 개인적 자아 : (㉠   )

① 소망   ② 능력

③ 가치관   ④ 사회적 관습

06 다음에서 설명하는 지구 공동체의 도덕 문제는?

> **도 덕 신 문**   20○○년 ○월 ○일
> 산업 혁명 이후 대량 생산과 대량 소비를 하는 시대가 열리면서 자연의 파괴가 시작되었다. 공장의 매연과 자동차의 배기가스로 대기가 오염되고, 공장 폐수와 생활 하수로 물이 오염되고 있다.

① 환경 문제   ② 종교 문제

③ 인종 차별   ④ 아동 학대

07 다음 학생이 추구하는 가치 중 성격이 <u>다른</u> 것은?

① 사랑   ② 용돈
③ 감사   ④ 진리

08 다음과 관련된 문제를 해결하기 위해 필요한 덕목은?

> 스마트폰에 너무 많은 시간을 빼앗겨 학교 생활까지 지장을 받을 뿐만 아니라 중독으로 이어지는 경우도 있다.

① 방관   ② 자애
③ 절제   ④ 정직

09 어느 학생의 서술형 평가 답안이다. 밑줄 친 ㉠~㉣ 중 옳지 <u>않은</u> 것은?

> 문제 : 봉사 활동에 참여하는 바람직한 자세를 서술하시오.
>
> 〈학생 답안〉
> ㉠ 자기의 이익보다는 공익을 추구해야 하고, ㉡ 보수나 대가를 바라지 않아야 한다. 그리고 ㉢ 다른 사람의 명령에 따라 억지로 참여해야 하며, ㉣ 일회성으로 끝나지 않고 꾸준히 참여해야 한다.

① ㉠   ② ㉡
③ ㉢   ④ ㉣

10 진정한 우정을 맺기 위한 방법으로 적절한 것은?

① 학생 1   ② 학생 2
③ 학생 3   ④ 학생 4

11 다음에서 설명하는 인권의 특징은?

> 모든 사람은 인종, 피부색, 언어, 종교 등과 관계없이 누구나 동등하게 권리를 누려야 한다.

① 보편성   ② 일회성
③ 폐쇄성   ④ 폭력성

12 다음과 관련하여 도덕적 실천 의지를 기르기 위한 노력으로 적절하지 <u>않은</u> 것은?

> 어려움에 처한 사람을 도와야 한다는 것을 알면서도 그냥 지나친다.

① 공감   ② 관심
③ 독단   ④ 용기

13 ㉠에 들어갈 가치로 적절하지 <u>않은</u> 것은?

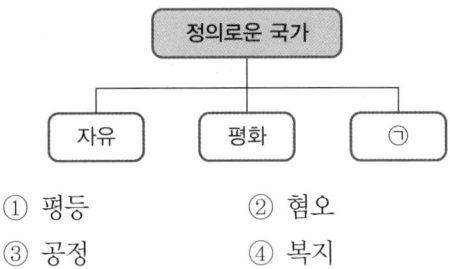

① 평등   ② 혐오
③ 공정   ④ 복지

14 통일을 해야 하는 이유를 〈보기〉에서 고른 것은?

> | 보기 |
> ㄱ. 분단 비용 지출을 늘리기 위해서
> ㄴ. 이산가족의 고통을 해소하기 위해서
> ㄷ. 군사적 긴장 관계를 심화시키기 위해서
> ㄹ. 문화적·역사적 동질성을 회복하기 위해서

① ㄱ, ㄴ   ② ㄱ, ㄷ
③ ㄴ, ㄹ   ④ ㄷ, ㄹ

15 다음에서 문화를 바라보는 관점은?

① 문화 상대주의   ② 문화 절대주의
③ 문화 이기주의   ④ 자문화 중심주의

16 ㉠에 들어갈 내용으로 적절하지 <u>않은</u> 것은?

> 탐구 주제 : 환경 친화적인 삶
> • 의미 : 주변 환경에 미치는 영향을 생각하여 행동하는 삶
> • 실천 방법 : (㉠   )

① 과대 포장 안 하기
② 일회용품 애용하기
③ 장바구니 사용하기
④ 대중교통 이용하기

17 그림에서 전달하려는 내용과 관련된 용어는?

① 익명성   ② 가치 전도
③ 시민 불복종   ④ 회복 탄력성

18 다음에 해당하는 사상가는?

> 인간의 본성상 자연스럽게 어울려 가족을 이루고, 마을을 이루며, 마을이 커지면서 국가가 형성되었다는 자연발생설을 주장함.

① 칸트
② 롤스
③ 슈바이처
④ 아리스토텔레스

19 생태 중심주의 자연관을 〈보기〉에서 고른 것은?

| 보기 |
ㄱ. 자연의 무분별한 개발을 강조한다.
ㄴ. 자연을 그 자체로 소중하다고 본다.
ㄷ. 생태계 전체에 대한 배려를 강조한다.
ㄹ. 인간은 자연을 지배할 권리를 지닌 존재라고 본다.

① ㄱ, ㄴ   ② ㄱ, ㄹ
③ ㄴ, ㄷ   ④ ㄷ, ㄹ

20 다음에서 언어폭력에만 '✔'를 표시한 학생은?

행위＼학생	A	B	C	D
• 꼬집거나 고의로 밀친다.	✔	✔		✔
• 외모를 비하하는 별명을 부른다.	✔		✔	✔
• 거짓 소문으로 상대방을 괴롭힌다.		✔	✔	✔

① A   ② B
③ C   ④ D

21 다음에서 설명하는 시민의 자질은?

국가의 정책과 법을 만드는 과정에 자발적으로 참여함.

① 주인 의식   ② 피해 의식
③ 특권 의식   ④ 경쟁 의식

22 다음에 해당하는 세대 간 소통을 위한 방법은?

부모와 자녀는 서로를 이해하기 위해 상대방의 처지에서 생각해 보려고 노력해야 한다.

① 청렴   ② 차별
③ 자아도취   ④ 역지사지

23 교사의 질문에 대한 대답으로 적절한 것은?

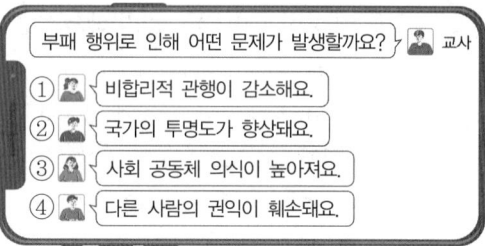

부패 행위로 인해 어떤 문제가 발생할까요? 교사
① 비합리적 관행이 감소해요.
② 국가의 투명도가 향상돼요.
③ 사회 공동체 의식이 높아져요.
④ 다른 사람의 권익이 훼손돼요.

24 과학 기술의 바람직한 활용 방안으로 적절하지 않은 것은?

① 인류 전체의 복지 증진에 기여해야 한다.
② 미래 세대에 대한 책임 의식을 가져야 한다.
③ 어떠한 경우에도 유용성만을 추구해야 한다.
④ 인간의 존엄성과 인권 향상을 위해 노력해야 한다.

25 마음의 평화를 얻기 위한 자세로 적절한 것은?

① 증오심을 표출한다.
② 긍정적 마음을 갖는다.
③ 비관적 태도를 지닌다.
④ 타인의 실수를 용서하지 않는다.

국어 2024년 제1회

01	②	02	④	03	④	04	③	05	③
06	①	07	③	08	③	09	④	10	①
11	③	12	④	13	②	14	①	15	①
16	④	17	②	18	①	19	④	20	②
21	③	22	①	23	①	24	②	25	④

01 정답 ②
민재는 '노래 실력이 늘지 않아서 걱정'이라는 상대의 말에 '걱정이구나'에서 공감을, '많이 속상하겠다. 힘내'라는 위로를 하고 있다. 따라서 ② 상대의 감정에 공감하며 위로하기이다.

02 정답 ④
면담 대상인 커피 전문가에게 '직업에 대한 정보를 얻는 것'이 면담 목적이므로 질문 내용은 면담 목적에 맞아야 한다. ① 전망, ② 하는 일, ③ 되는 방법은 직업에 대한 정보나 ④의 어떤 운동을 가장 좋아하는가는 직업에 대한 지식을 얻기 위한 질문이 아니다.

03 정답 ④
표준 발음법 제14항은 겹받침이 모음으로 시작하는 형식형태소와 결합할 때 뒤의 받침이 뒤 음절 첫소리로 옮겨 발음되는 '연음법칙'에 대한 설명이다.
④ 흙은[흘근]

04 정답 ③
보기의 설명은 이중 모음이다. 단모음 10개(ㅣ, ㅟ, ㅔ, ㅚ, ㅐ, ㅡ, ㅜ, ㅓ, ㅗ, ㅏ)를 제외한 모음이 이중 모음이므로 답은 'ㅕ'와 'ㅝ' 이중 모음을 가지고 있는 ③ 영월이다.

05 정답 ③
'바다, 사랑, 엄마, 연필'이라는 단어의 공통된 특성은 사람이나 사물의 이름을 나타내는 품사인 명사이다.

오답 피하기
① 수량이나 순서를 나타내는 품사는 수사이다.
② 대상의 동작이나 작용을 나타내는 품사는 동사이다.
④ 대상의 성질이나 상태를 나타내는 품사는 형용사이다.

06 정답 ①
동사, 형용사의 활용할 때 변하지 않는 부분인 어간에 '-다'를 붙인 기본형을 찾는 문제이다.
① '작은'은 어간 '작-'에 '-다'를 붙인 '작다'가 단어의 기본형이다.

오답 피하기
② '서니'-어간 '서-'에 '-다'를 붙인 '서다'
③ '많은'-어간 '많-'에 '-다'를 붙인 '많다'
④ '먹는'-어간 '먹-'에 '-다'를 붙인 '먹다'

07 정답 ③
밑줄 친 '연구원이'의 문장 성분은 '되었다' 앞에 있기 때문에 '되다, 아니다' 앞에 오는 보어이다.
③ '아니다' 앞에 놓인 '연예인이'가 보어이다.

오답 피하기
① '분다'는 주어를 서술해주는 서술어이다.
② '활짝'은 '피었다'를 수식하는 부사어이다.
④ '아기가'는 문장에서 주체 역할을 하는 주어이다.

08 정답 ③
③ '꼭, 틀림없이'라는 뜻의 '반드시'가 쓰여 이번 학교 축제의 참여 의지를 보이는 문장이다.
'반드시'와 구별해서 써야 하는 단어인 '반듯이'는 '반듯하게, 비뚤어지지 않고 바르게'라는 뜻이다.

① '부치다'는 '편지나 물건을 다른 이에게 보내다'의 뜻이다.
> **예** '택배를 부치다, 부침개를 부치다'

'붙이다'는 '맞닿아 떨어지지 않게 하다'의 뜻이다.
> **예** '포스터를 붙이다, 우표를 붙이다'

② '낳다'는 '새끼, 아이를 출산하다, 어떤 상황을 나타나게 하다'라는 뜻이다.
> **예** '아이를 낳다, 분단의 비극을 낳다'

'낫다'는 '보다 더 좋다, 고쳐 원래대로 되다'라는 뜻이다.
> **예** '외모는 형이 낫다, 병이 낫다'

④ '마치다'는 '일, 과정이 끝나다'의 뜻이다.
> **예** '일과를 마치다'

'맞히다'는 '맞는 답을 하다, 적중하다'의 뜻이다.
> **예** '정답을 맞히다, 표적을 맞히다'

09 정답 ④
개요의 제목은 동물에게 끼치는 동물원의 부정적인 영향을 담고 있다. 따라서 통일성에 어긋나는 내용은 동물원의 긍정적인 면을 담고 있는 ㉣이다.

㉠·㉡·㉢ 동물원이 동물에게 부정적인 영향을 끼친다는 내용이다.

10 정답 ①
'습지를'을 '습지의'로 바꾸면 습지가 아닌 습지의 보금자리가 되어 문장이 부자연스러워진다.

② '결코'는 '-하지 않는다'의 부정 표현과 함께 쓰이는 호응을 가지고, '만일'은 '-면, -할 것이다.'와 호응하므로 고치는 것이 옳다.
③ 보기에서는 습지가 사라지고 있는 우리나라의 문제 상황 및 위기에 대해 이야기하고 있다. 따라서 습지가 가뭄과 홍수를 예방해 준다는 내용은 흐름에서 벗어나므로 삭제해야 한다.
④ '영원히'가 맞는 표기이다.

11 정답 ③
'하늘은 맑건만'에서는 '나'가 작품 안에 나타나지 않으므로 3인칭 시점이며, 그중 문기의 심리를 읽어주고 있기 때문에 사건과 심리를 '직접적'으로 설명하고 있는 '3인칭 전지적 작가 시점'이다.

① 1인칭 주인공 시점에 대한 설명이다.
② 서술자가 바뀌지 않는다.
④ 1인칭 관찰자 시점에 대한 설명이다.

12 정답 ②
'하늘은 맑건만'은 잘못 받은 거스름돈으로 정직하지 못하게 생활하던 문기가 맑은 하늘 아래서 아무 거리낌 없이 즐길 수 있는 떳떳한 마음을 갖고 싶어 한다. 따라서 학생의 반응은 주제에 해당하는 정직하고 떳떳하게 사는 태도의 중요성이 적절하다.

13 정답 ②
본문 내용 중 '아랫집에서 심부름하는 아이 점순이 음성이었다.'에서 알 수 있다.

① 문기는 가슴이 뜨끔뜨끔하고 하늘을 떳떳하게 보지 못하고 있기 때문에 자신의 행동이 정당하다고 생각하지 않는다.
③ '공교로이 제목이 정직이다, 선생님은 제 속을 다 들여다보고 하는 말인 듯싶었다.'에서 알 수 있듯이 선생님은 문기의 잘못을 알고 있지 않았다.
④ '숙모가 직접 그 집에 가서 무슨 말을 한 것은 아니로되'에서 알 수 있듯이 숙모가 직접 아랫집에 가서 말한 것이 아니다.

14 정답 ①
화자가 떠올린 고향의 모습으로 2연의 진달래, 꽃지짐, 3연에 멧남새(산나물)가 있지만 항구는 없다.

15 정답 ①

'고향을 생각한다'라는 제목에서도 알 수 있듯이 화자는 눈을 감고 고향의 모습을 생각하며 애틋해 하고 있기 때문에 주된 정서는 '그리움'이다.

16 정답 ④

'굽이 잦은 풀밭 길'은 꼬불꼬불한 풀밭 길을 의미하므로 시각적 심상(이미지)이다. 따라서 ④ '노랗게 물든 황금 들판'에서 색채가 드러나므로 같은 시각적 이미지가 쓰였다.

> 오답 피하기

① 청국장 냄새이므로 후각적 심상이다.
② 울리는 종소리이므로 청각적 심상이다.
③ 달콤한 사랑의 추억이므로 미각적 심상이다.

17 정답 ②

놀부는 많은 것을 가지고 있지만 가난한 흥부에게 조금도 주지 않는 인색하고 이기적인 사람이다. 따라서 놀부와 비슷한 성격은 ② 돈은 많지만 남을 전혀 돕지 않는 사람이다.

18 정답 ①

'양식을 좀 꾸어서라도 얻어 와야 저 자식들을 먹이지'라는 본문 내용에서 흥부가 가족의 생계에 대해 신경을 쓰고 있다는 것을 알 수 있으므로 적절하지 않다.

> 오답 피하기

② 흥부는 자식을 먹이기 위해 읍내로 나가 양식을 빌리겠다고 말하고 있다.
③ 아내가 옷차림이 초라해 곡식을 빌려주지 않을 것이므로 소용없는 일이라고 하였지만 '가장이 나서는데 무슨 소리! 가 봐야 아는 일이다' 라며 충고를 받아들이지 않는다.
④ [A]의 흥부 모습과 아내의 충고에서 흥부의 행색이 초라한 것을 알 수 있다.

19 정답 ④

[A]는 흥부의 초라한 행색을 '발바닥은 뻥 뚫리고 목만 남은 헌 버선'처럼 표현해 웃음을 유발하고 있다. 이를 해학적이라고 한다.

> 오답 피하기

① 요약적 제시는 사건이나 인물에 대해 직접적으로 평가, 감정표현, 긴 시간의 이야기를 정리해 제시하는 방법이다.
② [A]에는 배경이 나와 있지 않다.
③ [A]에는 인물 사이의 갈등은 없다.

20 정답 ②

직접세는 간접세보다 세금을 걷는 입장에서 모든 사람의 소득이나 재산을 일일이 조사해 세금을 거두어야 한다는 번거로움이 있다고 했으므로 편하지 않다.

21 정답 ③

'세금은 그것을 납부하는 방식에 따라 직접세와 간접세로 나눌 수 있다'는 일정한 기준에 따라 하위 종류로 나누는 '구분'의 설명 방법이다. 따라서 소설을 길이에 따라 하위 종류로 나눈 ③이 답이다.

> 오답 피하기

① 다른 이의 말을 가져온 '인용'이다.
② 원통형 기둥의 개념을 설명한 '정의'이다.
④ 젖산이 약한 산성이어서 유해균 증식을 억제할 수 있다는 '인과'이다.

22 정답 ①

ⓛ의 앞 문장에는 직접세의 장점이, ⓛ의 뒷 문장에는 직접세의 단점이 나와 있으므로 역접의 의미인 '그러나'가 적절하다.

23 정답 ①

지나친 소금 섭취의 여러 문제점을 근거를 들어 과한 소금 섭취를 줄여야 한다는 주장을 하고 있는 논설문이므로 답은 ①이다.

② 상징적 의미를 추론하는 것은 시, 소설 등의 문학을 읽는 방법이다.

③ 경험과 깨달음을 구분하는 것은 수필을 읽는 방법이다.

④ 갈등의 해결 과정을 분석하는 것은 소설, 극 등의 문학을 읽는 방법이다.

24 정답 ②

마지막 문단에서 글쓴이는 건강을 생각한다면 지금이라도 과한 소금 섭취를 줄여야 한다고 하고 있으므로 답은 ②이다.

25 정답 ④

'부추기다'는 '남을 들쑤셔 어떤 일을 하게 만들다'의 뜻이므로 적절하지 않다.

수학 2024년 제1회

01	③	02	③	03	④	04	②	05	①
06	①	07	④	08	②	09	④	10	②
11	③	12	②	13	③	14	①	15	①
16	④	17	②	18	③	19	①	20	③

01 정답 ③

| 풀이 |

문제의 그림을 참고하면, 24는 $2 \times 2 \times 2 \times 3$과 같이 나타내어지고,

같은 수의 곱을 거듭제곱을 이용하여 나타내면, $2^3 \times 3$이 된다.

| 참고 | 거듭제곱

같은 수 또는 문자를 여러 번 곱할 때, 거듭제곱을 이용하여 나타낸다.

이때, 밑은 곱하여 지는 수, 지수는 곱한 횟수를 뜻한다.

예 $3 \times 3 \times 3 \times 3 = 3^4$ ← 지수 / ← 밑

---

02 정답 ③

| 풀이 |

음수는 절댓값이 클수록 작은 수이고, 양수는 절댓값이 클수록 큰 수이다. 또한 항상 (음수) < 0 < (양수)이다.

따라서 주어진 수를 작은 수부터 차례로 나열하면,

-5, $-\frac{2}{3}$, 3, 4, 11이므로, 세 번째 수는 3이다.

03 정답 ④

| 풀이 |

주어진 직사각형의 가로의 길이는 4cm, 세로의 길이는 $a$cm이고,

(직사각형의 넓이)=(가로)×(세로)

그러므로 (직사각형의 넓이)=$(4 \times a)$cm^2

04 정답 ②

| 풀이 |

$a=5$를 $2a+3$에 대입하면 식의 값을 구할 수 있다.

$2a+3=2\times a+3$과 같으므로 $a=5$를 대입하면,

$\qquad =2\times(5)+3=10+3=13$이다.

오답 피하기

$2a+3=2\times a+3$과 같다.

※ 곱셈 기호를 생략한 채로 대입하여 $25+3=28$과 같이 잘못 대입하지 않도록 주의하여야 한다.

| 참고 | 식의 값 구하기

문자를 사용한 식에서 문자에 수를 대입하여 계산한 결과를 그 식의 값이라고 한다.

❶ 생략된 곱셈 기호가 있는 식의 경우 곱셈 기호를 다시 쓴다.

❷ 문자에 주어진 수를 대입하여 계산한다.

(대입 : 문자를 사용한 식에서 문자 대신 수를 넣는 것을 문자에 수를 대입한다고 한다.)

---

05 정답 ①

| 풀이 |

좌표평면 위의 점 A에서 x축, y축에 각각 수선을 긋고 이 수선이 x축, y축과 만나는 점에 대응하는 수를 읽으면, 각각 3, -2이다.

이것을 순서쌍으로 표현하면, $(3, -2)$이므로 점 A의 좌표는 $(3, -2)$이다.

| 참고 |

좌표평면 위의 한 점 P에서 x축, y축에 각각 수선을 긋고 이 수선이 x축, y축과 만나는 점에 대응하는 수를 각각 a, b라고 할 때, 순서쌍 (a, b)를 점 P의 좌표라 하고, 이것을 기호로 P(a, b)와 같이 나타낸다. 이때, a를 점 P의 x좌표, b를 점 P의 y좌표라 한다.

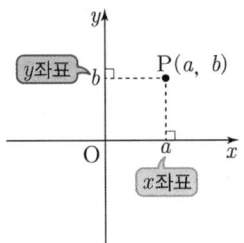

---

06 정답 ①

| 풀이 |

두 직선이 평행하면 동위각의 크기가 같다.

그림에서 주어진 각 $40°$와 $\angle x$는 서로 동일한 위치에 있으므로 동위각이다.

$\therefore \angle x=40°$

---

07 정답 ④

| 풀이 |

주어진 도수분포표에서 하루 수면 시간이 6시간 미만인 계급은 4시간 이상 ~ 5시간 미만인 계급과 5시간 이상 ~ 6시간 미만인 계급이 해당된다.

그러므로 하루 수면 시간이 6시간 미만인 학생 수는 두 계급의 도수의 합인 $5+3=8$(명)임을 알 수 있다.

오답 피하기

하루 수면 시간이 6시간 미만인 계급은 두 개의 계급이 해당되므로 두 계급의 도수의 합을 구해야 한다. 5시간 이상 ~ 6시간 미만인 계급의 도수인 3만 읽지 않도록 주의한다.

---

08 정답 ②

| 풀이 |

순환소수를 분수로 바꾸는 공식을 이용하면,

$$\frac{\text{분자}}{\text{분모}}=\frac{\text{전체의 수} - \text{순환하지 않는 부분}}{\text{순환마디 9, 순환하지 않는 자리만큼 0을 쓴다.}}$$

$0.\dot{2}$는 순환마디가 2 한 자리이므로 분모는 9이고, 분자는 전체의 수가 2이고, 순환하지 않는 부분이 없으므로 $2-0=2$이다.

그러므로

$$0.\dot{2}=\frac{\text{전체의 수} - \text{순환하지 않는 부분}}{\text{순환마디 9, 순환하지 않는 자리만큼 0을 쓴다.}}$$

$$\qquad =\frac{2}{9}$$

---

09 정답 ④

| 풀이 |

단항식의 곱셈은 계수는 계수끼리, 문자는 문자끼리 계산한다.

또한 같은 문자를 여러 번 곱한 것은 거듭제곱을 이용하여 간단히 표현한다.

$2a \times 3a^2$을 풀어서 표현하면,

$2a \times 3a^2 = 2 \times a \times 3 \times a \times a = 2 \times 3 \times a \times a \times a$이고,

거듭제곱을 이용하여 표현하면 $6a^3$이다.

| 다른 풀이 |

지수법칙 $a^n \times a^m = a^{n+m}$을 이용하여 간단히 할 수 있다. 이때, 계수는 계수끼리, 문자는 문자끼리 계산한다.

$2a \times 3a^2 = 2 \times 3 \times a \times a^2 = 6a^{1+2} = 6a^3$이다.

10 정답 ②

| 풀이 |

부등식의 성질에 따라 부등식의 양변을 같은 양수로 나누어도 부등호 방향은 그대로이다.

그러므로 일차부등식 $20x \geq 40$의 양변을 20으로 나누면, $x \geq 2$이다.

| 참고 | 일차부등식의 풀이

❶ x를 포함한 항은 좌변으로, 상수항은 우변으로 이항한다.

❷ 양변을 간단히 하여 $ax > b$, $ax < b$, $ax \geq b$, $ax \leq b$ $(a \neq 0)$의 꼴로 만든다.

❸ x의 계수 a로 양변을 나눈다. (단, $a < 0$이면 부등호의 방향을 바꾼다.)

11 정답 ③

| 풀이 |

y절편이란 그래프가 y축과 만나는 점의 y좌표를 뜻하므로, 3임을 알 수 있다.

| 참고 | 일차함수

일차함수 $y = ax + b$에서 x의 계수인 a를 일차함수의 기울기라 하고, 상수항 b를 y절편이라 한다.

$$y = ax + b$$

기울기　y절편

12 정답 ②

| 풀이 |

이등변삼각형의 꼭지각의 이등분선은 밑변을 수직 이등분한다.

그러므로 $\overline{BD} = \overline{CD}$이고, $\overline{BD} = 4\,cm$이므로,

$\overline{BD} = \overline{CD} = 4\,cm$이다.

$\therefore \overline{BC} = 8\,cm$

| 참고 |

$\angle BAD = \angle CAD$

$\overline{AD}$는 공통

$\overline{AB} = \overline{AC}$이므로,

$\triangle ABD \equiv \triangle ACD$ (SAS 합동)

따라서, $\overline{BD} = \overline{CD}$이다.

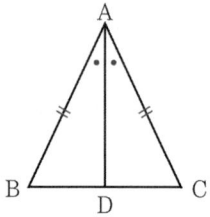

13 정답 ③

| 풀이 |

두 삼각형이 서로 닮음이므로 대응변의 길이의 비는 항상 일정하며, 그 대응변의 비를 닮음비라 한다.

대응변의 비를 구하면, $\overline{BC} : \overline{EF} = 5 : 10 = 1 : 2$이므로 두 도형의 닮음비는 $1 : 2$이다.

이때, $8 : \overline{DE} = 1 : 2$이므로, 내항의 곱과 외항의 곱이 같음을 이용하면,

$1 \times \overline{DE} = 8 \times 2$ ➡ $\overline{DE} = 16\,(cm)$이다.

| 참고 |

❶ 닮음의 기호(∽) : □ABCD와 □EFGH가 서로 닮은 도형일 때, 기호 ∽를 사용하여 □ABCD ∽ □EFGH라고 표현한다.

❷ 닮음비 : 닮음도형의 대응하는 변의 길이의 비는 일정하고, 대응하는 각의 크기는 각각 같다. 이때, 일정한 길이의 비를 닮음비라 한다.

14 정답 ①

| 풀이 |

주머니의 공은 모두 8개이므로,
주머니에서 공 한 개를 꺼내는 전체 경우의 수는 8가지
이고, 주머니에서 한 개의 공을 꺼낼 때 흰 공이 나오는
경우는 3가지이다.

$(확률) = \dfrac{(사건의\ 경우의\ 수)}{(전체\ 경우의\ 수)}$ 이므로

(흰 공이 나올 확률)$= \dfrac{3}{8}$ 이다.

| 참고 | 확률

$(사건\ A가\ 일어날\ 확률) = \dfrac{(사건\ A가\ 일어나는\ 경우의\ 수)}{(모든\ 경우의\ 수)}$

15 정답 ①

| 풀이 |

$2\sqrt{5} + 3\sqrt{5}$ 는 분배법칙을 이용하여 계산할 수 있다.
$2\sqrt{5} + 3\sqrt{5} = (2+3)\sqrt{5} = 5\sqrt{5}$

| 참고 |

$a > 0,\ m, n$ 이 유리수일 때,
$m\sqrt{a} - n\sqrt{a} = (m-n)\sqrt{a}$

16 정답 ④

| 풀이 |

$(x-7)^2 = (x-7)(x-7) = 0$
$AB = 0$ 이면 $A = 0$ 또는 $B = 0$ 에 의해
$x - 7 = 0$ 또는 $x - 7 = 0$ 이다.
그러므로 이차방정식의 근은 $x = 7$(중근)이다.

| 참고 |

인수분해를 이용하여 이차방정식의 해 구하기
$$AB = 0 \rightarrow A = 0\ 또는\ B = 0$$
중근 : 중복된 근을 중근이라 한다.

17 정답 ②

| 풀이 |

① 위로 볼록하다. ➔ 이차항의 계수가 양수이므로 아래로 볼록하다.

② y축을 축으로 한다. ➔ 대칭축은 $x = 0$ 이므로 y축이다.

③ 점 $(-1, 2)$를 지난다. ➔ 주어진 그래프가 점 $(-1, 2)$를 지나면, 주어진 식에 대입하였을 때 식이 참이 되어야 한다.

식에 $(-1, 2)$를 대입하면, $2 \neq \dfrac{1}{4} \times (-1)^2 = \dfrac{1}{4}$ 이므로 그래프는 점 $(-1, 2)$를 지나지 않는다.

④ 꼭짓점의 좌표는 $\left(\dfrac{1}{4}, 0\right)$이다. ➔ 꼭짓점의 좌표는 $(0, 0)$이다.

18 정답 ③

| 풀이 |

$\cos B = \dfrac{(밑변)}{(빗변)}$ 이므로, $\cos B = \dfrac{\overline{BC}}{\overline{AB}} = \dfrac{12}{13}$ 이다.

| 참고 |

$\angle C = 90°$인 직각삼각형 ABC에서 $\angle B$의 크기가 정해지면 직각삼각형의 크기에 관계없이
$\dfrac{\overline{AC}}{\overline{AB}}, \dfrac{\overline{BC}}{\overline{AB}}, \dfrac{\overline{AC}}{\overline{BC}}$ 의 값은 항상 일정하다.

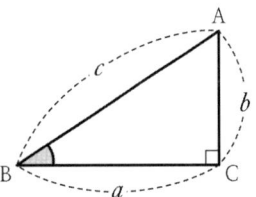

➔ $\sin B = \dfrac{b}{c}$, $\cos B = \dfrac{a}{c}$, $\tan B = \dfrac{b}{a}$

19 정답 ①

| 풀이 |

한 원에서 길이가 같은 두 현은 원의 중심으로부터 같은 거리에 있으므로,

$\overline{OM} = \overline{ON} = 5\,cm$이다.

| 참고 | 현의 길이

❶ 한 원에서 원의 중심으로부터 같은 거리에 있는 두 현의 길이는 같다.

❷ 한 원에서 길이가 같은 두 현은 원의 중심으로부터 같은 거리에 있다.

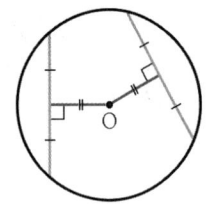

20 정답 ③

| 풀이 |

중앙값이란 자료를 크기대로 나열하였을 때, 중앙에 위치한 값을 말한다.

문제의 자료를 크기대로 나열하면, 75, 80, 85, 90, 95가 되고, 자료의 개수가 5개이므로 중앙값은 3번째 수인 85가 된다.

따라서 중앙값은 85(점)이다.

01	③	02	④	03	④	04	①	05	③
06	①	07	③	08	③	09	②	10	①
11	④	12	①	13	④	14	④	15	②
16	③	17	③	18	①	19	①	20	②
21	④	22	④	23	③	24	②	25	②

01 정답 ③

해석 모든 사람들은 아이스크림이 맛있다고 생각해요.

해설 delicious 맛 좋은, 맛있는

① 쉬운 easy

② 가능한 possible

④ 흥미로운 interesting

02 정답 ④

해설 ①·②·③ 반의어 관계, ④ 유의어 관계

① 큰 − 작은

② 건조한 − 습윤한

③ 나이가 든 − 젊은

④ 키가 큰, 높이가 높은 − 높이가 높은

03 정답 ④

해석 많은 학생들이 줄을 서 있습니다.

어휘 • a lot of 많은

• stand in line 줄을 서다

해설 A lot of students 복수형 주어에 알맞은 동사형은 are의 과거형인 ④ were이며, were+standing 과거진행형(be+V−ing) 동사가 쓰였다.

04 정답 ①

해석 기차역까지 가는 데 얼마나 오래 걸리나요?

② 개수가 많은

③ 자주, 종종

④ 큰, 높은

해설 의문사 how 뒤에 형용사나 부사가 올 때 '얼마나 ∼한'으로 해석된다. '시간이 걸리다'의 의미인 동사 take와 '∼에 가다' go to가 있는 것으로 보아 걸리는 시간을 묻는 long(긴, 거리가 먼)이 알맞다.

05 정답 ③

해석 A : 너는 보통 <u>언제</u> 일어나니?

　　　B : 저는 보통 7시에 일어나요.

　　　① 어떻게

　　　② 무엇

　　　④ 어느 것

어휘 • usually 보통

　　• get up 일어나다

해설 B의 대답으로 보아 평소에 일어나는 시간을 묻는 when(언제)이 알맞다.

06 정답 ①

해석 A : 너 자전거 탈 수 있니?

　　　B : <u>네, 저 탈 수 있어요.</u>

어휘 • ride 타다

해설 가능을 묻는 조동사 can으로 묻는 질문에는 can 으로 답한다.

07 정답 ③

해석 • 나는 <u>여가시간</u>에 피아노를 친다.

　　• 이 사탕을 <u>무료로</u> 드실 수 있습니다.

　　① 바쁜

　　② 가까운, 친한, 닫다

　　④ 어려운, 딱딱한, 열심히

어휘 • have 가지다, 먹다

　　• free time 여가 시간, 쉬는 시간

　　• for free 공짜로, 무료로

08 정답 ③

해석

아빠	엄마	Tom	Emma
식물물 주기	창문 닦기	빨래하기	쿠키 굽기

어휘 • water 물을 주다

　　• clean 닦다, 깨끗한

　　• laundry 세탁

　　• bake 굽다

해설 Tom이 할 일은 do the laundry(빨래하기)이다.

09 정답 ②

해석 A : 여자 아이는 뭐 하고 있는 거니?

　　　B : 그녀는 그림을 그리고 있어.

　　　① 책을 읽다

　　　③ 음악을 듣다

　　　④ 농구를 하다

해설 현재진행시제(~을 하고 있다 : be+V-ing)의 질 문과 답변이다.

10 정답 ①

해석 A : 저는 제 다리가 걱정돼요. 쉽게 걷지를 못해서요.

　　　B : 병원에 가보는 게 어때?

　　　A : 그래야 할 것 같아요. 지금 저랑 같이 갈 수 있어요?

　　　B : 물론이지.

어휘 • worried 걱정되는

　　• why don't you ~하는 게 어때?

　　• see a doctor 진찰을 받다

　　• bookstore 서점

　　• stationery store 문구점

　　• post office 우체국

해설 아픈 다리를 진찰받기 위해 함께 갈 곳은 병원 이다.

11 정답 ④

해석 A : 바깥 날씨는 어때요?

　　　B : 비가 오고 있어요. 우산 갖고 있어요?

　　　A : 아니요. 하나 사야 해요.

　　　① 몇 시죠?

　　　② 잘 지내셨어요?

　　　③ 그것을 어디서 구했나요?

　　　④ 우산을 가지고 있나요?

어휘 • have to ~해야 한다

해설 yes/no로 답할 수 있는 의문문은 의문사가 없는 의 문문뿐이며, A의 마지막 답변으로 보아 우산을 가 지고 있는지 묻는 'Do you have an umbrella?' 가 맞다.

12 정답 ①

해석 A : 회의 시간을 변경해야 해요. 너무 이른 것 같아요.

B : 동의해요. 오전 10시는 어때요?

A : 그게 훨씬 낫네요.

어휘 • meeting 회의

• early 이른

• agree 동의하다

• what about ~는 어때?

• much 훨씬

• better 더 나은

해설 회의 시간을 바꿀 필요에 대해 말하고 그에 동의하는 내용으로 대화 주제는 회의 시간 변경이다.

13 정답 ④

해석 세계 음식 축제

날짜 : 4월 13~14일

시간 : 오전 11시~오후 4시

장소 : Seaside 공원

오셔서 즐겨보세요! 전 세계의 음식을 맛보세요!

어휘 • date 날짜

• place 장소

• try 먹어보다

• all over the world 전 세계

해설 행사 참가비에 대한 언급은 없다.

14 정답 ④

해석 여러분, 안녕하세요. 내일 점심 메뉴에 대해 말씀드릴게 있습니다. 원래 메뉴는 스파게티, 케이크, 오렌지 주스였는데, 오렌지 주스 대신 우유로 하겠습니다. 변경하게 되어 죄송합니다.

어휘 • original 기존의, 원래의

• serve 음식을 제공하다

• instead of ~ 대신에

해설 점심 메뉴 중 오렌지 주스가 우유로 변경된 것에 대해 공지하고 있다.

15 정답 ②

해석 A : Steve랑 나랑 이번 주 토요일에 수영장 갈 건데, 너도 같이 갈래?

B : 미안. 나 이번 주말에 가족과 함께 여행을 가.

A : 알겠어. 다음에 같이 가자.

어휘 • be going to ~할 것이다

• join 함께 하다

• take a trip 여행 가다

해설 B는 'take a trip with my family' 가족 여행을 가서 수영장에 함께 가지 못한다.

16 정답 ③

해석 여러분은 Moai에 대해 들어본 적이 있나요? 그것들은 이스터섬에 있습니다. 그것들은 높이가 높은 사람 모양의 돌들입니다. 그것들 중 대부분은 약 4미터의 높이이고, 가장 높은 돌은 약 20미터의 높이입니다. 그것들은 주로 마을 쪽을 향하고 있고, 일부는 바다를 내다보고 있습니다.

어휘 • have you ever heard of ~를 들어본 적 있니?

• shaped ~ 모양인

• about 대략

• around 대략

• mainly 주로

• toward ~를 향하다

해설 대부분 높이가 20미터가 아니라 가장 높은 돌이 약 20미터이다.

① They are on Easter Island.

② They are human-shaped stones.

④ They mainly face towards the village.

17 정답 ③

해석 City 벼룩시장은 많은 쇼핑객들에게 좋은 장소입니다. 그것은 매주 토요일마다 열립니다. 그것은 역사박물관 앞에 있습니다. 여러분은 이 시장에서 옷, 신발, 책, 그리고 장난감을 저렴한 가격에 살 수 있습니다.

어휘 • flea market 벼룩시장
• shopper 쇼핑객
• in front of ~ 앞에
• buy 구매하다
• low 낮은
• price 가격

해설 주차 정보에 대해서는 언급되지 않았다.
① 열리는 요일 every Saturday
② 열리는 장소 in front of the History Museum
④ 판매 품목 clothes, shoes, books, and toys

18 정답 ①

해설 학교에서 저의 큰 문제는 시험에서 안 좋은 성적을 받는 것입니다. 나는 시험을 결코 잘 보지 않습니다. 그래서 저는 Jimin에게 조언을 구했습니다. 지민은 스터디 그룹을 만들 것을 제안했습니다. 그는 친구들과 공부하는 것이 제가 시험을 더 잘 볼 수 있도록 도울 수 있다고 말했습니다.

어휘 • get 얻다
• poor grade 좋지 않은 성적
• do well on ~을 잘하다, 잘 보다
• ask 요청하다
• advice 조언
• suggest 제안하다
• tell(−told) 말하다

해설 Jimin suggested making a study group. Jimin은 스터디 그룹을 만들어 친구들과 함께 공부할 것을 제안했다.

19 정답 ①

해석 우리 반 친구들의 흥미
기타 (5%), 책 읽기 (10%), 음악 듣기 (15%), 컴퓨터 게임 하기 (25%), 스포츠 활동 (45%)
우리 반 학생들의 40% 이상이 흥미가 있는 것은 스포츠 활동이다.

어휘 • more than ~보다 이상
• percent 퍼센트
• be interested in ~에 흥미가 있다.

20 정답 ②

해석 작년에, 저는 산에 갔습니다. ① 저는 케이블카를 타고 산 중턱으로 갔습니다. ② 아버지는 새 차를 샀습니다. ③ 그러고 나서, 저는 정상으로 하이킹을 갔습니다. ④ 정상에서, 저는 나무들이 빨간색과 노란색이라는 것을 발견했습니다. 아름다운 단풍을 보는 것은 놀랍고 신났습니다.

어휘 • middle 중간
• hike 하이킹하다
• top 꼭대기
• find(−found) 발견하다
• amazing 놀라운
• autumn 가을
• leave 잎

해설 등산을 했던 경험을 말하는 글에서 ② 아버지가 새 차를 샀다는 말은 어울리지 않는다.

21 정답 ④

해석 여러분은 걷는 것을 좋아하나요? 여러분은 하루에 몇 걸음을 걷나요? 걷는 것은 모든 연령대의 사람들에게 많은 건강상의 이점을 제공할 수 있습니다. 그것은 특정 질병들을 예방하는 것을 도울 수 있어서 여러분이 장수할 수도 있지요. 그것은 또한 특별한 장비를 필요로 하지 않고 어디에서나 실행할 수 있습니다.
① 장비
② 삶, 인생, 생명
③ 스트레스

어휘 • step 걸음
• offer 제공하다
• health 건강
• benefit 이점
• age 연령
• prevent 막다, 예방하다
• certain 특정한
• disease 질병
• long life 장수
• require 요구하다, 필요로 하다
• special 특별한
• equipment 장비

해설 걷는 것(walking)이 많은 건강상의 이점을 제공할 수 있다는 문장 뒤로 그것의(it=walking) 구체적인 내용이 이어지고 있다.

22 정답 ④

해석 도서관 규칙 :
- 제시간에 책을 반납하세요.
- 큰 소리를 내지 마세요.
- 어떤 음식도 먹지 마세요.

어휘
- library 도서관
- rule 규칙
- return 반납하다
- on time 제시간에
- loud 큰
- noise 소음

해설 ④ 책에 낙서하지 않기는 규칙에서 언급되지 않았다.

23 정답 ③

해석 여러분은 불이 났을 때 무엇을 해야 하는지 알고 있나요? 여러분은 "불이야!"라고 외쳐야 합니다. 여러분은 물에 적신 수건으로 얼굴을 가려야 합니다. 여러분은 낮게 앉아서 나가야 합니다. 엘리베이터가 아니라 계단을 이용하는 것을 기억하세요. 또한, 여러분은 가능한 한 빨리 119에 신고해야 합니다.

어휘
- what to do 무엇을 해야 하는지
- there is ~가 있다
- should ~해야 한다
- shout 외치다
- need to ~할 필요가 있다
- cover 덮다
- wet 젖은
- have to ~해야 한다
- stay 머무르다
- low 낮은
- use 이용하다
- as soon as possible 가능한 한 빨리

해설 화재 발생 시 행동 요령 : 화재 발생 시 무엇을 해야 하는지(what to do) 말하고 있다.

24 정답 ②

해석 제 이름은 John Brown입니다. Main Street에서 발생한 문제를 신고하려고 합니다. 오늘 아침에 신호등이 고장 난 것을 보았습니다. 혹시 사고가 날까 봐 걱정이네요. 바로 와서 확인해 주세요.

어휘
- would like to ~하고 싶다
- report 신고하다, 보고하다
- traffic lights 신호등
- be broken 고장나다
- might 어쩌면 ~할 수도 있다
- cause 야기하다, 발생시키다
- accident 사고
- right away 바로, 즉시

해설 I'd like to report a problem on Main Street. 문장으로 보아 '신고할' 목적임을 알 수 있다.

25 정답 ②

해석 요가는 힘과 균형을 만들 수 있는 정신과 신체 연습입니다. 요가는 또한 고통을 관리하고 스트레스를 줄이는 데 도움을 줄 수도 있습니다. 요가에는 많은 종류가 있습니다. 다양한 종류의 요가를 살펴봅시다.

어휘
- mind 정신
- body 신체
- practice 연습
- build 쌓다
- strength 힘
- balance 균형
- manage 관리하다
- pain 고통
- reduce 감소시키다
- there is/are ~가 있다
- let's take a look at 살펴보자
- various 다양한
- type 유형

해설 Let's take a look at the various types of yoga 뒤로 이어질 내용은 ② 다양한 요가의 유형임을 알 수 있다.

사회 2024년 제1회

01	③	02	②	03	①	04	②	05	①
06	④	07	②	08	①	09	①	10	①
11	②	12	④	13	③	14	③	15	④
16	③	17	③	18	③	19	②	20	②
21	①	22	①	23	③	24	④	25	④

01 정답 ③

제시된 내용은 희토류에 대한 설명이다. 희토류는 '자연계에 매우 드물게 존재하는 금속 원소'라는 의미로 희토류라는 이름이 붙었다. 대부분의 첨단 기기 원료로 사용되는 중요한 자원이다.

오답 피하기

① 석탄은 산업 혁명의 동력 자원으로 사용되었다.
② 철광석은 산업 혁명의 원료 자원으로 철을 만드는 원료이다.
④ 천연가스는 기체를 액체화하는 냉동 액화 기술의 개발로 소비가 증가하였다. 청정 에너지이며 가정 난방 에너지로 사용된다.

02 정답 ②

넓은 지역의 위치를 나타낼 때 대륙과 해양의 분포를 이용하는 지리적 위치, 위도와 경도로 표현하는 수리적 위치, 주변 지역과의 관계를 통해 나타내는 관계적 위치가 있다. 좁은 지역의 위치를 표현하는 방법은 주소, 도로명 주소, 랜드마크 등이 있다. 제시된 내용은 랜드마크에 해당한다.

오답 피하기

① 위도는 적도를 기준으로 하여 남북을 각각 90°로 나눈 가로선이다.
④ 날짜 변경선은 본초 자오선의 정반대 쪽에 위치하며, 동경 180°와 서경 180°가 만나는 지점이다.

03 정답 ①

건조 문화 지역은 북부 아프리카, 서남아시아 지역으로 주로 이슬람교를 믿는다. 사막에서 햇볕과 모래바람을 막기 위해 온몸을 감싸는 옷을 입고, 유목과 관개 농업을 한다. 유목 생활을 위해 이동이 편리한 이동식 천막(게르)이 나타난다.

04 정답 ②

적도 부근의 해발 고도가 낮은 지역은 열대 기후가 나타나지만 적도 부근의 해발 고도가 높은 지역은 연중 봄과 같이 온화한 고산 기후가 나타난다.
에콰도르의 수도인 키토는 안데스 산맥에 위치하여 해발 고도가 높아 고산 기후가 나타난다.

오답 피하기

① 건조 기후는 연강수량이 500mm 미만인 지역이다.
③ 열대 기후는 가장 추운 달의 기온이 18℃ 이상인 지역이다.
④ 한대 기후는 극지방 부근에 위치하며 가장 따뜻한 달의 평균 기온이 10℃ 미만이다.

05 정답 ①

독도는 동경 132°, 북위 37° 부근으로 우리나라 영토 중 가장 동쪽에 위치한다. 행정 구역상 위치는 경상북도 울릉군 울릉읍 독도리이다. 독도는 풍부한 수산 자원, 메탄 하이드레이트, 해양 심층수 등의 경제적 가치가 있고 식물종이 다양하고, 철새들의 중간 서식지로 섬 전체가 천연기념물 제336호로 지정되어 있다.

오답 피하기

② 마라도는 우리나라 최남단에 위치한 섬이다.
③ 울릉도는 우리나라에서 9번째로 넓은 섬이다.
④ 제주도에서는 오름, 용암 동굴, 주상 절리 등의 지형을 볼 수 있다.

06 정답 ④

플랜테이션은 선진국의 자본 및 기술과 원주민의 노동력을 결합하여 커피, 카카오, 천연고무 등의 상품 작물을 대량으로 재배하는 농업 방식이다.

① 낙농업은 젖소를 사육하여 우유를 생산하고 우유를 원료로 하여 제품을 생산하는 산업이다.

② 수목 농업은 주로 지중해 연안에서 건조한 여름에 잘 견디는 포도·올리브·오렌지·레몬 등을 재배한다.

③ 혼합 농업은 서늘한 기후에서도 잘 자라는 밀, 보리 등의 식량 작물 재배와 목초지를 조성하여 가축 사육을 한다.

07 정답 ②

지진은 지각판이 움직이면서 땅이 갈라지고 흔들리는 현상으로 각종 시설의 붕괴나 파손, 화재·지진 해일·산사태 등을 동반한다. 제시된 내용은 지진 발생 시 행동 요령이다.

① 가뭄은 오랫동안 비가 내리지 않아 물이 부족하고 땅이 메마르는 현상으로 피해 범위가 넓으며 장기간 지속된다. 주요 발생 지역은 사헬 지대이다.

③ 폭설은 겨울철 많은 눈이 내리는 현상이며, 가옥과 비닐하우스 붕괴, 교통 혼잡 등의 문제를 발생시킨다.

④ 홍수는 장마와 태풍이 발생하는 것으로 여름철에 잦다.

08 정답 ①

갯벌은 조차가 크기 때문에 밀물 때 물에 잠기고, 썰물 때 드러나는 지형으로 각종 바다 오염 물질을 정화하고 어패류 채취나 염전으로 이용한다.

② 고원은 고도가 높고 평탄한 지역을 말한다.

③ 피오르는 빙하의 침식에 의해 형성된 U자곡에 바닷물이 들어와 형성된 긴 만이다.

④ 용암 동굴은 용암의 표면이 먼저 식어 굳어지고 속에 있는 마그마는 계속 흘러가 형성된 동굴이다.

09 정답 ①

환율이란 두 나라 화폐 사이의 교환 비율로 상품 시장에서 상품의 가격 결정과 마찬가지로 외환 시장에서 외환의 수요와 공급에 의해 결정된다.

② 실업률은 한 나라의 경제 활동 인구 중에서 실업자가 차지하는 비중이다.

③ 경제 성장률

$$= \frac{\text{금년도 실질 GDP} - \text{전년도 실질 GDP}}{\text{전년도 실질 GDP}} \times 100$$

④ 물가 상승률이란 특정 기간 동안 물가의 상승률을 나타낸다.

10 정답 ①

문화의 속성으로 공유성, 학습성, 전체성, 변동성, 축적성이 있다. 변동성은 문화는 시간이 흐르면서 그 형태나 의미가 변화하는 것을 의미한다.

② 수익성은 투자한 금액에 비해 이익이 날 수 있는 크기의 정도이다.

④ 희소성이란 인간의 욕구는 무한한 데 비해 이를 충족시켜 줄 자원의 양은 상대적으로 부족한 현상을 말한다.

11 정답 ②

부당 해고란 사용자가 정당한 이유 없이 근로자를 해고하는 것을 말한다. 제시된 내용의 회사원 김ㅇㅇ씨의 사례는 노동권 침해이며 부당 해고 사례이다.

① 권력 분립은 국가 권력을 입법, 행정, 사법으로 분리하여 상호 견제와 균형을 통해 권력의 집중과 남용을 방지하고 국민의 자유와 권리를 보장하기 위한 제도이다.

④ 국민 투표는 국가의 중요한 정책을 국민이 직접 투표로 결정하는 제도이다.

12 정답 ④
선거구 법정주의는 특정 후보자나 정당의 당선을 위한 선거구의 조작(게리맨더링)을 방지하기 위해 국회에서 선거구를 법률로 획정하는 것이다.

① 심급 제도는 공정한 재판을 위하여 하나의 사건에 대하여 여러 번 재판을 받을 수 있게 하는 제도이다.
③ 사법부의 독립은 공정한 재판을 보장하기 위해 필요하다.

13 정답 ③
정부는 국회가 만든 법률을 집행하고 공익을 실현하기 위해 정책을 수립하고 실행한다. 현대 복지 국가에서는 정부의 역할이 커지고 있으며 이러한 정부의 최고 책임자는 대통령이다.

오답 피하기
① 언론은 정보 전달의 기능을 담당한다.
② 정당은 정치적인 주의나 주장이 같은 사람들이 정권을 잡고 정치적 이상을 실현하기 위해 조직한 단체이다.
④ 이익 집단은 자신들의 이익 추구를 위해 모인 집단이다.

14 정답 ③
헌법 재판소는 입법부에 의해 만들어진 법률이나 국가 기관의 작용이 헌법에 위배되거나 국민의 기본권을 침해했는지 여부를 판단하여 국민의 기본권을 구제해 주는 사법 기관이다.

오답 피하기
① 국회는 국민이 선거를 통해 직접 선출한 대표들로 구성된 기관이다.
② 지방 법원은 1심 사건을 재판한다.
④ 선거 관리 위원회는 선거와 국민 투표를 공정하게 관리하는 독립된 국가 기관이다.

15 정답 ④
실물 자산은 금, 은, 부동산, 골동품 등 형체가 있는 자산을 의미한다. 실물 자산 중 옮길 수 없는 자산을 부동산이라 한다.

오답 피하기
① 예금은 정해진 이자를 기대하고 금융 기관에 돈을 맡기는 것이다.
② 적금은 일정 기간 동안 일정 금액을 불입하여 기한이 되면 이자와 함께 돌려받는 것이다.

16 정답 ③
균형 가격이란 수요량과 공급량이 일치하여 균형을 이루는 지점에서의 가격이다. 균형 거래량은 균형 가격에서 거래되는 상품의 수량이다. 아이스크림의 균형 가격은 2,000원이며 균형 거래량은 200개이다.

17 정답 ③
청동기 시대에 농업 발달과 사유 재산 등장으로 계급이 발생하였다. 고인돌은 지배자의 무덤으로 청동기 시대에 계급이 발생되었다는 증거이다.

18 정답 ③
조선 후기 성리학의 비실용성, 빈부 격차 등 사회 현실을 개혁하기 위해 실학이 등장하였다. 농업을 중요시하는 실학자는 유형원, 이익, 정약용이 있으며 상업을 중요시하는 실학자는 유수원, 홍대용, 박지원, 박제가 등이 있다.

오답 피하기
④ 풍수지리설은 신라 말기 도선에 의해 전래되었다. 산세를 살펴 주택, 도읍 등을 선정하였다.

19 정답 ②
영조와 정조가 붕당의 대립을 줄이고 왕권을 강화한 정책은 탕평책이다. 영조는 붕당의 근거지인 서원을 정리하고 이조 전랑의 권한을 약화시켰다. 정조는 영조의 탕평책을 계승하고 초계문신제를 실시하였다.

오답 피하기
① 호패법은 태종이 인구 파악과 세금 징수를 위해 실시하였다.
③ 과전법은 위화도 회군으로 권력을 장악한 이성계 주도로 고려 공양왕 때 실시한 토지제도이다.

④ 위화도 회군은 요동 정벌에 반대한 이성계가 위화도에서 군사를 돌려 개경을 점령한 사건이다.

20 정답 ②
통일 신라의 신문왕은 김흠돌의 난을 진압하고 왕권을 강화하였다. 지방을 9주로 나누고 5소경을 설치하였다. 귀족들의 경제적 기반을 약화시키기 위해 녹읍을 폐지하고 관료전을 지급하였으며 유학을 장려하여 국학을 설립하였다.

21 정답 ①
북벌 운동이란 청을 쳐서 원수를 갚아야 한다는 주장으로 효종이 송시열과 함께 청나라 정벌 계획을 추진하였다. 하지만 효종의 갑작스러운 죽음으로 북벌을 실천하지는 못하였다.

오답 피하기
③ 별무반은 윤관이 여진 기병에 대항하기 위해 만든 부대이다.
④ 광주 학생 항일 운동은 한·일 학생 간의 충돌로 발생한, 3·1 운동 이후 최대 규모의 민족 운동이다.

22 정답 ①
㉠은 삼국 통일 과정이다.
신라는 김춘추의 활약으로 당과 나·당 동맹을 맺는다. 백제는 황산벌 전투에서 패배하면서 660년에 멸망하고, 고구려는 668년 평양성이 함락되며 멸망하였다. 이후 한반도를 지배하려는 당나라와 전쟁이 발생하고 매소성 기벌포 전투에서 신라가 승리하며 신라가 676년 삼국을 통일하게 된다.

23 정답 ③
고려와 몽골은 공식적인 외교 관계를 수립하였지만 고려 국경 부근에서 몽골 사신이 피살당하는 사건이 발생되자 몽골의 고려 침략이 시작되었다. 최씨 정권의 최우는 장기 항전을 위해 강화도로 천도를 하고, 고려는 부처의 힘으로 몽골군을 격퇴하기 위해 팔만대장경을 제작하였다. 삼별초는 강화도 → 진도 → 제주도로 옮겨가며 끝까지 몽골에 항쟁하였지만 여·몽 연합군에 의

해 진압되었다.

24 정답 ④
박정희는 5·16 군사 정변을 일으켜 정권을 장악하였다. 경제 개발 5개년 계획을 실시하고, 한·일 국교 정상화, 베트남 파병으로 경제 개발에 필요한 자금을 마련하였다. 박정희 정부는 장기 집권을 위해 대통령 중임제한 철폐, 대통령 권한 강화 등을 내용으로 하는 유신 헌법을 만들었다.

25 정답 ④
일제는 1930년대 중·일 전쟁을 위해 병참 기지화 정책을 실시하였다. 1938년 국가 총동원법을 제정하여 전쟁에 필요한 물건을 조선에서 수탈해가며 강제 징용, 징병제, 여자 근로 정신대, 일본군 위안부 등으로 인적 자원을 수탈해갔다.

오답 피하기
① 후금에서 청으로 국호를 변경하고 조선에 군신관계를 요구했지만 이를 거절하자 청 태종이 조선을 침략한 전쟁이 병자호란이다.
② 과거제는 고려 광종 때 쌍기의 건의로 처음 실시되었다.
③ 고려 이자겸의 난 이후 왕의 권위가 추락하자 왕권 강화를 위해 묘청이 서경으로 천도를 추진하였지만 실패하였다.

과학 2024년 제1회

01	①	02	③	03	④	04	③	05	①
06	①	07	④	08	②	09	③	10	④
11	②	12	④	13	③	14	④	15	③
16	②	17	②	18	①	19	①	20	③
21	①	22	④	23	③	24	①	25	②

01 정답 ①
부력은 액체나 기체가 그 속의 물체를 위로 밀어 올리는 힘으로 액체나 기체에 잠긴 물체의 부피가 클수록 크다. 열기구, 구명환, 부표 등이 부력을 이용한 예이다.

02 정답 ③
빛이 반사할 때 입사각과 반사각의 크기가 같다. 따라서 반사각의 크기가 60°일 때 입사각의 크기는 60°이다.

03 정답 ④
정전기 유도에 의해 대전체와 가까운 쪽은 대전체와 다른 종류의 전하가 유도되고, 대전체와 먼 쪽은 대전체와 같은 종류의 전하로 유도된다. 따라서 (+)대전체와 가까운 ㉠은 (−), (+)대전체와 먼 쪽 ㉡은 (+)전하로 유도된다.

04 정답 ③
도선에 전류를 흘려주면 도선 주위에 자기장이 만들어지고 전류의 방향이 바뀌면 자기장의 방향이 바뀐다. 나침반의 바늘도 (S N)에서 반대인 (N S)로 바뀐다.

05 정답 ①
시간에 따른 이동 거리 그래프에서 기울기는 물체의 속력을 의미한다.
속력 $= \dfrac{\text{이동 거리}}{\text{시간}} = \dfrac{4m}{2s} = 2m/s$ 이다.

06 정답 ①
중력에 의한 위치 에너지는 물체의 질량과 높이에 비례한다. 질량이 같은 물체이므로 기준면인 지면으로부터 높이가 높은 A의 중력에 의한 위치 에너지가 가장 크다.

07 정답 ④
확산은 입자가 스스로 운동하여 모든 방향으로 퍼져나가는 현상으로, 향수병 마개를 열어두면 향수 냄새가 퍼져나가는 것은 확산에 의한 현상이다.

08 정답 ②
A : 융해, B : 기화, C : 응고, D : 액화
기화는 액체가 기체로 상태 변화하는 것을 말하며 증발이나 끓음이 해당한다.

09 정답 ③
암모니아의 분자식은 NH_3로 한 분자를 이루는 원자의 개수는 원소기호 오른쪽 아래 작은 숫자로 원자 개수를 표기한다. 따라서 질소 원자 1개, 수소 원자 3개로 이루어졌음을 분자식을 통해 알 수 있고 이는 분자 모형을 통해 한번 더 확인할 수 있다.

10 정답 ④
밀도는 단위 부피당 물질의 질량으로 서로 섞이지 않는 액체 물질의 혼합된 경우 밀도가 큰 액체는 아래쪽, 밀도가 작은 액체는 위쪽에 위치한다. 따라서 밀도의 크기는 A < B < C < D 순으로 가장 아래에 있는 D의 밀도가 가장 크다.

11 정답 ②
화학 반응식에서 화살표를 기준으로 왼쪽은 반응 물질, 오른쪽은 생성 물질을 쓴다. 과산화 수소를 분해하여 물과 산소가 생성되는 화학 반응식이므로 화살표의 왼쪽에는 과산화 수소, 오른쪽에는 물(H_2O)과 산소(O_2)를 써준다. 이미 산소는 제시가 되어 있으므로 ㉠은 물(H_2O)임을 알 수 있다.

12 정답 ④
일정 성분비 법칙은 화합물을 구성하는 원소들 사이에는 일정한 질량비가 있음을 나타내는 것으로 그래프를 통해 마그네슘과 산화 마그네슘의 질량비가 3 : 5임을 알 수 있다. 따라서 마그네슘이 3g이 모두 연소되면 산화 마그네슘은 5g이 생성된다.

13 정답 ③

식물계에 속하는 생물은 광합성을 하여 스스로 양분을 만들 수 있고, 세포벽이 있으며 뿌리, 줄기, 잎과 같은 기관이 발달하였다. 무궁화는 이러한 특징을 가지고 있는 식물계에 속하는 생물이다.

14 정답 ④

식물의 호흡은 식물이 포도당과 같은 양분을 분해하여 생명 활동에 필요한 에너지를 얻는 과정을 말한다. 호흡 과정에서 에너지와 함께 물과 이산화 탄소가 생성된다.

15 정답 ③

소화계는 음식물의 소화와 흡수에 관여하는 기관들의 모임으로 입, 식도, 위, 소장, 대장, 항문, 간, 이자, 쓸개 등이 해당한다.

③ 폐는 호흡계에 속하는 기관이다.

16 정답 ②

판막은 혈액이 거꾸로 흐르지 않고 한 방향으로 흐르게 하는 부분으로 심장의 심방과 심실 사이, 심방과 동맥 사이에 있고, 혈관 중 정맥에 판막이 존재한다.

17 정답 ②

호르몬은 분비관이 없어 내분비샘에서 분비되어 혈액을 따라 이동하면서 특정 세포나 기관으로 신호를 전달하여 몸의 기능을 조절하는 화학 물질이다. 이자에서 분비되는 글루카곤은 혈당량을 높여주고, 인슐린은 혈당량을 낮추어준다.

18 정답 ①

1개의 모세포가 2번 연속 분열하여 4개의 딸세포가 형성되는 생식세포 분열이 일어나면 분열 결과 생식세포가 만들어진다. 정소에서 생식세포 분열이 일어나면 생식세포인 정자가 만들어지고 난소에서 생식세포 분열이 일어나면 생식세포인 난자가 만들어진다.

오답 피하기

간 세포, 심장 세포, 이자 세포는 체세포 분열을 통해 만들어진 체세포이다.

19 정답 ①

아버지의 혈액형 유전자형이 AA이므로 아버지가 만든 생식세포는 A가 들어있는 생식세포만 가능하고 어머니의 혈액형 유전자형이 OO이므로 어머니가 만든 생식세포에는 O가 들어있는 생식세포만 가능하다. 따라서 아버지의 생식세포와 어머니의 생식세포가 각각 만나 만들어지는 딸의 혈액형 유전자형은 AO만 가능하다.

20 정답 ③

지진이 발생할 때 생긴 진동을 지진파라고 하고 이를 통해 지구 내부 구조를 연구하는 방법을 지진파 연구라고 한다. 지진파 연구는 지구 내부 구조를 조사하는 데 가장 효과적인 방법이다.

21 정답 ①

변성암은 암석이 높은 열과 압력을 받아 성질이 변한 암석으로 압력과 수직 방향으로 생긴 줄무늬인 엽리 구조를 볼 수 있다.

22 정답 ④

월식은 달이 지구 그림자 속으로 들어가 달이 가려지는 현상으로 태양 – 지구 – 달 순으로 일직선상에 위치할 때 일어난다. 이 때 달의 위상은 망(보름달)이다.

오답 피하기

②번 위치와 같이 태양 – 달 – 지구의 순으로 일직선상에 놓일 때는 달이 태양의 일부 또는 전체를 가리는 현상인 일식이 일어난다.

23 정답 ③

지구형 행성은 질량은 작고 평균 밀도가 큰 행성으로 수성, 금성, 지구, 화성이 해당한다. 목성형 행성은 질량이 크고, 평균 밀도가 작은 행성으로 목성, 토성, 천왕성, 해왕성이 해당한다.

24 정답 ①

온난 전선은 따뜻한 공기가 이동하여 찬 공기 위로 타고 올라갈 때 형성된다. 온난 전선이 통과한 후 기온은 상승한다.

오답 피하기

② **정체 전선** : 두 기단의 세력이 비슷하여 한 곳에 오랫동안 머무르며 형성되는 전선으로 장마 전선은 정체 전선의 한 종류이다.

③ **폐색 전선** : 속도가 빠른 한랭 전선이 온난 전선을 따라잡아 겹쳐지면서 형성된다.

④ **한랭 전선** : 찬 공기가 이동하여 따뜻한 공기 아래로 파고들 때 형성된다. 한랭 전선이 통과한 후 기온은 하강한다.

25 정답 ②

연주 시차는 지구에서 별을 6개월 간격으로 관측했을 때 나타나는 시차의 절반을 말한다. 연주 시차는 지구 공전의 증거이다.

도덕 2024년 제1회

01	②	02	①	03	②	04	①	05	④
06	①	07	②	08	③	09	③	10	④
11	①	12	③	13	②	14	③	15	①
16	②	17	④	18	④	19	③	20	③
21	①	22	④	23	④	24	③	25	②

01 정답 ②

제시문은 인간의 특성 중 사회를 이루어 다른 사람과 더불어 살아가는 존재인 사회적 존재에 대한 설명이다.

- **이성적 존재** : 생각하는 능력인 이성을 지닌 존재
- **열려 있는 존재** : 자신의 삶을 계획하고 만들어 가는 존재
- **도구적 존재** : 유형·무형의 도구를 만들어 사용하는 존재
- **문화적 존재** : 언어, 지식, 기술 등을 통해 문화를 창조하고 계승하는 존재
- **종교적·유희적 존재** : 종교 활동을 하고, 즐거움을 추구하는 존재

02 정답 ①

도덕 원리는 도덕적으로 옳고 그름을 결정하는 근본적인 기준 또는 원칙을 의미한다.

② 가치 판단, ③ 사실 판단, ④ 사실 판단

03 정답 ②

불교에서는 생명을 해치는 것이 가장 큰 죄이고 죽어가는 생명을 살리는 것이 가장 큰 자비이다.

04 정답 ①

이웃 간 관심과 배려, 봉사의 실천과 같은 도덕적 자세를 지닐 때, 우리는 이웃과 함께하는 행복한 공동체를 만들어 갈 수 있다.

ㄷ, ㄹ 바람직한 이웃과의 관계를 형성하기 위해 버려야 하는 자세이다.

05 정답 ④

우리는 신체적 특징, 성격, 가치관, 소망, 능력 등을 바탕으로 개인적 존재로서의 자아를 이해할 수 있다.

④ 사회적 관습은 사회적 존재로서의 자아와 관련된 것으로 공동체에서 자신이 맡은 역할과 의무를 파악할 수 있다.

06 정답 ①

오늘날 환경 문제는 특정 국가나 지역의 문제가 아닌 미래 세대의 생존까지 위협하는 심각한 문제이다. 세계 시민 모두는 이러한 환경 문제의 발생에 책임이 있다.

07 정답 ②

용돈은 우리가 살아가는 데 필요한 여러 가지 물질과 이를 통해서 얻는 만족감으로 물질적 가치에 속한다. 사랑, 감사, 진리는 인간의 정신 활동을 통해 얻을 수 있는 정신적 가치이다.

08 정답 ③

스마트폰에 중독된 사람은 그것에 심하게 의존하고 집착하며 자기 통제력을 잃기도 한다. 심지어 정보 통신 기기가 없으면 견디지 못하는 금단 증세를 보인다.

③ 절제 : 정도에 넘지 아니하도록 알맞게 조절하여 제한한다.

09 정답 ③

이웃에게 봉사할 때 유의할 점은 함께한다는 마음을 바탕으로 해야 하고, 대가를 바라지 말고 자발적으로 해야 한다. 또한 시간과 노력을 들여 지속적으로 봉사를 실천해야 한다.

10 정답 ④

진정한 친구는 친구의 어려움을 외면하지 않고 도움을 주려는 친구이고 신뢰할 수 있으며, 서로를 위한 비판과 충고까지도 기꺼이 나눌 수 있는 친구이다.

11 정답 ①

인간의 존엄성과 인권은 누구에게나 어떤 상황에서나 적용되어야 하는 보편적이고 절대적인 가치라는 점에서 소중하다.

12 정답 ③

무관심과 이기심은 우리가 무엇이 도덕적 행동인지 알면서도 이를 실천하지 못하도록 하는 대표적인 원인이다. 더불어 용기의 부족으로 도덕적 실천을 하지 못할 때도 있다.

13 정답 ②

정의로운 국가는 사회 구성원에게 기본적 권리를 동등하게 보장하고 각자의 몫을 공정하게 분배하고자 한다. 또한 모든 사회 구성원을 차별 없이 대우하는 정의로운 사회라야 구성원 간에 신뢰와 협력을 끌어낼 수 있다.

14 정답 ③

통일 이후 우리는 남북한의 각종 자원을 효율적으로 활용할 수 있으며 공동체의 발전을 도모한다. 소모적인 국방비를 줄이는 대신 복지 사회 건설 비용을 늘리면 더욱 살기 좋은 나라를 만들 수 있다. 또한, 우리나라가 동북아 지역의 중심 국가이자 교통과 무역의 요충지가 되면 눈부신 발전을 이룰 수 있을 것이다.

15 정답 ①

다문화 사회를 살아가는 우리는 문화 상대주의를 바탕으로 하여 서로 다른 문화를 인정하고 존중할 필요가 있다.

오답 피하기

② **문화 절대주의** : 어떤 특정 문화를 절대적인 기준으로 삼아 이로써 다른 문화를 평가하고 우열을 가리려는 태도

④ **자문화 중심주의** : 자신이 속한 문화를 판단 기준으로 삼아 자기 문화를 우수하다고 평가하고 다른 문화를 부정적으로 평가하는 태도

16 정답 ②

환경을 고려하지 않는 소비 생활은 불필요한 물건을 구매하거나 과대 포장한 물건, 일회용품 등을 별생각 없이 소비하면 환경 문제를 일으키는 등 환경에 악영향을 미친다.

17 정답 ④

회복 탄력성은 크고 작은 다양한 역경과 시련과 실패에 대한 인식을 도약의 발판으로 삼아 더 높이 뛰어 오를 수 있는 마음의 근력을 의미한다.

18 정답 ④

인간은 본래 사회적 본성을 타고나기 때문에 가정과 사회가 구성되고 이를 바탕으로 국가가 이루어진다고 보는 아리스토텔레스의 자연 발생설이다.

19 정답 ③

생태 중심주의적 관점은 자연의 본래적 가치를 중시하고, 자연은 인간의 이익과 상관없이 그 자체로 소중하다고 본다.

ㄱ. 자연의 무분별한 개발을 강조하는 자연관은 없다.

ㄹ. 인간 중심주의

20 정답 ③

• 신체폭력 : 상대방의 몸에 직접 힘을 가해 상처를 내는 행위

• 언어폭력 : 인격을 무시하거나 모욕하는 말을 사용하여 상대방에게 정신적·심리적 피해를 주는 행위

• 따돌림 : 다른 친구와 어울리지 못하도록 막고 괴롭히는 행위

• 금품 갈취 : 돈을 강제로 빼앗거나 걷어 오라고 시키는 행위

• 기타 : 과제나 게임 대신하게 하기, 심부름 강요하기, 폭력 조직 가입 강요하기, 성폭력 등

21 정답 ①

바람직한 시민의 자질에는 애국심, 주인의식, 책임의식, 연대의식 등이 있다. 민주 시민으로서의 자질을 함양하고 시민의 역할을 다하여 정의로운 국가를 실현하는 데 이바지해야 한다.

22 정답 ④

한 가족이라도 생각이나 가치관은 다를 수 있다. 이때 가족 구성원들이 자신의 생각이나 가치관만을 고집한다면 갈등을 피하기 어렵다. 따라서 서로의 차이를 인정하고 존중하는 자세를 가져야 한다.

④ **역지사지** : 처지를 바꾸어서 생각하여 봄.

오답 피하기

③ **자아도취** : 스스로에게 황홀하게 빠지는 일

23 정답 ④

부패는 다른 사람의 권익과 공익을 침해하고 사회의 통합과 발전을 저해한다. 즉, 정의로운 사회 구현에 걸림돌이 된다.

24 정답 ③

과학 기술은 인간의 존엄성과 인권 향상을 위해 활용해야 한다. 또한, 과학 기술은 인류가 직면한 문제를 해결하여 인류의 복지 증진에 이바지해야 하고 미래 세대에 관한 책임까지 고려해야 한다.

25 정답 ②

마음의 평화를 추구하기 위해서는 부정적 감정을 잘 다스려야 한다. 부정적 감정을 다스리려면 먼저 그러한 감정이 생길 때 그것을 바로 터뜨리기보다 잠깐 반응을 멈추고 의식적으로 깊이 호흡하며 몸과 마음을 안정시켜야 한다.

EBS 교육방송교재

중졸 검정고시 기출문제집

2023년

제2회 기출문제

- ▶ 국어
- ▶ 수학
- ▶ 영어
- ▶ 사회
- ▶ 과학
- ▶ 도덕

EBS 교육방송교재

중졸 검정고시 **기출문제집**

2023년 제2회 기출문제

정답 및 해설 p.254

01 다음 대화에서 ㉠에 들어갈 말로 적절하지 않은 것은?

> 내일이 동아리 첫 모임이라 자기소개를 해야 하는데 긴장해서 제대로 말을 못할까 봐 불안해.

> ㉠

① 너무 떨릴 때는 심호흡을 해 봐.
② 말할 내용을 반복해서 연습해 봐.
③ 동아리에 가입하는 방법을 찾아봐.
④ 말할 때 참고할 수 있는 메모를 준비해 봐.

02 다음 면담을 원활하게 진행하기 위해 보완할 점으로 적절한 것은?

> 간호사가 장래 희망인 나는 진로 정보를 얻기 위해 동네 병원의 간호사님께 미리 연락드려 방문 날짜와 시간을 정한 후, 병원을 방문하여 면담을 하였다. 간호사님께서 나에게 필요한 말씀을 알아서 해 주실 거라 생각해서 별다른 준비를 하지 않았다. 그런데 내 예상과는 달리 면담이 원활하게 진행되지 않았고, 결국 간호사님의 나이, 사는 곳 등 엉뚱한 질문만 하고 말았다.

① 면담 대상자를 미리 정한다.
② 면담 일정을 사전에 협의한다.
③ 적절한 면담 장소를 선정한다.
④ 면담 목적에 맞는 질문을 준비한다.

03 다음 규정을 참고할 때 표기와 발음이 일치하는 것은?

> **■ 표준 발음법 ■**
>
> 【제8항】 받침소리로는 'ㄱ, ㄴ, ㄷ, ㄹ, ㅁ, ㅂ, ㅇ'의 7개 자음만 발음한다.
> 【제9항】 받침 'ㄲ, ㅋ', 'ㅅ, ㅆ, ㅈ, ㅊ, ㅌ', 'ㅍ'은 어말 또는 자음 앞에서 각각 대표음 [ㄱ, ㄷ, ㅂ]으로 발음한다.

① 꽃   ② 밖
③ 입   ④ 팥

04 다음에서 설명하는 품사에 해당하는 것은?

> • 사람이나 사물의 이름을 대신 나타낸다.
> • 상황에 따라 가리키는 대상이 달라진다.

① 너   ② 나무
③ 예쁘다   ④ 어머나

05 밑줄 친 부분의 문장 성분이 ㉠과 같은 것은?

> 아기가 ㉠ 방긋방긋 웃는다.

① 물이 얼음이 되었다.
② 친구가 빨리 달린다.
③ 동생이 새 신발을 샀다.
④ 밤하늘에 별이 반짝거린다.

06 ㉠~㉣ 중 한글 맞춤법에 맞게 쓴 것은?

 미선이가 연습에 ㉠ 알 와서 전화해 보니 다리를 ㉡ 다쳤데.

 저런, 치료가 ㉢ 잘되서 빨리 ㉣ 나았으면 좋겠다.

① ㉠   ② ㉡
③ ㉢   ④ ㉣

07 다음에 해당하는 단어로 적절한 것은?

> 우리말에 본디부터 있던 말 또는 그것에 기초하여 새로 만들어진 말

① 구름   ② 육지
③ 체온계   ④ 바이올린

08 ㉠에 해당하는 예로 적절한 것은?

> 세종대왕은 발음 기관의 모양을 본떠 만든 자음 기본자에 획을 더하여 다른 자음자를 만들었다. 이러한 가획의 원리로 창제된 글자에는 ㉠ 이 있다.

① ㄴ   ② ㅆ
③ ㅇ   ④ ㅋ

09 다음 개요에서 ㉠에 들어갈 세부 내용으로 가장 적절한 것은?

처음	늘 함께 있지만 정작 잘 모르는 머리카락
중간	1. 머리카락의 정의 2. 머리카락의 구조 3. 머리카락의 기능 ………… ㉠
끝	우리 몸에 꼭 필요한 머리카락

① 개인에 따라 성장 속도가 다름.
② 모양에 따라 직모, 파상모, 축모로 나뉨.
③ 두피 온도를 유지할 수 있게 도움을 줌.
④ 모수질, 모피질, 모표피로 구성되어 있음.

10 ㉠~㉣에 대한 고쳐쓰기 방안으로 적절하지 않은 것은?

> ㉠ 한옥의 재료는 나무, 흙, 돌 같은 자연에서 얻은 재료로 자연과 어울리게 지은 집이다. 옛 사람들은 집을 지을 때 함부로 산을 깎거나 물길을 막지 않았고 집을 짓는 재료를 지나치게 ㉡ 다듬지 않았다. ㉢ 서구 문화가 들어오면서 우리나라의 주거 생활 양식도 크게 바뀌었다. 집을 살아 있는 자연의 한 부분으로 여기고, 집이 자연과 조화를 이루어야 한다는 ㉣ 조상들에 생각이 한옥에 고스란히 담겨 있는 것이다.

① ㉠ : 문장 호응을 고려하여 '한옥은'으로 고친다.
② ㉡ : 의미가 분명히 드러나도록 '다듬어지지'로 고친다.
③ ㉢ : 글의 흐름에서 벗어난 내용이므로 삭제한다.
④ ㉣ : 조사의 쓰임에 맞도록 '조상들의'로 바꾼다.

[11~13] 다음 글을 읽고 물음에 답하시오.

> "느 집엔 이거 없지."
>
> 하고 생색 있는 큰소리를 하고는 제가 준 것을 남이 알면은 큰일 날 테니 여기서 얼른 먹어 버리란다. 그리고 또 하는 소리가
>
> "너 봄 ⊙ 감자가 맛있단다."
>
> "난 감자 안 먹는다, 니나 먹어라."
>
> 나는 고개도 돌리려고 않고 일하던 손으로 그 감자를 도로 어깨 너머로 쑥 밀어 버렸다.
>
> 그랬더니 그래도 가는 기색이 없고 뿐만 아니라 쌔근쌔근하고 심상치 않게 숨소리가 점점 거칠어진다. 이건 또 뭐야, 싶어서 그때에야 비로소 돌아다보니 나는 참으로 놀랐다. 우리가 이 동리에 들어온 것은 근 삼 년째 되어 오지만 여지껏 가무잡잡한 점순이의 얼굴이 이렇게까지 홍당무처럼 새빨개진 법이 없었다. ㉮ <u>게다가 눈에 독을 올리고 한참 나를 요렇게 쏘아보더니 나중에는 눈물까지 어리는 것이 아니냐.</u> 그리고 바구니를 다시 집어 들더니 이를 꼭 악물고는 엎어질 듯 자빠질 듯 논둑으로 힝하게[1] 달아나는 것이다.
>
> 어쩌다 동리 어른이
>
> "너 얼른 ㉡ 시집을 가야지?"
>
> 하고 웃으면
>
> "염려 마세유. 갈 때 되면 어련히 갈라구……."
>
> 이렇게 천연덕스리 받는 점순이었다. 본시 부끄럼을 타는 계집애도 아니거니와 또한 분하다고 눈에 눈물을 보일 얼병이[2]도 아니다. 분하면 차라리 나의 등어리를 ㉢ <u>바구니</u>로 한번 모지게 후려 쌔리고 달아날지언정.
>
> 그런데 고약한 그 꼴을 하고 가더니 그 뒤로는 나를 보면 잡아먹으려고 기를 복복 쓰는 것이다.
>
> 설혹 주는 감자를 안 받아먹은 것이 실례라 하면 주면 그냥 주었지 "느 집엔 이거 없지."는 다 뭐냐. 그렇잖아도 즈이는 마름[3]이고 우리는 그 손에서 배재[4]를 얻어 ㉣ <u>땅</u>을 부치므로 일상 굽신거린다. 우리가 이 마을에 처음 들어와 집이 없어서 곤란으로 지날 제 집터를 빌리고 그 위에 집을 또 짓

도록 마련해 준 것도 점순네의 호의였다. 그리고 우리 어머니 아버지도 농사 때 양식이 딸리면 점순네한테 가서 부지런히 꾸어다 먹으면서 인품 그런 집은 다시 없으리라고 침이 마르도록 칭찬하고 하는 것이다. 그러면서도 열일곱씩이나 된 것들이 수군수군하고 붙어 다니면 동리의 소문이 사납다고 주의를 시켜 준 것도 또 어머니였다. 왜냐하면 내가 점순이하고 일을 저질렀다가는 점순네가 노할 것이고 그러면 우리는 땅도 떨어지고 집도 내쫓기고 하지 않으면 안 되는 까닭이었다.

> 　　　　　　　　　　　　　－ 김유정, 「동백꽃」 －

---

1) 힝하게 : 지체하지 않고 매우 빨리 가는 모양
2) 얼병이 : 다부지지 못하여 어수룩하고 얼빠져 보이는 사람
3) 마름 : 지주를 대리하여 소작권을 관리하는 사람
4) 배재 : 땅을 소작할 수 있는 권리

11 윗글의 서술자에 대한 설명으로 가장 적절한 것은?

① 서술자가 작품 밖에 위치한다.
② 주인공이 직접 자신의 경험을 이야기한다.
③ 등장인물이 다른 인물의 속마음을 알려 준다.
④ 전지적 서술자가 인물의 심리와 상황을 제시한다.

12 ㉮에 나타난 '점순'의 심리 상태로 적절한 것은?

① 기쁨　　　　　② 분함
③ 고마움　　　　④ 지루함

13 ㉠~㉣ 중 다음 설명에 해당하는 것은?

> • '나'에 대한 '점순'의 애정과 관심
> • '나'와 '점순'이 갈등하게 되는 계기

① ㉠   ② ㉡
③ ㉢   ④ ㉣

15 ㉠~㉣ 중 함축적 의미가 밑줄 친 부분과 가장 유사한 것은?

> 이 시는 일제 강점기에 발표되었다. 당시 시대 상황을 고려할 때, 조국 광복을 기다리는 마음을 노래한 시라고 볼 수 있다.

① ㉠   ② ㉡
③ ㉢   ④ ㉣

[14~16] 다음 글을 읽고 물음에 답하시오.

> ㉠ 내 고장 칠월은
> 청포도가 익어 가는 시절
>
> 이 마을 전설이 주저리주저리 열리고
> 먼 데 하늘이 꿈꾸며 알알이 들어와 박혀
>
> 하늘 밑 푸른 바다가 ㉡ 가슴을 열고
> 흰 돛단배가 곱게 밀려서 오면
>
> ㉢ 내가 바라는 손님은 고달픈 몸으로
> 청포(靑袍)를 입고 찾아온다고 했으니
>
> 내 그를 맞아 이 포도를 따 먹으면
> ㉣ 두 손은 함뿍 적셔도 좋으련
>
> 아이야 우리 식탁엔 은쟁반에 ⌐
> 하이얀 모시 수건을 마련해 두렴 ⌐[A]
> ㅤㅤㅤㅤㅤㅤㅤㅤ- 이육사, 「청포도」 -

16 [A]에 드러난 화자의 태도로 가장 적절한 것은?

① 두려움   ② 부끄러움
③ 만족스러움   ④ 정성스러움

14 윗글에 대한 설명으로 가장 적절한 것은?

① 계절의 변화에 따라 시상을 전개하고 있다.
② 모순된 표현을 통해 주제를 강조하고 있다.
③ 문답 구조를 반복하여 운율을 형성하고 있다.
④ 색채 대비를 통해 시적 분위기를 조성하고 있다.

[17~19] 다음 글을 읽고 물음에 답하시오.

> 하루는 길동이 부하들을 모아 놓고 의논했다.
> "함경 감사가 탐관오리 짓을 하며 기름을 짜듯 착취를 일삼으니 백성이 견딜 수 없는 상태라고 한다. 더 이상 그대로 두고 지켜볼 수 없으니, 너희들은 나의 지휘대로 움직여라."
> 길동은 부하들에게 계책을 일러 주고 각자 따로 움직여서 아무 날 밤에 아무 곳에서 만나기로 기약했다. ㉠ 그러고는 그날 밤이 되자 성의 남문 밖에 불을 질렀다.
>
> **[중간 줄거리]** 백성들이 모두 나와 불길을 잡을 때 길동의 무리는 돈과 곡식, 무기를 훔쳐 달아났다.

함경 감사는 홍길동이 감영1)을 털었음을 깨닫고 군사를 모아 뒤를 쫓기 시작했다. ⓛ <u>길동은 날이 샐 즈음에 부하들과 함께 둔갑법2)과 축지법을 써서 소굴로 돌아왔다.</u> 함경 감영의 돈과 곡식을 많이 훔쳤으니, 행여 길에서 잡힐 수도 있다고 염려해서였다.

ⓒ <u>하루는 길동이 여러 부하를 모아 놓고 의논했다.</u>

"우리가 합천 해인사의 재물을 빼앗고, 함경 감영의 돈과 곡식을 훔쳐 냈다는 소문이 널리 퍼졌다. ⓡ <u>게다가 감영 곳곳에 내 이름을 붙이고는 찾고 있으니 오래지 않아 잡힐 듯하다.</u> 이에 ㉮ 대비책 을 준비했으니, 너희는 내 재주를 지켜보아라."

말을 마치자마자 길동은 풀로 허수아비 일곱을 만들더니, 주문을 외우고 혼백을 불어넣었다. 그러자 일곱 명의 길동이 새로 생겨나서 한곳에 모이더니 한꺼번에 뽐내며 크게 소리를 치고 야단스럽게 지껄이는 것이 아닌가. 부하들이 아무리 살펴보아도 누가 진짜 길동인지 알 수가 없었다. 여덟 길동이 조선 팔도에 하나씩 흩어져서 각각 부하 수백 명씩을 거느리고 다니니, 그중 어디에 진짜 길동이 있는지 모를 지경이었다.

– 허균, 『홍길동전』 –

1) 감영 : 조선 시대에 관찰사가 직무를 보던 관아
2) 둔갑법 : 마음대로 자기 몸을 감추거나 다른 것으로 변하게 하는 술법

17 윗글에 나타난 사회적 모습으로 가장 적절한 것은?

① 주변국과의 교류가 활발했다.
② 신분 차별이 없는 평등한 사회였다.
③ 탐관오리의 횡포로 백성들이 살기 어려웠다.
④ 물자가 풍족하여 남의 재물을 탐하지 않았다.

18 ㉠~㉣ 중 다음 설명에 해당하는 것은?

> 고전 소설에서는 현실 세계에서 일어날 수 없는, 신비롭고 기이한 일들이 일어나기도 한다.

① ㉠   ② ㉡
③ ㉢   ④ ㉣

19 ㉮의 내용으로 적절한 것은?

① 함경 감영으로 가서 죄를 자백함.
② 백성들에게 돈과 곡식을 나누어 줌.
③ 군사들에게 들키지 않게 밤에만 다님.
④ 가짜 길동들을 만들어 자신을 찾지 못하게 함.

우리 몸의 소화 과정에는 기계적 소화와 화학적 소화가 있다. 먼저, 기계적 소화는 물리적인 운동을 통해 음식물을 잘게 부수는 과정을 말한다. 사과를 먹는 과정을 예로 들어 보자.

사과를 한 입 베어 문다. → 잘게 부서진 사과 조각들을 혀로 이리저리 섞으면서 부수는 걸 돕는다. → 잘게 부서진 사과 조각을 꿀꺽 삼킨다. → 사과 조각은 위를 거쳐 소장과 대장으로 내려가고, 장은 아래위로 움직이면서 사과 조각을 다진다. 이러한 일련의 작용을 바로 ⓐ ㉠ ⓐ 소화라 한다.

이와 반대로 ㉡ 화학적 소화란 우리 몸속의 소화 효소를 이용해 물질의 성분을 바꾸는 것을 말한다. 소화 효소는 소화 기관에서 분비되어 음식물의 소화를 돕는 효소인데, 입에서는 침, 위에서는 펩신, 이자에서는 트립신 등이 분비된다. 이러한 소화 효소들이 밖에서 들어온 음식물을 화학적으로 분해하고, 몸의 각 기관에 골고루 보내는 것이다.

– 남종영, 「설탕 중독, 노예가 되어 버린 혀」 –

20 윗글을 읽고 나눈 대화에서 '언니'의 조언으로 적절하지 <u>않은</u> 것은?

> 동생 : 효소, 이자, 펩신 등 생소한 단어가 많아서 글을 이해하기 어려운데 어떻게 하지?
> 언니 : _____

① 사실과 의견을 구분하며 읽어 봐.
② 참고 자료를 읽으며 배경지식을 넓혀 봐.
③ 인터넷이나 도서관에서 모르는 것을 찾아봐.
④ 단어의 의미를 추측해 본 뒤 사전에서 확인해 봐.

21 ㉠에 들어갈 말로 가장 적절한 것은?

① 기계적
② 부분적
③ 전체적
④ 화학적

22 ㉡과 유사한 설명 방법이 사용된 것은?

① 피지가 피부 밖으로 배출되지 못하면 먼지와 함께 굳어 모공 안에 쌓이게 된다.
② 생물은 식물과 동물로 나뉘고, 동물은 다시 절지동물, 연체동물, 척추동물로 나뉜다.
③ 갯벌이란 밀물과 썰물이 드나드는 곳에 펼쳐진 모래 점토질의 평탄한 땅을 말한다.
④ 남극은 거대한 얼음 대륙으로 이루어져 있는 반면, 북극은 거대한 얼음 바다로 되어 있다.

[23~25] 다음 글을 읽고 물음에 답하시오.

야간 경관 조명을 시의 정책으로 적극적으로 추진하여 성공한 대표적인 사례가 프랑스 리옹이다. 1989년 당선된 미셸 느와르 시장은 선거 ㉠ 공약대로 5년간 매년 시 재정의 5%를 야간 경관 조성 사업에 투자하여 150개 건물과 다리에 조명 기기를 설치함으로써 도시 전체를 커다란 조명 예술 작품으로 바꿔 놓았다. 이 계획은 컨벤션 산업과 연계되어 리옹을 세계적인 관광 도시와 국제회의 도시로 ㉡ 부상시키는 데 큰 역할을 하였고, 리옹은 '빛의 도시', '밤이 아름다운 도시'라는 명성을 갖게 되었다.

도시의 야간 조명은 단순히 어둠을 밝히기 위한 수단이 아니라 감성을 자극할 수 있어야 한다. 또한, 조명을 무조건 밝고 화려하게 한다고 좋은 것은 아니다. 요란한 색채의 조명을 서로 경쟁하듯이 밝게만 한다면 마치 테마파크와 같은 장면이 연출될 것이며 깊이 없고 © 산만한 경관이 만들어질 것이다. 강조할 곳, 연출이 필요한 부분에는 과감하게 조명 시설을 설치하고, 도시 전체적으로는 인공조명을 최소한으로 줄이는 등 적극적이면서 동시에 ② 절제된 조명 계획이 적용되어야 한다. 우리나라 도시도 야간 조명을 이용하여 도시 전체를 하나의 예술 작품으로 만들어 나가는 노력이 필요하다.

－ 이진숙, 「밤이 아름다운 도시」 －

23 윗글의 서술상 특징으로 가장 적절한 것은?

① 시각 자료를 활용하였다.

② 관련된 속담을 사용하였다.

③ 구체적 사례를 제시하였다.

④ 전문가의 의견을 인용하였다.

24 윗글에서 글쓴이가 말하고자 하는 바로 가장 적절한 것은?

① 조명은 어둠을 밝히기 위한 수단일 뿐이다.

② 도시 경관 사업에 들어가는 예산을 줄여야 한다.

③ 야간 조명은 밝고 화려한 색채를 사용해야 한다.

④ 조명을 이용하여 도시를 가꾸는 노력이 필요하다.

25 ㉠~㉢의 사전적 의미로 적절하지 **않은** 것은?

① ㉠ : 개인적 다짐이나 목표

② ㉡ : 어떤 대상이 더 좋은 위치로 올라섬.

③ ㉢ : 어수선하여 질서나 통일성이 없음.

④ ㉣ : 정도에 넘지 않게 알맞게 조절하여 제한함.

01 다음은 28을 소인수분해하는 과정을 나타낸 것이다. 28을 소인수분해한 것은?

$$
\begin{array}{r}
2 \,)\, 28 \\
2 \,)\, 14 \\
\hline
7
\end{array}
$$

① 2×7 ② $2^2 \times 7$

③ 2×7^2 ④ $2^2 \times 7^2$

02 $(-2) \times (+3)$을 계산하면?

① -6 ② -1

③ 1 ④ 6

03 $a = -3$일 때, $4 + a$의 값은?

① 1 ② 2

③ 3 ④ 4

04 일차방정식 $1 - 2x = -5$의 해는?

① 1 ② 2

③ 3 ④ 4

05 다음 좌표평면 위의 네 점 A, B, C, D의 좌표를 나타낸 것으로 옳은 것은?

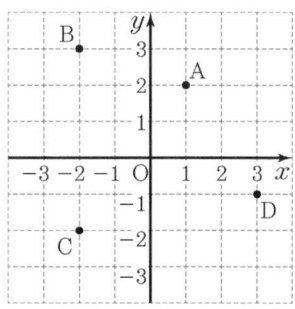

① $A(2, 1)$

② $B(-2, -2)$

③ $C(-2, 2)$

④ $D(3, -1)$

06 그림과 같이 원 O에서 $\overarc{AB}=6\mathrm{cm}$, $\overarc{CD}=12\mathrm{cm}$이고 $\angle COD=80°$일 때, $\angle x$의 크기는?

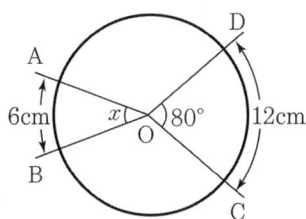

① 40°　　　　② 50°

③ 60°　　　　④ 70°

08 분수 $\dfrac{x}{2^2\times3\times5}$를 유한소수로 나타낼 수 있을 때, x의 값이 될 수 있는 가장 작은 자연수는?

① 1　　　　② 2

③ 3　　　　④ 4

09 $(2a)^3$을 간단히 한 것은?

① $2a^3$　　　　② $4a^3$

③ $6a^3$　　　　④ $8a^3$

07 다음은 20가지 과자의 10g당 나트륨 함량을 조사하여 나타낸 도수분포표이다. 10g당 나트륨 함량이 70mg 이상인 과자의 수는?

나트륨 함량(mg)	과자의 수(가지)
$10^{이상}$ ~ $30^{미만}$	2
30 ~ 50	5
50 ~ 70	9
70 ~ 90	3
90 ~ 110	1
합계	20

① 3　　　　② 4

③ 12　　　　④ 13

10 연립방정식 $\begin{cases} x+y=6 \\ x=2y \end{cases}$의 해는?

① $x=1,\ y=0$

② $x=2,\ y=1$

③ $x=3,\ y=3$

④ $x=4,\ y=2$

11 그림은 일차함수 $y = x - 3$의 그래프이다. 이 그래프의 y절편은?

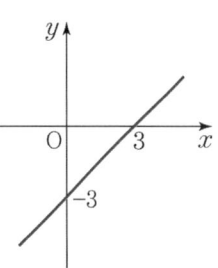

① -3 ② -1

③ 1 ④ 3

13 그림과 같이 $\overline{AC} = 24$, $\overline{BC} = 30$인 삼각형 ABC에서 변 BC에 평행한 직선이 두 변 AB, AC와 만나는 점을 각각 D, E라고 하자. $\overline{AE} = 8$일 때, x의 값은?

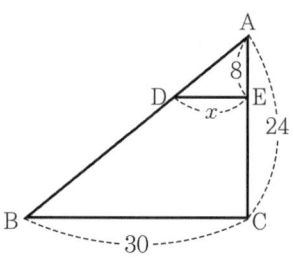

① 8 ② 9

③ 10 ④ 11

14 서로 다른 두 개의 주사위를 동시에 던질 때, 나오는 두 눈의 수의 합이 4가 되는 경우의 수는?

① 1 ② 3

③ 5 ④ 7

12 그림과 같이 삼각형 ABC에서 $\angle A = 100°$, $\angle B = 40°$이고 $\overline{AB} = 7$일 때, x의 값은?

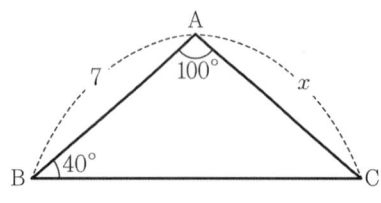

① 5 ② 6

③ 7 ④ 8

15 $\sqrt{(-5)^2}$의 값은?

① -10 ② -5

③ 5 ④ 10

16 이차방정식 $(x-1)(x+4)=0$의 한 근이 -4이다. 다른 한 근은?

① 1　　　　　　② 2

③ 3　　　　　　④ 4

17 이차함수 $y=\dfrac{1}{2}x^2$의 그래프에 대한 설명으로 옳은 것은?

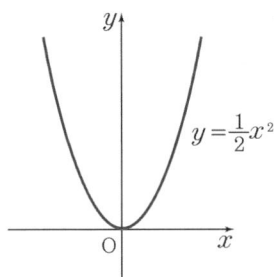

① 위로 볼록이다.

② 점 $(1,\ 1)$을 지난다.

③ 직선 $x=1$을 축으로 한다.

④ 꼭짓점의 좌표는 $(0,\ 0)$이다.

18 직각삼각형 ABC에서 $\overline{AB}=17$, $\overline{BC}=15$, $\overline{AC}=8$일 때, $\sin B$의 값은?

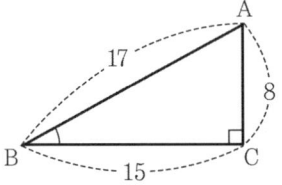

① $\dfrac{8}{15}$　　　　② $\dfrac{8}{17}$

③ $\dfrac{15}{8}$　　　　④ $\dfrac{15}{17}$

19 그림에서 두 점 A, B는 점 P에서 원 O에 그은 두 접선의 접점이다. $\angle PAB=65°$일 때, $\angle ABP$의 크기는?

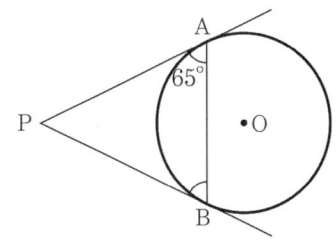

① $55°$　　　　　② $60°$

③ $65°$　　　　　④ $70°$

20 다음 자료는 학생 8명의 운동화 크기를 조사하여 나타낸 것이다. 이 자료의 최빈값은?

(단위 : mm)

230	270	265	250
250	250	230	265

① 230mm

② 250mm

③ 265mm

④ 270mm

01 다음 밑줄 친 단어의 뜻으로 가장 적절한 것은?

> I love my friends. They're very special to me.

① 엄격한   ② 용감한
③ 특별한   ④ 현명한

02 다음 중 두 단어의 의미 관계가 나머지 셋과 다른 것은?

① fast − slow   ② large − big
③ late − early   ④ long − short

[3~4] 다음 빈칸에 들어갈 말로 가장 적절한 것을 고르시오.

03

> There _____ a big tree in front of my house.

① be   ② is
③ are   ④ were

04

> She didn't eat dessert _____ she was too full.

① to   ② by
③ from   ④ because

[5~6] 다음 대화의 빈칸에 들어갈 말로 가장 적절한 것을 고르시오.

05

> A : _____ do you think of my new skirt?
> B : It looks good on you.

① Who   ② What
③ Where   ④ Which

06

> A : I can't walk. I broke my leg yesterday.
> B : _____.

① Yes, I am
② Nice to meet you
③ You're welcome
④ I'm sorry to hear that

07 다음 빈칸에 공통으로 들어갈 말로 가장 적절한 것은?

> • It's _____ outside. You should wear a coat.
> • He said he had a sore throat. Did he catch a _____?

① cold   ② soft
③ tall   ④ well

08 다음 대화에서 A가 찾아가려는 곳의 위치로 옳은 것은?

> A : Excuse me, how can I get to City Hall?
> B : Go straight one block and turn right. You'll find it on your left.
> A : Thank you.

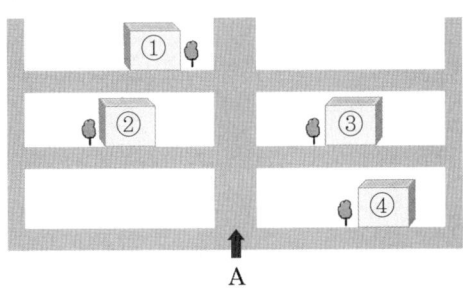

09 그림으로 보아 빈칸에 들어갈 말로 가장 적절한 것은?

> A : What is the boy doing?
> B : He is _____ a bike.

① riding　　　② eating
③ singing　　④ cooking

10 다음 대화가 끝난 후 두 사람이 함께 갈 장소는?

> A : Where are you going, Minsu?
> B : I'm going to the school gym to play basketball.
> A : Really? Can I join you?
> B : Sure. Let's go together.

① 체육관　　② 보건실
③ 미술실　　④ 도서관

11 다음 대화의 빈칸에 들어갈 말로 가장 적절한 것은?

> A : You look so happy today. What's up?
> B : _____.
> A : Oh, where did you find your dog?
> B : He was in the park near my house.

① I failed the test
② I'm a Canadian
③ I found my missing dog
④ I don't like vegetables

2023년 제2회

12 다음 대화의 주제로 가장 적절한 것은?

> A : Boram, what's your plan for this vacation?
> B : I plan to take guitar lessons. How about you?
> A : I'm going to visit my grandparents in Jeju-do.

① 친구 관계　　② 방학 계획
③ 생일 선물　　④ 운동 추천

13 다음 홍보문을 보고 알 수 <u>없는</u> 것은?

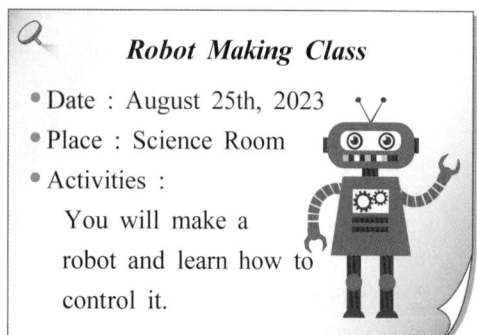

Robot Making Class
- Date : August 25th, 2023
- Place : Science Room
- Activities :
  You will make a robot and learn how to control it.

① 수업 날짜　　② 수업 장소
③ 수업료　　　④ 수업 활동

14 다음 방송의 목적으로 가장 적절한 것은?

> Hello, students. Tomorrow is Sports Day. Please remember to wear comfortable clothes and shoes. Keep the rules to play safely and fairly. Stay with your classmates during the events. Have fun!

① 지역 특산물 소개
② 체육 대회 유의 사항 설명
③ 백화점 행사 홍보
④ 학교 식당 공사 일정 안내

15 다음 대화에서 A가 Nepal로 여행 가고 싶은 이유는?

> A : I want to travel to Nepal someday.
> B : What makes you want to go there?
> A : I want to climb the wonderful mountains.

① 멋진 산을 오르고 싶어서
② 은하수 사진을 찍고 싶어서
③ 외국인 친구를 사귀고 싶어서
④ 새로운 문화를 경험하고 싶어서

16 White Winter Festival에 관한 다음 글의 내용과 일치하지 <u>않는</u> 것은?

> The White Winter Festival starts in the last week of January and goes on for five days. People can enjoy ice fishing. There is also a snowman building contest. Musicians play live music at night.

① 1월 마지막 주에 시작한다.
② 얼음낚시를 즐길 수 있다.
③ 눈사람 만들기 대회가 있다.
④ 음악가들이 오전에 공연을 한다.

17 다음 글에서 Elena에 대해 언급된 내용이 <u>아닌</u> 것은?

> I'm Elena from France. I want to be a fashion designer someday. I tried on a *hanbok* when I visited Korea in 2020. I loved the style of *hanbok*. My dream is to make such beautiful clothes in the future.

① 출신 국가
② 장래 희망
③ 한국 방문 연도
④ 반려동물

18 다음 글에서 Susan이 제안한 것으로 가장 적절한 것은?

> Susan and I walked home together yesterday. We saw that the walls around the school looked ugly. We wanted to make them pretty and colorful. Susan suggested that we paint pictures on the walls.

① 벽에 그림 그리기
② 밝게 인사하기
③ 청바지 재활용하기
④ 선생님 찾아뵙기

19 그래프로 보아 빈칸에 들어갈 말로 가장 적절한 것은?

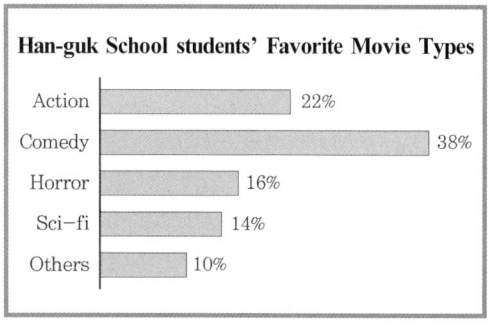

Han-guk School students' Favorite Movie Types

Type	Percent
Action	22%
Comedy	38%
Horror	16%
Sci-fi	14%
Others	10%

> Han-guk School students like _____ movies the most.

① action
② comedy
③ horror
④ sci-fi

20 다음 글의 흐름으로 보아 어울리지 <u>않는</u> 문장은?

> Jiho's father runs a small restaurant. ① He makes amazing spaghetti. ② Jiho wants to learn how to cook it. ③ So, he's going to practice cooking spaghetti with his father this week. ④ Burgers are his favorite food. He hopes to make delicious spaghetti like his father.

21 밑줄 친 <u>them</u>이 가리키는 것으로 가장 적절한 것은?

> I read the news about newly designed buses. It says people can get on these buses more easily. The buses have no steps and have very low floors. Even a person in a wheelchair can use <u>them</u> without any help.

① books ② buses

③ people ④ windows

22 캠핑 시 주의해야 할 사항으로 언급되지 <u>않은</u> 것은?

> • Don't put up a tent right next to the river.
> • Don't feed wild animals.
> • Don't leave your trash behind.

① 강 바로 옆에 텐트 치지 않기
② 야생 동물에게 먹이 주지 않기
③ 쓰레기 남겨 두지 않기
④ 텐트 안에서 요리하지 않기

23 다음 글의 주제로 가장 적절한 것은?

> Are you feeling down? Here are some tips to help you feel better. First, go outdoors. Getting lots of sunlight makes you feel happy. Another thing you can do is exercise. You can forget about worries while working out.

① 수면과 건강의 관계
② 다양한 호르몬의 역할
③ 지구 온난화의 원인
④ 기분이 나아지게 하는 방법

24 다음 글을 쓴 목적으로 가장 적절한 것은?

> Hello, Mr. Brown. The school concert is coming. My music club members are preparing for the concert. We need a place to practice together. Can we please use your classroom this week?

① 과제를 확인하기 위해서

② 봉사 활동에 지원하기 위해서

③ 교실 사용을 허락받기 위해서

④ 마을 축제에 초대하기 위해서

25 다음 글의 바로 뒤에 이어질 내용으로 가장 적절한 것은?

> Visiting markets is a good way to learn about the culture of a country. You can meet people, learn history, and taste local food. I'd like to introduce some famous markets around the world.

① 다양한 조리 방법 제안

② 용돈 관리의 중요성 강조

③ 세계의 유명한 시장들 소개

④ 외국어를 배워야 하는 이유 설명

01 ㉠에 들어갈 기후로 옳은 것은?

> • 단원 : 온대 기후 지역의 생활 모습
> • 주제 : (㉠)의 특징
> • 학습 내용
>   – 분포 지역 : 이탈리아, 그리스, 미국 캘리포니아 연안 등
>   – 주민 생활 : 수목 농업(여름), 곡물 농업(겨울)

① 고산 기후
② 스텝 기후
③ 지중해성 기후
④ 열대 우림 기후

02 다음 설명에 해당하는 문화 지역으로 가장 적절한 것은?

> • 북반구의 툰드라 지역을 중심으로 분포한다.
> • 순록 유목과 사냥을 바탕으로 생활하는 지역이 있다.

① 건조 문화 지역
② 인도 문화 지역
③ 북극 문화 지역
④ 아프리카 문화 지역

03 ㉠, ㉡에 들어갈 지역을 지도의 A~D에서 고른 것은?

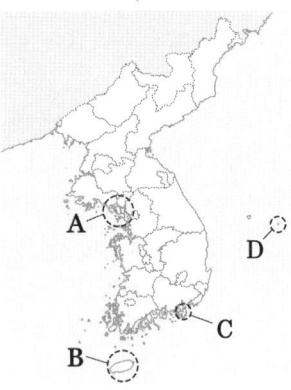

> • (㉠) : 한라산, 성산 일출봉, 거문오름 용암동굴계가 유네스코 세계 자연 유산에 등재되었다.
> • (㉡) : 우리나라에서 가장 동쪽에 위치한 섬으로, 동도와 서도 및 여러 개의 바위섬으로 이루어져 있다.

	㉠	㉡
①	A	B
②	A	C
③	B	D
④	C	D

04 ㉠, ㉡에 들어갈 내용으로 옳은 것은?

> - (㉠) 발전 : 강한 바람이 지속적으로 부는 곳에서 바람의 힘을 이용해 전기를 생산한다.
> - (㉡) 발전 : 밀물과 썰물 때의 바다 높이 차이를 이용하여 전기를 생산한다.

	㉠	㉡
①	풍력	조력
②	풍력	지열
③	지열	조력
④	지열	풍력

05 다음 설명에 해당하는 것은?

> 특정한 장소를 상품으로 인식하고, 그 장소의 이미지를 개발하는 지역화 전략이다.

① 역도시화   ② 장소 마케팅
③ 임금 피크제   ④ 자유 무역 협정

06 밑줄 친 ㉠에 해당하는 지형으로 옳은 것은?

> ○○에게,
> 나는 노르웨이에 여행을 왔어. 오늘 다녀온 곳은 ㉠ 빙하의 침식으로 생긴 골짜기에 바닷물이 들어오면서 형성된 만이야. 경치가 좋아서 여행 온 관광객이 많아.

① 고원   ② 사막
③ 산호초   ④ 피오르

07 다음 설명에 해당하는 것은?

> 기업이 성장하며 기업의 본사, 연구소, 공장 등이 각각의 기능을 수행하는 데 적합한 지역을 찾아 지리적으로 분산되는 것이다.

① 이촌 향도   ② 공간적 분업
③ 인구 공동화   ④ 지리적 표시제

08 ㉠에 들어갈 내용으로 가장 적절한 것은?

> (㉠)은/는 주로 석탄을 사용하는 화력 발전소와 노후 경유차의 운행 등으로 발생하며 호흡기에 나쁜 영향을 미칠 수 있다.

① 도시 홍수   ② 미세 먼지
③ 지진 해일   ④ 열대 저기압

09 다음 설명에 해당하는 사회화 기관은?

> - 사회화를 목적으로 만든 공식적인 기관이다.
> - 사회 생활에 필요한 지식과 규범, 가치 등을 체계적으로 교육한다.

① 가정   ② 직장
③ 학교   ④ 대중 매체

10 다음 학생이 지닌 문화 이해의 태도는?

> 우리는 한 사회의 문화를 이해할 때, 그 사회가 처한 특수한 환경과 맥락 속에서 이해해야 합니다.

① 문화 사대주의

② 문화 상대주의

③ 문화 제국주의

④ 자문화 중심주의

11 다음 설명에 해당하는 정치 참여 주체는?

> • 의미 : 사회 문제를 해결하고 집단의 특수 이익이 아닌 공익을 실현하기 위하여 시민들이 자발적으로 만든 집단
> • 기능 : 정부 활동 감시 및 여론 형성, 시민의 정치 참여 유도 등

① 개인

② 기업

③ 이익 집단

④ 시민 단체

12 ㉠에 들어갈 내용으로 가장 적절한 것은?

> 우리나라는 (㉠)을/를 위해 선거구 법정주의와 선거 공영제를 시행하고, 선거 관리 위원회를 두고 있다.

① 공정한 선거 운영

② 합리적 자산 관리

③ 효과적 민간 외교

④ 국제 거래 활성화

13 ㉠에 들어갈 내용으로 옳은 것은?

> • 우리나라의 (㉠)은/는 국가의 대표이자 동시에 행정부 수반으로서의 권한을 갖는다.
> • 국민의 선거를 통해 선출된 우리나라의 (㉠)은/는 국회에서 의결된 법률안을 거부할 수 있다.

① 장관

② 대통령

③ 국무총리

④ 국회의원

14 다음의 권한을 가진 기관으로 옳은 것은?

> • 주로 3심 사건의 최종적인 재판을 담당한다.
> • 명령·규칙 또는 처분이 헌법이나 법률에 위반되는지 여부를 최종적으로 심사할 권한을 가진다.

① 감사원

② 대법원

③ 가정 법원

④ 지방 의회

15 다음 내용에 해당하는 개념으로 옳은 것은?

> • 시장에서 수요와 공급의 상호 작용에 의해 형성된다.
> • 생산자와 소비자의 활동을 어떻게 조절할지 알려 주는 신호등 역할을 한다.

① 기대 수명

② 무역 장벽

③ 생애 주기

④ 시장 가격

16 ㉠에 들어갈 내용으로 옳은 것은?

(㉠)은/는 한 나라의 생산 규모나 국민 전체의 소득을 파악하기에 유용하지만, 소득 분배 수준이나 빈부 격차의 정도를 파악하기 힘들다는 한계를 가지고 있어요.

① 실업률　　　　② 물가 지수
③ 인구 밀도　　　④ 국내 총생산

17 다음 유물이 처음 제작된 시대는?

역사 유물 카드

● 명칭 : 주먹도끼
● 발견 지역 : 경기 연천 전곡리
● 용도 : 사냥, 나무 손질, 고기 자르기 등

① 구석기 시대　　② 신석기 시대
③ 청동기 시대　　④ 철기 시대

18 밑줄 친 '그'에 해당하는 고구려의 왕은?

그는 백제를 공격하여 한강 이북 지역을 차지하였으며, 신라에 침입한 왜를 물리쳤다. 또한 '영락'이라는 연호를 사용하고 스스로 '태왕'이라 칭하였다.

① 인종　　　　　② 현종
③ 지증왕　　　　④ 광개토 대왕

19 ㉠에 들어갈 인물로 옳은 것은?

역사 스피드 퀴즈

불교 대중화를 위해 '나무아미타불'을 열심히 외우면 극락에 갈 수 있다고 한 신라의 승려는?

① 원효　　　　　② 만적
③ 강감찬　　　　④ 조광조

20 고려 광종의 정책으로 옳은 것을 〈보기〉에서 고른 것은?

┤보기├
ㄱ. 서원 정리
ㄴ. 과거제 실시
ㄷ. 훈민정음 반포
ㄹ. 노비안검법 시행

① ㄱ, ㄴ　　　　② ㄱ, ㄷ
③ ㄴ, ㄹ　　　　④ ㄷ, ㄹ

21 다음 설명에 해당하는 조선의 정치 세력은?

● 훈구 세력의 비리를 비판함.
● 성종 때 본격적으로 중앙 정계에 진출함.
● 무오, 갑자, 기묘, 을사사화 등을 겪음.

① 사림　　　　　② 개화파
③ 권문세족　　　④ 진골 귀족

22 ㉠에 들어갈 전쟁으로 옳은 것은?

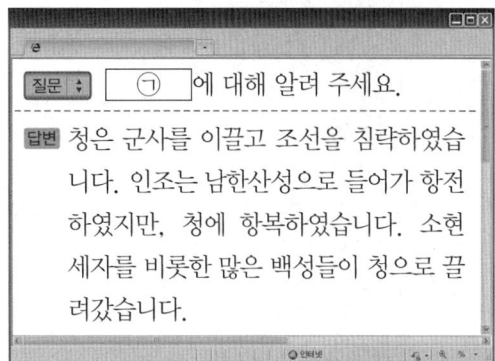

질문 ▼ | ㉠ |에 대해 알려 주세요.

답변 청은 군사를 이끌고 조선을 침략하였습니다. 인조는 남한산성으로 들어가 항전하였지만, 청에 항복하였습니다. 소현 세자를 비롯한 많은 백성들이 청으로 끌려갔습니다.

① 병자호란　　② 신미양요
③ 임진왜란　　④ 살수 대첩

23 다음 설명에 해당하는 사건은?

1894년 고부에서 농민들이 부당한 세금 징수에 항의하며 봉기하였다. 농민군은 전라도 일대를 장악하고 전주성을 점령하였다. 외세가 개입하자 농민군은 정부와 전주 화약을 맺고 집강소를 설치하였다.

① 3·1 운동
② 국채 보상 운동
③ 서경 천도 운동
④ 동학 농민 운동

24 다음 정책을 시행한 조선의 왕은?

- 화성 건설
- 규장각 설치
- 대전통편 편찬

① 세조　　　　② 정조
③ 장수왕　　　④ 진흥왕

25 다음 설명에 해당하는 사건은?

1987년 박종철이 경찰의 고문으로 사망하는 사건이 발생하였다. 이에 국민들은 진상 규명을 요구하였으나 정부가 거부하였다. 그러자 국민들은 정권 퇴진과 대통령 직선제 개헌을 요구하며 전국적으로 시위를 벌였다.

① 북벌론
② 6월 민주 항쟁
③ 애국 계몽 운동
④ 광주 학생 항일 운동

01 그림과 같이 지구 위의 어느 위치에서 공을 놓더라도 공은 지구 중심 방향으로 떨어진다. 이 현상을 나타나게 하는 힘은?

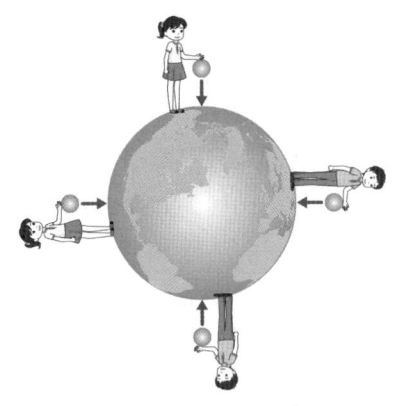

① 부력　　　　　② 중력
③ 마찰력　　　　④ 탄성력

02 그림과 같이 흰색 종이 위에 빨간색, 초록색, 파란색 빛을 비추었을 때 합성되어 보이는 색 ㉠은?

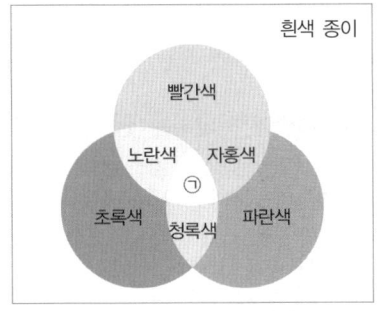

① 흰색　　　　　② 남색
③ 보라색　　　　④ 주황색

03 그림은 니크롬선에 걸어 준 전압에 따른 전류의 세기를 나타낸 것이다. 이 니크롬선의 저항은?

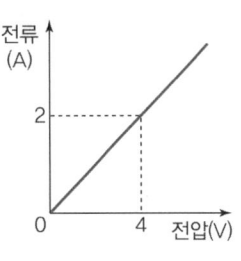

① 1Ω　　　　　② 2Ω
③ 3Ω　　　　　④ 5Ω

04 표는 여러 가지 물질의 비열을 나타낸 것이다. 각 물질 1kg에 같은 열량을 가했을 때 온도 변화가 가장 큰 물질은?

물질	철	콩기름	에탄올	물
비열(kcal/(kg·℃))	0.11	0.47	0.57	1.00

① 철　　　　　② 콩기름
③ 에탄올　　　④ 물

05 그림은 레일을 따라 운동하는 쇠구슬의 모습을 나타낸 것이다. 레일 위의 지점 A~D 중 쇠구슬의 운동 에너지가 가장 큰 곳은? (단, 공기 저항과 마찰은 무시한다.)

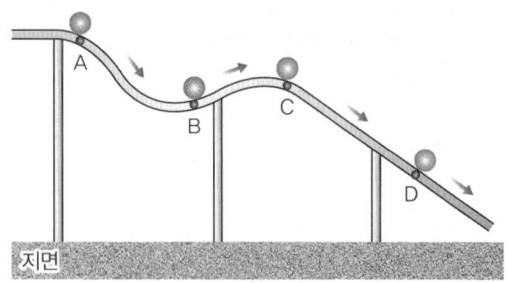

① A
② B
③ C
④ D

06 표는 물체가 일정한 속력으로 움직이는 동안 시간에 따른 출발점으로부터의 이동 거리를 나타낸 것이다. 이 물체의 속력은?

시간(s)	0	1	2	3	4
이동 거리(m)	0	1	2	3	4

① 1m/s
② 5m/s
③ 10m/s
④ 20m/s

07 그림과 같이 용기에 들어 있는 기체의 온도를 25℃에서 90℃로 높였을 때 기체의 부피 변화와 기체 입자의 운동 변화로 옳은 것은? (단, 외부 압력은 일정하고 기체의 출입은 없다.)

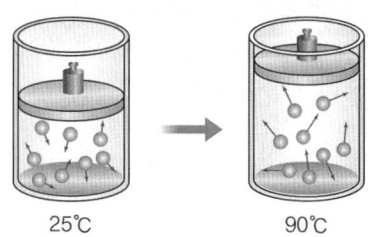

	부피	입자 운동
①	감소	빨라진다
②	감소	느려진다
③	증가	빨라진다
④	증가	느려진다

08 표는 1기압에서 물을 가열하면서 온도를 5분 간격으로 측정하여 기록한 것이다. 물의 끓는점은?

시간(분)	0	5	10	15	20	25	30
온도(℃)	25	51	78	95	100	100	100

① 25℃
② 51℃
③ 78℃
④ 100℃

09 다음 설명에 해당하는 원소는?

- 불꽃 반응 색은 노란색이다.
- 염화 나트륨과 질산 나트륨에 공통으로 포함된 원소이다.

① 구리
② 칼륨
③ 나트륨
④ 스트론튬

10 그림은 여러 가지 고체 물질의 용해도 곡선이다. 다음 중 40℃의 물 100g에 가장 많이 녹을 수 있는 물질은?

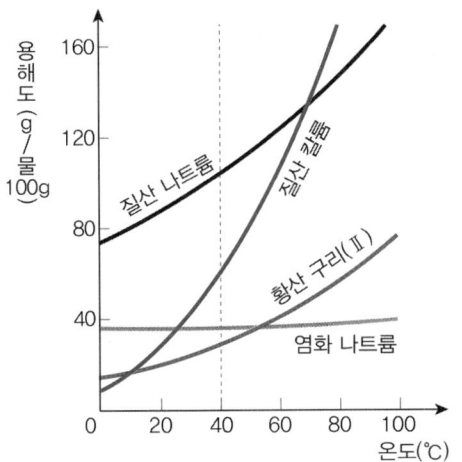

① 질산 나트륨　　② 질산 칼륨
③ 황산 구리(Ⅱ)　　④ 염화 나트륨

11 그림과 같이 구리 8g이 모두 산소와 반응하여 산화 구리(Ⅱ) 10g이 생성되었다. 이때 반응한 산소의 질량 ㉠은?

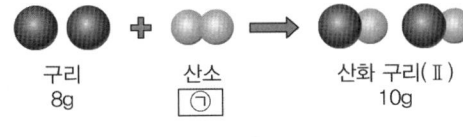

구리　　　산소　　　산화 구리(Ⅱ)
8g　　　 ㉠　　　　 10g

① 1g　　　　　② 2g
③ 3g　　　　　④ 4g

12 다음 중 동물계에 속하는 생물이 <u>아닌</u> 것은?

① 나비　　　　② 참새
③ 개구리　　　④ 해바라기

13 그림은 질소(N_2) 기체와 수소(H_2) 기체가 반응하여 암모니아(NH_3) 기체를 생성하는 반응의 부피 모형과 화학 반응식을 나타낸 것이다. ㉠에 알맞은 숫자는? (단, 온도와 압력은 일정하다.)

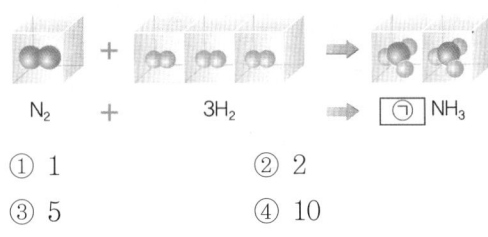

N_2　　+　　$3H_2$　　➡　　㉠ NH_3

① 1　　　　　② 2
③ 5　　　　　④ 10

14 그림은 식물의 잎에서 일어나는 광합성 과정을 나타낸 것이다. 광합성 결과 생성된 물질 ㉠은?

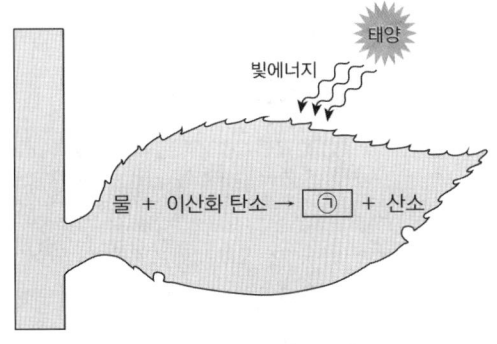

물 + 이산화 탄소 → ㉠ + 산소

① 포도당　　　② 무기 염류
③ 바이타민　　④ 아미노산

15 그림은 동물의 구성 단계를 나타낸 것이다. 이 중 연관된 기능을 하는 기관들이 모여 특정한 역할을 하는 단계는?

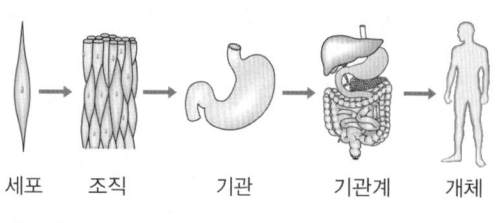

세포　조직　기관　기관계　개체

① 세포　　　　　　② 조직
③ 기관계　　　　　④ 개체

16 그림은 녹말이 포도당으로 분해되는 과정을 나타낸 것이다. 이와 같이 음식물 속의 크기가 큰 영양소가 세포 안으로 흡수될 수 있도록 크기가 작은 영양소로 분해되는 과정은?

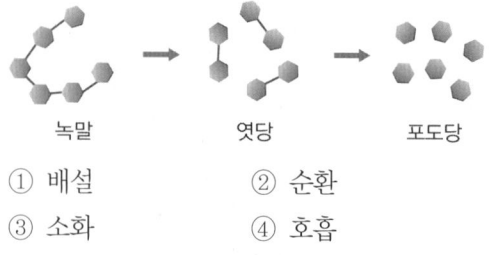

녹말　　　엿당　　　포도당

① 배설　　　　　　② 순환
③ 소화　　　　　　④ 호흡

17 다음 설명에 해당하는 혈관은?

> • 온몸에 그물처럼 퍼져 있는 매우 가느다란 혈관이다.
> • 혈관 벽이 한 겹의 세포층으로 되어 있어 물질 교환이 잘 일어난다.

① 대동맥　　　　　② 대정맥
③ 폐동맥　　　　　④ 모세 혈관

18 그림은 사람 눈의 구조를 나타낸 것이다. A~D 중 시각 세포가 있으며 상이 맺히는 곳은?

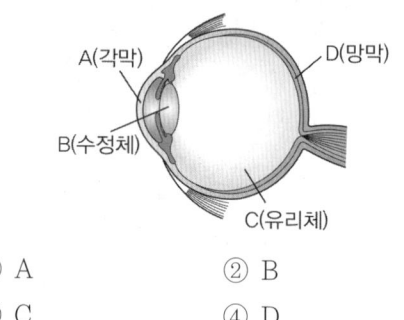

① A　　　　　　　② B
③ C　　　　　　　④ D

19 그림과 같이 순종인 둥근 완두(RR)와 순종인 주름진 완두(㉠)를 교배하여 자손 1대를 얻었다. 이때 유전자형 ㉠은? (단, 돌연변이는 없다.)

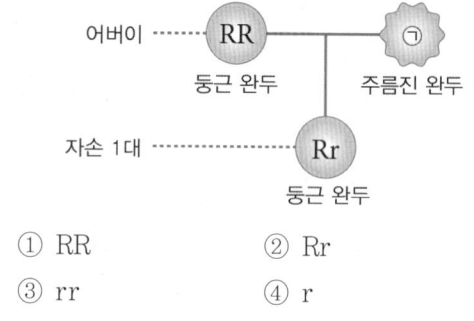

① RR　　　　　　② Rr
③ rr　　　　　　　④ r

20 다음 중 지구를 둘러싸고 있는 대기이며 여러 가지 기체로 이루어져 있는 지구계의 구성 요소는?

① 기권　　　　　　② 수권
③ 지권　　　　　　④ 생물권

21 다음 설명에 해당하는 광물의 특성은?

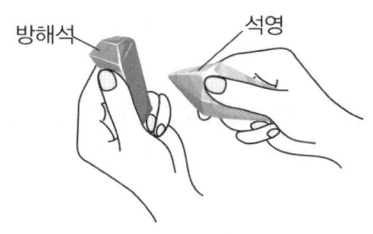

- 광물의 단단한 정도이다.
- 석영과 방해석을 서로 긁으면 방해석에 긁힌 자국이 남는다.

① 색
② 굳기
③ 자성
④ 염산 반응

22 그림과 같이 지구가 태양 주위를 1년에 한 바퀴씩 도는 운동은?

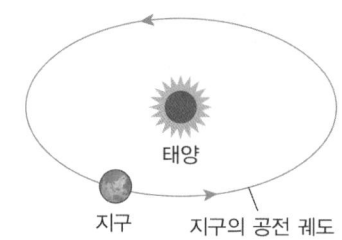

① 일식
② 월식
③ 지구의 공전
④ 지구의 자전

23 다음 중 밀물과 썰물에 의해 해수면의 높이가 주기적으로 높아졌다 낮아졌다 하는 현상은?

① 장마
② 조석
③ 지진
④ 태풍

24 표는 우리나라에 영향을 주는 기단의 성질을 나타낸 것이다. 기단 A~D 중 춥고 건조한 겨울 날씨에 주로 영향을 주는 것은?

기단	A	B	C	D
성질	온난 건조	저온 다습	고온 다습	한랭 건조

① A
② B
③ C
④ D

25 그림은 지구에서 관측한 별의 연주 시차를 나타낸 것이다. 별 A~D 중 지구에서 가장 가까운 것은? (단, 초(″)는 연주 시차의 단위이다.)

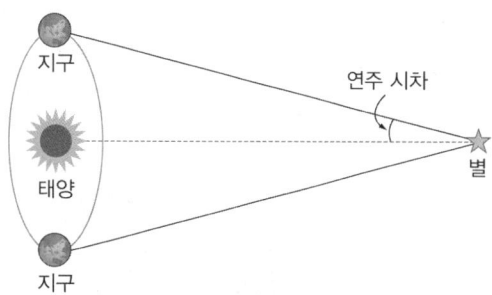

별	연주 시차
A	0.13″
B	0.19″
C	0.38″
D	0.77″

① A
② B
③ C
④ D

01 이웃 간 갈등 해결을 위한 올바른 자세는?

① 불신　　　　② 양보
③ 강요　　　　④ 협박

02 다음에서 설명하는 개념은?

- 한 번 잃으면 소생할 수 없기에 소중한 것
- 사람이 살아서 숨 쉬고 활동할 수 있게 하는 힘

① 해킹　　　　② 절망
③ 생명　　　　④ 중독

03 ㉠에 들어갈 대답으로 적절한 것은?

우리는 왜 도덕적 성찰을 해야 할까?

㉠

① 같은 잘못을 반복하기 위해서야.
② 인간은 이미 완벽한 존재이기 때문이야.
③ 마음의 건강은 중요하지 않기 때문이야.
④ 반성을 통해 더 나은 사람이 될 수 있기 때문이야.

04 다음 사례에 해당하는 국제 사회의 문제는?

지구 한편에서는 수많은 사람들이 먹을 것이 없어 죽어 가고 있다. 오랫동안 굶주린 아이들은 영양실조에 걸려 건강이 위태롭다.

① 대기 오염　　　　② 빈곤과 기아
③ 오존층 파괴　　　　④ 사이버 폭력

05 ㉠에 들어갈 적절한 용어는?

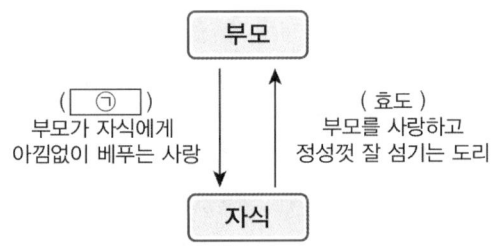

부모

(㉠)
부모가 자식에게
아낌없이 베푸는 사랑

(효도)
부모를 사랑하고
정성껏 잘 섬기는 도리

자식

① 소외　　　　② 경쟁
③ 무시　　　　④ 자애

06 올바른 도덕적 신념으로 적절한 것을 〈보기〉에서 고른 것은?

┤ 보기 ├
ㄱ. 어려운 사람을 도와야 한다.
ㄴ. 자신의 행동에 책임을 져야 한다.
ㄷ. 나보다 약한 사람을 때려도 된다.
ㄹ. 피부색에 따라 사람을 차별해도 된다.

① ㄱ, ㄴ　　　　② ㄱ, ㄷ
③ ㄴ, ㄹ　　　　④ ㄷ, ㄹ

07 진정한 우정을 맺는 방법으로 가장 적절한 것은?

① 친구와 서로 배려하는 마음을 지닌다.

② 친구와 다투면 다시는 만나지 않는다.

③ 친밀한 사이일수록 예의를 지키지 않는다.

④ 경쟁에서 친구를 이기기 위해 반칙을 한다.

08 다음 대화 중 인권에 대한 설명으로 옳지 <u>않은</u> 것은?

① 학생 1

② 학생 2

③ 학생 3

④ 학생 4

09 바람직한 이성 교제의 자세로 적절하지 <u>않은</u> 것은?

① 서로의 인격을 존중한다.

② 책임감 있는 태도를 가진다.

③ 성별이 다르다는 이유로 차별한다.

④ 상대의 입장을 배려하여 행동한다.

10 다문화 사회에서의 올바른 태도를 〈보기〉에서 고른 것은?

| 보기 |

ㄱ. 우리 문화만을 최고로 여긴다.

ㄴ. 타 문화를 무조건적으로 수용한다.

ㄷ. 보편 규범에 근거하여 문화를 성찰한다.

ㄹ. 인권을 침해하는 문화는 비판적으로 검토한다.

① ㄱ, ㄴ

② ㄱ, ㄷ

③ ㄴ, ㄹ

④ ㄷ, ㄹ

11 ㉠에 들어갈 검색어로 옳은 것은?

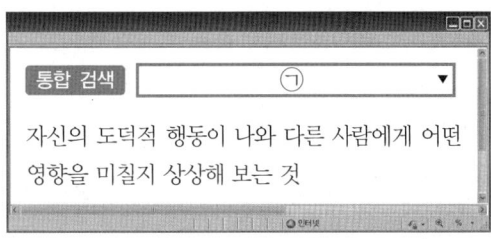

① 고정 관념

② 권력 남용

③ 도덕적 상상력

④ 지역 이기주의

12 사회적 약자의 권리를 보장하기 위한 방법으로 적절한 것은?

① 사회적 약자의 의견을 무시한다.

② 사회적 약자를 이유 없이 차별한다.

③ 사회적 약자에 대한 부정적인 편견을 가진다.

④ 사회적 약자의 생활을 지원할 수 있는 제도를 마련한다.

13 ㉠에 들어갈 대답으로 적절한 것은?

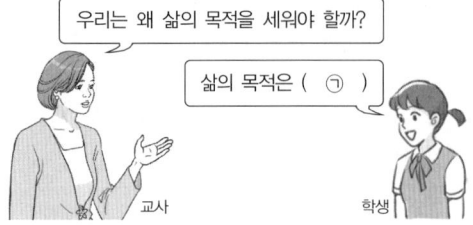

우리는 왜 삶의 목적을 세워야 할까?

삶의 목적은 (㉠)

교사

학생

① 자신에게 좌절감을 주기 때문입니다.
② 어려운 일을 극복하는 힘이 되기 때문입니다.
③ 행복을 달성하는 데 방해가 되기 때문입니다.
④ 수동적인 삶의 태도를 갖도록 하기 때문입니다.

14 마음의 고통을 유발하는 원인이 <u>아닌</u> 것은?

① 욕심   ② 집착
③ 걱정   ④ 행복

15 다음 설명에 해당하는 것은?

> 두 가지 이상의 목표나 동기, 감정 등이 서로 충돌하고 대립하는 상태를 의미함.

① 화해   ② 협력
③ 갈등   ④ 평화

16 ㉠에 들어갈 용어로 가장 적절한 것은?

> 학생 : 선생님, 친구의 휴대 전화를 몰래 숨긴 것이 (㉠)인가요? 저는 그냥 장난이었어요.
> 선생님 : 그 친구의 기분을 생각해 보았니?

① 폭력   ② 칭찬
③ 경청   ④ 응원

17 다음에서 설명하는 올바른 갈등 해결의 방법은?

> • 제삼자가 개입하여 갈등을 해결함.
> • 갈등의 당사자들은 제삼자의 해결책을 따라야 함.

① 조롱   ② 중재
③ 비난   ④ 회피

18 교사의 질문에 바르게 답한 학생은?

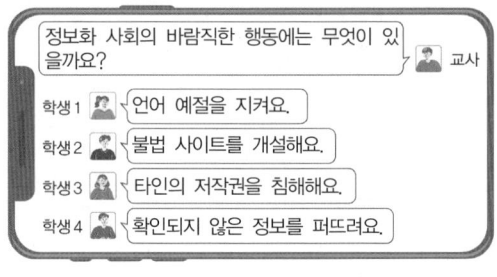

정보화 사회의 바람직한 행동에는 무엇이 있을까요? 교사

학생1 언어 예절을 지켜요.
학생2 불법 사이트를 개설해요.
학생3 타인의 저작권을 침해해요.
학생4 확인되지 않은 정보를 퍼뜨려요.

① 학생 1   ② 학생 2
③ 학생 3   ④ 학생 4

19 바람직한 애국심을 실천하는 자세로 적절한 것은?

① 자기 나라를 맹목적으로 추종한다.
② 국민으로서 권리와 의무를 실천한다.
③ 법을 어기고 사회 질서를 어지럽힌다.
④ 다른 나라의 문화를 무조건 헐뜯는다.

20 다음에서 설명하는 개념은?

> • 의미 : 공정한 절차를 무시하고 부당한 방법으로 자기 이익을 챙기는 행위
> • 사례 : 학연, 지연이 있는 사람에게 뇌물이나 친분, 권력 등을 악용하여 부당한 이익을 얻는 일

① 부패
② 사랑
③ 인권
④ 예절

23 과학 기술의 활용으로 인한 문제점을 〈보기〉에서 고른 것은?

> ┤ 보기 ├
> ㄱ. 디지털 범죄가 일어난다.
> ㄴ. 환경 파괴 문제를 가속화한다.
> ㄷ. 인류의 건강 증진에 이바지한다.
> ㄹ. 멀리 있는 사람과 대화가 가능하다.

① ㄱ, ㄴ
② ㄱ, ㄷ
③ ㄴ, ㄹ
④ ㄷ, ㄹ

21 평화 통일을 이루기 위한 자세로 적절하지 <u>않은</u> 것은?

① 화해와 공동 번영을 추구한다.
② 통일을 향한 공감대를 형성한다.
③ 상대방을 적대적 대상으로만 바라본다.
④ 상호 간 협력을 통해 신뢰를 회복한다.

24 도덕 추론 과정에서 ㉠에 들어갈 용어는?

> • 도덕 원리 : 절도는 옳지 않다.
>
> • (㉠) 판단 : 남의 물건을 허락 없이 가져가는 것은 절도이다.
>
> • 도덕 판단 : 남의 물건을 허락 없이 가져가는 것은 옳지 않다.

① 연대
② 유희
③ 사실
④ 양성

22 다음 대화에서 알 수 있는 정의로운 국가가 추구해야 할 가치는?

정의로운 국가란 어떤 국가여야 한다고 생각해?

경제적 여건에 상관없이 최소한의 인간다운 생활을 보장하는 정책을 운영하는 국가라고 생각해.

① 차별
② 복지
③ 억압
④ 혼란

25 환경친화적 소비 생활의 실천 사례에 해당하는 것은?

① 과소비와 충동구매를 생활화하기
② 물품을 구매할 때 장바구니 사용하기
③ 가까운 거리를 이동할 때 자동차 타기
④ 다회용기 대신 일회용 종이컵 사용하기

국어 2023년 제2회

01	③	02	④	03	③	04	①	05	②
06	④	07	①	08	④	09	③	10	②
11	②	12	②	13	①	14	④	15	③
16	④	17	③	18	②	19	④	20	①
21	①	22	③	23	③	24	④	25	①

01 정답 ③

동아리 첫 모임에서 자기소개를 할 때 긴장감으로 말을 못할까 걱정되는 말하기 불안을 겪고 있다. 따라서 ①, ②, ④는 말하기 불안을 해소시킬 수 있는 방법이나 ③은 적절하지 않다.

02 정답 ④

간호사님께서 나에게 필요한 말씀을 알아서 해 주실 거라 생각해서 별다른 준비를 하지 않았고, 진로 정보를 얻기 위해 간 면담에서 엉뚱한 질문만 하고 말았으므로 '면담 목적에 맞는 질문을 준비한다.'가 보완점이다.

오답 피하기

① 면담 대상자는 동네 병원의 간호사님으로 미리 정하였다.
② 면담 일정은 미리 연락해 방문 날짜와 시간을 협의하였다.
③ 동네 병원으로 면담 장소를 선정하였다.

03 정답 ③

표기와 발음이 일치하는 것은 입[입]으로 ③이다.

오답 피하기

① 꽃[꼳]으로 표기와 발음이 일치하지 않는다.
② 밖[박]으로 표기와 발음이 일치하지 않는다.
④ 팥[팓]으로 표기와 발음이 일치하지 않는다.

04 정답 ①

사람이나 사물의 이름을 대신 나타내는 말은 대명사이다. 대명사는 상황에서 누구를 가리키냐에 따라 대상이 달라질 수 있다. 따라서 2인칭 대명사 '너'가 적절하다.

오답 피하기

② '나무'는 명사이다.
③ '예쁘다'는 형용사이다.
④ '어머나'는 감탄사이다.

05 정답 ②

'방긋방긋'의 문장 성분은 부사어이므로 '달린다'를 수식하고 있는 '빨리'가 부사어로 같다.

오답 피하기

① '얼음이'는 보어이다.
③ '새'는 관형어이다.
④ '별이'는 주어이다.

06 정답 ④

ⓔ '나았으면'은 '(병이) 낫다'의 활용 표현으로 'ㅅ'이 탈락되어 알맞게 사용되었다.

오답 피하기

① '않은'은 '아니하-'의 줄임말이므로 부정 부사인 '안'으로 고쳐 써야 한다.
② 누군가가 전해 준 말을 전달할 때는 '데'가 아니라 '대'를 써야 하므로 '다쳤대'로 고쳐 써야 한다.
③ ⓒ은 '잘 되어서'가 줄어든 표현인 '잘 돼서'로 고쳐 써야 한다.

07 정답 ①

우리말에 본디부터 있거나 그것에 기초하여 새로 만들어진 말은 고유어이므로 '구름'이 적절하다.

오답 피하기

② 육지(陸地)는 한자어이다.
③ 체온계(體溫計)는 한자어이다.
④ 바이올린(violin)은 외래어이다.

08 정답 ④

가획의 원리로 창제된 글자는 가획자이므로 기본자 ㄱ에 획을 더한 ㅋ이 적절하다.

> **오답 피하기**
> ① ㄴ은 자음 기본자이다.
> ② ㅆ은 각자 병서이다.
> ③ ㅇ은 자음 기본자이다.

09 정답 ③

머리카락의 기능에 해당하는 세부 내용으로 적절한 것은 '두피 온도를 유지할 수 있게 도움을 줌.'이다.

> **오답 피하기**
> ① 개인에 따라 성장 속도가 다른 것은 머리카락의 특징에 해당하는 내용이다.
> ② 모양에 따라 직모, 파상모, 축모로 나뉘는 것은 머리카락의 종류에 해당하는 내용이다.
> ④ 모수질, 모피질, 모표피로 구성되어 있다는 머리카락의 구조에 해당하는 내용이다.

10 정답 ②

'다듬어지지'는 '다듬다'에 '-어지'가 붙은 피동 표현이므로 적절하지 않다.

> **오답 피하기**
> ① 서술어가 '집이다'이므로 주어는 '한옥은'이 적절하다.
> ③ 한옥과 관련한 글이므로 서구 문화 유입으로 인한 주거 생활 양식의 변화 내용은 삭제한다.
> ④ 부사격 조사 '에'가 아닌 관형격 조사 '의'를 써야 적절하다.

11 정답 ②

「동백꽃」의 서술자는 '나'이고 내 입장에서 이야기가 전개되며 나의 심리만 드러나므로 1인칭 주인공 시점이다. 따라서 ② 주인공이 직접 자신의 경험을 이야기하고 있다.

> **오답 피하기**
> ① 3인칭 시점에 대한 설명이다.
> ④ 3인칭 전지적 작가 시점에 대한 설명이다.

12 정답 ②

내가 점순이가 준 감자를 거절했기 때문에 점순이는 눈물까지 어리는 분한 심리 상태를 보인다.

13 정답 ①

점순이가 나에 대한 애정과 관심의 표현으로 준 것은 감자이다. 그러나 감자를 받지 않아 나와 점순이가 갈등하게 되는 계기가 되므로 답은 ①이다.

14 정답 ④

이 시는 '청포도, 하늘, 청포'에서 보이는 푸른색과 '은쟁반, 하이얀 모시 수건'에서 보이는 흰색의 색채 대비를 통해 시적 분위기를 조성하고 있다.

> **오답 피하기**
> ① 계절의 변화는 없으며 계절적 배경은 7월이다.
> ② 모순된 표현, 역설법은 드러나 있지 않다.
> ③ 묻고 답하는 구조는 나와 있지 않다.

15 정답 ③

이 시의 시대 상황을 고려할 때 '조국 광복'을 기다리고 있는 마음을 노래한 시로 볼 수 있으므로 '조국 광복'과 함축적 의미가 같은 것은 화자가 기다리고 있는 대상인 ⓒ '내가 바라는 손님'이다.

16 정답 ④

'내가 바라는 손님'을 기다리며 아이에게 은쟁반, 하이얀 모시 수건을 마련해 두자고 하고 있으므로 흰색의 이미지를 통해 손님을 기다리고 맞이하려는 정성스러운 태도를 알 수 있다.

17 정답 ③

길동은 함경 감사가 탐관오리 짓을 하여 착취를 일삼아 백성이 견딜 수 없는 상태를 알고 부하들과 움직이고 있다. 따라서 글에 드러난 사회적 모습은 ③이다.

18 정답 ②

ⓒ에서 길동이 사용한 몸을 감추거나 변하게 하는 술법인 둔갑법과 같은 거리를 빠르게 이동하는 축지법은 고전 소설에서의 비현실적이고 신비롭고 기이한 일에 해당한다.

19 정답 ④

길동이 준비한 대비책은 풀로 허수아비 일곱을 만들어 일곱 명의 길동이를 생겨나게 하여 진짜 길동이 어디 있는지 모르게 만든 것이다. 따라서 ④가 적절하다.

20 정답 ①

동생은 생소한 단어가 많아 글을 이해하기 어려운 문제 상황이므로 사실과 의견을 구분하며 읽는 방법은 적절한 조언이 될 수 없다.

21 정답 ①

첫 번째 문단에서 기계적 소화에 대한 개념 설명, 두 번째 문단에서 기계적 소화에 대한 예시를 사과를 먹는 과정으로 설명하고 있으므로 답은 ①이다.

22 정답 ③

ㄴ의 설명 방법은 화학적 소화에 대한 개념을 '무엇은 무엇이다'로 설명하는 '정의'의 방법이다. 따라서 갯벌의 개념을 설명하고 있는 ③이 적절하다.

오답 피하기

① 원인과 결과를 설명하고 있는 '인과'이다.
② 전체를 일정한 기준에 따라서 나누어 설명하는 '구분'이다.
④ 남극과 북극의 차이점을 말하고 있는 '대조'이다.

23 정답 ③

야간 경관 조명을 시의 정책으로 추진해 성공한 대표적인 사례로 프랑스 리옹이 언급되어 있으므로 ③이 적절하다.

24 정답 ④

두 번째 문단에서 야간 조명을 이용해 적극적이고 절제된 도시 가꾸기를 만들어 가는 노력이 필요하다고 말하고 있으므로 답은 ④이다.

25 정답 ①

공약은 개인적 다짐이나 목표가 아니라 정부, 정당, 입후보자 등이 어떤 일에 대하여 국민에게 실행할 것을 약속하는 것을 말한다.

수학 2023년 제2회				
01 ②	02 ①	03 ①	04 ③	05 ④
06 ①	07 ②	08 ③	09 ④	10 ④
11 ①	12 ③	13 ③	14 ②	15 ③
16 ①	17 ④	18 ②	19 ③	20 ②

01 정답 ②

| 풀이 |

문제의 그림을 참고하면, 28은 $2 \times 2 \times 7$과 같이 나타내어지고, 같은 수의 곱을 거듭제곱을 이용하여 나타내면, $2^2 \times 7$이 된다.

따라서 정답은 ②이다.

| 참고 | 거듭제곱

같은 수 또는 문자를 여러 번 곱할 때, 거듭제곱을 이용하여 나타낸다.

이때, 밑은 곱하여 지는 수, 지수는 곱한 횟수를 뜻한다.

예 $3 \times 3 \times 3 \times 3 = 3^4$ ← 지수 / ← 밑

02 정답 ①

| 풀이 |

부호가 다른 두 수의 곱은 두 수의 절댓값끼리 곱하고, 부호는 음수이므로

$(-2) \times (+3) = -6$이다.

따라서 정답은 ①이다.

| 참고 | 부호가 다른 두 수의 곱셈

두 수의 절댓값의 곱에 음의 부호 −를 붙인다.

음의 부호

$(+2) \times (-3) = -6$ $(-2) \times (+3) = -6$

절댓값의 곱   절댓값의 곱

03 정답 ①

| 풀이 |

$a=-3$을 $4+a$에 대입하면 식의 값을 구할 수 있다.

$4+a=4+(-3)=1$이다.

따라서 정답은 ①이다.

04 정답 ③

| 풀이 |

일차방정식의 풀이는 다음과 같은 순서로 계산한다.

$1-2x=-5$ ← 좌변의 1을 우변으로 이항

$-2x=-5-1$ ← 동류항끼리 정리한다.

$-2x=-6$ ← 양변을 -2로 나눈다.

$\therefore x=3$

따라서 정답은 ③이다.

| 참고 | 일차방정식의 풀이

$$(일차식)=0 \xrightarrow[등식의 성질]{이항} x=(수)$$

❶ 일차항은 좌변, 상수항은 우변으로 각각 이항하여 정리한다.

❷ 등식의 양변을 간단히 하여 $ax=b\ (a\neq0)$의 꼴로 만든다.

❸ 등식의 양변을 x의 계수 a로 나눈다.

---

05 정답 ④

| 풀이 |

네 점 A, B, C, D의 좌표를 각각 읽으면,

$A(1,\ 2)$, $B(-2,\ 3)$, $C(-2,\ -2)$, $D(3,\ -1)$이다.

따라서 정답은 ④이다.

| 참고 |

좌표평면 위의 한 점 P에서 x축, y축에 각각 수선을 긋고 이 수선이 x축, y축과 만나는 점에 대응하는 수를 각각 a, b라고 할 때, 순서쌍 $(a,\ b)$를 점 P의 좌표라 하고, 이것을 기호로 $P(a,\ b)$와 같이 나타낸다.

이때, a를 점 P의 x좌표, b를 점 P의 y좌표라 한다.

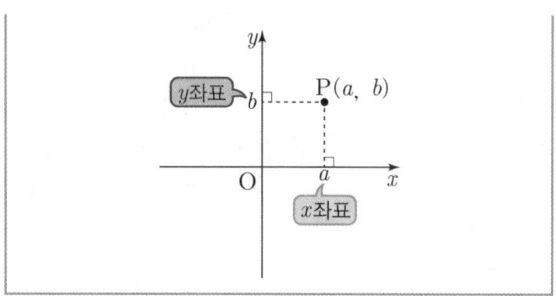

06 정답 ①

| 풀이 |

부채꼴의 호의 길이와 중심각의 크기는 정비례한다.

$\overset{\frown}{AB}=6$, $\overset{\frown}{CD}=12$이고,

$\overset{\frown}{AB}:\overset{\frown}{CD}=6:12=1:2$이므로,

두 부채꼴의 중심각의 크기의 비도 $1:2$이다.

$\angle AOB=x$, $\angle COD=80°$이므로,

$1:2=x:80$

비례식의 성질[외항의 곱＝내항의 곱]을 이용하여 계산하면, $2x=80°$임을 알 수 있다.

$\therefore x=40°$

따라서 정답은 ①이다.

07 정답 ②

| 풀이 |

주어진 도수분포표에서 나트륨 함량이 70mg 이상 90mg 미만인 계급의 도수(과자의 수)는 3가지이고, 90mg 이상 110mg 미만인 계급의 도수(과자의 수)는 1가지이므로 나트륨 함량이 70mg 이상인 과자의 수는 두 계급의 도수의 합인 $1+3=4$(가지)이다.

따라서 정답은 ②이다.

오답 피하기

나트륨 함량이 70mg 이상인 계급은 두 계급이 해당되므로 두 계급의 도수의 합을 구해야 한다. 70mg 이상 90mg 미만인 계급의 도수인 3만 읽지 않도록 주의한다.

08 정답 ③

| 풀이 |

정수가 아닌 유리수를 기약분수로 나타내었을 때, 분모의 소인수가 2나 5뿐이면 그 분수는 유한소수로 나타낼

수 있고, 그 이외의 소인수가 있으면 유한소수로 나타낼 수 없다.

문제의 분모에 3이 있으므로, 주어진 분수가 유한소수가 되려면, 3은 약분되어야 한다. 그러므로 x는 3의 배수이고, x의 값이 될 수 있는 가장 작은 자연수는 3이다. 따라서 정답은 ③이다.

09 정답 ④

| 풀이 |

지수법칙 $(ab)^n = a^n \times b^n$을 이용하여 풀 수 있다.

$(2a)^3 = 2^3 \times a^3 = 8a^3$

따라서 정답은 ④이다.

| 다른 풀이 |

거듭제곱의 뜻에 따라 주어진 식을 표현하면,

$(2a)^3 = 2a \times 2a \times 2a = 2 \times 2 \times 2 \times a \times a \times a = 8a^3$

오답 피하기

$(2a)^3$은 $2a$를 세 번 곱하는 것과 같으므로 $(2a)^3 = 2a^3$과 같이 계산하지 않도록 주의한다.

10 정답 ④

| 풀이 |

대입법을 이용하여 연립방정식의 해를 구할 수 있다.

연립방정식 $\begin{cases} x+y=6 & \cdots\cdots ㉠ \\ x=2y & \cdots\cdots ㉡ \end{cases}$에서

㉡을 ㉠에 대입하면,

$2y+y=6 \ \Rightarrow \ 3y=6 \ \Rightarrow \ y=2$이다. $\cdots\cdots ㉢$

㉢을 다시 식 ㉡에 대입하면,

$x=2\times 2 \ \Rightarrow \ x=4$이다.

그러므로 연립방정식의 해는 $x=4$, $y=2$가 된다.

따라서 정답은 ④이다.

| 다른 풀이 |

연립방정식의 해는 두 식을 동시에 만족하는 미지수 x, y의 값이므로 식에 대입하여 문제를 해결할 수 있다.

연립방정식 $\begin{cases} x+y=6 & \cdots\cdots ㉠ \\ x=2y & \cdots\cdots ㉡ \end{cases}$에

각 보기의 수를 대입하면,

① $x=1$, $y=0$ ➡ ㉠ : $1+0=1\neq 6$ [거짓]

　　　　　　　　　㉡ : $1\neq 2\times 0$ [거짓]

② $x=2$, $y=1$ ➡ ㉠ : $2+1=3\neq 6$ [거짓]

　　　　　　　　　㉡ : $2=2\times 1$ [참]

③ $x=3$, $y=3$ ➡ ㉠ : $3+3=6$ [참]

　　　　　　　　　㉡ : $3\neq 2\times 3$ [거짓]

④ $x=4$, $y=2$ ➡ ㉠ : $4+2=6$ [참]

　　　　　　　　　㉡ : $4=2\times 2$ [참]

식 ㉠, ㉡을 모두 만족하는 보기는 ④이다.

| 참고 | 연립방정식의 해

두 개 이상의 식을 동시에 만족시키는 x, y의 값 또는 그 순서쌍 (x, y)

11 정답 ①

| 풀이 |

y절편이란 그래프가 y축과 만나는 점의 y좌표를 뜻하므로, -3임을 알 수 있다.

따라서 정답은 ①이다.

| 참고 | 일차함수

일차함수 $y=ax+b$에서 x의 계수인 a를 일차함수의 기울기라 하고, 상수항 b를 y절편이라 한다.

$$y = ax + b$$

기울기　　y절편

12 정답 ③

| 풀이 |

삼각형의 세 내각의 합은 $180°$이므로,

$100° + 40° + \angle C = 180°$

$\angle C = 40°$이다.

두 각의 크기가 같은 삼각형은 이등변삼각형이므로, 주어진 $\triangle ABC$는 이등변삼각형이다.

이등변삼각형은 두 변의 길이가 같으므로, $x=7$이다.

따라서 정답은 ③이다.

13 정답 ③

| 풀이 |

삼각형 ADE와 삼각형 ABC에서

$\angle A$는 공통이고, $\angle ADE = \angle ABC$ (동위각)이므로 두 삼각형은 닮음이다.

두 삼각형이 서로 닮음이므로 대응변의 길이의 비는 항상 일정하며, 그 일정한 비를 닮음비라 한다.

따라서 닮음비는 $\overline{AE} : \overline{AC} = 8 : 24 = 1 : 3$이다.

(비의 성질을 이용하여 전항과 후항을 각각 8로 나누어도 비는 같다.)

즉, $\overline{DE} : \overline{BC} = x : 30$이고, 닮음비가 같음을 이용하여 계산하면,

$x : 30 = 1 : 3$

$3 \times x = 1 \times 30$

$3x = 30$

$\therefore x = 10$

따라서 정답은 ③이다.

| 참고 |

❶ 닮음의 기호($\backsim$) : $\triangle ABC$와 $\triangle DEF$가 서로 닮은 도형일 때, 기호 $\backsim$를 사용하여 $\triangle ABC \backsim \triangle DEF$ 라고 표현한다.

❷ 닮음비 : 닮음 도형의 대응하는 변의 길이의 비는 일정하고, 대응하는 각의 크기는 각각 같다. 이 때, 일정한 길이의 비를 닮음비라 한다.

---

14 정답 ②

| 풀이 |

서로 다른 두 개의 주사위를 던져 두 눈의 합이 4가 되는 경우는 $(1, 3)$, $(2, 2)$, $(3, 1)$이므로 경우의 수는 3가지이다.

따라서 정답은 ②이다.

15 정답 ③

| 풀이 |

근호의 성질에 따라 a가 양수일 때, $\sqrt{a^2} = a$, a가 음수일 때, $\sqrt{a^2} = -a$이므로

$\sqrt{(-5)^2} = 5$이다. (공식에 대입하면, a가 음수이므로, $-(-5)$가 되어 5이다.)

따라서 정답은 ③이다.

| 다른 풀이 |

$(-5)^2 = 5^2$이므로 처음부터 바꾸어서 계산하면,

$\sqrt{(-5)^2} = \sqrt{5^2} = 5$이다.

16 정답 ①

| 풀이 |

$(x-1)(x+4) = 0$

$AB = 0$이면 $A = 0$ 또는 $B = 0$에 의해

$x - 1 = 0$ 또는 $x + 4 = 0$이다.

그러므로 이차방정식의 두 근은 $x = 1$ 또는 $x = -4$이다.

따라서 정답은 ①이다.

| 참고 | 인수분해를 이용하여 이차방정식의 해 구하기

$$AB = 0 \;\blacktriangleright\; A = 0 \text{ 또는 } B = 0$$

---

17 정답 ④

| 풀이 |

① 위로 볼록이다.

　➜ 이차항의 계수가 양수이므로 아래로 볼록이다.

② 점 $(1, 1)$을 지난다.

　➜ 이차함수의 식에 점 $(1, 1)$을 대입해 보면,

　$1 \neq \dfrac{1}{2}$로 성립하지 않으므로, 그래프는 점 $(1, 1)$을 지나지 않는다.

③ 직선 $x = 1$을 축으로 한다.

　➜ 대칭축은 $x = 0$이다.

④ 꼭짓점의 좌표는 $(0, 0)$이다.

　➜ 꼭짓점의 좌표는 $(0, 0)$이다.

따라서 정답은 ④이다.

18 정답 ②

| 풀이 |

$\angle C = 90°$인 직각삼각형 ABC에서 $\angle B$의 크기가 정해지면 직각삼각형의 크기에 관계없이 $\dfrac{\overline{AC}}{\overline{AB}}$, $\dfrac{\overline{BC}}{\overline{AB}}$, $\dfrac{\overline{AC}}{\overline{BC}}$의 값은 항상 일정하다.

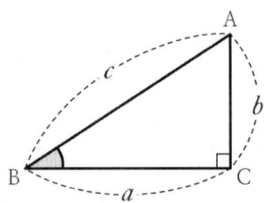

$$\rightarrow \sin B = \frac{b}{c}, \ \cos B = \frac{a}{c}, \ \tan B = \frac{b}{a}$$

이때, $\sin B = \dfrac{\overline{AC}}{\overline{AB}}$ 이므로, $\sin B = \dfrac{8}{17}$ 임을 알 수 있다.

따라서 정답은 ②이다.

19 정답 ③

| 풀이 |

원 밖의 한 점에서 원에 그은 접선은 항상 2개이고, 그 길이가 같다.

따라서 $\overline{PA} = \overline{PB}$ 이므로, 삼각형 PAB는 이등변삼각형이다.

이등변삼각형의 두 밑각의 크기는 같으므로,

∠ABP = ∠PAB = 65°

따라서 정답은 ③이다.

| 참고 |

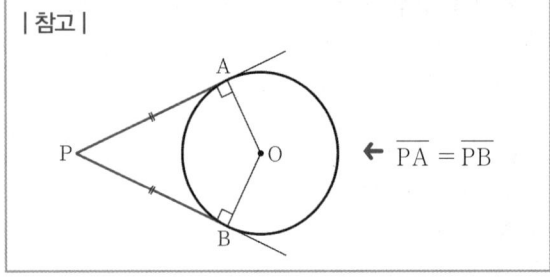

$$\leftarrow \overline{PA} = \overline{PB}$$

20 정답 ②

| 풀이 |

최빈값은 자료의 값 중 가장 많이 나타난 값을 뜻한다.

자료를 크기 순서대로 정리하면,

230, 230, 250, 250, 250, 265, 265, 270이므로,

250(mm)가 세 개로 가장 많이 나타나 최빈값임을 알 수 있다.

따라서 정답은 ②이다.

영어 2023년 제2회

01	③	02	②	03	②	04	④	05	②
06	④	07	①	08	③	09	①	10	①
11	③	12	②	13	③	14	②	15	①
16	④	17	④	18	①	19	②	20	④
21	②	22	④	23	④	24	③	25	③

01 정답 ③

해석 나는 내 친구들을 사랑한다. 그들은 내게 매우 <u>특별하다</u>.

어휘 • special 특별한

02 정답 ②

해석 ① 빠른 – 느린

② 큰 – 큰

③ 늦은 – 이른

④ 긴 – 짧은

해설 모두 반의어 관계인데 ②는 동의어 관계이다.

03 정답 ②

해석 내 집 앞에 큰 나무가 있다.

해설 There is + 단수 주어, There are + 복수 주어이므로 a big tree 주어가 단수이므로 is가 적절하다.

04 정답 ④

해석 그녀는 디저트를 먹지 않았다. <u>왜냐하면</u> 배가 너무 불렀기 때문이다.

어휘 • dessert 디저트

• full 배가 부른

05 정답 ②

해석 A : 내 새 치마에 대해 어떻게 생각해?

B : 네게 잘 어울려.

어휘 • skirt 치마

• look good on ~에게 잘 어울리다

해설 what do you think of ~에 대해 어떻게 생각해?

06 정답 ④

해석 A : 난 걸을 수 없어. 어제 다리가 부러졌어.

B : ① 응, 그래.

② 만나서 반가워.

③ 천만에요.

④ 그런 얘기 들으니 안타깝다.

어휘 • break – broke 부수다

• leg 다리

• yesterday 어제

해설 다리가 부러진 사람에게 안타까움을 표현하는 ④의 대답이 적절하다.

07 정답 ①

해석 • 밖에 <u>추워</u>. 너 코트를 입어야 해.

• 그는 목이 아프다고 말했어. <u>감기</u>에 걸렸나?

어휘 • wear 입다

• have a sore throat 목이 아프다

• catch a cold 감기에 걸리다

해설 cold는 추운, 감기의 의미로 빈칸에 공통으로 알맞다.

08 정답 ③

해석 A : 실례합니다. 시청에 어떻게 가나요?

B : 한 블록 직진하셔서 우회전하세요. 왼쪽에서 찾으실 수 있어요.

A : 고맙습니다.

어휘 • get to 가다

• City Hall 시청

• go straight 직진하다

• turn right 우회전하다

해설 한 블록 직진한 후 우회전해서 왼쪽은 ③이다.

09 정답 ①

해석 A : 그 소년은 무엇을 하고 있는가?

B : 그는 자전거를 타는 중이다.

② 먹는 중. ③ 노래하는 중. ④ 요리하는 중

어휘 • ride a bike 자전거를 타다

10 정답 ①

해석 A : 민수야, 어디 가는 중이니?

B : 농구하러 체육관에 가는 중이야.

A : 정말? 함께 해도 되니?

B : 물론이지. 함께 가자.

어휘 • gym 체육관

• basketball 농구

• join 함께 하다

해설 농구를 하러 체육관에 갈 것이다.

11 정답 ③

해석 A : 오늘 행복해 보이네. 무슨 일이야?

B : ① 시험에 떨어졌어.

② 난 캐나다인이야.

③ 잃어버린 개를 찾았어.

④ 난 야채를 좋아하지 않아.

A : 오, 개를 어디서 찾았어?

B : 집 근처 공원에 있었어.

어휘 • find 발견하다, 찾다

• park 공원

• fail 실패하다

• missing 사라진, 실종된

• vegetable 야채

해설 행복해 보이는 좋은 일은 ③이 적절하다.

12 정답 ②

해석 A : 보람, 이번 방학 계획이 뭐야?

B : 기타 레슨을 받을 계획이야. 넌?

A : 난 제주도에 계신 조부모님을 방문할 거야.

어휘 • plan 계획, 계획하다

• vacation 방학

• guitar lesson 기타 레슨, 기타 수업

• visit 방문하다

• grandparent 조부모

해설 방학 계획에 관한 대화이다.

13 정답 ③

해석 로봇 만들기 수업

- 날짜 : 2023년 8월 25일
- 장소 : 과학실
- 활동 : 당신은 로봇을 만들고 조종하는 법을 배울 것입니다.

어휘 • robot 로봇
- date 날짜
- place 장소
- activity 활동
- how to ~하는 방법
- control 조종하다

해설 수업료는 언급되지 않았다.

14 정답 ②

해석 안녕하세요, 학생 여러분. 내일은 체육 대회(운동회) 날입니다. 편안한 옷과 신발을 착용하는 것을 명심하세요. 안전하고 공정하게 경기할 수 있도록 규칙을 지키세요. 시합하는 동안 반 친구들과 함께 있으세요. 즐거운 시간이 되세요!

어휘 • sports day 운동회, 체육 대회
- wear 입다, 착용하다
- comfortable 편안한
- clothes 옷
- keep the rules 규칙을 지키다
- safely 안전하게
- fairly 공정하게
- classmate 반 친구
- event 시합, 종목

해설 체육 대회 유의 사항을 설명하는 방송이다.

15 정답 ①

해석 A : 언젠가 네팔로 여행을 가고 싶어.
B : 무엇이 널 그곳에 가고 싶게 만드는 걸까?
A : 난 멋진 산들을 오르고 싶어.

어휘 • want 원하다
- travel 여행하다
- Nepal 네팔
- someday 언젠가

- climb 등반하다, 오르다
- wonderful 놀라운, 멋진
- mountain 산

16 정답 ④

해석 White Winter 축제는 1월 마지막 주에 시작해서 5일 동안 계속된다. 사람들은 얼음낚시를 즐길 수 있다. 또한 눈사람 만들기 대회도 있다. 음악가들은 밤에 라이브 음악을 연주한다.

어휘 • festival 축제
- go on 계속되다
- enjoy 즐기다
- ice fishing 얼음낚시
- snowman 눈사람
- contest 경기, 대회
- musician 음악가

해설 주어진 글의 마지막 문장을 보면 오전이 아닌 밤에 공연을 한다.

17 정답 ④

해석 난 프랑스에서 온 엘레나야. 난 언젠가 패션 디자이너가 되고 싶어. 2020년에 한국을 방문했을 때 한복을 입어 봤어. 한복 스타일이 마음에 들었어. 내 꿈은 미래에 그런 아름다운 옷을 만드는 것이야.

어휘 • fashion designer 패션 디자이너
- someday 언젠가
- try on 입어 보다
- hanbok 한복
- visit 방문하다
- style 스타일
- dream 꿈
- such 그러한
- in the future 미래에, 장래에

해설 반려동물에 대한 언급은 없다.

18 정답 ①

해석 수잔과 나는 어제 집에 함께 걸어왔다. 우리는 학교 주변 벽들이 지저분한 것을 봤다. 우리는 그 벽들을 예쁘고 화려하게 만들고 싶었다. 수잔이 우리가 벽에 그림을 그리자고 제안했다.

어휘 • together 함께
• yesterday 어제
• see – saw 보다
• wall 벽
• ugly 못생긴, 지저분한
• pretty 예쁜
• colorful 화려한
• suggest 제안하다
• paint pictures 그림을 그리다

해설 수잔이 벽에 그림을 그리자고 제안했다.

19 정답 ②

해석 한국 학교 학생들이 가장 좋아하는 영화 종류
액션 : 22%, 코미디 : 38%, 공포 : 16%,
SF : 14%, 기타 : 10%
한국 학교 학생들은 코미디 영화를 가장 좋아한다.

어휘 • favorite 가장 좋아하는
• movie type 영화 종류
• the most 가장

해설 한국 학교 학생들이 가장 좋아하는 영화는 코미디다.

20 정답 ④

해석 지호 아버지는 작은 식당을 운영한다. 그는 놀라운 스파게티를 만든다. 지호는 그 요리법을 배우고 싶어 한다. 그래서, 그는 이번 주에 아빠와 스파게티 요리 연습을 할 예정이다. (햄버거는 그가 가장 좋아하는 음식이다.) 그는 아빠처럼 맛있는 스파게티를 만들기를 바란다.

어휘 • run 운영하다
• restaurant 식당
• amazing 놀라운
• spaghetti 스파게티
• be going to ~할 예정이다
• practice 연습하다

• burger 햄버거
• hope 바라다, 희망하다
• delicious 맛있는
• like ~처럼

해설 스파게티 요리 흐름에서 햄버거는 어울리지 않는 문장이다.

21 정답 ②

해석 난 새롭게 디자인된 버스에 관한 뉴스를 읽었다. 사람들이 더 쉽게 이 버스를 탈 수 있다고 한다. 그 버스는 계단이 없고 바닥이 매우 낮다. 심지어 휠체어를 탄 사람조차 도움을 받지 않고 그 버스를 이용할 수 있다.

어휘 • read 읽다
• news 뉴스
• newly 새롭게
• designed 디자인된, 설계된
• It says ~라고 한다
• get on 타다
• easily 쉽게
• step 계단
• low floor 낮은 바닥
• even 심지어
• person 사람
• wheelchair 휠체어

22 정답 ④

해석 • 강 바로 옆에 텐트를 치지 말 것
• 야생 동물에게 먹이를 주지 말 것
• 쓰레기를 남겨 놓지 말 것

어휘 • put up a tent 텐트를 치다
• right 바로
• next to ~ 옆에
• feed 먹이다
• wild 야생의
• leave behind 남겨 놓다
• trash 쓰레기

해설 텐트 안에서 요리하지 말라는 사항은 언급되지 않았다.

23 정답 ④

해석 당신은 우울한가요? 여기에 기분이 좋아지게 도움이 되는 팁이 몇 가지 있습니다. 첫째, 야외로 나가세요. 많은 햇빛을 받는 것이 기분 좋게 만들어 줍니다. 할 수 있는 또 다른 하나는 운동입니다. 운동하는 동안 걱정거리를 잊을 수 있습니다.

어휘 • feel down 우울함을 느끼다
• tip 조언, 팁
• sunlight 햇빛
• exercise 운동
• forget 잊다
• worry 걱정
• work out 운동하다

24 정답 ③

해석 안녕하세요, 브라운 선생님. 학교 콘서트가 다가오고 있어요. 음악 동아리 회원들이 콘서트를 준비하고 있는 중입니다. 우리는 함께 연습할 장소가 필요해요. 이번 주에 선생님 교실을 사용할 수 있을까요?

어휘 • concert 콘서트
• prepare for ~을 준비하다
• need 필요로 하다
• place 장소
• practice 연습하다

해설 콘서트 준비로 교실 사용을 허락받기 위해서 쓴 글이다.

25 정답 ③

해석 시장을 방문하는 것은 한 나라의 문화에 관해 배우는 좋은 방법이다. 사람들을 만나고, 역사를 배우고, 그리고 지역 음식을 맛볼 수 있다. 전 세계의 몇몇 유명한 시장을 소개하고 싶다.

어휘 • visit 방문하다
• market 시장
• way 방법
• culture 문화
• country 국가, 나라
• history 역사
• taste 맛보다
• local 그 지역의
• would like to ~하고 싶다
• introduce 소개하다
• famous 유명한
• around the world 전 세계의

해설 마지막 문장에 세계의 몇몇 유명한 시장을 소개하고 싶다고 했으므로 ③이 뒤에 이어지는 내용으로 적절하다.

사회 2023년 제2회

01	③	02	③	03	③	04	①	05	②
06	④	07	②	08	②	09	③	10	②
11	④	12	①	13	②	14	②	15	④
16	④	17	①	18	④	19	①	20	③
21	①	22	①	23	④	24	②	25	②

01 정답 ③

지중해성 기후는 유럽과 북아프리카의 지중해 연안, 미국 캘리포니아, 오스트레일리아 남서부 해안 등에 분포한다. 여름에는 아열대 고압대의 영향으로 고온 건조하여 올리브, 코르크, 오렌지 등과 같은 작물을 재배하는 수목 농업을 한다.

02 정답 ③

한대 기후인 툰드라 지역은 북극해를 중심으로 한 북반구에 위치한다. 짧은 여름과 긴 겨울이 나타나며 순록 유목과 사냥을 하며 생활한다. 두꺼운 동물 가죽을 입으며 먼 곳으로 사냥을 나갈 때 얼음집(이글루)을 사용한다.

03 정답 ③

㉠ 제주도에 대한 설명이다. 제주도는 화산 활동으로 형성되었으며 한라산, 성산 일출봉, 360여 개의 오름이 특징이다.

㉡ 독도이다. 독도는 우리나라에서 가장 동쪽에 위치한 화산섬이다. 풍부한 지하자원과 해산물이 풍부하며 역사적·정치적으로 매우 중요한 지역이다.

04 정답 ①

신재생 에너지인 풍력 발전은 바람이 일정한 방향과 세기로 부는 지역에 건설한다. 제주도, 강원도 등에 설치되어 전기를 생산하고 있다.

신재생 에너지인 조력 발전은 밀물과 썰물의 조수 간만의 차를 이용하여 전기를 생산한다. 우리나라 경기도 안산 시화호에 대규모의 조력 발전소가 입지해 있다.

05 정답 ②

장소 마케팅은 특정 장소를 매력적인 상품이 되도록 하기 위해 독특한 이미지를 만들고, 이를 통해 부가가치를 창출하는 전략이다.

06 정답 ④

피오르 해안은 빙하의 침식 작용으로 만들어진 골짜기가 바닷물에 침수되어 생긴 해안이다. 주로 고위도 지역에 형성되며 항구와 관광지로 이용한다.

07 정답 ②

다국적 기업은 공간적 분업이 나타난다. 다양한 정보와 자본을 확보하기 위해 기업의 본사는 자국 내 도심이나 세계 도시에 입지한다. 연구소는 쾌적한 환경, 고급 인력이 풍부한 대학가 근처에 입지한다. 생산 공장은 생산 비용을 줄이기 위해 주로 지가와 임금이 저렴한 개발 도상국에 입지한다.

08 정답 ②

미세 먼지 발생의 자연적 요인은 흙먼지나 식물 꽃가루이며 인문적 요인은 석탄, 석유 등의 화석 연료를 태울 때 생기는 매연, 자동차 배기가스 등이 있다.

09 정답 ③

사회화를 담당하는 기관은 공식적 사회화 기관과 비공식적 사회화 기관으로 구분할 수 있다.

공식적 사회화 기관은 사회화를 목적으로 만들어진다. 대표적으로 학교나 연수원 등이 있다.

비공식적 사회화 기관은 사회화를 위해 설립되지는 않지만 사회화가 이루어지는 기관으로 가족, 직장, 또래 집단 등이 그 사례이다.

①·②·④ 비공식적 사회화 기관이다.

10 정답 ②

문화 이해 태도는 문화를 평가의 대상으로 보는 자문화 중심주의와 문화 사대주의가 있다.

문화를 평가의 대상이 아닌 이해의 대상으로 바라보며 그 사회의 사회적, 역사적, 자연환경적 맥락으로 문화를 이해하는 태도는 문화 상대주의이다.

11 정답 ④
시민 단체는 공공의 이익을 위해 시민들이 자발적으로 형성한 결사체이다.
정부의 정책 결정 및 집행 과정 감시·비판, 정책 대안 제시, 시민의 정치 참여 유도 및 여론 형성, 사회 문제 해결책을 제시하는 역할을 한다.

오답 피하기
③ 이익 집단은 이해관계를 같이하는 사람들이 자신의 이익을 실현할 목적으로 만든 단체이다.

12 정답 ①
선거구 법정주의는 특정 후보자나 정당의 당선을 위한 선거구의 조작(게리맨더링)을 방지하기 위해 국회에서 선거구를 법률로 정한 것이다. 선거 공영제는 선거 운동을 국가 기관이 관리하여 부정 선거를 막고, 국가와 지방 자치 단체가 선거 비용의 일부를 지원하는 제도이다. 이 두 제도는 공정한 선거를 위한 제도이다.

13 정답 ②
대통령은 국민이 직접 선거로 선출한 국가의 대표이며 행정부 최고 책임자이다. 임기는 5년이며 국가와 헌법을 수호할 의무가 있다. 삼권 분립을 위해 대통령은 국회에서 만든 법을 거부할 권한을 가진다.

14 정답 ②
대법원은 국가 최고의 법원이다. 대법원장과 대법관으로 구성되어 있고 3심 재판을 담당하며 대법원의 판결은 최종적인 효력을 가진다.

오답 피하기
① 감사원은 대통령에 소속된 행정부의 최고 감사 기관이다. 공무원의 직무를 감찰하고 국가의 세입, 세출의 결산을 하는 업무를 담당한다.
③ 가정 법원은 이혼, 상속, 양자 등의 가사 사건과 소년 보호 사건 재판을 담당한다.

15 정답 ④
수요량과 공급량이 일치하여 균형을 이루는 지점에서의 가격을 시장 가격이라 한다. 시장 가격은 생산자와 소비자의 활동을 어떻게 조절할지 알려 주는 신호등 역할을 한다.

16 정답 ④
일정 기간 동안 한 나라 안에서 생산된 최종 생산물의 시장 가치를 모두 합한 것을 국내 총생산(GDP)이라 한다. 보통 1년 동안 새로이 생산한 것만 포함하며 시장에서 거래되는 생산물의 가치만 포함한다.
국내 총생산은 한 나라의 전체 생산 규모를 파악하기에 유용하지만, 생산액이 많은 자와 적은 자의 평균이기 때문에 빈부 격차의 정도를 파악하기 어렵다.

오답 피하기
② 물가 지수는 기준 시점의 물가를 100으로 했을 때 비교 시점의 물가 수준을 종합적으로 측정한 값이다.

17 정답 ①
주먹도끼는 사냥, 고기 자르기 등을 위해 사용한 구석기 시대의 유물이다. 연천 전곡리, 공주 석장리, 상원 검은모루 동굴 등이 대표적인 구석기 시대의 유적지이다.

18 정답 ④
광개토 대왕은 백제를 공격하여 한강 이북의 영토를 차지한 후, 신라에 침입한 왜를 물리치고 그들을 추격하는 과정에서 금관가야 지역까지 공격하였다. 북쪽으로는 만주 지역의 대부분과 연해주 지역의 일부를 확보하였다. 광개토 대왕의 연호는 '영락'이다.

19 정답 ①
원효는 모든 진리는 한마음에서 비롯된다는 일심 사상을 바탕으로 종파 간의 갈등을 해소하려고 노력하였다. 백성들에게 불교 교리를 쉽게 전달하기 위해 '나무아미타불'을 열심히 외우면 극락에 갈 수 있다고 주장하였다.

20 정답 ③

고려 광종은 과거제, 노비안검법을 시행하여 귀족들을 견제하였다.

오답 피하기

ㄱ. 서원을 정리한 인물은 영조와 흥선 대원군이다.

ㄷ. 훈민정음을 반포한 왕은 세종이다.

21 정답 ①

조선 성종은 훈구파를 견제하기 위해 사림을 등용하였다. 사림의 비판을 받던 훈구파가 사림을 공격하여 사림이 화를 입은 사건을 사화라 한다.

오답 피하기

③ 권문세족은 원나라의 세력을 바탕으로 성장한 고려 말의 지배 계층이다.

22 정답 ①

후금이 국호를 청으로 바꾸고 조선에 군신 관계를 요구하였지만, 인조가 이를 거부하자 청 태종이 직접 군사를 이끌고 쳐들어온 사건이 병자호란이다.

오답 피하기

② 신미양요는 제너럴 셔먼호 사건을 배경으로 미국이 강화도로 침입한 사건이다.

23 정답 ④

동학 농민 운동은 전라도 고부 군수 조병갑의 횡포에 저항하며 시작되었다. 황토현 전투와 황룡촌 전투에서 승리하고 전주성을 점령하였다. 이후 농민군은 정부와 전주 화약을 체결하고 자치 기구인 집강소를 설치하였다. 조선에서 청·일 전쟁이 발발하여 동학 농민군은 제2차 농민봉기를 일으켰지만, 우금치 전투에서 패배하며 동학 농민 운동은 끝나게 되었다.

24 정답 ②

정조는 영조의 탕평책을 계승하고 붕당에 관계없이 능력 있는 인재를 등용하였다. 왕실 도서관인 규장각을 설치하고 친위 부대인 장용영을 바탕으로 군사적 기반을 강화하였다. 금난전권을 없애 자유로운 상업 활동을 보장하는 신해통공을 실시하고 거중기를 이용하여 화성을 건설하였다.

25 정답 ②

전두환 정부에 대통령 직선제 개헌을 요구하는 국민들의 열망이 높았다. 대학생 박종철이 경찰의 고문으로 사망하는 사건이 일어나 학생과 시민들은 사건 진상 규명과 직선제로의 개헌을 요구하며 대규모의 시위를 전개하였다. 이후 전두환 정부는 노태우를 통해 대통령 직선제 개헌 요구를 수용한다는 6·29 민주화 선언을 발표하였다. 이 사건을 6월 민주 항쟁이라 한다.

과학 2023년 제2회

01	②	02	①	03	②	04	①	05	④
06	①	07	③	08	④	09	③	10	①
11	②	12	④	13	②	14	①	15	③
16	③	17	④	18	④	19	③	20	①
21	②	22	③	23	②	24	④	25	④

01 정답 ②

물체가 지구 중심 방향으로 떨어지는 이유는 지구 중심으로 질량이 있는 물체를 잡아당기는 힘인 중력이 있기 때문이다.

오답 피하기

① **부력** : 액체나 기체가 물체를 위로 떠오르게 하는 힘
③ **마찰력** : 물체의 운동을 방해하는 힘
④ **탄성력** : 모양이 변한 물체가 원래 모양으로 되돌아 가려는 힘

02 정답 ①

빛의 삼원색인 빨간색, 초록색, 파란색이 합쳐지면 흰색이 된다.

03 정답 ②

전류의 세기는 전압에 비례하고 전기 저항에 반비례한다. 전압 = 전류의 세기 × 저항이므로

$$저항 = \frac{전압}{전류의 세기} = \frac{4V}{2A} = 2\Omega 이다.$$

04 정답 ①

'열량 = 비열 × 질량 × 온도 변화'로 물질에 가한 열량과 질량이 같을 때 비열과 온도 변화는 반비례 관계이다. 따라서 온도 변화가 가장 큰 물질은 비열이 가장 작은 물질인 철이다.

05 정답 ④

공기 저항과 마찰을 무시할 때 역학적 에너지가 보존되고 A → D로 이동하면서 위치 에너지가 운동 에너지로 전환되어 D지점의 운동 에너지가 가장 크다.

06 정답 ①

$$속력 = \frac{이동 거리}{걸린 시간} 이므로, 이 물체의 속력은$$

$$\frac{1m}{1s} = 1m/s로 등속 운동하는 물체이다.$$

07 정답 ③

압력이 일정한 상태에서 기체의 온도가 높아졌으므로 입자 운동은 빨라지고 부피가 증가한다.

> 온도 상승 ➔ 입자 운동 증가 ➔ 용기 내부 압력 증가 ➔ 외부 압력과 같아질 때까지 부피 증가

08 정답 ④

끓는점은 액체가 기체로 상태 변화할 때 일정하게 유지되는 온도를 말한다. 1기압에서 물을 가열하면서 측정한 온도가 100℃에서 일정하게 유지되었으므로 100℃가 물의 끓는점이다.

09 정답 ③

불꽃 반응은 불꽃색을 내는 일부 금속 원소를 확인할 때 이용되는 방법으로, 같은 원소를 포함하고 있으면 서로 다른 물질의 불꽃색이 같다. 염화 나트륨과 질산 나트륨은 공통으로 나트륨을 포함하고 있기 때문에 나트륨에 의한 불꽃색이 나타난다. 나트륨의 불꽃 반응 색은 노란색이다.

10 정답 ①

용해도는 특정한 온도에서 용매 100g에 녹는 용질의 g수로, 40℃의 물 100g에서 용해도가 가장 큰 것은 질산 나트륨이므로 질산 나트륨이 가장 많이 녹을 수 있다.

11 정답 ②

질량 보존 법칙에 의해 반응 물질의 총 질량은 생성 물질의 총 질량과 같다. 따라서 구리 질량과 산소 질량의 합은 산화 구리(Ⅱ)의 질량과 같고 8g + (㉠) = 10g이므로 ㉠ = 2g이다.

12 정답 ④
해바라기는 광합성이 가능하고, 세포벽이 있으며 기관이 발달한 식물계에 속한다.

13 정답 ②
온도와 압력이 일정할 때 기체 종류에 상관없이 같은 부피에는 같은 수의 기체 분자가 들어 있고 이는 계수비와 같다. 따라서 질소 : 수소 : 암모니아의 부피비가 1 : 3 : 2이므로 분자 수의 비와 계수비도 1 : 3 : 2가 된다.

14 정답 ①
광합성은 물과 이산화 탄소가 엽록체에서 빛에너지를 받아 포도당과 산소를 만드는 과정을 말한다. 광합성 결과 만들어진 처음 영양소는 포도당이다.

15 정답 ③
기관계는 동물체에만 있는 구성 단계로 연관된 기능을 하는 기관의 모임을 말한다. 소화계, 순환계, 호흡계, 배설계, 신경계 등이 기관계이다.

오답 피하기
① **세포** : 생물체의 기본 구성 단위
② **조직** : 비슷한 세포들의 모임
④ **개체** : 여러 기관과 기관계가 모여 이루어진 독립적인 생물체

16 정답 ③
소화는 음식물 속의 영양소가 흡수될 수 있도록 작게 분해되는 과정을 말한다.

오답 피하기
① **배설** : 생명 활동 결과 생긴 노폐물을 몸 밖으로 내보내는 과정
② **순환** : 몸속 여러 가지 물질을 운반하는 과정
④ **호흡** : 기체 교환이 일어나는 것

17 정답 ④
모세 혈관은 동맥과 정맥을 연결하는 혈관으로, 온몸에 그물처럼 퍼져 있고 한 겹의 얇은 세포층으로 이루어져 물질 교환이 잘 일어난다. 모세 혈관의 총 단면적이 가장 넓고, 혈류 속도는 가장 느리다.

오답 피하기
① **대동맥** : 좌심실에 연결되어 심장에서 온몸으로 나가는 혈액이 흐른다.
② **대정맥** : 우심방에 연결되어 온몸에서 심장으로 들어오는 혈액이 흐른다.
③ **폐동맥** : 우심실에 연결되어 있어 심장에서 폐로 나가는 혈액이 흐른다.

18 정답 ④
망막에는 시각 세포가 존재하여 망막에 상이 맺히면 이를 받아들여 시각 신경을 통해 대뇌로 자극이 전달된다.

오답 피하기
① **각막** : 눈으로 들어오는 빛이 가장 먼저 통과하는 막
② **수정체** : 눈으로 들어온 빛이 굴절되는 곳
③ **유리체** : 눈 안을 채우고 눈의 형태를 유지함.

19 정답 ③
자손 1대의 유전자형은 Rr이고 어버이의 둥근 완두가 R을 주었으므로 ㉠은 r을 주어야 한다. 이때 생식세포가 아닌 경우 유전자는 쌍으로 가지고 있고 열성 순종이므로 ㉠의 유전자형은 rr이고 ㉠이 자손에게 주는 생식세포에는 r이 하나 들어 있다.

20 정답 ①
지구계의 구성 요소는 기권, 지권, 수권, 생물권, 외권이 있고 이 중 지구를 둘러싸고 있는 대기로 질소, 산소와 같은 여러 가지 기체로 이루어진 구성 요소는 기권이다.

21 정답 ②
굳기는 광물의 단단한 정도로, 굳기가 서로 다른 광물을 긁으면 굳기가 무른 광물이 긁힌다.

22 정답 ③
지구가 태양 주위를 1년에 한 바퀴씩 도는 운동을 지구 공전이라고 한다.

오답 피하기

① 일식 : 태양이 달에 가려져 보이지 않는 현상
② 월식 : 달이 지구 그림자에 가려 보이지 않는 현상
④ 지구의 자전 : 지구가 자전축을 중심으로 하루에 한 바퀴씩 도는 운동

23 정답 ②
조석은 하루 동안 해수면의 높이가 높아졌다 낮아졌다 하는 현상으로 밀물에 의해 바닷물의 높이가 높아지고, 썰물에 의해 바닷물의 높이가 낮아진다. 이처럼 주기적으로 바뀌는 바닷물의 흐름을 조류라고 한다.

24 정답 ④
겨울은 한랭 건조한 시베리아 기단의 영향을 받아 춥고 건조한 날씨가 나타난다.

오답 피하기

① A : 온난 건조 ➜ 양쯔강 기단, 봄·가을
② B : 저온 다습 ➜ 오호츠크해 기단, 초여름
③ C : 고온 다습 ➜ 북태평양 기단, 한여름

25 정답 ④
별의 거리가 멀수록 연주 시차는 작다. 즉, 별의 거리와 연주 시차는 반비례 관계이다. 따라서 지구에서 가장 가까운 별은 연주 시차가 가장 큰 D이다.

도덕 2023년 제2회									
01	②	02	③	03	④	04	②	05	④
06	①	07	①	08	④	09	③	10	④
11	③	12	④	13	②	14	④	15	③
16	①	17	②	18	①	19	②	20	①
21	③	22	②	23	①	24	③	25	②

01 정답 ②
이웃 간에 갈등이 생겼을 때는 시간이 걸리더라도 대화를 통해 서로 조금씩 양보하고 타협하는 것이 바람직하다. 이웃 간에 의견이 일치하지 않을 경우에는 이웃이 함께 모여 새로운 규칙을 정하고 실천하는 방식으로 양보와 타협을 위해 단계적으로 노력해야 한다.

02 정답 ③
생명은 누구에게나 하나밖에 없다. 그래서 생명은 그 무엇과도 바꿀 수 없다.

03 정답 ④
도덕적 성찰은 우리가 도덕적 삶을 살 수 있도록 도와준다. 우리는 자신의 삶을 되돌아볼 때 잘못을 반성하고 스스로 정한 삶의 원칙을 다듬어 가며 지킬 수 있다.

04 정답 ②
빈곤한 사람들은 빈곤의 악순환으로 말미암아 최소한의 인간다운 삶도 누리지 못할 것이다. 그뿐만 아니라 지구 한편에서는 비만을 걱정할 정도로 먹을 것이 풍부하지만, 다른 한편에서는 수많은 사람이 먹을 것이 없어서 기아로 죽어 간다.

05 정답 ④
부모와 자녀 사이에 지켜야 할 도리로는 자애와 효가 있다. 부모는 언제나 자녀에게 변함없는 사랑을 베푼다. 부모는 아무런 대가를 바라지 않고 자녀를 보살피며, 올바른 사람으로 키우려고 노력한다. 부모의 이런 헌신적인 사랑을 자애라고 한다.

06 정답 ①

모든 신념이 옳은 것은 아니다. 잘못된 신념은 자신의 삶을 그릇된 방향으로 이끌거나 다른 사람과 사회에 피해를 줄 수 있다. 도덕적 신념은 보편적 가치가 담겨 있고, 자신과 다른 사람, 더 나아가 사회에 좋은 영향을 미칠 수 있는 신념이다.

07 정답 ①

좋은 친구가 되려면 우리는 친구를 믿어 주고 친구의 마음에 공감하며, 친구를 배려하는 태도를 지녀야 한다. 그리고 친구가 나에게 다가오기만을 기다리는 것이 아니라, 내가 먼저 좋은 친구가 되려고 노력할 때 진정한 우정을 맺을 수 있다.

08 정답 ④

인권을 침해당한다면 우리는 삶의 주체로서 인간다운 삶을 가꾸어 나가기 어렵다. 반면에 인권을 보장받을 때 우리는 자신의 능력을 발휘할 수 있고, 행복하게 살 수 있다. 따라서 우리나라를 비롯한 많은 나라에서는 법과 제도로 인권을 보호하고자 노력한다.

09 정답 ③

남녀는 신체적 특징뿐만 아니라 사고방식에도 많은 차이가 있다. 따라서 이성 친구를 사귈 때는 서로의 차이를 있는 그대로 이해하고 존중하는 자세가 필요하다. 그리고 자신의 의사를 분명하게 표현해 오해가 생기지 않도록 해야 한다.

10 정답 ④

다문화 사회의 갈등을 해결하기 위해서는 다른 문화 이해, 문화적 관용, 보편적 가치 추구, 역지사지, 공감, 배려 등의 자세가 필요하다.

11 정답 ③

도덕적 상상력은 자신의 도덕적 결정과 행동이 어떤 영향을 미치는지 두루 살피고 다른 사람의 처지를 이해하는 것을 의미한다. 도덕적 상상력의 바탕은 다른 사람의 감정을 함께 느낄 수 있는 공감 능력이다.

12 정답 ④

사회적 약자는 일상생활에서 편견과 차별, 경제적·사회적 어려움을 겪고 인권을 침해당하기도 한다. 그러므로 우리는 그들의 인권을 보장하기 위해 노력해야 한다.

13 정답 ②

삶의 목적이 명확한 사람은 커다란 어려움 앞에서도 포기하지 않고 꾸준히 나아가고, 아무런 목적이 없는 사람은 작은 어려움에도 쉽게 포기할 수 있다.

14 정답 ④

이기적 욕구나 감각적 즐거움만을 지나치게 추구할 때, 우리는 오히려 고통스러운 상황에 빠질 수 있다. 따라서 우리는 자신의 욕구, 가치, 삶의 목적 등이 내가 행복한 삶을 살아가는 데 어떤 의미가 있는지 깊이 성찰해야 한다.

15 정답 ③

갈등은 칡[葛]과 등나무[藤]의 합성어이다. 칡은 왼쪽으로, 등나무는 오른쪽으로 감아 올라가므로 두 식물이 한곳에서 자라면 꼬이고 뒤엉켜 풀기 어려운 모양이 된다.

16 정답 ①

폭력이란 직접 또는 간접적인 방법으로 다른 사람에게 물리적이거나 정신적인 피해를 주는 공격적 행위를 말한다. 폭력은 상대방의 생각과 감정을 무시하고 정당하지 않은 방식으로 나의 의지를 강요하는 일방적인 힘의 행사이다.

17 정답 ②

중재는 중립적인 제삼자인 중재자가 개입해 갈등을 해결한다는 점에서 조정과 비슷하다. 그러나 중재자가 양측의 이야기를 들어보고 해결책을 제시하면 중재를 신청한 갈등의 당사자들이 반드시 그 해결책에 따라야 한다는 점에서 조정과 다르다.

18 정답 ①

정보화 사회에는 정보 통신 매체를 사용할 때 스스로 절제하고, 다른 사람에게 피해가 발생하지 않도록 노력해야 한다. 또한 나의 행동에 따라서 앞으로 발생할 결과를 자신이 어떻게 책임질 수 있을지 검토해야 한다.

19 정답 ②

애국심은 국민과 국토, 국가 정신 등에 관한 사랑을 포함한다. 그러나 애국심이 잘못된 방향으로 흐르면 국가가 비도덕적인 일을 하더라도 방관하는 자세를 지닐 수 있어, 자유나 인간 존엄성과 같은 가치를 훼손하기도 한다.

20 정답 ①

책임이 따르는 지위에 있는 사람이 그 힘을 원칙에 어긋나게 사용하는 행위를 부패라고 한다. 그러므로 부패는 공직자들뿐만 아니라 일반 국민도 일상생활 속에서 관련될 수 있는 문제이다. 또한 개인적인 부패도 문제이지만, 부패가 구조적으로 발생하면 더 큰 사회 문제가 된다.

21 정답 ③

평화 통일을 위해서는 교류가 상대적으로 쉬운 영역에서부터 대화와 협력을 지속하는 것이 중요하다. 불신과 대결보다는 신뢰와 화합을 추구하는 분위기를 만들어 화해와 협력을 증진해 한민족의 통합을 서서히 준비해야 한다.

22 정답 ②

정의로운 국가는 국민의 자유와, 혜택과 기회를 동등하게 누릴 수 있는 평등을 보장해야 하고, 국민이 인간다운 삶을 살 수 있도록 인권을 보장하며, 구성원이 각자의 정당한 몫을 얻을 수 있도록 정의를 실현해야 한다. 그리고 나라 안팎의 갈등을 조절해 평화를 실현하고, 사회적 약자도 최소한의 인간다운 생활을 누릴 수 있도록 복지를 제공해야 하는 것도 정의로운 국가가 해야 할 일이다.

23 정답 ①

과학 기술의 발전은 부정적인 측면도 있다. 예를 들어 핵무기는 인류를 비롯한 생태계의 생존 자체를 위협하고 있고, 인간의 일을 기계가 대신하면서 인간의 역할이 축소되었고 인간 소외 현상이 발생하였다. 그리고 생명 공학의 발전에 따른 인간 복제의 가능성은 인간 존엄성 훼손이라는 도덕적 문제를 가져온다.

24 정답 ③

사실 판단은 "개나리는 노란색이다."와 같이 사실을 그대로 서술한 판단이다. 사실 판단은 객관적인 근거로 판단 내용의 참과 거짓을 명확하게 구분할 수 있다.

25 정답 ②

물질에 관한 과도한 욕망과 필요 이상으로 물질을 낭비하는 과소비는 자원 고갈과 환경 파괴를 불러온다. 또한 음식물을 지나치게 많이 남겨 쓰레기로 버리거나 일회용품을 자주 사용하는 것처럼 환경을 고려하지 않는 소비 생활은 환경 문제를 일으킨다.

2023 년

제1회 기출문제

EBS 교육방송교재

중졸 검정고시  기출문제집

01 다음 대화에서 ㉠에 담긴 '나윤'의 의도로 적절한 것은?

> 강현 : 나윤아, 다음 주에 학생회에서 자선 바자회 행사를 주최한다고 하는데, 우리 반이 참가할 필요가 있을까?
>
> 나윤 : 응, 바자회 행사의 의의를 생각하면 참가하는 게 좋을 거 같아.
>
> 강현 : 왜 그렇게 생각해? 수익금을 학급비로 쓸 수 있게 해 주는 것도 아니라던데.
>
> 나윤 : 바자회에서 쓰지 않는 물건을 서로 사고팔면, 자원도 재활용되고 저렴한 가격에 물건을 구입해서 좋잖아.
>
> 수익금을 학급비로 쓸 수는 없지만 그걸로 불우 이웃을 도울 예정이래. ㉠그러니 바자회에 참가하는 게 좋지 않겠니?
>
> 강현 : 네 말을 듣고 보니 그렇네. 나도 집에 가서 바자회에 낼 만한 물건을 찾아봐야겠어.

① 감사
② 설득
③ 위로
④ 칭찬

02 다음과 같이 말했을 때, 공감하며 반응한 대화로 가장 적절한 것은?

> 나 이번에 진짜 열심히 공부했는데 시험을 너무 못 봤어. 내 장래 희망을 이루기 위해서는 성적을 올려야 하는데 오히려 떨어졌어. 어떡하지?

① 지나간 시험을 말해서 뭐 하냐? 시험은 끝났으니까 그만 얘기해.

② 그랬구나. 열심히 준비했는데 결과가 좋지 않아서 너무 속상하겠다.

③ 이번 시험 쉬웠는데, 넌 공부를 했는데도 성적이 떨어졌다니 이해가 안 된다.

④ 아이참, 너 때문에 나까지 우울해진다. 나 배고프니까 떡볶이나 먹으러 가자.

03 다음에서 설명하는 언어의 특성에 해당하는 예로 적절하지 <u>않은</u> 것은?

> 언어는 시간의 흐름에 따라 새로 생기거나, 소리나 뜻이 변하거나, 예전에 사용하던 말이 사라지기도 한다.

① '스마트폰'은 새로운 물건이 만들어지면서 새로 생긴 말이다.

② '어리다'는 의미가 '어리석다'에서 '나이가 적다'로 변하였다.

③ '천(千, 1000)'을 뜻하는 고유어 '즈믄'은 현재 거의 쓰이지 않는다.

④ 우리가 '나비[나비]'라고 부르는 곤충을 영어에서는 'butterfly[버터플라이]'라고 부른다.

04 밑줄 친 모음이 사용된 단어는?

> 국어의 모음에는 발음할 때 입술이나 혀가 고정되어 움직이지 않는 단모음과, 입술 모양이나 혀의 위치가 달라지는 <u>이중 모음</u>이 있다.

① 개미   ② 나라
③ 수레   ④ 예의

05 다음 규정에 맞게 발음하지 <u>않은</u> 것은?

> ■ 표준 발음법 ■
> 【제10항】 겹받침 'ㄳ', 'ㄵ', 'ㄼ, ㄽ, ㄾ', 'ㅄ'은 어말 또는 자음 앞에서 각각 [ㄱ, ㄴ, ㄹ, ㅂ]으로 발음한다.

① 넓다[넙따]   ② 앉다[안따]
③ 없다[업따]   ④ 핥다[할따]

06 밑줄 친 품사의 특성으로 적절한 것은?

> • 가을 하늘이 <u>파랗다</u>.
> • <u>예쁜</u> 동생이 태어났다.
> • 아이들이 <u>즐겁게</u> 뛰놀고 있다.

① 사물의 이름을 나타낸다.
② 대상의 움직임을 나타낸다.
③ 대상의 상태나 성질을 나타낸다.
④ 놀람, 느낌, 부름, 대답을 나타낸다.

07 밑줄 친 부분의 문장 성분이 ㉠과 같은 것은?

> ㉠ <u>하얀</u> 꽃잎이 바닥에 쌓였다.

① 꽃이 <u>활짝</u> 피었다.
② 동생이 <u>우유를</u> 마신다.
③ 소년은 <u>어른이</u> 되었다.
④ 가을은 <u>독서의</u> 계절이다.

08 밑줄 친 부분의 표기가 바른 것은?

① 어서 <u>오십시요.</u>
② 손을 <u>깨끗히</u> 씻자.
③ 나는 <u>몇일</u> 동안 책만 읽었다.
④ 그가 배낭을 <u>메고</u> 공원에 간다.

[9~10] 다음 글을 읽고 물음에 답하시오.

> 그날은 가만히 있어도 땀이 날 정도로 무척 더웠다. 나는 빨리 집에 들어가 씻고 싶다는 생각뿐이었다. 나는 걸음을 재촉하여 집 근처에 도착했다.
>
> [A] 그런데 골목길 한 구석에서 주인을 잃은 강아지가 나를 애처롭게 바라보고 있었다. 모르는 척 집에 들어가려고 했지만 문득 떠오른 병아리 '민들레' 때문에 나는 발을 뗄 수 없었다.
>
> 초등학교 2학년 때, 어느 따스한 봄날이었다. 학교 앞에서 한 할머니께서 병아리를 ㉠<u>파는</u> 것을 보았다. 노란 털로 ㉡<u>덮여</u> 있는 병아리가 정말 귀여웠다. ㉢<u>병아리는 아직 다 자라지 않은 어린 닭으로 닭의 새끼를 말한다.</u> 나는 병아리를 키우게 해 달라고 엄마를 졸랐다. 내가 너무 간절했기 때문인지 처음에는 반대하셨던 엄마도 ㉣<u>절대</u> 허락해 주셨고, 그렇게 해서 나와 병아리 '민들레'의 인연이 시작되었다.

09 다음은 [A]를 영상으로 만들기 위한 계획이다. ㉮에 들어갈 구성 요소로 알맞은 것은?

번호	장면 그림	구성 요소	내용
S#1		장면 내용	강아지가 소녀를 바라보고 있음.
		배경 음악	잔잔한 분위기의 음악
		㉮	힘없는 강아지 소리

① 대사　　　　② 효과음
③ 내레이션　　④ 촬영 방법

10 ㉠~㉣에 대한 고쳐쓰기 방안으로 적절하지 **않**은 것은?

① ㉠ : 높임 표현이 잘못되었으므로 '파시는' 으로 고친다.
② ㉡ : 맞춤법에 어긋나므로 '덮여'로 고친다.
③ ㉢ : 글의 통일성을 해치므로 삭제한다.
④ ㉣ : 문장 호응이 맞지 않으므로 '결코'로 바꾼다.

[11~13] 다음 글을 읽고 물음에 답하시오.

"아름아, 뭐 하니?"
어머니가 문 사이로 고개를 디밀었다.
'헉, 깜짝이야.'
나는 짜증을 냈다.
"엄마! 노크!"
어머니는 '아차.' 하다, 도리어 큰소리를 냈다.
"노크는 무슨 노크. 지금 방송 시작하는데, 안 봐?"
"벌써 할 때 됐어요?"
"응, 광고 하고 있어. 빨리 나와."

나도 방송국 웹 사이트에 들어가 예고편을 봤다. 설렘과 어색함, 신기함과 민망함이 섞여 복잡한 마음이 들었지만, 사실 동영상을 보고 제일 먼저 든 생각은 이거였다.
'아, 나는 저거보단 훨씬 괜찮게 생겼는데……'
카메라에 비친 내 모습이 실제보다 못해 억울하고 섭섭한 거였다. 연예인들도 실제로 보면 두 배는 더 예쁘고 멋지다는데, 아마 이런 경우를 두고 하는 말인 듯했다. 그러니 일반인들은 오죽할까. 더구나 방송 한 번에 이리 심란한 기분이라니, 연예인이 되려면 자기를 보통 좋아하지 않고선 힘들겠구나 싶은 마음도 들었다. 문 밖에 선 어머니가 "근데" 하고 덧붙였다.
"왜 그렇게 놀라? 뭐 이상한 거 보고 있었던 거 아냐?"
나는 부루퉁히 꿍얼댔다.
"내가 뭐 아빠 줄 아나……"
어머니가 눈을 동그랗게 뜨고 다그쳤다.
"아빠? 아빠가 그래?"
나는 그렇긴 뭐가 그렇냐며, 곧 나갈 테니 얼른 문 닫으라 핀잔을 줬다. 어머니는 끝까지 의심을 거두지 못한 얼굴로 자리를 떴다. 나는 인터넷 뉴스 창을 닫고, 방송국 홈페이지에 들어가 동영상을 한 번 더 돌려 봤다.
"실제 나이 17세. 신체 나이 80세. 누구보다 빨리 자라, 누구보다 아픈 아이 아름. 각종 합병증에 시달리면서도 웃음을 잃지 않는 아름에게 어느 날 시련이 닥쳐오는데……"
다시 봐도 낯선 영상이었다. 17. 80. 합병증. 웃음……. 하나하나 짚어 보면 다 맞는 말인데, 그게 그렇게 알뜰하게 배열된 걸 보니 사실이 사실 같지 않았다.
'괜히 하자고 한 걸까?'
막상 완성된 영상이 전파를 타고 전국에 송출될 생각을 하니 걱정스러웠다. 내가 모르는 이들에게 나를 보여 준다는 게 언짢기도 했다. 정확한 건 본 방송이 끝난 후에 알게 될 터였다.

– 김애란, 「두근두근 내 인생」 –

11 윗글의 서술상 특징으로 가장 적절한 것은?

① 이야기의 진행에 따라 서술자가 달라진다.

② 서술자가 모든 인물의 속마음을 알고 있다.

③ 서술자인 '나'가 자신의 생각을 직접 이야기한다.

④ 작품 밖 서술자가 인물의 행동을 관찰하고 있다.

12 '아름'의 심리에 대한 설명으로 적절하지 <u>않은</u> 것은?

① 노크하지 않은 엄마에게 짜증이 났다.

② 방송 예고편을 보고 마음이 복잡했다.

③ 영상 속 자신의 모습을 보고 만족했다.

④ 모르는 사람들이 자신을 볼 것이 언짢았다.

13 다음 감상에 대한 설명으로 가장 적절한 것은?

> 나는 본방송을 앞둔 아름이의 마음이 이해돼. 왜냐하면 나도 퀴즈 프로그램에 출연한 적이 있었거든. 방송 시작 전까지 긴장되기도 하고 설레기도 했어.

① 중심 소재의 상징적 의미를 찾았다.

② 작품의 사회·문화적 배경을 분석했다.

③ 작품에 나타나는 중심 갈등을 파악했다.

④ 자신의 경험을 바탕으로 인물에게 공감했다.

[14~16] 다음 글을 읽고 물음에 답하시오.

> 길이 끝나는 곳에서도 ⎤ [A]
> 길이 있다 ⎦
> 길이 끝나는 곳에서도
> 길이 되는 사람이 있다
> ㉠ <u>스스로 봄 길이 되어</u>
> 끝없이 걸어가는 사람이 있다
> ㉡ <u>강물은 흐르다 멈추고</u>
> ㉢ <u>새들은 날아가 돌아오지 않고</u>
> ㉣ <u>하늘과 땅 사이의 모든 꽃잎은 흩어져도</u>
> 보라
> 사랑이 끝난 곳에서도
> 사랑으로 남아 있는 사람이 있다
> 스스로 사랑이 되어
> 한없이 봄 길을 걸어가는 사람이 있다
>
> — 정호승, 「봄 길」 —

14 윗글에 대한 설명으로 적절하지 <u>않은</u> 것은?

① 색채 대비를 통해 선명한 이미지를 제시한다.

② 현실 상황을 여러 자연물에 빗대어 표현한다.

③ 비슷한 문장 구조를 반복하여 의미를 강조한다.

④ 단정적인 어조를 통해 화자의 강한 믿음을 드러낸다.

15 ㉠~㉣ 중 함축적 의미가 <u>다른</u> 것은?

① ㉠   ② ㉡

③ ㉢   ④ ㉣

16 다음을 참고할 때, [A]와 같은 표현이 쓰인 것은?

> 시에서 역설이란 겉으로는 뜻이 모순되고 이치에 맞지 않는 것 같지만, 그 속에 진리를 담고 있는 표현을 말한다.

① 이것은 소리 없는 아우성
② 돌담에 속삭이는 햇발같이
③ 나는 나룻배 / 당신은 행인
④ 젖지 않고 가는 삶이 어디 있으랴

[17~19] 다음 글을 읽고 물음에 답하시오.

> 허생은 집에 비가 새고 바람이 드는 것도 아랑곳하지 않고 글 읽기만 좋아하였다. 그래서 아내가 삯바느질을 해서 그날그날 겨우 입에 풀칠을 하는 처지였다.
>
> 어느 날 허생의 아내가 배고픈 것을 참다못해 훌쩍훌쩍 울며 푸념을 하였다.
>
> "당신은 평생 과거도 보러 가지 않으면서 대체 글은 읽어 뭘 하시렵니까?"
>
> 그러나 허생은 아무렇지도 않게 껄껄 웃으며 말하였다.
>
> "내가 아직 글이 서툴러 그렇소."
>
> "그럼 공장이[1] 노릇도 못 한단 말입니까?"
>
> "배우지 않은 공장이 노릇을 어떻게 한단 말이오?"
>
> "그러면 장사치 노릇이라도 하시지요."
>
> "가진 밑천이 없는데 장사치 노릇을 어떻게 한단 말이오?"
>
> 그러자 아내가 왈칵 역정[2]을 내었다.
>
> [A] "당신은 밤낮 글만 읽더니, 겨우 '어떻게 한단 말이오.' 소리만 배웠나 보구려. 공장이 노릇도 못 한다, 장사치 노릇도 못 한다, 그럼 하다못해 도둑질이라도 해야 할 것 아니오?"

허생이 이 말을 듣고 책장을 덮어 치우고 벌떡 일어났다.

"아깝구나! 내가 애초에 글을 읽기 시작할 때 꼭 십 년을 채우려 했는데, 이제 겨우 칠 년밖에 안 되었으니 어쩔거나!"

[중간 줄거리] 허생은 아내의 성화에 집을 나와, 서울에서 가장 부자라는 변 씨를 찾아가 만 냥을 빌렸다. 그러고는 여러 지역으로 이동하는 길목이 있는 안성으로 가서 과일을 몽땅 사들이기 시작했다.

얼마 안 가서 나라 안의 과일이란 과일은 모두 동이 나 버렸다. 잔치나 제사를 지내려고 해도 과일이 없으니 상을 제대로 차릴 수가 없었다. 이렇게 되니, 과일 장수들은 너나 없이 허생한테 몰려와서 제발 과일 좀 팔라고 통사정을 하였다. 결국 허생은 처음 값의 열 배를 받고 과일을 되팔았다.

"허허, 겨우 만 냥으로 나라의 경제를 흔들어 놓았으니, ㉠ 이 나라 형편이 어떤지 알 만하구나."

          – 박지원, 「허생전」 –

---

1) 공장이 : 예전에 물건 만드는 것을 직업으로 하던 사람.
2) 역정 : 몹시 언짢거나 못마땅하여 내는 화.

17 윗글에서 '허생'에 대한 설명으로 적절하지 **않은** 것은?

① 집안일에 무관심했다.
② 해마다 과거 시험에 떨어졌다.
③ 계획했던 글공부를 마치지 못했다.
④ 과일을 독점 판매하여 이익을 얻었다.

18 [A]에서 '아내'가 '허생'에게 역정을 내는 이유로 가장 적절한 것은?

① 장사를 하겠다고 해서
② 돈을 벌어 오지 않아서
③ '아내'의 무능함을 비난해서
④ 글공부를 열심히 하지 않아서

19 ⑤의 의미로 가장 적절한 것은?

① 예의범절이 무너지고 있구나.

② 신분 질서가 흔들리고 있구나.

③ 나라의 경제 구조가 취약하구나.

④ 관리들의 부정부패가 심각하구나.

[20~22] 다음 글을 읽고 물음에 답하시오.

중국 신장의 요구르트, 스페인 랑하론의 하몬, 우리나라 구례 양동 마을의 된장. 이 음식들의 공통점은 무엇일까? 이것들은 모두 발효 식품으로, 세계의 장수 마을을 다룬 어느 방송에서 각 마을의 장수 비결로 꼽은 음식들이다.

발효 식품은 건강식품으로 널리 알려져 있다. 또한 다양한 발효 식품이 특유의 맛과 향으로 사람들의 입맛을 사로잡고 있다. 앞에서 소개한 요구르트, 하몬, 된장을 비롯하여 달콤하고 고소한 향으로 우리를 유혹하는 빵, 빵과 환상의 궁합을 자랑하는 치즈 등을 그 예로 들 수 있다. 이렇게 몸에도 좋고 맛도 좋은 식품을 만들어 내는 발효란 무엇일까? 그리고 발효 식품은 왜 건강에 좋을까? 먼저 발효의 개념을 알아보고, 우리나라의 전통 발효 식품을 중심으로 발효 식품의 우수성을 자세히 알아보자.

발효란 곰팡이나 효모와 같은 미생물이 탄수화물, 단백질 등을 분해하는 과정을 말한다. 미생물이 유기물에 작용하여 물질의 성질을 바꾸어 놓는다는 점에서 발효는 부패와 비슷하다. 하지만 ㉠ 발효는 우리에게 유용한 물질을 만드는 반면에, 부패는 우리에게 해로운 물질을 만들어 낸다는 점에서 차이가 있다. 그래서 발효된 물질은 사람이 안전하게 먹을 수 있지만, 부패한 물질은 식중독을 일으킬 수 있어서 함부로 먹을 수 없다.

㉡ , 발효를 거쳐 만들어지는 전통 음식에는 무엇이 있을까? 가장 대표적인 전통 음식으로 김치를 꼽을 수 있다. 김치는 채소를 오랫동안 저장해 놓고 먹기 위해 조상들이 생각해 낸 음식이다. 김치는 우리가 채소의 영양분을 계절에 상관없이 섭취할 수 있도록 해 주고, 발효 과정에서 더해진 좋은 성분으로 우리의 건강을 지키는 데도 도움을 준다.

– 진소영, 「맛있는 과학 44–음식 속의 과학」 –

20 윗글에서 설명하는 중심 내용으로 가장 적절한 것은?

① 김치 담그는 방법

② 발효 식품의 우수성

③ 식중독 예방의 중요성

④ 여러 나라의 장수 비결

21 ㉠에 사용된 설명 방법으로 적절한 것은?

① 과정　　　　② 대조

③ 예시　　　　④ 정의

22 이어질 내용을 고려할 때, ㉡에 들어갈 말로 적절한 것은?

① 그래도　　　　② 그러나

③ 그렇다면　　　　④ 왜냐하면

[23~25] 다음 글을 읽고 물음에 답하시오.

더위는 우리가 근본적인 고민을 하도록 만든다. 당장의 더위를 해결하지 않는 이상 그 어떤 것도 중요하지 않음을 몸소 경험함으로써 우리는 알게 모르게 이 시대의 문제를 마주하게 된다. 그렇다. 기후 변화는 현대의 큰 문제이다. 모든 이의 피부에 와 닿는 가장 심각한 전 지구적 문제, 나와 무관하다며 모든 것을 무시해 버려도 끝내 외면할 수 없는 생존의 문제이다.

국제 생태 발자국 네트워크(GFN)라는 단체가 운영하는 '지구 생태 용량 과용의 날'이라는 것이 있다. 지구의 일 년 치 자원을 12월 31일에 다 쓰는 것으로 가정하고 실제로 자원이 모두 소모되는 날을 측정하는 것이다. 이 날이 2015년에는 8월 13일이었는데 2016년에는 8월 8일로 5일 앞당겨졌다. 또한 우리가 현재처럼 자원을 소비하면서 자원을 지속적으로 사용할 수 있는 상태를 유지하기 위해서는 지구가 3.3개 필요하다고 한다. 한마디로 ⬚⬚⬚⬚⬚ ㉠ ⬚⬚⬚⬚⬚고 할 수 있다.

그런데도 우리는 더위 앞에서 에너지 사용량을 줄이는 데까지 생각이 미치지 못한다. ㉡ 더위에 대응하는 근본적인 대책에 관해 우리 모두 관심이 적다. 우리 모두가 이렇게 위험성을 인식하지 못하고 있는 사실이 이 더위보다 충격적이라 할 수 있다. 지금부터라도 기후 변화가 중요한 문제임을 인식하고 자원을 아껴 사용해야 할 것이다. 그리고 지속적으로 발전할 수 있는 녹색 성장을 준비해야 할 것이다.

– 김산하, 「김산하의 야생 학교」 –

23 위와 같은 글을 읽는 방법으로 가장 적절한 것은?

① 육하원칙에 따라 사건을 요약한다.
② 등장인물 간의 갈등 원인을 찾아본다.
③ 주장과 근거를 중심으로 내용을 파악한다.
④ 시간의 흐름에 따른 대상의 변화를 정리한다.

24 글의 맥락을 고려할 때, ㉠에 들어갈 내용으로 가장 적절한 것은?

① 미세 먼지로 대기 오염이 심하다
② 에너지의 사용량과 그 증가량이 심하다
③ 오랜 가뭄으로 물 부족 문제가 심각하다
④ 해양 오염으로 동물들의 생존 문제가 심각하다

25 ㉡에 해당하는 글쓴이의 생각으로 적절하지 <u>않은</u> 것은?

① 더위에 익숙해지도록 한다.
② 지구의 자원을 아껴 사용한다.
③ 기후 변화의 위험성을 인식한다.
④ 지속 가능한 녹색 성장을 준비한다.

01 다음은 54를 소인수분해하는 과정을 나타낸 것이다. 54를 소인수분해한 것은?

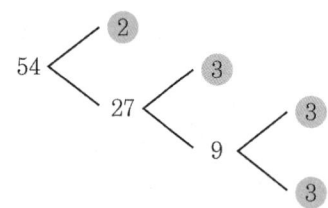

① 2×3^2 ② $2^2 \times 3^2$
③ 2×3^3 ④ $2^2 \times 3^3$

02 다음 수를 작은 수부터 차례대로 나열할 때, 넷째 수는?

$$3, \quad -7, \quad \frac{1}{2}, \quad -1, \quad 1$$

① -1 ② $\frac{1}{2}$
③ 1 ④ 3

03 $a = 2$일 때, $3a + 1$의 값은?

① 3 ② 5
③ 7 ④ 9

04 일차방정식 $4x - 4 = x + 2$의 해는?

① 1 ② 2
③ 3 ④ 4

05 순서쌍 $(2, -3)$을 좌표평면 위에 나타낸 점은?

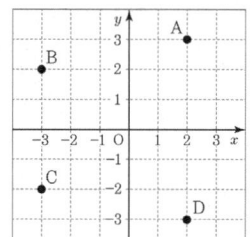

① A
② B
③ C
④ D

06 그림과 같이 평행한 두 직선 l, m이 다른 한 직선 n과 만날 때, $\angle x$의 크기는?

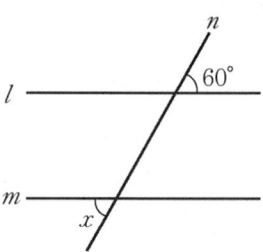

① $30°$ ② $40°$
③ $50°$ ④ $60°$

07 다음은 학생 20명을 대상으로 1분 동안의 윗몸 일으키기 기록을 줄기와 잎 그림으로 나타낸 것이다. 윗몸 일으키기 기록이 40회 이상인 학생의 수는?

윗몸 일으키기 기록

(1|2는 12회)

줄기	잎					
1	2	4	6			
2	1	2	5	5	6	7
3	2	3	3	7		
4	5	7	9	9		
5	3	6	9			

① 4   ② 5
③ 6   ④ 7

08 순환소수 $0.\dot{5}$를 기약분수로 나타낸 것은?

① $\dfrac{1}{3}$ ② $\dfrac{4}{9}$

③ $\dfrac{5}{9}$ ④ $\dfrac{2}{3}$

09 $a^2 \times a^2 \times a^3$을 간단히 한 것은?

① a^7 ② a^8
③ a^9 ④ a^{10}

10 다음 문장을 부등식으로 옳게 나타낸 것은?

> 한 권에 700원인 공책 x권의 가격은 3500원 이상이다.

① $700x \geq 3500$

② $700x > 3500$

③ $700x \leq 3500$

④ $700x < 3500$

11 그림은 일차함수 $y = 2x + k$의 그래프이다. 상수 k의 값은?

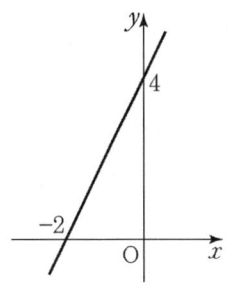

① 2   ② 3
③ 4   ④ 5

12 그림과 같이 $\overline{AB} = \overline{AC}$인 이등변삼각형 ABC에서 $\angle A$의 이등분선과 $\overline{BC}$의 교점을 D라고 하자. $\overline{BC} = 10\,\text{cm}$일 때, $\overline{BD}$의 길이는?

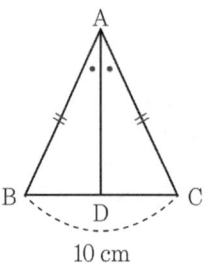

① 4 cm   ② 5 cm

③ 6 cm   ④ 7 cm

13 그림에서 두 원기둥 A와 B는 서로 닮음이고 밑면의 반지름의 길이가 각각 $2\,\text{cm}$, $3\,\text{cm}$이다. 원기둥 A의 높이가 $4\,\text{cm}$일 때, 원기둥 B의 높이는?

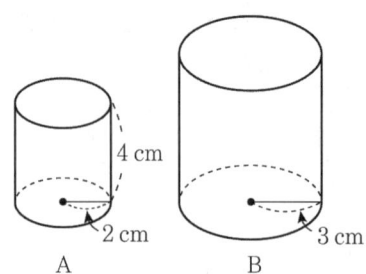

① 6 cm

② 6.5 cm

③ 7 cm

④ 7.5 cm

14 그림과 같이 1에서 10까지의 자연수가 각각 적힌 공 10개가 들어 있는 주머니가 있다. 이 주머니에서 공 한 개를 꺼낼 때, 짝수가 적힌 공이 나올 확률은?

① $\dfrac{1}{5}$ ② $\dfrac{3}{10}$

③ $\dfrac{2}{5}$ ④ $\dfrac{1}{2}$

15 $\sqrt{8} = a\sqrt{2}$일 때, a의 값은?

① 1   ② 2

③ 3   ④ 4

16 이차방정식 $x^2 - 5x + 6 = 0$의 한 근이 2이다. 다른 한 근은?

① 3   ② 4

③ 5   ④ 6

17 이차함수 $y = -(x-1)^2 + 1$의 그래프에 대한 설명으로 옳은 것은?

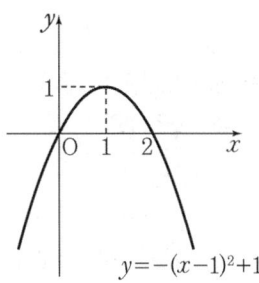

$$y = -(x-1)^2 + 1$$

① 아래로 볼록이다.

② 점 $(0,\ 2)$를 지난다.

③ 직선 $x = 0$을 축으로 한다.

④ 꼭짓점의 좌표는 $(1,\ 1)$이다.

18 직각삼각형 ABC에서 $\overline{AB} = 5$, $\overline{BC} = 4$, $\overline{AC} = 3$일 때, $\tan B$의 값은?

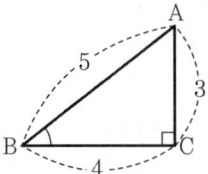

① $\dfrac{3}{5}$ ② $\dfrac{3}{4}$

③ $\dfrac{4}{5}$ ④ $\dfrac{4}{3}$

19 그림과 같이 원 O에서 호 AB에 대한 중심각 $\angle AOB = 80°$일 때, 호 AB에 대한 원주각 $\angle APB$의 크기는?

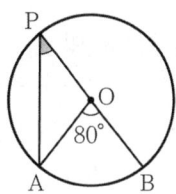

① $30°$ ② $40°$

③ $50°$ ④ $60°$

20 다음 자료는 학생 5명이 방학 동안 읽은 책의 권수를 조사하여 나타낸 것이다. 이 자료의 중앙값은?

(단위 : 권)

3	0	3	1	2

① 0   ② 1

③ 2   ④ 3

2023년 제1회

01 다음 밑줄 친 단어의 뜻으로 가장 적절한 것은?

> My sister is really <u>funny</u>. She makes me laugh a lot.

① 슬픈 ② 게으른
③ 수줍은 ④ 재미있는

02 다음 중 두 단어의 의미 관계가 나머지 셋과 다른 것은?

① pass — fail ② sit — stand
③ say — tell ④ begin — end

[3~4] 다음 빈칸에 들어갈 말로 가장 적절한 것을 고르시오.

03

> Mr. Kim _____ my Korean teacher last year.

① is ② are
③ was ④ were

04

> It was raining, _____ I took my umbrella.

① if ② or
③ so ④ for

[5~6] 다음 대화의 빈칸에 들어갈 말로 가장 적절한 것을 고르시오.

05

> A : _____ were you late for school?
> B : Because I missed the bus.

① Why ② What
③ When ④ Where

06

> A : I am not feeling well. I think I have a cold.
> B : _____.

① That's too bad
② Yes, I'd love to
③ You're welcome
④ Thank you for your help

07 다음 빈칸에 공통으로 들어갈 말로 가장 적절한 것은?

> • Some shops _____ on Sundays.
> • My school is very _____ to the post office.

① free ② next
③ close ④ among

2023년 제1회

08 다음 대화에서 A가 찾아가려는 곳의 위치로 옳은 것은?

A : Excuse me, how can I get to the library?
B : Go straight two blocks and turn right. It's on your left.
A : Thank you.

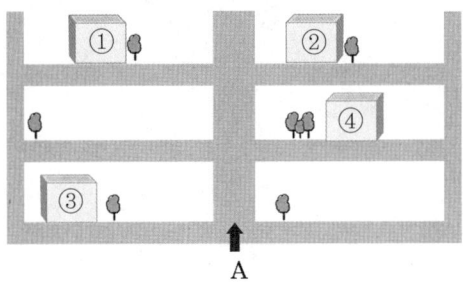

09 그림으로 보아 빈칸에 들어갈 말로 가장 적절한 것은?

 A : What is the boy doing?
B : He is _____ a picture.

① buying   ② taking
③ sitting   ④ playing

10 다음 대화에서 두 사람이 할 운동으로 가장 적절한 것은?

A : What are you going to do on sports day?
B : I am going to play soccer.
A : Me, too. I'm really looking forward to it.
B : Good luck. Let's do our best.

① 농구   ② 수영
③ 야구   ④ 축구

11 다음 대화의 빈칸에 들어갈 말로 가장 적절한 것은?

A : Are you happy with your school uniform, Jane?
B : _____.
A : Why not?
B : I don't like the color.

① Yes, I really like it
② I'm really happy for you
③ No, I'm not very happy with it
④ You should bring your own lunch

영어 **287**

12 다음 대화의 주제로 가장 적절한 것은?

> A : My father's birthday is coming. What should I get for him?
> B : How about a nice tie?
> A : That sounds good. I think he needs one.

① 생일 선물
② 시험 성적
③ 여가 활동
④ 여행 계획

13 다음 홍보문을 보고 알 수 <u>없는</u> 것은?

> 🔍 ***City Library Book Camp***
> Date : May 6th (Saturday), 2023
> Time : 9:00 a.m. – 11:00 a.m.
> Place : City Library
> Activities :
> • Talking about books
> • Meeting authors

① 참가 인원
② 행사 일시
③ 행사 장소
④ 활동 내용

14 다음 방송의 목적으로 가장 적절한 것은?

> Good morning, everyone. I would like to give you some safety tips in case of a fire. Make sure you cover your mouth with a wet cloth. Also, use stairs instead of elevators.

① 기상 악화 예보
② 일정 변경 공지
③ 건물 내 시설 소개
④ 화재 안전 수칙 안내

15 다음 대화에서 회의 시간을 바꾸려는 이유는?

> A : We need to change the time for tomorrow's meeting. It's too early.
> B : I agree. How about 10 a.m.?
> A : That's much better.

① 늦게 도착해서
② 교통 체증이 심해서
③ 회의 시간이 길어서
④ 너무 이른 시간이어서

16 cookie cup에 관한 다음 글의 내용과 일치하지 <u>않는</u> 것은?

Here's an eco-friendly item! It's a cookie cup. It is a cookie made in the shape of a cup. After using the cup, you can just eat it instead of throwing it away. By doing this, you can make less trash.

① 친환경 제품이다.
② 유리로 만든다.
③ 먹을 수 있다.
④ 쓰레기를 줄일 수 있다.

17 다음 글의 흐름으로 보아 어울리지 <u>않는</u> 문장은?

I want to win the school singing contest. ⓐ <u>I love singing.</u> ⓑ <u>And I think I have a good voice.</u> ⓒ <u>I'm a really poor tennis player.</u> ⓓ <u>However, I am too shy to sing in front of many people.</u> How can I feel more comfortable singing on stage?

① ⓐ   ② ⓑ
③ ⓒ   ④ ⓓ

18 다음 글에서 Gina가 제안한 것으로 가장 적절한 것은?

Gina and I saw a little dog on our way to school. The dog seemed to have a broken leg, and we were worried about it. Gina suggested that we take it to an animal doctor.

① 아침 일찍 일어나기
② 개를 공원에서 산책시키기
③ 친구와 함께 공부하기
④ 개를 수의사에게 데려가기

19 그래프로 보아 빈칸에 들어갈 말로 가장 적절한 것은?

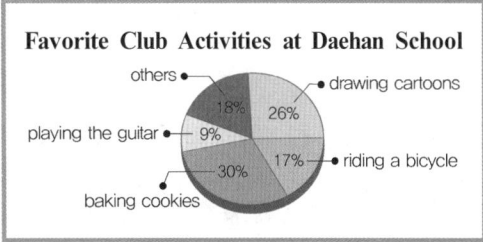

Favorite Club Activities at Daehan School

The most popular club activity among the students at Daehan school is _____.

① drawing cartoons
② riding a bicycle
③ baking cookies
④ playing the guitar

20 다음 글에서 David에 대해 언급된 내용이 <u>아닌</u> 것은?

> My name is David. I am good at painting. I want to be a famous artist like Vincent Van Gogh. My favorite painting is *The Starry Night*. Please visit my blog and check out my artwork.

① 잘하는 것
② 출신 학교
③ 장래 희망
④ 가장 좋아하는 그림

21 다음 밑줄 친 <u>It</u>이 가리키는 것으로 가장 적절한 것은?

> Bees are very helpful to humans. First, bees give us honey. Honey is a truly wonderful food. <u>It</u> is good for our health and tastes good. Second, bees help produce many fruits like apples and peaches.

① bird   ② honey
③ apple   ④ peach

22 수업 규칙으로 언급되지 <u>않은</u> 것은?

> ***Class Rules***
> • Help each other.
> • Take notes in class.
> • Bring your textbooks.

① 활동 시간 지키기
② 서로 도와주기
③ 수업 중 필기하기
④ 교과서 가져오기

23 다음 글의 주제로 가장 적절한 것은?

> Today, I will talk about what makes a good leader. First, a good leader is friendly and easy to talk to. Second, a good leader gives advice to people. Lastly, a good leader listens to others carefully.

① 조언의 필요성
② 좋은 리더의 특징
③ 아침 식사의 중요성
④ 운동을 해야 하는 이유

24 다음 편지의 목적으로 가장 적절한 것은?

> Thank you for inviting me to your home last Friday. I had a really good time and the food was great. The bulgogi was very delicious. Also, thank you for showing me how to cook tteokbokki.

① 감사
② 거절
③ 불평
④ 사과

25 다음 글의 바로 뒤에 이어질 내용으로 가장 적절한 것은?

> Smartphones can cause some health problems. One problem is dry eyes because we don't often blink when using smartphones. Another problem is neck pain. Looking down at one can cause neck pain. Here are some tips to solve these problems.

① 스마트폰 요금제를 선택하는 방법
② 스마트폰 종류별 특징과 수리 방법
③ 스마트폰을 저렴하게 구입하는 다양한 방법
④ 스마트폰 사용으로 인한 건강 문제 해결 방법

01 ㉠에 들어갈 내용으로 옳은 것은?

 ㉠ 는 적도를 기준으로 북쪽으로 북위 0°~90°, 남쪽으로 남위 0°~90°로 나타냅니다.

① 경도
② 위도
③ 랜드마크
④ 도로명 주소

02 ㉠에 들어갈 기후로 옳은 것은?

• 건조 기후는 연 강수량을 기준으로 ㉠ 와 스텝 기후로 구분한다.

• ㉠ 지역은 스텝 기후 지역보다 강수량이 적으며, 오아시스나 관개 수로를 이용해 밀, 대추야자 등을 재배한다.

① 사막 기후
② 툰드라 기후
③ 열대 우림 기후
④ 서안 해양성 기후

03 다음 설명에 해당하는 지형은?

석회암이 지하수에 녹으며 형성된 지형으로, 종유석, 석순, 석주 등이 나타난다.

① 갯벌
② 오름
③ 주상 절리
④ 석회동굴

04 다음 설명에 해당하는 자원의 특성은?

자원이 지구상에 고르게 분포하지 않고 일부 지역에 집중되어 분포하는 특성이다.

① 창의성
② 편재성
③ 학습성
④ 공유성

05 ㉠에 들어갈 내용으로 옳은 것은?

㉠ 은/는 여성 100명에 대한 남성의 수를 말한다. 일부 국가에서는 남아 선호 사상 등으로 인해 ㉠ 불균형의 문제가 발생하기도 한다.

① 관습
② 도덕
③ 문화
④ 성비

06 다음 설명에 해당하는 것은?

자신이 그 집단에 속해 있다는 소속감과 '우리'라는 공동체 의식이 강한 집단이다.

① 내집단
② 외집단
③ 역할 갈등
④ 역할 행동

07 다음 설명에 해당하는 정치 주체는?

> 이해관계를 같이하는 사람들이 자신들의 특수한 이익을 실현하기 위해 만든 단체이다.

① 개인
② 대통령
③ 감사원
④ 이익 집단

08 ㉠에 들어갈 내용으로 옳은 것은?

← 긴급 재난 문자

🔊 열대 지역 바다에서 발생한 ㉠ 이/가 한 반도로 북상 중입니다. 강풍과 폭우 피해에 유의하시기 바랍니다.

① 황사
② 가뭄
③ 태풍
④ 폭설

09 ㉠, ㉡에 해당하는 것으로 옳은 것은?

> 국가의 주권이 미치는 범위를 영역이라고 하며, ㉠ 와/과 영해의 수직 상공을 ㉡ (이)라고 한다.

	㉠	㉡
①	영토	영공
②	영공	영토
③	영토	배타적 경제 수역
④	영공	배타적 경제 수역

10 다음에서 설명하고 있는 것은?

> • 의미 : 한 개인이 자신이 속한 사회의 언어, 규범, 가치관 등을 배워 나가는 과정
> • 기능 : 자신만의 독특한 개성과 자아를 형성함.

① 선거
② 사회화
③ 심급 제도
④ 빈부 격차

11 ㉠, ㉡에 해당하는 것으로 옳은 것은?

> ㉠ 는 도시의 수나 면적, 그리고 도시 거주 인구가 증가하는 현상을 말해.

> 도시의 무분별한 팽창을 막고 녹지를 확보하기 위해 ㉡ 을 설정하기도 해.

	㉠	㉡
①	도시화	도심
②	인구 공동화	도심
③	도시화	개발 제한 구역
④	인구 공동화	개발 제한 구역

12 다음 설명에 해당하는 국가 기관은?

> 법을 해석하고 적용하여 분쟁을 해결해 주는 역할을 한다.

① 법원
② 국세청
③ 기상청
④ 금융 감독원

13 다음 설명에 해당하는 것은?

> 개인과 개인 사이에서 일어난 법률관계에 관한 다툼을 해결하기 위한 재판이다.

① 선거 재판　　② 행정 재판

③ 민사 재판　　④ 형사 재판

15 다음에서 설명하고 있는 제도는?

- 의미 : 국가 기관에서 선거 과정을 관리하고 선거 운동 비용의 일부를 국가와 지방 자치 단체가 부담하는 제도
- 목적 : 선거 운동의 과열과 부정 선거 방지, 후보자에게 선거 운동의 균등한 기회 보장

① 의원 내각제

② 주민 투표제

③ 선거 공영제

④ 주민 소환제

14 그래프와 같이 수요 곡선이 오른쪽으로 이동했을 때, 균형 가격과 균형 거래량의 변화로 옳은 것은? (단, 다른 조건은 일정함.)

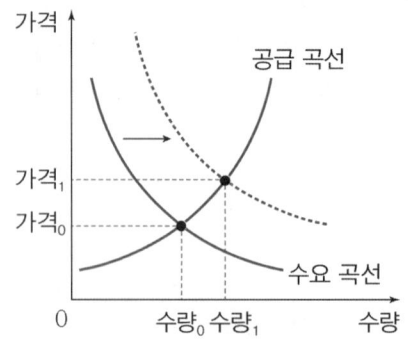

	균형 가격	균형 거래량
①	상승	감소
②	상승	증가
③	하락	감소
④	하락	증가

16 ㉠, ㉡에 들어갈 경제 활동으로 옳은 것은?

- (㉠) : 필요한 재화나 서비스를 만들어 내거나 그 가치를 높이는 활동
- (㉡) : 필요한 재화나 서비스를 구매하여 사용하는 활동

	㉠	㉡
①	소비	생산
②	분배	생산
③	생산	분배
④	생산	소비

17 다음에서 설명하는 유물이 처음으로 제작된 시대는?

만주와 한반도 지역의 비파형 동검은 중국식 동검과 모양이 다르고, 칼날과 손잡이를 따로 만들어 조립한 것이 특징이다.

비파형 동검

① 구석기 시대　② 신석기 시대

③ 청동기 시대　④ 철기 시대

18 다음 정책을 시행한 고구려의 왕은?

- 남진 정책을 추진함.
- 수도를 평양으로 옮김.
- 백제의 수도 한성을 함락함.

① 진흥왕　② 장수왕

③ 충선왕　④ 선덕여왕

19 다음 설명에 해당하는 고려 후기 정치 세력은?

- 명분과 도덕을 중시하는 성리학을 공부함.
- 공민왕의 개혁에 참여하며 정치 세력을 형성함.
- 대표적 인물 : 정몽주, 정도전 등

① 사림　② 진골

③ 6두품　④ 신진 사대부

20 밑줄 친 ㉠에 해당하는 나라는?

대조영이 세운 ㉠ 나라에 대해 알고 있니?

응, 9세기 전반에는 고구려의 옛 땅을 대부분 회복하고 전성기를 이루어 당으로부터 해동성국이라 불리었어.

① 발해　② 신라

③ 고조선　④ 후백제

21 ㉠에 들어갈 책으로 옳은 것은?

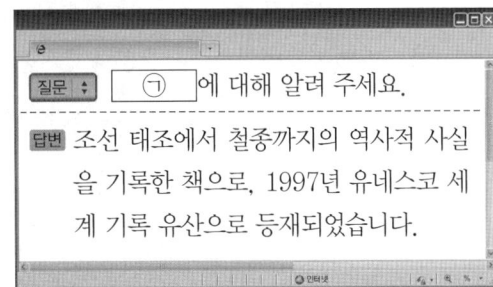

질문 ❖ ☐㉠☐ 에 대해 알려 주세요.

답변 조선 태조에서 철종까지의 역사적 사실을 기록한 책으로, 1997년 유네스코 세계 기록 유산으로 등재되었습니다.

① 농사직설　② 동의보감

③ 고려사절요　④ 조선왕조실록

22 다음 설명에 해당하는 민족 운동은?

- 일제 강점기 최대 규모의 민족 운동임.
- 대한민국 임시 정부 수립의 계기가 됨.

① 3·1 운동

② 새마을 운동

③ 국채 보상 운동

④ 물산 장려 운동

23 밑줄 친 ㉠에 해당하는 법은?

> 광해군 시기에 ㉠ 공납의 폐단을 극복하고 국가 재정을 확보하고자 경기도에서 처음 시행한 법이다. 집집마다 토산물을 납부하게 한 방식을 바꾸어 토지를 기준으로 하여 쌀로 납부하도록 하였다.

① 대동법
② 유신 헌법
③ 노비안검법
④ 국가 총동원법

24 ㉠에 들어갈 내용으로 옳은 것은?

> 〈수행 평가 계획서〉
> • 주제 : ㉠ 시기 이순신의 활약
> • 조사할 내용 – 한산도 대첩
>   – 옥포 해전

① 병자호란
② 신미양요
③ 임진왜란
④ 정묘호란

25 다음 설명에 해당하는 정부는?

> 분단 이후 최초로 남과 북의 정상이 평양에서 만나 6 · 15 남북 공동 선언을 발표하였다(2000년). 이 선언에서 남과 북은 경제, 문화 등 교류와 협력을 활성화하고 이산 가족 문제 등을 조속히 풀어 나가기로 합의하였다.

① 전두환 정부
② 노태우 정부
③ 김영삼 정부
④ 김대중 정부

01 그림의 용수철은 무게 1N의 추를 매달 때마다 1cm씩 늘어난다. 이 용수철에 추 A를 매달았더니 3cm 늘어났다. 추 A의 무게는?

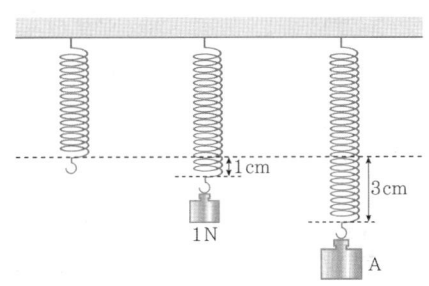

① 1N   ② 2N
③ 3N   ④ 4N

02 다음 중 가장 진동수가 큰 파동은?

①
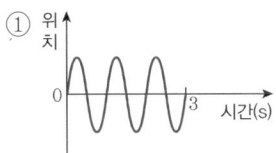

②
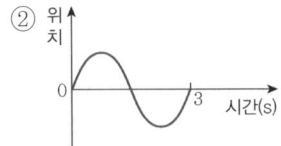

③
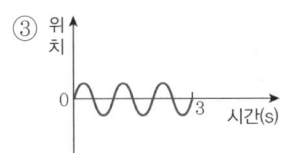

④
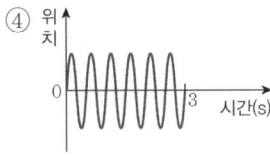

03 그림은 온도가 다른 두 물체 A와 B를 접촉시켜 놓았을 때 시간에 따른 온도 변화를 나타낸 것이다. 이에 대한 설명으로 옳은 것은? (단, 외부와의 열 출입은 없다.)

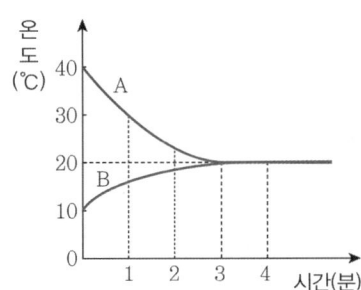

① 열평형 온도는 20℃이다.
② 1분일 때 열은 B에서 A로 이동한다.
③ 2분일 때 A의 온도는 B의 온도보다 낮다.
④ 열평형에 도달할 때까지 걸린 시간은 2분이다.

04 표는 가전제품의 소비 전력을 나타낸 것이다. 두 가전제품을 동시에 1시간 동안 사용했을 때 소비된 총 전기 에너지의 양은?

가전제품	소비 전력
선풍기	50W
텔레비전	100W

① 70Wh   ② 150Wh
③ 300Wh   ④ 600Wh

05 그림과 같이 A 지점에서 자유 낙하시킨 공이 B 지점을 지날 때 감소한 위치 에너지가 10J이었다면 증가한 운동 에너지의 크기는? (단, 공기 저항은 무시한다.)

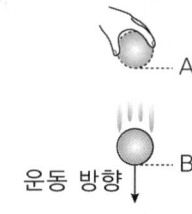

운동 방향

지면

① 1J   ② 5J

③ 10J   ④ 20J

06 그림은 밀폐된 주사기의 피스톤을 눌러 변화된 모습을 나타낸 것이다. 주사기 속 공기의 변화에 대한 설명으로 옳은 것은?

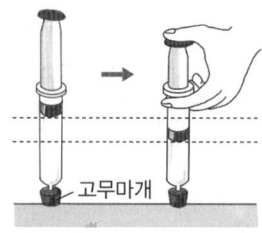

고무마개

① 질량이 증가한다.

② 부피가 줄어든다.

③ 입자 수가 증가한다.

④ 입자들 사이의 거리가 멀어진다.

07 다음 설명에 해당하는 물질의 상태 변화는?

> • 차가운 음료가 담긴 컵의 표면에 물방울이 맺힌다.
> • 추운 겨울날 실내에 들어가면 안경이 뿌옇게 흐려진다.

① 기화   ② 응고

③ 액화   ④ 융해

08 그림은 리튬 원자(Li)가 리튬 이온(Li^+)이 되는 과정을 모형으로 나타낸 것이다. 리튬 원자가 잃은 전자의 개수는?

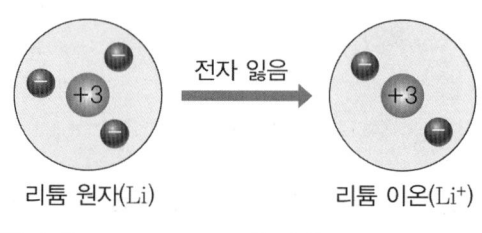

리튬 원자(Li)   리튬 이온(Li^+)

① 1개   ② 2개

③ 4개   ④ 8개

09 그림은 1기압에서 고체 팔미트산의 가열 시간에 따른 온도 변화를 나타낸 것이다. A~D 중 팔미트산의 녹는점에 해당하는 온도는?

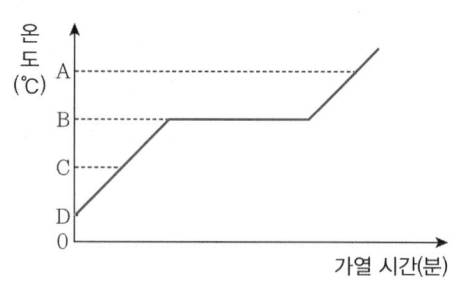

① A   ② B

③ C   ④ D

10 그림은 여러 물질을 컵에 넣었을 때의 모습을 나타낸 것이다. 물질이 뜨거나 가라앉는 까닭을 설명할 수 있는 물질의 특성은?

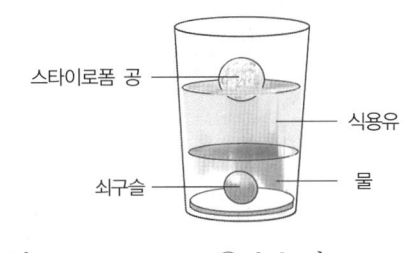

① 밀도
② 녹는점
③ 어는점
④ 끓는점

11 그림은 수증기(H_2O)를 생성하는 반응의 부피 모형과 화학 반응식을 나타낸 것이다. 수소(H_2) 기체 2L가 모두 반응할 때 생성되는 수증기(H_2O)의 부피는? (단, 온도와 압력은 일정하다.)

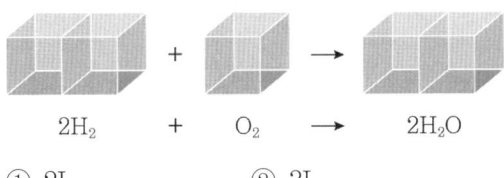

$$2H_2 + O_2 \rightarrow 2H_2O$$

① 2L
② 3L
③ 6L
④ 7L

12 그림은 생물을 5가지의 계로 분류한 것이다. 다음 중 식물계에 속하는 생물은?

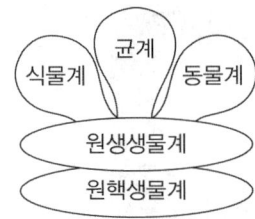

① 대장균
② 소나무
③ 아메바
④ 호랑이

13 그림은 검정말을 이용한 식물의 광합성 실험 장치를 나타낸 것이다. 광합성을 통해 검정말이 생성한 기체는?

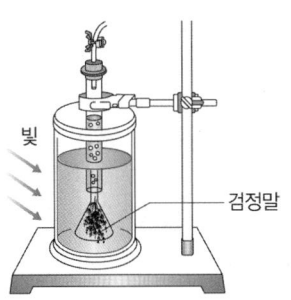

① 산소
② 수소
③ 염소
④ 이산화 탄소

14 다음 중 몸속에 침입한 세균을 잡아먹는 혈액의 성분은?

① 혈장
② 백혈구
③ 적혈구
④ 혈소판

15 그림은 사람의 소화 기관을 나타낸 것이다. A~D 중 이자액을 만들어 십이지장으로 분비하는 기관은?

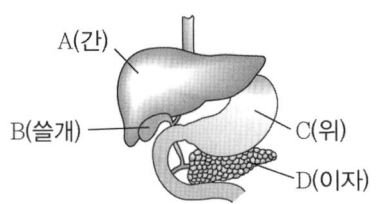

① A
② B
③ C
④ D

16 다음 중 사람의 배설계에 속하지 <u>않는</u> 기관은?

① 방광　　　　　② 심장

③ 콩팥　　　　　④ 오줌관

17 그림과 같이 순종의 황색 완두와 순종의 녹색 완두를 교배하였다. 이때 자손 1대에서 얻은 100개의 완두 중 황색 완두의 개수는? (단, 돌연변이는 없다.)

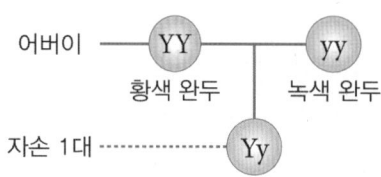

① 25개　　　　　② 50개

③ 75개　　　　　④ 100개

18 단세포 생물인 짚신벌레 1마리가 한 번의 체세포 분열을 마쳤다. 이때 짚신벌레의 개체 수는?

① 2마리　　　　　② 4마리

③ 6마리　　　　　④ 8마리

19 그림은 등속 운동을 하는 물체의 시간에 따른 속력을 나타낸 것이다. 이 물체가 0~4초 동안 이동한 거리는?

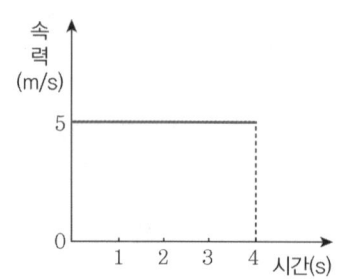

① 5m　　　　　② 10m

③ 20m　　　　　④ 40m

20 그림과 같이 광물에 묽은 염산을 떨어뜨려 거품이 발생하는 것으로 알 수 있는 광물의 특성은?

① 광택　　　　　② 굳기

③ 자성　　　　　④ 염산 반응

21 그림은 달의 공전을 나타낸 것이다. A 위치에서 관측할 때 (가)~(라) 중 보름달의 위치는?

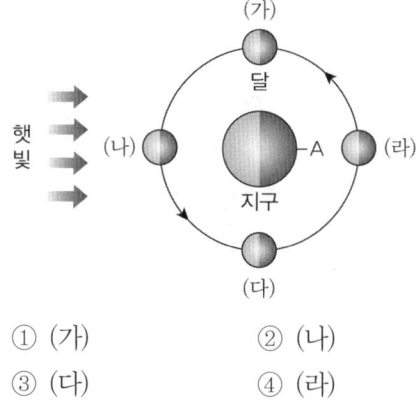

① (가)　　　　　② (나)

③ (다)　　　　　④ (라)

22 다음 설명에 해당하는 태양계의 행성은?

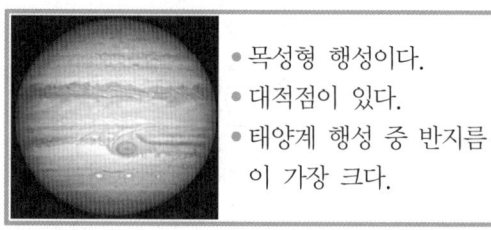

- 목성형 행성이다.
- 대적점이 있다.
- 태양계 행성 중 반지름이 가장 크다.

① 수성　　　　　② 금성

③ 목성　　　　　④ 토성

23 그림은 해수의 층상 구조를 나타낸 것이다. A~D의 해수에 대한 설명으로 옳은 것은?

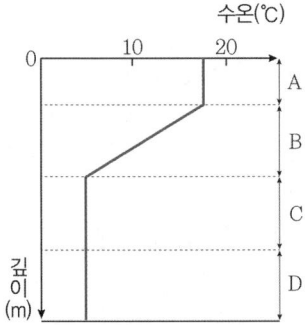

① A는 바람에 의해 혼합된다.
② B는 위아래로 잘 섞인다.
③ C의 수온이 가장 높다.
④ D에 도달하는 태양 에너지가 가장 많다.

25 표는 별 A~D의 겉보기 등급과 절대 등급을 나타낸 것이다. 지구로부터의 거리가 10pc에 있는 별은?

구분	겉보기 등급	절대 등급
A	1.0	−1.0
B	1.0	−2.0
C	1.0	1.0
D	1.0	2.0

① A   ② B
③ C   ④ D

24 그림의 A~D는 우리나라 주변의 기단을 나타낸 것이다. 다음 중 우리나라의 한여름 날씨에 주로 영향을 주는 고온 다습한 기단은?

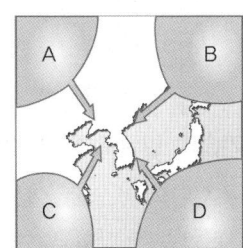

① A   ② B
③ C   ④ D

01 다음에서 설명하는 개념은?

> 인간으로서 마땅히 지켜야 할 도리를 의미한다.

① 도덕
② 도구
③ 욕구
④ 혐오

02 세대 간 갈등 해결을 위해 필요한 자세가 <u>아닌</u>것은?

① 공감
② 비난
③ 격려
④ 소통

03 다음에서 설명하는 개념은?

> 전 세계의 교류가 일상화되어 정치, 경제, 사회, 문화 등 여러 분야에서 서로 연결되는 현상

① 세계화
② 이질화
③ 분업화
④ 개인화

04 다음에서 설명하는 도덕 원리 검사 방법은?

> • 입장을 바꿔서 도덕 원리를 적용해 보는 것이다.
> • "친구를 괴롭혀도 괜찮다."라고 주장하는 학생에게 "그럼, 다른 친구가 너를 괴롭혀도 괜찮겠니?"라고 역할을 바꿔 묻는 방법이다.

① 사실 관계 검사
② 정보 원천 검사
③ 역할 교환 검사
④ 반증 사례 검사

05 과학 기술의 발달로 인한 문제점은?

① 교통수단의 발달로 이동 시간이 줄었다.
② 통신 기술의 발달로 연락이 편리해졌다.
③ 의료 기술의 발달로 건강이 증진되었다.
④ 촬영 장비의 발달로 불법 촬영이 증가했다.

06 ㉠에 들어갈 용어로 알맞은 것은?

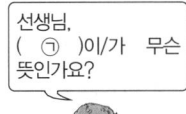
선생님, (㉠)이/가 무슨 뜻인가요?

그것은 인간이라면 누구나 소중한 존재로 대우받아야 한다는 뜻이야.

① 진로 탐색
② 인종 차별
③ 인간 존엄성
④ 집단 이기주의

07 부패 방지를 위한 노력으로 적절하지 <u>않은</u> 것은?

① 뇌물 수수를 허용한다.
② 청렴 교육을 실시한다.
③ 공익 신고자를 보호한다.
④ 부패에 대한 처벌을 강화한다.

08 ㉠에 들어갈 검색어로 옳은 것은?

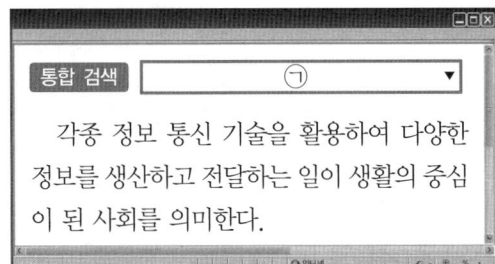
통합 검색 ㉠
각종 정보 통신 기술을 활용하여 다양한 정보를 생산하고 전달하는 일이 생활의 중심이 된 사회를 의미한다.

① 농업 사회
② 중세 사회
③ 산업화 사회
④ 정보화 사회

09 진정한 친구의 모습으로 알맞은 것은?

① 뒤에서 친구를 험담한다.
② 친구에게 무례하게 대한다.
③ 친구를 믿어주고 배려한다.
④ 친구의 나쁜 행동을 방관한다.

10 교사의 질문에 대한 대답으로 적절하지 <u>않은</u> 것은?

이웃 관계에서 필요한 도덕적 자세는 무엇일까요?

① 만나면 먼저 반갑게 인사해요.
② 무거운 짐을 들고 있을 때 도와줘요.
③ 밤늦은 시간에 시끄럽게 노래를 불러요.
④ 어려운 상황에 놓인 이웃을 위해 봉사해요.

11 폭력이 비도덕적인 이유는?

① 타인에게 고통을 주기 때문이다.
② 인간의 존엄성을 보장하기 때문이다.
③ 안전한 사회를 만들 수 있기 때문이다.
④ 타인의 자유를 존중할 수 있기 때문이다.

12 평화적 갈등 해결 방법으로 옳지 <u>않은</u> 것은?

① 협상　　　　② 조정

③ 폭력　　　　④ 중재

13 ㉠에 들어갈 용어로 옳은 것은?

> 정의로운 사회란 공정한 사회 규칙이나 제도를 마련하여 사회 구성원을 (㉠) 없이 대우하는 사회를 뜻한다.

① 배려　　　　② 존중

③ 차별　　　　④ 책임

14 다음에서 설명하는 용어로 옳은 것은?

> • 부모에 대한 자녀의 도리
> • 부모를 공경하고 사랑하는 것

① 효도　　　　② 절약

③ 청결　　　　④ 우애

15 ㉠에 들어갈 용어로 옳은 것은?

> 탐구 주제 : (　㉠　) 실천 방법 찾기
> 발표 내용
> • 1모둠 : 길거리의 꽃을 함부로 꺾지 않는다.
> • 2모둠 : 타인의 생명을 하찮게 여기는 말을 하지 않는다.
> • 3모둠 : 자신을 사랑하고 자신의 몸이 다치지 않도록 조심한다.

① 환경오염　　　　② 고정관념

③ 유언비어　　　　④ 생명 존중

16 공정한 경쟁이 필요한 이유로 옳은 것을 〈보기〉에서 고른 것은?

> ┤ 보기 ├
> ㄱ. 개인과 사회 전체의 발전을 위해
> ㄴ. 안정된 사회 질서를 무너뜨리기 위해
> ㄷ. 서로 신뢰할 수 있는 사회를 만들기 위해
> ㄹ. 부유한 사람에게 더 유리한 기회를 주기 위해

① ㄱ, ㄴ　　　　② ㄱ, ㄷ

③ ㄴ, ㄹ　　　　④ ㄷ, ㄹ

17 ㉠에 공통으로 들어갈 용어로 적절한 것은?

> **발표 주제 : 생태 중심주의**
> 인간도 (㉠)의 일부분입니다. (㉠)은/는 모든 생명체가 서로 영향을 주고받으며 함께 살아가는 거대한 생태계입니다.

① 기계　　　　② 학문

③ 기술　　　　④ 자연

18 통일 한국의 바람직한 모습으로 적절한 것은?

① 세계 평화를 위협해야 한다.

② 국민의 인권을 보장해야 한다.

③ 보편적 가치를 무시해야 한다.

④ 문화적으로 폐쇄된 국가여야 한다.

19 환경 친화적 소비 생활의 모습으로 적절하지 <u>않</u>은 것은?

① 물건 과대 포장하기

② 먹을 만큼만 주문하기

③ 친환경 마크 제품 구매하기

④ 일회용 컵 대신 개인 컵 사용하기

20 ㉠에 공통으로 들어갈 용어로 적절한 것은?

> (㉠)(이)란 자신의 생각과 의지대로 살아 갈 수 있는 권리이다. 국가는 (㉠)을/를 보장해야 한다. 국민들은 직업이나 종교 등 삶의 방식을 스스로 선택할 수 있어야 한다.

① 명상　　　　　② 자유

③ 지식　　　　　④ 방관

21 다음 대화 중 양심에 대한 설명으로 옳지 <u>않</u>은 것은?

① 학생 1　　　　② 학생 2

③ 학생 3　　　　④ 학생 4

22 삶의 목적을 설정해야 하는 이유로 옳지 <u>않</u>은 것은?

① 자신의 삶을 의미 있게 살기 위해

② 자신의 행동에 대한 책임을 지지 않기 위해

③ 삶 속에서 부딪히는 어려움을 극복해 내기 위해

④ 외부의 유혹에도 흔들리지 않는 삶을 살기 위해

23 다음 강연자가 설명하는 사회는?

> 이 사회는 서로 다른 생활 양식을 가진 사람들이 함께 살면서 다양한 문화가 공존하는 사회입니다.

① 독재 사회　　　② 다문화 사회

③ 이기주의 사회　④ 물질주의 사회

24 다음에서 설명하는 개념은?

> 도덕적으로 옳다고 여기는 것을 굳게 믿고, 그것을 실천하려는 의지

① 이기심　　　　② 무관심

③ 비도덕성　　　④ 도덕적 신념

25 ㉠에 들어갈 용어로 가장 적절한 것은?

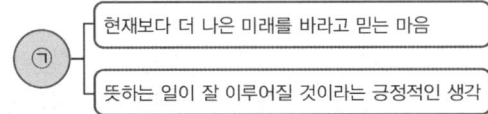

㉠ — 현재보다 더 나은 미래를 바라고 믿는 마음

㉠ — 뜻하는 일이 잘 이루어질 것이라는 긍정적인 생각

① 고통　　　　　② 한계

③ 분노　　　　　④ 희망

국어 2023년 제1회

01	②	02	②	03	④	04	④	05	①
06	③	07	④	08	④	09	②	10	④
11	③	12	②	13	④	14	①	15	①
16	①	17	②	18	②	19	③	20	②
21	②	22	③	23	③	24	②	25	①

01 정답 ②
"그러니 바자회에 참가하는 게 좋지 않겠니?"는 표면적으로 대답을 요구하는 의문문의 형태를 띠고 있지만, 문장의 의도는 바자회에 참가하도록 설득하려는 것이다.

02 정답 ②
공감하며 말하기란 상대방의 감정을 깊이 있게 이해하고 상대방의 관점에서 문제를 바라보며 협력적으로 소통하는 말하기이다. 상대방의 감정을 재진술하거나, 상대방의 말에 반응하기, 공감을 형성할 수 있는 자신의 경험을 공유하는 방법 등을 사용할 수 있다.

03 정답 ④
글에서 제시하는 언어의 특성은 "언어의 역사성"이다.
④ 언어의 자의성

오답 피하기
① 언어의 역사성 – 시간의 흐름에 따라 새로 생긴 말
② 언어의 역사성 – 시간의 흐름에 따라 소리나 뜻이 변한 말
③ 언어의 역사성 – 시간의 흐름에 따라 사라진 말

04 정답 ④
우리말 모음은 크게 두 가지로 나뉠 수 있다.
발음할 때 입술이나 혀가 고정된 채 소리가 나는 단모음(ㅏ, ㅐ, ㅓ, ㅔ, ㅗ, ㅚ, ㅜ, ㅟ, ㅡ, ㅣ)과 발음할 때 입술 모양이나 혀의 위치가 바뀌면서 발음되는 이중 모

음(ㅑ, ㅒ, ㅕ, ㅖ, ㅘ, ㅙ, ㅛ, ㅝ, ㅞ, ㅠ, ㅢ)이다.

05 정답 ①
겹받침 'ㄼ'은 어말 또는 자음 앞에서 [ㄹ]로 발음한다. 따라서 "넓다"는 [널따]로 발음해야 한다.

06 정답 ③
"파랗다, 예쁘다, 즐겁다"의 품사는 대상의 상태나 성질을 나타내는 형용사이다.
③ 형용사

오답 피하기
① 명사
② 동사
④ 감탄사

07 정답 ④
"하얀"은 뒤에 오는 "꽃잎이(체언)"를 수식하고 있다.
체언 앞에서 이를 꾸며 주는 역할을 하는 말을 관형어라 한다.
④ 관형어

오답 피하기
① 부사어 – 주로 용언을 꾸며 주는 말
② 목적어 – 서술어의 동작이나 행위의 대상이 되는 말
③ 보어 – 서술어 '되다/아니다' 앞에서 서술어를 보충해주는 말

08 정답 ④
④ 그가 배낭을 메고 공원에 간다. – '어깨에 걸치거나 올려놓다.'의 뜻은 '메다'를 쓴다.

오답 피하기
① 어서 오십시오. – 종결형에서 사용되는 어미 '-오'는 '요'로 소리 나는 경우가 있더라도 그 원형을 밝혀 '오'로 적는다.

② 손을 깨끗이 씻자. – 받침 'ㅅ'으로 끝나는 말 뒤에는 부사형 접사 '이'를 붙인다.

③ 나는 며칠 동안 책만 읽었다. – '몇 날 또는 '그달의 몇째 되는 날'이라는 뜻을 가진 단어는 '며칠'이다. '몇 일'로 적는 경우는 없다.

09 정답 ②

'힘없는 강아지 소리'는 효과음으로 나타낼 수 있다.

② **효과음** : 영상물의 생생함을 살리기 위해 더해지는 대사 이외의 소리

오답 피하기

① 대사 : 인물과 인물 간에 주고받는 말이나, 인물 혼자서 하는 말이다.

③ 내레이션 : 화면 밖에서 들리는 설명 형식의 대사

10 정답 ④

본문에 사용된 "절대"는 부정적인 표현과 호응한다. '결코'도 부정적인 표현과 호응한다.

문장은 긍정적인 의미를 지니고 있으므로 "처음에는 반대하셨던 엄마도 결국 허락해 주셨고"로 고치는 것이 적절하다.

11 정답 ③

이 글은 '나'라는 주인공이 자신의 이야기를 서술하는 1인칭 주인공 시점이다.

12 정답 ③

"카메라에 비친 내 모습이 실제보다 못해 억울하고 섭섭한 거였다."라는 부분을 통해 영상 속 자신의 모습이 마음에 들지 않았다는 것을 알 수 있다.

13 정답 ④

감상의 내용은 작품 속 등장인물과 비슷한 경험을 한 것을 바탕으로 등장인물의 심리를 이해하고 있는 내용이다.

14 정답 ①

① 색채 대비는 드러나 있지 않다.

오답 피하기

② 절망적인 현실 상황을 '길이 끝나는 곳'이라고 빗대어 표현하고 있다.

③ '~ 사람이 있다'라는 비슷한 문장 구조를 반복하여 의미를 강조하고 있다.

④ '~ 사람이 있다'라는 단정적인 어조를 통해 절망 속에서도 희망을 잃지 않는 사람이 있다는 강한 믿음을 드러내고 있다.

15 정답 ①

㉠은 절망적인 상황에서도 희망을 잃지 않는 모습을 의미하고 ㉡, ㉢, ㉣은 절망적인 상황을 말한다.

16 정답 ①

제시된 내용은 '역설법'에 대한 설명이다.

① 역설법 – 겉으로는 뜻이 모순되고 이치에 맞지 않는 것 같지만, 그 속에 진리를 담고 있는 표현

오답 피하기

② 직유법 – '~처럼, ~인 듯' 등의 말을 사용하여 원관념과 보조관념을 직접 연결하여 빗대는 방법

③ 은유법 – 'A는 B이다' 형식으로 원관념을 보조관념에 빗대어 표현하는 방법

④ 설의법 – 평서문으로 끝날 내용을 의문형으로 변화시킨 표현

17 정답 ②

"당신은 평생 과거도 보러 가지 않으면서 대체 글은 읽어 뭘 하시렵니까?"라는 아내의 말을 통해 허생이 과거 시험을 보지 않았음을 알 수 있다.

18 정답 ②

허생이 무능하게 글만 읽고, 집안의 어려움에는 관심을 두지 않자 아내는 허생에게 화를 내었다.

19 정답 ③

만 냥으로 과일을 독점하여 처음 값의 열 배를 받고 과일을 되팔았다는 것은 나라의 경제 구조가 취약하다는 의미이다.

20 정답 ②

이 글에서 제시하는 중국 신장의 요구르트, 스페인 랑하론의 하몬, 우리나라 구례 양동 마을의 된장들은 모두 발효 식품이다. 이 글은 발효 식품의 우수성을 설명하는 글이다.

21 정답 ②

발효와 부패의 차이점을 들어 설명하고 있으므로 '대조'의 설명 방법을 사용하고 있다.

② 대조 : 두 가지 대상의 차이점을 들어 설명하는 방법

오답 피하기

① 과정 : 어떤 결과를 가져오게 하는 일련의 행동, 변화, 작용 등에 초점을 맞추어 글을 전개하는 방법

③ 예시 : 예를 들어 설명하는 방법

④ 정의 : 'A는 B이다'와 같이 사물의 의미를 밝히는 방법

22 정답 ③

③ 그렇다면 : '앞에서 제시한 내용과 같다면'의 의미를 나타냄.

오답 피하기

① 그래도 : 뒤 문장의 내용이 앞 문장을 양보한 사실과는 상관이 없음을 나타내는 말

② 그러나 : 서로 반대되는 내용을 이어 주는 말

④ 왜냐하면 : 두 문장이 원인과 결과의 관계일 때 내용을 이어 주는 말

23 정답 ③

이 글은 기후 변화라는 중요한 문제를 인식하고 자원을 아껴 사용하자는 주장을 담고 있는 글로 논설문이다. 논설문은 글쓴이의 주장과 근거를 중심으로 내용을 파악하며 주장과 근거의 타당성을 파악하며 읽어야 한다.

24 정답 ②

이 글은 에너지 자원을 낭비하고 있는 상황에 대해 지적하며, 에너지 사용량을 줄이자고 주장하고 있는 글이다. 따라서 에너지 사용에 관한 내용이 제시되어야 한다.

25 정답 ①

글쓴이는 기후 변화에 대한 문제와 위험성을 인식하고, 지구의 자원을 아껴 사용하며, 지속적으로 발전할 수 있는 녹색 성장을 준비하자고 주장하고 있다.

수학 2023년 제1회

01	③	02	③	03	③	04	②	05	④
06	④	07	④	08	③	09	①	10	①
11	③	12	②	13	①	14	④	15	②
16	①	17	④	18	②	19	②	20	③

01 정답 ③

| 풀이 |

54를 소인수분해하면 $2 \times 3 \times 3 \times 3$이고, 같은 수의 곱을 거듭제곱을 이용하여 나타내면, 2×3^3이 된다.

따라서 정답은 ③이다.

오답 피하기

① 2×3^2을 계산하면 18이다.

② $2^2 \times 3^2$을 계산하면 36이다.

④ $2^2 \times 3^3$을 계산하면 108이다.

| 참고 | 거듭제곱

같은 수 또는 문자를 여러 번 곱할 때, 거듭제곱을 이용하여 나타낸다. 이때, 밑은 곱하여 지는 수, 지수는 곱한 횟수를 뜻한다.

예 $3 \times 3 \times 3 \times 3 = 3^4$ ← 지수
밑 →

02 정답 ③

| 풀이 |

음수는 절댓값이 클수록 작은 수이고, 양수는 절댓값이 클수록 큰 수이다. 또한 항상 '(음수) < 0 < (양수)'이다.

따라서 주어진 수를 작은 수부터 차례로 나열하면,

-7, -1, $\frac{1}{2}$, 1, 3이므로, 넷째 수는 1이다.

따라서 정답은 ③이다.

03 정답 ③

| 풀이 |

$a = 2$를 $3a + 1$에 대입하면 식의 값을 구할 수 있다.

$3a + 1 = 3 \times a + 1$이므로 $a = 2$를 대입하면,

$3a + 1 = 3 \times (2) + 1 = 6 + 1 = 7$이다.

따라서 정답은 ③이다.

| 참고 | 식의 값 구하기

문자를 사용한 식에서 문자에 수를 대입하여 계산한 결과를 그 식의 값이라고 한다.

❶ 생략된 곱셈 기호가 있는 식의 경우 곱셈 기호를 다시 쓴다.

❷ 문자에 주어진 수를 대입하여 계산한다.

(대입 : 문자를 사용한 식에서 문자 대신 수를 넣는 것을 문자에 수를 대입한다고 한다.)

04 정답 ②

| 풀이 |

일차방정식의 풀이는 다음과 같은 순서로 계산한다.

$4x - 4 = x + 2$　← 우변의 x를 좌변으로, 좌변의 -4를 우변으로 이항

$4x - x = 2 + 4$　← 동류항끼리 정리한다.

$(4-1)x = 6$

$3x = 6$　← 양변을 3으로 나눈다.

$\therefore x = 2$

따라서 정답은 ②이다.

| 참고 | 일차방정식의 풀이

$$(일차식) = 0 \xrightarrow[\text{등식의 성질}]{\text{이항}} x = (수)$$

❶ 일차항은 좌변, 상수항은 우변으로 각각 이항하여 정리한다.

❷ 등식의 양변을 간단히 하여 $ax = b$ $(a \neq 0)$의 꼴로 만든다.

❸ 등식의 양변을 x의 계수 a로 나눈다.

05 정답 ④

| 풀이 |

점 A, B, C, D의 좌표를 각각 읽으면,

$A(2, 3)$, $B(-3, 2)$, $C(-3, -2)$, $D(2, -3)$이다.

따라서 정답은 ④이다.

좌표평면 위의 한 점 P에서 x축, y축에 각각 수선을 긋고 이 수선이 x축, y축과 만나는 점에 대응하는 수를 각각 a, b라고 할 때, 순서쌍 (a, b)를 점 P의 좌표라 하고, 이것을 기호로 $P(a, b)$와 같이 나타낸다.

이때, a를 점 P의 x좌표, b를 점 P의 y좌표라 한다.

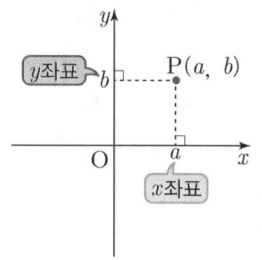

06 정답 ④

| 풀이 |

두 직선이 평행하면 동위각의 크기가 같으므로,
다음 그림과 같이 x의 맞꼭지각의 크기는 60°이다.

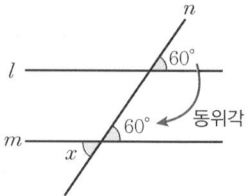

맞꼭지각의 크기가 같음을 이용하면,
$\angle x = 60°$
따라서 정답은 ④이다.

07 정답 ④

| 풀이 |

주어진 줄기와 잎 그림에서 윗몸 일으키기 기록이 40회 이상인 자료는 줄기가 4와 5인 자료들을 읽으면 되며, 45, 47, 49, 49, 53, 56, 59로 7개이다.
따라서 윗몸 일으키기 기록이 40회 이상인 학생의 수는 7명이다.
따라서 정답은 ④이다.

08 정답 ③

| 풀이 |

순환소수를 분수로 바꾸는 공식을 이용하면,

$$\frac{분자}{분모} = \frac{전체의\ 수 - 순환하지\ 않는\ 부분}{순환마디\ 9,\ 순환하지\ 않는\ 자리만큼\ 0을\ 쓴다.}$$

$0.\dot{5}$는 순환마디가 5 한 자리이므로 분모는 9이고, 분자는 전체의 수가 5이고, 순환하지 않는 부분이 없으므로 $5 - 0 = 5$이다. 그러므로

$$0.\dot{5} = \frac{전체의\ 수 - 순환하지\ 않는\ 부분}{순환마디\ 9,\ 순환하지\ 않는\ 자리만큼\ 0을\ 쓴다.} = \frac{5}{9}$$

따라서 정답은 ③이다.

| 다른 풀이 |

$0.\dot{5}$를 x라고 하면 $x = 0.5555\cdots$ ➡ ㉠
㉠의 양변에 10을 곱하면
$10 \times x = 10 \times 0.5555\cdots$
$10x = 5.555\cdots$ ➡ ㉡
㉡에서 ㉠을 변끼리 빼면
$9x = 5$ 그러므로 $x = \dfrac{5}{9}$이다.

$\therefore\ 0.\dot{5} = \dfrac{5}{9}$

09 정답 ①

| 풀이 |

지수법칙 $a^n \times a^m = a^{n+m}$을 이용하여 풀 수 있다.
$a^2 \times a^2 \times a^3 = a^{2+2+3} = a^7$
따라서 정답은 ①이다.

| 다른 풀이 |

$a^2 = a \times a$이고, $a^3 = a \times a \times a$이다.
그러므로
$a^2 \times a^2 \times a^3 = (a \times a) \times (a \times a) \times (a \times a \times a)$이다.
a가 7번 곱해져 있으므로, 거듭제곱의 성질에 의해 a^7으로 표현할 수 있다.

| 참고 |

같은 수나 문자를 여러 번 곱한 것을 간단히 나타낸 것을 거듭제곱이라고 한다.

❶ 2^2, 2^3, 2^4, …을 모두 2의 거듭제곱이라고 한다.

❷ 2^2, 2^3, 2^4, …에서 곱하는 수 2를 거듭제곱의 밑이라 하고, 곱한 횟수 2, 3, 4 …를 지수라고 한다.

$$2^4 \begin{array}{l} \leftarrow \text{지수} \\ \leftarrow \text{밑} \end{array}$$

10 정답 ①

| 풀이 |

700원인 공책을 1권 구입하면 700×1
       2권 구입하면 700×2
       ⋮   ⋮
       x권 구입하면 $700 \times x$이므로,

'한 권에 700원인 공책 x권의 가격이 3500원 이상이다.' 를 식으로 나타내면

$700 \times x \geq 3500$

→ $700x \geq 3500$

따라서 정답은 ①이다.

| 참고 |

a는 b 이상이다. → $a \geq b$

a는 b 이하이다. → $a \leq b$

a는 b 초과이다. → $a > b$

a는 b 미만이다. → $a < b$

11 정답 ③

| 풀이 |

$y = 2x + k$에서 k는 y절편을 뜻한다.

y절편이란 그래프가 y축과 만나는 점의 y좌표를 뜻하므로, $k = 4$임을 알 수 있다.

따라서 정답은 ③이다.

| 참고 | 일차함수

일차함수 $y = ax + b$에서 x의 계수인 a를 일차함수의 기울기라 하고, 상수항 b를 y절편이라 한다.

$$y = ax + b$$

기울기 y절편

12 정답 ②

| 풀이 |

이등변삼각형의 꼭지각의 이등분선은 밑변을 수직 이등분한다.

그러므로 $\overline{BD} = \overline{CD}$이고, $\overline{BC} = 10\text{cm}$이므로,

$\overline{BD} = \overline{CD} = 5\text{cm}$이다.

따라서 정답은 ②이다.

| 참고 |

$\angle BAD = \angle CAD$

$\overline{AD}$는 공통

$\overline{AB} = \overline{AC}$이므로,

$\triangle ABD \equiv \triangle ACD$(SAS합동)

따라서, $\overline{BD} = \overline{CD}$이다.

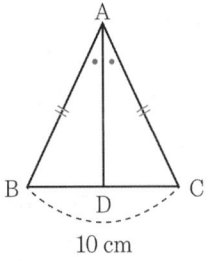

13 정답 ①

| 풀이 |

두 원기둥이 서로 닮음이므로 대응변의 길이의 비는 항상 일정하며, 그 대응변의 비를 닮음비라 한다.

따라서 (A의 밑면의 반지름) : (B의 밑면의 반지름)$= 2 : 3$ 이므로 두 원기둥의 닮음비는 $2 : 3$이 된다.

이때, 원기둥 B의 높이를 x라 하면,

$2 : 3 = 4 : x$

(외항과 내항의 곱이 같음을 이용하여 정리하면)

➜ $2x = 12$

➜ $x = 6$

따라서 정답은 ①이다.

| 참고 | 닮음비

닮음도형의 대응하는 변의 길이의 비는 일정하고, 대응하는 각의 크기는 각각 같다. 이때, 일정한 길이의 비를 닮음비라 한다.

14 정답 ④

| 풀이 |

주머니의 모든 공은 1부터 10까지이므로, 주머니에서 공 한 개를 꺼내는 전체 경우의 수는 10가지이고, 주머니에서 한 개의 공을 꺼낼 때 공에 적힌 수가 짝수인 경우는 2, 4, 6, 8, 10의 5가지이다.

(확률)$= \dfrac{(사건의\ 경우의\ 수)}{(전체\ 경우의\ 수)}$ 이므로

(짝수가 적힌 공이 나올 확률)$= \dfrac{5}{10} = \dfrac{1}{2}$ 이다.

따라서 정답은 ④이다.

| 참고 | 확률

(사건 A가 일어날 확률) $= \dfrac{(사건\ A가\ 일어나는\ 경우의\ 수)}{(모든\ 경우의\ 수)}$

15 정답 ②

| 풀이 |

$\sqrt{8} = \sqrt{4 \times 2} = \sqrt{4} \times \sqrt{2} = \sqrt{2^2} \times \sqrt{2} = 2\sqrt{2}$

따라서 정답은 ②이다.

| 참고 |

$a > 0$, $b > 0$일 때,

$\sqrt{ab} = \sqrt{a} \times \sqrt{b}$ 이고, $\sqrt{a^2} = a$ 이다.

16 정답 ①

| 풀이 |

두 수의 합과 곱을 이용하여 이차방정식을 인수분해하면,

곱이 6인 수	합이 -5
1, 6	$\times$
2, 3	$\times$
$-1, -6$	$\times$
$-2, -3$	$\bigcirc$

$x^2 - 5x + 6 = 0$ ➜ $(x-2)(x-3) = 0$

$AB = 0$이면 $A = 0$ 또는 $B = 0$에 의해

➜ $x - 2 = 0$ 또는 $x - 3 = 0$

그러므로 이차방정식의 해는 $x = 2$ 또는 $x = 3$이다.

따라서 정답은 ①이다.

| 다른 풀이 |

멜빵공식을 이용하여 인수분해하면 다음과 같다.

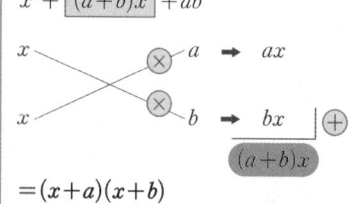

$= (x-2)(x-3)$

| 참고 | 인수분해를 이용하여 이차방정식의 해 구하기

$$AB = 0 \quad ➜ \quad A = 0 \text{ 또는 } B = 0$$

멜빵공식

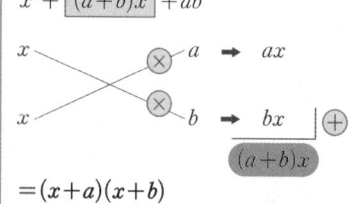

$= (x+a)(x+b)$

17 정답 ④

| 풀이 |

① 아래로 볼록이다.

　➜ 이차항의 계수가 음수이므로 위로 볼록하다.

② 점 $(0, 2)$를 지난다.

　➜ 그래프는 점 $(0, 2)$를 지나지 않는다.

③ 직선 $x = 0$을 축으로 한다.

　➜ 축의 방정식은 $x = 1$이다.

④ 꼭짓점의 좌표는 $(1, 1)$이다.

　➜ 꼭짓점의 좌표는 $(1, 1)$이므로 옳은 설명이다.

따라서 정답은 ④이다.

18 정답 ②

| 풀이 |

$\tan B = \dfrac{(높이)}{(밑변)}$ 이므로, $\tan B = \dfrac{\overline{AC}}{\overline{BC}} = \dfrac{3}{4}$ 이다.

따라서 정답은 ②이다.

| 참고 |

$\angle C = 90°$인 직각삼각형 ABC에서 $\angle B$의 크기가 정해지면 직각삼각형의 크기에 관계없이

$\dfrac{\overline{AC}}{\overline{AB}}$, $\dfrac{\overline{BC}}{\overline{AB}}$, $\dfrac{\overline{AC}}{\overline{BC}}$의 값은 항상 일정하다.

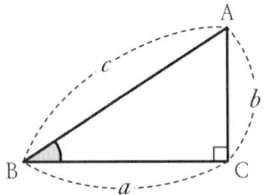

➜ $\sin B = \dfrac{b}{c}$, $\cos B = \dfrac{a}{c}$, $\tan B = \dfrac{b}{a}$

---

19 정답 ②

| 풀이 |

한 호에 대한 중심각의 크기는 원주각의 크기의 2배이다. 즉, 원 O에서 호 AB의 중심각 $\angle AOB$는 원주각 $\angle APB$의 2배이다.

∴ $2 \times \angle APB = 80°$

➜ $\angle APB = 40°$

따라서 정답은 ②이다.

| 참고 |

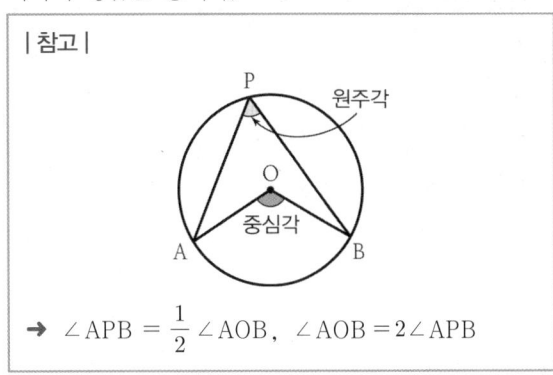

➜ $\angle APB = \dfrac{1}{2} \angle AOB$, $\angle AOB = 2\angle APB$

---

20 정답 ③

| 풀이 |

중앙값이란 자료를 크기대로 나열하였을 때, 중앙에 위치한 값을 말한다.

문제의 자료를 크기대로 나열하면, 0, 1, 2, 3, 3이 되고, 자료의 개수가 5개이므로 3번째의 수가 중앙에 위치한 값이므로 중앙값은 3번째 수인 2가 된다.

그러므로 중앙값은 2(권)이다.

따라서 정답은 ③이다.

01	④	02	③	03	③	04	③	05	①
06	①	07	③	08	②	09	②	10	④
11	③	12	①	13	①	14	④	15	④
16	②	17	③	18	④	19	③	20	②
21	②	22	①	23	②	24	①	25	④

01 정답 ④
해석 내 여동생은 정말 재미있다. 그녀는 나를 많이 웃게
만든다.
어휘 • funny 우스운, 재미있는
• laugh 웃다
• a lot 많이

02 정답 ③
해석 ① 합격하다 – 실패하다
② 앉다 – 서다
③ 말하다 – 말하다
④ 시작하다 – 끝내다
해설 ①·②·④ '반의어 관계', ③ '동의어 관계'이다.

03 정답 ③
해석 Mr. Kim은 작년에 내 한국어 선생님이셨다.
해설 last year 작년으로 과거이므로 is가 아닌 was를
사용하는 것이 적절하다.

04 정답 ③
해석 비가 오고 있었다. 그래서 나는 우산을 가져갔다.
어휘 • take – took 가져가다
• umbrella 우산

05 정답 ①
해석 A : 넌 학교에 왜 지각을 했니?
B : 버스를 놓쳤어요.
어휘 • be late for ~에 지각하다
• miss 놓치다
해설 Why 이유를 묻고 Because로 답하는 것이 적절하다.

06 정답 ①
해석 A : 몸이 안 좋아. 내 생각에 나 감기인 것 같아.
B : ① 너무 안됐다.
② 그래, 나도 좋아.
③ 천만에요.
④ 도와주셔서 고맙습니다.
해설 감기라는 소리에 너무 안타까워하는 ①의 대답이
적절하다.

07 정답 ③
해석 • 몇몇 가게는 일요일마다 문을 닫는다.
• 내 학교는 우체국에서 매우 가깝다.
해설 close는 동사로 '닫다', 형용사로 '가까운'의 의미로
빈칸에 공통으로 들어갈 말로 적절하다.

08 정답 ②
해석 A : 실례합니다, 도서관에 어떻게 갈 수 있을까요?
B : 두 블록 직진하셔서 우회전하세요. 당신의 왼쪽에
있을 겁니다.
A : 고맙습니다.
어휘 • get to 가다
• library 도서관
• go straight 직진하다
• turn right 우회전하다
• left 왼쪽
해설 두 블록 직진 후 우회전해서 왼쪽에 있는 건물은
②이다.

09 정답 ②
해석 A : 그 소년은 무엇을 하고 있는 중이니?
B : 그는 사진을 찍고 있는 중이야.
어휘 • take a picture 사진을 찍다

10 정답 ④
해석 A : 넌 운동회에 무엇을 할 예정이니?
B : 난 축구를 할 거야.
A : 나도 그래. 난 그것이 너무 기대가 돼.
B : 행운을 빌어. 우리 최선을 다하자.

어휘 • sports day 운동회

• play soccer 축구를 하다

• look forward to ~을 기대하다

• do one's best 최선을 다하다

11 정답 ③

해석 A : 제인, 학교 유니폼이 마음에 드니?

　　B : ③ 아니, 난 그것이 마음에 안 들어.

　　A : 왜 마음에 안 들어?

　　B : 색이 마음에 안 들어.

　　① 응, 정말 마음에 들어.

　　② 너 정말 잘 됐다.

　　④ 네 점심은 네가 가져와야 해.

어휘 • be happy with ~이 마음에 들다

• uniform 교복

• bring 가져오다

12 정답 ①

해석 A : 아빠 생일이 오고 있어. 아빠를 위해 무엇을 사드릴까?

　　B : 좋은 넥타이는 어때?

　　A : 좋은 생각이야. 아빠에게 넥타이가 필요할 것 같아.

어휘 • birthday 생일

• get 사주다

• tie 넥타이

• need 필요하다

13 정답 ①

해석 시 도서관 북 캠프

　　날짜 : 2023년 5월 6일 (토요일)

　　시간 : 오전 9시 ‒ 오전 11시

　　장소 : 시 도서관

　　활동 : 책에 관해 이야기하기, 작가 만나기

어휘 • activity 활동

• author 작가

해설 참가 인원은 나와 있지 않다.

14 정답 ④

해석 여러분, 좋은 아침입니다. 저는 여러분에게 화재 시 몇 가지 팁을 드리고 싶습니다. 꼭 입을 젖은 천으로 덮어 가리세요. 또한, 승강기 대신 계단을 이용하세요.

어휘 • would like to ~하고 싶다

• safety tip 안전 수칙

• in case of ~하는 경우에

• make sure 꼭 ~하다

• cover 덮다

• wet 젖은

• cloth 천

• stair 계단

• instead of ~ 대신에

• elevator 승강기, 엘리베이터

15 정답 ④

해석 A : 우리 내일 회의 시간을 바꿀 필요가 있어요. 너무 일러요.

　　B : 나도 동의해요. 오전 10시는 어때요?

　　A : 그게 더 좋겠군요.

어휘 • change 바꾸다

• meeting 모임, 회의

• early 이른

• agree 동의하다

16 정답 ②

해석 여기에 친환경 아이템이 있다. 그것은 쿠키 컵이다. 그것은 컵 모양으로 만들어진 쿠키이다. 그 컵을 사용한 후, 당신은 그것을 버리는 대신 그냥 먹을 수 있다. 이렇게 함으로써, 당신은 쓰레기를 덜 만들 수 있다.

어휘 • eco-friendly 친환경적인

• item 아이템, 품목, 항목

• cookie 쿠키

• shape 모양

• instead of ~ 대신에

• throw away 버리다

• by ~ing ~함으로써

• less 덜

• trash 쓰레기

해설 유리가 아니라 쿠키로 만든 컵이다.

17 정답 ③

해석 나는 학교 노래 경연대회에서 우승하고 싶다. 나는 노래하는 것을 좋아한다. 그리고 내 생각에 난 좋은 목소리를 가지고 있다. (난 테니스를 정말 못 친다.) 그러나, 난 너무 수줍어서 많은 사람들 앞에서 노래를 부를 수 없다. 내가 무대 위에서 노래하며 어떻게 하면 더 편안하게 느낄 수 있을까?

어휘 • want to ～하고 싶다
   • singing contest 노래 경연대회
   • voice 목소리
   • poor 못하는, 서투른
   • too A to B 너무 A해서 B할 수 없다
   • shy 수줍어하는
   • comfortable 편안한
   • stage 무대

18 정답 ④

해석 지나와 나는 학교 가는 길에 작은 개를 봤다. 그 개는 다리가 부러진 것 같아 보였고, 그래서 우리는 그 개가 걱정이 되었다. 지나는 우리가 그 개를 수의사에게 데려가자고 제안했다.

어휘 • see - saw 보다
   • seem ～인 것 같다, ～처럼 보이다
   • broken leg 부러진 다리
   • be worried about ～을 걱정하다
   • suggest 제안하다
   • take A to B A를 B에게 데려가다

19 정답 ③

해석 대한학교 학생들 사이에서 가장 인기 있는 동아리 활동은 ③ 쿠키를 굽는 것이다.
   ① 만화 그리기
   ② 자전거 타기
   ④ 기타 연주하기

어휘 • popular 인기 있는
   • activity 활동
   • among ～ 사이에, ～ 중에서

해설 30%로 가장 많은 동아리 활동은 쿠키 만들기이다.

20 정답 ②

해석 내 이름은 데이빗이야. 난 그림을 잘 그려. 난 빈센트 반 고흐 같은 유명한 화가가 되고 싶어. 내가 가장 좋아하는 그림은 별이 빛나는 밤이야. 내 블로그에 방문해서 내 작품을 살펴봐 줘.

어휘 • be good at ～을 잘하다
   • famous 유명한
   • artist 예술가, 화가
   • blog 블로그
   • check out 살펴보다, 조사하다, 확인하다
   • artwork 작품

21 정답 ②

해석 벌은 사람에게 매우 도움이 된다. 첫째, 벌은 우리에게 꿀을 준다. 꿀은 진짜 멋진 음식이다. 꿀은 우리 건강에 좋고 맛도 좋다. 둘째, 벌은 사과와 복숭아 같은 많은 과일을 생산하는 데 도움이 된다.
   ① 새, ② 꿀, ③ 사과, ④ 복숭아

어휘 • bee 벌
   • helpful 도움이 되는
   • honey 꿀
   • truly 정말로
   • be good for ～에 좋다
   • health 건강
   • taste 맛이 나다
   • produce 생산하다
   • fruit 과일

22 정답 ①

해석 수업 규칙
   서로 돕기, 수업 중 필기하기, 교과서 가져오기

어휘 • each other 서로
   • take notes 필기하다
   • in class 수업 중
   • bring 가져오다
   • textbook 교과서

해설 활동 시간에 관한 언급은 없다.

23 정답 ②

해석 오늘, 난 무엇이 좋은 리더를 만드는지에 관해 이야기할 거야. 첫째, 좋은 리더는 친근하고 말을 걸기가 쉬워. 둘째, 좋은 리더는 사람들에게 조언을 해줘. 마지막으로, 좋은 리더는 다른 사람들 말을 주의 깊게 들어줘.

어휘 • talk about ∼에 관해 이야기하다
- leader 리더, 지도자
- friendly 다정한, 친근한
- talk to ∼에게 말을 걸다
- give advice to ∼에게 조언하다
- others 다른 사람들
- carefully 주의 깊게

24 정답 ①

해석 지난 주 금요일 너희 집에 초대해줘서 고마워. 난 정말 좋은 시간을 보냈고 음식은 훌륭했어. 그 불고기는 매우 맛있었어. 또한, 떡볶이 요리하는 법을 가르쳐줘서 고마워.

어휘 • thank A for B A에게 B에 대해 고마워하다
- invite 초대하다
- bulgogi 불고기
- delicious 맛있는
- show 가르쳐주다, 보여주다
- how to ∼하는 방법
- tteokbokki 떡볶이

25 정답 ④

해석 스마트폰은 건강 문제를 야기할 수 있다. 하나는 스마트폰을 사용할 때 눈을 자주 깜박거리지 않아서 건조한 눈이 문제이다. 다른 문제는 목 통증이다. 아래로 내려다보는 것은 목 통증을 유발할 수 있다. 여기에 이 문제들을 해결할 수 있는 팁이 몇 가지 있다.

어휘 • smartphone 스마트폰
- cause 야기하다, 유발하다
- health problem 건강 문제
- dry 건조한
- blink 깜박거리다
- neck pain 목 통증
- look down 내려다보다
- tip 팁
- solve 해결하다

해설 스마트폰 사용으로 인한 건강 문제 해결 방법이 이어지는 것이 자연스럽다.

01	②	02	①	03	④	04	②	05	④
06	①	07	④	08	③	09	①	10	②
11	③	12	①	13	③	14	②	15	③
16	④	17	③	18	②	19	④	20	①
21	④	22	①	23	①	24	③	25	④

01 정답 ②

지도에서 가로 방향의 선을 위선이라 하며 위도는 위선에 매겨진 값이다.

오답 피하기

① 경선은 지도에 세로 방향의 선이며 경선에 매겨진 값을 경도라 한다.

③ 지역을 대표하거나 다른 지역과 구별되는 지형, 건물, 조형물 등을 랜드마크라 한다.

④ 도로명을 주소로 사용하는 것을 도로명 주소라 한다.

02 정답 ①

연 강수량 500mm 미만이고 강수량보다 증발량이 많은 지역을 건조 기후로 구분한다. 연 강수량 0~250mm를 사막 기후, 250~500mm를 스텝 기후로 구분한다. 사막 기후는 온몸을 천으로 감싸는 헐렁한 옷을 입으며 지붕이 평평한 흙집, 오아시스 농업과 관개 농업을 한다.

오답 피하기

② 툰드라 기후는 여름이 짧다. 기온이 낮아 농사를 지을 수 없고, 순록 유목(짧은 여름 동안 이끼를 찾아 이동하며 순록을 기름)을 한다.

③ 열대 우림 기후는 최한월 기온이 18℃ 이상이다. 나무 수종이 다양하며 전통 농업으로 이동식 화전 농업이 행해졌다.

④ 서안 해양성 기후는 편서풍의 영향으로 강수가 고르게 내리며 여름에는 시원하고 겨울에는 온난하다. 북서유럽이 대표적인 서안 해양성 기후이다.

03 정답 ④

석회암이 빗물이나 지하수에 의해 녹아 만들어진 지형을 카르스트 지형이라 한다. 석회암이 지하수에 의해 녹아 석회동굴이 만들어지고 동굴의 천장에 고드름 모양으로 매달린 종유석, 동굴의 바닥에 죽순 모양으로 자라는 석순, 종유석과 석순이 맞닿아 이어지면 석주가 된다.

오답 피하기

① 갯벌은 밀물과 썰물의 작용이 활발한 해안에서 조류의 퇴적 작용으로 형성되며 각종 동식물의 서식지이다.

② 오름은 산봉우리를 뜻하는 제주도 방언이며 360여 개의 오름이 있다.

③ 주상 절리는 용암이 급격히 냉각·수축하여 기둥 모양으로 발달하는 수직 절리이다.

04 정답 ②

자원의 특성은 가변성, 유한성, 편재성이다.

가변성은 기술 수준, 경제적 조건, 문화적 배경에 따라 자원의 가치가 달라지는 특성이며, 유한성은 자원의 매장량이 한정되어 있는 것을 말한다. 편재성은 자원이 지구상에 고르게 분포하지 않고 일부 지역에 집중되어 분포하는 특성이다.

05 정답 ④

여성 100명당 남성의 수를 성비라 한다. 남아 선호 사상으로 인해 남성이 많은 상태를 남초라고 하며, 여성이 많은 상태를 여초라고 한다.

06 정답 ①

사회 집단을 소속감에 따라 내집단과 외집단으로 구분한다. 내집단은 자신이 소속되어 있으면서 공동체 의식이 강한 집단이다.

오답 피하기

② 외집단은 자신이 소속되어 있지 않고 경쟁이나 적대감을 가지는 집단이다.

③ 역할 갈등은 한 개인에게 기대되는 두 가지 이상의 역할이 서로 충돌하는 것이다.

④ 사회적 지위에 따라 기대되는 행동 양식인 역할을 수행하는 것을 역할 행동이라 한다.

07 정답 ④
자신들의 특수 이익을 실현하기 위해 조직한 집단을 이익 집단이라 한다.

오답 피하기
② 대통령은 국민이 직접 선거로 선출한 국가의 대표이며 행정부의 최고 책임자이다.
③ 감사원은 대통령에 소속된 행정부의 최고 감사 기관이다.

08 정답 ③
적도 부근 해상에서 발생해 중위도 지방으로 이동하는 열대 저기압을 태풍이라 한다.
태풍으로 인해 인명 피해와 재산 피해가 발생한다.

오답 피하기
① 황사는 봄철에 편서풍의 영향으로 중국에서 한반도에 영향을 주는 모래나 먼지 바람이다.
② 가뭄은 오랫동안 비가 내리지 않아 물이 부족하고 땅이 메마르는 현상이다.
④ 폭설은 많은 양의 눈이 한꺼번에 내리는 현상으로 대설이라고도 한다.

09 정답 ①
영역이란 국가의 주권이 미치는 지리적 범위로 영토, 영해, 영공으로 구성되어 있다. 영토는 한 국가에 속한 육지와 섬이며, 영해는 일반적으로는 최저 조위선으로부터 12해리이다. 영공은 영토와 영공의 수직 상공이다.

오답 피하기
배타적 경제 수역은 영해 기선으로부터 영해를 제외한 200해리로 연안국의 경제적 권리를 주장할 수 있다.

10 정답 ②
사회적 존재인 인간이 사회생활에 필요한 지식과 기술, 규범, 가치 등 사회적인 행동 양식을 습득하는 과정을 사회화라 한다.

오답 피하기
① 조직이나 집단이 대표자나 임원을 뽑는 일을 선거라 한다.

③ 공정한 재판을 위하여 하나의 사건에 대하여 여러 번 재판을 받을 수 있게 하는 제도를 심급 제도라 한다.

11 정답 ③
도시 인구가 증가하고 도시적 생활양식이 확대되는 과정을 도시화라 하며, 도시의 무질서한 팽창을 방지하고 녹지 공간을 확보하기 위해 설정한 공간을 개발 제한 구역이라 한다.

오답 피하기
도심은 도시 중심부에 위치하여 접근성이 가장 높고 땅값이 매우 비싸기 때문에 고층 건물이 밀집되어 있다. 도심은 비싼 땅값으로 도심의 상주인구 감소로 인해 낮에는 일자리가 많아 인구 밀도가 높지만, 밤에는 인구 밀도가 낮은 인구 공동화 현상이 나타난다.

12 정답 ①
법원은 분쟁 해결 과정에서 법을 해석하고 판단하여 적용하는 사법의 권한을 담당한다.

오답 피하기
② 국세청은 중앙 행정 기관의 하나로 국세의 부과, 감면 및 징수에 관한 일을 담당한다.
③ 기상청은 중앙 행정 기관의 하나로 우리나라의 기상 상태를 관측하고 예보하는 일을 담당한다.
④ 금융 감독원은 금융 기관을 감사, 감독하는 기관이다.

13 정답 ③
사법은 개인과 개인 사이의 사적인 생활 관계를 규율하는 법이다. 사법에는 민법과 상법이 있다. 민법은 개인 간의 재산 관계, 거래 관계, 가족 관계, 가족생활 등을 다루는 법이다.

오답 피하기
① 선거 재판은 선거 자체의 효력이나 당선의 유·무효를 가리기 위한 재판이다.
② 행정 재판은 행정 기관이 국민의 권리를 침해하였는지 판단하여 행정 기관의 잘못을 고쳐 달라고 요구하는 재판이다.
④ 형사 재판은 범죄의 유무를 판단하고, 형벌의 종류와 형량을 정하는 재판이다.

14 정답 ②

수요는 일정한 가격에서 재화나 서비스를 사고자 하는 욕구이다. 수요를 나타내는 곡선을 수요 곡선이라 한다. 공급은 생산자가 일정한 가격에서 재화나 서비스를 팔고자 하는 욕구이다. 공급을 나타내는 곡선을 공급 곡선이라 한다.

수요는 변화 없고 공급이 증가할 경우 균형 가격은 상승, 균형 거래량은 증가한다.

15 정답 ③

선거 공영제는 선거 운동을 국가 기관이 관리하여 부정 선거를 막고, 국가와 지방 자치 단체가 선거 비용의 일부를 지원하는 제도이다. 후보자 간 선거 운동의 기회 균등 보장, 선거 운동의 과열을 방지하여 선거가 민주적인 절차에 따라 공정하게 이루어지도록 하기 위한 목적이 있다.

오답 피하기

① 의원 내각제는 의회의 다수 의석 정당이 행정부 구성권을 가지며 의회에 책임을 지는 정치제도이다.

② 주민 투표제는 지방 자치 단체의 중요한 정책을 주민의 투표로 결정하는 제도이다.

④ 주민 소환제는 지역의 대표들이 맡은 바 책임을 다하지 않았을 때 주민들의 투표를 통하여 자리에서 물러나게 할 수 있는 제도이다.

16 정답 ④

㉠ 생산은 사람들이 필요로 하는 재화나 서비스를 만들거나 그 가치를 증대시키는 활동으로 상품의 제조, 운송, 저장, 판매 등이 있다.

㉡ 소비는 분배받은 소득으로 재화나 서비스를 구입하여 사용하는 행위로 상품 구입, 공연 관람 등이 있다.

오답 피하기

분배는 생산 과정에 참여한 대가를 받는 것으로 임금, 이자, 지대가 있다.

17 정답 ③

비파형 동검은 만주와 한반도 지역의 대표적인 청동기 유물이다. 중국에서 들어온 악기인 비파를 닮아 비파형 동검이라 부른다. 청동기 시대의 대표적인 무덤은 고인돌이다. 고인돌은 계급사회였다는 증거가 된다.

18 정답 ②

장수왕은 고구려의 전성기 왕이다. 장수왕은 남진 정책을 추진하여 수도를 국내성에서 평양성으로 천도하였고 백제를 공격하여 한성을 함락하였다. 한강 점령 이후 충주 고구려비를 세우고 아버지인 광개토대왕의 업적을 기리기 위해 광개토대왕릉비를 세웠다.

오답 피하기

① 진흥왕은 신라의 전성기 왕이다. 화랑도를 국가 기관으로 개편하고 대가야와 한강을 점령하였다.

③ 충선왕은 원 나라 간섭기의 고려 왕이다.

④ 선덕여왕은 신라 최초의 여왕이다. 첨성대와 황룡사 9층 목탑을 세웠다.

19 정답 ④

신진 사대부는 고려 말 성리학을 공부한 유학자들로 권문세족을 견제하며 조선을 건국한 정치 세력이다. 온건파와 급진파로 나뉘며 온건파의 대표 인물은 정몽주, 급진파의 대표 인물은 정도전이다.

오답 피하기

① 사림은 신진 사대부 중 온건파로 길재의 학풍을 이어받은 사람들로 훈구파와 대립하면서 중앙 정치에 진출한다.

② 골품제도는 성골, 진골, 육두품, 오두품, 사두품이 있는데 성골과 함께 진골은 왕족에 속한다.

③ 6두품은 신라 골품제도의 한 계급이다. 6두품은 학문, 종교 분야에서 많은 활동을 하였다.

20 정답 ①

대조영이 세운 나라는 발해이다. 발해는 온돌, 치미, 무덤 양식, 일본에 보낸 국서를 통해 고구려를 계승하였음을 알 수 있다. 발해의 10대 왕 선왕은 옛 고구려 영토를 대부분 회복하여 해동성국이라 불리었다.

21 정답 ④

『조선왕조실록』은 조선 태조에서 철종까지 472년간의 역사적 사실을 각 왕별로 기록한 책이다. 연도순으로 서술된 편년체이다.

오답 피하기

① 『농사직설』은 조선 세종의 명령으로 편찬된 농서이다.

② 『동의보감』은 허준이 편찬한 의서이다.

③ 『고려사절요』는 조선 전기에 고려 시대 전반을 정리한 역사서이다.

22 정답 ①

3·1 운동은 일본의 식민지 지배에 저항하여 일어난 민족 운동이다. 3·1 운동의 배경은 월슨의 민족 자결주의와 도쿄의 2·8 독립 선언이다. 3·1 운동의 결과 일본의 통치방식은 무단 통치에서 문화 통치로 변화되었고 대한민국 임시 정부 수립의 계기가 되었다.

23 정답 ①

대동법은 광해군 시기에 방납의 폐단을 막기 위해 공물(특산물)을 쌀로 바치게 한 제도이다.

오답 피하기

② 1972년 박정희 정부의 유신 헌법은 대통령의 권한을 크게 강화하고 국민의 기본권을 제한한 제도이다.

③ 고려 광종의 노비안검법은 불법적으로 노비가 된 사람을 조사하여 양인이 될 수 있도록 조치한 법이다.

④ 국가 총동원법은 1938년 일본이 전쟁을 수행하기 위해 인적, 물적 자원을 통제하고 동원할 목적으로 만든 법이다.

24 정답 ③

임진왜란 시기 이순신의 활약은 옥포 해전, 한산도 대첩, 명량 해전, 노량 해전 등을 통해 알 수 있다. 옥포 해전은 아군 피해는 1명의 부상, 일본 적선은 26척을 격침시켰다.

오답 피하기

① 병자호란은 후금이 나라 이름을 청으로 바꾼 후 군신 관계를 요구하며 조선을 침략한 사건이다.

② 신미양요는 1871년 미국이 제너럴 셔먼호 사건(1866년)을 빌미로 강화도로 쳐들어온 사건이다.

④ 정묘호란은 후금이 인조의 친명배금 정책을 구실로 조선을 침략한 사건이다.

25 정답 ④

6·15 남북 공동 선언은 2000년 6월 13일~15일까지 남북 정상 회담을 가진 김대중 대통령과 북한의 김정일 국방위원장이 합의하여 발표한 공동 선언이다.

01	③	02	④	03	①	04	②	05	③
06	②	07	③	08	①	09	②	10	①
11	①	12	②	13	①	14	②	15	④
16	②	17	④	18	①	19	③	20	④
21	④	22	③	23	①	24	④	25	③

01 정답 ③

용수철에 추를 매달면 추의 무게가 무거울수록 용수철이 늘어나는 길이가 길어진다.

무게 1N의 추를 매달 때마다 1cm씩 늘어나므로 1N : 1cm = A의 무게 : 3cm가 되어 A의 무게는 3N임을 알 수 있다.

02 정답 ④

진동수는 1초 동안 진동한 횟수이다. 그림의 파동에서 주기 운동을 하는 물체가 마루와 골의 위치를 거쳐서 맨 처음의 상태로 돌아왔을 때 1번 진동했다고 한다. 따라서 3초 동안 6번 진동한 ④의 그림은 1초 동안 2번 진동하므로 진동수가 가장 크다.

오답 피하기

① 3초 동안 3번 진동한 파동이다.
② 3초 동안 1번 진동한 파동이다.
③ 3초 동안 3번 진동한 파동이며 ①보다는 진폭이 작다.

03 정답 ①

열평형은 온도가 다른 두 물체를 접촉시켰을 때 온도가 높은 물체에서 온도가 낮은 물체로 열이 이동하여 두 물체의 온도가 같아진 상태이다. 그래프에서 온도가 다른 두 물체 A와 B의 온도가 같아진 20℃가 열평형 온도이다.

오답 피하기

② 1분일 때 열은 고온인 A에서 저온인 B로 이동한다.
③ 2분일 때 A의 온도가 B의 온도보다 높다.
④ 열평형에 도달할 때까지 걸린 시간은 3분이다.

04 정답 ②

소비 전력은 1초 동안에 소비되는 전기 에너지이다. 전력량은 어느 기간 동안 사용한 전기 에너지의 총량으로 단위는 Wh(와트시)이다. 가전제품에서 소비된 총 전기 에너지의 양은 전력량(Wh) = 전력(W) × 시간(h) 공식을 이용해 구할 수 있다.

선풍기는 50W × 1시간 = 50Wh이고
텔레비전은 100W × 1시간 = 100Wh이므로
총 전기 에너지의 양은 50 + 100 = 150Wh이다.

05 정답 ③

공기 저항과 마찰을 무시할 때 역학적 에너지는 보존된다. 역학적 에너지는 위치 에너지와 운동 에너지를 더한 값으로 자유 낙하시킨 공의 감소한 위치 에너지는 증가한 운동 에너지와 같다. 따라서 감소한 위치 에너지가 10J이므로 증가한 운동 에너지는 10J이다.

06 정답 ②

외부 압력이 높아지면 입자(분자) 사이의 거리가 감소하면서 기체의 부피가 감소한다.

오답 피하기

①·③ 밀폐된 용기이므로 입자의 개수가 변하지 않으므로 질량의 변화가 없다.
④ 외부 압력 증가로 입자들 사이의 거리가 가까워지고 부피가 감소한다.

07 정답 ③

추운 겨울날 공기 중 수증기가 차가운 안경과 만나면 냉각하여 김이 서리는 것처럼 뿌옇게 흐려진다. 이것은 물질의 상태 변화 중 액화에 해당한다. 액화(기체 → 액체)는 공기 중 수증기가 냉각하여 액체 상태의 물방울이 되는 상태 변화이다.

오답 피하기

① 기화(액체 → 기체)
② 응고(액체 → 고체)
④ 융해(고체 → 액체)

08 정답 ①

그림에서 리튬 원자는 원자핵의 전하량 +3, 전자의 개수가 3개로 (−3)의 전하량을 나타내므로 (+)전하량과 (−)전하량이 같은 중성 상태의 원자이다.

전자를 잃고 난 후 전자의 개수가 2개이므로 잃은 전자의 개수는 3−2=1개이다.

09 정답 ②

고체 팔미트산의 가열 곡선에서 녹는점은 녹기 시작하는 상태 변화를 할 때의 온도이다. 고체에서 액체로 상태 변화하는 융해는 상태 변화에 흡수한 열에너지를 대부분 쓰면서 녹는 순간의 온도가 일정하게 유지된다. 따라서 녹는점은 B이다.

10 정답 ①

물질이 뜨거나 가라앉는 것은 밀도 차이 때문이다. 밀도는 물질의 단위 부피에 대한 질량으로, 물질의 특성이다. 밀도가 작을수록 가벼워서 뜨고 밀도가 클수록 무거워서 가라앉는다.

11 정답 ①

기체 반응의 법칙에 의하면 같은 온도와 압력에서 기체가 반응할 때, 반응하는 기체와 생성되는 기체의 부피 사이에는 간단한 정수비가 성립한다.

수소와 산소가 반응하여 수증기 기체를 생성할 때, 기체의 부피비는 수소 : 산소 : 수증기 = 2 : 1 : 2이므로 수소(2L) + 산소(1L) → 수증기(2L)이다.

12 정답 ②

생물계는 균계, 식물계, 동물계, 원생생물계, 원핵생물계(세균류) 5가지 계로 나눠진다.

소나무는 식물계에 속한다. 식물계는 광합성을 통해 스스로 양분을 만들 수 있다.

오답 피하기

① 대장균은 원핵생물계이다.

③ 아메바는 원생생물계에 속한다. 원생생물계는 세포 내에 핵이 있는 생물 중 식물계, 균계, 동물계에 속하지 않는 생물의 무리이다.

④ 호랑이는 동물계이다. 동물계는 다른 생물을 섭취하여 양분을 얻는 생물 무리이다.

13 정답 ①

식물은 빛에너지를 이용하여 필요한 영양분을 스스로 합성하는데, 이 과정을 광합성이라고 한다. 광합성에 필요한 것은 물, 이산화 탄소, 빛에너지이며 생성되는 물질은 포도당, 산소이다. 따라서 검정말이 광합성을 통해 생성한 기체는 산소이다.

14 정답 ②

백혈구는 몸에 병균이 침입하면 잡아먹거나 대항하는 물질을 만들어 질병으로부터 몸을 보호한다. 백혈구는 모양이 일정하지 않고 핵이 있다.

오답 피하기

① 혈장 : 혈액의 액체 성분으로 약 92%가 물이다.

③ 적혈구 : 산소 운반을 하며 가운데가 움푹 들어간 원반 모양의 붉은색 혈액 세포이다.

④ 혈소판 : 혈액을 굳게 하며 출혈을 막고 상처를 보호한다.

15 정답 ④

D(이자)는 이자액을 십이지장으로 분비하여 3대 영양소를 소화시킨다.

오답 피하기

① A(간) : 쓸개즙을 생성하여 지방의 소화를 돕는다.

② B(쓸개) : 쓸개즙은 쓸개에 저장되었다가 십이지장으로 분비되는데, 소화 효소는 없지만 지방이 잘 분해될 수 있도록 돕는다.

③ C(위) : 위액이 분비되고, 단백질의 화학적 소화가 일어난다.

16 정답 ②

심장은 순환계에 속하며 세포 호흡에 필요한 영양소와 산소 및 세포 호흡의 결과 발생한 노폐물과 이산화 탄소를 운반한다.

오답 피하기

① 방광, ③ 콩팥, ④ 오줌관은 배설계에 속하며 세포 호흡의 결과 발생한 노폐물을 내보낸다.

17 정답 ④

멘델의 법칙 중 우열의 법칙에 의하여 대립 형질을 가진 순종의 두 개체를 교배할 경우, 자손 1대에서는 어버이의 우성 형질만 나타난다.

따라서 순종 황색 완두(YY)와 순종 녹색 완두(yy)를 교배하면 자손 1대는 황색 완두(Yy)만 나타난다. 그러므로 자손 1대에서 얻은 100개의 완두는 모두 황색 완두이다.

18 정답 ①

세균이나 아메바 같은 단세포 생물은 체세포 분열 과정을 통해 개체 수를 늘린다. 짚신벌레와 같은 단세포 생물은 세포가 둘로 나뉘면서 각각 새로운 개체가 되는데, 이를 분열법이라고 한다. 1마리가 한 번의 체세포 분열을 마쳤다면 2마리가 된다.

19 정답 ③

시간 – 속력 그래프에서 그래프의 아랫부분 면적은 이동 거리와 같다. 따라서 0~4초 동안 이동한 거리는 $5m/s \times 4초 = 20m$이다.

20 정답 ④

그림은 광물의 구별법 중 방해석의 염산 반응이다. 방해석에 묽은 염산을 떨어뜨리면 이산화 탄소 기체(흰색 거품)가 발생한다.

21 정답 ④

A 위치에서 관측할 때 햇빛에 반사되는 달의 모습을 보게 되므로 달의 위치가 (라)일 때 원처럼 둥근 보름달(망)을 관찰할 수 있다.

오답 피하기

① (가) : 하현달

② (나) : 삭, 지구에서 달이 보이지 않는 상태이다.

③ (다) : 상현달

22 정답 ③

목성은 태양계에서 가장 큰 행성이며 대적점이 있다. 목성형 행성에는 목성, 토성, 천왕성, 해왕성이 있다.

태양과 가까운 수성, 금성, 지구, 화성은 지구형 행성이다.

오답 피하기

① 수성 : 태양에서 가장 가까운 행성이며 태양계에서 가장 작은 행성이다.

② 금성 : 지구에서 볼 때 8개의 행성 중 가장 밝게 빛난다.

④ 토성 : 태양계 행성 중 목성 다음으로 크다.

23 정답 ①

A(혼합층)는 바람에 의한 혼합 작용으로 온도가 일정하다. 혼합층은 바람이 강할수록 두껍게 발달한다.

오답 피하기

② B(수온 약층) : 혼합층 아래에 존재하며 수온이 급격히 낮아지는 층이다.

③ · ④ C와 D(심해층) : 도달하는 태양 에너지가 적어 수온이 낮고 온도 변화가 거의 없다.

24 정답 ④

한여름의 날씨는 D(북태평양 기단)의 영향으로 고온 다습하며 남동 계절풍으로 무더위가 계속된다.

오답 피하기

① A(시베리아 기단) : 춥고 건조한 겨울에 영향을 준다.

② B(오호츠크해 기단) : 한랭 다습하며 초여름에 영향을 준다.

③ C(양쯔강 기단) : 건조한 봄, 가을에 영향을 준다.

25 정답 ③

별의 밝기는 등급으로 표시하며, 등급의 숫자가 작을수록 밝은 별이다. 겉보기 등급은 맨눈으로 보이는 별의 밝기 등급으로 겉보기 등급이 작은 별일수록 우리 눈에 밝게 보인다.

절대 등급은 모든 별이 10pc(= 32.6광년)의 거리에 있다고 가정했을 때의 밝기 등급이다. 지구로부터의 거리가 10pc이면 겉보기 등급과 절대 등급이 같다. 따라서 지구로부터의 거리가 10pc인 별은 C이다.

참고		
10pc보다 가까이 있는 별	겉보기 등급 < 절대 등급
10pc의 거리에 있는 별	겉보기 등급 = 절대 등급
10pc보다 멀리 있는 별	겉보기 등급 > 절대 등급

도덕 2023년 제1회

01	①	02	②	03	①	04	③	05	④
06	③	07	①	08	④	09	③	10	③
11	①	12	③	13	③	14	①	15	④
16	②	17	④	18	②	19	①	20	②
21	③	22	②	23	②	24	④	25	④

01 정답 ①

도덕이란 사람으로서 마땅히 지켜야 할 도리로 옳고 그름을 판단할 수 있는 기준을 제공하고, 모든 사람에게 보편적으로 적용되는 사회 규범이며 옳은 일을 자발적으로 실천할 수 있도록 돕는다.

02 정답 ②

가정에서 세대 간 대화와 소통의 방법에는 경청과 공감, 존중과 배려, 솔직한 자세와 꾸준한 노력 등이 있다.

03 정답 ①

세계화란 국가 간의 상호 의존성이 높아지고 국제 사회가 국경을 초월하여 하나의 지구촌으로 통합되어 가는 현상을 말한다.

04 정답 ③

역할 교환 검사는 입장을 바꾸어 생각하게 함으로써 도덕 원리의 타당성을 검토하는 방법이다. 만약 어떤 운동 선수가 "승리하기 위해서라면 경기 규칙을 어겨도 좋다."를 도덕 원리로 삼는다면, "당신과 같은 도덕 원리를 채택한 상대 선수를 받아들일 수 있는가?"라는 질문을 던질 수 있다. 이는 역할 교환 검사로, 상대방의 처지에서 문제가 되는 도덕 원리를 받아들일 수 있는지 생각해 보는 것이다.

05 정답 ④

과학 기술의 발전은 인간의 삶을 크게 바꾸어 놓았다. 물질적 풍요, 생명 연장, 편리한 삶 등 긍정적인 변화와 인간 소외 현상, 인간 복제 가능성에 따른 인간의 존엄성 훼손 문제, 대량 살상 무기의 개발로 인한 위험성 등 부정적인 변화도 나타난다.

06 정답 ③

모든 인간은 존엄하므로 누구나 소중하게 대우받아야 한다. 이러한 인간 존엄성은 시대와 장소에 관계없이 모든 인간이 누려야 하는 보편적 가치이고, 다른 어떤 것과도 바꿀 수 없으며 누구도 침해할 수 없는 절대적 가치이다.

07 정답 ①

사회 정의를 실현하기 위해서는 부패에 관대한 문화를 떨쳐 내고 일반 국민과 공직자 모두가 스스로 엄격한 도덕 기준을 적용하는 반부패 문화를 확립해야 한다. 또한 개인의 의지와 문화만으로는 구조적으로 발생하는 부패를 방지하기 어렵다. 따라서 자신의 힘을 원칙에 어긋나게 사용해 개인적인 이익을 얻으려는 행위가 없는지 늘 감시하고, 그에 문제를 제기할 수 있는 제도가 필요하다.

08 정답 ④

오늘날은 사회의 모든 분야가 정보를 중심으로 움직이고 변화하는 정보화 시대이다. 정보 통신 기술의 발달로 우리는 시장에 가지 않고 물건을 사거나 처음 가 본 곳에서 빠르게 길을 찾을 수 있고, 쉽게 원하는 정보를 찾거나 다양한 인간관계를 맺을 수 있다. 이처럼 정보화 시대에는 인간 삶의 질이 높아졌다. 하지만 이와 함께 다양한 도덕적 문제가 발생하고 있다.

09 정답 ③

우정은 서로를 동등한 존재로 인정하는 평등한 관계에서 생겨나는 감정이다. 그래서 우정을 나누는 친구 사이에서는 나이의 많고 적음에 관계없이 서로를 존중한다. 또한 우정은 상대방이 잘되기를 바라는 이타적인 마음을 바탕으로 이루어진다.

10 정답 ③

사회적 존재인 인간은 다른 사람과 정을 나누며 함께 어울릴 때 행복하게 살 수 있다. 이웃에게 관심을 가지고 이웃과 서로 협동하며 살아간다면 이웃은 내 삶의 든든한 울타리가 될 것이다.

11 정답 ①

우리는 때로 원하는 목표를 이루고자 힘과 폭력을 사용해 일방적이고 강압적으로 갈등을 처리하고자 한다. 힘과 폭력을 사용해 갈등을 해결하면 당장은 갈등이 사라진 것처럼 느끼게 된다. 그러나 이는 갈등의 문제를 근본적으로 해결한 것이 아니므로 다시 갈등이 생길 수 있고 처음보다 갈등이 더 커질 수도 있다.

12 정답 ③

갈등을 평화적으로 해결하는 방법으로는 먼저 협상을 들 수 있다. 협상은 다른 사람의 개입 없이 갈등의 당사자끼리 직접 대화해 갈등을 해결하는 방법이다. 하지만 갈등의 당사자들이 협상하기 힘들거나, 협상을 거쳐도 갈등을 해결하지 못하는 때가 있다. 이때 조정과 중재를 사용할 수 있다.

13 정답 ③

정의로운 사회란 사회 정의를 실현한 사회로, 공정한 사회 규칙이나 제도를 마련하여 사회 구성원을 공평하고 차별 없이 대우하는 사회이다.

14 정답 ①

효도는 자녀가 부모의 은혜에 보답하는 것과 정성을 다해 부모를 공경하는 것을 의미한다.

15 정답 ④

생명은 우리의 삶에서 가장 소중한 것이다. 생명은 한번 잃으면 되찾을 수 없고, 다른 것으로 대체할 수도 없기 때문이다. 따라서 생명 존중을 위한 사회적 풍토의 확립과 생명 보호를 위해 법과 제도의 강화가 필요하다.

16 정답 ②

경쟁이 불공정하게 이루어진다면 경쟁에서 뒤처진 사회 구성원들은 경쟁의 결과에 승복하지 못할 것이고, 더 나아가 사회 구성원 모두가 경쟁의 과정과 필요성 등에 의문을 품고 경쟁 자체를 불신하게 될 것이다. 이처럼 경쟁이 공정하게 이루어지지 않는다면 사회적인 갈등과 불안이 커지게 된다. 따라서 사회 정의를 실현하고 살기 좋은 사회를 만들기 위해서는 공정한 경쟁이 필요하다.

17 정답 ④
인간을 비롯한 자연의 모든 존재는 고유한 가치를 지니고, 서로 영향을 주고받으며 의존하는 관계라고 보는 관점을 생태 중심주의적 자연관이라고 한다.

18 정답 ②
통일 한국은 각자의 관심과 능력에 따라 자유롭게 직업을 선택하고 최선을 다하면 경제가 성장할 수 있고, 이러한 성장의 혜택을 복지 제도를 통해 모든 구성원과 나눌 수 있다.

19 정답 ①
환경 친화적 소비 생활은 환경 보전을 중시하는 가치관에 따라 생태계의 지속 가능성을 고려하는 소비 생활을 의미한다.

20 정답 ②
정의로운 국가는 국가 구성원이 자유롭고 평등하게 자신의 삶을 살아갈 수 있도록 해야 한다. 또한, 전쟁이 없고 안전한 환경에서 살아갈 수 있게 해야 한다.

21 정답 ③
양심은 도덕적으로 올바른 행동을 하도록 하는 마음의 명령으로 우리가 자발적으로 바람직한 행동을 하도록 이끌고, 잘못했을 때에는 죄책감과 부끄러움을 느끼게 한다.

22 정답 ②
올바른 삶의 목적 설정은 잘못된 유혹이나 충동에 빠지지 않고 자신이 원하는 바를 이룰 수 있고, 어려움을 만났을 때, 극복할 수 있는 힘이 된다. 자신이 잘할 수 있는 일, 좋아하는 일, 소중히 여기는 가치를 바탕으로 삶의 목적을 설정해야 한다.

23 정답 ②
다문화 사회는 다양한 문화적 배경을 가진 사람들이 함께 살아가는 사회로 지역 간, 국가 간 교류의 증가로 확대되어 가고 있다.

24 정답 ④
도덕적 신념은 도덕적으로 옳다고 여기는 것을 굳게 믿고 그것을 실현하려는 강한 의지를 말한다. 도덕적 신념은 보편적 가치와 일치해야 하고, 자신뿐만 아니라 사회에 기여할 수 있어야 한다.

25 정답 ④
희망은 아직 이루어지지 않은 무언가를 바라보며 더 나은 삶을 꿈꾸는 것이다. 바람직한 가치를 담고 있는 희망을 추구하고, 이를 실현하기 위해 포기하지 않고 꾸준히 노력하면 나 자신과 사회에 기여할 수 있다.

EBS 교육방송교재

중졸 검정고시 〔기출문제집〕

2022 년

제2회 기출문제

- ▶ 국어
- ▶ 수학
- ▶ 영어
- ▶ 사회
- ▶ 과학
- ▶ 도덕

EBS 교육방송교재

중졸 검정고시 기출문제집

01 다음 대화에서 '민지'의 의도로 적절한 것은?

> 수철아, 좀 덥지 않니?
>
> 응. 민지야, 내가 창문 열게.

① 감사   ② 요청

③ 위로   ④ 칭찬

02 다음에 해당하는 예로 적절한 것은?

> '나 전달법'은 '너'를 주어로 하여 상대의 말과 행동을 표현하는 방법인 '너 전달법'과 달리, '나'를 주어로 하여 상대의 말과 행동에 대한 자신의 생각과 감정을 표현하는 방법이다.

① 누가 음악을 이렇게 크게 틀었니?

② 너는 어떻게 그런 말을 할 수가 있니?

③ 너한테 그런 말을 들으면 나는 속상해.

④ 너처럼 친구를 놀리는 건 나쁜 짓이야.

03 ㉠과 ㉡에 공통으로 들어갈 문장 성분은?

> • 동생이 (㉠) 먹었다.
> • 나는 어머니께 (㉡) 드렸다.

① 주어   ② 보어

③ 목적어   ④ 관형어

04 ㉠의 예로 적절하지 않은 것은?

> ■ 한글 맞춤법 ■
>
> 【제1항】 한글 맞춤법은 표준어를 ㉠ 소리대로 적되, 어법에 맞도록 함을 원칙으로 한다.

① 꽃   ② 밤

③ 나무   ④ 하늘

05 밑줄 친 단어의 공통적인 특성으로 적절한 것은?

> • 나는 책을 <u>읽었다</u>.
> • 강아지가 빨리 <u>달린다</u>.

① 다른 말을 꾸며 준다.

② 문장에서 주로 주어로 쓰인다.

③ 부름, 응답, 놀람 등을 나타낸다.

④ 사람이나 사물의 움직임을 나타낸다.

06 다음에서 설명하는 언어의 특성은?

> 백(百)을 뜻하는 '온'이나 천(千)을 뜻하는 '즈믄'은 지금은 거의 쓰이지 않는다. 또 '어리다'라는 말은 '어리석다'라는 뜻에서 오늘날에는 '나이가 적다'라는 뜻으로 바뀌었다.

① 사회성　　　　② 역사성
③ 자의성　　　　④ 창조성

07 다음 자음의 공통적인 특성으로 알맞은 것은?

> ㅁ, ㅂ, ㅃ, ㅍ

① 두 입술 사이에서 나는 입술소리이다.
② 입안이나 코안이 울리면서 나는 울림소리이다.
③ 혀끝이 윗니의 잇몸에 닿으면서 나는 잇몸소리이다.
④ 성대 근육을 긴장시켜 숨이 거세게 나는 거센소리이다.

08 ㉠에 해당하는 자음이 아닌 것은?

> 훈민정음의 자음 글자는 '상형의 원리'를 기본으로 다섯 개의 ㉠ 기본 글자를 만들고, 이러한 기본 글자에 획을 더한 '가획의 원리'에 따라 'ㅋ, ㄷ, ㅌ, ㅂ, ㅍ, ㅈ, ㅊ, ㆆ, ㅎ'을 만들었다.

① ㄱ　　　　② ㄹ
③ ㅅ　　　　④ ㅇ

09 다음 계획서를 바탕으로 보고서를 작성할 때 유의할 점으로 적절하지 않은 것은?

> • 목적 : 우리 고장의 문화재 조사하기
> • 조사 기간 : 8월 1일부터 8월 10일까지
> • 조사 내용 : 우리 고장 문화재의 종류와 특징
> • 조사 방법
>   – 우리 고장 문화재 답사
>   – 인터넷과 책에서 관련 자료 조사
>   – 우리 고장 문화재 해설사 인터뷰

① 조사한 내용을 과장하거나 왜곡하지 않는다.
② 인터넷과 책에서 찾은 자료의 출처를 밝힌다.
③ 조사한 자료는 사실에 근거하지 않더라도 활용한다.
④ 인터뷰 내용은 문화재 해설사의 동의를 얻어 인용한다.

10 ㉠∼㉣ 중 글의 통일성을 고려할 때 적절하지 않은 것은?

제목	자전거를 탈 때 안전모를 쓰자
처음	자전거 운행 시 안전모 착용 실태 – ㉠
중간	• 공유 자전거 이용 활성화 – 자동차 이용률을 낮추어 친환경적임. ⌉㉡ • 안전모 미착용에 따른 문제점 – 사소한 사고에도 인명 피해가 커짐. ⌉㉢ • 안전모의 착용률을 높이는 방법 – 안전모의 필요성을 강조하는 광고를 함. ⌉㉣
끝	자전거 운행 시 안전모 착용 당부

① ㉠　　　　② ㉡
③ ㉢　　　　④ ㉣

[11~13] 다음 글을 읽고 물음에 답하시오.

우리가 명선이한테서 순순히 얻어 낸 ㉠ 금반지는 두 번째 것으로 마지막이었다. 아버지와 어머니가 온갖 지혜를 짜내어 백방으로 숨겨 둔 장소를 알아내려 안간힘을 다해 보았으나 금반지 근처에만 얘기가 닿아도 명선이는 입을 굳게 다문 채 침묵 속의 도리질로 완강히 버티곤 했다.

날이 가고 달이 갔다. 어느덧 초가을로 접어드는 날씨였다. 남쪽에서 쳐 올라오는 국방군에 밀려 ㉡ 인민군이 북쪽으로 쫓겨 가기 시작한다는 소문이 돌았다. 생각보다 전쟁이 일찍 끝나 남쪽으로 피란 갔던 명선이네 숙부가 어느 날 불쑥 마을에 다시 나타날 경우를 생각하면서 어머니는 딱할 정도로 조바심을 치기 시작했다. 내가 벌써 귀띔을 해 줘서 어른들은 명선이가 숙부에게 버림받은 게 아니라 스스로 도망쳤다는 사실을 이미 알고 있었다. 전쟁이 끝나기 전에 어떻게든 명선이의 입을 열게 하려고 아버지는 수단 방법을 안 가릴 기세였다.

그날도 나는 명선이와 함께 부서진 다리에 가서 놀고 있었다. 예의 그 위험천만한 곡예 장난을 명선이는 한창 즐기는 중이었다. 콘크리트 부위를 벗어나 그 애가 앙상한 철근을 타고 거미처럼 지옥의 가장귀를 향해 조마조마하게 건너갈 때였다. 그때 우리들 머리 위의 하늘을 두 쪽으로 가르는 굉장한 폭음이 귀뺨을 갈기는 기세로 갑자기 울렸다. 푸른 하늘 바탕을 질러 하얗게 호주기 편대가 떠가고 있었다. ㉢ 비행기의 폭음에 가려 나는 철근 사이에서 울리는 비명을 거의 듣지 못했다. 다른 것은 도무지 무서워할 줄 모르면서도 유독 비행기만은 병적으로 겁을 내는 서울 아이한테 얼핏 생각이 미쳐, 눈길을 하늘에서 허리가 동강이 난 다리로 끌어 내렸을 때, 내가 본 것은 강심을 겨냥하고 빠른 속도로 멀어져 가는 한 송이 ㉣ 쥐바라숭꽃이었다.

명선이가 들꽃이 되어 사라진 후 어느 날 한적한 오후에 나는 그때까지 한 번도 성공한 적이 없

는 모험을 혼자서 시도해 보았다. 겁쟁이라고 비웃는 사람이 아무도 없으니까 의외로 용기가 나고 마음이 차갑게 가라앉는 것이었다.

–윤흥길, 「기억 속의 들꽃」–

11 윗글의 서술상 특징으로 가장 적절한 것은?

① 작품 속에서 서술자가 계속 바뀌고 있다.
② 작품 밖 서술자가 등장인물을 관찰하고 있다.
③ 작품 속 인물이 경험한 내용을 서술하고 있다.
④ 작품 밖에서 서술자가 인물의 심리를 제시하고 있다.

12 '명선이'에 대한 설명으로 적절하지 <u>않은</u> 것은?

① 금반지를 숨겨 두고 있다.
② 숙부로부터 버림을 받았다.
③ 위험천만한 곡예 장난을 했다.
④ 비행기를 병적으로 무서워했다.

13 ㉠~㉣ 중 다음 설명에 해당하는 것은?

6·25 전쟁의 폭력으로 죽어 간 한 소녀를 상징한다.

① ㉠   ② ㉡
③ ㉢   ④ ㉣

[14~16] 다음 글을 읽고 물음에 답하시오.

> 내를 건너서 ⓐ 숲으로
> ⓒ 고개를 넘어서 마을로
>
> 어제도 가고 오늘도 갈
> 나의 길 새로운 길
>
> ⓒ 민들레가 피고 까치가 날고
> ⓓ 아가씨가 지나고 바람이 일고
>
> 나의 길은 언제나 새로운 길
> 오늘도…… 내일도……
>
> 내를 건너서 숲으로   ┐
> 고개를 넘어서 마을로   │ [A]
>   ┘
>
>   － 윤동주, 「새로운 길」 －

14 윗글의 표현상 특징으로 가장 적절한 것은?

① 색채 대비를 통해 시상을 전개하고 있다.
② 소리를 흉내 내는 말로 생동감을 살리고 있다.
③ 동일한 시어를 반복하여 운율을 형성하고 있다.
④ 후각적 심상을 통해 시적 분위기를 조성하고 있다.

15 다음을 참고할 때, ⓐ~ⓓ 중 │내│의 함축적 의미와 가장 유사한 것은?

> 이 시에서 '길'이 인생을 상징한다고 보면, '내'는 인생에서 극복해야 할 시련이나 장애물로 해석할 수 있다.

① ⓐ 　　　　② ⓒ
③ ⓒ 　　　　④ ⓓ

16 [A]에 대한 설명으로 가장 적절한 것은?

① 계절의 변화로 화자의 심리를 드러낸다.
② 대상을 의인화하여 친근감을 느끼게 한다.
③ 과거와 현재를 대비하여 상실감을 표현한다.
④ 공간의 이동을 통해 화자의 지향을 보여 준다.

[17~19] 다음 글을 읽고 물음에 답하시오.

"오늘 밤 새벽 때를 함지에다 머물게 하고, 내일 아침 돋는 해를 부상지에다 매어 두면 가련하신 우리 아버지 좀 더 모셔 보련마는, 날이 가고 달이 가니 뉘라서 막을쏘냐. 애고 애고, 설운지고." 천지가 사정없어 이윽고 닭이 우니 심청이 하릴없어,

"닭아 닭아, 우지 마라. 제발 덕분에 우지 마라. 반야[1] 진관에서 닭 울음 기다리던 맹상군이 아니로다. 네가 울면 날이 새고, 날이 새면 나 죽는다. 죽기는 섫잖아도 의지 없는 우리 아버지 어찌 잊고 가잔 말이냐?"

어느덧 동방이 밝아 오니, 심청이 아버지 진지나 마지막 지어 드리리라 하고 문을 열고 나서니, 벌써 뱃사람들이 사립문 밖에서,

"오늘이 배 떠나는 날이오니 수이 가게 해 주시오."

하니, 심청이 이 말을 듣고 ⓐ 얼굴빛이 없어지고 손발에 맥이 풀리며 목이 메고 정신이 어지러워 뱃사람들을 겨우 불러,

"여보시오 선인네들, 나도 오늘이 배 떠나는 날인 줄 이미 알고 있으나, 내 몸 팔린 줄을 우리 아버지가 아직 모르십니다. 만일 아시게 되면 지레 야단이 날 테니, 잠깐 기다리면 진지나 마지막으로 지어 잡수시게 하고 말씀 여쭙고 떠나게 하겠어요."

하니 뱃사람들이,

"그리하시지요."

하였다. 심청이 들어와 눈물로 밥을 지어 아버지께 올리고, 상머리에 마주 앉아 아무쪼록 진지 많이 잡수시게 하느라고 자반도 떼어 입에 넣어 드리고 김쌈도 싸서 수저에 놓으며,

"진지를 많이 잡수셔요."

심 봉사는 철도 모르고,

"야, 오늘은 반찬이 유난히 좋구나. 뉘 집 제사 지냈느냐."

그날 밤에 꿈을 꾸었는데, 부자간은 천륜지간[2]이라 꿈에 미리 보여 주는 바가 있었다.

"아가 아가, 이상한 일도 있더구나. 간밤에 꿈을 꾸니, 네가 큰 수레를 타고 한없이 가 보이더구나. 수레라 하는 것이 귀한 사람이 타는 것인데 우리 집에 무슨 좋은 일이 있을란가 보다. 그렇지 않으면 장 승상 댁에서 가마 태워 갈란가 보다."

심청이는 저 죽을 꿈인 줄 짐작하고 둘러대기를,

"그 꿈 참 좋습니다."

하고 진짓상을 물려 내고 담배 태워 드린 뒤에 밥상을 앞에 놓고 먹으려 하니 간장이 썩는 눈물은 눈에서 솟아나고, 아버지 신세 생각하며 저 죽을 일 생각하니 정신이 아득하고 몸이 떨려 밥을 먹지 못하고 물렸다. 그런 뒤에 심청이 사당[3]에 하직하려고 들어갈 제, 다시 세수하고 사당 문을 가만히 열고 하직 인사를 올렸다.

－작자 미상, 『심청전』－

1) 반야: 한밤중.
2) 천륜지간: 천륜으로 맺어진 사이. '천륜'은 부모와 자식 간에 하늘의 인연으로 정하여져 있는 사회적 관계나 혈연적 관계를 뜻함.
3) 사당: 조상의 신주를 모셔 놓은 집.

17 윗글에 대한 설명으로 가장 적절한 것은?

① 전통적인 효 사상이 반영되어 있다.

② 간결하고 건조한 문체를 사용하고 있다.

③ 시대적 배경을 구체적으로 묘사하고 있다.

④ 영웅적 인물이 등장하여 갈등을 해결하고 있다.

18 ㉠에서 짐작할 수 있는 '심청'의 심리와 거리가 먼 것은?

① 걱정　　　　② 긴장

③ 분노　　　　④ 불안

19 윗글에 대한 감상으로 가장 적절한 것은?

① '심 봉사'가 딸의 상황을 모르고 있어서 안타깝다.

② 뱃사람을 기다리게 하는 '심청'의 태도가 무례하다.

③ 새벽 닭 우는 장면을 떠올리니 희망찬 느낌이 든다.

④ '심청'의 부탁을 들어주지 않는 뱃사람들이 야속하다.

[20~22] 다음 글을 읽고 물음에 답하시오.

> ⓐ '모두를 위한 디자인'은 노인이나 장애를 가진 사람도 사용하는 데 불편하지 않은 디자인을 말한다. 이 디자인은 처음에 장애인과 노약자 같은 사회적 약자를 위한 복지 차원에서 시작되었다. 그러나 지금은 좀 더 보편적인 의미인 '모든 사람을 위한 디자인'이라는 의미로 통용되고 있으며, 개인이 사용하는 도구나 물건은 물론 공공시설 같은 환경으로까지 확대되고 있다.
>
> 이 디자인이 시작된 미국에서는 신체, 인종, 종교, 문화 차이에 따라 차별을 받지 않도록 규정하는 '동등한 기회' 정신이 보편화되어 있는데, 이러한 가치관이 디자인에도 적용되었다. 옆으로 긴 막대 모양의 문손잡이(옛날에 주로 쓰이던 동그란 문손잡이는 손이 불편하거나 악력이 약한 사람이 사용하기에는 힘들다.), 휠체어를 자유롭게 이용할 수 있는 지하철의 엘리베이터(지하철 계단에 설치된 휠체어 리프트보다 훨씬 유용하다.), 횡단보도에서 파란불이 켜질 때 나오는 소리, 공공장소나 대중교통에서 나오는 다국어 음성 안내 등을 '모두를 위한 디자인'이라 부를 수 있다. 이런 디자인은 사회적 약자뿐만이 아니라 사회적 약자가 아닌 사람에게도 유용하다.
>
> '모두를 위한 디자인'의 원칙을 보면, 이와 같은 특징을 잘 이해할 수 있다.
>
> ⟨㉑⟩
>
> 이 외에도 비싸지 않아야 하고 내구성이 있어야 한다. 또한 품질이 좋고 심미적이어야 하며, 인체와 환경을 배려해야 함은 말할 것도 없다.
> – 김신, 「모두를 위한 디자인」 –

20 윗글에서 '모두를 위한 디자인'이 적용된 예가 아닌 것은?

① 건물 출입구의 계단
② 지하철의 엘리베이터
③ 횡단보도의 신호등 소리
④ 긴 막대 모양의 문손잡이

21 ㉠과 같은 설명 방법이 사용된 것은?

① 동물은 척추동물과 무척추동물로 나뉜다.
② 발효 음식의 예로 김치와 간장, 된장이 있다.
③ 지구촌 곳곳의 폭염과 화재의 원인은 기후 변화이다.
④ 정삼각형은 변의 길이와 내각의 크기가 모두 같은 삼각형이다.

22 ㉑에 들어갈 원칙으로 적절하지 않은 것은?

① 누구나 쉽게 접근할 수 있어야 한다.
② 누가 쓰더라도 차별 받는 느낌이 없어야 한다.
③ 무리한 힘을 들이지 않아도 사용할 수 있어야 한다.
④ 잘못 다루었을 때 원래 상태로 되돌리기 어려워야 한다.

[23~25] 다음 글을 읽고 물음에 답하시오.

파스퇴르가 살던 시대 사람들은 미생물이 저절로 발생한다고 믿었습니다. 권위 있는 학자들도 예외는 아니어서 이러한 믿음을 학설로 굳혀 놓기까지 했습니다. ㉮ 파스퇴르는 권위에 따르지 않고 실험을 통해 반론을 폈습니다.

㉠ 파스퇴르는 멸균하지 않은 육즙은 발효되었지만, 멸균한 육즙은 발효가 일어나지 않고 원래의 맛과 모습을 계속 유지한다는 사실을 알아냈습니다. 생명이 없는 육즙이 변형되어 생명체인 미생물이 발생하는 것은 불가능하다는 사실을 보여준 것이지요. 미생물이 무생물로부터 자연적으로 발생하는 것이 아니라 사람처럼 생명을 지닌 고유한 존재라는 사실을 입증했습니다.

의심은 마법사의 물과 같습니다. 의심하는 순간 죽어 있던 진실이 생명을 얻고 살아나기 시작하니까요. 그렇다고 밑도 끝도 없이 의심만 해야 한다는 이야기는 아닙니다. ㉯ 모두가 옳다고 주장하는 이야기라도 틀릴 수 있다는 사실을 잊지 말아야 한다는 것입니다.

"자유 낙하를 하는 두 물체 중 더 무거운 것이 더 빨리 땅에 떨어진다."

㉡ 아리스토텔레스는 이렇게 주장하고, 대부분의 사람은 이 주장을 별 의심 없이 받아들였습니다. 하지만 ㉢ 갈릴레이는 이 주장에 의문을 품었습니다. 그리고 여러 번의 실험으로 모든 물체는 그 무게와 관계없이 똑같은 속도로 자유 낙하한다는 사실을 증명해 냈습니다.

㉣ 코페르니쿠스 역시 누구나 믿고 따르던 프톨레마이오스의 생각, 즉 우주의 중심이 지구라는 생각에 의심을 품었습니다. 그리고 지구가 태양을 중심으로 돈다는 지동설을 주장했습니다.

이처럼 탐구하는 것은 우리를 둘러싸고 있는 잘못된 믿음에 의심을 품고, 새로운 가설을 세우고 실험으로 입증하여 그 잘못을 바로잡는 일을 뜻합니다.

－남창훈, 「생명을 불어넣는 마법사의 물」－

23 윗글의 내용과 일치하는 것은?

① 멸균한 육즙에서는 발효가 일어난다.
② 미생물은 무생물로부터 자연적으로 발생한다.
③ 프톨레마이오스는 우주의 중심이 태양이라고 생각했다.
④ 모든 물체는 무게와 관계없이 같은 속도로 자유 낙하한다.

24 ㉮에 들어갈 말로 가장 적절한 것은?

① 그러나　　　　② 그리고
③ 따라서　　　　④ 왜냐하면

25 ㉠~㉣ 중 윗글에서 ㉯를 뒷받침하는 사례로 제시된 인물이 **아닌** 것은?

① ㉠　　　　② ㉡
③ ㉢　　　　④ ㉣

01 다음은 36을 소인수분해하는 과정을 나타낸 것이다. 36을 소인수분해한 것은?

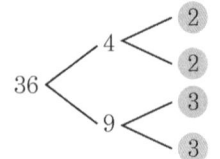

① 2×3

② $2^2 \times 3$

③ 2×3^2

④ $2^2 \times 3^2$

02 $(-3)+(+5)$를 계산하면?

① 2

② 3

③ 4

④ 5

03 다음을 문자를 사용한 식으로 바르게 나타낸 것은?

> 한 개에 500원인 막대 사탕 a개의 가격

① $(500+a)$원

② $(500-a)$원

③ $(500 \times a)$원

④ $(500 \div a)$원

04 일차방정식 $4x-3=6+x$의 해는?

① 3

② 4

③ 5

④ 6

05 다음 좌표평면 위에 있는 점 A의 좌표는?

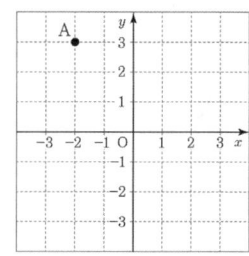

① $A(-2, -3)$

② $A(-2, 3)$

③ $A(2, -3)$

④ $A(2, 3)$

06 그림과 같이 원 O에서 $\angle AOB = 30°$, $\angle COD = 150°$이고, 부채꼴 AOB의 넓이가 5cm^2일 때, 부채꼴 COD의 넓이는?

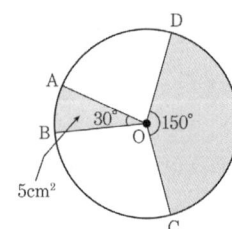

① 10cm^2

② 15cm^2

③ 20cm^2

④ 25cm^2

07 다음은 어느 반 학생 25명의 하루 평균 통화 시간을 조사하여 나타낸 히스토그램이다. 하루 평균 통화 시간이 40분 이상인 학생 수는?

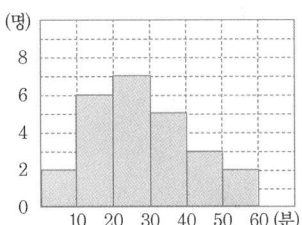

① 3
② 5
③ 7
④ 9

08 다음 분수 중 유한소수로 나타낼 수 있는 것은?

① $\dfrac{1}{3}$

② $\dfrac{1}{5}$

③ $\dfrac{1}{7}$

④ $\dfrac{1}{9}$

09 $-2x^2 \times 3x^5$을 간단히 한 것은?

① $-6x^7$

② $-6x^{10}$

③ $5x^7$

④ $5x^{10}$

10 일차부등식 $2x \leq 6$의 해를 수직선 위에 나타낸 것은?

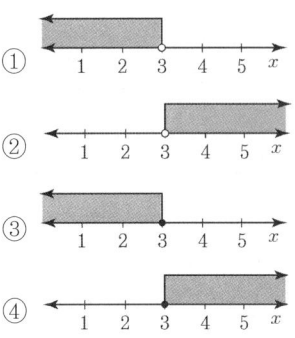

11 그림은 일차함수 $y = ax + 2$의 그래프이다. 상수 a의 값은?

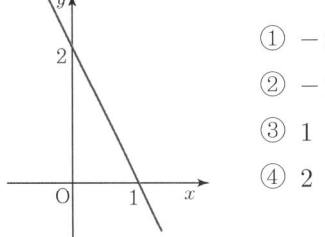

① -2
② -1
③ 1
④ 2

12 그림과 같이 $\overline{AB} = \overline{AC}$인 이등변삼각형 ABC에서 ∠B = 45°일 때, ∠x의 크기는?

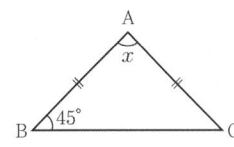

① 80°
② 85°
③ 90°
④ 95°

13 그림에서 □ABCD∽□EFGH이고 닮음비가 5 : 3이다. $\overline{BC}=10\text{cm}$일 때, $\overline{FG}$의 길이는?

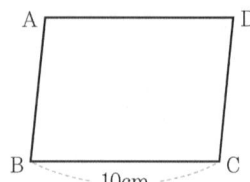 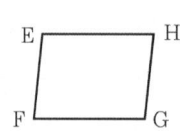

① 3cm   ② 4cm

③ 5cm   ④ 6cm

14 항아리에 1부터 9까지의 자연수가 각각 하나씩 적힌 공 9개가 들어 있다. 이 항아리에서 공 한 개를 꺼낼 때, 3의 배수가 적힌 공이 나올 경우의 수는?

① 1

② 2

③ 3

④ 4

15 $5\sqrt{3}-3\sqrt{3}$을 간단히 한 것은?

① $-2\sqrt{3}$ ② $-\sqrt{3}$

③ $\sqrt{3}$ ④ $2\sqrt{3}$

16 다항식 x^2+5x+6을 인수분해한 것은?

① $(x+2)(x+3)$

② $(x+2)(x+4)$

③ $(x+3)^2$

④ $(x+4)(x+5)$

17 이차함수 $y=x^2+1$의 그래프에 대한 설명으로 옳은 것은?

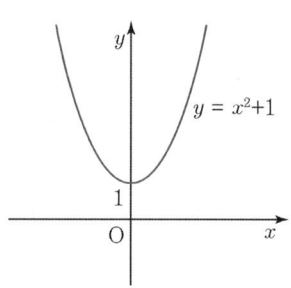

① 위로 볼록하다.

② 점 $(1,\ 1)$을 지난다.

③ 직선 $x=0$을 축으로 한다.

④ 꼭짓점의 좌표는 $(1,\ 0)$이다.

18 그림과 같이 반지름의 길이가 1인 사분원에서 $\sin 42°$의 값은? (단, 0.67, 0.74는 어림한 값이다.)

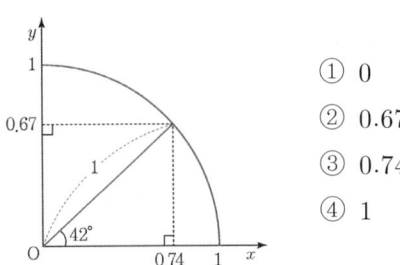

① 0

② 0.67

③ 0.74

④ 1

19 그림과 같이 원 O의 중심에서 두 현 AB, CD에 내린 수선의 발을 각각 M, N이라고 하자. $\overline{OM} = \overline{ON} = 5\text{cm}$, $\overline{CD} = 16\text{cm}$일 때, $\overline{AM}$의 길이는?

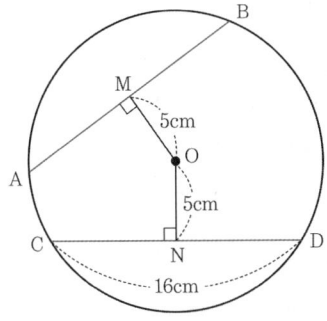

① 5cm

② 6cm

③ 7cm

④ 8cm

20 다음 자료는 학생 8명의 수학 퀴즈 점수를 조사하여 나타낸 것이다. 이 자료의 최빈값은?

(단위 : 점)

8 7 8 6 9 10 10 8

① 7점

② 8점

③ 9점

④ 10점

01 다음 밑줄 친 단어의 뜻으로 가장 적절한 것은?

> He is a very <u>famous</u> singer and has a lot of fans.

① 독특한　　② 유명한
③ 친절한　　④ 편안한

02 다음 중 두 단어의 의미 관계가 나머지 셋과 다른 것은?

① rise － fall　　② win － lose
③ open － close　　④ end － finish

03 다음 빈칸에 들어갈 말로 가장 적절한 것은?

> Kate is good at skating, but she _____ good at skiing.

① are　　② does
③ isn't　　④ don't

[4~6] 다음 대화의 빈칸에 들어갈 말로 가장 적절한 것을 고르시오.

04

> A : How _____ do you play basketball?
> B : Three times a week.

① tall　　② often
③ many　　④ pretty

05

> A : Tom, what are you doing?
> B : Mom, I'm _____ for my math textbook. I can't find it.
> A : Why don't you check under the bed?

① putting　　② sleeping
③ looking　　④ wearing

06

A : Jessica, how about going to the flower festival today?

B : Sure, Dad. What time do you want to go?

A : _____ .

① I'll buy a cap

② That's a nice flower

③ I'm taking a taxi

④ Let's leave home at 2 o'clock

08 다음 대화에서 A가 찾아가려는 곳의 위치로 옳은 것은?

A : Excuse me. How do I get to the post office?

B : Go straight one block and turn left. It's on your right.

A : Thank you.

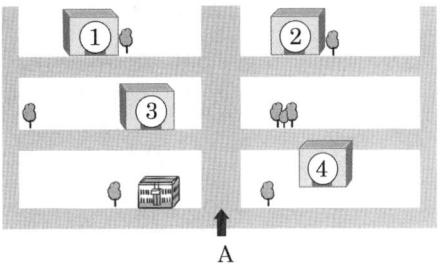

07 다음 빈칸에 공통으로 들어갈 말로 가장 적절한 것은?

- He looks _____ his father.
- What do you _____ to do during the vacation?

① try   ② like

③ take   ④ work

09 그림으로 보아 빈칸에 들어갈 말로 가장 적절한 것은?

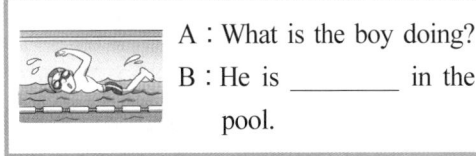

A : What is the boy doing?

B : He is _____ in the pool.

① flying   ② writing

③ drawing   ④ swimming

10 다음 대화가 끝난 후 두 사람이 주문할 음식은?

> A : What would you like to eat for dinner?
> B : What about hamburgers?
> A : Well, I had that for lunch. Why don't we order a pizza?
> B : Sounds great.

① 피자　　　　② 샐러드
③ 스파게티　　④ 스테이크

11 다음 대화의 빈칸에 들어갈 말로 가장 적절한 것은?

> A : Mr. Smith, can I go home early today?
> B : Oh, you don't look so good. What's wrong?
> A : _____.

① You're welcome
② I have a high fever
③ I'm happy to hear that
④ You should exercise more

12 다음 대화의 주제로 가장 적절한 것은?

> A : What do you do in your free time?
> B : I like to bake cookies. How about you?
> A : I usually watch movies.

① 여가 활동　　② 장래 희망
③ 영화 추천　　④ 선호 음식

13 다음 홍보문을 보고 알 수 없는 것은?

> *Star Dance Club*
> • We practice K-pop dance every Friday.
> • We need five new members.
> ★ To sign up, email the club president at dance@school.kr.

① 연습 요일　　② 활동 장소
③ 모집 인원　　④ 신청 방법

14 다음 방송의 목적으로 가장 적절한 것은?

> Good morning, everyone. Let me tell you some safety rules for riding a bike in the park. First, put on a helmet to protect your head. Second, wear bright colors at night so that people can see you easily.

① 보건실 이전 공지
② 지역 관광 명소 홍보
③ 공원 내 편의 시설 소개
④ 자전거 운행 시 안전 수칙 안내

15 다음 대화에서 B가 늦은 이유는?

> A : You're late. What happened?
> B : I'm so sorry. I took the wrong subway.
> A : That's terrible. I'm glad you're here before the game starts.

① 수업이 늦게 끝나서
② 지하철을 잘못 타서
③ 표를 구하지 못해서
④ 심부름을 해야 해서

16 Ocean Hotel에 관한 다음 글의 내용과 일치하지 <u>않는</u> 것은?

> Ocean Hotel is next to the beach. Every room has a view of the sea. Guests can eat fresh seafood at the hotel restaurant. There are also free boat tours for all guests.

① 해변 옆에 있다.
② 모든 객실에서 바다를 볼 수 있다.
③ 식당에서 신선한 해산물을 먹을 수 있다.
④ 무료 버스 관광을 제공한다.

17 다음 글의 흐름으로 보아 어울리지 <u>않는</u> 문장은?

> I would like to introduce our new orchestra member, Sophie. ⓐ She plays the violin. ⓑ She has lots of experience playing in orchestras. ⓒ The violin is smaller than the guitar. ⓓ She has won many violin contests. Let's all welcome Sophie.

① ⓐ   ② ⓑ
③ ⓒ   ④ ⓓ

18 다음 글에서 Mike가 책을 빌리지 못한 이유로 가장 적절한 것은?

> Mike had to read some books for his science project. So, he went to the library yesterday. He found the books there. However, he couldn't borrow them because he left his library card at home.

① 이미 너무 많은 책을 빌려서
② 필요한 책이 도서관에 없어서
③ 도서관 카드를 집에 두고 와서
④ 도서관 공사로 대출이 중단되어서

19 그래프로 보아 빈칸에 들어갈 말로 가장 적절한 것은?

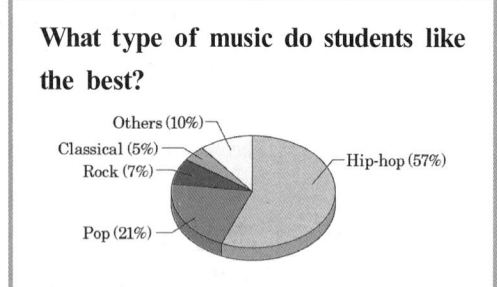

What type of music do students like the best?

Others (10%)
Classical (5%)
Rock (7%)
Pop (21%)
Hip-hop (57%)

> More than half of the students like _____ the best.

① hip-hop   ② pop
③ rock   ④ classical

20 다음 글에서 언급된 내용이 <u>아닌</u> 것은?

> My name is David. This is my family photo. Here is my younger sister, Christine. She is in the third grade. Next to her, my parents are sitting in chairs. My father is a teacher, and my mother is a doctor. We are a happy family.

① 글쓴이의 이름
② 여동생의 학년
③ 아버지의 직업
④ 어머니의 나이

21 다음 밑줄 친 <u>them</u>이 가리키는 것으로 가장 적절한 것은?

> Here's how to relax your eyes when they feel tired. Close your eyes and press <u>them</u> gently with your fingers. When you finish, cover your eyes with warm towels. This will make your eyes feel more relaxed.

① eyes   ② hands
③ towels   ④ glasses

22 영화관에서 지켜야 할 사항으로 언급되지 않은 것은?

> • Don't talk loudly.
> • Don't use cell phones.
> • Don't throw trash on the floor.

① 크게 말하지 않기
② 휴대폰 사용하지 않기
③ 앞좌석 발로 차지 않기
④ 바닥에 쓰레기 버리지 않기

23 다음 글의 주제로 가장 적절한 것은?

> These days robots play many different roles. Some robots take orders at restaurants. Others make coffee at cafés. They also work as guides at airports. They even talk to people as friends.

① 로봇의 다양한 역할
② 온라인 쇼핑의 장단점
③ 컴퓨터 교육의 필요성
④ 친구 간 대화의 중요성

24 다음 글을 쓴 목적으로 가장 적절한 것은?

> Hi, Sam. It's me, Chris. I know we were going to play soccer today. But it's raining now, and I heard that it will not stop until tonight. So, why don't we change the plan?

① 계획 변경을 제안하려고
② 경기 규칙을 설명하려고
③ 최신 스피커를 광고하려고
④ 공부에 관한 조언을 구하려고

25 다음 글의 바로 뒤에 이어질 내용으로 가장 적절한 것은?

> Do you like cheese? Making cheese at home is easy and fun. It takes only 30 minutes. And you just need some milk, lemon juice, and salt. Now, let's take a look at the steps to make cheese with these three things.

① 버터 활용 사례
② 캠핑 음식의 종류
③ 주요 소금 생산지
④ 치즈를 만드는 절차

2022년 제2회

01 ㉠, ㉡에 해당하는 것으로 옳은 것은?

> ┌─ ㉠ ─┐ 은/는 한 나라의 표준시를 정하는 기준이 되는 선이다. 지구는 24시간 동안 360°를 회전하기 때문에 ┌─ ㉡ ─┐ 15°마다 1시간의 시차가 발생한다.

	㉠	㉡
①	적도	경도
②	적도	위도
③	표준 경선	경도
④	표준 경선	위도

02 다음 편지글에 나타난 지역의 기후는?

> ○○에게,
>
> ○○아 안녕, 나는 오늘 브라질의 아마존 강 근처를 탐험했어. 이곳은 덥고 습한 지역이지만, 다행히 한낮에는 스콜이라고 불리는 소나기가 내려서 그때는 조금 시원한 기분이 들기도 해.

① 스텝 기후　② 사막 기후
③ 툰드라 기후　④ 열대 우림 기후

03 다음에서 설명하는 지역으로 옳은 것은?

> 힌두교의 발상지로, 다양한 종교와 언어가 나타나고 소를 신성시한다.

① 인도 문화 지역
② 아프리카 문화 지역
③ 오세아니아 문화 지역
④ 라틴 아메리카 문화 지역

04 다음에서 설명하는 자연재해는?

> 오랜 기간 비가 오지 않아 땅이 메마르고 물이 부족해지는 재해로, 농업 활동에 지장을 초래한다.

① 가뭄　　② 태풍
③ 폭설　　④ 홍수

05 다음 설명에 해당하는 것은?

> • 도시의 중심부에 위치하여 접근성이 좋고 땅값이 비쌈.
> • 상업과 업무 기능이 밀집된 중심 업무 지구가 형성됨.

① 도심　　② 촌락
③ 주변지역　④ 개발 제한 구역

06 우리나라의 영역 중 ㉠에 해당하는 것은?

> ┌─────────────────────────────┐
> │ ㉠ 은/는 국가의 주권이 미치는 바
> │ 다로, 기선으로부터 측정하여 그 바깥쪽 12
> │ 해리의 선까지에 이르는 수역으로 한다.
> └─────────────────────────────┘

① 영공 　　　　　② 영토
③ 영해 　　　　　④ 배타적 경제 수역

07 (가), (나)에 해당하는 것으로 옳은 것은?

> ┌─────────────────────────────┐
> │ (가) 바람을 이용해 전력을 생산하며, 산지나
> │ 　　 해안 등 바람이 강하고 지속적으로 부는
> │ 　　 지역에서 유리하다.
> │ (나) 땅속의 열을 이용해 전력을 생산하며,
> │ 　　 아이슬란드, 뉴질랜드 등 화산 지대에
> │ 　　 서 볼 수 있다.
> └─────────────────────────────┘

	(가)	(나)
①	조력 발전	지열 발전
②	풍력 발전	지열 발전
③	조력 발전	원자력 발전
④	풍력 발전	원자력 발전

08 ㉠에 들어갈 산맥으로 옳은 것은?

> ┌─────────────────────────────┐
> │ ㉠ 에는 세계 최고봉인 에베레스트
> │ 산이 위치한다. 이 산맥과 인접한 국가에서
> │ 는 등산객들을 대상으로 한 관광 산업이 발
> │ 달하였다.
> └─────────────────────────────┘

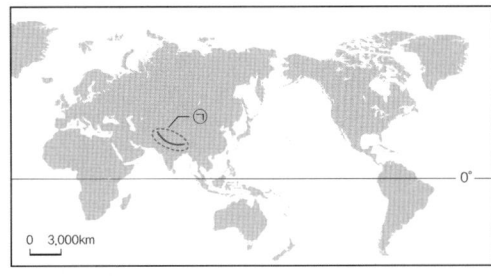

① 로키 산맥 　　　　② 우랄 산맥
③ 안데스 산맥 　　　④ 히말라야 산맥

09 다음과 같은 사회적 지위의 공통적인 특성은?

> ┌─────────────────────────────┐
> │ ●교사 　　　●대학생 　　　●회사원
> └─────────────────────────────┘

① 귀속 지위에 해당한다.
② 태어날 때부터 자연적으로 주어진다.
③ 지위에 따라 기대되는 행동 양식이 없다.
④ 개인의 의지와 노력으로 얻게 되는 지위이다.

10 다음 내용에 해당하는 문화의 속성은?

> ┌─────────────────────────────┐
> │ 　문화는 언어와 문자 등을 통해 다음 세대
> │ 에 전승되면서 더욱 풍부하고 다양해진다.
> └─────────────────────────────┘

① 축적성 　　　　② 유동성
③ 안전성 　　　　④ 수익성

11 다음에서 설명하는 민주 선거의 원칙은?

> 일정한 연령 이상의 국민이면 누구나 선거권을 갖는 원칙이며 재산, 성별, 인종 등을 이유로 선거권을 부당하게 제한하지 않는 것을 의미한다.

① 공개 선거　　② 대리 선거
③ 보통 선거　　④ 차등 선거

12 그래프와 같이 공급 곡선이 A에서 B로 이동했을 때, 균형 가격과 균형 거래량의 변화로 옳은 것은? (단, 다른 조건은 일정함)

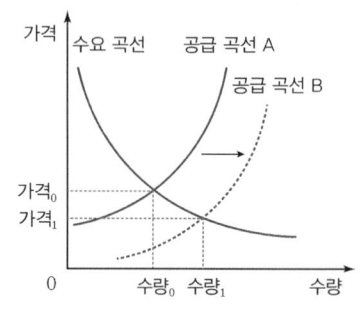

	균형 가격	균형 거래량
①	상승	증가
②	하락	증가
③	상승	감소
④	하락	감소

13 다음에서 설명하는 것은?

> • 주민과 그들이 뽑은 대표들이 지역의 사무를 자율적으로 처리하는 제도
> • '민주주의의 학교', '풀뿌리 민주주의'라고도 함.

① 심급 제도
② 문화 사대주의
③ 증거 재판주의
④ 지방 자치 제도

14 밑줄 친 ㉠에 해당하는 재판은?

> 경찰이 대형 마트에서 500만 원대의 전자 제품을 훔친 A 씨를 붙잡았다. 이 사건에 대하여 검사가 법원에 공소를 제기하면서 ㉠ 재판이 시작되었다.

① 가사 재판　　② 선거 재판
③ 형사 재판　　④ 행정 재판

15 ㉠에 해당하는 국가 기관으로 옳은 것은?

> 헌법
> 제40조 입법권은 　㉠　에 속한다.

① 국회　　　　② 감사원
③ 대법원　　　④ 헌법 재판소

16 다음 설명에 해당하는 자원의 특성은?

> 인간의 욕구는 무한하지만 이를 충족해 줄 자원이 상대적으로 부족한 상태

① 합리성　　　　② 희소성
③ 효율성　　　　④ 형평성

17 다음 유물이 처음 제작된 시기의 생활 모습으로 옳지 않은 것은?

〈빗살무늬 토기〉

① 움집을 짓고 살았다.
② 간석기를 사용하였다.
③ 철제 무기를 제작하였다.
④ 농경과 목축이 시작되었다.

18 다음에서 설명하는 고려의 왕은?

> 호족 세력을 포섭하기 위해 유력한 호족들과 혼인 관계를 맺었으며, 사심관 제도, 기인 제도를 실시하여 호족을 견제하였다. 또한 후손들에게 훈요 10조를 남겨 통치의 교훈으로 삼도록 하였다.

① 대조영　　　　② 장수왕
③ 박혁거세　　　④ 태조 왕건

19 다음에서 설명하는 역사서는?

> 승려 일연은 단군 이야기를 포함하여 고대로부터 전해오는 역사와 설화 등을 담은 역사서를 저술하였다.

① 경국대전　　　② 삼국유사
③ 동의보감　　　④ 삼강행실도

20 ㉠에 들어갈 내용으로 옳은 것은?

> 〈진흥왕의 업적〉
> ● 한강 유역으로 진출하여 영토 확장
> ● ㉠ 을/를 통해 인재 양성
> ● 황룡사를 건립하여 불교 진흥

① 별무반　　　　② 화랑도
③ 삼별초　　　　④ 훈련도감

21 ㉠에 들어갈 국가로 옳은 것은?

> 위화도 회군으로 권력을 장악한 이성계는 과전법을 실시한 후, 새 왕조 개창에 반대하던 정몽주 등을 제거하고 ㉠ 을/를 건국하였다.

① 백제　　　　　② 신라
③ 조선　　　　　④ 고구려

22 조선 정조의 업적으로 옳은 것을 〈보기〉에서 고른 것은?

┤ 보기 ├
ㄱ. 척화비 건립
ㄴ. 규장각 설치
ㄷ. 훈민정음 창제
ㄹ. 수원 화성 건설

① ㄱ, ㄴ
② ㄱ, ㄷ
③ ㄴ, ㄷ
④ ㄴ, ㄹ

23 ㉠에 들어갈 내용으로 옳은 것은?

〈수행평가 보고서〉
주제 : ㉠
• 전개 : 황토현 전투 → 전주 화약 체결 → 집강소 설치 → 우금치 전투

① 병인양요
② 살수 대첩
③ 동학 농민 운동
④ 6월 민주 항쟁

24 ㉠에 들어갈 내용으로 옳은 것은?

역사 스피드 퀴즈

3·1 운동 이후 중국 상하이에 수립되었고, 민주 공화제를 지향하였어.

① 청해진
② 교정도감
③ 독립협회
④ 대한민국 임시 정부

25 다음에서 설명하는 민주화 운동이 일어난 배경은?

1960년 4월 19일, 학생과 시민들은 이승만 정부의 퇴진을 요구하며 대규모 시위를 벌였다. 학생과 시민의 저항이 거세지자 이승만은 결국 대통령직에서 물러났다.

① 단발령
② 금융 실명제
③ 새마을 운동
④ 3·15 부정 선거

2022년 제2회 기출문제

정답 및 해설 p.378

01 다음에서 설명하는 힘은?

> • 지구가 물체를 당기는 힘이다.
> • 힘의 방향은 지구 중심을 향한다.
> • 힘의 크기는 물체의 질량에 비례한다.

① 부력　　　　　② 중력

③ 마찰력　　　　④ 탄성력

02 암실에서 흰 종이 위에 놓인 빨간색 공에 파란색 빛을 비추었을 때 관찰되는 공의 색은?

① 검은색　　　　② 노란색

③ 빨간색　　　　④ 파란색

03 그림은 전류가 흐르는 원형 코일 옆에 놓인 나침반을 나타낸 것이다. 전류가 흐르는 방향이 반대일 때, 나침반의 모습은? (단, 전류에 의한 자기장만 고려한다.)

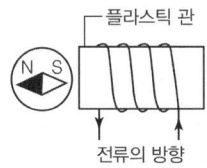
플라스틱 관
전류의 방향

① 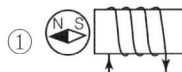　　②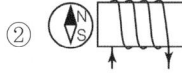

③ 　　④

04 다음 설명의 ㉠에 해당하는 것은?

> (㉠)은/는 열이 물질을 거치지 않고 직접 이동하는 현상이다.

① 단열　　　　　② 대류

③ 복사　　　　　④ 전도

05 표는 물체 A~D의 질량과 A~D를 들어 올린 높이를 나타낸 것이다. A~D 중 위치 에너지가 가장 많이 증가한 것은?

물체	질량(kg)	들어 올린 높이(m)
A	1	1
B	1	2
C	2	1
D	2	2

① A　　　　　　② B

③ C　　　　　　④ D

06 그림 P지점에서 가만히 놓은 쇠구슬이 운동하는 모습을 나타낸 것이다. 지점 A, B, C에서 쇠구슬의 역학적 에너지 크기를 비교한 것으로 옳은 것은? (단, 공기 저항과 마찰은 무시한다.)

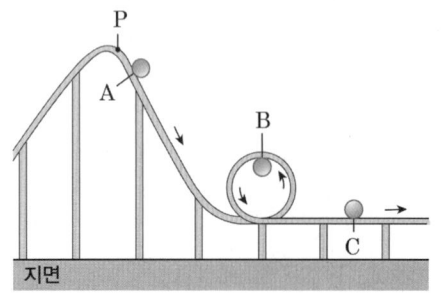

① A = B = C   ② A > B > C
③ B > C > A   ④ C > B > A

07 나트륨의 원소 기호는?

① na   ② nA
③ Na   ④ NA

08 그림은 어떤 물질의 상태 변화를 나타낸 것이다. 이에 대한 설명으로 옳은 것은?

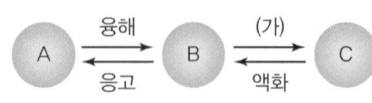

① A는 기체이다.
② B는 고체이다.
③ C는 액체이다.
④ (가)는 기화이다.

09 다음 중 순물질을 모두 고른 것은?

구리, 설탕, 우유, 소금물

① 구리, 설탕   ② 설탕, 우유
③ 구리, 소금물   ④ 우유, 소금물

10 그림은 일정량의 기체의 압력에 따른 부피 변화를 나타낸 것이다. 2기압일 때 기체의 부피(mL)는? (단, 온도는 일정하다.)

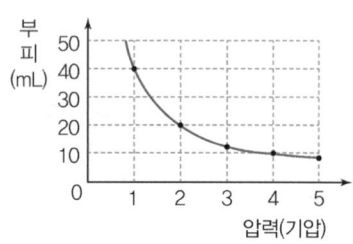

① 10   ② 20
③ 30   ④ 40

11 다음은 암모니아(NH_3) 기체가 생성되는 반응의 화학 반응식을 나타낸 것이다. 질소(N_2) 기체 1L와 수소(H_2) 기체 3L가 모두 반응할 때 생성되는 암모니아(NH_3) 기체의 부피(L)는? (단, 온도와 압력은 일정하다.)

$$N_2 + 3H_2 \rightarrow 2NH_3$$

① 1   ② 2
③ 3   ④ 4

12 다음 중 화학 변화에 해당하는 것은?

① 김치가 시어진다.

② 두부를 작게 자른다.

③ 아이스크림이 녹는다.

④ 물을 가열하면 수증기가 된다.

13 다음 중 생물 다양성의 감소 원인이 <u>아닌</u> 것은?

① 환경 오염

② 서식지 파괴

③ 무분별한 남획

④ 멸종 위기종 보호

14 다음 중 원생생물계에 속하는 생물이 <u>아닌</u> 것은?

① 김　　　　　　② 소나무

③ 아메바　　　　④ 짚신벌레

15 그림과 같이 순종의 황색 완두(YY)와 순종의 녹색 완두(yy)를 교배하여 얻은 잡종 1대를 자가 수분시켜 잡종 2대를 얻었을 때, 잡종 2대에서 황색 완두와 녹색 완두의 표현형의 비는?

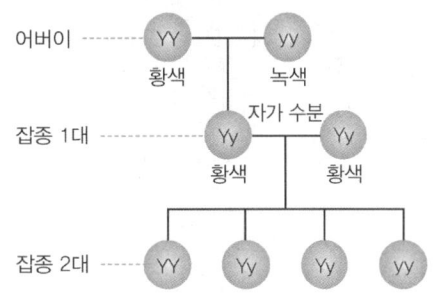

	황색 완두	:	녹색 완두
①	1	:	1
②	2	:	1
③	3	:	1
④	4	:	1

16 그림은 식물의 호흡 결과 생성된 기체를 확인하기 위한 실험 장치를 나타낸 것이다. 이 장치를 어두운 곳에 오래 두었더니 시험관 A의 석회수만 뿌옇게 흐려졌다. 석회수를 뿌옇게 만든 기체는?

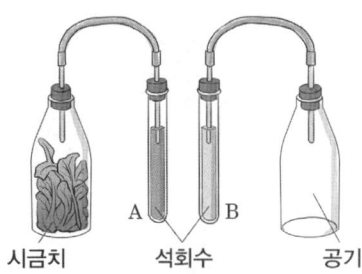

① 산소　　　　　② 수소

③ 질소　　　　　④ 이산화 탄소

17 그림은 사람의 소화 기관을 나타낸 것이다. A~D 중 쓸개즙을 생성하고, 요소를 합성하는 기관은?

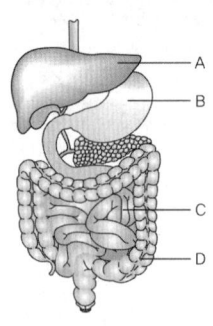

① A
② B
③ C
④ D

18 그림은 생식세포 분열 과정의 일부를 나타낸 것이다. 감수 1분열 전기 단계인 세포의 염색체 수가 4개일 때, 딸세포 A의 염색체 수는? (단, 돌연변이는 없다.)

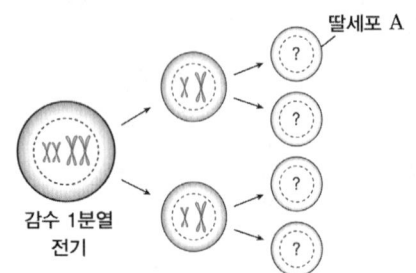

① 1개
② 2개
③ 4개
④ 8개

19 광합성에 영향을 주는 환경 요인으로 옳은 것만을 〈보기〉에서 모두 고른 것은?

보기
ㄱ. 온도
ㄴ. 빛의 세기
ㄷ. 이산화 탄소의 농도

① ㄱ, ㄴ
② ㄱ, ㄷ
③ ㄴ, ㄷ
④ ㄱ, ㄴ, ㄷ

20 다음 중 어두운색을 띠는 광물을 많이 포함하고 있는 화산암은?

① 대리암
② 석회암
③ 현무암
④ 화강암

21 다음 설명에 해당하는 태양계의 행성은?

- 주로 수소와 헬륨으로 이루어져 있다.
- 태양계의 행성 중 부피와 질량이 가장 크다.

① 수성
② 지구
③ 화성
④ 목성

22 그림은 태양의 표면을 나타낸 것이다. 주변보다 온도가 낮아 어둡게 보이는 A의 명칭은?

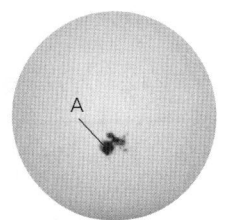

① 채층   ② 흑점
③ 코로나   ④ 플레어

23 다음 중 성층권의 특징으로 옳은 것은?

① 오존층이 존재한다.
② 공기의 대류가 활발하게 일어난다.
③ 높이 올라갈수록 기온이 낮아진다.
④ 비가 내리는 기상 현상이 나타난다.

24 표는 별 A~D의 겉보기 등급과 절대 등급을 나타낸 것이다. A~D 중 지구에서 가장 가까운 별은?

별 \ 등급	겉보기 등급	절대 등급
A	−1.5	1.4
B	0.5	−5.1
C	1.3	−8.7
D	2.1	−3.7

① A   ② B
③ C   ④ D

25 그림은 기온에 따른 포화 수증기량을 나타낸 것이다. 기온 A~D 중 포화 수증기량이 가장 적은 것은?

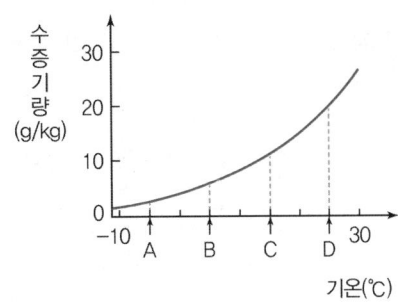

① A   ② B
③ C   ④ D

도덕

2022년 제2회 기출문제

정답 및 해설 p.381

01 다음 일기에서 알 수 있는 인간의 특성은?

> 20○○년 ○월 ○일
>
> 학교에서 집으로 돌아가다가 도움을 필요로 하는 할머니를 지나쳐 갔다. 처음에는 집에 가고 싶은 생각에 지나쳐 갔지만 양심의 가책을 느껴서 할머니를 도우러 갔다.

① 도구적 존재   ② 도덕적 존재

③ 문화적 존재   ④ 유희적 존재

02 다음 대화에서 교사가 사용한 비판적 사고의 방법은?

귀찮아서 쓰레기를 교실에 버렸어요.

모든 사람이 너처럼 귀찮다고 쓰레기를 버리면 교실은 어떻게 될까?

학생   교사

① 반증 사례 검사

② 오류와 편견 검사

③ 보편화 결과 검사

④ 사실적 판단 검사

03 도덕 추론 과정에서 ㉠에 들어갈 용어는?

> • 도덕 원리 : 다른 사람을 돕는 행위는 옳다.
>
> ↓
>
> • 사실 판단 : 봉사 활동은 다른 사람을 돕는 행위이다.
>
> ↓
>
> • (㉠) 판단 : 봉사 활동은 옳다.

① 관찰   ② 도덕

③ 의식   ④ 교차

04 도덕적 신념 형성에 필요한 보편적 가치로 옳은 것은?

① 평화   ② 맹목

③ 방종   ④ 환상

05 행복한 삶을 위해 필요한 것을 〈보기〉에서 고른 것은?

> ┤ 보기 ├
>
> ㄱ. 좋은 습관   ㄴ. 허례허식
>
> ㄷ. 정서적 건강   ㄹ. 부정적 자아관

① ㄱ, ㄴ   ② ㄱ, ㄷ

③ ㄴ, ㄹ   ④ ㄷ, ㄹ

06 세계 시민으로서 할 수 있는 도덕적 실천으로 옳은 것은?

① 난민을 위해 기부하기

② 민족적 정체성만 강조하기

③ 잘못된 편견을 가지고 외국인을 대하기

④ 해외에서 일어나는 전쟁 소식에 무관심하기

07 현대 사회의 가정 윤리로 적절하지 <u>않은</u> 것은?

① 충분한 의사소통하기

② 서로의 가치를 존중하며 대화하기

③ 민주적 협의를 통해 집안일 나누기

④ 시대에 맞지 않는 전통 관습을 그대로 따르기

08 ㉠에 들어갈 덕목은?

◆ 덕목 탐구 보고서 ◆

• 덕목 : (㉠)
• 의미 : 상대방의 처지와 감정을 헤아려 보살펴 주고 도와 줌.
• 사례 : 몸이 아픈 친구의 입장에서 생각하여 도와 줌.

① 경건　　　　② 무지

③ 배려　　　　④ 탐욕

09 청소년기의 올바른 이성 교제 태도로 가장 적절한 것은?

① 서로를 존중하는 자세 갖기

② 잘못된 부탁이라도 무조건 들어주기

③ 이성에게 잘 보이기 위해 비싼 선물 주기

④ 이성 교제를 성적 욕구의 수단으로 생각하기

10 밑줄 친 ㉠에 들어갈 대답으로 적절하지 <u>않은</u> 것은?

인간에게 인권은 왜 필요할까요?

_____ ㉠ _____ 필요합니다.

① 인간다운 삶을 살기 위해

② 차별받지 않는 삶을 위해

③ 인간 존엄성을 보장하기 위해

④ 개인의 자율성을 침해하기 위해

11 다음은 서술형 평가 문제와 학생 답안이다. 밑줄 친 ㉠～㉣ 중 적절하지 <u>않은</u> 것은?

문제 : 이웃 사이에 필요한 도덕적 자세는?

〈답안〉

　이웃과 함께 살아가기 위해서 나의 행동이 이웃에게 좋은 영향을 주는지 생각해야 한다. 구체적으로 ㉠ <u>늦은 저녁에 음악을 크게 트는 것,</u> ㉡ <u>층간 소음을 일으키지 않는 것,</u> ㉢ <u>예절을 지켜 인사하는 것,</u> 그리고 ㉣ <u>어려울 때 서로 돕는 것</u>이다.

① ㉠　　　　② ㉡

③ ㉢　　　　④ ㉣

12 바람직한 시민이 갖추어야 할 자질이 <u>아닌</u> 것은?

① 준법정신　　　② 참여의식

③ 책임의식　　　④ 이기주의

2022년 제2회

13 교사의 질문에 대한 대답으로 옳은 것은?

> 다문화 사회에 필요한 우리의 자세는 무엇일까요? 교사
>
> 학생1 힘이 약한 나라의 문화는 무시해도 됩니다.
>
> 학생2 우리 문화의 우수성만을 강조해야 합니다.
>
> 학생3 다른 나라 문화를 무조건 받아들여야 합니다.
>
> 학생4 서로 다른 문화를 인정하고 존중해야 합니다.

① 학생 1 ② 학생 2
③ 학생 3 ④ 학생 4

14 정보화 시대의 도덕적 자세로 옳지 <u>않은</u> 것은?

① 타인의 사생활 존중
② 사이버 폭력 행위 금지
③ 자유로운 유언비어 유포
④ 다른 사람의 저작권 존중

15 일상생활에서 발생하는 갈등 원인을 〈보기〉에서 고른 것은?

┤ 보기 ├
ㄱ. 가치관의 차이
ㄴ. 원활한 의사소통
ㄷ. 이해관계의 충돌
ㄹ. 공정한 분배 실현

① ㄱ, ㄴ ② ㄱ, ㄷ
③ ㄴ, ㄹ ④ ㄷ, ㄹ

16 다음에서 소개하는 인물은?

◈ 도덕 인물 카드 ◈
● 인도의 민족 운동 지도자
● 식민지 지배에 굴하지 않고 비폭력 불복종 운동을 실천하여 독립에 기여함.

① 김구 ② 공자
③ 간디 ④ 칸트

17 학교 폭력 피해자의 대처 방법으로 가장 적절한 것은?

① 일단 선생님께 알리고 함께 대책을 세운다.
② 괴롭히는 상대에게 싫다는 말을 하지 않는다.
③ 문제를 확대시키지 않도록 혼자 조용히 참는다.
④ 돈을 주어 더는 폭력을 행사하지 않도록 부탁한다.

18 정의로운 국가의 역할로 옳은 것은?

① 인간의 기본권 축소
② 국민의 거주권 제한
③ 공정한 법과 제도 마련
④ 자유로운 경제 활동 금지

19 밑줄 친 ㉠에 들어갈 사례로 가장 적절한 것은?

> 〈가치의 종류〉
> • 물질적 가치 : _____㉠_____
> • 정신적 가치 : ……

① 사랑　　　　② 재물
③ 우정　　　　④ 평화

20 부패가 발생하는 원인으로 옳지 <u>않은</u> 것은?

① 혈연, 학연을 강조하는 사회 분위기
② 부당하게 자신의 이익을 챙기려는 태도
③ 사회 구성원들 간에 공유된 청렴 의식
④ 뇌물 수수, 인사 청탁을 당연하게 생각하는 분위기

21 통일이 필요한 이유로 옳지 <u>않은</u> 것은?

① 민족 공동체를 회복하기 위해
② 이산가족의 고통을 해소하기 위해
③ 인류의 보편적 가치를 실현하기 위해
④ 남북 간의 문화 차이를 확대시키기 위해

22 인간 중심주의 자연관을 〈보기〉에서 고른 것은?

> | 보기 |
> ㄱ. 인간이 자연의 주인이다.
> ㄴ. 인간이 자연을 통제해서는 안 된다.
> ㄷ. 자연을 인간을 위한 도구로 여긴다.
> ㄹ. 자연이 가진 본래적 가치를 존중한다.

① ㄱ, ㄴ　　　② ㄱ, ㄷ
③ ㄴ, ㄹ　　　④ ㄷ, ㄹ

23 환경친화적 삶을 위한 실천 태도로 옳은 것은?

① 쓰레기 분리배출 하기
② 일회용 종이컵 많이 사용하기
③ 물건을 살 때 장바구니 대신 비닐봉지 사용하기
④ 장기 외출 시 사용하지 않는 전기 플러그 꽂아 두기

24 과학 기술의 발달이 가져다 준 혜택으로 옳은 것은?

① 환경 오염　　　② 인간 소외
③ 새로운 질병 확산　④ 생활의 편리 증가

25 도덕적인 삶을 위한 노력을 〈보기〉에서 고른 것은?

> | 보기 |
> ㄱ. 보람된 삶을 추구함.
> ㄴ. 가치 있는 목표를 설정함.
> ㄷ. 자신을 부정적으로 바라봄.
> ㄹ. 배타적인 삶의 태도를 가짐.

① ㄱ, ㄴ　　　② ㄱ, ㄷ
③ ㄴ, ㄹ　　　④ ㄷ, ㄹ

국어 2022년 제2회									
01	②	02	③	03	③	04	①	05	④
06	②	07	①	08	②	09	③	10	②
11	③	12	②	13	④	14	④	15	②
16	④	17	①	18	③	19	②	20	①
21	④	22	④	23	④	24	①	25	②

01 정답 ②

민지의 발화 형식은 의문문이다. 하지만 의미를 살펴보면 덥기 때문에 창문이나 문을 열기를 바라는 의도가 담겨있다. 따라서 민지의 의도는 요청이다.

02 정답 ③

'나 전달법'의 핵심은 '나'를 주어로 하여 '나의 생각과 감정을 표현'하는 것이다. '나의 생각과 감정'이 드러난 보기는 ③ "너한테 그런 말을 들으면 나는 속상해"이다.

03 정답 ③

(　　) 안에 들어갈 문장 성분은 서술어의 대상이 되는 '목적어'이다.
③ 목적어 – 서술어의 동작이나 행위의 대상이 되는 말

오답 피하기
① 주어 – 설명하고자 하는 대상이 되는 말
② 보어 – 서술어 '되다/아니다' 앞에서 서술어를 보충해 주는 말
④ 관형어 – 체언 앞에서 이를 꾸며 주는 역할을 하는 말

04 정답 ①

"꽃"은 음절의 끝소리 규칙에 의해 'ㅊ'이 대표음 [ㄷ]으로 발음되어 [꼳]이라 발음되므로 소리나는 대로 적는 원칙에 적절하지 않은 예이다.

오답 피하기
② 밤 [밤]
③ 나무 [나무]
④ 하늘 [하늘]

05 정답 ④

'읽다, 달리다'는 동사이다.
④ 사람이나 사물의 움직임을 나타내는 단어는 동사이다.

오답 피하기
① 다른 말을 꾸며 주는 단어는 관형사, 부사이다.
② 주어로 쓰이는 단어는 명사, 대명사, 수사이다.
③ 부름, 응답, 놀람 등을 나타내는 단어는 감탄사이다.

06 정답 ②

시간의 흐름에 따라 단어의 뜻이나, 표기가 바뀌는 모습을 제시하고 있다. 이것은 언어의 역사성에 해당한다.
② 역사성 – 언어는 시간의 흐름에 따라 음운이나 어휘 등의 측면에서 생성, 소멸, 발전 등의 변화가 나타난다.

오답 피하기
① 사회성 – 언어는 그 언어를 사용하는 사람들 사이의 약속이므로, 개인이 마음대로 바꾸어 쓸 수 없다.
③ 자의성 – 언어의 기호와 의미의 결합은 필연적인 관련성이 없다.
④ 창조성 – 인간은 이미 배웠거나 알고 있는 말을 바탕으로 상황에 따라 무한하게 많은 새말을 만들어 낸다.

07 정답 ①

ㅁ, ㅂ, ㅃ, ㅍ은 두 입술이 맞닿아서 나는 소리인 입술소리이다.

오답 피하기
② 울림소리 : ㄴ, ㅁ, ㅇ, ㄹ
③ 잇몸소리 : ㄴ, ㄷ, ㄸ, ㅌ, ㅅ, ㅆ, ㄹ
④ 거센소리 : ㅍ, ㅌ, ㅋ, ㅊ

08 정답 ②

훈민정음의 기본자

- 혀뿌리가 목구멍을 막는 어금닛소리 ㄱ
- 혀끝이 윗잇몸에 닿는 혓소리 ㄴ
- 입의 모양을 본뜬 입술 소리 ㅁ
- 이의 모양을 본뜬 잇소리 ㅅ
- 목구멍의 둥글게 생긴 목구멍 소리 ㅇ

09 정답 ③

보고서를 쓸 때는 찾은 자료의 출처를 반드시 밝히고, 조사 결과를 과장하거나 왜곡하지 않으며, 사실에 근거한 내용을 보고서에 제시하고, 인터뷰나 사진 등의 자료는 당사자의 동의를 얻어 인용해야 한다.

10 정답 ②

글의 통일성이란, 글의 내용은 하나의 주제로 긴밀하게 연결되어야 한다는 것이다. 이 글의 주제는 "자전거를 탈 때 안전모를 쓰자"는 것이다.

- ㉠ 안전모 착용 실태를 통해 안전모를 쓰는 사람들이 어느 정도 되는지 확인할 수 있다.
- ㉢ 안전모를 착용하지 않아 생기는 문제점을 제시하여 안전모를 쓰자는 주장의 근거로 활용할 수 있다.
- ㉣ 안전모 착용률을 높이기 위한 방법으로 광고를 할 수 있다.
- ㉡ '자전거를 탈 때 안전모를 쓰자'는 내용과 관련 없는 내용이다.

[11~13] 윤흥길, 〈기억 속의 들꽃〉

갈래	단편 소설, 현대 소설
성격	회상적, 비극적
배경	• 시간 : 6·25 전쟁 • 공간 : 만경강 다리 부근의 어느 마을
시점	1인칭 관찰자 시점
주제	전쟁으로 인한 인간성 상실의 비극

11 정답 ③

이 글은 1인칭 관찰자 시점으로 서술자는 작품 속에 있으며, 작품 속 주인공과 다른 인물들을 관찰하는 입장의 서술자이다.

12 정답 ②

명선이는 숙부로부터 버림받은 것이 아니라 스스로 도망친 것이다.

13 정답 ④

이 글의 제목인 '기억 속의 들꽃'은 전쟁으로 인해 목숨을 잃게 된 한 소녀, 즉 명선이를 의미한다. 제목 속의 들꽃은 '쥐바라숭꽃'이다.

[14~16] 윤동주, 〈새로운 길〉

갈래	자유시, 서정시
성격	상징적, 의지적
제재	길
주제	언제나 새로운 길(인생)을 가고자 하는 의지

14 정답 ③

'내를 건너서 숲으로, 고개를 넘어서 마을로'라는 구절을 시의 처음과 마지막에 배치하는 수미상관법을 사용하고 있다. 또한 '~를, ~서 ~로'라는 비슷한 문장구조를 반복하여 운율을 형성하고 있다.

15 정답 ②

시 속에서 '내'와 '고개'는 화자가 건너가야 할 대상으로 시련이나 고난을 의미한다. '민들레, 까치, 아가씨, 바람'은 삶에 대한 희망을 주는 존재이다.

16 정답 ④

'내를 건너서 숲으로'라는 구절은 '시련을 건너서 평화가 있는 곳'으로 가겠다는 의미이다. '숲'이라는 공간을 통해 화자가 지향하는 평화의 세계를 제시하고 있다.

[17~19] 작자 미상, 〈심청전〉

갈래	고전 소설, 판소리계 소설
성격	교훈적
제재	심청의 효심
주제	심청의 지극한 효심
특징	

- 전지적 작가 시점으로 서술되며, 서술자 개입이 드러남.
- 지극한 효성을 실천한 심청이 복을 받는 전형적인 권선징악의 주제를 따름.

17 정답 ①

심청전의 내용은 아버지의 눈을 뜨게 하기 위해 심청이 인당수에 몸을 던지는 내용으로 전통적인 효 사상이 반영되어 있다.

18 정답 ③

앞을 보지 못하는 아버지를 두고 인당수에 몸을 던지러 가야하는 심청이는 아버지에 대한 걱정과 불안, 긴장이 앞선다.

19 정답 ①

심청이 인당수에 몸을 던지기 전 마지막으로 맛있는 반찬과 함께 진지를 올리지만, 아버지는 그 상황을 모르고 자신의 꿈 이야기를 하며 심청에게 좋은 일이 일어날 것이라 이야기하고 있는 모습이 독자로 하여금 안타까움을 자아내고 있다.

20 정답 ①

'모두를 위한 디자인'으로 '옆으로 긴 막대 모양의 문손잡이, 지하철의 엘리베이터, 횡단보도 신호등 소리, 다국어 음성 안내' 등을 본문에서 예시하고 있다.

21 정답 ④

㉠은 '모두를 위한 디자인'의 의미를 설명하는 '정의'의 설명 방법을 사용하고 있다.
④ 설명을 위하여 '정의'를 사용하였다.

오답 피하기
① – 분류
② – 예시
③ – 인과

22 정답 ④

'모두를 위한 디자인'의 원칙은 누구나 쓰기 쉬우면서도 가격, 품질에서도 장점이 많아야 한다.
④ 모두를 위한 디자인에 부합하는 긍정적인 조건이 아니다.

23 정답 ④

모든 물체는 무게와 관계없이 똑같은 속도로 자유 낙하한다.

오답 피하기
① 멸균하지 않은 육즙에서 발효가 일어난다.
② 미생물은 무생물로부터 자연적으로 발생하는 것이 아니라 사람처럼 생명을 지닌 고유한 존재이다.
③ 프톨레마이오스는 우주의 중심이 지구라고 생각하였다.

24 정답 ①

㉯의 앞과 뒤에 오는 내용은 서로 상반되는 내용이다. 따라서 상반되는 내용을 이어주는 접속사 '그러나'가 가장 적절하다.

25 정답 ②

파스퇴르, 갈릴레이, 코페르니쿠스는 모두가 옳다고 주장하는 이야기에 의문을 품고 새로운 가설을 세우고 실험으로 입증한 인물들이다.

수학 2022년 제2회

01	④	02	①	03	③	04	①	05	②
06	④	07	②	08	②	09	①	10	③
11	①	12	③	13	④	14	③	15	④
16	①	17	③	18	②	19	④	20	②

01 정답 ④

| 풀이 |

문제의 그림을 참고하면, 36은 $2 \times 2 \times 3 \times 3$과 같이 나타내어지고, 같은 수의 곱을 거듭제곱을 이용하여 나타내면, $2^2 \times 3^2$이 된다.

| 참고 |

거듭제곱 : 같은 수 또는 문자를 여러번 곱할 때, 거듭제곱을 이용하여 나타낸다. 이때, 밑은 곱하여 지는 수, 지수는 곱한 횟수를 뜻한다.

📱 $3 \times 3 \times 3 \times 3 = 3^4$

02 정답 ①

| 풀이 |

부호가 다른 두 수의 덧셈이므로, 수직선을 이용하여 계산하면, $(-3) + (+5)$의 값은 원점으로부터 왼쪽으로 3만큼 이동한 후, 다시 오른쪽으로 5만큼 이동한 후의 점에 대응하는 수와 같으므로 $+2$이다.
그러므로, $(-3) + (+5) = 2$이다.

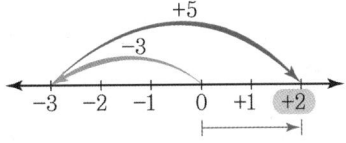

| 다른 풀이 |

부호가 다른 두 수의 덧셈은 두 수의 절댓값의 차에 절댓값이 큰 수의 부호를 붙인다.
-3의 절댓값은 3이고, $+5$의 절댓값은 5이므로, 두 수의 절댓값의 차는 $5 - 3 = 2$와 같고, 절댓값이 큰 수의 부호는 $+$이므로, 계산결과는 $+2$가 된다.
그러므로, $(-3) + (+5) = 2$이다.

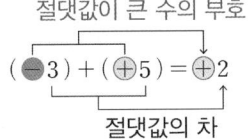

절댓값이 큰 수의 부호

$$(\ominus 3) + (\oplus 5) = \oplus 2$$

절댓값의 차

03 정답 ③

| 풀이 |

500원짜리 사탕을 1개, 2개, ⋯ 구입하는 데 필요한 금액은 각각 $500 \times 1 = 500$원, $500 \times 2 = 1000$원, $500 \times 3 = 1500$원, ⋯이므로 500원짜리 막대사탕 a개를 구입하는 데 필요한 금액은 $(500 \times a)$원으로 나타낼 수 있다.

04 정답 ①

| 풀이 |

일차방정식의 풀이는 다음과 같은 순서로 계산한다.

$4x - 3 = 6 + x$ ← 우변의 x를 좌변으로,
　　　　　　　　좌변의 -3을 우변으로 이항

$4x - x = 6 + 3$ ← 동류항끼리 정리한다.

$(4 - 1)x = 9$

$3x = 9$ ← 양변을 3으로 나눈다.

$\therefore \ x = 3$

| 참고 | 일차방정식의 풀이

$$(일차식) = 0 \xrightarrow[\text{등식의 성질}]{\text{이항}} x = (수)$$

• 일차항은 좌변, 상수항은 우변으로 각각 이항하여 정리한다.
• 등식의 양변을 간단히 하여 $ax = b \ (a \neq 0)$의 꼴로 만든다.
• 등식의 양변을 x의 계수 a로 나눈다.

05 정답 ②

| 풀이 |

좌표평면 위의 점 A에서 x축, y축에 각각 수선을 긋고 이 수선이 x축, y축과 만나는 점에 대응하는 수를 읽으면, -2, 3이다.

이것을 순서쌍으로 표현하면, $(-2, 3)$이므로 점 A의 좌표는 $(-2, 3)$이다.

| 참고 |

좌표평면 위의 한 점 P에서 x축, y축에 각각 수선을 긋고 이 수선이 x축, y축과 만나는 점에 대응하는 수를 각각 a, b라고 할 때, 순서쌍 (a, b)를 점 P의 좌표라 하고, 이것을 기호로 $P(a, b)$와 같이 나타낸다. 이때, a를 점 P의 x좌표, b를 점 P의 y좌표라 한다.

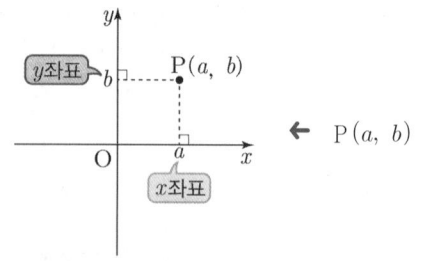

06 정답 ④

| 풀이 |

부채꼴의 넓이는 중심각의 크기에 정비례한다.

$\angle AOB = 30°$, $\angle COD = 150°$이므로,

$\angle AOB : \angle COD = 30° : 150° = 1 : 5$

∴ 두 부채꼴의 넓이의 비도 $1 : 5$이다.

부채꼴 COD의 넓이를 x라 하면, $5 : x = 1 : 5$이고,

비례식의 성질[외항의 곱 = 내항의 곱]을 이용하여 계산하면, $x = 25$임을 알 수 있다.

∴ $x = 25$ cm²

| 참고 | 부채꼴의 중심각과 호의 길이, 넓이의 관계

한 원 또는 합동인 두 원에서

• 중심각의 크기가 같은 두 부채꼴의 호의 길이와 넓이는 각각 같다.

• 부채꼴의 호의 길이와 넓이는 각각 중심각의 크기에 정비례한다.

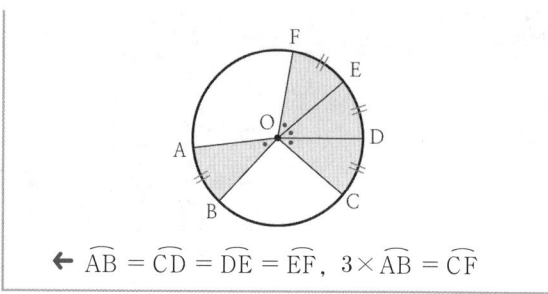

← $\overset{\frown}{AB} = \overset{\frown}{CD} = \overset{\frown}{DE} = \overset{\frown}{EF}$, $3 \times \overset{\frown}{AB} = \overset{\frown}{CF}$

07 정답 ②

| 풀이 |

히스토그램의 각 직사각형의 가로는 계급을, 세로는 도수를 뜻한다.

하루 평균 통화 시간이 40분 이상인 계급을 찾아 도수를 읽으면, 40분 이상 50분 미만인 계급의 도수는 3명, 50분 이상 60분 미만인 계급의 도수는 2명이다.

그러므로 하루 평균 통화 시간이 40분 이상인 학생 수는 5명이다.

오답 피하기

하루 평균 통화 시간이 40분 이상인 계급은 두 개의 계급이 해당되므로 두 계급의 도수의 합을 구해야 한다. 40분 이상 50분 미만인 계급의 도수인 3만 읽지 않도록 주의한다.

08 정답 ②

| 풀이 |

정수가 아닌 유리수를 기약분수로 나타내었을 때, 분모의 소인수가 2나 5뿐이면 그 분수는 유한소수로 나타낼 수 있고, 그 이외의 소인수가 있으면 유한소수로 나타낼 수 없다.

① $\dfrac{1}{3}$ → 분모의 소인수가 3

② $\dfrac{1}{5}$ → 분모의 소인수가 5

③ $\dfrac{1}{7}$ → 분모의 소인수가 7

④ $\dfrac{1}{9}$ → 분모의 소인수가 $3(3 \times 3 = 3^2 = 9)$

따라서 정답은 ②이다.

09 정답 ①

| 풀이 |

단항식의 곱셈은 계수는 계수끼리, 문자는 문자끼리 계산한다. 또한 같은 문자를 여러 번 곱한 것은 거듭제곱을 이용하여 간단히 표현한다.

$-2x^2 \times 3x^5$을 풀어서 표현하면,

$-2x^2 \times 3x^5 = -2 \times x \times x \times 3 \times x \times x \times x \times x \times x$이고,

거듭제곱을 이용하여 표현하면 $-6x^7$이다.

| 다른 풀이 |

지수법칙 $a^n \times a^m = a^{n+m}$을 이용하여 간단히 할 수 있다. 이때, 계수는 계수끼리, 문자는 문자끼리 계산한다.

$-2x^2 \times 3x^5 = -2 \times 3 \times x^2 \times x^5 = -6 \times x^{2+5} = -6x^7$이다.

10 정답 ③

| 풀이 |

일차부등식 $2x \le 6$의 양변을 2로 나누면, $x \le 3$이고, 이것을 수직선에 나타내면, 3을 포함하며, 수직선의 왼쪽에 해당하는 부분이 된다.

| 참고 | 일차부등식의 풀이

- x를 포함한 항은 좌변으로, 상수항은 우변으로 이항한다.
- 양변을 간단히 하여 $ax > b$, $ax < b$, $ax \ge b$, $ax \le b$ $(a \ne 0)$의 꼴로 만든다.
- x의 계수 a로 양변을 나눈다. (단 $a < 0$ 이면 부등호의 방향을 바꾼다.)

11 정답 ①

| 풀이 |

일차함수 $y = ax + 2$에서 a는 기울기를 뜻하므로, 주어진 그래프의 두 점 $(0, 2)$와 $(1, 0)$을 이용하여 기울기를 구한다.

(기울기)$a = \dfrac{(y \text{값의 증가량})}{(x \text{값의 증가량})} = \dfrac{0-2}{1-0} = -2$

| 다른 풀이 |

주어진 점 $(1, 0)$을 일차함수의 식에 대입하여, a의 값을 구할 수 있다.

$y = ax + 2$에 x 대신 1을, y 대신 0을 대입하면,

$0 = a + 2$ ➡ $a = -2$이다.

| 참고 | 일차함수의 기울기

일차함수 $y = ax + b$에서 x의 계수인 a를 일차함수의 기울기라 한다.

$$y = ax + b$$

기울기

(기울기)$a = \dfrac{(y \text{값의 증가량})}{(x \text{값의 증가량})}$ 이다.

12 정답 ③

| 풀이 |

주어진 $\triangle ABC$는 이등변삼각형이므로 두 밑각의 크기가 같다. 따라서, $\angle B = \angle C = 45°$

또한, 삼각형의 세 각의 합은 $180°$이므로

$45° + 45° + x = 180°$

$90° + x = 180°$ ⬅ $90°$를 이항

$x = 180° - 90°$

$\therefore x = 90°$

13 정답 ④

| 풀이 |

두 사각형이 서로 닮음이므로 대응변의 길이의 비는 항상 일정하며, 그 대응변의 비를 닮음비라 한다.

그러므로 $\overline{BC} : \overline{FG} = 5 : 3$

➡ $10 : \overline{FG} = 5 : 3$이므로,

내항의 곱과 외항의 곱이 같음을 이용하면,

$5 \times \overline{FG} = 10 \times 3$ ➡ $\overline{FG} = 6 (cm)$이다.

14 정답 ③

| 풀이 |

항아리의 공 중 3의 배수가 적힌 공은 3, 6, 9의 3개이므로, 항아리에서 공을 한 개 꺼낼 때, 3의 배수가 적힌 공이 나올 경우의 수는 3가지이다.

15 정답 ④

| 풀이 |

$5\sqrt{3}-3\sqrt{3}$은 분배법칙을 이용하여 계산할 수 있다.

$5\sqrt{3}-3\sqrt{3}=(5-3)\sqrt{3}=2\sqrt{3}$

| 참고 |

$a>0$, m, n이 유리수일 때,

$m\sqrt{a}-n\sqrt{a}=(m-n)\sqrt{a}$

16 정답 ①

| 풀이 |

다항식 $x^2+5x+6=(x+a)(x+b)$로 인수분해된다고 하면,

$(x+a)(x+b)=x^2+(a+b)x+ab$이므로,

$a+b=5$, $ab=6$인 경우이다.

즉, 합이 5이고, 곱이 6인 두 정수 a, b를 찾으면 2와 3이므로 $x^2+5x+6=(x+2)(x+3)$으로 인수분해된다.

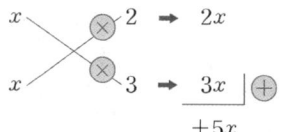

곱이 6	합이 5
1, 6	×
−1, −6	×
2, 3	○
−2, −3	×

| 다른 풀이 |

멜빵공식을 이용하여 다음과 같이 인수분해할 수 있다.

$x^2 \boxed{+5x} +6$

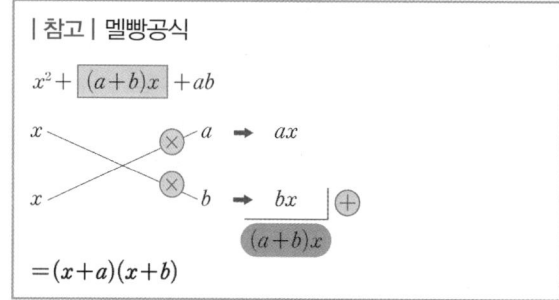

$=(x+2)(x+3)$

| 참고 | 멜빵공식

$x^2+ \boxed{(a+b)x} +ab$

$=(x+a)(x+b)$

17 정답 ③

| 풀이 |

③ 직선 $x=0$을 축으로 한다. ➜ 대칭축은 $x=0$이다.

① 위로 볼록한 그래프이다. ➜ 이차항의 계수가 양수이므로 아래로 볼록하다.

② 점 $(1, 1)$을 지난다. ➜ 주어진 그래프는 $(1, 1)$을 지나지 않는다.

④ 꼭짓점의 좌표는 $(1, 0)$이다. ➜ 꼭짓점의 좌표는 $(0, 1)$이다.

18 정답 ②

| 풀이 |

아래 그림에서 직각삼각형 AOB를 이용하여 $\sin42°$를 구할 수 있다.

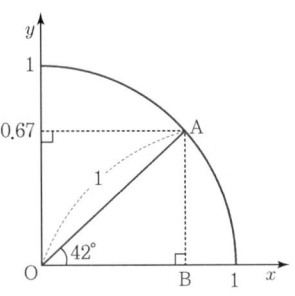

직각삼각형 AOB에서,

$\overline{OA} = 1$, $\overline{AB} = 0.67$, $\overline{OB} = 0.74$,

$\sin 42° = \dfrac{\overline{AB}}{\overline{OA}} = \dfrac{0.67}{1} = 0.67$이다.

| 참고 |

∠C = 90°인 직각삼각형 ABC에서 ∠B의 크기가 정해지면 직각삼각형의 크기에 관계없이 $\dfrac{\overline{AC}}{\overline{AB}}$, $\dfrac{\overline{BC}}{\overline{AB}}$, $\dfrac{\overline{AC}}{\overline{BC}}$의 값은 항상 일정하다.

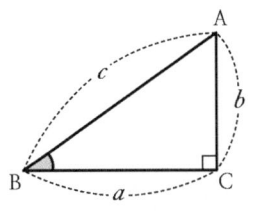

$\sin B = \dfrac{b}{c}$, $\cos B = \dfrac{a}{c}$, $\tan B = \dfrac{b}{a}$

---

19 정답 ④

| 풀이 |

한 원에서 원의 중심으로부터 같은 거리에 있는 두 현의 길이는 같으므로, $\overline{AB} = \overline{CD} = 16cm$이다.

또한, 원의 중심에서 현에 내린 수선은 그 현은 수직이등분하므로, M은 선분 AB의 중점이다.

∴ $\overline{AM} = \dfrac{1}{2}\overline{AB} = \dfrac{1}{2} \times 16 = 8cm$이다.

| 참고 | 현의 길이

• 한 원에서 원의 중심으로부터 같은 거리에 있는 두 현의 길이는 같다.

• 한 원에서 길이가 같은 두 현은 원의 중심으로부터 같은 거리에 있다.

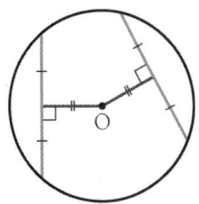

| 참고 | 현의 성질

• 원의 중심에서 현에 내린 수선은 그 현을 수직이등분한다.

• 원에서 현의 수직이등분선은 그 원의 중심을 지난다.

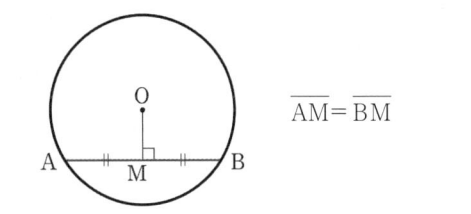

$\overline{AM} = \overline{BM}$

---

20 정답 ②

| 풀이 |

최빈값은 자료의 값 중 가장 많이 나타난 값을 뜻한다.

자료를 정리하면, 6이 1번, 7이 1번, 8이 3번, 9가 1번, 10이 2번으로 최빈값은 8(점)임을 알 수 있다.

01	②	02	④	03	③	04	②	05	③
06	④	07	②	08	③	09	④	10	①
11	②	12	①	13	②	14	④	15	②
16	④	17	②	18	③	19	①	20	④
21	①	22	③	23	①	24	①	25	④

01 정답 ②

해석 그는 매우 유명한 가수이고 많은 팬이 있다.

어휘 • famous 유명한

　　• singer 가수

　　• a lot of 많은

　　• fan 팬

해설 famous는 유명하다는 뜻으로 사용되었다.

02 정답 ④

해석 ① 오르다 – 떨어지다

　　② 이기다 – 지다

　　③ 열다 – 닫다

　　④ 끝나다 – 끝내다

해설 ①・②・③ '반의어 관계', ④ '동의어 관계'이다.

03 정답 ③

해석 케이트는 스케이트를 잘 탄다. 하지만 그녀는 스키는 잘 타지 못한다.

해설 she에 사용되는 be동사는 is이며, 내용상 스키는 잘 타지 못하는 부정문이 적절하므로 isn't를 사용하는 것이 가장 적절하다.

04 정답 ②

해석 A : 넌 농구를 얼마나 자주 하니?

　　B : 일주일에 3번.

해설 three times는 세 번이므로 횟수를 묻는 how often이 적절하다.

05 정답 ③

해석 A : 톰, 뭐하고 있어?

　　B : 엄마, 수학 교과서를 찾고 있어요. 찾을 수가 없네요.

　　A : 침대 밑을 확인해 보는 것이 어때?

어휘 • look for ~을 찾다

　　• math textbook 수학 교과서

　　• why don't you ~하는 게 어때?

해설 바로 뒤에 찾을 수 없다는 내용이 나오므로, 빈칸에는 '~을 찾다'는 뜻으로 사용되는 look for가 적절하다.

06 정답 ④

해석 A : 제시카, 오늘 꽃 축제에 갈래?

　　B : 좋죠, 아빠. 몇 시에 가고 싶어요?

　　A : ① 모자를 살 거야.

　　　　② 저것은 좋은 꽃이다.

　　　　③ 난 택시를 타는 중이야.

　　　　④ 2시에 집을 나서자.

어휘 • how about ~하는 게 어때?

　　• flower 꽃

　　• festival 축제

　　• want 원하다

　　• leave 떠나다

해설 딸이 몇 시에 가고 싶은지를 물었으므로, 떠나는 시간과 관련된 내용이 들어와야 한다.

07 정답 ②

해석 그는 그의 아빠를 닮았다.

　　방학 동안 무엇을 하고 싶니?

어휘 • look like ~를 닮다

　　• like to do ~을 하고 싶다

　　• during the vacation 방학 동안

해설 look like는 '~를 닮다', like to do는 '~을 하고 싶다'는 뜻으로, 이 문장들에서 공통적으로 사용된 것은 like이다.

08 정답 ③

해석 A : 실례합니다. 우체국에 어떻게 가나요?

B : 한 블록 직진하시고 좌회전 하세요. 당신 오른쪽에 있을 겁니다.

A : 고맙습니다.

어휘 • excuse me 실례합니다

• get to 가다

• post office 우체국

• go straight 직진하다

• block 블록

• turn left 좌회전하다

해설 직진 후 좌회전해서 오른쪽은 ③의 위치다.

09 정답 ④

해석 A : 그 소년은 무엇을 하고 있는 중이니?

B : 그는 수영장에서 수영을 하는 중이야.

① 날고 있는

② 쓰고 있는

③ 그리고 있는

④ 수영을 하고 있는

어휘 • pool 수영장

해설 그림은 수영을 하고 있는 모습이므로, 빈칸에는 swimming이 자연스럽다.

10 정답 ①

해석 A : 저녁 식사로 무엇을 먹고 싶니?

B : 햄버거는 어때?

A : 글쎄, 점심으로 그것을 먹었어. 피자를 주문하는 것은 어때?

B : 좋아.

어휘 • would like to ~하고 싶다

• dinner 저녁 식사

• hamburger 햄버거

• have - had 먹다

• lunch 점심 식사

• order 주문하다

• pizza 피자

해설 해석을 보면 마지막에 피자를 주문하자는 내용이 나온다. 그러므로 두 사람이 주문한 음식은 피자가 된다.

11 정답 ②

해석 A : 스미스씨, 오늘 집에 일찍 갈 수 있을까요?

B : 오, 너 안 좋아 보이네. 무슨 일이야(어디 아퍼)?

A : ① 천만에요.

② 열이 높네요.

③ 그런 이야기 들어 행복해.

④ 넌 운동을 더 해야 해.

어휘 • early 일찍

• wrong 잘못된

• high fever 고열

• exercise 운동하다

해설 A가 집에 일찍 가도 되는지를 물어보고, B가 안 좋아 보인다는 말을 하며 무슨 일인지를 물어보았으므로, 이 대답으로는 몸이 안 좋은 증상이 나오는 것이 적절하다. 주어진 보기 중에서는 열이 높다는 ②가 해당된다.

12 정답 ①

해석 A : 여가 시간에 넌 무엇을 하니?

B : 난 쿠키 굽는 것을 좋아해. 넌 어때?

A : 난 보통 영화를 봐.

어휘 • free time 여가 시간, 자유 시간

• bake cookies 쿠키를 굽다

• usually 보통

• watch movies 영화를 보다

해설 여가 활동에 관해 묻고 답하는 대화이다.

13 정답 ②

해석 스타 댄스 동아리(클럽)

• 우리는 매주 금요일에 K팝 댄스 연습을 합니다.

• 우리는 5명의 신입 회원이 필요해요.

* 가입하려면, 동아리 회장에게 dance@school.kr로 이메일을 보내세요.

어휘 • practice 연습하다

• K-pop K팝

• member 멤버, 회원

• sign up 가입하다

• president 회장

해설 활동 장소는 언급되지 않았다.

14 정답 ④

해석 안녕하세요, 여러분. 공원에서 자전거를 타는 안전규칙에 대해 안내해드리겠습니다. 첫째, 머리를 보호하기 위해 헬멧을 착용하세요. 둘째, 사람들이 당신을 쉽게 볼 수 있게 밤에는 밝은 색을 입으세요.

어휘 • safety rule 안전규칙
  • ride a bike 자전거를 타다
  • park 공원
  • put on 착용하다
  • helmet 안전모, 헬멧
  • protect 보호하다
  • wear 입다, 착용하다
  • bright 밝은

해설 공원에서 자전거를 안전하게 타는 규칙에 대해 방송을 하고 있다.

15 정답 ②

해석 A : 너 늦었네. 무슨 일이야?
  B : 미안, 지하철을 잘못 탔어.
  A : 끔찍했겠군. 그래도 경기 시작 전에 이곳에 와서 기뻐.

어휘 • late 늦은
  • happen 발생하다
  • take the wrong subway 지하철을 잘못 타다
  • terrible 끔찍한
  • start 시작하다

해설 B는 지하철을 잘못 타서 늦었다.

16 정답 ④

해석 오션 호텔은 해변 옆에 있습니다. 모든 객실에서 바다 풍경을 볼 수 있습니다. 고객들은 호텔 식당에서 신선한 해산물을 드실 수 있습니다. 또한 모든 고객들에게 무료 보트 투어가 있습니다.

어휘 • beach 해변
  • view 경치, 풍경
  • guest 고객, 손님
  • seafood 해산물
  • restaurant 식당
  • free 공짜인, 무료의
  • tour 관광

해설 무료 버스가 아닌 무료 보트 관광을 제공한다.

17 정답 ③

해석 저는 새로운 오케스트라 일원인 소피를 소개합니다. 그녀는 바이올린을 연주합니다. 그녀는 오케스트라 연주 경험이 많습니다. (바이올린은 기타보다 더 작습니다.) 그녀는 바이올린 경연대회에서 많이 우승을 했습니다. 모두 소피를 환영합시다.

어휘 • would like to ~하고 싶다
  • introduce 소개하다
  • orchestra 오케스트라
  • member 단원, 일원, 회원
  • lots of 많은
  • experience 경험
  • contest 경연대회, 콩쿠르
  • welcome 환영하다

해설 소피를 소개하다가 바이올린이 기타보다 작다는 문장은 글의 흐름상 어색하므로 ⓒ 문장을 빼야 한다.

18 정답 ③

해석 마이크는 과학 과제를 위해 몇 권의 책을 읽어야 했다. 그래서, 그는 어제 도서관에 갔다. 그는 그곳에서 그 책들을 발견했다. 하지만, 그는 도서관 카드를 집에 두고 와서 책을 빌릴 수 없었다.

어휘 • science project 과학 과제
  • library 도서관
  • however 그러나, 하지만
  • borrow 빌리다
  • leave - left 남겨 놓다

해설 마이크가 책을 빌리지 못한 이유는 도서관 카드를 집에 두고 왔기 때문이다.

19 정답 ①

해석 어떤 종류의 음악을 학생들은 가장 좋아할까?
  힙합 57%, 팝 21%, 락 7%, 클래식 5%, 기타 10%
  학생들 절반 이상이 힙합을 가장 좋아한다.

어휘 • type 유형, 종류
  • best 가장
  • half 1/2, 절반

해설 절반이 넘는 학생이 좋아하는 음악은 힙합밖에 없다.

20 정답 ④

해석 내 이름은 데이빗이야. 이것은 가족 사진이야. 여기 내 여동생 크리스틴이야. 그녀는 3학년이야. 그녀 옆에 부모님이 의자에 앉아 계셔. 아빠는 선생님이고 엄마는 의사야. 우리는 행복한 가족이야.

어휘 • name 이름
  • photo 사진
  • third grade 3학년
  • next to ~옆에
  • parent 부모님

해설 어머니 나이는 언급되지 않았다.

21 정답 ①

해석 눈이 피곤할 때 눈을 편하게 하는 방법이 여기에 있다. 눈을 감고 손가락으로 눈을 부드럽게 눌러라. 끝나면 따뜻한 수건으로 눈을 덮어라. 이것이 눈을 더 편하게 느끼도록 만들어 줄 것이다.

어휘 • how to ~하는 방법
  • relax 쉬게 하다, 편하게 하다
  • tired 피곤한
  • close 감다
  • press 누르다
  • gently 부드럽게
  • finger 손가락
  • finish 끝나다, 끝내다
  • warm 따뜻한
  • towel 수건

해설 눈을 부드럽게 누르는 것이므로 ①을 가리키는 것이 적절하다.

22 정답 ③

해석 • 큰 소리로 말하지 마세요.
  • 휴대폰을 사용하지 마세요.
  • 바닥에 쓰레기를 버리지 마세요.

어휘 • loudly 큰 소리로
  • cell phone 휴대폰
  • throw 던지다, 버리다
  • trash 쓰레기
  • floor 바닥

해설 좌석을 발로 차지 말라는 언급은 없다.

23 정답 ①

해석 요즘 로봇은 많은 다양한 역할을 한다. 몇몇 로봇은 식당에서 주문을 받는다. 다른 로봇은 카페에서 커피를 만든다. 공항에서는 또한 가이드 역할을 한다. 그들은 심지어 친구처럼 사람들과 말도 한다.

어휘 • these days 요즘
  • play a role 역할을 하다
  • different 다른, 다양한
  • take orders 주문을 받다
  • restaurant 식당
  • others 다른 것들은
  • cafe 카페
  • guide 가이드
  • airport 공항
  • even 심지어
  • people 사람들

해설 로봇의 다양한 역할에 대한 글이다.

24 정답 ①

해석 안녕, 샘. 나야, 크리스. 난 우리가 오늘 축구를 할 예정이었다는 것을 알고 있어. 그러나 지금 비가 내리고 있어. 그리고 오늘 밤까지 비가 멈추지 않을 것이라는 이야기를 들었어. 그래서, 계획(일정)을 바꾸는 것은 어때?

어휘 • know 알다
  • be going to ~할 것이다
  • soccer 축구
  • rain 비가 오다
  • hear - heard 듣다
  • tonight 오늘 밤
  • why don't we ~하는 게 어때?

해설 축구 일정을 바꾸자는 목적으로 쓴 글이다.

25 정답 ④

해석 치즈를 좋아하나요? 집에서 치즈를 만드는 것은 쉽고 재미있다. 단지 30분밖에 걸리지 않는다. 당신은 약간의 우유와, 레몬 주스, 그리고 소금이 필요하다. 자, 이 3가지로 치즈를 만드는 단계를 살펴보자.

어휘 • cheese 치즈
- easy 쉬운
- take 시간이 걸리다
- need 필요하다
- lemon juice 레몬 주스
- salt 소금
- take a look at ~을 보다, 살펴보다
- step 단계
- thing 것, 물건

해설 마지막에 치즈를 만드는 단계(절차)를 보자고 했으므로 ④의 내용이 이어지는 것이 적절하다.

사회 2022년 제2회

01	③	02	④	03	①	04	①	05	①
06	③	07	②	08	④	09	④	10	①
11	③	12	②	13	④	14	③	15	①
16	②	17	③	18	④	19	②	20	②
21	③	22	④	23	③	24	④	25	④

01 정답 ③

㉠ 표준 경선이다. 표준 경선은 한 나라의 표준시를 정하는 기준이 되는 경도이다. 우리나라는 동경 135°를 사용한다.

㉡ 경도이다. 경도 15°에 1시간의 시차가 발생한다.

02 정답 ④

브라질은 적도 부근에 위치하여 열대 기후가 나타난다. 열대 기후는 1년 내내 기온이 높고 강수량이 많아 덥고 습한 날씨가 나타난다.

오답 피하기
① 스텝 기후는 건조 기후로 연 강수량은 250mm~500mm이며, 키가 작은 풀이 자란다.
② 사막 기후는 건조 기후로, 연 강수량은 0~250mm이다.
③ 툰드라 기후는 한대 기후로 최난월 평균 기온이 10℃ 미만이며, 순록의 유목을 한다.

03 정답 ①

힌두교는 인도의 민족 종교이며 소를 신성시한다.

오답 피하기
② 아프리카 문화 지역은 열대 기후, 원시 종교, 부족 단위의 생활, 유럽 식민지 등의 특징이 나타난다.
③ 오세아니아 문화 지역은 오스트레일리아 원주민인 애버리지니와 유럽 문화가 나타난다.
④ 라틴 아메리카 문화 지역은 언어는 에스파냐어·포르투갈어, 종교는 가톨릭, 다양한 혼혈족 등의 특징이 나타난다.

04 정답 ①

가뭄은 오랫동안 비가 내리지 않아 물이 부족하고 땅이 메마르는 현상으로 피해 범위가 넓으며 장기간 지속된다.

오답 피하기

② 태풍은 열대성 저기압으로 강력한 바람과 많은 비를 동반하여 막대한 재산·인명 피해가 발생한다.

③ 폭설은 많은 눈이 집중하여 내리는 현상이다.

④ 홍수는 많은 강수로 하천이나 호수의 물이 범람하는 현상이다.

05 정답 ①

도심은 도시의 중심으로 접근성이 가장 좋고 땅값이 매우 비싸기 때문에 고층 건물이 밀집되어 있다. 도심은 대기업 본사, 백화점, 금융 기관 등이 입지하여 중심 업무 지구를 형성한다.

오답 피하기

② 촌락은 도시보다 인구밀도가 낮고, 1차 산업을 주로 한다.

④ 개발 제한 구역은 도시의 무질서한 팽창을 방지하고, 녹지 공간을 확보하기 위해 설정한 공간이다.

06 정답 ③

영역은 국가의 주권이 미치는 지리적 범위로 영토·영해·영공으로 구성되어 있으며, 영해는 일반적으로 통상 기선으로부터 12해리까지의 수역이다.

오답 피하기

① 영공은 영토와 영해의 수직 상공이다.

② 영토는 한 국가에 속한 육지의 범위이다.

④ 배타적 경제 수역은 영해를 설정한 기준선으로부터 200해리까지의 바다 중 영해를 제외한 바다이다.

07 정답 ②

(가) 풍력 에너지로 바람이 많은 해안가나 고도가 높은 지역에서 풍차의 날개를 돌려 전기를 생산한다.

(나) 지열 발전으로 마그마에 의해 데워진 지하수로부터 나오는 증기를 이용하여 전기를 생산한다.

08 정답 ④

㉠ 히말라야 산맥은 신기 습곡 산맥으로 해발고도가 높으며, 아시아에 위치해 있다.

오답 피하기

① 로키 산맥은 신기 습곡 산맥으로 북아메리카에 위치해 있다.

② 우랄 산맥은 고기 습곡 산맥으로 아시아와 유럽의 경계이다.

③ 안데스 산맥은 신기 습곡 산맥으로 남아메리카에 위치해 있다.

09 정답 ④

교사, 대학생, 회사원은 후천적 노력으로 얻게 되는 성취 지위이다.

오답 피하기

① 여자, 남자, 첫째, 막내 등이 귀속 지위에 해당한다.

② 태어날 때부터 자연적으로 주어지는 지위는 귀속 지위이다.

③ 각 지위에는 지위에 기대되는 행동 양식인 역할이 존재한다.

10 정답 ①

문화 속성은 학습성, 공유성, 총체성, 변동성, 축적성이 있다.

① 축적성은 문자를 통해 다음 세대로 전승되면서 문화가 발전할 수 있는 원동력이다.

오답 피하기

②·③·④ 자산관리의 원칙에 해당한다.

11 정답 ③

민주 선거의 4대 원칙은 보통 선거, 평등 선거, 직접 선거, 비밀 선거이다.

③ 보통 선거는 일정 연령 이상의 국민이면 누구나 선거를 할 수 있다는 제도이다.

12 정답 ②

수요 곡선은 변함없고 공급 곡선이 오른쪽으로 이동할 경우, 균형 가격은 하락하고 균형 거래량은 증가한다. 즉, 공급이 증가하면 상품의 가격은 하락하며 거래량은 증가한다.

13 정답 ④

지방 자치 제도는 주민 자치의 원리로 주민이 자발적인 참여를 통해 자신이 사는 지역에서 민주주의를 실현할 수 있게 업무를 처리한다.

오답 피하기

① 심급 제도는 공정한 재판을 위해 하나의 사건에 대하여 여러 번 재판을 받을 수 있게 하는 제도이다.
② 문화 사대주의는 자신의 문화는 부정적이며 다른 문화를 우수한 것으로 바라보는 태도이다.
③ 증거 재판주의는 권리, 의무의 주장 내용이나 범죄 사실을 증명할 수 있는 증거를 바탕으로 재판을 진행하는 것이다.

14 정답 ③

형사 재판은 범죄의 유무를 판단하고, 형벌의 종류와 형량을 정하는 재판이다. 절도죄에 해당하는 A씨는 형사 재판을 받게 된다.

오답 피하기

① 가사 재판은 이혼, 상속 등 가족이나 친족 사이의 다툼을 해결하는 재판이다.
② 선거 재판은 선거 자체의 효력이나 당선의 유·무효를 가리기 위한 재판이다.
④ 행정 재판은 행정 기관이 국민의 권리를 침해하였는지 판단하여 행정 기관의 잘못을 고쳐 달라고 요구하는 재판이다.

15 정답 ①

국회는 입법에 관한 기능, 재정에 관한 기능, 일반 국정에 관한 기능을 수행한다. 입법권은 법률의 제정권 또는 개정권을 말한다.

오답 피하기

② 감사원은 대통령에 소속된 행정부의 최고 감사 기관으로 공무원의 직무를 감찰하고 국가의 세입, 세출의 결산을 검사하는 업무를 담당한다.
③ 대법원은 국가 최고의 법원으로 대법원장과 대법관으로 구성되어 있으며, 3심 재판을 담당하며 대법원의 판결은 최종적인 효력을 가진다.
④ 헌법 재판소는 입법부에 의해 만들어진 법률이나 국가 기관의 작용이 헌법에 위배되거나 국민의 기본권을 침해했는지 여부를 판단하여 국민의 기본권을 구제해 주는 사법 기관이다.

16 정답 ②

희소성은 인간의 욕구는 무한한데 비해 이를 충족시켜 줄 자원의 양은 상대적으로 부족한 현상을 말한다. 희소성은 절대량이 아니라 인간의 필요와 욕구에 의해 달라지는 상대적인 개념이며, 시대와 장소에 따라 달라질 수 있다.

17 정답 ③

빗살무늬 토기는 신석기 시대의 유물이다. 신석기 시대는 농사를 시작하여 곡식을 조리·저장하기 위해 토기를 만들었다.
③ 철제 무기는 철기 시대의 특징이다.

오답 피하기

①·②·④ 신석기 시대의 특징이다.

18 정답 ④

제시된 내용은 태조 왕건에 대한 설명이다. 왕건은 후삼국을 통일하고 지방 귀족인 호족을 포섭하기 위해 혼인 정책, 왕씨 성 하사 등을 실시하였고, 견제 정책으로 사심관 제도와 기인 제도를 실시하였다.

오답 피하기

① 대조영은 발해를 건국하였다.
② 장수왕은 고구려 전성기 왕이다.
③ 박혁거세는 신라의 시조이다.

19 정답 ②

고려 후기 일연은 고려 시대까지 전승되던 역사와 설화를 담아 『삼국유사』를 저술하였다.

오답 피하기

① 『경국대전』은 조선 시대 통치 기준이 된 최고의 법전이다.

③ 『동의보감』은 임진왜란 이후 허준에 의해 저술되었다.

④ 『삼강행실도』는 모범이 될 만한 충신, 효자, 열녀 이야기를 모아 편찬하였다.

20 정답 ②

진흥왕은 화랑도를 통해 인재를 양성하고 한강 유역을 점령한 신라 전성기의 왕이다.

오답 피하기

① 별무반은 고려 숙종 때 여진을 정벌하기 위해 윤관이 만든 군사 조직이다.

③ 삼별초는 고려의 군사 기구로 몽골의 침략에 맞서 끝까지 항쟁하였다.

④ 훈련도감은 조선 후기 설치되었던 군영이다.

21 정답 ③

제시된 내용은 조선 건국 과정이다. 이성계는 신진 사대부의 지지를 받아 조선을 건국하였다.

22 정답 ④

정조는 규장각을 설치하여 서얼을 등용하였다. 수원 화성을 건설하고 정조의 친위 부대인 장용영을 설치하였다. 탕평책으로 초계문신제를 실시하였다.

오답 피하기

ㄱ. 척화비 건립은 흥선 대원군의 업적이다.

ㄷ. 훈민정음은 세종의 업적이다.

23 정답 ③

동학 농민 운동은 1차 동학 농민 운동인 황토현, 황룡촌 전투에서 승리하고, 전주성을 점령한다. 이후 정부와 전주 화약을 체결하고 전라도 지역에 집강소를 설치한다. 이후 2차 동학 농민 운동인 우금치 전투에서 패배하며 동학 농민 운동은 끝나게 된다.

오답 피하기

① 병인양요는 1866년 프랑스 선교사의 박해를 구실로 프랑스 군대가 강화도로 침략한 사건이다.

② 살수대첩은 고구려 을지문덕 장군이 수 나라를 격파한 전투이다.

④ 6월 민주 항쟁은 1987년 6월 대통령 선거 제도를 간선제에서 직선제로 변경한 시민들의 항쟁이다.

24 정답 ④

3 · 1 운동 이후 조직적인 독립운동의 필요성으로 대한민국 임시 정부가 상하이에서 수립되었다.

오답 피하기

① 청해진은 통일신라 시대 장보고가 완도에 설치하였다.

② 교정도감은 고려 무신정권의 최고 정치기관이다.

③ 독립협회는 고종의 아관 파천 이후 국권 수호를 위해 만들어진 단체이다.

25 정답 ④

1960년 4 · 19 혁명은 이승만 정부의 3 · 15 부정 선거로 일어난 민주화 운동이다.

오답 피하기

① 1895년 을미개혁으로 단발령이 시행되었다.

② 김영삼 정부는 금융 실명제를 실시하였다.

③ 새마을 운동은 1970년대 박정희 정부가 시행하였다.

01	②	02	①	03	③	04	③	05	④
06	①	07	③	08	④	09	①	10	②
11	②	12	①	13	④	14	①	15	③
16	④	17	①	18	②	19	④	20	③
21	④	22	②	23	①	24	④	25	①

01 정답 ②

중력은 지구가 물체를 지구의 중심 방향으로 끌어당기는 힘이다. 중력의 방향은 지구 중심을 향하고 중력은 물체의 질량에 비례한다.

오답 피하기

① 부력 : 액체 또는 기체에 담긴 물체를 위쪽으로 밀어 올리는 힘이다.

③ 마찰력 : 물체와 접촉면 사이에서 운동을 방해하는 힘이다.

④ 탄성력 : 변형된 탄성체가 원래 모양으로 되돌아가려는 힘이다.

02 정답 ①

암실에서 빨간색 공에 파란색 빛을 비추면 빨간색 공의 색깔이 아닌 파란색 빛은 흡수하므로 반사하는 빛이 없어서 검은색이 된다.

| 참고 | 불투명한 물체의 색

물체가 반사하는 빛의 색으로 보인다. 예를 들어 빨간색 꽃은 빨간색 빛만 반사하고, 다른 색의 빛은 흡수한다.

03 정답 ③

앙페르의 법칙에 따르면 문제에서 주어진 그림은 처음 전류가 흐를 때 자기장의 방향이 왼쪽이다. 전류의 방향이 반대로 바뀌면 자기장의 방향도 반대로 바뀌므로 자기장의 방향이 오른쪽을 가리키고 있는 ③번이 정답이다.

| 참고 | 앙페르의 법칙(= 오른나사의 법칙)

전류가 흐르는 도선에서 도선에 흐르는 전류의 방향을 오른나사가 나아가는 방향으로 잡으면, 나사를 돌리는 방향이 자기장의 방향이 된다.

이것은 오른손의 엄지손가락을 전류의 방향으로 맞추고 도선을 감싸듯 잡을 때 나머지 네 손가락이 가리키는 방향을 자기장의 방향으로 정할 수 있다.

04 정답 ③

복사는 열이 물질의 도움 없이 직접 전달되는 현상이다. 복사의 예로는 햇볕을 쬐면 따뜻해지는 현상이 있다.

오답 피하기

① 단열 : 대류, 전도, 복사에 의한 열의 이동을 막는 것이다. 단열을 하면 열의 이동을 막아 온도를 일정하게 유지할 수 있다.

② 대류 : 액체나 기체 상태 물질의 분자가 직접 이동하면서 열을 전달하는 현상이다.

④ 전도 : 물체에서 이웃한 분자들의 연속적인 충돌에 의해 열이 전달되는 현상이다. 주로 고체에서 열이 이동하는 방법이다.

05 정답 ④

중력에 의한 위치 에너지는 기준면으로부터 높은 곳에 있는 물체가 중력에 의해 갖는 에너지이다. 질량(kg)을 가지는 물체가 기준면으로부터 높이(m)에 있을 때 위치 에너지(J)는 9.8×질량×높이로 구할 수 있다. 따라서 위치 에너지는 질량×높이의 값이 가장 큰 D의 위치 에너지가 가장 많이 증가한 것이다.

06 정답 ①

역학적 에너지는 위치 에너지와 운동 에너지를 더한 값이다. 쇠구슬이 운동할 때 공기 저항과 마찰을 무시하므로 그림에서 A~C 각 지점의 역학적 에너지는 보존된다.

07 정답 ③

원소 기호는 화학 원소의 과학명이나 라틴어명에서 유래된 간단한 표시법이다. 나트륨은 Natrium을 따서

Na로 명명하였다. 원소 기호는 원소 이름을 나타내는 첫 글자를 알파벳의 대문자로 하고 첫 글자가 같은 원소가 있을 때는 중간 글자들 중 하나를 소문자로 덧붙여 쓴다.

08 정답 ④

얼음(고체 상태)이 녹아 물(액체 상태)이 되는 것은 상태 변화 중에서 융해(고체 A → 액체 B)에 해당한다. 액화(기체 C → 액체 B)는 공기 중 수증기가 냉각하여 액체 상태의 물방울이 되는 상태 변화이다. 따라서 B는 액체 상태이고 C는 기체 상태이므로 (가)는 기화(액체 B → 기체 C)이다.

오답 피하기

① A는 고체이다.
② B는 액체이다.
③ C는 기체이다.

09 정답 ①

순물질은 화학적으로 성질이 거의 일정한 물질로, 물리적인 방법에 의하여 더 이상 분리될 수 없는 물질이다. 순물질의 예로는 구리, 설탕, 소금 등이 있다.

오답 피하기

우유는 불균일 혼합물이다.
소금물은 소금 + 물의 균일 혼합물이다.

10 정답 ②

보일의 법칙에 의하면 일정한 온도에서 기체의 부피는 압력에 반비례한다.

> **| 참고 | 보일의 법칙**
> P(압력) × V(부피) = 일정

공식에 그래프의 값을 대입하면,
처음의 압력×처음의 부피=나중의 압력×나중의 부피
$P_1 × V_1 = P_2 × V_2$=1기압×40mL = 2기압×20mL이다.
따라서 2기압일 때, 기체의 부피는 20mL이다.

11 정답 ②

기체 반응의 법칙에 의하면 같은 온도와 압력에서 기체가 반응할 때, 반응하는 기체와 생성되는 기체의 부피 사이에는 간단한 정수비가 성립한다. 기체의 부피비는 화학 반응식의 계수비와 같다. 주어진 화학 반응식에서 질소와 수소가 반응하여 암모니아 기체를 생성할 때,
$N_2 + 3H_2 → 2NH_3$
기체의 부피비는 질소 : 수소 : 암모니아 = 1 : 3 : 2이므로 질소(1L) + 수소(3L) → 암모니아(2L)이다.

12 정답 ①

화학 변화는 물질이 처음과 성질이 전혀 다른 새로운 물질로 변하는 현상이다. 화학 변화가 일어나면 원자의 배열, 분자의 종류, 물질의 성질 등이 달라질 수 있다. 김치가 시어지는 발효는 화학 변화이다.

오답 피하기

물리 변화는 물질의 고유한 성질은 변하지 않으면서 모양이나 상태가 달라지는 현상이다.
② 크기가 작아지는 물리 변화이다.
③ 상태 변화(융해)는 물리 변화이다.
④ 상태 변화(기화)는 물리 변화이다.

13 정답 ④

생물 다양성 협약, 람사르 협약, 멸종 위기종을 보호하기 위한 야생 동식물 종의 국제 거래에 대한 협약 등은 생물 다양성 보전 대책이다.

오답 피하기

생물 다양성 감소의 원인은 ③ 야생 동물들의 무분별한 포획, ② 과잉 개발로 인한 생물의 서식지 파괴, 생활 오수, 산업 폐수, 비료, 농약 등으로 인한 ① 환경 오염 등이 있다. 이로 인해 물과 토양이 오염되어 생물들의 살 곳이 점점 줄어들고 있다.

14 정답 ②

생물계는 균류계, 식물계, 동물계, 원생생물계, 원핵생물계(세균류)의 5가지 계로 나눠진다.
소나무는 식물계에 속한다.

원생생물계는 세포 내에 핵이 있고 다른 계에 속하지 않는 생물의 무리이다. ① 김, ③ 아메바, ④ 짚신벌레는 원생생물계에 속한다.

15 정답 ③
순종 황색 완두(YY)와 순종 녹색 완두(yy)를 교배하면 잡종 1대에서 잡종 황색 완두(Yy)가 나온다. 잡종 1대를 자가 수분시켜 잡종 2대를 얻으면 분리의 법칙에 따라서 잡종 2대에서 황색 완두 : 녹색 완두의 표현형의 비는 3 : 1로 나타난다.

> |참고| 분리의 법칙
> 한 쌍의 대립 유전자는 감수 분열 과정에서 분리되어 각각 다른 생식 세포로 나뉘어 들어간다.

16 정답 ④
호흡은 동물이 에너지를 생성하기 위해 산소를 흡수하고 이산화 탄소를 방출하는 과정이다. 실험장치에서 호흡 결과 생성된 기체는 석회수를 뿌옇게 흐리게 하는 이산화 탄소이다.

17 정답 ①
쓸개즙은 간에서 생성되어 쓸개에 저장된다. 간은 암모니아를 요소로 전환시켜 소변으로 배출하며 해독 작용을 한다. A는 간이다.
② B는 위이다.
③ C는 소장이다.
④ D는 대장이다.

18 정답 ②
생식세포 분열 단계에서 감수 1분열 전기에서 염색체 수(2n)가 4개일 때, 딸세포의 염색체 수는 생식 세포 분열을 통해 $2n \rightarrow n$으로 염색체 수가 반감하므로 딸세포 A의 염색체 수는 2개이다.

19 정답 ④
광합성에 영향을 주는 환경 요인에는 빛의 세기, 이산화 탄소 농도, 온도 등이 있다. 광합성에 영향을 주는 모든 환경 요인의 조건이 적당할 때 광합성이 활발하게 일어난다.

20 정답 ③
현무암은 지표 가까이에서 용암이 빠르게 굳어진 암석으로 화성암에 속한다. 현무암에는 어두운 광물인 흑운모와 각섬석이 많이 포함되어 있어 검은색이나 회색이다. 현무암 표면의 구멍은 화산이 분출할 때 가스 성분이 빠져나간 자리이다.
① 대리암 : 석회암이 높은 열과 강한 압력을 받아서 변한 변성암에 속한다.
② 석회암 : 소라, 조개껍데기 등이 쌓여서 만들어진 퇴적암이다.
④ 화강암 : 화강암은 지하 깊은 곳에서 마그마가 서서히 굳어진 암석으로 화성암에 속한다. 화강암은 밝은 바탕에 검은색 알갱이가 보인다.

21 정답 ④
목성은 태양계에서 가장 큰 행성이다. 목성형 행성에는 목성, 토성, 천왕성, 해왕성이 있다. 크기와 질량이 크지만, 지구형 행성에 비해 밀도가 작다. 또한, 목성형 행성들은 지구형 행성과 달리 고리가 있다.
태양과 가까운 수성, 금성, 지구, 화성은 지구형 행성이다.
① 수성 : 태양에서 가장 가까운 행성이며 태양계에서 가장 작은 행성이다.
② 지구 : 생명체가 살고 있다.
③ 화성 : 산화철로 된 입자들이 행성의 표면을 덮고 있기 때문에 붉은 행성이다.

22 정답 ②
흑점은 주위보다 온도가 낮아 검게 보이며 지구에서 볼 때, '동 → 서'로 이동한다.

오답 피하기

① **채층** : 밝은 광구 위에 있고 태양 대기 가운데 가장 아래에 있는 층이다.

③ **코로나** : 플라스마(이온화된 고온의 가스)로 구성된 태양 대기의 가장 바깥 영역이다.

④ **플레어** : 흑점 부근에서 강력한 폭발이 일어날 때 흑점 위 채층의 일부가 매우 밝아지는 현상이다.

23 정답 ①

성층권은 지구의 대기권 중 오존층이 존재하는 곳으로, 대류 현상이 없어서 공기가 안정적이라 비행기 항로로 이용되는 층이다.

오답 피하기

② 대류 현상은 대류권과 중간권에서 나타난다.

③ 대류권과 중간권에서 나타나는 높이에 따른 온도 변화이다.

④ 대류권에는 수증기가 있고 대류 현상이 있으므로 기상 현상이 생긴다.

24 정답 ①

별의 밝기는 등급으로 표시하며, 겉보기 등급의 숫자가 작을수록 밝은 별이다. 별 A는 절대 등급에 비해 겉보기 등급의 숫자가 가장 작으므로 가장 밝게 보이는 별이다. 별 A가 다른 별보다 상대적으로 지구에 가까이 있기 때문에 밝게 보이는 것이다.

> **| 참고 |**
>
> **겉보기 등급** : 맨눈으로 보이는 별의 밝기로 나타낸 별의 밝기 등급으로 겉보기 등급이 작은 별일수록 우리 눈에 밝게 보인다.
>
> **절대 등급** : 모든 별이 10 pc(=32.6광년)의 거리에 있다고 가정했을 때의 밝기 등급이다.

25 정답 ①

포화 수증기량은 포화 상태의 공기 1kg 속에 포함된 수증기의 양(g)이다. 온도가 높으면 포화 수증기량도 많다. 따라서 온도가 가장 낮은 A의 포화 수증기량이 가장 적다.

도덕 2022년 제2회									
01	②	02	③	03	②	04	①	05	②
06	①	07	④	08	③	09	①	10	④
11	①	12	④	13	④	14	③	15	②
16	③	17	①	18	③	19	②	20	③
21	④	22	②	23	①	24	④	25	①

01 정답 ②

제시문은 인간의 특성 중 윤리적(도덕적) 존재에 대한 설명이다.

오답 피하기

① 도구적 존재는 자신에게 부족한 능력을 보완하고자 도구를 개발하고 활용하는 존재

③ 문화적 존재는 자신의 삶을 의미 있고 풍요롭게 만들고자 문화를 이어나가고 발전시키는 존재

④ 유희적 존재는 즐거움을 추구하는 존재

02 정답 ③

그림에서의 상황은 어떤 도덕 원리를 모든 사람이 받아들였을 때 나타날 수 있는 결과를 예상하여 도덕 원리의 적절성을 검토하는 방법인 보편화 결과 검사에 대한 내용이다.

오답 피하기

① 반증 사례 검사는 상대방의 도덕 원리에 반대되는 사례를 제시함으로써 도덕 원리가 부적절하다는 것을 지적하는 방법이다.

②・④ 사실 판단의 검토 방법이다.

03 정답 ②

도덕 추론 과정이란 도덕적 문제 상황에서 도덕 원리와 사실 판단을 근거로 구체적인 도덕 판단을 내리는 것으로 ㉠에 들어갈 용어는 도덕이다.

04 정답 ①

보편적 가치에는 생명, 자유, 정직, 신뢰, 정의, 평화 등이 있다.

② **맹목** : 이성을 잃어 적절한 분별이나 판단을 못하는 일
③ **방종** : 제멋대로 행동하여 거리낌이 없음.
④ **환상** : 현실적인 기초나 가능성이 없는 헛된 생각이
　　나 공상

05 정답 ②
행복한 삶을 위해서는 좋은 습관과 정서적·사회적 건
강을 가꾸어야 한다. 자신의 정서를 바르게 이해하고 긍
정적인 마음가짐을 갖추고 다른 사람의 정서를 이해하
고 존중하는 등의 노력이 필요하다.

06 정답 ①
세계 시민은 지구촌의 문제를 자신의 문제로 여기고, 이
를 해결하기 위해 적극적으로 노력하는 사람으로 우리
는 자신이 한국인이자 세계 시민이라는 인식을 바탕으
로 지구 공동체의 문제를 해결하려고 노력해야 한다.

07 정답 ④
현대 사회의 가정 윤리로는 양보하고 배려하기, 예절 지
키기, 대화하고 소통하기 등 가족 간의 도리를 실천해야
한다.

08 정답 ③
덕목은 충(忠), 효(孝), 인(仁), 의(義) 따위의 덕을 분류
하는 명목을 말한다.
① **경건** : 공경하는 자세로 삼가고 조심함.
② **무지** : 아는 것이 없음.
④ **탐욕** : 지나치게 탐하는 욕심

09 정답 ①
이성 친구와 바람직한 관계를 맺기 위해서는 존중과 배
려를 바탕으로 상대를 인정하고 단정한 옷차림과 올바
른 언어 사용 등 기본적인 예절을 지켜야 한다. 또한 '미
래를 준비하는 일'과 '이성 친구와의 관계'가 균형과 조
화를 이루어야 하며, 상대의 입장과 미래를 고려하면서
행동해야 한다.

10 정답 ④
인권은 인간이 지니는 기본적인 권리이자 인간 존엄성을
보장하기 위한 권리이다. 이러한 인권이 보장될 때 인간
의 자유와 평등이 보장되고 인간다운 삶을 살 수 있다.

11 정답 ①
우리는 이웃 간에 관심을 두고 작은 일에서부터 배려를
실천할 때 서로 도움을 주고받는 바람직한 공동체를 만
들 수 있다. 또한 이웃에 대한 관심과 배려를 실천하는
과정에서 자신의 인격을 가꾸고 도덕적으로 성숙한 사
람으로 성장할 수 있다.

12 정답 ④
바람직한 시민은 의사 결정 과정에 적극적으로 참여하고
사익과 공익을 조화롭게 추구해야 하며, 배려와 공감의 자
세를 지녀야 한다. 이기주의는 잘못된 자질에 해당한다.

13 정답 ④
공동체 구성원들이 저마다 자기 문화만을 주장한다면
사회 통합성을 저해할 수 있다. 또는 모든 구성원이 하
나의 문화만을 따른다면, 조화로운 다문화 사회를 만들
수 없다. 따라서 서로의 문화를 존중하면서, 구성원 모
두의 공동체 의식을 드높일 수 있는 바람직한 다문화 공
동체를 실현해야 한다.

14 정답 ③
정보화 시대의 사이버 공간에서는 현실 공간보다 더 자
유롭게 행동할 수 있지만, 더 함부로 행동하기도 쉽다.
따라서 현실 공간과 다르지 않음을 인식하고 도덕적 책
임을 실천하려고 노력해야 한다.
• **유언비어** : 아무 근거 없이 널리 퍼진 소문

15 정답 ②
일상생활에서 갈등은 가치관의 차이, 이해관계의 차이,
잘못된 의사소통 등으로 발생한다.
원활한 의사소통과 공정한 분배의 실현은 갈등의 원인
이라고 볼 수 없다.

16 정답 ③

제시문은 인도의 민족 운동 지도자인 간디에 대한 설명이다. 간디는 제국주의자에 대한 비폭력 불복종 운동을 전개하여 인도 민족을 대중투쟁으로 결집시켜 제2차 세계대전 후 인도가 독립할 수 있는 기반을 만들어냈다.

17 정답 ①

학교 폭력이 발생하면 자신의 의사를 명확하게 표현하고, 주변 사람들에게 도움을 요청해야 한다. 또한 법과 제도 및 외부 기관의 상담을 통해서 문제를 해결하고자 적극적으로 행동해야 한다.

18 정답 ③

정의로운 국가는 모든 구성원이 행복하게 살아갈 수 있도록 노력하는 국가이다. 정의로운 국가는 인간의 존엄성을 보장하고 공정한 사회 제도의 확립과 운영을 통해 국가 권력으로부터 개인의 권리를 보호해야 한다.

19 정답 ②

정신적 가치는 인간의 정신 활동을 통해 얻을 수 있는 가치로 사랑, 우정, 평화, 지혜로움, 선함, 아름다움, 거룩함 등이 있다.
• 재물 : 돈이나 그 밖의 값나가는 모든 물건

20 정답 ③

부패의 발생 원인은 공익보다 사익을 우선으로 여기는 이기심, 나 한 명의 잘못은 큰 문제가 아니라고 생각하는 안일한 생각과 같은 개인적 측면과 연고주의, 정실주의, 목표 지상주의 등 부패를 유발하는 사회의 풍토와 같은 사회적 측면, 부패 예방을 위한 제도 미비, 약한 처벌, 불투명한 업무 처리 절차 또는 기준과 같은 제도적 측면이 있다.

21 정답 ④

통일은 이산가족의 고통을 해소할 수 있고, 일상생활 속의 다양한 불편 해소, 북한 주민들의 인간다운 삶 보장, 전쟁의 위협을 없애 진정한 평화 실현 등의 대내적 필요성과 동북아시아의 안정과 세계 평화에 기여할 수 있다는 대외적 필요성이 있다.

22 정답 ②

인간 중심주의적 자연관은 자연의 도구적 가치를 중시하여 지나치면 무분별한 개발과 환경 파괴로 이어질 수 있다.

오답 피하기

ㄴ, ㄹ 생태 중심주의 자연관에 대한 설명이다.

23 정답 ①

환경친화적 삶을 실천하는 방법에는 자원의 소비 줄이기, 쓸모 있는 물건 재사용하기, 자원 재활용하기 등이 있다.

24 정답 ④

과학 기술의 발달은 물질적 풍요와 편리함을 가져다주었고 인간의 건강 증진과 생명 연장에 이바지한다. 또한 정보 통신 기술의 발달로 사람들 사이의 교류를 확대시켰다.

25 정답 ①

도덕적인 삶은 무엇이 옳은지 그른지를 스스로 판단해 옳은 행위를 실천하고, 자신의 행동에 책임을 지는 삶이며, 자신을 반성하고 도덕을 따르는 삶이다.

EBS 교육방송교재

중졸 검정고시 기출문제집

2022 년

제1회 기출문제

EBS 교육방송교재

중졸 검정고시 기출문제집

01 다음 대화에 대한 설명으로 가장 적절한 것은?

> 사회자 : 우리 학교 화단이 허전하다는 의견이
> 많습니다. 이 문제를 해결할 수 있는
> 의견을 말해 주십시오.
> 학생 1 : 봄을 맞아 꽃들을 심는 건 어떨까요?
> 학생 2 : 동의합니다. 꽃 이름을 알려주는 팻
> 말을 함께 붙이는 것도 좋겠습니다.
> 사회자 : 네, 좋은 의견 감사합니다. 다른 의견
> 있으십니까?

① 진로를 위한 상담이다.
② 문제 해결을 위한 토의이다.
③ 직업 선택을 위한 전문가 면담이다.
④ 전학 온 친구를 위한 학교 소개이다.

02 다음 말하기 상황을 고려할 때 ㉠의 의도로 가장 적절한 것은?

① '재희'의 안부가 궁금하다.
② '재희'에게 도움을 요청한다.
③ '재희'의 잘못된 점을 지적한다.
④ '재희'와 학교 밖에서 만나고 싶다.

03 다음 규정에 맞지 <u>않는</u> 것은?

> ■ 표준 발음법 ■
>
> 【제5항】 'ㅢ'는 이중모음 [ㅢ]로 발음한다.
> 다만 3. 자음을 첫소리로 가지고 있는 음절
> 의 'ㅢ'는 [ㅣ]로 발음한다.

① 무늬[무니]
② 의자[의자]
③ 희망[희망]
④ 띄어쓰기[띠어쓰기]

04 다음 밑줄 친 낱말이 문장에서 바르게 쓰인 것은?

> • <u>반드시</u> : 틀림없이 꼭
> • <u>반듯이</u> : 작은 물체, 또는 생각이나 행동 등
> 이 비뚤어지거나 기울거나 굽지 않고 바르게

① 겨울이 가면 **반듯이** 봄이 온다.
② 이번 시험에는 **반드시** 합격할 것이다.
③ 비가 오는 날이면 **반듯이** 허리가 쑤신다.
④ 큰 지진 뒤에는 **반듯이** 피해가 일어난다.

05 다음 밑줄 친 부분의 예로 적절하지 <u>않은</u> 것은?

> **[탐구 과제]**
> 관용 표현은 둘 이상의 낱말이 합쳐져 원래의 뜻과는 다른 특별한 뜻을 나타내는 관습적인 말입니다. 그중 <u>신체 부위와 관련한 관용 표현</u>을 찾아봅시다.

① 아이가 **눈이 작아서** 귀엽다.
② 그는 **귀가 얇아서** 남의 말을 잘 믿는다.
③ 이야기가 재미있어서 **배꼽 빠지게** 웃었다.
④ 그는 사회생활을 많이 해서인지 **발이 넓다**.

06 ㉠에 해당하는 것은?

> 단모음은 발음할 때 입술을 둥글게 오므려 소리내는 ㉠ 원순 모음과 그렇지 않은 평순 모음으로 나눌 수 있어요.

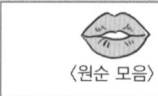 
〈원순 모음〉　　〈평순 모음〉

① ㅏ
② ㅗ
③ ㅡ
④ ㅣ

07 밑줄 친 단어의 품사가 <u>다른</u> 것은?

① 그는 <u>매우</u> 착하다.
② 일을 <u>빨리</u> 끝내다.
③ <u>새</u> 옷을 꺼내 입다.
④ 선물을 <u>살며시</u> 건네주다.

08 ㉠에 해당하는 것은?

> ㉠ 홑문장은 주어와 서술어의 관계가 한 번만 나타나는 문장입니다.

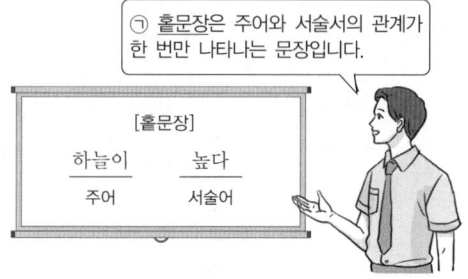

[홑문장]
하늘이　　높다
주어　　서술어

① 국화가 활짝 피었다.
② 민호가 소리도 없이 다가왔다.
③ 나는 노래하고 영희는 춤춘다.
④ 비가 그쳐서 지수는 외출했다.

09 (가)에 들어갈 내용으로 가장 적절한 것은?

근거 1	즉석식품을 자주 섭취할 경우 우리 몸에 필요한 여러 영양소가 결핍되기 쉽다.
근거 2	즉석식품에는 나트륨과 식품 첨가물이 과다하게 함유되어 있다.

주장	(가)

① 즉석식품의 과도한 섭취는 건강에 해롭다.
② 즉석식품의 포장 관리를 철저히 해야 한다.
③ 즉석식품에서 발생하는 쓰레기를 줄여야 한다.
④ 즉석식품에는 우리 몸에 필요한 영양소가 들어 있다.

10 다음은 글쓰기 계획의 일부이다. ㉠에 해당하는 내용으로 가장 적절한 것은?

> ◉ 우리 지역 축제 보고서 쓰기 계획 ◉
>
> • 목적 : (㉠   )
> • 기간 : 2022년 ○월 ○일 ~ ○월 ○일
> • 방법 : 설문 조사
>   – 대상 : 축제 방문자
>   – 내용
>
> ◆ 축제의 만족도는?   (□ 안에 체크하세요.)
>
> | □ 매우 불만족 | □ 불만족 | □ 보통 | □ 만족 | □ 매우 만족 |
> |---|---|---|---|---|
>
> | 〈매우 불만족/불만족〉일 때 응답하세요. | 〈매우 만족/만족〉일 때 응답하세요. |
> |---|---|
> | • 축제에 만족하지 못한 이유는?
• 축제에서 고쳐야 할 점은? | • 축제에서 좋았던 행사는?
• 다음 해에 참가하고 싶은 행사는? |

① 우리 지역 환경오염의 심각성을 알리기 위해

② 우리 지역 청소년 시설의 현황을 조사하기 위해

③ 우리 지역 축제의 문제점과 발전 방안을 찾기 위해

④ 전통 시장을 홍보해서 지역의 축제 예산을 늘리기 위해

[11~13] 다음 글을 읽고 물음에 답하시오.

위층의 소리는 멈추지 않았다. 드르륵거리는 ㉠ 소리에 머리털이 진저리를 치며 곤두서는 것 같았다. 철없고 상식 없는 요즘 젊은 엄마들이 아이들에게 집안에서 자전거나 스케이트보드 따위를 타게도 한다는데, 아무래도 그런 것 같았다. 인터폰의 수화기를 들자, 경비원의 응답이 들렸다. 내 목소리를 알아채자마자 길게 말꼬리를 늘이며 지레 짚었다.

귀찮고 성가셔하는 표정이 눈앞에 역력히 떠올랐다.

"위층이 또 시끄럽습니까? 조용히 해 달라고 말씀드릴까요?"

잠시 후 인터폰이 울렸다.

"충분히 주의하고 있으니 염려 마시랍니다."

경비원의 전갈이었다. 염려 마시라고? 다분히 도전적인 저의(底意)¹⁾가 느껴지는 전언이었다. 게다가 드르륵드르륵 소리는 여전하지 않은가? 이젠 한판 싸워 보자는 얘긴가? 나는 인터폰을 들어 다짜고짜 909호를 바꿔달라고 말했다. 신호음이 서너 차례 울린 후에야 신경질적인 젊은 여자의 응답이 들렸다.

"아래층인데요. 댁이 그런 식으로 말할 건 없잖아요? 나도 참을 만큼 참았다고요. 공동 주택에는 지켜야 할 규칙들이 있잖아요? 난 그 ㉡ 소리 때문에 병이 날 지경이에요."

"여보세요. 난 날아다니는 나비나 파리가 아니에요. 내 집에서 맘대로 움직이지도 못하나요? 해도 너무하시네요. 이틀 거리로 전화를 해대시니 저도 피가 마르는 것 같아요. 저더러 어쩌라는 거예요?"

"하여튼 아래층 사람 고통도 생각하시고 주의해 주세요."

나는 거칠게 수화기를 내려놓았다. "뻔뻔스럽긴. 이젠 순 배짱이잖아?" 소리 내어 욕설을 퍼부어도 화가 가라앉지 않았다. 그렇다고 언제까지 경비원을 사이에 두고 '하랍신다', '하신다더라' 하며 신경전을 펼 수도 없는 일이었다. 화가 날수록 침착하고 부드럽게 처신해야 한다는 것은 나이가 가르친 지혜였다. 지난겨울 선물로 받은, 아직 쓰지 않은 실내용 슬리퍼에 생각이 미친 것은 스스로도 신통했다. 선물도 무기가 되는 법. 발소리를 죽이는 푹신한 슬리퍼를 선물함으로써 ㉢ 소리를 죽이라는 메시지와 함께 소리 때문에 고통받는 내 심정을 간접적으로 나타낼 수 있으리라. 사려 깊고 양식 있는 이웃으로서 공동생활의 규범에 대해 조곤조곤 타이르리라.

위층으로 올라가 벨을 눌렀다. 안쪽에서 "누구세요?" 묻는 ㉣ 소리가 들리고도 십 분 가까이 지나 문이 열렸다. '이웃사촌이라는데 아직 인사도 없이……' 등등 준비했던 인사말과 함께 포장한 슬리퍼를 내밀려던 나는 첫마디를 뗄 겨를도 없이 우두망찰했다.[2] 좁은 현관을 꽉 채우며 휠체어에 앉은 젊은 여자가 달갑잖은 표정으로 나를 올려다보았다.

"안 그래도 바퀴를 갈아 볼 작정이었어요. 소리가 좀 덜 나는 것으로요. 어쨌든 죄송해요. 도와주는 아줌마가 지금 안 계셔서 차 대접할 형편도 안 되네요."

여자의 텅 빈, 허전한 하반신을 덮은 화사한 빛깔의 담요와 휠체어에서 황급히 시선을 떼며 나는 할 말을 잃은 채 부끄러움으로 얼굴만 붉히며 슬리퍼든 손을 등 뒤로 감추었다.

　　　　　　　　　　　　　　　　－ 오정희, 「소음공해」 －

───────────────

1) 겉으로 드러나지 아니한, 속에 품은 생각.
2) 정신이 얼떨떨하여 어찌할 바를 몰랐다.

11 윗글의 내용으로 가장 적절한 것은?

① 경비원은 층간 소음 문제를 적극적으로 해결했다.
② 위층 여자는 아래층의 소음에 대해 여러 번 항의했다.
③ '나'는 위층 여자의 사정을 알고 나서 부끄러움을 느꼈다.
④ '나'는 위층 여자를 오해했던 것이 미안하여 사과의 선물을 전달했다.

12 윗글을 연극으로 공연하고자 할 때, 준비할 소품으로 볼 수 없는 것은?

① 화사한 빛깔의 담요
② 선물로 준비한 과일
③ 포장된 실내용 슬리퍼
④ 바퀴 소리가 큰 휠체어

13 ㉠~㉣ 중 성격이 다른 것은?

① ㉠　　　　　　② ㉡
③ ㉢　　　　　　④ ㉣

[14~16] 다음 글을 읽고 물음에 답하시오.

[A]
열무 삼십 단을 이고
㉠ 시장에 간 우리 엄마
안 오시네, 해는 시든 지 오래
나는 ㉡ 찬밥처럼 방에 담겨
아무리 천천히 숙제를 해도
엄마 안 오시네, ㉢ 배춧잎 같은 발소리 타박타박
안 들리네, 어둡고 무서워
금간 ㉣ 창틈으로 고요히 빗소리
빈방에 혼자 엎드려 훌쩍거리던

아주 먼 옛날
지금도 내 눈시울을 뜨겁게 하는
그 시절, 내 유년[1]의 윗목[2]

　　　　　　　　　　　　　　　　－ 기형도, 「엄마 걱정」 －

───────────────

1) 나이가 어린 때.
2) 온돌방에서 아궁이로부터 먼 쪽의 방바닥. 불길이 잘 닿지 않아 아랫목보다 상대적으로 차가운 쪽이다.

14 윗글에 대한 설명으로 가장 적절한 것은?

① 어른이 된 화자가 어린 시절을 회상한다.

② 속마음을 반대로 표현하여 현실을 비판한다.

③ 의성어를 통해 어머니의 발소리를 경쾌하게 표현했다.

④ 감각적 표현을 통해 유년의 행복했던 기억을 생생하게 전달한다.

15 [A]에 나타난 화자의 정서와 거리가 먼 것은?

① 무서움　　　　② 외로움

③ 쓸쓸함　　　　④ 부끄러움

16 ㄱ~ㄹ 중 밑줄 친 '이것'에 해당하는 것은?

> 일하러 간 엄마를 기다리는 '나'의 모습을 이것에 빗대어 표현하였다.

① ㄱ　　　　② ㄴ

③ ㄷ　　　　④ ㄹ

[17~19] 다음 글을 읽고 물음에 답하시오.

규중 부인이 아침 단장을 마치매, 칠우가 모여 할 일을 함께 의논하여 각각 맡은 일을 이루어 내는지라. 하루는 칠우가 모여 바느질의 공을 의논하는데 ㉠ 척 부인이 긴 허리를 뽐내며 말하기를,

"여러 벗들은 들으라. 가는 명주, 굵은 명주, 흰 모시, 가는 실로 짠 천, 파랑, 빨강, 초록, 자주 비단

을 다 내어 펼쳐놓고 남녀의 옷을 마련할 때, 길이와 넓이며 솜씨와 격식을 내가 아니면 어찌 이루리오. 그러므로 옷 짓는 공은 내가 으뜸이 되리라."

㉡ 교두 각시가 두 다리를 빠르게 놀리며 뛰어나와 이르되,

"척 부인아, 그대 아무리 마련을 잘한들 베어내지 아니하면 모양이 제대로 되겠느냐? 내 공과 내 덕이니 네 공만 자랑 마라."

세요 각시가 가는 허리를 구부리며 날랜 부리 돌려 이르되,

"두 벗의 말이 옳지 않다. 진주 열 그릇이라도 꿴후에야 보배라 할 것이니, 재단에 두루 능하다 하나 내가 아니면 옷 짓기를 어찌하리오. 잘게 누빈누비, 듬성하게 누빈 누비, 맞대고 꿰맨 솔기, 긴 옷을 지을 때 나의 날래고 빠름이 아니면 어찌 잘게 뜨며, 굵게 박아 마음대로 하리오. 척 부인이 재고 교두 각시가 옷감을 베어낸다 하나, 나 아니면 공이 없으련만 두 벗이 무슨 공이라 자랑하느뇨."

㉢ 청홍흑백 각시가 얼굴이 붉으락푸르락하여 화내며 말하기를,

"세요야, 네 공이 내 공이라. 자랑 마라. 네 아무리 잘난 체하나 한 솔기나 반 솔기인들 내가 아니면 네 어찌 성공하리오."

㉣ 감투 할미가 웃으며 이르되,

"각시님네, 웬만히 자랑하소. 이 늙은이 머리부터 발끝까지 온몸으로 아기씨네 손부리 아프지 아니하게 바느질 도와드리나니, 옛말에 이르기를 '닭의 입이 될지언정 소의 꼬리는 되지 말라'고 했소. ㉮ 청홍흑백 각시는 세요의 뒤를 따라다니며 무슨 말을 하시느뇨. 실로 얼굴이 아까워라. 나는 매양 세요의 귀에 찔렸으나, 낯가죽이 두꺼워 견딜 만하여 아무 말도 아니하노라."

　　　　　　－ 규중의 어느 부인, 「규중의 일곱 벗」 －

17 ㉠~㉣에 해당하는 내용이 적절한 것은?

	외적 특징		실제 사물
㉠	긴 허리	……	자
㉡	두 다리	……	다리미
㉢	두꺼운 낯	……	골무
㉣	붉으락푸르락한 얼굴	……	가위

① ㉠   ② ㉡

③ ㉢   ④ ㉣

18 윗글의 내용으로 보아 빈칸에 들어갈 말로 적절한 것은?

> 칠우가 모여 함께 이루어 내는 일은 (   )이다.

① 옷 만들기

② 집 안 정리하기

③ 규중 부인 깨우기

④ 규중 부인의 머리 꾸미기

19 ㉮의 의미로 가장 적절한 것은?

① 이야기를 좋아하는 규중 부인

② 바늘이 꽂혀 있는 골무의 모습

③ 화려하게 장식된 규중 부인의 방

④ 바늘귀에 꿰여 달려 있는 실의 모습

[20~22] 다음 글을 읽고 물음에 답하시오.

여름밤에 잠을 못 자게 하는 두 가지 공포는 밤새도록 더위가 가시지 않는 열대야 현상과 ⑤____ 이다. 밤새 가로수에 매달려 우는 매미 때문에 창문을 열어놓을 수가 없다. 도로를 지나다니는 차들의 경적도 시끄럽지만, 매미의 기세도 보통이 아니다.

하지만 매미는 원래 밝은 낮에만 울고 어두워지면 울지 않았다. 매미의 수컷이 내는 소리에는 세 가지 의미가 있는데, 첫째 주변에 있는 매미들에게 자신의 존재를 알리고, 둘째 자신의 영역을 침범하지 말라고 경고하고, 셋째 암컷을 유인해 짝짓기를 하는 것이다. 특히 매미의 울음소리는 수컷이 암컷 매미를 만나 짝짓기를 하여 종족을 번식하는 데 없어서는 안 될 신호인 셈이다. 그런데 가로등이나 상점 간판의 네온사인, 자동차의 전조등과 같은 인공 불빛으로 밤이 너무 밝아지자 낮이 아닌데도 매미들이 우는 것이다.

[A] ┌ 사람도 빛 공해의 피해를 입고 있다. 우리나라의 도시에 사는 아이들은 시골에 사는 아이들보다 안과를 자주 찾는다. 세계적으로 유명한 과학 잡지 「네이처」에서는 밤에 항상 불을 켜 놓고 자는 아이의 34퍼센트가 근시라는 조사 결과를 발표했다. 불빛 아래에서는 잠드는 데 ⑥걸리는 시간인 수면 잠복기가 길어지고 뇌파도 불안정해진다. 이 때문에 도시의 눈부신 불빛은 아이들의 깊은 잠을 방해하고 있는 └ 것이다.

이와 같이 도시의 빛 공해로 인해 생물체들이 피해를 입고 있다. 생물체가 살아가려면 햇빛이 필요하듯이 어둠과 고요도 꼭 있어야 한다. 어둠 속에서 편히 쉬어야 다시 생기를 얻을 수 있기 때문이다. 생명을 위해 이제 도시의 밤하늘에 어둠과 고요를 돌려주자. 인공의 불빛이 아닌 자연의 별빛을 밝히자.

– 박경화, 「도시의 밤은 너무 눈부시다」 –

20 윗글의 ㉠에 들어갈 내용으로 가장 적절한 것은?

① 아파트 위층에서 들리는 세탁기 소리

② 운동장에서 들리는 아이들의 웃음소리

③ 집 안에서 키우는 반려견의 발자국 소리

④ 창밖에서 들리는 시끄러운 매미 울음소리

21 [A]에 대한 설명으로 가장 적절한 것은?

① 질문을 통해 화제에 집중하게 하고 있다.

② 속담을 이용하여 독자의 흥미를 불러일으키고 있다.

③ 과장된 수치를 사용하여 경각심을 불러일으키고 있다.

④ 세계적으로 유명한 과학 잡지를 인용하여 신뢰도를 높이고 있다.

22 ㉡과 같은 의미로 쓰인 것은?

① 감기에 걸리다.

② 그림이 벽에 걸리다.

③ 물고기가 그물에 걸리다.

④ 밥하는 시간이 오래 걸리다.

[23~25] 다음 글을 읽고 물음에 답하시오.

남극과 북극 가운데 어디가 더 추울까? 남극이 훨씬 춥다. 육지는 바다에 비해 쉽게 데워지고 쉽게 식는다. 남극은 이러한 육지가 밑에 있어서 한겨울에 해당하는 8월 말 무렵이면 높은 곳에서는 기온이 영

하 70℃ 가까이 내려간다고 한다. 역사상 최저 기온은 영하 89℃였다. 이러한 기후 조건 때문에 남극에는 연구를 목적으로 거주하는 사람들 외에는 원주민이 없다. ⃞ ㉠ ⃞ 남극의 추위를 견뎌내기가 그만큼 어렵기 때문이다.

북극은 주변에 있는 바다와 해류의 영향을 받는다. 얼음 덩어리보다 상대적으로 온도가 높은 바다에서 상승하는 따뜻한 공기 때문에 겨울에는 최저 기온이 영하 30~40℃까지 내려가지만, 여름에는 영상 10℃ 정도로 비교적 따뜻하다. 그리고 북극에는 우리가 에스키모라고 알고 있는 원주민인 이누이트인들이 살아가고 있다.

    – 고현덕 외, 「살아있는 과학 교과서 1」 –

23 윗글의 내용과 일치하지 <u>않는</u> 것은?

① 북극이 남극보다 훨씬 춥다.

② 북극은 해류의 영향을 받는다.

③ 이누이트인이 북극에 살고 있다.

④ 육지는 바다에 비해 쉽게 데워진다.

24 다음 빈칸에 들어갈 말로 가장 적절한 것은?

> 윗글은 남극과 북극의 (   ) 특징을 대비하여 설명하고 있다.

① 경제적   ② 기후적

③ 문화적   ④ 역사적

25 ㉠에 들어갈 말로 가장 적절한 것은?

① 또한   ② 그러나

③ 왜냐하면   ④ 예를 들면

01 56을 소인수분해한 결과로 옳은 것은?

① $2^2 \times 7$ ② $2^3 \times 7$

③ 2×7^2 ④ $2^2 \times 7^2$

02 다음 중 수의 대소 관계가 옳은 것은?

① $-2 < 0$ ② $-1 < -2$

③ $3 < -1$ ④ $7 < 4$

03 $x = 3$, $y = -1$일 때, $2x + y$의 값은?

① -1 ② 1

③ 3 ④ 5

04 그림은 가로의 길이가 $7\mathrm{cm}$, 세로의 길이가 $x\mathrm{cm}$인 직사각형이다. 이 직사각형의 둘레의 길이가 $24\mathrm{cm}$일 때, x의 값은?

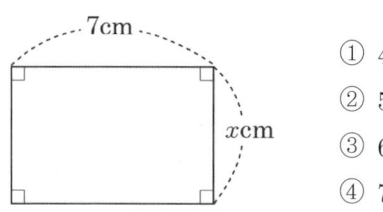

① 4

② 5

③ 6

④ 7

05 그림과 같이 평행한 두 직선 l, m이 다른 한 직선 n과 만날 때, $\angle x$의 크기는?

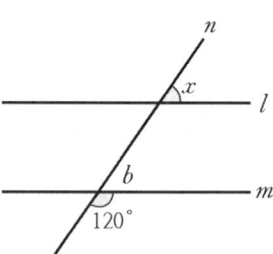

① $40°$ ② $60°$

③ $80°$ ④ $100°$

06 그림과 같이 원 O에서 ∠AOB = 30˚,
∠COD = 90˚, $\overparen{CD}$ = 12cm일 때, x의 값은?

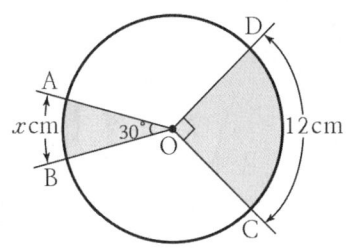

① 3
② 4
③ 5
④ 6

07 다음은 청소년 40명의 일일 평균 스마트폰 사용 시간을 조사하여 만든 도수분포표이다. 일일 평균 스마트폰 사용 시간이 3시간 이상인 청소년의 수는?

사용 시간(시간)	청소년 수(명)
0^{이상} ~ 1^{미만}	2
1 ~ 2	8
2 ~ 3	10
3 ~ 4	12
4 ~ 5	8
합계	40

① 16
② 18
③ 20
④ 22

08 $\frac{4}{9}$를 순환소수로 나타낸 것은?

① $0.\dot{1}$
② $0.\dot{2}$
③ $0.\dot{3}$
④ $0.\dot{4}$

09 $a \times a^2 \times a^3$을 간단히 한 것은?

① a^3
② a^4
③ a^5
④ a^6

10 연립방정식 $\begin{cases} x+y=1 \\ 2x-y=2 \end{cases}$ 의 해는?

① $x=-1, y=2$
② $x=0, y=1$
③ $x=1, y=0$
④ $x=2, y=-1$

11 일차함수 $y = ax$의 그래프를 y축의 방향으로 2만큼 평행이동하면 일차함수 $y = -2x + 2$의 그래프와 일치한다. 상수 a의 값은?

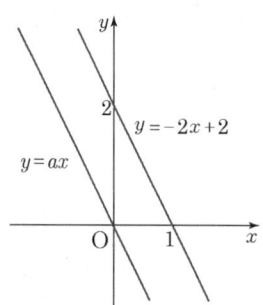

① -2 ② -1

③ 1 ④ 2

12 그림과 같이 평행사변형 $ABCD$에서 $\overline{AB} = 5cm$, $\angle D = 120°$일 때, x, y의 값은?

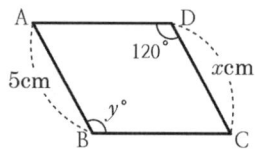

① $x = 5, y = 60$

② $x = 5, y = 120$

③ $x = 6, y = 60$

④ $x = 6, y = 120$

13 그림에서 $\triangle ABC \backsim \triangle DEF$일 때, $\triangle ABC$와 $\triangle DEF$의 닮음비는?

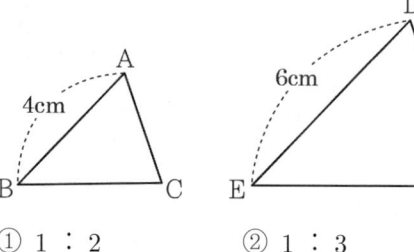

① $1 : 2$ ② $1 : 3$

③ $2 : 3$ ④ $3 : 4$

14 그림과 같은 주사위 한 개를 한 번 던질 때, 나오는 눈의 수가 3 이상일 확률은?

① $\dfrac{1}{6}$ ② $\dfrac{1}{3}$

③ $\dfrac{1}{2}$ ④ $\dfrac{2}{3}$

15 $3\sqrt{2}+\sqrt{2}$를 간단히 한 것은?

① $\sqrt{2}$ ② $2\sqrt{2}$

③ $3\sqrt{2}$ ④ $4\sqrt{2}$

17 이차함수 $y=-2x^2$의 그래프에 대한 설명으로 옳은 것은?

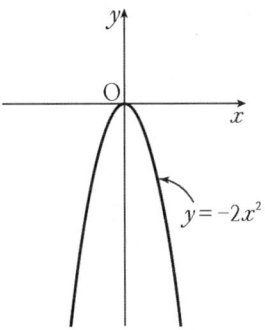

① 위로 볼록하다.

② x축에 대칭이다.

③ 점 $(1,2)$를 지난다.

④ 꼭짓점의 좌표는 $(0,-2)$이다.

18 직각삼각형 ABC에서 $\overline{AB}=5$, $\overline{BC}=4$, $\overline{AC}=3$일 때, $\cos B$의 값은?

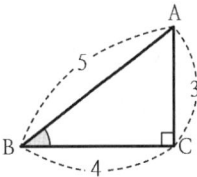

① $\dfrac{3}{5}$ ② $\dfrac{3}{4}$

③ $\dfrac{4}{5}$ ④ $\dfrac{5}{4}$

16 이차방정식 $(x-1)(x-3)=0$의 한 근이 1이다. 다른 한 근은?

① 3   ② 4

③ 5   ④ 6

19 그림과 같이 원 O에서 호 AB에 대한 원주각 ∠APB의 크기 B가 35°일 때, 이 호에 대한 중심각 ∠AOB의 크기는?

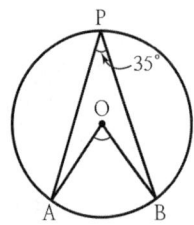

① 50°   ② 60°

③ 70°   ④ 80°

20 다음 중 음의 상관관계를 나타내는 산점도는?

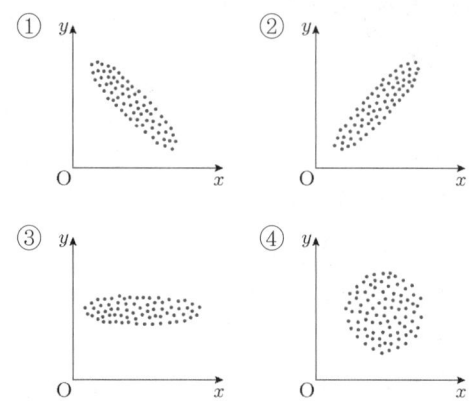

01 다음 밑줄 친 단어의 뜻으로 가장 적절한 것은?

> I heard this movie is boring, so I don't want to watch it.

① 지루한　　　② 즐거운

③ 무서운　　　④ 놀라운

02 다음 중 두 단어의 의미 관계가 나머지 셋과 다른 것은?

① buy - sell

② tell - speak

③ push - pull

④ start - finish

03 다음 빈칸에 들어갈 말로 가장 적절한 것은?

> This _____ one of my favorite songs.

① be　　　② is

③ am　　　④ are

[4~6] 다음 대화의 빈칸에 들어갈 말로 가장 적절한 것을 고르시오.

04

> A : Excuse me, how _____ is this book?
>
> B : It's only five dollars.

① far　　　② tall

③ long　　　④ much

05

> A : Can you please _____ the dishes?
>
> B : I'm sorry, but I don't have time. I'll do it later.

① go　　　② call

③ hear　　　④ wash

06

> A : I like this jacket very much.
>
> B : Why do you like it?
>
> A : _____.

① I like the color

② They look so tired

③ Don't worry about it

④ I am reading a magazine

07 다음 빈칸에 공통으로 들어갈 말로 가장 적절한 것은?

• You can't _____ your car here.
• Let's go to the _____ for a picnic.

① fly　　　　　② cook
③ park　　　　④ watch

08 다음은 Alice의 주간 계획표이다. 목요일에 할 일은?

Tuesday	Wednesday	Thursday	Friday
ride my bike	go swimming	make pizza	play soccer

① 자전거 타기
② 수영하기
③ 피자 만들기
④ 축구하기

09 그림으로 보아 빈칸에 들어갈 말로 가장 적절한 것은?

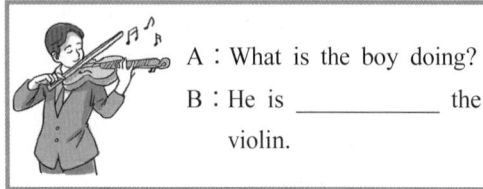

A : What is the boy doing?
B : He is _____ the violin.

① driving　　　② playing
③ reading　　　④ walking

10 다음 대화가 끝난 후 두 사람이 만날 장소는?

A : Why don't we play badminton today?
B : Sure. Where shall we meet?
A : How about the school playground?
B : O.K. See you there at 3 o'clock.

① 경찰서　　　② 도서관
③ 운동장　　　④ 주차장

11 다음 대화의 빈칸에 들어갈 말로 가장 적절한 것은?

A : Mom, can I go to the movies?
B : Who are you going to go with?
A : _____.

① At 3 o'clock
② I'm going to go with Sora
③ We're going to see The Planet
④ We'll meet in front of the theater

12 다음 대화의 주제로 가장 적절한 것은?

A : Which season do you like?
B : I like summer because I can go to the beach.
A : I love skiing, so I like winter.

① 새해 소망　　　② 좋아하는 계절
③ 여행지 추천　　④ 외국인 친구 소개

13 다음 홍보문을 보고 알 수 <u>없는</u> 것은?

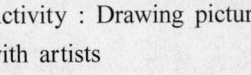

Learn from Artists
- Place : Modern Art Museum
- Date : May 7th, 2022
- Activity : Drawing pictures
  with artists

① 장소
② 날짜
③ 참가비
④ 활동 내용

14 다음 방송의 목적으로 가장 적절한 것은?

Good afternoon. Welcome to the downtown library. We have a special event today. Julia Smith will talk about her new book, *Harry Botter*, in the main hall at 2 p.m. If you're a fan, please don't miss this event!

① 기부 방법 설명
② 화장실 고장 공지
③ 중고 서적 판매 광고
④ 도서관 특별 행사 안내

15 다음 대화에서 B가 긴장한 이유는?

A : Hi, Judy. You look worried. What's wrong?
B : I have to give a speech in English. I'm so nervous.
A : Don't worry. You'll do a good job.

① 요리 대회에 출전해서
② 약속 시간에 늦어서
③ 좋아하는 배우를 만나서
④ 영어로 연설을 해야 해서

16 seahorse에 관한 다음 글의 내용과 일치하지 <u>않는</u> 것은?

The seahorse is very interesting in many ways. It is a kind of fish, but it looks like a horse. It swims standing up. It moves slowly in the water. When it is in danger, it can change its color.

① 말처럼 생겼다.
② 서서 헤엄친다.
③ 빠르게 이동한다.
④ 색을 바꿀 수 있다.

17 주어진 말에 이어질 두 사람의 대화를 〈보기〉에서 찾아 순서대로 가장 적절하게 배열한 것은?

> Seho, where are you going?

┤ 보기 ├

(A) To the library. I need to return these books.
(B) Yes, please. Thank you!
(C) They look heavy. Do you need any help?

① (A)−(B)−(C)
② (A)−(C)−(B)
③ (B)−(A)−(C)
④ (B)−(C)−(A)

18 다음 글에서 Minsu가 버스에서 내린 이유로 가장 적절한 것은?

> Yesterday, Minsu got on a bus. He put his card on the reader to pay the fare. But the machine said that there was not enough money on his card. So he had to get off the bus. He was embarrassed.

① 버스를 잘못 타서
② 목적지에 도착해서
③ 버스가 갑자기 고장나서
④ 버스 카드 잔액이 부족해서

19 그래프로 보아 빈칸에 들어갈 말로 가장 적절한 것은?

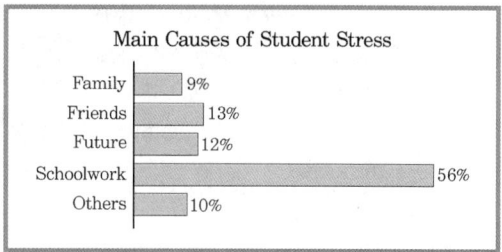

> More than 50% of the students chose _____ as the main cause of their stress.

① family
② friends
③ future
④ schoolwork

20 Franz Liszt에 관한 다음 글에서 언급된 내용이 <u>아닌</u> 것은?

> Have you heard of Franz Liszt? He was born in Hungary in 1811. His father played the cello, so Liszt became interested in music. Liszt first started playing the piano when he was seven. He later became a great pianist, composer, and teacher.

① 작곡한 작품의 수
② 태어난 나라
③ 피아노를 치기 시작한 나이
④ 직업

21 다음 밑줄 친 they가 가리키는 것으로 가장 적절한 것은?

> The Sahara Desert is a very hot place. It is difficult for animals to survive there, but ants can live in this environment. How can <u>they</u> do that? Because their bodies can reflect the heat from the sun.

① ants   ② bears
③ foxes   ④ lions

23 다음 글의 주제로 가장 적절한 것은?

> There are many good things about using a smartphone. First, I can get in touch with my friends anywhere. Also, I can easily get the information I need. This is useful when I have a lot of homework to do.

① 다양한 원격 수업 방법
② 인터넷 중독의 위험성
③ 스마트폰 사용의 좋은 점
④ 학교 숙제가 필요한 이유

22 수영장에서 지켜야 할 규칙으로 언급되지 <u>않은</u> 것은?

- Do not run.
- Do not eat food.
- Do not dive into the pool.

① 뛰지 않기
② 음식 먹지 않기
③ 다이빙하지 않기
④ 사진 촬영하지 않기

24 다음 글을 쓴 목적으로 가장 적절한 것은?

> Hello, Dr. Brown. I have a problem. I keep buying things that I don't need. So I have a lot of unnecessary things. I really want to break this bad habit. What should I do?

① 조언을 구하기 위해서
② 환불을 요청하기 위해서
③ 주말 약속을 잡기 위해서
④ 전시회를 소개하기 위해서

25 다음 글의 바로 뒤에 이어질 내용으로 가장 적절한 것은?

> Why do people dance? They dance to express feelings, give happiness to others, or enjoy themselves. Now, let's take a look at different kinds of dance around the world.

① 여러 나라의 인사법
② 세계의 다양한 춤 소개
③ 감정을 잘 표현하는 방법
④ 책을 많이 읽어야 하는 이유

01 다음에서 설명하는 것은?

> 어떤 장소나 지역에 대한 정보를 수치화하여 컴퓨터에 입력·저장한 후, 가공·분석·처리하여 다양하게 표현해 주는 체계

① 시차
② 표준시
③ 랜드마크
④ 지리 정보 시스템

02 다음 자료에서 (가)에 해당하는 기후는?

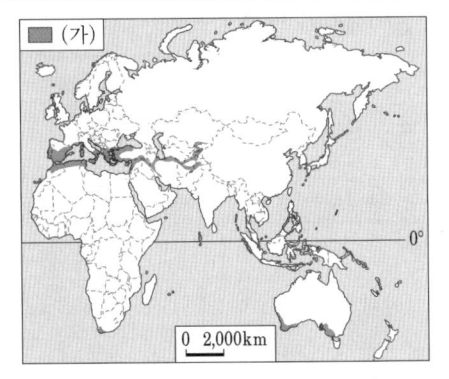

> • 지도에 표시된 (가)는 여름에는 고온 건조하고, 겨울에는 온난 습윤하다.
> • 이 지역은 주로 올리브, 포도 등의 수목 농업이 이루어진다.

① 고산 기후
② 툰드라 기후
③ 지중해성 기후
④ 열대 우림 기후

03 다음 내용에 해당하는 지형은?

> • 용암이 빠른 속도로 식어 굳으면서 다각형의 기둥 모양으로 쪼개짐.
> • 주로 제주도에 분포함.

① 갯벌
② 모래 사장
③ 석회 동굴
④ 주상 절리

04 다음에서 설명하는 자연재해는?

> • 집중 호우에 의한 하천의 범람으로 발생
> • 가옥이나 농경지 등이 침수되어 재산 및 인명 피해 발생

① 홍수
② 황사
③ 폭염
④ 가뭄

05 다음 설명에 해당하는 자원은?

> • 자동차 보급의 확산으로 수요가 급증함.
> • 편재성이 매우 크고, 국제적 이동량이 많음.
> • 주요 수출국 : 사우디아라비아, 러시아, 아랍에미리트 등

① 구리
② 석유
③ 석탄
④ 철광석

06 다음에서 설명하는 것은?

> 푸드 마일리지를 줄이기 위한 대안으로 등장하였으며, 지역에서 생산된 먹거리를 해당 지역에서 직접 소비하는 것을 뜻한다.

① 공정 무역 ② 로컬 푸드
③ 혼합 농업 ④ 플랜테이션

07 개발 제한 구역의 설정 목적으로 가장 적절한 것은?

① 도시 내 시가지 개발
② 대규모 중공업 단지 조성
③ 도시의 무질서한 팽창 방지
④ 각종 건축물의 자유로운 건설

08 ㉠, ㉡에 들어갈 말로 옳은 것은?

> • ____㉡____ 은/는 국가의 주권이 미치는 해역이다.
> • ____㉠____ 은/는 국가의 주권이 미치는 육지와 바다의 수직 상공이다.

	㉠	㉡		㉠	㉡
①	영해	영공	②	영해	영토
③	영공	영해	④	영토	영공

09 다음 상황을 설명하는 용어로 적절한 것은?

> ○○은 신인 가수 그룹의 리더로서 중요한 오디션이 있던 날, 어머니의 건강이 위독하다는 연락을 받았다. 그는 오디션에 참가해야 할지 어머니에게 가야 할지 고민에 빠졌다.

① 외집단 ② 재사회화
③ 역할 갈등 ④ 지역 갈등

10 다음 내용에 해당하는 문화의 속성은?

> 문화는 한 사회의 구성원들이 공통으로 가지는 생활 양식이다. 이를 통하여 사회 구성원들은 특정한 상황에서 서로의 행동을 쉽게 이해하고 예측할 수 있다.

① 공유성 ② 선천성
③ 수익성 ④ 일회성

11 ㉠에 들어갈 내용으로 적절한 것은?

> 우리나라의 지방 자치 단체는 의결 기관인 (㉠)와/과 집행 기관인 지방 자치 단체장으로 구성됩니다.

① 국회 ② 대통령
③ 국무회의 ④ 지방 의회

12 다음에서 설명하는 일반적인 정부 형태는?

> 국민이 선거를 통해 의회를 구성하고, 의회 다수당의 대표가 총리(수상)가 된다. 총리는 내각을 구성할 권한을 가진다.

① 대통령제　　　　② 절대 왕정
③ 귀족 정치제　　　④ 의원 내각제

13 ㉠에 들어갈 국민의 기본권은?

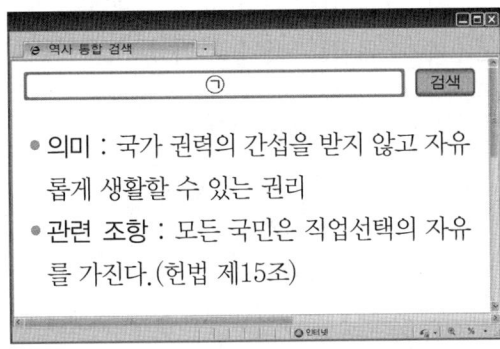

> • 의미 : 국가 권력의 간섭을 받지 않고 자유롭게 생활할 수 있는 권리
> • 관련 조항 : 모든 국민은 직업선택의 자유를 가진다.(헌법 제15조)

① 자유권　　　　② 평등권
③ 참정권　　　　④ 사회권

14 다음의 역할을 담당하는 국가 기관은?

> • 선거와 국민 투표의 공정한 관리
> • 정당 및 정치 자금에 관한 사무, 선거 참여 홍보 활동

① 감사원
② 선거 관리 위원회
③ 헌법 재판소
④ 국가 인권 위원회

15 ㉠에 들어갈 경제 개념은?

> (㉠)은/는 어떤 것을 선택함으로써 포기하게 되는 대안의 가치 중 가장 큰 것을 의미하며, 편익과 더불어 합리적 선택을 위해 고려해야 할 요소이다.

① 수요　　　　　② 실업
③ 기회비용　　　④ 물가 지수

16 ㉠에 해당하는 경제 주체는?

> 인플레이션 발생 시, (㉠)은/는 물가 안정을 위해 과도한 재정 지출을 줄이고, 공공요금 인상을 억제하며, 세금을 늘리는 정책을 집행한다.

① 가계　　　　　② 정부
③ 기업　　　　　④ 법원

17 다음 유물이 처음으로 제작된 시대는?

> • 명칭 : 빗살무늬 토기
> • 용도 : 식량을 저장하고 음식을 조리하는 데 사용함.

① 구석기 시대　　② 신석기 시대
③ 청동기 시대　　④ 철기 시대

18 다음 설명에 해당하는 고구려의 왕은?

> - '영락'이라는 독자적인 연호를 사용함.
> - 신라에 침입한 왜군을 물리치고 금관가야를 공격함.
> - 영토를 넓혀 만주와 한반도 중부에 걸치는 대제국을 건설함.

① 내물왕
② 신문왕
③ 근초고왕
④ 광개토대왕

19 ㉠에 해당하는 국가는?

> 〈　㉠　의 발전 과정〉
> - 대조영 : 만주 동모산 근처에서 나라를 세움.
> - 무왕 : 장문휴를 보내 당의 산둥 반도를 공격함.
> - 선왕 : 당으로부터 '해동성국'이라 불리며 전성기를 이룸.

① 가야
② 발해
③ 부여
④ 백제

20 ㉠에 들어갈 내용으로 옳은 것은?

> 〈공민왕의 개혁 정치〉
> - 쌍성총관부를 공격하여 철령 이북의 땅을 되찾음.
> - 신돈을 등용하고 　㉠　.

① 삼국을 통일함
② 경복궁을 중건함
③ 훈민정음을 창제함
④ 전민변정도감을 설치함

21 다음 설명에 해당하는 전쟁은?

> - 원인 : 조선 인조 때 청의 군신 관계 요구 거부
> - 전개 : 청의 침략 → 남한산성에서 항전
> - 결과 : 조선이 삼전도에서 항복, 청과 군신 관계 체결

① 병자호란
② 임진왜란
③ 살수 대첩
④ 봉오동 전투

22 ㉠에 들어갈 내용으로 가장 적절한 것은?

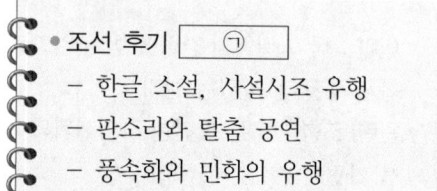

> - 조선 후기 　㉠
>   - 한글 소설, 사설시조 유행
>   - 판소리와 탈춤 공연
>   - 풍속화와 민화의 유행

① 성리학의 전래
② 불교 예술의 발달
③ 서민 문화의 발달
④ 서양 문물의 수용

23 다음 설명에 해당하는 사건은?

> 김옥균, 박영효 등의 급진 개화파가 정변을 일으켜 근대국가 건설을 목표로 한 개혁을 추진하였으나, 청군의 개입으로 3일 만에 실패하였다.

① 3·1 운동
② 갑신정변
③ 홍경래의 난
④ 만민 공동회

24 다음 대화 내용에 해당하는 제도는?

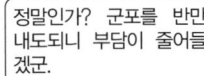

① 균역법   ② 진대법

③ 호패법   ④ 유신 헌법

25 다음 설명에 해당하는 사건은?

- 신군부의 비상계엄 전국 확대에 반발하여 일어남.
- 광주에서 계엄군의 무력 진압으로 많은 사상자가 발생함.
- 1980년대 민주화 운동의 중요한 원동력이 됨.

① 6·10 만세 운동

② 국채 보상 운동

③ 동학 농민 운동

④ 5·18 민주화 운동

01 그림과 같이 용수철에 물체를 매달아 화살표 방향으로 잡아당겼다. 용수철이 원래 길이보다 늘어났을 때 물체에 작용하는 탄성력의 방향은?

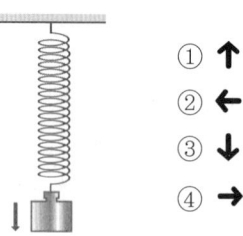

① ↑
② ←
③ ↓
④ →

02 그림과 같이 레이저 빛이 입사각 70°로 평면거울에 입사할 때 반사각의 크기는?

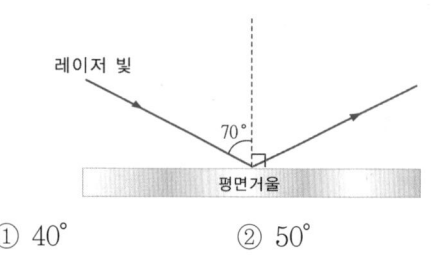

① 40°
② 50°
③ 60°
④ 70°

03 그래프는 온도가 다른 두 물체 A와 B를 접촉시켜 놓았을 때 시간에 따른 온도 변화를 나타낸 것이다. 열평형에 도달할 때까지 걸리는 시간은?

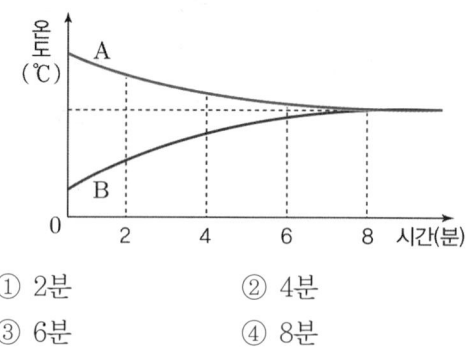

① 2분
② 4분
③ 6분
④ 8분

04 소비 전력이 20W인 전구를 4시간 동안 사용할 때 전구가 소비하는 전기 에너지의 양은?

① 70Wh
② 80Wh
③ 90Wh
④ 100Wh

05 그림은 전기 회로에 연결된 전류계의 모습을 나타낸 것이다. 전류의 세기는? (단, (−)단자가 5A에 연결되어 있다.)

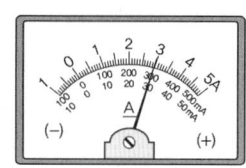

① 1A
② 2A
③ 3A
④ 4A

06 그림은 사람이 물체에 5N의 힘을 가해 힘의 방향으로 4m 이동시킨 것을 나타낸 것이다. 이 사람이 물체에 한 일의 양은?

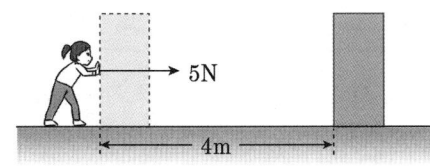

① 10J

② 20J

③ 30J

④ 40J

08 그림은 물질의 상태 변화를 나타낸 것이다. A~D 중 얼음이 녹아 물이 되는 과정은?

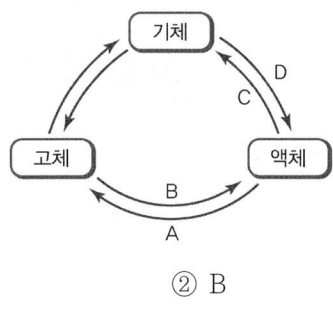

① A

② B

③ C

④ D

07 그림은 고무풍선을 씌운 삼각 플라스크를 가열할 때 풍선의 부피가 커지는 모습을 나타낸 것이다. 다음 중 풍선의 부피 변화에 영향을 준 것은? (단, 압력은 일정하다.)

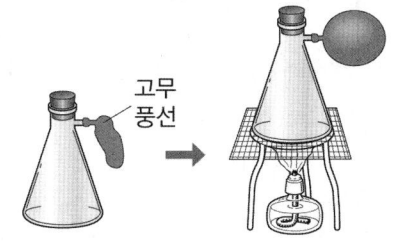

① 냄새

② 색깔

③ 소리

④ 온도

09 그림은 수소 원자가 전자를 잃는 과정을 나타낸 것이다. 다음 중 수소 이온식으로 옳은 것은?

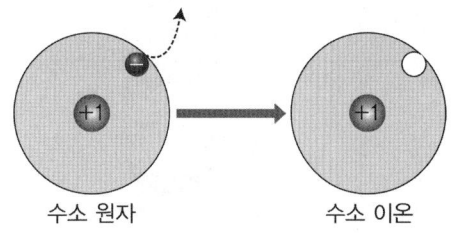

① H^-

② H

③ H^+

④ H^{2+}

10 그림은 과산화 수소(H_2O_2)의 분자 모형을 나타낸 것이다. 수소와 산소의 원자 수의 비는?

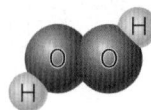

	수소	:	산소
①	1	:	1
②	1	:	2
③	1	:	3
④	1	:	4

11 그림은 원유를 가열하여 증류탑에서 분리하는 과정을 나타낸 것이다. 다음 중 원유를 증류할 때 이용한 물질의 특성은?

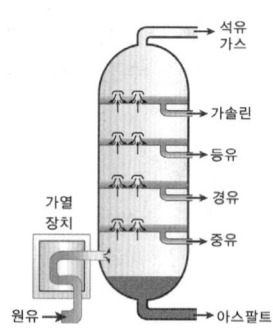

① 밀도
② 끓는점
③ 어는점
④ 용해도

12 다음은 구리와 산소가 반응하여 산화 구리(II)를 생성하는 화학 반응식이다. ㉠에 해당하는 것은?

$$2Cu + \boxed{㉠} \rightarrow 2CuO$$

① H_2
② N_2
③ O_2
④ Cl_2

13 다음 중 식물계에 속하는 생물이 <u>아닌</u> 것은?

① 민들레
② 소나무
③ 옥수수
④ 푸른곰팡이

14 다음은 빛에너지를 이용한 광합성 과정이다. ㉠에 해당하는 것은?

이산화 탄소 + $\boxed{㉠}$ $\xrightarrow{\text{빛에너지}}$
포도당 + 산소

① 물
② 녹말
③ 지방
④ 단백질

15 다음 설명에 해당하는 것은?

- 두 개의 세포가 둘러싸서 식물 잎의 기공을 만든다.
- 기공을 열거나 닫아서 증산 작용을 조절한다.

① 물관
② 열매
③ 뿌리털
④ 공변세포

16 다음 설명에 해당하는 사람의 기관계는?

> • 음식물의 소화와 흡수에 관여한다.
> • 입, 식도, 위, 소장 등으로 구성되어 있다.

① 배설계 　　　② 소화계
③ 순환계 　　　④ 호흡계

17 그림은 귀의 구조를 나타낸 것이다. A~D 중 다음 설명에 해당하는 것은?

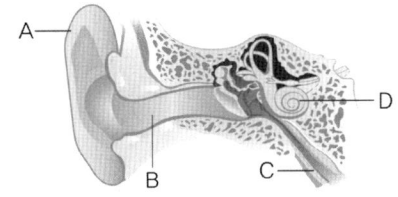

> • 청각 세포가 분포하여 소리 자극을 받아들인다.
> • 달팽이 모양의 구조이다.

① A 　　　② B
③ C 　　　④ D

18 그림과 같이 염색체가 세포의 중앙에 나란히 배열되는 체세포 분열 단계는?

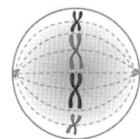

① 간기 　　　② 전기
③ 중기 　　　④ 말기

19 순종의 보라색 꽃 완두(AA)와 흰색 꽃 완두(aa)를 교배하여 얻은 잡종 1대의 유전자형은? (단, 돌연변이는 없다.)

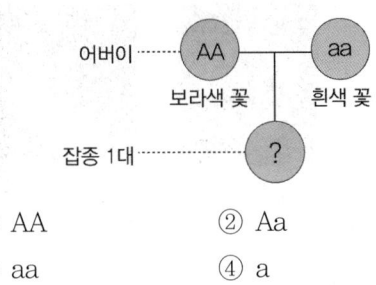

① AA 　　　② Aa
③ aa 　　　④ a

20 다음 설명에 해당하는 광물의 특성은?

노란색인 황동석을 조흔판에 긁었을 때 나타나는 광물 가루의 색은 녹흑색이다.

① 밀도 　　　② 자성
③ 조흔색 　　　④ 염산 반응

21 그림은 판게아가 여러 대륙으로 분리되는 과정을 순서 없이 나타낸 것이다. A~C를 시간 순서대로 나열한 것은?

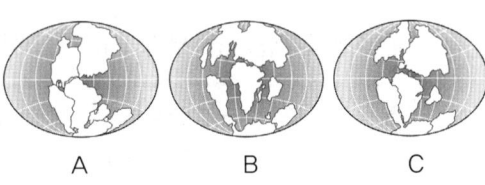

① A － C － B
② B － A － C
③ C － A － B
④ C － B － A

22 그림은 일식을 관측한 모습이다. 다음 중 태양을 가려 일식 현상을 일으키는 천체는?

개기 일식   부분 일식

① 달   ② 목성
③ 토성   ④ 화성

23 염분이 35psu인 해수 2kg에 녹아 있는 염류의 총량은?

① 50g   ② 60g
③ 70g   ④ 80g

24 다음 설명에 해당하는 우리나라의 계절은?

- 주로 시베리아 기단의 영향을 받아 춥고 건조한 날씨가 나타난다.
- 북서 계절풍이 많이 분다.

① 봄   ② 여름
③ 가을   ④ 겨울

25 다음 설명에 해당하는 우리 은하의 구성 천체는?

- 성간 물질이 밀집되어 구름처럼 보인다.
- 주변의 밝은 별에서 오는 별빛을 반사하여 우리 눈에 보인다.

① 암흑 성운   ② 반사 성운
③ 산개 성단   ④ 구상 성단

01 다음에서 소개하는 사상가는?

◈ 도덕 인물 카드 ◈

• 고대 그리스의 사상가
• "성찰하지 않는 삶은 살 가치가 없다."라고 주장하며 반성하는 삶을 강조함.

① 공자　　　　　② 칸트
③ 석가모니　　　④ 소크라테스

02 다음에서 설명하고 있는 용어는?

• 인간의 정신 활동으로 얻게 되는 가치
• 진(眞), 선(善), 미(美), 성(聖) 등

① 정신적 가치　　② 물질적 가치
③ 수단적 가치　　④ 도구적 가치

03 도덕적으로 살아야 하는 이유로 적절하지 <u>않은</u> 것은?

① 자신과 타인에게 도움이 되기 때문입니다.
② 인간으로서 마땅히 따라야 할 의무이기 때문입니다.
③ 진정한 행복을 추구하기 위해서입니다.
④ 개인의 도덕성은 사회에 아무런 영향을 줄 수 없기 때문입니다.

04 ㉠에 공통으로 들어갈 개념으로 가장 적절한 것은?

(㉠)은/는 어떤 상황을 도덕 문제로 민감하게 느끼고 반응하는 마음의 상태를 말한다. (㉠)이/가 높은 사람일수록 도덕적 행동을 실천할 가능성이 높다.

① 자아 정체성　　② 정서적 건강
③ 비판적 사고　　④ 도덕적 민감성

05 참된 우정이 필요한 이유로 적절하지 <u>않은</u> 것은?

① 정서적 안정을 줄 수 있다.
② 성숙한 인격을 형성할 수 있다.
③ 공동체 의식을 훼손할 수 있다.
④ 타인과 관계를 맺는 능력을 기를 수 있다.

06 가족 간의 도리에 관한 설명으로 가장 적절한 것은?

① 우애는 자녀가 부모님을 잘 섬기는 것이다.
② 효도는 형제자매 간의 두터운 정과 사랑이다.
③ 자애는 부모가 대가없이 자녀에게 베푸는 사랑이다.
④ 부부 간에는 가깝고 편하기 때문에 예절을 생략해도 된다.

07 성(性)에 대한 바람직한 관점을 〈보기〉에서 고른 것은?

┤ 보기 ├

ㄱ. 성의 인격적 가치를 소중히 여긴다.

ㄴ. 성의 쾌락적 측면만을 추구해야 한다.

ㄷ. 성을 상품화하는 수단으로 생각해야 한다.

ㄹ. 성에 대한 균형 잡힌 시각을 가져야 한다.

① ㄱ, ㄴ   ② ㄱ, ㄹ

③ ㄴ, ㄷ   ④ ㄷ, ㄹ

08 ㉠에 들어갈 대답으로 적절하지 <u>않은</u> 것은?

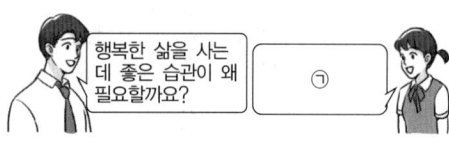

행복한 삶을 사는 데 좋은 습관이 왜 필요할까요?   ㉠

① 훌륭한 성품을 갖게 합니다.

② 긍정적인 자세를 갖게 합니다.

③ 건강한 삶을 살 수 있도록 합니다.

④ 외형적인 모습만 가꿀 수 있게 합니다.

09 바람직한 이웃 간의 자세로 적절한 것은?

① 배려   ② 혐오

③ 해악   ④ 무시

10 다음에서 설명하는 사이버 공간의 특성은?

사이버 공간에서는 자신이 누구인지 밝히지 않을 수 있다. 자신의 신분이나 정체성을 드러내지 않고 활동할 수 있기 때문에 무책임한 행동을 하기 쉽다.

① 개방성   ② 익명성

③ 홍보성   ④ 획일성

11 다음에 해당하는 정보화 시대의 도덕 문제는?

극장에서 상영 중인 영화네! 불법인 줄 알비만 공짜로 내려받아 봐야지.

① 세대 갈등   ② 악성 댓글

③ 저작권 침해   ④ 사이버 따돌림

12 학교 폭력에 대처하는 방법으로 적절하지 <u>않은</u> 것은?

① 자신의 의사를 명확하게 표현해야 한다.

② 사소한 행동도 폭력이 될 수 있음을 알아야 한다.

③ 다른 사람에게 알리기보다 혼자 참고 견뎌야 한다.

④ 법과 제도 및 전문 기관을 적극적으로 활용해야 한다.

13 인권에 대한 설명으로 적절하지 <u>않은</u> 것은?

① 성인에게만 주어지는 권리이다.

② 누구나 누려야 하는 보편적 가치이다.

③ 모든 사람이 태어날 때부터 가지는 권리이다.

④ 인간으로서 마땅히 보장받아야 할 기본적 권리이다.

14 양성평등에 대한 설명으로 가장 적절한 것은?

① 성별에 따라 부당하게 차별하는 것이다.

② 성 역할에 대한 고정관념을 유지하는 것이다.

③ 항상 남성을 우대하고 여성을 배제하는 것이다.

④ 여성과 남성을 동등한 인격체로 존중하는 것이다.

15 다음에서 설명하고 있는 용어는?

> 각 문화의 다양성을 인정하고, 문화가 가진 독특한 환경과 역사적·사회적 상황에서 다른 문화를 바라보는 태도

① 연고주의

② 사대주의

③ 문화 상대주의

④ 자문화 중심주의

16 ㉠에 들어갈 개념으로 적절한 것은?

> (㉠)은/는 특정 국가의 국민으로서만이 아닌 지구 공동체의 일원으로서 공동체 의식을 가지고 지구촌 문제 해결을 위해 협력하는 사람을 의미한다.

① 세계 시민　　② 특권 계층

③ 소수 민족　　④ 사회적 약자

17 다음 내용이 설명하는 개념은?

> • 사회적으로 옳고 그름을 판단하는 기준
> • 사회를 구성하고 유지하는 공정한 원리

① 인권 침해　　② 사회 정의

③ 부패 행위　　④ 시민 불복종

18 바람직한 국가의 역할로 적절한 것은?

① 국민의 삶을 불안하게 한다.

② 국민의 생명과 재산을 보호한다.

③ 국민 간의 갈등 상황을 방치한다.

④ 국민 간의 빈부격차를 심화시킨다.

2022년 제1회

19 다음에 해당하는 갈등 해결 방법은?

갈등 당사자끼리 이렇게 합의하게 되어 기쁩니다.

① 협상   ② 비난
③ 조롱   ④ 협박

20 평화 통일을 이루기 위한 자세로 적절하지 <u>않은</u> 것은?

① 통일에 대한 관심을 가져야 한다.
② 올바른 안보 의식을 갖춰야 한다.
③ 북한 주민에 대한 편견을 가져야 한다.
④ 다름을 인정하고 포용하는 자세를 지녀야 한다.

21 다음 내용에 해당하는 통일의 필요성으로 가장 적절한 것은?

북에 계신 어머니와의 상봉을 마치고 돌아온 아들은 "불쌍한 나의 어머니! 가슴이 찢어져요. 함께 살자고 떨어질 줄 모르시던 어머니, 통일이 되기를 그토록 빌던 어머니의 모습이 눈앞에서 사라지지 않아요."라며 절절한 그리움을 편지글로 표현하였다.

① 군사적 긴장 완화
② 경제적 이익 증대
③ 주변 국가의 원조
④ 이산가족 고통 해소

22 다음 대화에서 을의 입장으로 가장 적절한 것은?

자연은 인간의 삶에 도움이 될 때 가치가 있습니다.

자연은 인간의 이익과 관계없이 본래적 가치를 지닙니다.

갑   을

① 인간은 자연의 지배자야.
② 자연은 그 자체로 소중해.
③ 자연을 보호할 필요는 없어.
④ 자연을 무분별하게 개발할 필요가 있어.

23 교사의 질문에 대한 대답으로 적절한 것은?

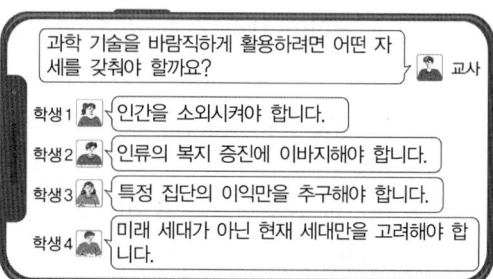

과학 기술을 바람직하게 활용하려면 어떤 자세를 갖춰야 할까요?   교사

학생1 인간을 소외시켜야 합니다.

학생2 인류의 복지 증진에 이바지해야 합니다.

학생3 특정 집단의 이익만을 추구해야 합니다.

학생4 미래 세대가 아닌 현재 세대만을 고려해야 합니다.

① 학생 1   ② 학생 2
③ 학생 3   ④ 학생 4

24 도덕 추론의 과정에서 ㉠에 들어갈 용어는?

• (㉠) : 타인에게 피해를 주는 행동을 하면 안 된다.
• 사실 판단 : 부정행위는 타인에게 피해를 주는 행동이다.
• 도덕 판단 : 부정행위를 하면 안 된다.

① 도덕 원리   ② 대중 문화
③ 진로 탐색   ④ 가치 전도

25 ㉠에 들어갈 조언으로 가장 적절한 것은?

① 마주치는 시련과 어려움을 무조건 피해
  야 해.

② 지금 해야 할 일을 나중으로 미루는 것이
  좋아.

③ 주위 사람이 원하는 삶보다는 네가 원하는
  삶을 살아.

④ 정신적 가치보다는 육체적 쾌락만을 추구하
  는 것이 나아.

국어 2022년 제1회

01	②	02	②	03	③	04	②	05	①
06	②	07	③	08	①	09	①	10	③
11	③	12	②	13	④	14	①	15	④
16	②	17	①	18	①	19	④	20	④
21	④	22	④	23	①	24	②	25	③

01 정답 ②

이 대화는 학교 화단이 허전하다는 문제점에 대해 해결 방안을 찾기 위한 말하기인 '토의하기'이다.

02 정답 ②

무거운 책을 옮겨야 하는 민수는 재희에게 함께 책을 옮겨달라고 도움을 요청하기 위해 '시간 있어?'라는 표현으로 돌려 말하고 있다.

03 정답 ③

'희망'의 '희'는 자음을 첫소리로 가지로 있는 음절이기 때문에 [히]로 발음해야 한다.

04 정답 ②

'반드시'는 '틀림없이 꼭'의 의미를 나타내는 부사로서 '이번 시험에는 <u>반드시</u> 합격할 것이다.'에 적절하게 사용되었다.

> | 참고 | '반듯이'의 예시
> 의자에 앉을 때는 허리를 반듯이 펴라.

오답 피하기

① 겨울이 가면 반드시 봄이 온다.
③ 비가 오는 날이면 반드시 허리가 쑤신다.
④ 큰 지진 뒤에는 반드시 피해가 일어난다.

05 정답 ①

'눈이 작아서'는 사전적 의미의 표현으로 '눈의 크기가 작다.'라는 의미이다.

오답 피하기

② '귀가 얇아서' – '남의 말을 쉽게 받아들이다'라는 관용 표현
③ '배꼽 빠지게' – '몹시 우습다'라는 관용 표현
④ '발이 넓다' – '사귀어 아는 사람이 많아 활동 범위가 넓다'라는 관용 표현

06 정답 ②

'원순 모음'은 입술을 둥글게 오므려 소리 내는 모음으로 단모음 10개 중 'ㅗ, ㅜ, ㅚ, ㅟ'가 여기에 속한다. 나머지 모음인 'ㅣ, ㅔ, ㅐ, ㅡ, ㅓ, ㅏ'는 평순 모음이다.

07 정답 ③

'새 옷을 꺼내 입다.'의 '새'는 명사 '옷'을 꾸며주는 관형사이다.
'매우', '빨리', '살며시'는 모두 주로 서술어를 꾸며주는 부사어이다.

08 정답 ①

'국화가 활짝 피었다.'는 '주어+부사어+서술어'로 이루어진 홑문장이다.

오답 피하기

② 민호가 소리도 없이 다가왔다.
– '주어+(주어+서술어)+서술어'로 이루어진 문장으로 부사절을 안은문장이다.
③ 나는 노래하고 영희는 춤춘다.
– '주어+서술어, 주어+서술어'로 이루어진 문장으로 이어진 문장이다.
④ 비가 그쳐서 지수는 외출했다.
– '주어+서술어, 주어+서술어'로 이루어진 문장으로 이어진 문장이다.

09 정답 ①

'근거 1'과 '근거 2'는 모두 즉석식품을 과도하게 섭취했을 때 건강에 해로운 구체적 내용이 드러나 있으므로 '즉석식품의 과도한 섭취는 건강에 해롭다.'라는 주장을 뒷받침할 수 있다.

10 정답 ③

'우리 지역 축제 보고서 쓰기 계획'의 설문 조사 내용을 보면 축제의 만족도와 그에 따른 만족하지 못한 이유, 고쳐야 할 점, 축제에서 좋았던 행사, 다음 해에 참가하고 싶은 행사를 조사하고 있다. 이것으로 보아 이 글의 목적은 우리 지역 축제의 문제점과 발전 방안을 찾기 위한 것이라고 할 수 있다.

[11~13] 오정희, 〈소음공해〉

갈래	현대 소설, 세태 소설
성격	교훈적, 비판적
시점	1인칭 주인공 시점
배경	현대 어느 오후 / 도시의 아파트
주제	이웃에 대한 무관심한 현대인에 대한 비판과 반성, 이웃에 대한 관심의 필요성
특징	① 주인공의 심리 묘사가 두드러짐. ② 결말의 극적반전으로 주제가 부각됨. ③ 이웃 간의 단절과 무관심을 비판함. ④ 소음의 원인에 대한 궁금증을 유발하여 긴장감을 높임.

11 정답 ③

'나'는 위층 여자의 사정을 알지 못하고 위층에서 나는 소음에 대한 불편함을 계속 표현하였다. 마침내 '실내화'를 들고 고상한 경고를 하고자 위층을 찾았던 '나'는 휠체어를 타는 위층 여자의 사정을 알고 부끄러움을 느낀다.

오답 피하기

① 경비원은 귀찮은 듯이 층간 소음 문제를 대하고 있다.
② 층간 소음에 대해 여러 번 항의를 한 것은 아래층 여자이다.

④ '나'는 층간 소음을 멈추지 않는 위층 여자에게 불편함을 우회적으로 항의하기 위해 '슬리퍼'를 가지고 간 것이다.

12 정답 ②

아래층 여자가 선물로 준비해간 것은 '슬리퍼'였기 때문에 슬리퍼를 소품으로 준비해야 한다.

13 정답 ④

ㄹ '소리'는 아래층 여자가 위층으로 올라가 벨을 눌렀을 때 안쪽에서 들려오는 "누구세요?"라는 소리를 의미한다.

ㄱ・ㄴ・ㄷ의 '소리'는 모두 위층에서 들리는 '층간 소음'이다.

〈14~16〉 기형도, 〈엄마 걱정〉

갈래	자유시, 서정시
성격	회상적, 애상적, 고백적
제재	외롭고 슬픈 어린 시절의 기억
주제	장사하러 시장에 간 엄마를 혼자 기다리던 외롭고 슬픈 어린 시절의 기억
특징	① 어른이 된 화자가 어린 시절을 회상하며 시상을 전개함. ② 정서와 분위기를 드러내는 상징적 소재가 사용됨. ③ 유사한 시구의 반복으로 운율을 형성함.

14 정답 ①

이 시의 화자는 어른이 되어 어린 시절을 회상하는 것이다. 1연은 어린 시절에 대한 회상이고, 2연에서는 이를 '아주 먼 옛날'이라고 표현하여 과거의 일이었음을 나타내고 있다.

15 정답 ④

이 시의 화자가 회상한 어린 시절은 외롭고 쓸쓸하고 무서웠던 모습이다. 그러므로 '부끄러움'은 화자의 어린 시절과 관련된 정서로 보기 어렵다.

16 정답 ②

'찬밥'은 일하러 간 엄마를 홀로 기다리는 화자를 빗대어 표현한 시어이다. '찬밥'이라는 촉각적 심상을 통해 화자의 외로웠던 정서를 잘 드러내고 있다.

> **오답 피하기**

① '시장' : 생계를 위해 엄마가 일하러 나간 곳
③ '배춧잎' : 피곤에 지쳐 돌아오는 엄마의 무거운 발걸음을 빗대어 표현함.
④ '찬틈' : 화자의 가난했던 유년 시절을 나타냄.

〈17~19〉 규중의 어느 부인, 〈규중의 일곱 벗〉

갈래	한글 수필, 고전 수필, 내간체 수필
성격	교훈적, 풍자적, 우화적
제재	아녀자의 방에 있는 일곱 벗
주제	공치사만 일삼는 이기적인 세대 풍자, 역할과 직분에 따른 성실한 삶의 추구
특징	아녀자의 일상과 가장 관련이 깊은 바느질 도구들을 의인화하여 표현함.
등장 인물	• 척 부인 – 자 • 교두 각시 – 가위 • 세요 각시 – 바늘 • 청홍흑백 각시 – 실 • 감투 할미 – 골무 • 인화 부인 – 인두 • 울 낭자 – 다리미

17 정답 ①

이 글에 나타난 '칠우'는 일곱 가지의 바느질 도구를 의인화한 것이다. '척 부인'은 긴 허리를 특징으로 하는 '자'를 나타내는 것이다.

> **오답 피하기**

② '교두 각시'는 두 다리를 빠르게 움직이는 '가위'를 나타내는 것이다.
③ '청홍흑백 각시'는 얼굴이 붉으락푸르락하는 '실'을 나타내는 것이다.
④ '감투 할미'는 낯가죽이 두꺼운 '골무'를 나타내는 것이다.

18 정답 ①

칠우가 모여 함께 하는 일은 '옷 만들기'였는데, 이 글에서는 이 일에서 각자 자신의 공이 더 크다고 주장하고 있다.

19 정답 ④

'청홍흑백 각시는 세요의 뒤를 따라다니며'는 실이 바늘귀에 꿰어 바늘 뒤를 따라다니는 듯한 모습을 형상화한 것이다.

〈20~22〉 박경화, 〈도시의 밤은 너무 눈부시다〉

갈래	논설문
성격	논증적, 객관적
제재	야간의 인공 불빛
주제	불필요한 야간 인공 불빛을 줄이자.
특징	① 믿을 수 있는 잡지의 내용을 인용하여 근거를 제시하고 있다. ② 야간 인공 불빛의 부작용을 구체적으로 제시하고 있다.

20 정답 ④

1문단의 내용으로 보아, 여름밤에 잠을 못 자게 하는 두 가지 공포는 열대야 현상과 밤새 우는 매미 울음 소리라는 것을 알 수 있다.

21 정답 ④

세계적으로 유명한 과학 잡지 '네이처'의 내용을 인용하여 도시의 빛 공해가 아이들의 시력과 수면에 안 좋은 영향을 준다는 사실을 뒷받침하고, 이 글의 신뢰도를 높이고 있다.

22 정답 ④

ⓒ '(시간이) 걸리다'는 '시간이 들다'라는 의미로 쓰였다. '밥하는 시간이 오래 걸리다'도 같은 의미로 사용되었다.

> **오답 피하기**

① '감기에 걸리다.' – '병이 들다.'
② '그림이 벽에 걸리다.' – '벽이나 못 따위에 매달다.'

③ '물고기 그물에 <u>걸리다</u>.' – '막히거나 잡히다.'

〈23~25〉 고현덕 외, 〈살아있는 과학 교과서 1〉

갈래	설명문
성격	대조적, 분석적
제재	남극과 북극의 기후 차이
주제	육지로 이루어진 남극이 바다의 얼음으로 이루어진 북극에 비해 훨씬 춥다.

23 정답 ①

남극은 육지가 밑에 있어서 쉽게 데워지고 쉽게 식는다. 그래서 한겨울에는 영하 70도 가까이 내려간다. 하지만 북극은 주변에 있는 바다의 따뜻한 공기 때문에 겨울에는 최저 기온이 영하 30~40도까지 내려간다. 즉, 남극이 북극보다 훨씬 춥다는 것을 알 수 있다.

24 정답 ②

육지에 위치하는 남극과 바다에 떠 있는 얼음으로 이루어진 북극의 기후적 특징을 대비하여 설명하고 있다.

25 정답 ③

㉠의 앞 문장은 남극에는 원주민이 없다는 것이고, 뒷문장은 남극의 추위가 견뎌 내기 어렵다는 것이다. 즉, 앞에 있는 문장은 결과이고 뒤에 있는 문장은 원인을 나타내므로 '인과'를 나타내는 접속어 '왜냐하면'이 들어가야 한다.

수학 2022년 제1회

01	②	02	①	03	④	04	②	05	②
06	②	07	③	08	④	09	④	10	③
11	①	12	②	13	③	14	④	15	④
16	①	17	①	18	③	19	③	20	①

01 정답 ②

| 풀이 |

56을 소인수분해하면 $2 \times 2 \times 2 \times 7$이고, 같은 수의 곱을 거듭제곱을 이용하여 나타내면, $2^3 \times 7$이 된다.

따라서 정답은 ②이다.

오답 피하기

① $2^2 \times 7$을 계산하면 28이다.

③ 2×7^2을 계산하면 98이다.

④ $2^2 \times 7^2$을 계산하면 196이다.

> | 참고 | 거듭제곱
>
> 같은 수 또는 문자를 여러 번 곱할 때, 거듭제곱을 이용하여 나타낸다. 이때, 밑은 곱하여지는 수, 지수는 곱한 횟수를 뜻한다.
>
> 예 $3 \times 3 \times 3 \times 3 = 3^4$

02 정답 ①

| 풀이 |

음수는 절댓값이 클수록 작은 수이고, 양수는 절댓값이 클수록 큰 수이다. 또한 항상 (음수) $< 0 <$ (양수)이다.

① $-2 < 0$ ➡ 음수<0이므로 참이다.

따라서 정답은 ①이다.

오답 피하기

② $-1 < -2$ ➡ 음수는 절댓값이 클수록 작은 수이므로 $-1 > -2$이다.

③ $3 < -1$ ➡ 음수$< 0 <$양수이므로 음수는 양수보다 작다. 그러므로 $3 > -1$이다.

④ $7 < 4$ ➡ 양수는 절댓값이 클수록 큰 수이므로 $7 > 4$이다.

03 정답 ④

| 풀이 |

$x=3$, $y=-1$을 $2x+y$에 대입하면 식의 값을 구할 수 있다.

$2x+y=2\times x+y$와 같으므로 $x=3$, $y=-1$을 각각 대입하면,

$=2\times(3)+(-1)=6-1=5$이다.

따라서 정답은 ④이다.

오답 피하기

$2x+y=2\times x+y$이다.

곱셈기호를 생략한 채로 대입하여 $23-1=22$와 같이 잘못 대입하지 않도록 주의하여야 한다.

| 참고 | 식의 값 구하기

문자를 사용한 식에서 문자에 수를 대입하여 계산한 결과를 그 식의 값이라고 한다.

❶ 생략된 곱셈 기호가 있는 식의 경우 곱셈기호를 다시 쓴다.

❷ 문자에 주어진 수를 대입하여 계산한다.

  (대입 : 문자를 사용한 식에서 문자 대신 수를 넣는 것을 문자에 수를 대입한다고 한다.)

04 정답 ②

| 풀이 |

직사각형의 둘레는 $2\times$(가로 + 세로)와 같이 구할 수 있다. 공식에 주어진 길이를 대입하면

$2\times(7+x)=$직사각형의 둘레의 길이이며, 직사각형의 둘레는 24이므로,

$2\times(7+x)=24$인 일차방정식을 구할 수 있다.

일차방정식 $2\times(7+x)=24$를 풀면,

$2\times(7+x)=24$ ← 양변을 2로 나눈다.

$7+x=12$ ← 7을 우변으로 이항한다.

$x=12-7$

∴ $x=5$

따라서 정답은 ②이다.

| 참고 | 일차방정식의 풀이

$$\text{(일차식)} = 0 \xrightarrow[\text{등식의 성질}]{\text{이항}} x = \text{(수)}$$

- 일차항은 좌변, 상수항은 우변으로 각각 이항하여 정리한다.
- 등식의 양변을 간단히 하여 $ax=b$ $(a \neq 0)$의 꼴로 만든다.
- 등식의 양변을 x의 계수 a로 나눈다.

05 정답 ②

| 풀이 |

두 직선이 평행하면 동위각의 크기가 같으므로, 다음 그림과 같이 x와 이웃한 각의 크기는 $120°$이다.

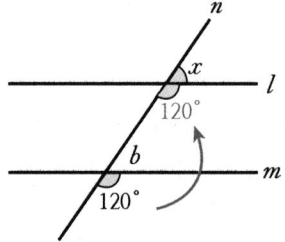

$\angle x+120=180°$이므로 $\angle x=180°-120°=60°$

∴ $x=60°$

따라서 정답은 ②이다.

| 참고 |

평각은 2직각을 말하며 평각의 크기는 $180°$이다.

06 정답 ②

| 풀이 |

부채꼴에서 호의 길이는 중심각의 크기에 정비례한다.

$\angle AOB=30°$, $\angle COD=90°$이므로,

$\angle AOB : \angle COD=30° : 90°=1 : 3$

두 부채꼴의 호의 길이의 비도 $1 : 3$이다.

즉, $\overset{\frown}{AB} : \overset{\frown}{CD}=1 : 3$이므로,

$x : 12=1 : 3$

그러므로, 비례식의 성질[외항의 곱 = 내항의 곱]을 이용하여 $3x = 12$임을 알 수 있다.

$\therefore x = 4$

따라서 정답은 ②이다.

| 참고 | **부채꼴의 중심각과 호의 길이, 넓이의 관계**

한 원 또는 합동인 두 원에서

① 중심각의 크기가 같은 두 부채꼴의 호의 길이와 넓이는 각각 같다.

② 부채꼴의 호의 길이와 넓이는 각각 중심각의 크기에 정비례한다.

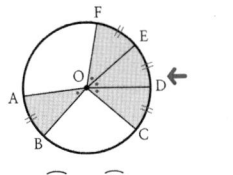

$\widehat{AB} = \widehat{CD} = \widehat{DE} = \widehat{EF},$

$3 \times \widehat{AB} = \widehat{CF}$

---

07 정답 ③

| 풀이 |

주어진 도수분포표에서 스마트폰 사용 시간이 3시간 이상 4시간 미만인 계급의 도수(청소년의 수)는 12명이고, 4시간 이상 5시간 미만인 계급의 도수(청소년의 수)는 8명이므로, 스마트폰 사용 시간이 3시간 이상인 청소년의 수는 두 계급의 도수의 합인 $12 + 8$(명)$= 20$(명)이다.

따라서 정답은 ③이다.

스마트폰 사용 시간이 3시간 이상인 계급은 두 개의 계급이 해당되므로 두 계급의 도수의 합을 구해야 한다. 3시간 이상 4시간 미만인 계급의 도수인 12만 읽지 않도록 주의한다.

---

08 정답 ④

| 풀이 |

$\frac{4}{9} = 0.4444\cdots$이므로 간단히 표현하면 $0.\dot{4}$이며, 순환마디는 4이다. 그러므로 답은 ④이다.

① $0.\dot{1}$을 분수로 나타내면, $\frac{1}{9}$이므로 답이 아니다.

② $0.\dot{2}$를 분수로 나타내면, $\frac{2}{9}$이므로 답이 아니다.

③ $0.\dot{3}$을 분수로 나타내면, $\frac{3}{9}$이므로 답이 아니다.

---

09 정답 ④

| 풀이 |

지수법칙 $a^n \times a^m = a^{n+m}$을 이용하여 풀 수 있다.

$a \times a^2 \times a^3 = a^{1+2+3} = a^6$

그러므로 답은 ④이다.

| 다른 풀이 |

$a^2 = a \times a$이고, $a^3 = a \times a \times a$이다.

그러므로

$a \times a^2 \times a^3 = a \times (a \times a) \times (a \times a \times a)$이다.

a가 6번 곱해져 있으므로, 거듭제곱의 성질에 의해 a^6으로 표현할 수 있다.

| 참고 |

같은 수나 문자를 여러 번 곱한 것을 간단히 나타낸 것을 거듭제곱이라고 한다.

① 2^2, 2^3, 2^4, $\cdots$을 모두 2의 거듭제곱이라고 한다.

② 2^2, 2^3, 2^4, $\cdots$에서 곱하는 수 2를 거듭제곱의 밑이라 하고, 곱한 횟수 2, 3, 4 $\cdots$를 지수라고 한다.

$$2^4 \quad \leftarrow 지수 \atop \leftarrow 밑$$

---

10 정답 ③

| 풀이 |

가감법을 이용하여 연립방정식의 해를 구할 수 있다.

연립방정식 $\begin{cases} x + y = 1 & \cdots\cdots \ \text{㉠} \\ 2x - y = 2 & \cdots\cdots \ \text{㉡} \end{cases}$에서 두 식을 더하면,

$3x = 3 \ \rightarrow \ x = 1$이다. $\cdots\cdots$ ㉢

㉢을 다시 식 ㉠에 대입하면,

$1 + y = 1 \ \rightarrow \ y = 0$이다.

그러므로 연립방정식의 해는 $x=1$, $y=0$이 된다.
따라서 정답은 ③이다.

| 다른 풀이 |
연립방정식의 해는 두 식을 동시에 만족하는 미지수 x, y의 값이므로 식에 대입하여 문제를 해결할 수 있다.
연립방정식 $\begin{cases} x+y=1 & \cdots\cdots \text{㉠} \\ 2x-y=2 & \cdots\cdots \text{㉡} \end{cases}$에 각 보기의 수를 대입하면,

① $x=-1$, $y=2$ → ㉠ : $-1+2=1$　[참]
　　　　　　　　　　㉡ : $-2-2=-4$　[거짓]
② $x=0$, $y=1$ → ㉠ : $0+1=1$　[참]
　　　　　　　　　　㉡ : $0-1=-1$　[거짓]
③ $x=1$, $y=0$ → ㉠ : $1+0=1$　[참]
　　　　　　　　　　㉡ : $2-0=2$　[참]
④ $x=2$, $y=-1$ → ㉠ : $2+(-1)=1$　[참]
　　　　　　　　　　㉡ : $4-(-1)=4+1=5$ [거짓]

그러므로 식 ㉠, ㉡을 모두 만족하는 보기는 ③이므로 정답은 ③이다.

| 참고 | 연립방정식의 해
두 개 이상의 식을 동시에 만족시키는 x, y의 값 또는 그 순서쌍 (x, y)

11 정답 ①

| 풀이 |
$y=ax$의 그래프를 y축의 방향으로 b만큼 평행이동하면, $y=ax+b$가 된다.
$y=ax$의 그래프를 y축의 방향으로 2만큼 평행이동하였으므로 $y=ax+2$가 된다.
이때, 평행이동한 일차함수의 식은 $y=-2x+2$이므로 $a=-2$임을 알 수 있다.
따라서 정답은 ①이다.

| 다른 풀이 |
두 일차함수가 평행하면, 기울기가 같다.
일차함수식에서 x의 계수가 기울기이므로, x의 계수끼리 비교하면,
$a=-2$임을 알 수 있다.

| 참고 | 일차함수의 평행이동
일차함수 $y=ax$의 그래프를 y축의 방향으로 b만큼 평행이동한 식은 $y=ax+b$이다.

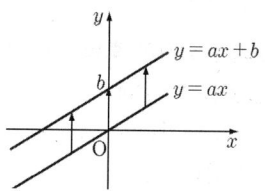

| 참고 | 일차함수의 기울기
일차함수 $y=ax+b$에서 x의 계수인 a를 일차함수의 기울기라 한다.

$$y=ax+b$$
　　기울기

12 정답 ②

| 풀이 |
평행사변형은 두 쌍의 대변의 길이가 각각 같고, 두 쌍의 대각의 크기가 각각 같으므로, $x=5$, $y=120$이다.
그러므로 정답은 ②이다.

| 참고 |
평행사변형의 성질은 다음과 같다.
❶ 두 쌍의 대변이 각각 평행하다.
❷ 두 쌍의 대변의 길이가 각각 같다.
❸ 두 쌍의 대각의 크기가 각각 같다.
❹ 두 대각선이 서로 다른 것을 이등분한다.

13 정답 ③

| 풀이 |
두 삼각형이 서로 닮음이므로 대응변의 길이의 비는 항상 일정하며, 그 대응변의 비를 닮음비라 한다.
따라서 $\overline{AB}:\overline{DE}=4:6$이고,
비의 성질을 이용하여 전항과 후항을 각각 2로 나누어도 비는 같다. 즉, $\overline{AB}:\overline{DE}=4:6=2:3$이므로,
두 삼각형의 닮음비는 $2:3$이 된다.

| 참고 |
- 닮음의 기호(∽) : △ABC와 △DEF가 서로 닮은 도형일 때, 기호 ∽를 사용하여 △ABC ∽ △DEF 라고 표현한다.
- 닮음비 : 닮음도형의 대응하는 변의 길이의 비는 일정하고, 대응하는 각의 크기는 각각 같다. 이때, 일정한 길이의 비를 닮음비라 한다.

14 정답 ④

| 풀이 |

주사위의 모든 눈은 $1, 2, 3, 4, 5, 6$의 6가지이고, 주사위를 던져 나오는 눈의 수가 3 이상인 경우는 $3, 4, 5, 6$의 4가지이다.

확률 $= \dfrac{\text{사건의 경우의 수}}{\text{전체 경우의 수}}$ 이므로 3 이상의 눈이 나올 확률

$= \dfrac{4}{6} = \dfrac{2}{3}$ 이다. 따라서 정답은 ④이다.

| 참고 | 확률

$$(\text{사건 A가 일어날 확률}) = \dfrac{(\text{사건 A가 일어나는 경우의 수})}{(\text{모든 경우의 수})}$$

15 정답 ④

| 풀이 |

$3\sqrt{2} + \sqrt{2}$ 는 분배법칙을 이용하여 계산할 수 있다.

$3\sqrt{2} + \sqrt{2} = (3+1)\sqrt{2} = 4\sqrt{2}$

그러므로 정답은 ④이다.

| 참고 |

$a > 0$, m, n이 유리수일 때,

$m\sqrt{a} + n\sqrt{a} = (m+n)\sqrt{a}$

16 정답 ①

| 풀이 |

$(x-1)(x-3) = 0$

$AB = 0$이면 $A = 0$ 또는 $B = 0$에 의해

$x-1 = 0$ 또는 $x-3 = 0$

그러므로 이차방정식의 두 근은 $x = 1$ 또는 $x = 3$이다.

따라서 정답은 ①이다.

| 참고 | 인수분해를 이용하여 이차방정식의 해 구하기

$AB = 0$ ➡ $A = 0$ 또는 $B = 0$

17 정답 ①

| 풀이 |

① 위로 볼록한 그래프이다. ➡ 이차항의 계수가 음수이므로 위로 볼록하다.

그러므로 옳은 설명이다.

따라서 정답은 ①이다.

오답 피하기

② x축에 대칭이다. ➡ 축은 $x = 0$이다. 그러므로 y축에 대칭이다.

③ 점 $(1, 2)$을 지난다. ➡ 그래프는 1사분면을 지나지 않으므로 $(1, 2)$를 지나지 않는다.

④ 꼭지점의 좌표는 $(0, -2)$이다. ➡ 꼭지점의 좌표는 $(0, 0)$이다.

18 정답 ③

| 풀이 |

$\cos A = \dfrac{\text{밑변}}{\text{빗변}}$ 이므로, $\cos B = \dfrac{\overline{BC}}{\overline{AB}} = \dfrac{4}{5}$ 이다.

따라서 정답은 ③이다.

| 참고 |

$\angle C = 90°$인 직각삼각형 ABC에서 $\angle B$의 크기가 정해지면 직각삼각형의 크기에 관계없이 $\dfrac{\overline{AC}}{\overline{AB}}$, $\dfrac{\overline{BC}}{\overline{AB}}$, $\dfrac{\overline{AC}}{\overline{BC}}$ 의 값은 항상 일정하다.

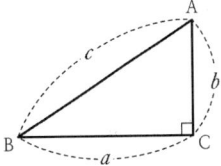

➡ $\sin B = \dfrac{b}{c}$, $\cos B = \dfrac{a}{c}$, $\tan B = \dfrac{b}{a}$

19 정답 ③

| 풀이 |

한 호에 대한 중심각의 크기는 원주각의 크기의 2배이다.
즉, 원 O에서 호 AB의 중심각 $\angle AOB$는 원주각 $\angle APB$의 2배이다.

$\therefore \ \angle AOB = 35° \times 2 = 70°$

따라서 정답은 ③이다.

| 참고 |

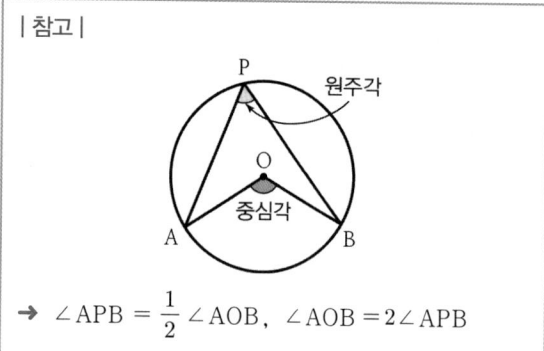

$\rightarrow \ \angle APB = \dfrac{1}{2} \angle AOB, \ \angle AOB = 2 \angle APB$

20 정답 ①

| 풀이 |

음의 상관관계는 두 변량 중 한쪽이 증가할 때, 다른 한쪽은 감소하는 경향을 나타낸다. 그러므로 음의 상관관계를 나타내는 산점도는 오른쪽 아래를 향하게 되며, 보기에서 찾으면 ①임을 알 수 있다.

따라서 정답은 ①이다.

오답 피하기

② 오른쪽 위를 향하므로 양의 상관관계를 나타내는 산점도이다.

③ x의 값이 커짐에 따라 y의 값이 커지는지 작아지는지 그 관계가 분명하지 않으므로 x와 y 사이에는 상관관계가 없다.

④ x의 값이 커짐에 따라 y의 값이 커지는지 작아지는지 그 관계가 분명하지 않으므로 x와 y 사이에는 상관관계가 없다.

| 참고 |

두 변량 중 한쪽이 증가할 때, 다른 한쪽도 증가하는 경향을 나타내는 두 변량 사이의 관계를 양의 상관관계라고 한다. 또한 두 변량 중 한쪽이 증가할 때, 다른 한쪽은 감소하는 경향을 나타내는 두 변량 사이의 관계를 음의 상관관계라고 한다. 아래 산점도 중 ❶, ❷번은 양의 상관관계를 ❸, ❹번은 음의 상관관계를 나타낸다.

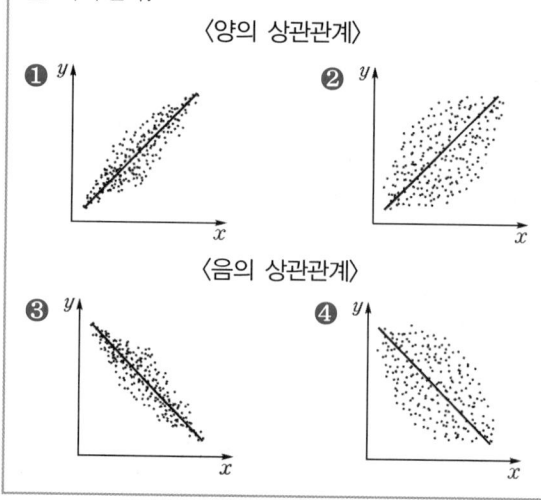

영어 2022년 제1회

01	②	02	④	03	③	04	②	05	③
06	④	07	②	08	③	09	④	10	①
11	②	12	①	13	②	14	④	15	②
16	④	17	③	18	③	19	①	20	④
21	①	22	③	23	①	24	①	25	④

01 정답 ①
해석 나는 이 영화가 지루하다고 들었다. 그래서 보고 싶
  지 않다.
어휘 • boring 따분한, 지루한
  • hear - heard 듣다
  • movie 영화
  • want 원하다
  • watch 보다
해설 boring은 지루하다는 의미로 사용되었다.

02 정답 ②
해석 ① 사다 – 팔다, ② 말하다 – 말하다, ③ 밀다 – 당
  기다, ④ 시작하다 – 끝내다
해설 모두 반의어 관계인데 ②는 동의어 관계이다.

03 정답 ②
해석 이 노래는 내가 가장 좋아하는 노래 중 하나다.
어휘 • favorite 가장 좋아하는
  • song 노래
해설 This 단수 주어 + is

04 정답 ④
해석 A : 실례합니다. 이 책은 얼마인가요?
  B : 단지 5달러입니다.
해설 how much가 가격을 묻는 표현이다.

05 정답 ④
해석 A : 설거지 좀 해줄래?
  B : 미안. 시간이 없어. 나중에 할게.
해설 do the dishes = wash the dishes 설거지하다

06 정답 ①
해석 A : 난 이 자켓이 너무 좋아.
  B : 왜 좋은데?
  A : ① 그 색깔이 맘에 들어. ② 그들은 너무 피곤해
    보여. ③ 걱정하지 마. ④ 난 잡지를 읽고 있는
    중이야.
해설 좋아하는 이유를 묻고 있어서 ①번이 적절하다.

07 정답 ③
해석 당신은 이곳에 주차할 수 없어요.
  공원으로 소풍가자.
어휘 • park 공원, 주차하다
  • picnic 소풍, 피크닉
해설 park는 공원과 주차 모두에 사용될 수 있다.

08 정답 ③
해석 화요일 자전거 타기, 수요일 수영 가기, 목요일 피자
  만들기, 금요일 축구하기
해설 목요일에는 피자를 만든다.

09 정답 ②
해석 A : 그 소년은 무엇을 하는 중인가?
  B : 그는 바이올린을 연주하는 중이다.
  ① 운전하는, ② 연주하는, ③ 읽고 있는, ④ 걷고 있는
해설 play는 악기를 연주한다는 의미로도 사용할 수 있다.

10 정답 ③
해석 A : 우리 오늘 배드민턴 치는 것은 어때?
  B : 좋지. 어디서 만날까?
  A : 학교 운동장은 어때?
  B : 좋아. 3시에 그곳에서 보자.
어휘 • badminton 배드민턴
  • playground 운동장
해설 두 사람은 배드민턴을 치기 위해 학교 운동장에서 만
  날 것이다.

11 정답 ②

해석 A : 엄마, 영화 보러 가도 되요?

B : 누구와 갈 거니?

A : ① 3시에 가요, ② 소라와 가요, ③ The Planet 을 보러 가요, ④ 영화관 앞에서 만나요.

해설 누구와 갈 것인지 물었으므로 ②번 대답이 가장 적절하다.

12 정답 ②

해석 A : 너는 어느 계절을 좋아하니?

B : 나는 해변에 갈 수 있어서 여름이 좋아.

A : 난 스키가 좋아, 그래서 겨울이 좋아.

해설 각자 좋아하는 계절에 대하여 설명하고 있다.

13 정답 ③

해석 화가에게 배우기

장소 : 현대미술관

날짜 : 2022년 5월 7일

활동 : 화가와 그림 그리기

어휘 • learn 배우다

• modern 현대의

• museum 미술관, 박물관

• activity 활동

• draw 그리다

해설 참가비에 관한 내용은 없다.

14 정답 ④

해석 좋은 오후입니다. 시내 도서관에 오신 것을 환영합니다. 우리는 오늘 특별한 행사가 있습니다. 줄리아 스미스는 그녀의 새로운 책 Harry Botter에 관해 오후 2시 중앙 홀에서 이야기할 것입니다. 만약 팬이라면, 이 이벤트를 놓치지 마세요!

어휘 • downtown 도심지, 중심지

• event 이벤트, 행사

• main hall 중앙 홀

• fan 팬

• miss 놓치다

해설 도서관의 특별 행사를 안내하는 방송이다.

15 정답 ④

해석 A : 안녕, 주디. 너 걱정 있어 보여. 무슨 일이야?

B : 영어로 연설을 해야 해. 너무 긴장돼.

A : 걱정하지 마. 잘 할 거야.

어휘 • worried 걱정된

• speech 연설

• nervous 긴장된, 불안한

해설 주디(B)는 영어로 연설을 해야 해서 긴장하고 있다.

16 정답 ③

해석 해마는 여러 면에서 매우 흥미롭다. 일종의 물고기이지만, 말처럼 생겼다. 서서 수영을 한다. 물속에서 천천히 움직인다. 위험에 처했을 때, 색을 바꿀 수 있다.

어휘 • seahorse 해마

• way 방면, 방식

• a kind of 일종의

• look like ~처럼 보이다

• stand up 서다

• slowly 천천히

• in danger 위험에 처한

• change 바꾸다

해설 해마는 물에서 천천히 움직이므로 빠르게 이동할 수는 없다.

17 정답 ②

해석 세호야, 어디 가는 중이니?

(A) 도서관. 이 책들을 반납해야 해.

(C) 책들이 무거워 보이네. 도움 필요하니?

(B) 응. 고마워!

어휘 • return 반납하다

해설 (A)-(C)-(B)의 순서가 자연스럽다.

18 정답 ④

해석 어제, 민수는 버스를 탔다. 요금을 지불하기 위해 카드를 리더기에 갖다 댔다. 그러나 그 기계는 카드에 충분한 돈이 없다고 했다. 그래서 그는 버스에서 내려야 했다. 그는 창피했다.

어휘 • get on 타다

　　 • reader 리더기

　　 • fare 요금

　　 • machine 기계

　　 • enough 충분한

　　 • get off 내리다

　　 • embarrassed 창피한

해설 민수는 버스 카드 잔액이 부족해서 버스에서 내려야

　　 했다.

19 정답 ④

해석 학생 스트레스의 주된 원인

　　 가족: 9%, 친구: 13%, 미래: 12%, 학업: 56%, 기

　　 타: 10%

　　 학생의 50% 이상이 스트레스의 주된 원인으로 학업

　　 을 선택했다.

어휘 • main 주된

　　 • cause 원인

　　 • stress 스트레스

해설 50% 이상인 56%의 학생이 스트레스의 주된 원인으

　　 로 학업을 선택했다.

20 정답 ①

해석 프란츠 리스트에 관해 들어본 적이 있는가? 그는

　　 1811년 헝가리에서 태어났다. 그의 아버지는 첼로를

　　 연주했고, 그래서 리스트는 음악에 관심을 가지게 되

　　 었다. 리스트는 7살에 피아노를 시작했다. 그는 후에

　　 훌륭한 피아니스트, 작곡가, 그리고 선생님이 되었다.

어휘 • be born 태어나다

　　 • cello 첼로

　　 • become interested in ~에 관심을 가지게 되다

　　 • composer 작곡가

해설 작품의 수는 언급되지 않았다.

21 정답 ①

해석 사하라 사막은 매우 더운 곳이다. 그곳에서 동물이 생

　　 존하기 어렵지만, 개미는 이 환경에서 살 수 있다. 그

　　 들(= 개미들)은 어떻게 그렇게 할 수 있는가? 그들의

　　 몸은 태양의 열을 반사시킬 수 있기 때문이다.

어휘 • the Sahara Desert 사하라 사막

　　 • place 장소

　　 • difficult 어려운

　　 • survive 생존하다

　　 • environment 환경

　　 • reflect 반사하다

　　 • heat 열

해설 지문 속 they는 개미들을 뜻한다.

22 정답 ④

해석 달리지 마시오.

　　 음식을 먹지 마시오.

　　 다이빙하지 마시오.

어휘 • dive 다이빙하다

　　 • pool 수영장

해설 사진 촬영과 관련된 언급은 없다.

23 정답 ③

해석 스마트폰 사용에 많은 좋은 점이 있다. 첫째, 나는 어

　　 디서나 친구들과 연락을 할 수 있다. 또한, 나는 필요

　　 한 정보를 쉽게 얻을 수 있다. 내가 숙제가 많을 때에

　　 이것은 유용하다.

어휘 • smartphone 스마트폰

　　 • get in touch with ~와 연락하다

　　 • easily 쉽게

　　 • information 정보

　　 • useful 유용한

　　 • a lot of 많은

해설 스마트폰 사용의 좋은 점을 주제로 하여, 이에 대한

　　 내용을 설명하는 글이다.

24 정답 ①

해석 안녕하세요, 브라운 박사님. 저에게 문제가 있어요. 필요하지 않은 것들을 계속 구매를 해요. 그래서 필요 없는 물건들을 많이 가지고 있어요. 전 정말 이 나쁜 습관을 없애고 싶어요. 무엇을 해야 하나요?

어휘 • problem 문제
• keep ~ing 계속 ~하다
• unnecessary 불필요한
• habit 습관

해설 이 글은 브라운 박사의 조언을 구하기 위하여 쓴 것이다.

25 정답 ②

해석 사람들은 왜 춤을 추는가? 그들은 감정을 표현하거나, 다른 사람들에게 행복을 주거나, 또는 즐기기 위해 춤을 춘다. 이제, 전 세계의 다양한 춤을 살펴보자.

어휘 • dance 춤을 추다
• express 표현하다
• happiness 행복
• take a look at ~을 보다
• different kinds of 다양한 종류의

해설 마지막 줄에 세계의 다양한 춤을 살펴보자고 했으니 ②번이 이어지는 것이 적절하다.

사회 2022년 제1회

01	④	02	③	03	④	04	①	05	②
06	②	07	③	08	①	09	③	10	①
11	④	12	④	13	①	14	②	15	③
16	②	17	②	18	④	19	②	20	④
21	①	22	③	23	②	24	①	25	④

01 정답 ④

지리 정보 체계(GIS)는 다양한 지리 정보를 수치화하여 컴퓨터에 입력·저장하고 이를 사용자의 요구에 따라 다양한 방법으로 분석·종합하여 제공하는 체계이다. 주로 필요한 지리 정보만을 중첩하여 활용한다.

오답 피하기

① 시차의 발생 원인은 지구가 자전하기 때문이다.
② 표준시는 각 국가나 지방에서 기준으로 하는 표준 경선에 해당하는 시각이다.
③ 랜드마크는 지역을 대표하거나 다른 지역과 구별되는 지형, 건물, 조형물 등을 기준으로 방향과 거리를 표현한다.

02 정답 ③

지중해성 기후는 여름에는 아열대 고압대의 영향으로 고온 건조하며, 겨울에는 편서풍의 영향으로 온화하고 비교적 비가 많이 내리는 기후이다. 지중해성 기후는 건조한 여름에도 잘 견디는 올리브, 포도, 코르크, 오렌지 등의 수목농업이 이루어진다.

오답 피하기

① 고산 기후는 적도 부근의 해발 고도가 높은 지역에 연중 봄과 같이 온화한 기후가 나타난다.
② 한대 기후 중 툰드라 기후는 여름 동안 영상의 기온이 나타나 이끼 등의 식물이 자랄 수 있는 기후로 순록의 유목을 주로 한다.
④ 열대 우림 기후는 1년 내내 기온이 높고 강수량이 많아 덥고 습한 날씨가 나타나며 스콜이 자주 내리고, 적도 주변에 분포한다.

03 정답 ④

주상 절리는 용암이 급격히 냉각·수축하여 기둥 모양으로 발달하는 수직 절리로 제주도에서 관찰할 수 있다.

오답 피하기

① 갯벌은 밀물과 썰물의 작용이 활발한 해안에서 조류의 퇴적 작용으로 형성된다.

② 모래 사장은 사빈이라 부르며 해수욕장으로 사용한다.

③ 석회 동굴은 과거 바다에 퇴적된 석회암층이 융기하여 육지가 된 후 지하수에 의해 녹아 만들어진다.

04 정답 ①

홍수는 많은 강수로 인하여 하천이나 호수의 물이 범람하는 현상으로 주요 아시아의 계절풍 지역, 열대성 저기압의 영향을 받는 지역에서 주로 나타난다. 홍수로 인해 농경지·가옥 침수, 토양 유실, 산사태 등 많은 재산과 인명 피해가 발생된다.

오답 피하기

② 황사는 주로 봄철 중국 내륙에서 발생한 흙먼지가 편서풍을 타고 우리나라로 날아와 호흡기와 안구 질환의 유발, 정밀기계 오작동의 피해를 발생시킨다.

④ 가뭄은 오랫동안 비가 내리지 않아 물이 부족하고 땅이 메마르는 현상이며, 피해 범위가 넓고 장기간 지속된다.

05 정답 ②

석유는 수송 기관 및 화력 발전 연료용, 난방 연료 및 화학 공업의 원료로 사용되며, 지역적 편재성이 크고, 소비지와 생산지가 달라 국제적 이동이 활발하다.

오답 피하기

① 구리는 열과 전기 전도성이 뛰어나 전선으로 사용한다.

③ 석탄은 고기 조산대 주변에 주로 매장되어 있으며 18세기 산업 혁명 이후 동력 자원으로 이용되었다. 제철 공업 및 화력 발전의 연료로 이용된다.

④ 철광석은 제철 공업의 원료이다.

06 정답 ②

오랜 시간 이동으로 식품의 안전성 우려, 장거리 운송에 따른 화석 연료 사용 및 지구 온난화 가속으로 푸드 마일리지가 작은 식품의 소비를 추구하는 운동으로, 지역에서 생산된 농산물을 지역에서 소비하자는 운동이 로컬 푸드 운동이다.

오답 피하기

① 공정 무역은 개발 도상국에서 생산하는 제품에 정당한 가격을 지급하여, 생산자가 경제적으로 자립할 수 있도록 해 주는 무역 방식이다.

③ 농사와 목축이 같이 이루어지는 농업을 혼합 농업이라 한다.

④ 선진국의 자본과 기술, 원주민의 노동력으로 상품작물을 생산하는 것을 플랜테이션이라 한다.

07 정답 ③

개발 제한 구역은 도시의 무질서한 팽창을 방지하고, 녹지 공간을 확보하기 위해 설정한 공간이다.

08 정답 ①

영토, 영해, 영공은 국가의 주권이 미치는 범위로 영역이라 한다. 영토는 한반도와 부속 도서로 구성되어 있다.

㉠ 영해는 일반적으로 최저 조위선(통상 기선)으로 부터 12해리까지이다.

㉡ 영공은 영토와 영해의 수직 상공이다.

09 정답 ③

역할 갈등은 한 개인에게 기대되는 두 가지 이상의 역할이 서로 충돌하는 것이다. ○○은 신인 가수 그룹의 리더로서의 역할과 어머니 자녀로서의 역할이 충돌되고 있는 역할 갈등 상황이다.

오답 피하기

① 자신이 소속되어 있지 않고, 이질감이나 적대감을 가지는 집단을 외집단이라 한다.

② 사회의 변화에 적응하기 위해 새로운 지식, 생활양식, 기술, 규범 등을 다시 배우는 과정을 재사회화라 한다.

10 정답 ①

문화는 한 사회의 구성원 다수가 공통적으로 가지고 있는 생활 양식으로 공유성이 나타나며, 구성원의 행동을 예측할 수 있다.

오답 피하기

③ 투자한 금액에 비해 이익이 날 수 있는 크기의 정도를 수익성이라 한다.

11 정답 ④

지방 자치 단체는 지방 의회와 지방 자치 단체장으로 구성된다. 지방 의회는 의결 기관으로 예산을 심의, 의결하고 지방 자치 단체의 사무를 감사하며, 조례를 제정한다. 집행 기관인 지방 자치 단체장은 지방 의회 의결 사항을 집행하고, 단체의 재산을 관리하며, 규칙을 제정한다.

오답 피하기

① 국회는 국민의 대표로 구성된 기관으로서 국민의 다양한 의견을 모아 법률을 제정하거나 개정한다.

② 대통령은 국민이 직접 선거로 선출한 국가의 대표이며 행정부 최고 책임자이다.

③ 국무회의는 정부 일반 정책, 법률 제정·개정안, 예산안 등 정부의 중요한 정책을 심의하는 행정부의 최고 심의 기관이다.

12 정답 ④

의원 내각제는 입법부와 행정부가 융합된 형태로 의회와 내각이 긴밀하게 협조한다. 의회 의원만 선거로 선출하고 의회 다수당의 대표가 수상(총리)이 되어 내각(행정부)을 구성한다. 의회의 의원은 행정부의 장관을 겸직할 수 있고, 의회는 내각 불신임권을 행사할 수 있다.

오답 피하기

① 대통령제는 선거를 통해 의회 의원과 대통령을 각각 선출하고 대통령이 행정부를 구성한다.

② 절대 왕정은 왕의 권한이 강한 정치 형태이다.

13 정답 ①

자유권은 가장 오래된 기본권으로 국가로부터 개인의 자유로운 생활을 간섭받지 않을 권리이다. 신체의 자유, 정신적 자유, 경제적 자유, 직업 선택의 자유 등이 자유권에 해당한다.

오답 피하기

② 평등권은 성별, 종교, 사회적 신분 등에 의해 불합리한 차별을 받지 않을 권리로 다른 기본권 보장의 전제 조건이다.

③ 참정권은 국가의 의사 결정 과정에 참여할 수 있는 권리이다.

④ 사회권은 국가에 대하여 인간다운 생활의 보장을 요구할 수 있는 권리이다.

14 정답 ②

선거 관리 위원회는 선거와 국민 투표를 공정하게 관리하는 독립된 국가 기관이다. 후보자 등록, 선거와 국민 투표의 공정한 관리, 정당과 정치 자금에 관한 사무 처리, 선거법 위반 행위 단속·예방, 선거 홍보를 담당한다.

오답 피하기

① 감사원은 대통령에 소속된 행정부의 최고 감사 기관으로 공무원의 직무를 감찰하고 국가의 세입, 세출의 결산을 검사하는 업무를 담당한다.

③ 헌법 재판소는 입법부에 의해 만들어진 법률이나 국가 기관의 작용이 헌법에 위배되거나 국민의 기본권을 침해했는지 여부를 판단하여 국민의 기본권을 구제해 주는 사법 기관이다.

④ 국가 인권 위원회에 진정을 통해 기본권 침해 시 구제를 받을 수 있다.

15 정답 ③

기회 비용은 어떤 것을 선택함으로써 포기해야 하는 대안들 중 가장 큰 가치이다. 사람마다 생각이 다르고 취향이 다르기 때문에 동일한 선택을 하더라도 그에 대한 기회 비용은 다를 수 있다.

오답 피하기

① 일정한 가격에서 재화나 서비스를 사고자 하는 욕구를 수요라 한다.

② 일할 능력과 의사가 있음에도 불구하고 일자리를 구하지 못한 상태를 실업이라 한다.

④ 기준 시점의 물가를 100으로 했을 때 비교 시점의 물가 수준을 종합적으로 측정한 값을 물가 지수라 한다.

16 정답 ②

인플레이션은 물가가 지속적으로 오르는 현상을 말한다. 정부는 과도한 재정 지출을 줄이고 세율 인상을 통해 물가 안정을 위해 노력한다.

> **오답 피하기**

① 가계는 과소비를 자제하고 합리적인 소비를 위해 노력한다.

③ 기업은 효율적인 경영과 기술 혁신을 통해 생산성을 향상하고, 생산 원가 절감을 위해 노력한다.

④ 법원은 경제 주체가 아니다.

17 정답 ②

신석기 시대는 간석기와 빗살무늬 토기를 사용하였으며, 밭농사를 시작하였다. 정착 생활을 하며 움집에 거주하였다. 가락바퀴와 뼈바늘을 통해 의복과 그물을 제작하였다.

> **오답 피하기**

① 구석기 시대는 수렵과 채집을 주로 하였으며, 토기를 사용하지 않았다.

③ 청동기 시대의 대표적인 토기는 미송리식 토기이다.

④ 철기 시대의 대표적인 토기는 검은 간토기이다.

18 정답 ④

제시된 내용은 광개토대왕의 설명이다. 광개토대왕은 신라 내물왕의 요청으로 신라에 침입한 왜군을 물리치고 금관가야를 공격하였다. 이러한 내용은 호우명 그릇을 통해 알 수 있다.

> **오답 피하기**

① 내물왕은 신라의 중앙집권 국가 기틀을 마련한 왕으로 마립간 칭호를 사용하였다.

② 신문왕은 통일신라의 왕으로 김흠돌의 난을 진압하였으며 왕권 강화를 하였다.

③ 근초고왕은 백제의 전성기 왕으로 마한을 점령하였다.

19 정답 ②

대조영은 고구려를 계승하는 발해를 건국하였다. 무왕은 고구려를 멸망시킨 당나라와 적대적 관계를 가졌다. 선왕은 고구려의 옛 영토를 대부분 회복하며 해동성국이라 불리는 전성기를 이루었다.

20 정답 ④

공민왕은 반원 자주 정책으로 정동행성을 폐지하고 몽골풍을 금지하였다. 신돈을 등용하여 전민변정도감을 설치하고 권문세족을 견제하기 위해 신진사대부를 등용하였다.

> **오답 피하기**

① 삼국을 통일한 왕은 신라의 문무왕이다.

② 흥선 대원군은 왕의 권위를 높이기 위해 경복궁을 중건하였다.

③ 세종대왕은 훈민정음을 창제하였다.

21 정답 ①

여진족이 건국한 후금의 국호를 청으로 변경하고 조선에 군신 관계를 요구하자 인조는 이를 거부하였다. 이로 인해 청이 조선을 공격하는 병자호란이 일어났다. 인조가 남한산성에서 항쟁을 하였지만 결국 삼전도의 굴욕을 겪으며 청과 군신 관계를 체결하였다.

> **오답 피하기**

② 임진왜란은 일본의 도요토미 히데요시가 조선을 침공한 사건이다.

③ 살수 대첩은 수나라와 고구려의 전쟁으로 을지문덕 장군의 활약으로 대승을 거둔 전쟁이다.

④ 봉오동 전투는 1920년 일본 정규군을 상대로 한국 독립군 연합 부대가 최초의 승리를 거둔 전투이다.

22 정답 ③

조선 후기 농업과 상업, 수공업, 광업이 발달하면서 서민들의 생활 수준이 향상되어 한글소설, 판소리, 풍속화 등 서민 문화가 발달하였다.

① 성리학은 고려 말 송나라에서 전래되었다.

23 정답 ②

1884년 급진 개화파인 김옥균, 박영효 등의 주도로 우정국 개국 축하연에서 정변을 일으킨다. 이를 갑신정변이라 한다. 개혁 내용으로 14개조 개혁 정강을 발표하며 문벌 폐지, 조세 제도 개혁 등을 주장하였지만 3일 만에 청군에 의해 진압되었다.

① 1919년에 일어난 3·1 운동은 일제 강점기 최대 규모의 독립 운동이다.
③ 홍경래의 난은 평안도민의 차별대우와 탐관오리의 수탈을 배경으로 몰락 양반 홍경래가 주도한 난이다.
④ 서재필 등이 설립한 독립 협회는 독립문 건설, 독립 신문 발간, 만민 공동회 개최 등의 활동을 하였다.

24 정답 ①

영조는 군포를 1년에 2필에서 1필로 줄여주는 균역법을 실시하였다.

② 진대법은 고구려의 고국천왕 때 시행되었으며, 가난한 농민들에게 봄에 곡식을 빌려 주고 가을에 수확하면 갚게 하는 제도이다.
③ 태종 때 시행된 호패법은 16세 이상의 남성들이 지니고 다니는 신분패이다.
④ 1972년 박정희 대통령의 독재를 강화하기 위해 만들어진 법이 유신 헌법이다.

25 정답 ④

제시된 내용은 5·18 광주 민주화 운동에 대한 설명이다. 전두환을 중심으로 하는 신군부 반대 운동이 일어나자 계엄군의 무력 진압이 이루어지고 많은 사상자가 발생하였다.

① 1926년 6·10 만세 운동은 순종 장례일에 일어난 만세 운동이다.
② 1907년 대구서 서상돈을 중심으로 일본에 진나라 빚을 갚자는 운동이 국채 보상 운동이다.
③ 1894년에 반봉건, 반외세를 주장하며 동학 농민 운동이 일어났다.

과학 2022년 제1회

01	①	02	④	03	④	04	②	05	③
06	②	07	④	08	②	09	③	10	①
11	②	12	③	13	④	14	①	15	④
16	②	17	④	18	③	19	②	20	③
21	①	22	①	23	③	24	④	25	②

01 정답 ①

용수철에서 작용하는 탄성력은 변형된 탄성체가 원래 모양으로 되돌아가려는 힘이다. 따라서 잡아당기는 힘의 반대 방향으로 작용한다. 그림에서 용수철을 ↓방향으로 잡아당겼으므로 탄성력은 ↑방향이 된다.

02 정답 ④

반사의 법칙에 따라 입사각과 반사각은 같다. 그림에서 입사 광선과 법선이 이루는 각은 입사각으로 70°이다. 따라서 반사각의 크기는 70°이다.

03 정답 ④

열평형은 온도가 다른 두 물체를 접촉시켰을 때 온도가 높은 물체에서 온도가 낮은 물체로 열이 이동하여 두 물체의 온도가 같아진 상태이다. 따라서 물체 A와 B를 접촉시키고 8분 후 온도가 같아지므로 열평형에 도달하는 데 걸린 시간은 8분이다.

04 정답 ②

전기 에너지는 전류가 흐를 때 공급되는 에너지이다. 전기 에너지의 크기는 전압, 전류, 전류가 흐른 시간에 각각 비례하므로 다음 공식으로 값을 구할 수 있다.

전기 에너지(J) = 전압(V) × 전류(A) × 시간(s)

전력량은 일정 시간 동안 소비한 전기 에너지의 양으로 다음 공식으로 값을 구할 수 있다.

전력량(Wh) = 전력(W) × 시간(h)
= 전압(V) × 전류(A) × 시간(h)

따라서 주어진 값을 대입하면, 20W × 4시간 = 80Wh이다.

05 정답 ③

전류계는 전류의 세기를 측정하는 계기이다. (−)단자가 5A에 연결되어 있으므로 5A가 적힌 부채꼴 눈금 숫자의 윗부분을 읽어야 하므로 가리키는 눈금은 3A이다.

06 정답 ②

물체가 힘의 방향으로 이동하였을 때, 힘이 한 일의 양은 물체에 작용한 힘과 이동한 거리를 곱하여 구한다.

일(J) = 힘(N) × 이동 거리(m)

따라서 주어진 값을 대입하면, 5N × 4m = 20J이다.

07 정답 ④

플라스크를 가열할 때 풍선의 부피가 커지는 것은 샤를의 법칙으로 설명할 수 있다. 샤를의 법칙은 온도와 기체의 부피에 관한 법칙으로 기체팽창의 법칙이라고도 한다. 일정한 압력에서 기체의 부피는 종류와 상관없이 절대온도에 정비례한다는 법칙이다. 따라서 풍선의 부피에 영향을 준 것은 온도이다.

| 참고 | 샤를의 법칙
압력이 일정하다고 가정하면 기체는 종류에 상관없이 1℃ 온도 증가가 있을 때마다 0℃ 때의 기체부피의 1/273씩 증가한다.

08 정답 ②

얼음(고체 상태)이 녹아 물(액체 상태)이 되는 것은 상태 변화 중에서 B : 융해(고체 → 액체)에 해당한다.

오답 피하기

① A : 응고(액체 → 고체)
③ C : 기화(액체 → 기체)
④ D : 액화(기체 → 액체)

09 정답 ③

수소 원자가 전자(−) 하나를 잃어 수소 이온이 되었으므로 +1가의 양이온인 H^+가 된다.

오답 피하기

① −1가의 음이온이다.

② 중성 원자이다.

④ +2가의 양이온이다.

10 정답 ①

과산화 수소(H_2O_2)의 분자 모형에서 수소 원자가 2개, 산소 원자가 2개이므로 수소와 산소 원자 수의 비는 1 : 1이다.

11 정답 ②

원유를 증류탑에서 분별 증류하면 끓는점이 낮은 성분부터 증류탑의 위쪽에서 분리된다. 따라서 원유를 증류할 때 이용한 물질의 특성은 끓는점이다.

오답 피하기

① **밀도** : 일정한 면적이나 공간 속에 포함된 물질이나 대상의 빽빽한 정도이다.

③ **어는점** : 일정 조건에서 액체가 고체로 변하는 온도이다.

④ **용해도** : 어떤 온도에서 용매 100g에 최대한 녹는 용질의 질량이다.

12 정답 ③

질량 보존 법칙에 의하면 화학 반응이 일어날 때 반응 전 물질의 총 질량과 생성된 물질의 총 질량은 같다. 따라서 반응 전 총 원자 수와 반응 후 총 원자 수는 같다. 구리+산소 → 산화 구리(Ⅱ)의 반응에서 반응 후 산화 구리(Ⅱ)에 산소 원자가 2개 있으므로 반응 전 산소는 산소 원자 2개가 결합한 산소 분자(O_2)가 된다.

오답 피하기

① 수소 분자이다.

② 질소 분자이다.

④ 염소 분자이다.

| 참고 | 화학 반응식

화학 반응이 일어나기 전의 물질을 반응 물질이라고 하고, 반응이 일어난 후의 물질을 생성 물질이라고 한다. 화살표를 기준으로 반응 물질을 화살표의 왼쪽에, 생성 물질을 화살표의 오른쪽에 쓴다.

13 정답 ④

푸른 곰팡이는 포자로 번식하며, 죽은 생물이나 배설물을 분해하여 양분을 얻는 생물 무리로 균계에 속한다.

오답 피하기

① 민들레, ② 소나무, ③ 옥수수는 잎에서 광합성을 하여 양분을 섭취하는 식물계에 속한다.

14 정답 ①

식물은 빛에너지를 이용하여 필요한 영양분을 스스로 합성하는데, 이 과정을 광합성이라고 한다. 광합성에 필요한 것은 물, 이산화 탄소, 빛에너지이며 생성되는 물질은 포도당, 산소이다.

오답 피하기

② **녹말** : 녹색 식물의 엽록체에서 광합성으로 만들어진 포도당이 낮 동안에 녹말로 임시 저장된다.

③ **지방** : 증가되는 지방은 피하 지방으로 축적되어 추위에 체온이 떨어지는 것을 막는 구실을 한다.

④ **단백질** : 우리 몸을 구성하는 기본 요소로 신체의 성장, 발달에 중요한 역할을 한다.

15 정답 ④

공변세포는 식물의 기공을 이루고 있는 세포로 이산화 탄소 등의 기체 출입과 증산 작용을 조절한다.

오답 피하기

① **물관** : 식물의 뿌리에서 흡수한 물이 이동하는 통로이다.

② **열매** : 식물 기관의 하나로 꽃이 진 후에 나는 것이다.

③ **뿌리털** : 식물 뿌리의 표피세포에서 유래된 것으로서, 뿌리가 토양에서 물이나 무기 양분을 흡수하는 면적을 증대시킨다.

16 정답 ②

음식물을 소화하고 영양소를 흡수하는 기관계는 소화계이다.

오답 피하기

① 배설계 : 생성된 노폐물을 걸러 오줌으로 만들고 몸 밖으로 내보낸다.

③ 순환계 : 영양소와 산소를 온몸의 조직 세포로 운반하고, 조직 세포에서 생긴 노폐물을 배설 기관으로 운반한다.

④ 호흡계 : 동물이 에너지를 생성하기 위해 산소를 흡수하고 이산화 탄소를 방출하는 과정 및 기능을 담당하는 기관계이다.

17 정답 ④

달팽이 모양의 구조는 달팽이관(D)이다. 달팽이관은 듣기를 담당하는 청각기관으로, 내부에는 림프액이 채워져 있고 청각세포가 분포한다.

오답 피하기

① 귓바퀴(A) : 외이의 한 부분으로 소리를 모으는 역할을 한다.

② 외이도(B) : 귓바퀴에서 고막에 이르는 관으로 소리의 이동 통로이다.

③ 귀인두관(C) : 공기가 귀인두관을 통해 흐르기 때문에 고막 안쪽의 압력이 바깥쪽의 압력과 같게 조절된다.

18 정답 ③

체세포 분열 단계에서 염색체가 적도면에 배열되고 방추사가 부착되는 시기는 중기이다.

오답 피하기

① 간기 : 세포분열을 준비하는 기간이다. 유전물질의 복제도 이 시기에 일어난다.

② 전기 : 핵막과 인이 사라진다. 염색체가 응축되고 방추사가 양극 사이에 형성되기 시작한다.

④ 말기 : 염색체가 양극에 이르고 핵막과 인이 다시 나타난다.

19 정답 ②

우성 순종 보라색 꽃(AA)과 열성 순종 흰색 꽃(aa)을 교배하면 잡종 1대에서 우성 잡종(Aa)이 나온다.

오답 피하기

① 우성 순종

③ 열성 순종

| 참고 | 우성과 열성

두 대립 형질 중 잡종 1대에서 겉으로 나타나는 형질을 우성 형질이라 하고, 잡종 1대에서 겉으로 나타나지 않는 형질을 열성 형질이라고 한다.

20 정답 ③

광물을 조흔판(초벌구이 한 자기판)에 긁었을 때 나타나는 광물 가루의 색이 조흔색이다.

오답 피하기

① 밀도 : 물질의 단위 부피에 대한 질량으로, 물질의 특성이다.

② 자성 : 자석에 강하게 달라붙는 성질로 이를 가지는 광물에는 자철석이 있다.

④ 염산 반응 : 방해석에 묽은 염산을 떨어뜨리면 이산화 탄소 기체가 발생한다.

21 정답 ①

그림은 대륙 이동설을 나타낸 것이다. 대륙 이동설은 지금으로부터 약 3억 년 전에 한 덩어리였던 대륙(판게아)이 분리되고 이동하여 현재와 같은 대륙 분포가 되었다는 학설로 베게너가 주장하였다. 따라서 판게아 상태에서 시간이 흐를수록 대륙 사이의 거리가 점점 멀어지게 된다(A → C → B).

22 정답 ①

일식은 달이 태양과 지구 사이에서 태양을 가리는 현상이다.

오답 피하기

② 목성 : 태양계에서 가장 큰 행성이다.

③ **토성** : 아름답고 선명한 고리로 널리 알려져 있는 행성이다.

④ **화성** : 산화철로 된 입자들이 행성의 표면을 덮고 있기 때문에 붉은 행성이다.

23 정답 ③

해수에 녹아 있는 물질을 염류라고 한다. 또한 해수에 녹아 있는 물질의 양을 염분이라고 한다. 염분은 해수 1kg에 들어 있는 염류의 질량으로 나타내며, 단위는 psu를 사용한다.

$$염분(psu) = \frac{염류(g)}{해수(kg)} \times 1000$$

따라서, 주어진 값을 공식에 대입하면,

$$염분(35psu) = \frac{염류(\square)g}{해수(2kg)} \times 1000 = \frac{(70)g}{2000g} \times 1000$$

염류는 70g임을 알 수 있다.

24 정답 ④

겨울의 날씨는 시베리아 기단의 영향으로 춥고 건조하다. 겨울에는 서고동저형 기압 배치로 북서 계절풍이 강하게 분다.

오답 피하기

① **봄** : 큰 일교차를 보이고 꽃샘추위가 오며 황사현상이 있다.

② **여름** : 북태평양 고기압의 영향으로 고온 다습하다. 여름에는 남고북저형 기압 배치로 남동 계절풍이 분다.

③ **가을** : 하늘이 높고 푸르며 날씨가 맑다. 봄과 가을은 양쯔강 기단의 영향을 받는다.

25 정답 ②

반사 성운은 자체에서는 빛을 내지 않으나 성운 안에 있는 입자들이 주변에 강한 빛을 내는 별의 별빛을 지구 쪽으로 반사시켜 우리 눈에 보이는 것이다.

오답 피하기

① **암흑 성운** : 온도가 낮고 밀도가 높은 불투명한 가스와 두꺼운 먼지로 이루어져 있어서 성운 뒤쪽에 있는 별빛이 차단되어 어둡게 보인다.

③ **산개 성단** : 별들이 많지 않기 때문에 이들은 중력으로 헐겁게 묶여 있으며 주로 나선팔에 있다.

④ **구상 성단** : 중력에 의해 단단히 구형의 모양을 유지하며 주로 우리 은하의 중심부에 있다.

도덕 2022년 제1회

01	④	02	①	03	④	04	④	05	③
06	③	07	②	08	④	09	①	10	②
11	③	12	③	13	①	14	④	15	③
16	①	17	②	18	②	19	①	20	③
21	④	22	②	23	②	24	①	25	③

01 정답 ④

제시된 내용은 고대 그리스의 사상가 소크라테스에 대한 설명이다. 사람은 도덕적 성찰을 통해 더 나은 인격을 갖추고 바람직한 삶을 살 수 있다. 다른 사상가의 성찰 기준으로는 ① 공자(인), ③ 석가모니(자비) 등이 있다.

02 정답 ①

제시된 내용은 정신적 가치로 진(眞)-지혜로움, 선(善)-선함, 미(美)-아름다움, 성(聖)-거룩함 등을 의미한다.

오답 피하기

②는 의복, 음식, 주택 등, ③의 수단적 가치는 ④의 도구적 가치와 같은 본래적 가치를 추구하기 위해 사용되는 가치를 의미한다.

03 정답 ④

우리는 삶의 목적을 설정할 때 자신이 설정한 삶의 목적이 다른 사람과 사회에 미칠 영향을 고려해야 하기 때문에 개인의 도덕적 행동은 사회에 많은 영향을 줄 수 있다.

04 정답 ④

제시문은 도덕적 민감성에 대한 설명이다.

오답 피하기

① 자아 정체성은 '나는 이런 사람이다.'라는 자아에 관한 통합적인 생각을 의미한다.
③ 비판적 사고는 어떤 주장이나 판단을 그대로 받아들이지 않고 그 근거와 사고 과정의 타당성을 합리적으로 검토하는 것을 의미한다.

05 정답 ③

우정은 친구 사이에서 나누는 정신적 유대감이나 정(情)을 의미한다. 참된 우정은 이웃과 인류에 대한 사랑으로 확장될 수 있다.

06 정답 ③

① 우애는 형은 동생을 사랑하고 동생은 형을 공손하게 대하여 서로 존중하는 것이다.
② 효도는 자녀가 부모의 은혜에 보답하는 것과 정성을 다해 부모를 공경하는 것이다.
④ 부부는 존중과 화합을 통해 화목한 가정을 위해 함께 노력하고 협력하는 것이다.

07 정답 ②

ㄴ. 성의 쾌락적 가치만 추구하면 자신을 피폐하게 만들 수 있다(쾌락의 역설).
ㄷ. 성 상품화는 왜곡된 성적 가치관으로 인간을 쾌락을 위한 대상으로 바라보게 할 수 있기 때문에 옳지 않다.

08 정답 ④

옳은 행동을 습관화하면 자신의 인격이 성숙되고 자신의 잠재 가능성을 발전시켜 자신이 원하는 바를 실현해 나갈 수 있다. 또한 건강한 몸과 마음을 형성하는 데 크게 기여한다.

09 정답 ①

이웃 간에 관심을 두고 작은 일에서부터 배려를 실천할 때 서로 도움을 주고받는 바람직한 공동체를 만들 수 있다.

10 정답 ②

가상 공간은 현실의 자신이 누구인지 밝히지 않아도 되기 때문에 현실 공간에서보다 더 자유롭게 자신의 의견을 표현할 수 있다.
• 개방성 : 나이, 성별, 직업, 인종, 국적 등과 관계없이 다양한 사람들이 참여하여 자유롭게 정보와 의견을 주고 받음.

11 정답 ③

제시된 사례는 저작권 침해의 상황으로 저작권은 저작자가 자신이 창작한 산물에 관해 지니는 권리로 대표적인 정보화 시대에 발생하는 도덕 문제의 유형에 해당한다.

12 정답 ③

폭력에 대처하는 방법으로 명확한 의사표현, 주변 사람들의 도움, 법과 제도 및 외부 기관 활용 등이 있다.

13 정답 ①

인권은 인간이 지니는 기본적인 권리이자 인간 존엄성을 보장하기 위한 권리이다.
• **불가침성** : 어떤 경우에서라도 침해할 수 없는 권리
• **절대성** : 시대와 장소를 가리지 않고 모든 인간이 인간답게 살아가기 위해 보장받아야 하는 절대적 권리
• **보편성** : 어떤 이유와 관계없이 누구나 동등하게 누려야 하는 권리

14 정답 ④

양성평등은 여성과 남성 모두의 권리, 의무, 자격 등이 차별 없이 고르고 한결 같은 상태를 의미한다.
반면 ①·②·③ 모두 성차별에 해당한다.

15 정답 ③

제시문은 문화가 생겨난 독특한 환경이나 역사적·사회적 상황 등을 이해하면서 다른 문화를 바라보는 관점인 문화 상대주의에 대한 설명이다.

오답 피하기

② 다른 문화를 우월하다고 여기고 그 문화를 기준으로 삼아 자기 문화를 바라보고 평가하는 태도
④ 자기 문화만을 기준으로 다른 문화를 바라보는 관점

16 정답 ①

세계 시민은 지구촌의 문제를 자신의 문제로 여기고, 이를 해결하기 위해 적극적으로 노력하는 사람이다.

오답 피하기

④ 피부색, 장애, 직업, 지위, 국적, 나이 등으로 말미암아 다른 사회 구성원보다 열악한 상황에 처해있거나 고통을 받으며 살아가는 사람들

17 정답 ②

사회 정의는 사회를 공평하고 올바르게 구성하는 공정성의 원리로, 옳고 그름을 평가하는 기준이다.

18 정답 ②

바람직한 국가는 모든 구성원이 행복하게 살아갈 수 있도록 노력하는 국가로 인간 존엄성 보장, 공정한 사회 제도 확립 및 운영, 보편적 가치 지향 등의 조건이 있다.

19 정답 ①

제시된 상황은 갈등 당사자들이 직접 대화하여 합의에 이르는 협상이다.
• **조정** : 제삼자가 갈등 당사자끼리 합의하도록 도와주는 것
• **중재** : 제삼자가 갈등 당사자들 각자의 견해를 듣고 중립적 해결책을 제시하는 것

20 정답 ③

평화 통일을 이루기 위해서는 북한 주민에 대한 부정적 선입견을 버리고 북한 주민도 인간으로서 평등하고 존엄하게 대우받으며 행복하게 살아갈 권리가 있음을 이해해야 한다.

21 정답 ④

제시문은 이산가족의 고통에 대한 설명이다. 통일은 이산가족과 실향민의 아픔을 해소하여 인도주의를 실현할 수 있다.

22 정답 ②

갑은 인간 중심주의, 을은 생태 중심주의 입장이다. 인간 중심주의는 자연의 도구적 가치를 중시하고 생태 중심주의는 자연의 본래적 가치를 중시한다.

① 대표적인 인간 중심주의 입장이다.

23 정답 ②
과학 기술은 인류가 직면한 문제를 해결해 주기도 했지만 인간 소외 현상, 환경 파괴, 생명 경시 현상, 평화와 안전 위협, 기술 차이로 인한 불평등 심화 등의 새로운 문제를 일으키기도 한다.

24 정답 ①
도덕 추론은 도덕적 문제 상황에서 도덕 원리와 사실 판단을 근거로 구체적인 도덕 판단을 내리는 것이다.

25 정답 ③
의미 있는 삶을 살아가기 위해서는 현재의 삶에 충실하고 보람과 만족을 추구하며 높은 이상을 추구하는 노력이 필요하다.

EBS 교육방송교재

중졸 검정고시  기출문제집

2021년

제2회 기출문제

- ▶ 국어
- ▶ 수학
- ▶ 영어
- ▶ 사회
- ▶ 과학
- ▶ 도덕

EBS 교육방송교재

중졸 검정고시 기출문제집

01 공감하며 반응하는 대화로 ㉠에 들어가기에 가장 적절한 것은?

동아리 기타 연주회를 앞두고 있는데 연주가 잘 안 돼서 속상해.

㉠

① 동아리에서 배운 대로만 하는데 그게 어려워?

② 그럼 지금이라도 그만둬! 괜히 피해 주지 말고.

③ 거봐, 그럴 줄 알았다. 어쩐지 연습을 안 하더라.

④ 그렇구나! 연주회를 앞두고 있어서 걱정이 되는구나.

02 다음은 토론의 일부이다. ㉠에 들어갈 내용으로 가장 적절한 것은?

논제 : 학교 내 복도에 무인 방법 카메라를 설치하자.

찬성 측 : 교내의 모든 복도에 무인 방법 카메라가 설치되어야 합니다. 학교의 사각지대가 사라진다면 학생들이 자신의 행동을 스스로 조심하게 되어 학교 폭력이 줄어들 것입니다.

반대 측 : 저는 바로 그 점 때문에 교내 복도 무인 방범 카메라 설치에 반대합니다. 학교의 모든 복도에 카메라가 설치되어 학생들의 일거수일투족이 빠짐없이 촬영된다면 ㉠

① 사생활 침해 우려가 크기 때문입니다.

② 초기 설치 비용이 많이 들기 때문입니다.

③ 유지 및 보수 관리가 어렵기 때문입니다.

④ 교내에 외부인 출입이 어려워지기 때문입니다.

03 다음 〈표준 발음법〉 규정에 맞지 <u>않는</u> 것은?

■ 표준 발음법 ■

【제9항】 받침 'ㄲ, ㅋ', 'ㅅ, ㅆ, ㅈ, ㅊ, ㅌ', 'ㅍ'은 어말 또는 자음 앞에서 각각 대표음 [ㄱ, ㄷ, ㅂ]으로 발음한다.

① 낯[낟]   ② 밖[박]

③ 옷[옷]   ④ 앞[압]

04 밑줄 친 단어의 품사가 <u>다른</u> 것은?

① 오늘은 <u>어느</u> 집에서 모이나요?

② <u>모든</u> 학생은 강당으로 모여 주세요.

③ 언제나 시작할 때의 <u>첫</u> 마음을 잊지 말자.

④ 엄마가 들려주신 이야기는 <u>매우</u> 흥미로웠다.

05 ㉠과 같은 어휘를 사용하는 이유로 가장 적절한 것은?

> (엄마가 아들에게) 당근은 가늘고 길게 채 썰어 줘.
> (요리사들의 대화) 당근은 ㉠쥘리엔*으로 썰어 주세요!
>
> * 쥘리엔 : 채소나 고기를 길고 가는 모양으로 채 써는 것을 가리키는 요리 용어.

① 고유어를 사용하여 생생하게 표현하기 위해

② 지역 방언을 사용하여 동질감을 형성하기 위해

③ 전문어를 사용하여 소통을 효율적으로 하기 위해

④ 유행어를 사용하여 문화적 특징을 드러내기 위해

06 밑줄 친 문장 성분이 ㉠에 해당하는 것은?

> 문장을 이루는 데 필요한 주성분에는 주어, 목적어, ㉠<u>보어</u>, 서술어가 있다.

① 아침에 <u>까치가</u> 울었다.

② 내 동생이 <u>반장이</u> 되었다.

③ 형이 <u>강가에서</u> 산책을 한다.

④ 여름에는 <u>수박을</u> 많이 먹는다.

07 ㉠에 해당하지 <u>않는</u> 것은?

> 훈민정음의 자음 글자 'ㄱ, ㄴ, ㅁ, ㅅ, ㅇ'은 상형의 원리로 만들어진 기본 글자이다. ㉠ 이 기본 글자에 가획의 원리에 따라 획을 더하여 글자를 추가로 만들었다.

① ㅋ

② ㄲ

③ ㄷ

④ ㅈ

08 다음 개요에서 통일성을 고려할 때, 적절하지 <u>않은</u> 것은?

제목	지진의 피해와 대처 방안
처음	지진의 개념
중간	• 지진 피해 실태 　– 지진과 태풍의 원인 비교 ………… ① 　– 각국의 지진 피해 사례 …………… ② • 지진 발생 시 대처 방안 　– 지진 발생 시 장소에 따른 대피 방법 　………………………………………… ③ 　– 지진 강도에 따른 행동 요령 …… ④
끝	당부의 말

09 (가)를 활용하여 표현하기에 적절한 것을 (나)의 ㉠~㉣에서 고른 것은?

> (가) ┌─────────────────┐
> 　　 │ **속담** : 울며 겨자 먹기 │
> 　　 └─────────────────┘
> (나) 어제 아버지께서 등산을 가자고 하셨다. ㉠<u>가기 싫었지만 억지로 따라갔다.</u> 급하게 올라가려니 너무 힘들었다. 아버지께서 ㉡<u>힘들면 내려가자고 하셨다.</u> 그때는 ㉢<u>포기하고 싶다는 생각이 들었다.</u> 그런데 산 정상에 도착하니 눈앞에 펼쳐진 풍경에 ㉣<u>올라갈 때의 고통이 사라지는 것</u> 같았다.

① ㉠　　② ㉡　　③ ㉢　　④ ㉣

10 ㉠~㉣에 대한 고쳐쓰기 방안으로 적절하지 <u>않은</u> 것은?

> 종묘는 1995년에 유네스코 세계 문화유산으로 지정된 우리나라의 대표적인 문화재이다. ㉠ <u>유네스코는 프랑스 파리에 본부를 두고 있다.</u> 종묘는 조선 시대에 왕과 왕비의 위패를 모시고 제사를 지내던 공간이다. ㉡ <u>조상</u>은 추모하는 장소이므로 화려한 단청 같은 장식은 없다. 모든 건축물이 단순하고 절제된 아름다움을 ㉢ <u>드러내고</u> 있어서 방문한 사람들도 ㉣ <u>경박함</u>을 느낄 수 있는 곳이다.

① ㉠ : 글의 흐름에서 벗어난 내용이므로 삭제한다.

② ㉡ : 조사의 쓰임이 맞지 않으므로 '조상을'로 바꾼다.

③ ㉢ : 문장의 호응을 고려하여 '드러나고'로 바꾼다.

④ ㉣ : 문맥에 맞지 않으므로 '경건함'으로 바꾼다.

[11~13] 다음 글을 읽고 물음에 답하시오.

> "이제부터 내가 노새다. 이제부터 내가 노새가 되어야지 별수 있니? 그놈이 도망쳤으니까 이제 내가 노새가 되는 거지."
>
> 기분 좋게 취한 듯한 아버지는 놀라는 나를 보고 히힝 한 번 웃었다. 나는 어쩐지 그런 아버지가 무섭지만은 않았다. 그러면 형들이나 나는 노새 새끼고, 어머니는 암노새고, 할머니는 어미 노새가 되는 것일까? 나도 아버지를 따라 히히힝 웃었다. 어른들은 이래서 술집에 오는 모양이었다. 나는 안주만 집어 먹었는데도 술 취한 사람마냥 턱없이 즐거웠다. 노새 가족……. 노새 가족은 우리 말고는 이 세상에 또 없을 것이다.

> 그러나 그러한 생각은 아버지와 내가 집에 당도했을 때 무참히 깨어지고 말았다. ㉠ <u>우리를 본 어머니가 허둥지둥 달려 나와 매달렸다.</u>
>
> "이걸 어쩌우, 글쎄 경찰서에서 당신을 오래요. 그놈의 노새가 사람을 다치고 ⓐ <u>가게 물건들을</u> 박살을 냈대요. 이걸 어쩌지."
>
> "노새는 찾았대?"
>
> "찾고나 그러면 괜찮게요? 노새는 간데온데없고 사람들만 다치고 하니까, 누구네 노새가 그랬는지 수소문 끝에 우리 집으로 순경이 찾아왔지 뭐유."
>
> 오늘 낮에 지서에서 나온 사람이 우리 노새가 튀는 바람에 많은 피해를 입었으니 도로 무슨 법이라나 하는 ⓑ <u>법으로</u> 아버지를 잡아넣어야겠다고 이르고 갔다는 것이었다. 아버지는 술이 확 깨는 듯 그 자리에 선 채 한동안 눈만 데룩데룩 굴리고 서 있더니 힝 하고 코를 풀었다. 그러고는 아무 말 없이 스적스적 문밖으로 걸어 나갔다. 나는 '아버지' 하고 따랐으나 아버지는 돌아보지도 않고 어두운 골목길을 나가고 있었다. 나는 그 순간 또 한 마리의 노새가 집을 나가는 것 같은 착각을 일으켰다. 그러고는 무엇인가가 뒤통수를 때리는 것을 느꼈다. 아, 우리 같은 노새는 어차피 이렇게 비행기가 붕붕거리고, 헬리콥터가 앵앵거리고, ⓒ <u>자동차가 빵빵거리고,</u> 자전거가 쌩쌩거리는 대처에서는 발붙이기 어려운 것인가 하는 생각이 들었다. 언젠가 남편이 택시 운전사인 칠수 어머니가 하던 말, '최소한도 자동차는 굴려야지 지금이 어느 땐데 노새를 부려.' 했다는 말이 생각났다. 그러나 그것은 잠깐 동안이고 나는 금방 아버지를 쫓았다. ⓓ <u>또 한 마리의 노새를 찾아 캄캄한 골목길을 마구 뛰었다.</u>
>
> – 최일남, 「노새 두 마리」 –

11 윗글에 대한 설명으로 가장 적절한 것은?

① '나'의 시각을 통해 이야기를 전개하고 있다.

② 구체적 지명을 제시하여 사실성을 높이고 있다.

③ 배경 묘사를 통해 향토적 분위기를 드러내고 있다.

④ 대화를 통해 등장인물 간 갈등 해소를 나타내고 있다.

12 ㉠의 이유로 가장 적절한 것은?

① 노새가 죽었다는 소식을 들었기 때문에

② 노새를 찾으러 나갔던 형이 다쳤기 때문에

③ 노새가 난동을 부려 순경이 찾아왔기 때문에

④ 경찰서에서 노새를 잡았다는 얘기를 들었기 때문에

13 ⓐ~ⓓ 중 다음 설명에 해당하는 것은?

> 산업화·도시화에 적응하지 못하는 '아버지'의 삶을 비유하는 소재

① ⓐ

② ⓑ

③ ⓒ

④ ⓓ

[14~16] 다음 글을 읽고 물음에 답하시오.

> [A] 나는 나룻배
> 　　당신은 행인.
>
> 　당신은 ㉠ 흙발로 나를 짓밟습니다.
> 나는 당신을 안고 물을 건너갑니다.
> 나는 당신을 안으면 깊으나 얕으나 급한 여울이나 건너갑니다.
>
> 　만일 ㉡ 당신이 아니 오시면 나는 바람을 쐬고 눈비를 맞으며 밤에서 낮까지 당신을 기다리고 있습니다.
> 　당신은 물만 건너면 ㉢ 나를 돌아보지도 않고 가십니다그려.
> 　그러나 ㉣ 당신이 언제든지 오실 줄만은 알아요.
> 나는 당신을 기다리면서 날마다 날마다 낡아 갑니다.
>
> 　나는 나룻배
> 　당신은 행인.
>
> 　　　　　　　　　　－ 한용운, 「나룻배와 행인」 －

14 윗글에 대한 설명으로 적절하지 않은 것은?

① 묻고 답하는 형식을 활용하고 있다.

② 비유적 표현을 통해 시상을 전개하고 있다.

③ 첫 연을 마지막 연에서 다시 제시하고 있다.

④ '-ㅂ니다'의 반복을 통해 운율을 살리고 있다.

15 ⊙~② 중 다음 밑줄 친 부분이 가장 잘 드러난 것은?

> 일제 강점기라는 시대 배경을 고려할 때, 이 작품에는 조국 독립에 대한 확신이 담겨 있다.

① ⊙ ② ⓒ
③ ⓒ ④ ②

16 [A]로 볼 때, '당신'에 대한 '나'의 태도로 적절하지 않은 것은?

① 인내하는 태도 ② 도전하는 태도
③ 희생하는 태도 ④ 헌신하는 태도

[17~19] 다음 글을 읽고 물음에 답하시오.

"여봐라, 사령들아. 너희 사또께 여쭈어라. 먼 데 있는 걸인이 마침 잔치를 만났으니 고기하고 술이나 좀 얻어 먹자고 여쭈어라."
사령 하나가 뛰어나와 등을 밀쳐 낸다.
"어느 양반인데 이리 시끄럽소. 사또께서 거지는 들이지도 말라고 했으니 말도 내지 말고 나가시오."
운봉 수령이 그 거동을 지켜보다가 무슨 짐작이 있었는지 변 사또에게 청했다.
"⊙ 저 걸인이 옷차림은 남루하나 양반의 후예인 듯하니 저 끝자리에 앉히고 술이나 한잔 먹여 보내는 것이 어떻겠소?"
"운봉 생각대로 하지요마는⋯⋯."
마지못해 입맛을 다시며 허락을 한다. ⓒ 어사또 속으로,
'오냐, 도적질은 내가 하마. 오랏줄은 ⓒ 네가 져라.'

되뇌이며 주먹을 꽉 쥐고 있는데 운봉 수령이 사령을 부른다.
"② 저 양반 드시라고 해라."
어사또 들어가 단정히 앉아 좌우를 살펴보니 마루 위의 모든 수령이 다과상을 앞에 놓고 진양조 느린 가락을 즐기는데, 어사또 상을 보니 어찌 아니 통분하랴. 귀퉁이가 떨어진 개다리소반에 닥나무 젓가락, 콩나물에 깍두기, 막걸리 한 사발이 놓였구나. 상을 발로 탁 차 던지며 운봉의 갈비를 슬쩍 집어 들고,
"갈비 한 대 먹읍시다."
"다리도 잡수시오."
하고 운봉이 하는 말이,
"이런 잔치에 풍류로만 놀아서는 맛이 적으니 운자를 따라 시 한 수씩 지어 보면 어떻겠소?"
"그 말이 옳다."
다들 찬성을 했다. 운봉이 먼저 운을 낼 때 '높을 고(高)' 자, '기름 고(膏)' 자 두 자를 내놓고 차례로 운을 달아 시를 지었다. 앞사람이 끝나면 뒷사람이 받아 시를 지을 때 어사또 끼어들어 하는 말이,
"이 걸인도 어려서 글을 좀 읽었는데, 좋은 잔치를 맞아 술과 안주를 포식하고 그냥 가기가 염치가 아니니 한 수 하겠소이다."
운봉이 반갑게 듣고 붓과 벼루를 내주니, 백성들의 사정과 변 사또의 정체를 생각하여 시 한 편을 써 내려갔다.

[A]
금 술잔의 좋은 술은 수많은 사람의 피요
옥쟁반의 좋은 안주는 만백성의 기름이라
촛농이 떨어질 때 백성들 눈물도 떨어지고
노랫소리 높은 곳에 원망의 소리도 높구나

이렇게 시를 지어 보이니 술에 취한 변 사또는 무슨 뜻인지도 모르지만, 글을 받아 본 운봉은 속으로
'아뿔싸! 일 났다.'
가슴이 철렁 내려앉았다.
– 작자 미상, 「춘향전」 –

17 윗글의 인물에 대한 설명으로 일치하는 것은?

① '사령'은 '어사또'를 잔치에 몰래 들여보냈다.

② '운봉'은 '어사또'의 시가 의미하는 바를 파악하였다.

③ '어사또'는 자신의 지조를 자연물에 빗대어 표현하였다.

④ '변 사또'는 '어사또'의 정체를 알아보려고 시를 지었다.

18 ㉠~㉣ 중 가리키는 대상이 <u>다른</u> 것은?

① ㉠

② ㉡

③ ㉢

④ ㉣

19 [A]의 기능으로 가장 적절한 것은?

① 비유를 통해 대상을 비판하고 있다.

② 후렴구를 활용하여 흥을 돋우고 있다.

③ 과거에 즐거웠던 한때를 떠올리게 한다.

④ 헤어진 인물들이 서로의 사랑을 의심하게 한다.

[20~22] 다음 글을 읽고 물음에 답하시오.

> 겨울만 되면 정전기가 기승을 부린다. ㉠ <u>정전기란 전하[1]가 정지 상태로 있어 그 분포가 시간적으로 변화하지 않는 전기 및 그로 인한 전기 현상을 말한다.</u>
>
> 정전기로 고생하는 정도는 사람마다 다르다. 정전기는 건조할 때 잘 ㉡ <u>생긴다.</u> 습도가 높으면 공기 중의 수분이 전하가 흘러갈 수 있는 도체 역할을 하여 정전기가 수시로 방전된다. 따라서 습도가 높으면 정전기도 잘 생기지 않는다. 땀을 많이 흘리는 사람보다는 적게 흘리는 사람에게 정전기가 많이 생기는 것도 같은 까닭에서이다.
>
> 또한 정전기는 전자를 쉽게 주고받을 수 있는 마찰에 의해 잘 생긴다. 마찰할 때 전자를 쉽게 잃는 물체가 있고, 전자를 쉽게 얻는 물체가 있다. 예를 들면, 털가죽 종류는 전자를 쉽게 잃고, 플라스틱 종류는 전자를 쉽게 얻는다. 우리 몸은 전자를 잘 잃는 편이므로 전자를 쉽게 얻는 나일론, 아크릴, 폴리에스테르 같은 합성 섬유로 된 옷을 자주 입는 사람은 정전기와 친할 수밖에 없다.
>
> 정전기는 우리 생활을 편리하게 하는 데에도 이용되고 있다. 복사기는 정전기를 이용한 대표적인 제품이다. 복사기는 정전기를 이용해 토너의 잉크 가루를 종이에 붙인다. 식품을 포장할 때 쓰는 랩이 그릇에 잘 달라붙는 것도 정전기 때문이다.
>
> － 김정훈, 「정전기가 겨울로 간 까닭은?」 －
>
> ――――――――
> 1) 전하 : 물체가 띠고 있는 정전기의 양.

20 윗글에서 알 수 있는 내용으로 가장 적절한 것은?

① 습도가 높으면 정전기가 잘 생긴다.

② 마찰에 의해 정전기를 줄일 수 있다.

③ 정전기는 포장용 랩이 그릇에 붙지 않게 한다.

④ 마찰할 때 털가죽 종류는 전자를 쉽게 잃는다.

21 ㉠에 사용된 설명 방법이 쓰인 예로 가장 적절한 것은?

① 시계는 태엽, 초침, 분침, 시침 등으로 구성되어 있다.

② 요구르트, 된장, 치즈는 발효 식품의 예로 들 수 있다.

③ 지구의 기온이 상승하면 남극과 북극의 빙하가 녹게 되어 해수면이 상승한다.

④ 마술이란 재빠른 손놀림이나 여러 장치 등을 써서 불가사의한 일을 해 보이는 것을 말한다.

22 밑줄 친 부분이 ㉡과 같은 의미로 쓰인 것은?

① 그녀는 이국적으로 생겼다.

② 비가 와서 무지개가 생겼다.

③ 은밀히 한 일이 발각되게 생겼다.

④ 그 약은 맛있는 사탕처럼 생겼다.

[23~25] 다음 글을 읽고 물음에 답하시오.

옛날 우리 조상들이 겨울철에 저장한 얼음을 여름까지 보관할 수 있었던 방법은 무엇이었을까? 비밀은 석빙고에 있다.

석빙고의 얼음 저장 과정은 냉각과 저온 ㉠유지의 두 단계로 나뉜다. 얼음을 넣기 전에 내부를 냉각하는 것이 첫 번째 단계이고, 얼음을 넣은 뒤 7~8개월 동안 내부 온도를 낮게 유지하는 것이 두 번째 단계이다.

첫 번째 단계는 우선 겨울에 석빙고의 내부를 냉각하는 것부터 시작한다. 경주 석빙고의 겨울철 내부 온도는 평균 영상 3.9도 정도이다. 일반적으로 건물의 지하실 내부 평균 온도가 영상 15도 안팎이니 석빙고 내부가 얼마나 차가운지 쉽게 알 수 있다.

우리 조상들은 어떻게 석빙고 ㉡내부를 냉각할 수 있었을까? 그 비밀은 석빙고 출입문 옆에 세로로 튀어나온 '날개벽'에 숨어 있다. 겨울에 부는 찬바람은 날개벽에 부딪히면서 소용돌이로 변한다. 이 소용돌이는 추진력이 있어 힘차게 석빙고 내부 깊은 곳까지 밀고 들어가게 되고, 석빙고 내부는 이렇게 ㉢냉각이 된다.

두 번째 단계는 2월 말 무렵 얼음을 저장하고 나서 7~8개월 동안 석빙고 내부를 저온 상태로 유지하는 것이다. 저장한 얼음은 봄이 지나고 여름이 되어도 녹지 않아야 한다. 그렇다면 어떻게 한여름에도 저온 상태를 유지할 수 있었을까? 그 비밀은 석빙고의 절묘한 천장 구조에 있다. 석빙고의 천장은 1~2미터 ㉣간격을 두고 나란히 배치된 4~5개의 아치형 구조물로 되어 있다. 각각의 아치 사이에는 움푹 들어간 공간이 있는데, 이를 '에어 포켓'이라고 한다. 얼음이 저장된 후 조금씩 더워진 내부 공기가 위로 뜨면 그 공기는 에어 포켓에 갇혀 아래로는 내려올 수 없게 된다. 이곳에 갇힌 더운 공기는 에어 포켓 위쪽에 설치된 환기구를 통해 밖으로 배출된다. 이렇게 해서 석빙고 내부는 한여름에도 저온 상태를 유지할 수 있었다.

– 이광표, 「조상의 슬기가 낳은 석빙고의 비밀」 –

23 윗글의 내용 전개 방식으로 가장 적절한 것은?

① 가설을 통해 중심 화제를 검증하고 있다.

② 중심 화제의 원리를 단계별로 설명하고 있다.

③ 전문가의 견해를 인용하여 신뢰성을 높이고 있다.

④ 통계 자료를 통해 중심 화제의 장점을 부각하고 있다.

2021년 제2회

24 윗글의 내용과 일치하지 <u>않는</u> 것은?

① 얼음 저장은 석빙고 내부를 냉각하는 것부터 시작한다.

② 석빙고의 겨울철 내부 온도는 일반적인 건물의 지하실 내부 평균 온도보다 낮다.

③ 석빙고 내부의 '날개벽'은 더운 공기를 위로 뜨게 한다.

④ '에어 포켓' 위쪽에 설치된 환기구는 내부를 저온 상태로 유지하는 장치이다.

25 ㉠~㉣의 사전적 의미로 적절하지 <u>않은</u> 것은?

① ㉠ : 낮은 데서 위로 올라감.

② ㉡ : 안쪽의 부분.

③ ㉢ : 식어서 차게 됨.

④ ㉣ : 공간적으로 벌어진 사이.

수학

2021년 제2회 기출문제

정답 및 해설 p.480

01 다음과 같이 40을 소인수분해하면 $2^a \times 5$이다. a의 값은?

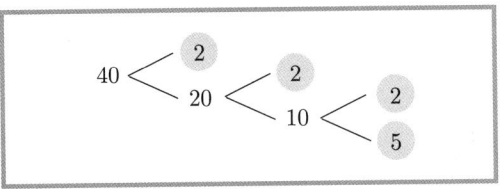

① 1
② 2
③ 3
④ 4

02 $a = 2$일 때, $5a - 1$의 값은?

① 1
② 3
③ 6
④ 9

03 일차방정식 $3x - 2 = 4$의 해는?

① 2
② 4
③ 6
④ 8

04 y가 x에 정비례할 때, ㉠에 알맞은 수는?

x	1	2	3	4	5
y	4	8	12	㉠	20

① 16
② 17
③ 18
④ 19

05 그림과 같이 두 직선 l과 m이 한 점에서 만날 때, $\angle a$의 크기는?

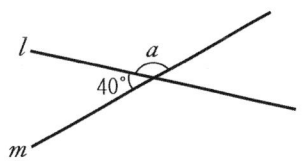

① 130°
② 140°
③ 150°
④ 160°

06 그림과 같이 직사각형 ABCD를 직선 l을 회전축으로 하여 1회전 시킬 때 생기는 입체도형은?

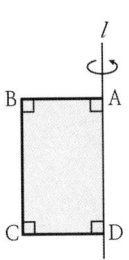

① 구
② 원뿔
③ 원기둥
④ 사각기둥

07 다음은 어느 학급의 학생 20명을 대상으로 지난 올림픽 기간의 경기 시청 시간을 조사하여 나타낸 도수분포표이다. 이 학급의 학생들 중 경기 시청 시간이 6시간 미만인 학생 수는?

시청 시간(시간)	학생 수(명)
$0^{이상} \sim 3^{미만}$	1
3 ~ 6	4
6 ~ 9	7
9 ~ 12	5
12 ~ 15	3
합계	20

① 5명   ② 6명
③ 7명   ④ 8명

08 분수 $\frac{1}{3}$을 순환소수로 나타낼 때, 순환마디는?

① 1   ② 3
③ 5   ④ 7

09 $x^4 \times x^3 \div x^2$을 간단히 한 것은? (단, $x \neq 0$)

① x^2 ② x^3
③ x^4 ④ x^5

10 일차부등식 $2x - 2 \leq 4$를 풀면?

① $x \leq 3$ ② $x \geq 3$
③ $x \leq 4$ ④ $x \geq 4$

11 함수 $f(x) = 3x$에 대하여 $f(-2)$의 값은?

① -6 ② -5
③ -4 ④ -3

12 그림과 같이 $\overline{AB} = \overline{AC}$인 이등변삼각형 ABC에서 $\angle A = 80°$일 때, $\angle x$의 크기는?

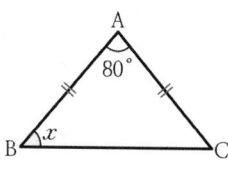

① $30°$ ② $40°$
③ $50°$ ④ $60°$

13 그림과 같이 삼각형 ABC에서 두 변 AB, AC 의 중점을 각각 M, N이라고 하자. $\overline{BC} = 12$cm일 때, $\overline{MN}$의 길이는?

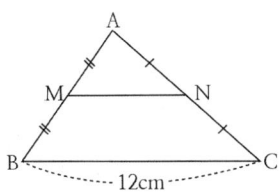

① 4cm   ② 6cm

③ 8cm   ④ 10cm

14 그림과 같이 집에서 학교까지 가는 길과 학교 에서 도서관까지 가는 길은 각각 3가지이다. 집에서 출발하여 학교를 거쳐 도서관까지 가는 모든 경우의 수는? (단, 같은 지점은 두 번 이 상 지나지 않는다.)

① 3   ② 5

③ 7   ④ 9

15 $3\sqrt{2} = \sqrt{a}$일 때, a의 값은?

① 17   ② 18

③ 19   ④ 20

16 다항식 $x^2 + 2x + 1$을 인수분해하면?

① $(x-2)^2$ ② $(x-1)^2$

③ $(x+1)^2$ ④ $(x+2)^2$

17 이차방정식 $(x-2)(x+3) = 0$의 한 근이 -3 이다. 다른 한 근은?

① -2 ② -1

③ 1   ④ 2

18 이차함수 $y = 2x^2$의 그래프에 대한 설명으로 옳은 것은?

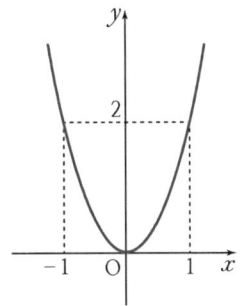

① 위로 볼록하다.

② 점 $(1, 0)$을 지난다.

③ 직선 $x = 1$을 축으로 한다.

④ 꼭짓점의 좌표는 $(0, 0)$이다.

19 그림과 같이 원 O의 중심에서 현 AB에 내린 수선의 발을 M이라고 하자. $\overline{AM}=2cm$일 때, $\overline{AB}$의 길이는?

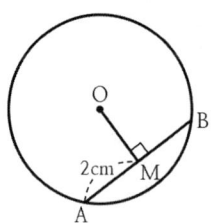

① 4cm
② 5cm
③ 6cm
④ 7cm

20 다음 자료는 어느 학급의 학생 5명이 1년 동안 이웃 돕기 행사에 참가한 횟수를 조사하여 나타낸 것이다. 이 자료의 중앙값은?

(단위 : 회)

3, 1, 2, 4, 6

① 1회
② 2회
③ 3회
④ 4회

영어

2021년 제2회 기출문제

정답 및 해설 p.483

01 다음 밑줄 친 단어의 뜻으로 가장 적절한 것은?

> Tom is watching a <u>popular</u> Korean drama on TV.

① 예의 바른   ② 용기 있는

③ 인기 있는   ④ 전통적인

02 다음 밑줄 친 두 단어의 의미 관계와 <u>다른</u> 것은?

> I don't know who will <u>win</u> or <u>lose</u>.

① ask   −   answer

② begin   −   start

③ open   −   close

④ forget   −   remember

03 다음 빈칸에 들어갈 말로 가장 적절한 것은?

> He will _____ here for the interview tomorrow.

① be   ② am

③ is   ④ was

[4~6] 다음 대화의 빈칸에 들어갈 말로 가장 적절한 것을 고르시오.

04

> A : Is this salt from France?
>
> B : _____. It's from Korea.

① Yes, it is   ② Yes, it does

③ No, it isn't   ④ No, it doesn't

05

> A : Who is the man wearing glasses?
>
> B : That's our new teacher. Let's _____ hello to him.

① come   ② say

③ take   ④ walk

06

> A : You look sad. _____?
>
> B : I broke my favorite watch.

① What happened

② How's the weather

③ Who did you go with

④ Where are you staying

07 다음 빈칸에 공통으로 들어갈 말로 가장 적절한 것은?

> • Why don't you _____ your bike to school?
> • I can give you a _____ after work.

① cost   ② fall
③ live   ④ ride

08 다음은 Tony가 집에서 할 일이다. 금요일에 할 일은?

Thursday	Friday	Saturday	Sunday
doing the dished	making cookies	cleaning the room	throwing out the garbage

① 설거지하기   ② 쿠키 만들기
③ 방 청소하기   ④ 쓰레기 버리기

09 그림으로 보아 빈칸에 들어갈 말로 가장 적절한 것은?

 The girl is _____ a tree.

① crying   ② drawing
③ eating   ④ planting

10 다음 대화의 마지막 말로 가장 적절한 것은?

> A : John, did you find your phone?
> B : Yes, Jane found it for me.
> A : _____.

① Not really
② That's too bad
③ You're welcome
④ Glad to hear that

11 다음 대화의 주제로 가장 적절한 것은?

> A : Did you see the movie, *The Higher*?
> B : No, I didn't. What is it about?
> A : It's about flying an airplane.

① 영화 내용   ② 휴가 계획
③ 회원 가입   ④ 병원 예약

12 다음 공연 포스터를 보고 알 수 <u>없는</u> 것은?

> ***Summer Rock Concert***
> When? : August 15th
> Where? : Grand Park
> How much? : $30 per ticket
> Watch your favorite singers perform live!

① 공연 날짜   ② 가수 이름
③ 공연 장소   ④ 티켓 가격

13 다음 방송의 목적으로 가장 적절한 것은?

> Welcome, visitors! When you go up the mountain, please keep these things in mind. First, watch out for wild animals. Second, come down before it gets dark. Lastly, take your trash back with you. Enjoy your hike!

① 관광 명소 홍보
② 일정 변경 공지
③ 멸종 위기 동물 소개
④ 등산 시 유의 사항 안내

14 다음 대화에서 Bora가 주말에 파티에 가지 못하는 이유는?

> A : Bora, let's go to a party this weekend.
> B : I'm sorry, but I can't. I'm going on a family trip.

① 친구와 약속이 있어서
② 가족 여행을 가야 해서
③ 남동생을 돌봐야 해서
④ 집 청소를 해야 해서

15 Star Flea Market에 관한 다음 글의 내용과 일치하지 <u>않는</u> 것은?

> Next to the Natural History Museum, you can find Star Flea Market. It opens every Saturday from 9 a.m. to 6 p.m. You can buy clothes, shoes, and toys at low prices. You can get more information on the website.

① 박물관 안에 위치한다.
② 매주 토요일에 열린다.
③ 옷, 신발, 장난감을 낮은 가격에 살 수 있다.
④ 웹사이트에서 더 많은 정보를 얻을 수 있다.

16 주어진 말에 이어질 두 사람의 대화를 〈보기〉에서 찾아 순서대로 가장 적절하게 배열한 것은?

> Would you like some cake?

┤ 보기 ├
(A) Then, could I get you something to drink?
(B) A cup of coffee, please.
(C) No, thanks. I'm trying to lose weight.

① (A) − (C) − (B)
② (B) − (A) − (C)
③ (C) − (A) − (B)
④ (C) − (B) − (A)

17 다음 동아리 홍보문을 보고 알 수 <u>없는</u> 내용은?

> We are looking for new members!
> ### English Book Club
> - We read English books and talk about them after school on Wednesdays.
> - To sign up, come to the English classroom.

① 활동 내용　　② 신청 기간
③ 활동 요일　　④ 신청 장소

18 다음 글의 흐름으로 보아 어울리지 <u>않는</u> 문장은?

> Octopuses are very smart. ⓐ <u>They use coconut shells for protection.</u> ⓑ <u>When they can't find a good hiding place, they hide under coconut shells.</u> ⓒ <u>Many people like to swim in the ocean.</u> ⓓ <u>Some octopuses even save coconut shells for later.</u> Aren't they really smart?

① ⓐ　　　　② ⓑ
③ ⓒ　　　　④ ⓓ

19 다음 글에서 haka춤을 췄던 이유로 가장 적절한 것은?

> Have you heard of *haka*? It is a famous New Zealand dance. This dance was originally performed by the Maori before a fight. They used the dance to show their strength to the enemy.

① 힘을 보여 주려고
② 행복을 기원하려고
③ 손님을 맞이하려고
④ 아름다움을 표현하려고

20 그래프로 보아 빈칸에 들어갈 말로 가장 적절한 것은?

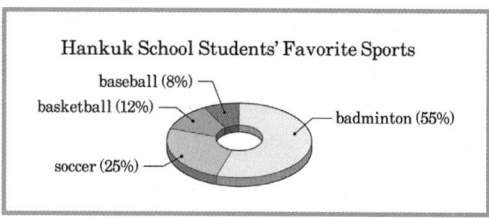

Hankuk School Students' Favorite Sports

baseball (8%)
basketball (12%)
badminton (55%)
soccer (25%)

> Hankuk School students like _____ the most.

① badminton　　② baseball
③ basketball　　④ soccer

21 Central Library에 관한 다음 글에서 언급된 내용이 <u>아닌</u> 것은?

> Central Library is located across from City Hall. It has a collection of about 400,000 books. It opened its doors in 2013. Since then, many people have visited this library.

① 위치
② 보유 도서 권수
③ 개관 연도
④ 일일 방문객 수

22 다음 밑줄 친 <u>They</u>가 가리키는 것으로 가장 적절한 것은?

> Eating vegetables and fruits is good for your health. If you want to have healthy skin, try some lemons. <u>They</u> contain a lot of vitamin C. If you want to have a healthy heart, eat more tomatoes.

① apples
② carrots
③ lemons
④ tomatoes

23 온라인상에서 지켜야 할 사항으로 언급되지 <u>않은</u> 것은?

> **<Online Manners>**
> • Don't use bad language.
> • Don't leave rude comments.
> • Don't post false information.

① 나쁜 언어 사용하지 않기
② 무례한 글 남기지 않기
③ 개인 정보 유출하지 않기
④ 거짓 정보 게시하지 않기

24 다음 글의 주제로 가장 적절한 것은?

> People in Vietnam love their traditional hat, *non las*, because it has various uses. In the summer, it protects the skin from the sun. When it rains, people use it as an umbrella. It can also be used as a basket.

① 베트남의 유명한 관광지
② 베트남과 한국의 공통점
③ 베트남 음식이 유행하는 이유
④ 베트남 전통 모자의 다양한 용도

25 다음 글의 바로 뒤에 이어질 내용으로 가장 적절한 것은?

> Living without smartphones is difficult these days. However, using smartphones too much can cause several problems. Let's talk about them in more detail.

① 올바른 스마트폰 사용 사례
② 스마트폰이 우리 생활에 주는 도움
③ 과도한 스마트폰 사용으로 인한 문제점
④ 스마트폰 중독에서 벗어날 수 있는 방법

01 다음에서 ㉠에 들어갈 것은?

> 지구의 경도를 결정할 때 기준이 되는 선으로, 영국의 그리니치 천문대를 지나는 경선을 ㉠ (이)라 한다.

① 적도
② 북회귀선
③ 날짜 변경선
④ 본초 자오선

02 다음에서 ㉠에 들어갈 것은?

> • 건조 기후는 연 강수량 250mm 를 기준으로 사막 기후와 ㉠ 로 구분됨.
> • ㉠ 지역의 주민들은 염소, 양 등을 기르며 물과 풀을 찾아 이동하는 유목 생활을 함.

① 빙설 기후
② 스텝 기후
③ 툰드라 기후
④ 열대 우림 기후

03 다음에서 설명하는 지형은?

> • 산봉우리를 뜻하는 제주도 방언으로, 제주도 곳곳에 발달한 300여 개의 작은 화산체이다.
> • 큰 화산의 사면에 형성된 측화산 또는 기생 화산을 의미한다.

① 오름
② 피오르
③ 시 스택
④ 해식 동굴

04 다음에서 ㉠에 들어갈 것으로 가장 적절한 것은?

> ㉠ 의 사례
> • 세계 여러 지역의 식생활과 전통을 반영한 햄버거
> • 외국에서 들어온 침대와 한국의 전통 온돌이 만나 새롭게 만들어진 돌침대

① 1차 집단
② 귀속 지위
③ 역할 갈등
④ 문화 변용

05 그래프를 통해 알 수 있는 현상으로 옳은 것은?

〈우리나라 65세 이상 인구 비율의 변화추이〉

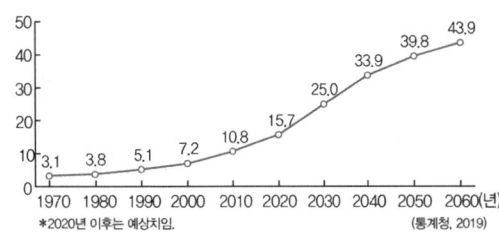

*2020년 이후는 예상치임. (통계청, 2019)

① 인플레이션
② 인구 고령화
③ 다문화 사회
④ 오존층 파괴

06 다음에서 설명하는 것은?

> 선진국의 대도시에서 주로 발생하며, 도시의 인구가 도시 이외의 지역이나 촌락으로 이동하는 현상

① 세계화
② 정보화
③ 역도시화
④ 이촌 향도

07 다음에서 설명하는 것은?

> • 밀과 함께 대표적인 식량 자원이다.
> • 아시아 계절풍 기후의 평야 지역에서 주로 생산된다.

① 쌀 ② 커피
③ 대추야자 ④ 사탕수수

08 다음에서 설명하는 것은?

> 기업의 본사, 연구소, 공장 등이 각각의 기능을 수행하는 데 적합한 지역으로 분산되는 현상

① 탈공업화 ② 공정 무역
③ 전자 상거래 ④ 공간적 분업

09 다음에서 ㉠에 들어갈 것은?

> **헌법 제1조**
> ① 대한민국은 민주공화국이다.
> ② 대한민국의 [㉠]은/는 국민에게 있고, 모든 권력은 국민으로부터 나온다.

① 자유 ② 정치
③ 주권 ④ 평등

10 문화 상대주의에 대한 설명으로 적절하지 <u>않은</u> 것은?

① 문화의 다양성을 존중한다.
② 문화의 고유한 가치를 인정한다.
③ 문화를 비교하여 우열을 평가한다.
④ 문화가 형성된 배경 속에서 문화를 이해한다.

11 다음에서 설명하는 정치 주체는?

> • 정치적 의견이 같은 사람들이 모여서 만든 단체이다.
> • 정치권력 획득을 목적으로 한다.

① 법원 ② 정당
③ 감사원 ④ 헌법 재판소

12 다음에서 ㉠에 들어갈 기본권으로 가장 적절한 것은?

> 대한민국 국민의 [㉠]!
> • 국민이 선거에 참여해 대통령을 직접 뽑을 수 있어요.
> • 국가의 중요한 일을 결정하는 투표에 참여할 수 있어요.

① 노동권 ② 사회권
③ 참정권 ④ 청구권

13 다음에서 ㉠, ㉡에 들어갈 경제 활동을 알맞게 짝지은 것은?

- ㉠ : 재화나 서비스를 만들거나 가치를 높이는 활동
- ㉡ : 재화나 서비스를 구입하여 사용하는 활동

	㉠	㉡		㉠	㉡
①	분배	생산	②	분배	소비
③	생산	분배	④	생산	소비

14 표는 초콜릿의 수요량과 공급량을 나타낸 것이다. 이에 대한 설명으로 옳은 것은? (단, 다른 조건은 일정함.)

가격(원)	수요량(개)	공급량(개)
1,000	400	200
2,000	300	300
3,000	200	400
4,000	100	500

① 균형 가격은 4,000원이다.
② 균형 거래량은 300개이다.
③ 가격이 1,000원일 때, 초과 공급이 발생한다.
④ 가격이 3,000원일 때, 초과 수요가 발생한다.

15 다음에서 ㉠에 해당하는 것으로 가장 적절한 것은?

현대 사회에서 부각되고 있는 주요한 사회 문제로는 ㉠ 노동 문제, 인구 문제, 환경 문제 등이 있다.

① 노사 갈등   ② 영토 분쟁
③ 해양 오염   ④ 지구 온난화

16 퀴즈에 대한 정답으로 옳은 것은?

공정한 선거를 위해 국가가 선거를 관리하고, 국가나 지방 자치 단체가 비용 일부를 지원하는 제도는 무엇일까요?

① 심급 제도   ② 게리맨더링
③ 선거 공영제   ④ 보통 선거 제도

17 다음 유물이 처음으로 제작된 시대는?

〈주먹도끼〉

① 구석기 시대   ② 신석기 시대
③ 청동기 시대   ④ 철기 시대

18 고구려 장수왕의 업적으로 옳은 것은?

① 서원 철폐   ② 과거제 실시
③ 경국대전 편찬   ④ 한강 유역 차지

19 다음에서 설명하는 인물은?

- 완도에 청해진을 설치해 해적을 소탕함.
- 당과 신라, 일본을 연결하는 해상 무역을 장악하여 해상왕이라고 불림.

① 원효   ② 혜초
③ 이차돈   ④ 장보고

20 다음에서 ㉠에 들어갈 내용으로 옳은 것은?

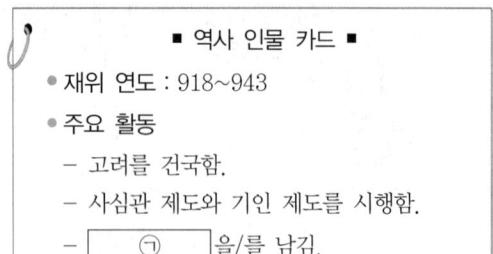

■ 역사 인물 카드 ■
- 재위 연도 : 918~943
- 주요 활동
  - 고려를 건국함.
  - 사심관 제도와 기인 제도를 시행함.
  - ㉠ 을/를 남김.

① 동의보감
② 훈요 10조
③ 대동여지도
④ 몽유도원도

21 다음 중 조선 후기 서민 문화에 대한 설명으로 옳은 것을 〈보기〉에서 고른 것은?

| 보기 |

ㄱ. 판소리가 유행하였다.
ㄴ. 한글 소설이 보급되었다.
ㄷ. 상감 청자의 사용이 보편화되었다.
ㄹ. 커피와 케이크 등 서양 음식이 유행하였다.

① ㄱ, ㄴ
② ㄱ, ㄷ
③ ㄴ, ㄹ
④ ㄷ, ㄹ

22 다음에서 ㉠에 들어갈 내용으로 옳은 것은?

광해군 집권 당시 만주 지역에서 여진족이 세력을 키워 후금을 세웠다. 후금이 명과 대립하자 광해군은 두 나라 사이에서 ㉠ 을/를 추진하였다.

① 남진 정책
② 대몽 항쟁
③ 중립 외교
④ 나·제 동맹

23 다음에서 ㉠에 들어갈 내용으로 옳은 것은?

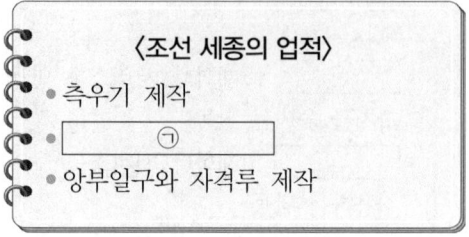

〈조선 세종의 업적〉
- 측우기 제작
- ㉠
- 앙부일구와 자격루 제작

① 대동법 실시
② 훈민정음 창제
③ 노비안검법 실시
④ 팔만대장경 제작

24 일제의 식민지 지배 정책이 아닌 것은?

① 국채 보상 운동
② 산미 증식 계획
③ 토지 조사 사업
④ 헌병 경찰 제도

25 다음에서 ㉠에 들어갈 내용으로 옳은 것은?

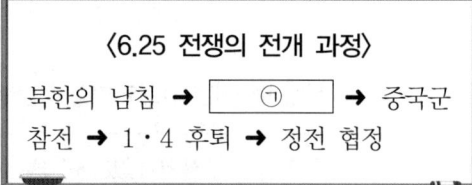

〈6.25 전쟁의 전개 과정〉
북한의 남침 → ㉠ → 중국군 참전 → 1·4 후퇴 → 정전 협정

① 3·1 운동
② 4·19 혁명
③ 인천 상륙 작전
④ 부·마 민주 항쟁

01 그림은 물 위에 배가 떠 있는 모습이다. 다음 중 물이 배를 밀어 올리는 힘은?

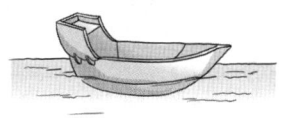

① 부력
② 마찰력
③ 자기력
④ 탄성력

02 다음 중 일정한 속력으로 운동하는 물체의 시간에 따른 속력 그래프로 옳은 것은?

① 속력 / 시간
② 속력 / 시간
③ 속력 / 시간
④ 속력 / 시간

03 그림은 니크롬선에 걸어 준 전압에 따른 전류의 세기를 나타낸 것이다. 이 니크롬선의 저항은?

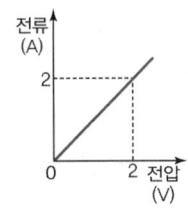

① 1Ω
② 3Ω
③ 5Ω
④ 7Ω

04 다음은 A 지점에서 공을 가만히 놓았을 때, A~D 에서의 위치 에너지와 운동 에너지를 나타낸 것이다. ㉠의 크기는? (단, 공기 저항은 무시한다.)

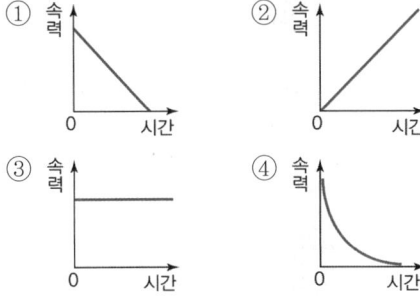

지점	위치 에너지(J)	운동 에너지(J)
A	100	0
B	75	25
C	50	50
D	(㉠)	75

① 0
② 25
③ 75
④ 100

05 그림과 같이 평면거울 면에 입사 광선을 비추었을 때 반사 광선의 진행 경로로 옳은 것은?

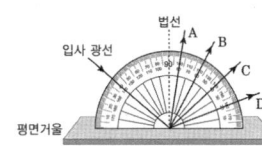

① A
② B
③ C
④ D

06 다음 중 대전된 풍선을 실에 매달았을 때의 모습으로 옳은 것은? (단, 풍선에 대전된 전하량의 크기는 모두 같다.)

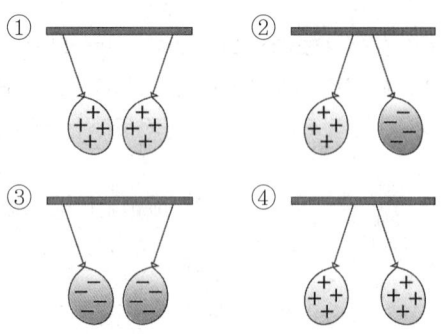

09 그림은 물(H_2O)의 분자 모형이다. 물 분자 1개를 구성하는 수소 원자의 개수는?

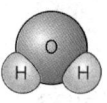

① 1개
② 2개
③ 3개
④ 4개

07 그림은 압력에 따른 기체의 부피 변화를 나타낸 것이다. 4기압일 때의 부피 ㉠은? (단, 온도는 일정하고 기체의 출입은 없다.)

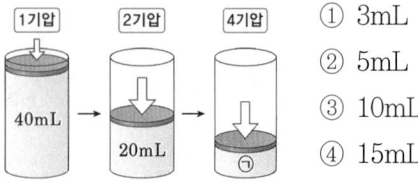

① 3mL
② 5mL
③ 10mL
④ 15mL

10 그림은 베릴륨(Be) 원자가 전자 2개를 잃고 이온이 되는 과정을 나타낸 것이다. 베릴륨 이온의 이온식은?

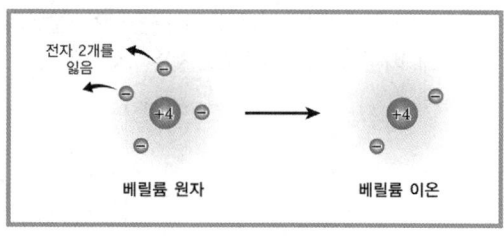

① Be^{3-}
② Be^-
③ Be^+
④ Be^{2+}

08 그림은 액체와 기체 사이의 상태 변화를 나타낸 것이다. A에 해당하는 상태 변화는?

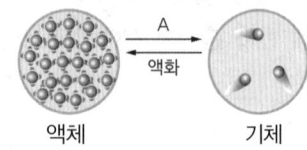

① 기화
② 승화
③ 융해
④ 응고

11 다음 설명에 해당하는 물질의 특성은?

● 액체가 고체로 될 때 일정하게 유지되는 온도이다.
● 1기압에서 순수한 물은 0℃에서 언다.

① 밀도
② 끓는점
③ 어는점
④ 용해도

12 다음은 구리 4g과 산소 1g이 모두 반응하여 산화 구리(II)가 생성된 것을 모형으로 나타낸 것이다. 질량 ⊙은?

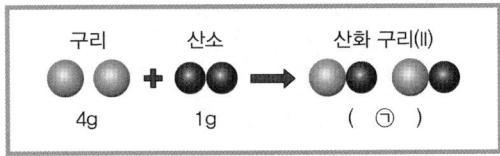

① 2g   ② 3g

③ 4g   ④ 5g

13 다음 설명에 해당하는 생물 분류의 단위는?

- 자연 상태에서 짝짓기하여 생식 능력이 있는 자손을 낳을 수 있는 생물 무리를 뜻한다.
- 생물을 분류하는 기본 단위이다.

① 종   ② 속

③ 과   ④ 목

14 그림은 생물을 5계로 분류한 것이다. 버섯이 속하는 계는?

① 균계

② 동물계

③ 원생생물계

④ 원핵생물계

15 다음 중 식물이 빛에너지를 이용하여 스스로 양분을 만드는 과정은?

① 생식   ② 호흡

③ 광합성   ④ 체세포 분열

16 다음 설명에 해당하는 사람의 기관계는?

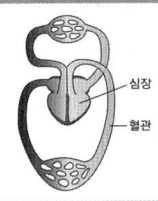

- 우리 몸에서 영양소와 산소 등의 순환을 담당한다.
- 심장, 혈관, 혈액이 포함된다.

① 배설계   ② 소화계

③ 순환계   ④ 신경계

17 그림은 서로 다른 뉴런을 연결한 모습이다. 감각 기관에서 받아들인 자극을 연합 뉴런으로 전달하는 A는?

① 뇌   ② 척수

③ 네프론   ④ 감각 뉴런

18 다음 설명에 해당하는 과정은?

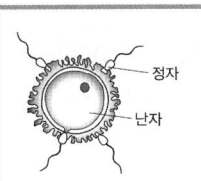

- 정자와 난자가 결합하는 것이다.
- 이를 통해 수정란이 만들어진다.

① 배설   ② 수정

③ 소화   ④ 유전

19 순종의 키 큰 완두(TT)와 순종의 키 작은 완두(tt)를 교배하여 얻은 잡종 1대의 유전자형은? (단, 돌연변이는 없다.)

① TT   ② Tt

③ tt   ④ t

20 다음 설명에 해당하는 지구 내부 구조 A는?

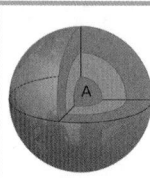

- 철과 니켈 등의 무거운 물질로 이루어져 있다.
- 지구의 가장 중심에 위치하며 고체 상태로 추정된다.

① 지각   ② 맨틀

③ 외핵   ④ 내핵

21 그림과 같이 우리나라에서 남동 계절풍의 영향을 받아 덥고 습한 날씨가 나타나는 계절은?

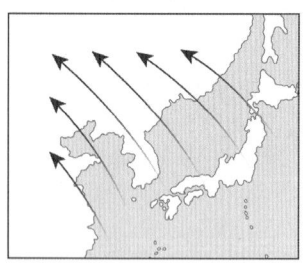

① 봄
② 여름
③ 가을
④ 겨울

22 그림은 지구의 수권에서 물의 부피를 비교한 것이다. 다음 중 가장 많은 양을 차지하는 것은?

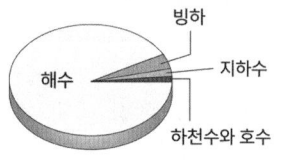

① 빙하
② 해수
③ 지하수
④ 하천수와 호수

23 그림과 같이 태양의 표면에 쌀알을 뿌려 놓은 것처럼 보이는 모습의 명칭은?

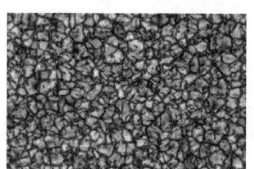

① 채층
② 홍염
③ 흑점
④ 쌀알 무늬

24 그림은 절대 등급이 같은 별 A~D의 위치를 나타낸 것이다. A~D 중 지구에서 가장 어둡게 보이는 별은? (단, pc은 거리 단위이다.)

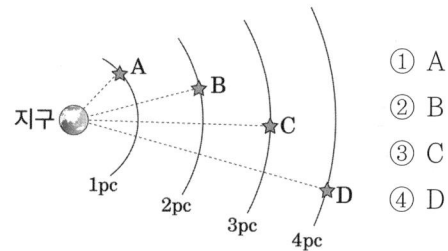

① A
② B
③ C
④ D

25 그림은 지구에서 관측한 별 S의 연주 시차를 나타낸 것이다. 별 A~D 중 연주 시차가 가장 큰 별은?

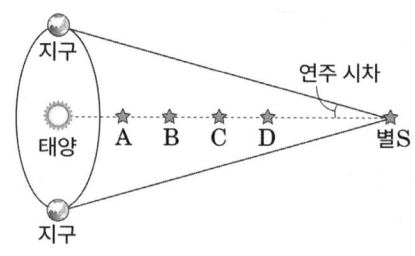

① A   ② B

③ C   ④ D

01 다음 중 도덕이 필요한 이유로 가장 적절한 것은?

① 훌륭한 인격을 갖추기 위해서이다.
② 혼자서만 잘 살아가기 위해서이다.
③ 타인의 행복을 방해하기 위해서이다.
④ 사회적 혼란을 일으키기 위해서이다.

02 다음에서 설명하는 용어로 옳은 것은?

> 어떤 상황을 도덕적 문제로 민감하게 느끼
> 고 도덕적으로 반응할 수 있는 마음 상태

① 삼단 논법
② 비판적 사고
③ 도덕적 민감성
④ 결과 예측 능력

03 다음 중 법을 지켜야 할 도덕적 이유로 가장 적
절한 것은?

① 사회 질서를 유지하기 위해서이다.
② 공익 실현을 저해하기 위해서이다.
③ 폭력의 악순환을 만들기 위해서이다.
④ 차별받는 사회를 만들기 위해서이다.

04 ㉠에 들어갈 말로 옳은 것은?

정신적 가치에는 어떤 것이 있을까?

(㉠)과 같은 것이 있어.

① 돈
② 음식
③ 우정
④ 스마트폰

05 이성 친구와 바람직한 관계를 형성하기 위한 자
세로 옳은 것을 〈보기〉에서 고른 것은?

> ┤ 보기 ├
> ㄱ. 이성 친구를 외모로만 평가한다.
> ㄴ. 이성 친구의 요구에 무조건 따른다.
> ㄷ. 이성 친구의 공부를 방해하지 않는다.
> ㄹ. 이성 친구를 존중하며 고운 말을 사용한다.

① ㄱ, ㄴ
② ㄱ, ㄷ
③ ㄴ, ㄹ
④ ㄷ, ㄹ

06 다음에 해당하는 가족 간의 도리로 옳은 것은?

> 형은 동생을 사랑하고, 동생은 형을 공경해
> 야 한다. 형제 자매 간에 서로를 아끼고 사이
> 를 돈독하게 해야 한다.

① 단절
② 무지
③ 우애
④ 방관

2021년 제2회

07 다음 중 부패 행위에 해당하지 <u>않는</u> 것은?

① 탈세 행위 ② 뇌물 수수
③ 권력 남용 ④ 자원 봉사

08 (가)에 들어갈 용어로 적절한 것은?

의미 : 다른 사람을 아끼고 소중히 여기는 마음
종류 : 아가페(agape), 필리아(philia), 에로스(eros)

① 욕구 ② 사랑
③ 양심 ④ 편견

09 다음 대화에서 공통으로 나타나는 삶의 자세는?

난 이번 방학에 물 공포증을 극복하기 위해 수영 강습을 신청했어.

그렇구나. 난 이번 방학에 어려운 수학 문제를 해결하기 위해 심화 학습을 듣기로 했어.

① 도전하는 삶의 자세
② 생명을 경시하는 삶의 자세
③ 수동적으로 살아가는 삶의 자세
④ 육체적 쾌락을 추구하는 삶의 자세

10 다음과 같은 문제를 해결하기 위해 필요한 도덕적 자세로 가장 적절한 것은?

• 층간 소음으로 인한 갈등
• 이웃 간 주차 문제로 인한 갈등

① 고집 ② 배려
③ 탐욕 ④ 효도

11 다음에서 설명하는 개념은?

1. 의미 : 인간이라면 누구나 가지는 기본적인 권리
2. 특징 : 태어날 때부터 지니는 권리로 영원히 보장됨.

① 인권 ② 용기
③ 봉사 ④ 절제

12 ㉠에 공통으로 들어갈 말로 가장 적절한 것은?

(㉠)(이)란 오랫동안 반복하는 과정에서 몸에 익은 행동 방식을 의미한다. 올바른 (㉠)을/를 형성하게 되면 자신의 인격을 향상할 수 있다.

① 존중 ② 습관
③ 성찰 ④ 평화

13 다음 중 남북한이 분단국가로서 겪는 문제점이 <u>아닌</u> 것은?

① 분단 비용 지출
② 세계 평화에 기여
③ 이산가족의 고통
④ 남북 주민 간 이질화 심화

14 다음 설명에 해당하는 용어는?

> 인간의 존엄성을 최고의 가치로 여기고 인종, 민족, 국가, 종교 등의 차이를 초월하여 인류의 안녕과 복지를 꾀하는 것을 이상으로 하는 사상이나 태도

① 경쟁심   ② 타율성
③ 인도주의   ④ 이기주의

15 다음 중 갈등을 일으키는 원인으로 옳지 <u>않은</u> 것은?

① 이해관계 충돌
② 가치관의 차이
③ 잘못된 의사소통
④ 공감과 경청의 자세

16 ㉠에 공통으로 들어갈 용어로 가장 적절한 것은?

> 갈등을 평화롭게 해결하기 위해서는 (㉠)의 자세가 필요하다. (㉠)(이)란 입장 바꿔 상대방의 처지에서 생각해 보는 것을 의미한다.

① 억압   ② 복지
③ 역지사지   ④ 해악 금지

17 다음 설명에 해당하는 문화를 바라보는 태도는?

> 자기가 속한 사회의 문화만이 가장 우수하다고 생각하면서 다른 사회의 문화를 부정적으로 평가하는 태도

① 개인주의   ② 문화 상대주의
③ 생태 중심주의   ④ 자문화 중심주의

18 다음 대화에서 여학생이 사용하고 있는 도덕 원리 검사 방법은?

너무 바빠서 무단 횡단을 했어.

모든 사람이 바쁘다고 무단 횡단을 하면 사회가 어떻게 되겠니?

① 사실 판단 검사
② 편견과 오류 검사
③ 보편화 결과 검사
④ 정보의 원천 검사

19 다음 사례에 해당하는 폭력의 유형으로 가장 적절한 것은?

> 친구가 듣기 싫어하는 별명을 부르거나 외모를 비하하는 말로 친구를 괴롭힌다.

① 금품 갈취   ② 언어 폭력
③ 신체 폭행   ④ 강제 심부름

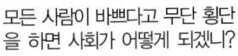

20 다음에서 설명하는 것은?

> 정의롭지 못한 법이나 제도를 폐지하거나 바꾸기 위해 공개적이고 평화적인 방법으로 법을 위반하는 행위

① 준법
② 관용
③ 세금 납부
④ 시민 불복종

21 다음 중 마음의 평화를 얻는 방법에 대한 조언으로 옳지 <u>않은</u> 것은?

① 평정심을 가지렴.
② 욕심과 집착을 버리렴.
③ 자신을 부정적으로만 바라보렴.
④ 다른 사람과 좋은 관계를 맺으렴.

22 과학 기술 발달에 따른 부작용으로 옳은 것을 〈보기〉에서 고른 것은?

> ┤ 보기 ├
> ㄱ. 풍요롭고 편리한 삶
> ㄴ. 건강 증진과 생명 연장
> ㄷ. 환경 오염과 생태계 파괴
> ㄹ. 과학 기술에 대한 지나친 의존

① ㄱ, ㄴ
② ㄱ, ㄷ
③ ㄴ, ㄹ
④ ㄷ, ㄹ

23 ㉠에 들어갈 대답으로 적절하지 <u>않은</u> 것은?

① 사회적 약자의 고통을 외면해야 합니다.
② 사회적 약자를 제도적으로 지원해야 합니다.
③ 사회적 약자의 입장에서 생각해 보아야 합니다.
④ 사회적 약자에 대한 잘못된 편견을 버려야 합니다.

24 다음 중 교사의 질문에 적절한 대답을 한 학생은?

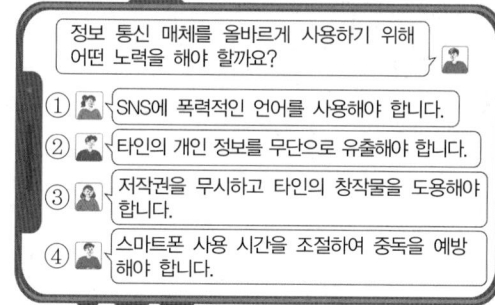

정보 통신 매체를 올바르게 사용하기 위해 어떤 노력을 해야 할까요?
① SNS에 폭력적인 언어를 사용해야 합니다.
② 타인의 개인 정보를 무단으로 유출해야 합니다.
③ 저작권을 무시하고 타인의 창작물을 도용해야 합니다.
④ 스마트폰 사용 시간을 조절하여 중독을 예방해야 합니다.

25 다음 중 환경 친화적 소비에 해당하는 것은?

① 자연과의 조화를 추구하는 소비
② 자신의 욕구를 과도하게 충족하는 소비
③ 미래 세대의 소비 기반을 훼손하는 소비
④ 물질적 만족을 최고의 가치로 여기는 소비

국어 2021년 제2회

01	④	02	①	03	③	04	④	05	③
06	②	07	②	08	①	09	①	10	③
11	①	12	③	13	④	14	①	15	④
16	②	17	②	18	③	19	①	20	④
21	④	22	②	23	②	24	③	25	①

01 정답 ④

공감적 대화는 상대방의 감정을 깊이 이해하고 상대방 관점에서 문제를 바라보는 대화를 말한다. 상대방의 말에 집중하는 반응을 보이고 맞장구를 치며, 상대방의 감정과 생각을 파악하고 자신의 말로 재진술하면서 상대방의 말에 공감할 수 있다.

02 정답 ①

㉠에 들어가는 내용은 "학교 내 복도에 무인 방범 카메라를 설치하자"는 논제에 대한 반대 측 근거이다. 카메라가 설치될 때 학생들의 일거수일투족이 촬영되어 생길 수 있는 문제점을 찾으면 된다. ①~④ 모두 논제에 반대하는 근거가 될 수는 있지만, 학생들의 일거수일투족이 촬영되어 생기는 문제점으로는 ①이 가장 적절하다.

03 정답 ③

제9항 받침 'ㄲ, ㅋ', 'ㅅ, ㅆ, ㅈ, ㅊ, ㅌ', 'ㅍ'은 어말 또는 자음 앞에서 각각 대표음 [ㄱ, ㄷ, ㅂ]으로 발음한다.

닦다[닥따] 옷다[옫ː따] 꽃[꼳] 앞[압]	키읔[키윽] 있다[읻따] 쫓다[쫃따] 덮다[덥따]	키읔과[키윽꽈] 젖[젇] 솥[솓]	옷[옫] 빚다[빋따] 뱉다[밷ː따]

① 낯[낟]
② 밖[박]
③ 옷[옫]
④ 앞[압]

04 정답 ④

① 어느 – 관형사
② 모든 – 관형사
③ 첫 – 관형사
④ 매우 – 부사

05 정답 ③

엄마와 아들의 대화는 전문가들의 대화가 아니지만, 요리사는 요리에 전문적인 지식을 지닌 전문가이므로 그들만이 사용하는 전문어를 사용한다. 전문어는 특정 분야에서 전문적인 개념을 표현하기 위해 쓰이는 말로, 외래어나 한자어로 이루어진 말이 많으며 그 분야에서 일의 효율성을 높일 수 있다.

06 정답 ②

보어는 '되다, 아니다'라는 서술어 앞에서 서술어의 의미를 보충해주는 문장 성분이다.
① 까치가 – 주어
③ 강가에서 – 부사어
④ 수박을 – 목적어

07 정답 ②

㉠은 자음자 중 가획자를 말한다. 가획자는 'ㅋ, ㄷ, ㅌ, ㅂ, ㅍ, ㅈ, ㅊ, ㅎ'이다.

자음자 제자 원리

만들어진 원리	기본자	가획자	이체자
혀뿌리가 목구멍을 막는 모양 (어금닛 소리)	ㄱ	ㅋ	
혀끝이 윗잇몸에 닿는 모양(혓소리)	ㄴ	ㄷㅌ	ㄹ
입의 생긴 모양 (입술소리)	ㅁ	ㅂㅍ	
이의 생긴 모양 (잇소리)	ㅅ	ㅈㅊ	ㅿ
목구멍의 둥글게 생긴 모양(목소리)	ㅇ	ㅎ	ㆁ

08 정답 ①

이 글의 주제는 "지진의 피해와 대처 방안"이다. 지진과 태풍의 원인 비교는 지진의 피해와 무관한 내용이므로 통일성을 해친다. 따라서 삭제하는 것이 좋다.

09 정답 ①

'울며 겨자 먹기'는 싫은 일을 마지못해 억지로 할 때 사용하는 표현이다. 따라서 가장 적절한 상황은 ㉠이다.

10 정답 ③

이 글은 "종묘"에 관한 글이다.
① ㉠은 유네스코 본부의 위치는 종묘와 무관한 내용이므로 삭제하는 것이 좋다.
② ㉡은 "추모하는 장소이다"에 해당하는 목적어가 들어가야 하므로 "조상을"이 적절하다.
③ ㉢은 올바른 표현으로 고쳐 쓸 필요가 없다.
④ ㉣(경박함)은 신중하지 못하고 가볍다는 뜻으로, 문맥에 맞지 않다. '경건함'으로 바꾸는 것이 적절하다.

[11~13] 〈노새 두 마리〉

갈래	현대 소설, 단편 소설, 세태 소설
성격	상징적, 현실 비판적
시점	1인칭 관찰자 시점
배경	1970년대, 서울 변두리
주제	산업화 시대에 적응하지 못하는 도시 빈민층의 고달픈 삶

11 정답 ①

이 소설은 1인칭 관찰자 시점으로 주인공인 '나'의 눈을 통해 이야기를 전개하고 있다.

12 정답 ③

㉠ 뒷부분을 읽어보면 노새가 사람을 다치게 하고, 가게 물건을 박살내고 도망가서 순경이 수소문 끝에 집으로 찾아왔다는 내용이 제시되어 있다.

13 정답 ④

"노새 두 마리"는 도망간 진짜 노새와, 근대화된 도시에 적응하지 못하고 고달프게 살아가는 아버지를 뜻한다.

[14~16] 〈나룻배와 행인〉

갈래	자유시, 서정시
성격	상징적, 여성적
운율	내재율
제재	나룻배와 행인
주제	인내와 희생을 통한 참된 사랑의 실천

14 정답 ①

① 묻고 답하는 문답법은 사용되지 않았다.
② '나룻배'와 '행인'이라는 비유적인 표현을 사용하고 있다.
③ "나는 나룻배 당신은 행인"이라는 구절을 마지막 연에서도 반복하고 있다.
④ '-ㅂ니다'라는 표현을 반복하여 운율을 형성하고 있다.

15 정답 ④

이 글의 시대적 배경은 일제 강점기이다. 시대적 상황을 고려할 때 "당신이 언제든지 오실 줄만은 알아요"라는 시구를 통해 화자는 조국 독립에 대한 강한 확신과 믿음을 가지고 있다는 것을 알 수 있다.

16 정답 ②

당신이 나를 흙발로 짓밟아도, 나는 당신을 안고 물을 건너며, 깊으나 얕으나 급한 여울도 건너가고, 바람과 눈비를 맞으며 당신을 기다리고 있겠다는 화자의 태도는 '헌신적, 희생적' 태도라 할 수 있다.

[17~19] 〈춘향전〉

갈래	고전 소설, 판소리계 소설, 애정 소설
성격	해학적, 풍자적
주제	지고지순한 남녀 간의 사랑
	탐관오리에 대한 응징
	평등한 사회에 대한 갈망

17 정답 ②
① '사령'은 뛰어나와 '어사또'를 밀쳐냈다.
② '운봉'은 '어사또'의 시를 읽어보고 단순한 걸인이 아님을 눈치 채고 가슴이 철렁하였다.
③ '어사또'는 '높을 고(高)'자, '기름 고(膏)'자를 이용하여 탐관오리의 정치로 인한 백성들의 힘든 상황을 시로 표현하였다.
④ 시를 지은 것은 '변 사또'가 아닌 '어사또'이다.

18 정답 ③
㉠·㉡·㉣ '어사또'를 의미하고, ㉢ '변 사또'를 의미한다.

19 정답 ①
어사또는 시를 통해서 탐관오리로 인해 힘들게 살아가고 있는 백성들의 삶의 모습을 드러내고, 탐관오리의 횡포를 비판하고 있다.

20 정답 ④
① 정전기는 건조할 때 잘 생긴다.
② 정전기는 전자를 쉽게 주고받을 수 있는 마찰에 의해 잘 생긴다.
③ 랩이 그릇에 잘 달라붙는 것은 정전기 때문이다.

21 정답 ④
㉠ 사물의 의미를 밝히는 '정의'의 설명 방식이다.
① 분석, ② 예시, ③ 인과, ④ 정의

22 정답 ②
정전기는 건조할 때 잘 <u>생긴다</u>. - "없던 것이 새로 있게 되다"
① 그녀는 이국적으로 <u>생겼다</u>. - "사람이나 사물의 생김새가 어떠한 모양으로 되다"
② 비가 와서 무지개가 <u>생겼다</u>. - "없던 것이 새로 있게 되다"
③ 은밀히 한 일이 발각되게 <u>생겼다</u>. - "어떤 일이 일어나다"

④ 그 약은 맛있는 사탕처럼 <u>생겼다</u>. - "사람이나 사물의 생김새가 어떠한 모양으로 되다"

23 정답 ②
이 글은 석빙고의 얼음 저장 과정을 단계별로 나누어 독자들에게 자세히 설명하고 있는 설명문이다.

24 정답 ③
겨울에 부는 찬 바람은 날개벽에 부딪히면서 소용돌이가 생기고, 이 소용돌이가 석빙고 내부 깊은 곳까지 밀고 들어가면서 석빙고 내부가 냉각이 되는 것이다.

25 정답 ①
① ㉠-유지 : 어떤 상태나 상황을 그대로 보존하거나 변함없이 계속하여 지탱함
② ㉡-내부 : 안쪽의 부분
③ ㉢-냉각 : 식어서 차게 됨
④ ㉣-간격 : 공간적으로 벌어진 사이

수학 2021년 제2회

01	③	02	④	03	①	04	①	05	②
06	③	07	①	08	②	09	①	10	①
11	①	12	③	13	②	14	④	15	②
16	③	17	④	18	④	19	①	20	③

01 정답 ③

| 풀이 |

40을 소인수분해하면 $2 \times 2 \times 2 \times 5$이고, 같은 수의 곱을 거듭제곱을 이용하여 나타내면,

$2^3 \times 5$가 되므로, $a = 3$이 된다.

따라서 정답은 ③이다.

| 참고 | 거듭제곱

같은 수 또는 문자를 여러번 곱할 때, 거듭제곱을 이용하여 나타낸다. 이때, 밑은 곱하여 지는 수, 지수는 곱한 횟수를 뜻한다.

예 $3 \times 3 \times 3 \times 3 = 3^4$

02 정답 ④

| 풀이 |

$a = 2$를 $5a - 1$에 대입하면 식의 값을 구할 수 있다.

$5a - 1 = 5 \times a - 1$과 같으므로 $a = 2$을 a대신 대입하면,

$= 5 \times (2) - 1 = 10 - 1 = 9$이다.

| 참고 | 식의 값 구하기

문자를 사용한 식에서 문자에 수를 대입하여 계산한 결과를 그 식의 값이라고 한다.

❶ 생략된 곱셈 기호가 있는 식의 경우 곱셈기호를 다시 쓴다.

❷ 문자에 주어진 수를 대입하여 계산한다.

(대입 : 문자를 사용한 식에서 문자 대신 수를 넣는 것을 문자에 수를 대입한다고 한다.)

03 정답 ①

| 풀이 |

일차방정식 $3x - 2 = 4$의 좌변의 -2를 우변으로 이항하면 $3x = 4 + 2$이다.

$3x = 6$ ⇐ 양변을 3으로 나눈다.

∴ $x = 2$

| 참고 | 일차방정식의 풀이

$$(\text{일차식}) = 0 \xrightarrow[\text{등식의 성질}]{\text{이항}} x = (\text{수})$$

• 일차항은 좌변, 상수항은 우변으로 각각 이항하여 정리한다.

• 등식의 양변을 간단히 하여 $ax = b \ (a \neq 0)$의 꼴로 만든다.

• 등식의 양변을 x의 계수 a로 나눈다.

04 정답 ①

| 풀이 |

x의 값이 1의 2배, 3배, 4배, …로 변함에 따라 y의 값도 4의 2배, 3배, 4배, …로 변할 때, y는 x에 정비례한다고 한다.

따라서, x의 값이 1에서 4로 4배 되었으므로 y의 값도 4에서 4배하면,

㉠=16이 된다.

정답은 ①이다.

| 다른 풀이 |

정비례 관계식은 $y = ax$ 꼴로 나타낼 수 있다.

이때, y는 x의 항상 4배로 일정하므로, $y = 4x$

$x = 4$일 때, y의 값은 식의 x대신 4를 대입하여 구할 수 있다.

따라서, $y = 4 \times 4 = 16$, 그러므로 ㉠은 16이 된다.

05 정답 ②

| 풀이 |

$40° + a = 180°$ [평각]이므로

$a = 180° - 40° = 140°$

따라서 답은 $a = 140°$, 정답은 ②이다.

| 참고 |
평각은 2직각을 말하며 평각의 크기는 180°이다.

180°

06 정답 ③

| 풀이 |

직사각형, 직각삼각형, 반원을 막대를 축으로 하여 1회전 시키면 각각 원기둥, 원뿔, 구와 같은 입체도형이 생긴다.

이와 같이 평면도형을 한 직선 l을 축으로 하여 1회전 시킬 때 생기는 입체도형을 회전체라 하고, 직사각형을 1회전 시키면 원기둥이 된다.

따라서 정답은 원기둥이다.

07 정답 ①

| 풀이 |

주어진 도수분포표에서 시청한 시간이 3시간 이상 6시간 미만인 계급의 도수(학생의 수)는 4명이고, 0시간 이상 3시간 미만인 계급의 도수(학생의 수)는 1명이므로, 시청한 시간이 6시간 미만인 학생의 수는 두 계급의 도수의 합인 4+1(명)=5(명)이다.

08 정답 ②

| 풀이 |

순환소수에서 계속하여 반복되는 수를 순환마디라고 한다.

$\frac{1}{3} = 0.333333\cdots$이므로 간단히 표현하면 $0.\dot{3}$이며,

순환마디는 3이다.

그러므로 정답은 ②이다.

09 정답 ④

| 풀이 |

지수법칙 $a^n \times a^m = a^{n+m}$ 과,

$a^n \div a^m = a^{n-m}$ $(n > m)$을 이용하여 풀 수 있다.

$x^4 \times x^3 \div x^2 = x^{4+3} \div x^2 = x^7 \div x^2 = x^{7-2} = x^5$

그러므로 정답은 ④이다.

| 참고 |
지수법칙 $(a > 0)$ $a^n \times a^m = a^{n+m}$,
$a^n \div a^m = a^{n-m}$ $(n > m)$을 이용하여 계산한다.

10 정답 ①

| 풀이 |

좌변의 -2를 우변으로 이항하면

$2x \leq 4+2$

양변을 정리하면 $2x \leq 6$

양변을 2로 나누면 $x \leq 3$이고, 양수로 양변을 나누었으므로 부등호방향은 바뀌지 않는다.

그러므로 정답은 ①번이다.

11 정답 ①

| 풀이 |

$f(-2)$는 $f(x)$의 x대신 -2를 대입하면 된다.

$f(-2) = 3 \times (-2) = -6$이므로

$f(-2) = -6$이다.

따라서, 정답은 ①이다.

12 정답 ③

| 풀이 |

주어진 △ABC는 이등변삼각형이므로 두 밑각의 크기가 같다.

따라서, ∠B = ∠C = x

또한, 삼각형의 세 각의 합은 180°이므로

$80° + x + x = 180°$

$80° + 2x = 180°$ [동류항끼리 정리한다.]

$2x = 180° - 80° = 100°$ [좌변의 80°를 우변으로 이항 후 계산한다.]

그러므로 $x = 50°$ [양변을 2로 나눈다.]

따라서 정답은 ③이다.

13 정답 ②

| 풀이 |

삼각형의 중점 연결 정리에 의하여

$\overline{MN} = \frac{1}{2}\overline{BC}$ 이므로 $\overline{BC} = 12$ ➜ $\overline{MN} = \frac{1}{2} \times 12 = 6$

∴ 6cm

| 참고 | 삼각형의 두 변의 중점을 연결한 선분의 성질

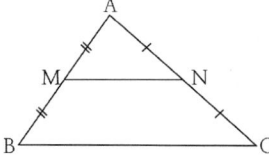

삼각형의 두 변의 중점을 연결한 선분은 나머지 변과

평행하고, 그 길이는 나머지 변의 길이의 $\frac{1}{2}$ 이다.

즉, $\overline{AM} = \overline{MB}$, $\overline{AN} = \overline{NC}$ 이면

$\overline{MN}//\overline{BC}$, $\overline{MN} = \frac{1}{2}\overline{BC}$

14 정답 ④

| 풀이 |

집에서 학교까지 가는 길은 3가지이고, 학교에서 도서
관까지 가는 길도 3가지이므로,

집 ➜ 학교 ➜ 도서관으로 가는 길의 경우의 수는

3×3가지이므로 경우의 수는 9가지이다.

따라서 정답은 ④이다.

15 정답 ②

| 풀이 |

$3\sqrt{2}$ 를 $\sqrt{a}$ 로 나타내려면, 근호 밖의 수인 3을 근호안
으로 넣어 계산하면 된다.

이때, $3 = \sqrt{3^2} = \sqrt{9}$ 이므로 3대신 $\sqrt{9}$ 를 넣어 정리하
면, 다음과 같다.

$3\sqrt{2} = 3 \times \sqrt{2} = \sqrt{9} \times \sqrt{2}$

따라서, $\sqrt{9} \times \sqrt{2} = \sqrt{9 \times 2} = \sqrt{18}$ 이고, $a = 18$

그러므로 정답은 ②이다.

16 정답 ③

| 풀이 |

인수분해 공식 $x^2 + 2xy + y^2 = (x+y)^2$ 에 y대신 1을 대
입하면,

$x^2 + 2x \times 1 + 1^2 = (x+1)^2$ 이므로

$x^2 + 2x + 1 = (x+1)^2$

따라서 정답은 ③이다.

17 정답 ④

| 풀이 |

$(x-2)(x+3) = 0$

AB = 0이면 A = 0 또는 B = 0에 의해

$x - 2 = 0$ 또는 $x + 3 = 0$

따라서 이차방정식의 두 근은 $x = 2$ 또는 $x = -3$이다.

그러므로 정답은 ④이다.

18 정답 ④

| 풀이 |

① 위로 볼록한 그래프이다.

　⇨ 이차항의 계수가 양수이므로 아래로 볼록하다.

② 점 $(1, 0)$을 지난다.

　⇨ 그래프는 $(1, 0)$을 지나지 않는다.

③ 직선 $x = 1$을 축으로 한다.

　⇨ 축은 $x = 0$이다.

④ 꼭짓점의 좌표는 $(0, 0)$이다.

따라서 정답은 ④이다.

19 정답 ①

| 풀이 |

원의 중심에서 현에 내린 수선은 그 현을 이등분하므로

$\overline{AM} = \overline{BM}$

따라서, $\overline{AM} = \overline{BM} = 2(cm)$

그러므로 $\overline{AB} = 4(cm)$

정답은 ①이다.

20 정답 ③

| 풀이 |

중앙값이란 자료를 크기대로 나열하였을 때, 중앙에 위치한 값을 말한다.

문제의 자료를 크기대로 나열하면, 1, 2, 3, 4, 6이 되고, 자료의 개수가 5개이므로 3번째의 수가 중앙에 위치한 값이므로

중앙값은 3번째 수인 3이 된다.

따라서 중앙값은 3(회)이다.

그러므로 정답은 ③이다.

영어 2021년 제2회

01	③	02	②	03	①	04	③	05	②
06	①	07	④	08	②	09	④	10	④
11	①	12	②	13	④	14	②	15	①
16	③	17	②	18	③	19	①	20	①
21	④	22	③	23	③	24	④	25	③

01 정답 ③

해석 톰은 TV로 인기 있는 한국 드라마를 보고 있는 중이다.

어휘 • watch 보다

• drama 드라마

• on TV 텔레비전에

해설 popular는 "인기 있는"의 뜻이다.

02 정답 ②

해석 나는 누가 이길지 질지 모른다.

어휘 • know 알다

• win 이기다

• lose 지다

• ask 묻다

• answer 대답하다

• begin 시작하다

• start 시작하다

• open 열다

• close 닫다

• forget 잊다

• remember 기억하다

해설 모두 반의어 관계인데 ②번은 동의어 관계이다.

03 정답 ①

해석 그는 내일 인터뷰 때문에 이곳에 있을 것이다.

어휘 • here 여기에

• interview 인터뷰

• tomorrow 내일

해설 조동사 + 동사원형이므로 be가 적절하다.

04 정답 ③

해석 A : 이 소금은 프랑스산이니?

　　　 B : 아니야. 한국산이야.

어휘 • salt 소금

　　 • France 프랑스

　　 • Korea 한국

해설 프랑스산이 아닌 한국산이므로 부정의 대답이 적절하고, be동사로 물었으므로 be동사로 답한 ③이 알맞다.

05 정답 ②

해석 A : 안경 낀 저 남자 분은 누구시니?

　　　 B : 새로 오신 우리 선생님이야. 선생님께 인사하자.

어휘 • say hello to ~에게 인사하다, 안부를 전하다

　　 • wear 입다, 착용하다

　　 • glasses 안경

　　 • teacher 선생님

06 정답 ①

해석 A : 너 슬퍼 보여. 무슨 일이야?

　　　 B : 내가 가장 좋아하는 시계를 고장 냈어.

　　　 ① 무슨 일이야?

　　　 ② 날씨는 어때?

　　　 ③ 넌 누구와 함께 갔니?

　　　 ④ 넌 어디에 머무르고 있니?

어휘 • sad 슬픈

　　 • break – broke 고장 내다, 부수다

　　 • favorite 가장 좋아하는

　　 • watch 시계

　　 • weather 날씨

　　 • stay 머무르다

해설 슬퍼 보이는 사람에게 무슨 일인지(What happened?) 묻는 것이 자연스럽다.

07 정답 ④

해석 학교까지 자전거를 타고 가는 거는 어때?

　　　 퇴근 후에 너 태워줄 수 있어.

해설 빈칸에는 ride가 들어가는 것이 적절하다.

08 정답 ②

해석 목요일 : 설거지하기

　　　 금요일 : 쿠키 만들기

　　　 토요일 : 방 청소하기

　　　 일요일 : 쓰레기 버리기

어휘 • throw out 버리다

　　 • garbage 쓰레기

해설 금요일에 쿠키 만들기가 할 일이다.

09 정답 ④

해석 그 소녀는 나무를 심고 있다.

어휘 • tree 나무

　　 • cry 울다

　　 • draw 그리다

　　 • eat 먹다

　　 • plant 심다

해설 그림은 나무를 심는 모습이다.

10 정답 ④

해석 A : 존, 네 전화기 찾았니?

　　　 B : 응, 제인이 찾아줬어.

　　　 A : 그런 얘기 들어서 기쁘다.

　　　 ① 사실은 아니야.

　　　 ② 너무 안 됐다.

　　　 ③ 천만에요.

　　　 ④ 그런 얘기 들어서 기쁘다.

해설 전화기를 찾았다는 말에 ④번 대답이 적절하다.

11 정답 ①

해석 A : The Higher 영화 봤니?

　　　 B : 아니. 무슨 내용이야?

　　　 A : 비행기를 날리는 것에 관한 내용이야.

어휘 • movie 영화

　　 • fly an airplane 비행기를 날리다

해설 영화를 주제로 대화하고 있다.

12 정답 ②

해석 여름 록 콘서트, 언제? 8월 15일, 어디서? 그랜드 파크, 얼마? 티켓 당 30달러, 당신의 가장 좋아하는 가수들이 라이브로 공연하는 것을 보라!

어휘 • concert 콘서트
• August 8월
• ticket 티켓, 표
• favorite 가장 좋아하는
• perform 공연하다
• live 라이브로, 살다

해설 가수의 이름은 나와 있지 않다.

13 정답 ④

해석 방문객들, 환영합니다! 산에 오를 때, 이것들을 명심하세요. 첫째, 야생동물을 조심하세요. 둘째, 어두워지기 전에 내려오세요. 마지막으로, 쓰레기는 다시 가져오세요. 즐거운 등산이 되길 바랍니다!

어휘 • welcome 환영하다
• visitor 방문객
• keep in mind 명심하다
• watch out for ~을 조심하다
• get dark 어두워지다
• take back 다시 가져가다
• trash 쓰레기
• hike 등산, 하이킹

해설 등산 시 유의 사항을 안내하고 있다.

14 정답 ②

해석 A : 보라야. 이번 주말에 파티에 가자.
B : 미안해. 못 가. 가족 여행 가야 해.

어휘 • party 파티
• weekend 주말
• family trip 가족 여행

해설 가족 여행을 가야 해서 파티를 가지 못한다.

15 정답 ①

해석 국립 역사 박물관 옆에, 스타 벼룩시장이 있습니다. 매주 토요일 오전 9시부터 오후 6시까지 열립니다. 낮은 가격에 옷, 신발, 장난감을 살 수 있습니다. 웹사이트에서 더 많은 정보를 얻을 수 있습니다.

어휘 • next to ~옆에
• museum 박물관
• find 찾다
• flea market 벼룩시장
• clothes 옷
• toy 장난감
• at low prices 낮은 가격에
• information 정보
• website 웹사이트

해설 박물관 안이 아니라 옆에 위치하고 있다.

16 정답 ③

해석 케이크 좀 드실래요?
(C) 고맙지만 됐습니다. 살을 빼려고 하고 있어요.
(A) 그러면, 마실 거라도?
(B) 커피 한 잔 부탁드려요.

어휘 • cake 케이크
• drink 마시다
• coffee 커피
• try to ~하려고 노력하다
• lose weight 살을 빼다

해설 케이크 대신 커피를 부탁하고 있다.

17 정답 ②

해석 우리는 신입 회원을 찾고 있어요! 영어 북클럽. 우리는 영어책을 읽고 방과 후 수요일 마다 토론을 해요. 가입하기 위해서는, 영어 교실로 오세요.

어휘 • look for 찾고 있다
• member 멤버, 회원
• sign up 가입하다, 신청하다

해설 신청 기간은 나와 있지 않다.

18 정답 ③

해석 문어는 매우 똑똑하다. 그들은 보호를 위해 코코넛 껍질을 사용한다. 숨을 좋은 장소를 찾을 수 없을 때, 코코넛 껍질 아래에 숨는다. (많은 사람들은 바다에서 수영하는 것을 좋아한다.) 몇몇 문어는 나중을 위해 코코넛 껍질을 심지어 저장도 한다. 정말 똑똑하지 않은가?

어휘 • octopus 문어

　　• smart 똑똑한

　　• coconut shell 코코넛 껍질

　　• protection 보호

　　• find 찾다

　　• hiding place 숨을 장소

　　• hide 숨다

　　• ocean 바다

　　• save 저장하다, 저축하다

해설 ⓒ의 문장은 문어에 관한 내용이 아니므로 흐름과
　　어울리지 않는다.

19 정답 ①

해석 하카춤에 대해 들어본 적 있나요? 그것은 뉴질랜드의
　　유명한 춤입니다. 이 춤은 원래 싸움 전에 마오리족이
　　추던 춤입니다. 그들은 적들에게 힘(용맹)을 보여주기
　　위해 이 춤을 사용했습니다.

어휘 • hear of ~에 대해 들어보다

　　• famous 유명한

　　• dance 춤

　　• originally 원래

　　• perform 공연하다, 수행하다

　　• fight 싸움

　　• strength 힘

　　• enemy 적

해설 힘을 보여주기 위해 췄던 춤이다.

20 정답 ①

해석 한국 학교 학생들이 가장 좋아하는 스포츠, 배드민턴
　　55%, 축구 25%, 농구 12%, 야구 8%
　　한국 학교 학생들은 배드민턴을 가장 좋아한다.

해설 그래프에서 배드민턴의 비율이 가장 높다.

21 정답 ④

해석 중앙도서관은 시청 맞은편에 위치하고 있다. 대략 40
　　만권을 소장하고 있다. 2013년에 문을 열었다. 그때
　　이후로, 많은 사람들이 이 도서관을 방문했다.

어휘 • library 도서관

　　• be located 위치하다

　　• across from ~ 건너편, 맞은편

　　• collection 소장품, 수집물

　　• since then 그때 이후로

　　• visit 방문하다

해설 일일 방문객 수는 언급되지 않았다.

22 정답 ③

해석 야채와 과일을 먹는 것은 건강에 좋다. 만약 건강한
　　피부를 갖고 싶다면, 레몬을 먹어봐라. 레몬은 많은
　　비타민C를 가지고 있다. 건강한 심장을 갖고 싶다면
　　토마토를 더 많이 먹어봐라.

어휘 • vegetable 야채

　　• fruit 과일

　　• be good for ~에 좋다

　　• want to ~하고 싶다, 하기를 원하다

　　• healthy 건강한

　　• skin 피부

　　• lemon 레몬

　　• contain 가지고 있다, 담고 있다

　　• a lot of 많은

　　• vitamin 비타민

　　• heart 심장

　　• tomato 토마토

해설 피부에 좋은 비타민C를 많이 가지고 있는 레몬을
　　나타낸다.

23 정답 ③

해석 온라인 예절, 나쁜 언어는 사용하지 말 것, 무례한 글
　　은 남기지 말 것, 거짓 정보는 게시하지 말 것.

어휘 • online 온라인, 인터넷에서

　　• manners 예절

　　• bad language 나쁜 말, 나쁜 언어

　　• leave 남기다

　　• rude 무례한

　　• comment 글, 말

　　• post 게시하다

　　• false information 거짓 정보

해설 개인 정보 유출에 관한 내용은 언급되지 않았다.

24 정답 ④

해석 베트남 사람들은 그들의 전통 모자 non las를 사랑한다. 왜냐하면 다양한 용도를 가지기 때문이다. 여름에, 태양으로부터 피부를 보호한다. 비가 내릴 때, 사람들은 우산으로 사용한다. 또한 바구니로도 사용될 수 있다.

어휘 • people 사람들

- traditional 전통적인
- hat 모자
- various 다양한
- use 사용(하다), 용도
- protect 보호하다
- skin 피부
- umbrella 우산
- basket 바구니

해설 베트남 전통 모자의 다양한 용도를 예시하고 있다.

25 정답 ③

해석 요즘 스마트폰 없이 사는 것은 어렵다. 그러나, 스마트폰을 너무 많이 사용하는 것은 몇몇 문제를 유발한다. 그 문제에 관해 좀더 세부적으로 이야기해보자.

어휘 • without ~없이

- smartphone 스마트폰
- difficult 어려운, 힘든
- these days 요즘
- however 그러나, 하지만
- cause 유발하다, 초래하다
- several 몇몇
- problem 문제
- in detail 세부적으로

해설 스마트폰을 과도하게 사용해서 생기는 문제점이 상세하게 바로 뒤에 이어지는 것이 적절하다.

사회 2021년 제2회

01	④	02	②	03	①	04	④	05	②
06	③	07	①	08	④	09	③	10	③
11	②	12	③	13	④	14	②	15	①
16	③	17	①	18	④	19	④	20	②
21	①	22	③	23	②	24	①	25	③

01 정답 ④

본초는 '기준', 자오선은 '경선'을 뜻한다. 즉, 경도 0°로 영국의 그리니치 천문대를 지나며, 동반구와 서반구를 구분하는 기준이다.

오답 피하기

① 적도는 위도 0°의 선으로, 지구 표면을 북반구와 남반구로 나누는 기준이다.

③ 날짜 변경선은 경도 180°와 대체로 일치하며, 날짜 변경선을 기준으로 양쪽 지역 간에 25시간의 시차가 발생한다.

02 정답 ②

건조 기후 지역은 연강수량 2500mm 미만을 사막 기후 지역, 250~500mm 지역을 스텝 기후 지역으로 구분한다. 스텝 기후 지역은 사막 주변에 형성되며 키가 작은 초원이 형성된다. 가옥은 이동식 천막인 게르를 사용한다.

03 정답 ①

오름은 산봉우리를 뜻하는 제주도 방언으로 360여 개의 작은 화산체이다.

오답 피하기

② 피오르는 빙하에 의해 만들어진 U자곡에 바닷물이 들어와 형성된 좁고 긴 형태의 만을 말한다.

③ 시 스택은 파도에 의한 침식으로 생긴 수직 기둥의 암석을 말한다.

④ 해식 동굴은 파도에 의해 약한 부분이 파들어 가면서 생긴 동굴을 말한다.

04 정답 ④

문화 변용이란 지역 간 문화 전파로 외부에서 새로운 문화가 들어오면서 문화 공존, 문화 동화, 문화 융합 등 기존의 문화가 변화하는 현상이 나타나는데, 이를 문화 변용이라 한다.

세계 여러 지역의 식생활과 전통을 반영한 햄버거나, 온돌 침대는 문화 융합에 해당하는 문화 변용 사례이다.

오답 피하기

① 구성원 간에 친밀감을 바탕으로 전인격적인 인간관계가 이루어지는 집단을 1차 집단이라 한다.

② 태어나면서 자연적으로 주어지는 지위를 귀속 지위라 한다.

③ 한 개인에게 기대되는 두 가지 이상의 역할이 서로 충돌하는 것을 역할 갈등이라 한다.

05 정답 ②

제시된 그래프를 통해 65세 이상 인구 비율이 지속적으로 높아지는 것을 알 수 있다. 이러한 현상을 인구 고령화 현상이라 한다.

오답 피하기

① 물가가 지속적으로 상승하는 현상을 인플레이션이라 한다.

④ 프레온 가스 등의 사용으로 오존이 파괴되는 현상을 오존층 파괴라 한다.

06 정답 ③

역도시화 현상은 도시의 인구가 농촌으로 이동하는 현상을 말하며, 선진국이나 도시화 과정의 종착 단계에서 주로 나타난다.

오답 피하기

④ 인구가 농촌을 떠나 도시로 이동하는 현상을 이촌향도 현상이라고 하며, 도시화 과정 가속화 단계에 속한다.

07 정답 ①

세계 3대 식량으로 쌀, 밀, 옥수수가 있다. 쌀은 고온 다습한 아시아 계절풍 기후 지역에서 대부분 재배되며, 다른 작물에 비해 인구 부양력이 높다. 대부분 아시아 지

역에서 생산·소비되어 국제 이동량이 적다.

08 정답 ④

기업의 본사는 다양한 정보와 자본을 확보하는데 유리한 지역에 입지하며, 연구소는 쾌적한 환경, 고급 인력이 풍부한 대학가 근처에 입지한다. 생산 공장은 생산 비용, 넓은 소비시장 확보, 무역 장벽 극복 등 다양한 요인을 고려하여 입지한다. 이러한 현상을 기업의 공간적 분업이라 한다.

09 정답 ③

㉠에 들어갈 알맞은 단어는 주권이다. 주권은 국가 의사를 최종적, 전반적으로 결정하는 최고 권력을 말한다.

10 정답 ③

문화 상대주의는 문화를 우열의 평가 대상이 아닌 이해의 대상으로 바라본다. 다른 사회의 문화를 그 사회의 특수한 자연 환경과 역사적 맥락 속에서 이해하는 태도로 세계화 시대에 필요한 문화 이해 태도이다.

11 정답 ②

정당은 정치적 견해를 같이하는 사람들이 정권획득을 목적으로 만든 집단이다. 정당의 기능으로 국민의 다양한 요구를 집약하고, 여론을 형성·조직화하여 정부에 전달한다. 선거에 후보자 추천, 정부와 의회의 매개체 역할을 수행한다.

오답 피하기

③ 감사원은 대통령에 소속된 행정부의 최고 감사 기관으로 공무원의 직무를 감찰하고 국가의 세입, 세출의 결산을 검사하는 업무를 담당한다.

④ 헌법 재판소는 입법부에 의해 만들어진 법률이나 국가 기관의 작용이 헌법에 위배되거나 국민의 기본권을 침해했는지 여부를 판단하여 국민의 기본권을 구제해 주는 사법 기관이다.

12 정답 ③

국가의 의사 결정 과정에 참여할 수 있는 권리로 능동적 권리의 성격을 가진다. 참정권의 예로 선거권, 공무 담임권, 국민 투표권이 있다.

오답 피하기

① 근로의 능력과 의욕을 지닌 사람이 사회적으로 근로 할 기회의 보장을 요구할 수 있는 권리이다.

② 사회권은 국가에 대하여 인간다운 생활의 보장을 요 구할 수 있는 권리이다.

④ 청구권은 국가에 대해 일정한 행위를 청구할 수 있 는 권리, 다른 기본권을 보장하기 위한 수단적 권리 이다.

13 정답 ④

사람들이 필요로 하는 재화와 서비스를 만들거나 그 가 치를 증대시키는 활동을 생산이라 하며, 분배받은 소득 으로 재화나 서비스를 구입하여 사용하는 행위를 소비 라 한다.

분배는 생산 과정에 참여한 대가를 받는 것이며 임금, 이자, 지대가 대표적인 예이다.

14 정답 ②

초콜릿의 수요량과 공급량이 같을 때 균형 가격과 균형 거래량이 형성된다.

표에서 초콜릿의 수요량과 공급량이 각각 300개일 때 균형 가격은 2,000원, 균형 거래량은 300개가 된다.

오답 피하기

③ 가격이 1,000원일 때, 수요량이 400개 공급량은 200개로 초과 수요가 발생한다.

④ 가격이 3,000원일 때, 수요량은 100개 공급량은 500개로 초과 공급이 발생한다.

15 정답 ①

노동 문제는 근로자의 경제적·사회적 지위 개선 및 향 상에 관한 문제로 대표적으로 노사 갈등 문제, 실업 문 제, 비정규직 문제 등이 있다.

16 정답 ③

선거 공영제란 선거 운동을 국가 기관이 관리하여 부정 선거를 막고, 국가와 지방 자치 단체가 선거 비용의 일 부를 지원하는 제도이다. 후보자 간 선거 운동의 기회균 등 보장과 선거 운동의 과열을 방지하여 선거가 민주적 인 절차에 따라 공정하게 이루어지도록 하는 것이 이 제 도의 목적이다.

오답 피하기

① 심급 제도는 공정한 재판을 위하여 하나의 사건에 대 하여 여러 번 재판을 받을 수 있게 하는 제도이다.

② 특정인이 선거에 유리하도록 선거구를 마음대로 정 하는 것을 게리맨더링이라고 한다.

④ 보통 선거는 일정 연령 이상의 국민 누구나 선거를 할 수 있다는 제도이다.

17 정답 ①

주먹도끼는 약 70만 년 전 구석기 시대의 유물이다. 구 석기 시대의 대표적 도구로 찍개, 긁개, 밀개 등의 뗀석 기를 사용하였다. 구석기 후기에는 슴베찌르개, 잔석기 를 사용하였다.

18 정답 ④

장수왕의 업적으로는 평양으로 수도를 천도하였으며, 적극적인 남진 정책 추진으로 한강 유역을 점령하였다. 또한 아산만~소백 산맥~영일만에 이르는 지역을 차지 하였으며, 충주 고구려비를 통해 확인이 가능하다.

19 정답 ④

통일 신라의 장보고는 청해진(완도)을 중심으로 해적을 소탕하고 해상권을 장악하여 당, 신라, 일본을 연결하는 해상 무역을 주도하였다.

오답 피하기

① 원효는 일심 사상 및 화쟁 사상으로 종파 간의 사상 적 대립 해소를 위해 노력하였으며, 불교 대중화에 공헌하였다.

② 혜초는 인도와 중앙아시아를 돌아본 후 기행문 『왕 오천축국전』을 저술하였다.

정답 및 해설 2021년 제2회

③ 신라 법흥왕 시기 이차돈의 순교를 통해 귀족 세력들의 반대를 물리치고 불교를 공인하였다.

20 정답 ②

제시된 내용은 태조 왕건의 업적이다. 태조 왕건은 민생 안정 정책으로 백성의 조세 부담을 경감하고, 빈민 구제 기구인 흑창을 설치하였다. 북진 정책으로 서경(평양)을 중시하여 청천강~영흥 지방까지 영토를 확대하였다. 호족 포섭 정책으로 혼인 정책, 왕씨 성 하사(사성 정책), 관직·토지를 수여하였으며 사심관 제도와 기인 제도를 실시하였다. 또한 훈요 10조를 통해 후대 왕에게 정책 방향을 제시하였다.

① 동의보감은 광해군의 명령으로 허준이 편찬하여 질병으로 고통받는 백성을 구제하였다.
③ 대동여지도는 김정호가 제작한 조선 후기 지도이다.
④ 몽유도원도는 세종의 아들인 안평대군의 꿈에서 본 무릉도원을 안견이 그린 그림이다.

21 정답 ①

상품 화폐 경제의 발달에 따른 생활수준의 향상과 사회 의식의 성장, 서당 교육의 확대로 조선 후기 서민 문화가 발달하였다. 한글 소설, 판소리, 탈춤, 민화, 풍속화 등의 다양한 문화가 발달하였으며, 이를 통하여 양반의 위선 비판, 사회의 부정과 비리를 풍자하였다.

22 정답 ③

여진족이 후금을 건국하고 명의 변경을 위협하였을 때 후금의 공격을 방어하기 위해 명이 조선에 출병을 요구한다. 이에 광해군은 강홍립에게 출병하게 한 후 정세에 따라 슬기롭게 대처하도록 명령한다. 이것을 중립 외교라 한다.

23 정답 ②

세종은 왕권과 신권의 조화를 위해 의정부 서사제를 실시하였고, 집현전을 설치하여 훈민정음을 창제하였다. 4군 6진을 개척하여 영토 확장을 하였으며, 민본 사상을 바탕으로 한 이상적인 유교 정치를 실시하였다.

① 광해군은 방납의 폐단으로 농민들의 부담이 커지자 대동법을 실시하였다. 집집마다 부과하던 특산물 대신 토지를 기준으로 쌀(토지 1결당 쌀 12두), 삼베, 무명, 돈 등으로 납부하게 하였다.
③ 고려 광종이 불법으로 노비가 된 자를 조사해 양인으로 해방해주는 노비안검법을 실시하였다.
④ 몽골의 침략을 부처의 힘으로 막기 위해 고려 때 제작된 것이 팔만대장경이다.

24 정답 ①

국채 보상 운동은 대한 제국이 일본에 많은 빚을 지게 되자 빚을 갚기 위해 대구에서 서상돈을 중심으로 국채 보상 운동이 일어났다. 국채 보상 기성회, 대한매일신보 등 다양한 계층이 참여하면서 전국으로 확산되었지만 통감부의 방해와 탄압으로 실패하였다.

② 1920년대 일본이 쌀 부족 문제를 해결하기 위해 한반도에서 실시한 정책이 산미 증식 계획이다.
③ 1910년대 일본이 식민 통치에 필요한 재정 확보를 위해 실시한 사업이 토지 조사 사업이다.
④ 1910년대 헌병이 전국적으로 배치되어 경찰의 임무를 담당하며, 일상생활까지 통제하는 헌병 경찰제를 실시하였다.

25 정답 ③

미국의 애치슨 선언에 따라 북한의 기습 남침으로 3일 만에 서울이 함락되고 정부는 부산까지 피난하였다. 유엔군의 참전으로 인천 상륙 작전(1950. 9. 15.) 성공 이후 압록강 부근까지 진격하였지만 중국군의 개입으로 서울이 재함락(1951. 1·4 후퇴)된다. 이후 휴전 협정 체결(1953. 7. 27.)로 정전 협정이 체결되었다.

① 3·1 운동은 일제 강점기의 최대 규모의 민족 독립 운동이다.
② 이승만의 자유당 정권 연장을 위한 3·15 부정 선거에 항거한 운동이 4·19 혁명이다.
④ 부산과 마산 지역을 중심으로 박정희 유신독재에 반대한 항쟁을 부마 민주 항쟁이라 한다.

과학 2021년 제2회

01	①	02	③	03	①	04	②	05	③
06	④	07	③	08	①	09	②	10	④
11	③	12	④	13	①	14	①	15	③
16	③	17	④	18	②	19	②	20	④
21	②	22	②	23	④	24	④	25	①

01 정답 ①
부력은 액체 또는 기체에 담긴 물체를 위쪽으로 밀어 올리는 힘이다. 물 위에 떠 있는 배는 부력으로 물에 뜬다.

오답 피하기
② 마찰력 : 물체와 접촉면 사이에서 운동을 방해하는 힘이다.
③ 자기력 : 자석 사이의 힘 또는 자석과 금속 사이의 힘이다.
④ 탄성력 : 변형된 탄성체가 원래 모양으로 되돌아가려는 힘이다.

02 정답 ③
일정한 속력으로 운동하는 물체는 등속 운동을 하는 것이다. 등속 운동은 시간에 따라 속력이 일정하므로 속력 그래프가 X축과 나란하다.

03 정답 ①
전압-전류 그래프는 옴의 법칙에 대입해서 저항을 구할 수 있다.

| 참고 | 옴의 법칙
도선에 흐르는 전류의 세기(I)는 전압(V)에 비례하고 저항(R)에 반비례한다.

옴의 법칙[V=IR]에 대입하면, $2V=(2A)\times1\Omega$이다.

04 정답 ②
A~D의 각 지점에서 역학적 에너지가 보존되므로 위치 에너지 + 운동 에너지 = 역학적 에너지가 동일하다. 표의 값을 대입하면 A지점의 역학적 에너지가 $100+0=100J$이므로 D지점의 역학적 에너지 $100J=\bigcirc+75J$이다. 따라서 ㉠은 25J이다.

05 정답 ③
반사의 법칙에 따라 입사각 = 반사각이다. 그림의 값을 대입하면, 입사 광선과 법선이 이루는 각 = 입사각 = $50\degree$이다. 따라서 반사각 = $50\degree$이므로 반사 광선이 가리키는 화살표는 C이다.

06 정답 ④
서로 같은 (+)전기와 (+)전기는 서로 밀어내는 척력이므로 ④번의 그림이 옳다.

오답 피하기
① (+)전기와 (+)전기 : 척력이므로 서로 밀어낸다.
② (+)전기와 (−)전기 : 인력이므로 서로 당긴다.
③ (−)전기와 (−)전기 : 척력이므로 서로 밀어낸다.

07 정답 ③
보일의 법칙에 의하면 일정한 온도에서 기체의 부피는 압력에 반비례한다.

| 참고 | 보일의 법칙
P(압력) × V(부피) = 일정

공식에 대입하면,
처음의 압력×처음의 부피=나중의 압력×나중의 부피
$P_1\times V_1=P_2\times V_2=2기압\times20mL=4기압\times\bigcirc$
따라서, ㉠은 10mL이다.

08 정답 ①
액체 상태에서 기체 상태로 변하는 상태 변화는 기화이다.

| 참고 | 상태 변화 6가지
• 융해(고체 → 액체), 기화(액체 → 기체), 승화(고체 → 기체)
• 응고(액체 → 고체), 액화(기체 → 액체), 승화(기체 → 고체)

09 정답 ②
물 분자(H_2O)의 분자 모형에서도 보이는 것처럼 물 분자 1개를 구성하는 수소 원자는 2개, 산소 원자는 1개이다.

10 정답 ④

그림에서 베릴륨의 원자핵은 +4이고, 중성 상태의 베릴륨 원자일 때 가지는 (−)전자는 4개이다. 이 중에서 (−)전자 2개를 잃었으므로 베릴륨 이온이 가지는 전하량은 원자핵(+4) + 전자(−2) = +2이다. 따라서 이온식을 표시할 때 Be^{2+}로 나타낼 수 있다.

| 참고 | 양이온의 이온식

$$\underset{\text{원소 기호 : 나트륨}}{\underset{\text{전하의 종류}}{Na^{+1}}}$$

잃은 전자 수

전하의 종류

원소기호의 오른쪽 위에 잃은 전자의 수와 전하의 종류를 표시한다. (단, 1은 생략한다.)

11 정답 ③

액체가 고체로 변할 때 일정하게 유지되는 온도는 어는점이다. 같은 물질의 녹는점과 어는점은 같다.

오답 피하기

액체가 기체로 변하는 동안에 온도가 일정한 것은 끓는점이다. 순수한 물의 끓는점은 100℃이다.

12 정답 ④

질량 보존 법칙에 의하면 화학 반응이 일어날 때 반응전 물질의 총 질량과 생성된 물질의 총 질량은 같다. 따라서 구리(4g) + 산소(1g) = 산화 구리Ⅱ(5g)이 된다.

| 참고 | 화학 반응식

화학 반응이 일어나기 전의 물질을 반응 물질이라고 하고, 반응이 일어난 후의 물질을 생성 물질이라고 한다. 화살표를 기준으로 반응 물질을 화살표의 왼쪽에, 생성 물질을 화살표의 오른쪽에 쓴다.

13 정답 ①

종은 생물을 분류할 때 가장 기본이 되는 단위로, 교배하여 생식 능력이 있는 자손을 낳을 수 있는 생물 무리이다.

| 참고 | 생물 분류 단계

비슷한 특징을 지닌 '종'을 묶어 '속'이라 하고 서로 관련성이 깊은 '속'을 묶어 '과'로 분류하는 체계가 [종 → 속 → 과 → 목 → 강 → 문 → 계]이다.

14 정답 ①

균계는 죽은 생물이나 배설물을 분해하여 양분을 얻는 생물 무리이다. 엽록체가 없어 광합성을 할 수 없다.
예 곰팡이, 효모, 버섯 등

오답 피하기

② **동물계** : 다른 생물을 섭취하여 양분을 얻는 생물 무리이다.

③ **원생생물계** : 세포 내에 핵이 있고 다른 계에 속하지 않는 생물의 무리이다.

④ **원핵생물계** : 세포 내에 막으로 둘러싸인 핵이 없는 생물의 무리이다.

15 정답 ③

식물은 빛에너지를 이용하여 필요한 영양분을 스스로 합성하는데, 이 과정을 광합성이라고 한다. 광합성에 필요한 것은 물, 이산화 탄소, 빛에너지이며 생성되는 물질은 포도당, 산소이다.

오답 피하기

① **생식** : 생물이 종족 유지를 위해 자손을 만드는 과정이다.

② **호흡** : 산소를 이용하여 양분을 분해하고 생명 활동에 필요한 에너지를 얻는 과정이다.

④ **체세포 분열** : 몸집이 커지는 생장이나 손상된 세포의 재생을 담당한다.

16 정답 ③

순환계는 영양소와 산소를 온몸의 조직 세포로 운반하고, 조직 세포에서 생긴 노폐물을 배설 기관으로 운반한다.

오답 피하기

① **배설계** : 생성된 노폐물을 걸러 오줌으로 만들어 몸 밖으로 내보낸다.

② **소화계** : 음식물을 소화하고 영양소를 흡수한다.

④ **신경계** : 감각 기관에서 받아들인 자극을 전달하고 판단하여 적절한 반응이 나타나도록 신호를 전달하는 체계이다.

17 정답 ④

뉴런은 신경계를 이루고 있는 신경 세포이다. 이 중에서 감각 기관에서 받은 자극을 중추 신경(연합 뉴런)으로 전달하는 뉴런은 감각 뉴런이다.

> | 참고 | 자극의 전달 경로
> 자극 → 감각 기관 → 감각 뉴런 → 연합 뉴런 → 운동 뉴런 → 반응 기관 → 반응

18 정답 ②

수란관의 상단부에서 정자와 난자가 만나 수정한다.

> | 참고 |
> • 배란 : 난소에서 난자가 방출되는 과정이다.
> • 출산 : 자궁 속 태아가 어머니의 몸 밖으로 나오는 것이다.

19 정답 ②

우성 순종 키 큰 완두(TT)와 열성 순종 키 작은 완두(tt)를 교배하면 잡종 1대에서 우성 잡종(Tt)이 나온다.

> | 참고 | 우성과 열성
> 두 대립 형질 중 잡종 1대에서 겉으로 나타나는 형질을 우성 형질이라 하고, 잡종 1대에서 겉으로 나타나지 않는 형질을 열성 형질이라고 한다.

20 정답 ④

내핵은 지하 5,100km부터 지구 중심 6,400km까지이다. 내핵은 지진파 분석을 통해 고체로 추정하며 철과 니켈로 구성되어 있다.

오답 피하기

① 지각 : 지권의 가장 바깥에 있는 층이다.
② 맨틀 : 지각 아래부터 지하 2,900km까지의 층이며, 지구 전체 부피의 80%를 차지한다.
③ 외핵 : 지하 2,900km부터 5,100km까지의 층이며, 지진파 분석을 통해 액체로 추정한다.

21 정답 ②

여름의 날씨는 북태평양 고기압의 영향으로 고온 다습하다. 여름에는 남고북저형 기압 배치로 남동 계절풍이 분다.

오답 피하기

겨울의 날씨는 시베리아 기단의 영향으로 춥고 건조하다. 겨울에는 서고동저형 기압 배치로 북서 계절풍이 강하게 분다.

22 정답 ②

해수는 바다에 분포하는 물로 염수이며, 수권 전체의 약 97%를 차지한다.

오답 피하기

① 빙하 : 눈이 쌓이고 굳어져서 만들어진 얼음으로, 담수 중 가장 많은 양을 차지한다.
③ 지하수 : 비나 눈이 땅속으로 스며들어 생기는 물이다.
④ 하천수와 호수 : 우리가 주로 이용하는 물로 담수의 0.4%를 차지한다.

23 정답 ④

쌀알무늬는 태양의 광구에서 대류에 의해 쌀알 모양이 나타나는 것이다.

오답 피하기

① 채층 : 광구 바로 위 1만km의 붉은색 대기층이다.
② 홍염 : 불꽃 모양의 불기둥이 수십만km까지 솟아오르는 현상이다.
③ 흑점 : 주위보다 온도가 낮아 검게 보이며 지구에서 볼 때, '동 → 서'로 이동한다.

24 정답 ④

빛은 분산되므로 별의 밝기는 별의 거리의 제곱에 반비례한다. 절대 등급이 같은 별인데 지구에서 가장 어둡게 보이는 별은 지구에서 가장 먼 거리에 있는 별이므로 별 D이다.

25 정답 ①

연주 시차는 별까지의 거리와 반비례 관계이므로 연주 시차가 큰 별일수록 가까운 거리의 별이다. 따라서 그림에서 연주 시차가 가장 큰 별은 지구에서 가장 가까운 별 A이다.

| 참고 | 연주 시차
지구 공전 궤도의 양끝에서 6개월 간격으로 별을 바라봤을 때, 별에 대해 생기는 각도인 시차의 1/2 이다.

도덕 2021년 제2회

01	①	02	③	03	①	04	③	05	④
06	③	07	④	08	②	09	①	10	②
11	①	12	②	13	②	14	③	15	④
16	③	17	④	18	③	19	②	20	④
21	③	22	④	23	①	24	④	25	①

01 정답 ①

도덕이 필요한 이유는 훌륭한 인격을 갖추기 위한 것으로 우리는 도덕적으로 살아감으로써, 질서를 유지하고 조화롭게 더불어 살아갈 수 있다.

02 정답 ③

도덕적 민감성이란 어떤 상황을 도덕적 문제로 민감하게 느끼고 도덕적으로 반응할 수 있는 마음으로 도덕적 민감성이 높은 사람일수록 도덕적으로 행동할 가능성이 높다.
- 삼단 논법 : 아리스토텔레스에 의해 체계화된 삼단 논법은 두 전제에서 결론이 추론되는 연역적 논증 방법이다.
- 비판적 사고 : 어떤 주장이나 판단을 그대로 받아들이지 않고 그 근거와 사고 과정의 타당성을 합리적으로 검토하는 것

03 정답 ①

법을 지키지 않는 행위는 사회를 혼란하게 만들고, 공동체 구성원의 건강과 안전을 위협하며, 다른 사람의 자유와 권리를 침해하지만, 법을 지키는 행위는 개인의 권리를 지키고 공동체의 이익을 증진한다.

04 정답 ③

정신적 가치는 인간의 정신 활동을 통해 얻을 수 있는 가치로 지혜로움, 선함, 아름다움, 거룩함, 우정, 사랑 등이 있다.
①·②·④ 모두 물질적 가치에 해당한다.

05 정답 ④

이성 친구와 바람직한 관계를 맺기 위해선 예절을 지키는 자세, 균형과 조화의 자세, 신중하고 책임감 있는 자세가 필요하다.

06 정답 ③

제시문은 가족 간의 도리 중 우애(友愛)에 대한 설명이다.

07 정답 ④

부패의 종류
- **뇌물** : 공적인 일을 자신에게 더 유리하게 진행하게 하려고 제공하는 이익
- **횡령** : 공적인 재산을 사사롭게 사용하는 것
- **배임** : 자신의 책임을 다하지 않음으로써 누군가가 이익을 취하게 하는 것

08 정답 ②

서양에서 본 사랑에는 남녀 간의 정열적인 사랑인 에로스, 친구나 동료에 대한 사랑인 필리아, 조건 없이 베푸는 희생적인 사랑인 아가페 등이 있다.

09 정답 ①

사례의 학생들은 물 공포증을 극복하고 어려운 수학 문제를 해결하기 위해 수영 강습과 심화 학습을 통한 도전하는 삶의 자세를 보여주고 있다.

10 정답 ②

이웃 간에 관심을 두고 작은 일에서부터 배려를 실천할 때 서로 도움을 주고받는 바람직한 공동체를 만들 수 있다.

11 정답 ①

인권은 인간이 지니는 기본적인 권리이자 인간 존엄성을 보장하기 위한 권리이다.

12 정답 ②

습관이란 어떤 행위를 오랫동안 되풀이하는 과정에서 저절로 익혀진 행동 방식을 의미한다.

13 정답 ②

남북은 분단 이후 소모적인 분단 비용을 지속적으로 지출하고 있고 이산가족의 고통과 남북 주민 간 이질화의 심화 문제가 발생하고 있다.

14 정답 ③

인도주의는 모든 인간은 인간이라는 점에서 동등한 자격을 갖추고 있다는 생각에서, 인류의 공존을 꾀하고, 복지를 실현시키려는 박애적인 사상을 의미한다.

15 정답 ④

갈등의 원인에는 이해관계의 충돌, 가치관의 차이, 잘못된 의사소통 등이 있다.
④ 공감과 경청의 자세는 갈등을 해결할 수 있는 방법에 해당한다.

16 정답 ③

평화적으로 갈등을 해결하기 위해 필요한 자세로는 합리적으로 의사소통하는 자세, 역지사지의 관용의 자세, 양보하고 타협하는 자세 등이 있다.

17 정답 ④

자문화 중심주의는 자기 문화만을 기준으로 다른 문화를 바라보는 관점으로 다양한 문화를 이해하기 어려운 자세이다.

18 정답 ③

여학생은 남학생의 행위에 대해 보편화 결과 검사의 방법을 통해 반박하고 있다. 보편화 결과 검사란 어떤 도덕 원리를 모든 사람이 받아들였을 때 나타날 수 있는 결과를 예상하여 도덕 원리의 적절성을 검토하는 방법이다.

19 정답 ②

사례에서 설명하는 말로 친구를 괴롭히는 것은 언어 폭력에 해당한다. 언어 폭력이란 인격을 무시하거나 모욕하는 말을 사용하여 상대방에게 정신적·심리적 피해를 주는 행위이다.

20 정답 ④

공익을 해치는 법은 정당한 절차와 방법에 따라 개정되어야 하는데 정당한 절차로도 바꾸기 힘든 법이 있으면 시민 불복종이 이루어지기도 한다.

21 정답 ③

마음의 평화란 고통이나 욕심, 분노, 질투 등의 감정이 잘 다스려져 평안하고 고요한 마음의 상태를 의미한다. 따라서 자신을 부정적으로만 바라보는 태도는 바람직하지 않다.

22 정답 ④

ㄱ, ㄴ은 과학 기술 발달에 따른 긍정적 효과를 의미하고 환경 오염과 생태계 파괴, 과학 기술에 대한 지나친 의존은 부작용에 해당한다.

23 정답 ①

사회적 약자도 존엄한 인간이며, 우리 사회의 동등한 구성원이기 때문에 사회적 약자의 인권을 보호함으로써 우리 사회가 인권 친화적인 사회로 나아갈 수 있다.

24 정답 ④

정보 통신 매체를 사용할 때 필요한 태도
• 예절을 지키는 태도
• 스스로 절제하는 태도
• 타인을 존중하고 책임감 있는 태도

25 정답 ①

환경 친화적 소비란 환경 보전을 중시하는 가치관에 따라 생태계의 지속 가능성을 고려하는 소비 생활로 로컬 푸드 운동, 에너지 효율 등급이 높은 제품 구매 등 다양한 방법이 있다.

2021 년

제1회 기출문제

- ▶ 국어
- ▶ 수학
- ▶ 영어
- ▶ 사회
- ▶ 과학
- ▶ 도덕

EBS 교육방송교재

중졸 검정고시 기출문제집

01 다음 대화에서 '수연'의 말하기 목적으로 가장 적절한 것은?

민재야, 미술 시간에 쓰려는데 물감 좀 빌려줄래?

응, 수연아. 찾아서 줄게.

① 격려　　　　② 부탁
③ 사과　　　　④ 조언

02 다음 질문 목록에 들어갈 내용으로 적절하지 않은 것은?

> 면담 대상 : 수의사
> 면담 목적 : 수의사라는 직업에 대한 정보
> 　　　　　를 얻기 위해
> 질문 목록 :
> ・
> ・
> ・
> ・

① 수의사의 가족 관계
② 수의사라는 직업의 장점
③ 수의사가 되기 위해 필요한 자격증
④ 수의사로 일하면서 느꼈던 직업적 보람

03 밑줄 친 단어의 품사가 다른 것은?

① 시험이 끝나서 즐겁다.
② 동생의 방은 깨끗하다.
③ 친구가 운동장을 달린다.
④ 가을 하늘이 맑고 푸르다.

04 밑줄 친 부분이 올바르게 쓰인 것은?

① 그 일은 내가 먼저 할께.
② 이 설겆이는 누가 할래?
③ 감기가 어서 낳기를 바라.
④ 좋아하는 사진을 벽에 붙이자.

05 다음 규정을 적용할 수 있는 단어는?

> ■ 표준 발음법 ■
> 【제12항】받침 'ㅎ'의 발음은 다음과 같다.
> 　3. 'ㅎ' 뒤에 'ㄴ'이 결합되는 경우에는,
> 　　[ㄴ]으로 발음한다.

① 놓는　　　　② 입학
③ 각하　　　　④ 쌓으니

06 다음 설명에 해당하는 자음은?

> 입술소리는 '두 입술 사이에서 나는 소리'이다.

① ㄱ   ② ㅂ
③ ㅇ   ④ ㅎ

07 밑줄 친 부분이 ㉠에 해당하는 것은?

> 문장을 이루는 데 필요한 주성분에는 주어, ㉠목적어, 보어, 서술어가 있다.

① 소년은 <u>어른이</u> 되었다.
② 겨울에는 <u>연을</u> 날렸다.
③ <u>화단에</u> 장미꽃이 피었다.
④ <u>강아지가</u> 재채기를 하였다.

08 ㉠~㉣ 중 글의 통일성을 고려할 때 적절하지 <u>않</u>은 것은?

제목	건강을 위해 탄산음료 섭취를 줄이자.
처음	과도한 탄산음료 섭취 실태 ………… ㉠
중간	• 과도한 탄산음료 섭취의 문제점 …… ㉡ – 과도한 당류 섭취로 인해 비만의 우려가 있다. • 탄산음료 섭취를 줄일 수 있는 방법 ……………………………………… ㉢ – 탄산음료 대신 물을 마신다. • 탄산음료 판매로 얻는 경제적 효과 · ㉣ – 자선 활동 비용을 충당할 수 있다.
끝	과도한 탄산음료 섭취를 줄여야 함.

① ㉠   ② ㉡
③ ㉢   ④ ㉣

09 ㉠~㉣에 대한 고쳐 쓰기 방안으로 적절하지 <u>않</u>은 것은?

> 독도에 살았던 희귀한 생물에는 독도 강치가 있다. ㉠<u>독도에는 다양한 암석과 지형, 지질 구조가 있다.</u> 독도 강치는 독도를 중심으로 동해 연안에 살았던 바다사자이다. 덩치가 크고 지능이 좋았던 독도 강치는 ㉡<u>먹이가</u> 풍부한 독도 주변에서 수만 마리가 서식했다. 그러나 일제 강점기 때 무자비한 포획으로 독도 강치는 ㉢<u>멸망되었고</u> 이제는 박제로밖에 ㉣<u>볼수없다.</u>

① ㉠ : 글의 흐름에서 벗어난 내용이므로 삭제한다.
② ㉡ : 조사의 쓰임이 맞지 않으므로 '먹이에게'로 바꾼다.
③ ㉢ : 문맥에 맞지 않으므로 '멸종'으로 바꾼다.
④ ㉣ : 띄어쓰기가 바르지 않으므로 '볼 수 없다'로 고친다.

10 ㉠에 들어갈 내용으로 적절하지 <u>않은</u> 것은?

> **우리 고장 야생화를 조사하여 보고서 쓰기**
> • 목적 : 우리 고장의 야생화를 조사하여 보고
> 　　　서를 쓴다.
> • 조사 내용 : 우리 고장 야생화의 종류
> 　　　　　　우리 고장 야생화의 특징
> 　　　　　　우리 고장 야생화의 서식지
> • 조사 방법 : 야생화 애호가 인터뷰
> 　　　　　　우리 고장 야생화 박물관 방문
> 　　　　　　인터넷 및 관련 책 조사
> • 보고서를 쓸 때 유의할 점 : ＿＿＿㉠＿＿＿

① 조사한 내용은 야생화 전문가에게 사실 여
　부를 확인한다.

② 야생화 애호가의 인터뷰 내용은 동의를 구
　하여 인용한다.

③ 야생화 박물관에서 찾은 자료는 재미를 위
　해 과장한다.

④ 인터넷 및 책에서 찾은 내용은 출처를 밝
　힌다.

[11~13] 다음 글을 읽고 물음에 답하시오.

　형이 돈을 많이 벌어 오면 — 이런 기대에 온 집
안 식구가 하루하루를 매달려 살았다. 어느날 밤,
형은 돌아왔다. 옷과 운동화와 과자와 고기를 한
짐이나 되게 사 가지고. 형이 정말 돈을 벌어서 별
의별 것을 다 사 가지고 온 것이었다. 아버지는 밤
중이지만 동네 사람을 모아 큰 잔치를 벌이지 못해
안달을 했다.

[가] ┌　형이 험악한 얼굴을 하고 안 된다고 했다.
　　│ 잔치는커녕 동생들이 좋아서 떠드는 것도 못
　　└ 하게 윽박질렀다.

　수남이는 지금도 그날 밤 일이 생생하다. 그날
밤 형의 ㉠누런 똥빛 얼굴은 정말로 못 잊겠다.
꼭 악몽 같다.

　다음 날 형은 읍내에서 온 순경한테 수갑이 채워
붙들려갔다. 형은 악을 써서 변명을 하며 갔다.

　"2년 만에 빈손으로 집에 들어갈 수는 없었단
말이야. 도저히 그럴 수는 없었단 말이야."

　그래서 읍내 ㉡양품점을 털어 돈과 물건을 훔
친 것이다. 다음에 수남이가 형을 본 것은 읍내에
현장 검증인가를 나왔을 때다. 도둑질한 것을 다시
한번 되풀이해 보여 주는 것인데, 딴 ㉢구경꾼들
틈에 섞여 수남이는 몸서리를 치면서 그것을 봤다.
그 도둑놈과 형제간이란 게 두고두고 생각해도 몸
서리가 쳐졌다.

　아버지는 화병으로 몸져눕고 집안 형편은 말이
아니었다. 수남이는 드디어 어느 날 형이 그랬던
것처럼 서울 가서 돈 벌어 오겠다고 집을 나섰다.
아버지는 말리지 않았다.

　문지방을 짚고 일어나 앉아서 띄엄띄엄 수남이
를 타일렀다.

　"무슨 짓을 하든지 그저 도둑질을 하지 말아라,
알았쟈?"

　그런데 도둑질을 하고 만 것이다. 하지만 수남
이는 스스로 그것은 결코 도둑질이 아니었다고 변
명을 한다.

　그런데 왜 그때, 그렇게 떨리고 무서우면서도
짜릿하니 기분이 좋았던 것인가? 문제는 그때의
그 쾌감이었다. 자기 내부에 도사린 부도덕성이었
다. 오늘 한 짓이 도둑질이 아닐지 모르지만 앞으
로 도둑질을 할지도 모르겠다는 생각이 들었다. 형
의 일이 자기와 정녕 무관한 일이 아니란 생각이
들었다.

　소년은 아버지가 그리웠다. 도덕적으로 자기를
견제해 줄 어른이 그리웠다.

　주인 영감님은 자기가 한 짓을 나무라기는커녕
손해 안 난 것만 좋아서 "오늘 운 텄다."고 좋아하
지 않았던가.

수남이는 짐을 꾸렸다. 아아, 내일도 바람이 불었으면. 바람이 물결치는 보리밭을 보았으면.

마침내 결심을 굳힌 수남이의 얼굴은 누런 똥빛이 말끔히 가시고, 소년다운 ② <u>청순함</u>으로 빛났다.
－ 박완서, 「자전거 도둑」 －

11 윗글에서 알 수 있는 내용으로 적절하지 <u>않은</u> 것은?

① 아버지는 형이 돌아온 날 잔치를 벌이고 싶어 했다.

② 수남이는 형의 현장 검증 장면을 구경꾼들 틈에서 보았다.

③ 아버지는 서울로 돈 벌러 가겠다는 수남이를 말렸다.

④ 주인 영감님은 손해나지 않은 것을 좋아했다.

12 [가]에 나타난 '형'의 심리로 가장 적절한 것은?

① 동생들이 좋아하는 모습에 쑥스러워 한다.

② 자신에 대한 식구들의 기대가 충족되어 뿌듯해 한다.

③ 자신이 도둑질한 사실이 밝혀질 것 같아서 걱정한다.

④ 가지고 온 물건을 동네 사람들에게 빼앗길까 봐 두려워한다.

13 ㉠~② 중 다음 설명과 가장 관련이 있는 것은?

> • 비양심적이고 부도덕한 태도를 상징함.
> • 형이 옳지 않은 일을 했다는 수남이의 생각을 드러냄.

① ㉠   ② ㉡

③ ㉢   ④ ②

[14~16] 다음 글을 읽고 물음에 답하시오.

> 우리가 눈발이라면
> 허공에서 쭈뼛쭈뼛 흩날리는
> ㉠ <u>진눈깨비</u>는 되지 말자
> 세상이 바람 불고 춥고 어둡다 해도
> 사람이 사는 마을
> 가장 낮은 곳으로
> 따뜻한 ㉡ <u>함박눈</u>이 되어 내리자
> 우리가 눈발이라면
> 잠 못 든 이의 창문가에서는
> ㉢ <u>편지</u>가 되고
> 그이의 깊고 ㉮ <u>붉은 상처</u> 위에 돋는
> ② <u>새살</u>이 되자
> － 안도현, 「우리가 눈발이라면」 －

14 윗글에 대한 이해로 가장 적절한 것은?

① 청유형 문장을 사용하고 있다.

② 묻고 답하는 형식이 드러나 있다.

③ 사계절의 변화에 따라 시상을 전개하고 있다.

④ 직유법을 사용하여 화자의 정서를 표현하고 있다.

15 ㉠~② 중 시적 화자가 지향하는 대상이 <u>아닌</u> 것은?

① ㉠   ② ㉡

③ ㉢   ④ ②

16 ㉮와 같은 심상이 나타난 것은?

① 향기로운 꽃 냄새

② 짭조름한 소금 맛

③ 활짝 핀 노란 개나리

④ 개구리 소리 개굴개굴

[17~19] 다음 글을 읽고 물음에 답하시오.

용골대가 모든 장졸을 뒤로 물린 후, 왕비와 세자, 대군을 모시고 장안의 재물과 미녀를 거두어 돌아갈 채비를 꾸렸다. 오랑캐에게 잡혀가는 사람들의 슬픈 울음소리가 장안을 진동했다.

박 씨가 계화를 시켜 용골대에게 소리쳤다.

"무지한 오랑캐 놈들아! 내 말을 들어라. 조선의 운수가 사나워 은혜도 모르는 너희에게 패배를 당했지만, 왕비는 데려가지 못할 것이다. 만일 그런 뜻을 둔다면 내 너희를 몰살할 것이니 당장 왕비를 모셔 오너라."

하지만 용골대는 오히려 코웃음을 날렸다.

"참으로 가소롭구나. 우리는 이미 조선 왕의 항서를 받았다. 데려가고 안 데려가고는 우리 뜻에 달린 일이니, 그런 말은 입 밖에 내지도 마라."

오히려 욕설만 무수히 퍼붓고 듣지 않자 계화가 다시 소리쳤다.

"너희의 뜻이 진실로 그러하다면 이제 내 재주를 한 번 더 보여 주겠다."

계화가 주문을 외자 문득 공중에서 두 줄기 무지개가 일어나며 모진 비가 천지를 뒤덮을 듯 쏟아졌다. 뒤이어 얼음이 얼고 그 위로는 흰 눈이 날리니, 오랑캐 군사들의 말발굽이 땅에 붙어 한 걸음도 옮기지 못하게 되었다. 그제야 용골대는 사태가 예사롭지 않음을 깨달았다.

"당초 우리 왕비께서 분부하시기를 장안에 신인(神人)이 있을 것이니 이시백의 후원을 범치 말라 하셨는데, 과연 그것이 틀린 말이 아니었구나. 지금이라도 부인에게 빌어 무사히 돌아가는 편이 낫겠다."

용골대가 갑옷을 벗고 창칼을 버린 뒤 무릎을 꿇고 애걸하였다.

"소장이 천하를 두루 다니다 조선까지 나왔지만, 지금까지 무릎을 꿇은 적은 한 번도 없었습니다. 이제 부인 앞에 무릎을 꿇어 비나이다. 부인의 명대로 왕비는 모셔 가지 않을 것이니, 부디 길을 열어 무사히 돌아가게 해 주십시오."

무수히 애원하자 그제야 [박 씨]가 발을 걷고 나왔다.

"원래는 너희의 씨도 남기지 않고 모두 죽이려 했었다. 하지만 내가 사람 목숨 죽이는 것을 좋아하지 않기에 용서하는 것이니, 네 말대로 왕비는 모셔 가지 마라. 너희가 부득이 세자와 대군을 모셔 간다면 그 또한 하늘의 뜻이기에 거역하지 못하겠구나. 부디 조심하여 모셔 가라. 그렇게 하지 않으면 신장과 갑옷 입은 군사를 몰아 너희를 다 죽인 뒤, 너희 국왕을 사로잡아 분함을 풀고 무죄한 백성까지 남기지 않을 것이다. 나는 앉아 있어도 모든 일을 알 수 있다. 부디 내 말을 명심하여라."

오랑캐 병사들은 황급히 머리를 조아리고 용골대는 다시 애원을 했다.

– 작자 미상, 「박씨전」 –

17 윗글에 대한 설명으로 적절한 것은?

① 말장난으로 웃음을 유발한다.
② 1인칭 서술자가 사건을 서술한다.
③ 신비롭고 기이한 일들이 일어난다.
④ 사람처럼 말하는 동물이 등장한다.

18 윗글의 내용과 일치하지 <u>않는</u> 것은?

① 용골대는 짐을 꾸려 돌아갈 준비를 했다.
② 계화가 주문을 외자 오랑캐 군사들은 꼼짝을 못했다.
③ 용골대는 박 씨에게 무릎을 꿇고 애원했다.
④ 용골대는 조선의 왕비를 조심해서 모셔 가겠다고 말했다.

19 윗글에 드러난 박 씨 의 태도로 가장 적절한 것은?

① 당당함 ② 비겁함
③ 공손함 ④ 나태함

[20~22] 다음 글을 읽고 물음에 답하시오.

우리 음식 생활에서 고추는 가장 기본적인 식재료로 사랑받고 있다. 붉은색 김치는 우리나라를 상징하는 음식 중 하나이다. 그래서 우리 조상들이 아주 오래전부터 고추를 먹은 것으로 잘못 알고 있는 사람이 많다. 인도와 동남아시아에도 우리처럼 고추의 원산지가 자기 나라라고 생각하는 사람들이 많다. 그러나 우리나라와 인도, 동남아시아 등지에서 고추를 먹기 시작한 것은 16세기에 들어서이다.

그렇다면 고추의 고향은 어디일까? 바로 중남미이다. 고추는 오랫동안 중남미인들이 먹어 온 음식 가운데 하나로 중남미 고대 국가의 ㉠유물 중에는 고추가 그려진 그릇들이 있다. 이 고추를 에스파냐와 포르투갈 사람들이 배에 실어 유럽으로 가지고 갔다. 그것이 인도양을 거쳐 인도와 동남아시아로 왔고, 뒤이어 우리나라에까지 들어온 것이다. 이렇듯 고추의 ㉡재배 지역은 나뭇가지처럼 ㉢사방으로 뻗어 나갔다.

우리나라에 고추가 들어오기 전까지 김치는 소금물에 절이기만 해서 ㉣발효시킨 것으로 흰색이었다. 고추가 들어온 다음 비로소 김치는 붉은색으로 바뀌었고, 고추 특유의 붉은 색깔과 매운맛이 더욱 식욕을 돋우게 되었다. 영양 면에서는 비타민 시(C) 등이 더 풍부해졌으며, 고추 속의 캡사이신 성분이 채소가 시어 문드러지는 것을 막아 음식을 더욱 오랫동안 보관할 수 있게 되었다. 수백 년 사이에 김치는 우리 삶에 더욱 중요한 음식이 되었고, 나아가 우리 음식 문화의 상징이 되었다.

－ 전국지리교사모임, 『지리, 세상을 날다』－

20 윗글에 대한 설명으로 가장 적절한 것은?

① 용어의 개념을 정의하고 있다.
② 설문 조사 자료를 활용하고 있다.
③ 전문가와 한 인터뷰 내용을 인용하고 있다.
④ 묻고 답하는 방식으로 정보를 전달하고 있다.

21 ㉠~㉣의 사전적 의미로 적절하지 <u>않은</u> 것은?

① ㉠ : 과거의 조상이 후세에 남긴 물건.
② ㉡ : 식물을 심어 가꿈.
③ ㉢ : 동, 서, 남, 북 네 방위를 통틀어 이르는 말.
④ ㉣ : 보람이나 효과를 나타냄.

22 윗글의 내용과 일치하지 <u>않는</u> 것은?

① 고추의 원산지는 우리나라이다.
② 우리나라는 16세기부터 고추를 먹기 시작했다.
③ 고추가 들어오기 전 우리나라 김치의 색깔은 흰색이었다.
④ 고추에는 음식을 오래 보관할 수 있게 하는 성분이 있다.

[23~25] 다음 글을 읽고 물음에 답하시오.

우리는 누구나 사람답게 살 권리, 즉 인권을 가지고 있다. 그런데 종종 다른 사람은 신경 쓰지 않고 자신의 권리만 내세우는 사람을 볼 수 있다. 이로 인해 인권을 침해받는 사람이 생기기도 한다. 이러한 사람 없이 모든 사람들의 인권을 지키기 위해서는 ㉠우리의 노력이 필요하다. 그렇다면 우리는 어떻게 해야 할까?

먼저 우리는 인권은 인간이 갖는 보편적인 권리로, 누구에게나 적용되어야 한다는 것을 인식해야 한다. 인권은 국적, 종교, 직업, 성별, 연령에 관계없이 인간이라면 누구나 가지는 권리이다. 그러므로 어떤 조건으로도 인권을 제한할 수 없다. 하지만 아직도 열악한 환경에서 인권을 침해받으며 고통을 겪는 사람들이 있다. 이런 약자들까지도 인권을 누려야 할 사람들이다. 그렇기 때문에 우리는 이들의 인권에 관심을 가져야 한다.

또한 우리는 인권이 책임을 동반한 권리라는 것을 명심해야 한다. 모든 사람이 인권을 가지고 있다는 것은 다른 사람의 인권을 존중할 책임 또한 가지고 있다는 뜻이다. 인간은 혼자 살아갈 수 없고 많은 사람들과 관계를 ㉡맺으며 살아가는 존재이기 때문이다.

인권은 누구에게나 적용되는 보편적인 권리이자 책임을 다할 때 누릴 수 있는 권리이다. 우리는 자신의 인권은 물론이고 다른 사람의 인권을 소중히 여겨 모든 사람들의 인권을 지키기 위해 노력해야 한다.

– 정용주, 「인권이 뭘까요」 –

23 윗글을 읽는 방법으로 가장 적절한 것은?

① 무대 공연을 상상하며 읽는다.
② 주장과 근거를 파악하며 읽는다.
③ 인물의 생애를 따라가며 읽는다.
④ 등장인물의 갈등에 유의하며 읽는다.

24 윗글의 내용으로 볼 때 ㉠으로 적절하지 <u>않은</u> 것은?

① 인권이 누구에게나 적용된다는 것을 인식한다.
② 인권을 침해받는 약자들에게 관심을 가져야 한다.
③ 인권이 책임을 동반한 권리라는 것을 명심한다.
④ 인권의 존중보다 경제적 이익을 더 중시한다.

25 밑줄 친 부분이 ㉡과 같은 의미로 쓰인 것은?

① 눈에는 눈물방울이 <u>맺혀</u> 있었다.
② 열매를 <u>맺은</u> 나무를 찾아 나섰다.
③ 좋은 인연을 <u>맺었던</u> 소년을 만났다.
④ 하던 일의 끝을 <u>맺고</u> 점심을 먹었다.

2021년 제1회 기출문제

정답 및 해설 p.531

01 다음은 두 수 24와 90을 소인수분해하여 최대공약수를 구하는 과정이다. ㉠에 알맞은 수는?

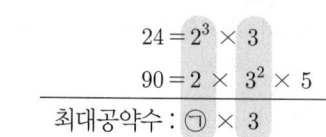

$$24 = 2^3 \times 3$$
$$90 = 2 \times 3^2 \times 5$$
최대공약수 : ㉠ $\times \ 3$

① 2

② 2^2

③ 2^3

④ 2^4

02 다음 중 절댓값이 가장 큰 수는?

① -5

② -2

③ 1

④ 4

03 $a = 3$일 때, $2a + 1$의 값은?

① 3

② 5

③ 7

④ 9

04 일차방정식 $5x - 2 = 3x + 8$의 해는?

① -1

② 1

③ 3

④ 5

05 다음은 어느 학생이 집에서 출발하여 학교까지 갈 때, 시간에 따른 이동 거리를 나타낸 그래프이다. 이 학생이 출발한 후 30분 동안 이동한 거리는?

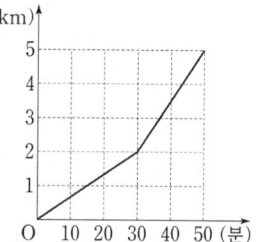

① 1km

② 2km

③ 3km

④ 4km

06 모든 면의 모양이 정사각형인 정다면체는?

① 정사면체

② 정육면체

③ 정팔면체

④ 정십이면체

07 다음은 어느 학급의 학생 20명을 대상으로 지난 일주일 동안 독서한 시간을 조사하여 나타낸 도수분포표이다. 이 학생들 중 일주일 동안 독서한 시간이 6시간 이상인 학생의 수는?

독서 시간(시간)	학생 수(명)
$0^{이상} \sim 2^{미만}$	2
2 ~ 4	7
4 ~ 6	6
6 ~ 8	4
8 ~ 10	1
합계	20

① 3명

② 5명

③ 7명

④ 9명

08 순환소수 $0.\dot{7}$을 기약분수로 나타낸 것은?

① $\dfrac{5}{9}$ 　　　② $\dfrac{2}{3}$

③ $\dfrac{7}{9}$ 　　　④ $\dfrac{8}{9}$

09 $2x \times x^2$을 간단히 한 것은?

① $2x$ 　　　② $2x^2$

③ $2x^3$ 　　　④ $2x^4$

10 연립방정식 $\begin{cases} y = 2x \\ x + y = 9 \end{cases}$의 해는?

① $x = -3$, $y = -6$

② $x = -3$, $y = 6$

③ $x = 3$, $y = -6$

④ $x = 3$, $y = 6$

11 일차함수 $y = x + 2$의 그래프는 일차함수 $y = x$의 그래프를 y축의 방향으로 a만큼 평행이동한 것이다. 상수 a의 값은?

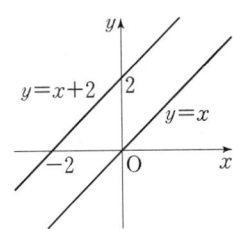

① -1 　　　② 0

③ 1 　　　④ 2

12 그림과 같이 $\triangle ABC$에서 $\angle B = 50°$, $\angle C = 50°$, $\overline{AB} = 5\,cm$일 때, x의 값은?

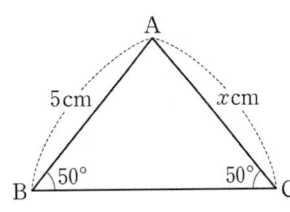

① 3 　　　② 4

③ 5 　　　④ 6

13 그림과 같이 직각삼각형 ABC에서 $\overline{AB} = 6\,cm$, $\overline{BC} = 8\,cm$일 때, x의 값은?

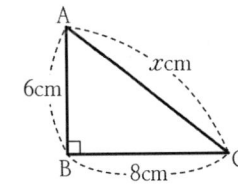

① 9

② 10

③ 11

④ 12

14 그림과 같이 포도 맛 사탕 3개, 딸기 맛 사탕 7개가 들어있는 주머니가 있다. 이 주머니에서 한 개의 사탕을 임의로 꺼낼 때, 포도 맛 사탕이 나올 확률은?

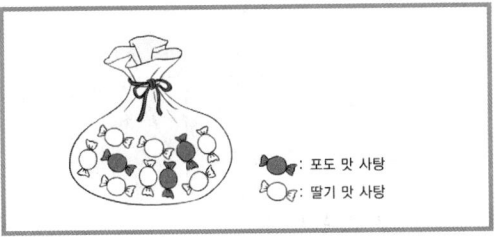

① $\dfrac{3}{10}$ 　　　② $\dfrac{2}{5}$

③ $\dfrac{1}{2}$ 　　　④ $\dfrac{3}{5}$

15 $6\sqrt{3}-2\sqrt{3}$을 간단히 한 것은?

① $\sqrt{3}$ ② $2\sqrt{3}$

③ $3\sqrt{3}$ ④ $4\sqrt{3}$

16 $(x+1)(x+3)$을 전개한 것은?

① x^2+2x-3 ② x^2+2x+3

③ x^2+4x-3 ④ x^2+4x+3

17 이차함수 $y=2x^2-2$의 그래프에 대한 설명으로 옳은 것은?

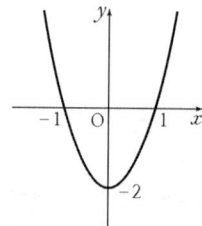

① 위로 볼록하다.

② 점 $(1,\ 1)$을 지난다.

③ 직선 $x=1$을 축으로 한다.

④ 꼭짓점의 좌표는 $(0,\ -2)$이다.

18 직각삼각형 ABC에서 $\overline{AB}=13$, $\overline{BC}=12$, $\overline{AC}=5$일 때, $\sin B$의 값은?

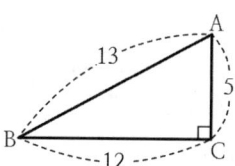

① $\dfrac{5}{13}$ ② $\dfrac{5}{12}$

③ $\dfrac{12}{13}$ ④ 1

19 그림에서 두 점 A, B는 점 P에서 원 O에 그은 두 접선의 접점이다. $\overline{PA}$와 $\overline{PB}$의 길이의 합이 $12\,\mathrm{cm}$일 때, $\overline{PA}$의 길이는?

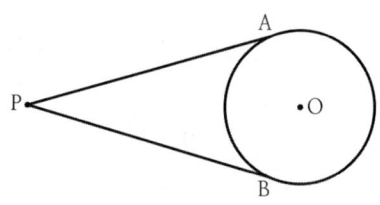

① $4\,\mathrm{cm}$ ② $5\,\mathrm{cm}$

③ $6\,\mathrm{cm}$ ④ $7\,\mathrm{cm}$

20 다음 중 양의 상관관계를 나타내는 산점도는?

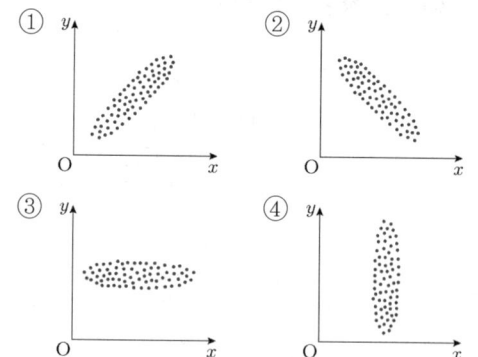

2021년 제1회 기출문제

정답 및 해설 p.535

01 다음 밑줄 친 단어의 뜻으로 가장 적절한 것은?

> You should be <u>polite</u> to others.

① 공손한   ② 명랑한
③ 성실한   ④ 정직한

02 다음 밑줄 친 두 단어의 의미 관계와 <u>다른</u> 것은?

> A lion is <u>big</u> and a cat is <u>small</u>.

① fast － quick
② high － low
③ light － heavy
④ same － different

03 다음 빈칸에 들어갈 말로 가장 적절한 것은?

> These shoes _____ really expensive.

① is   ② be
③ are   ④ was

[4～6] 다음 대화의 빈칸에 들어갈 말로 가장 적절한 것을 고르시오.

04

> A : Can you sing well?
> B : _____, but I can dance well.

① Yes, I am
② Yes, I do
③ No, I can't
④ No, I didn't

05

> A : Excuse me. Where is the bank?
> B : Go straight two blocks and _____
>   left. It'll be on your right.

① push   ② turn
③ use   ④ write

06

> A : What is Alice good at?
> B : _____.

① She's having dinner
② She's good at drawing
③ She doesn't like music
④ She has a younger sister

07 다음 대화의 빈칸에 공통으로 들어갈 말로 가장 적절한 것은?

> A : These plants look dry. You should _____ them.
>
> B : You're right. They need a lot of _____.

① food　　　　② show
③ tell　　　　④ water

08 다음은 Tom의 여행 계획이다. 토요일에 할 일은?

Thursday	Friday	Saturday	Sunday
Go to the beach	Eat street food	Visit a museum	Ride a boat

① 해변에 가기
② 길거리 음식 먹기
③ 박물관 방문하기
④ 보트 타기

09 다음 그림으로 보아 빈칸에 들어갈 말로 가장 적절한 것은?

> A : What is the boy doing?
> B : He is _____.

① washing a car
② taking a walk
③ moving a desk
④ playing the drums

10 다음 대화가 끝난 후 A가 이용할 교통수단은?

> A : Dad, can you give me a ride to school?
>
> B : Sorry, David. I have to go to a business meeting.
>
> A : That's okay. I'll go by bus.

① 버스　　　　② 비행기
③ 승용차　　　④ 지하철

11 다음 대화의 빈칸에 들어갈 말로 가장 적절한 것은?

> A : Which do you prefer, the mountains or the ocean?
>
> B : _____ because I love swimming.

① I like the fresh air
② I like the ocean better
③ He likes to go hiking
④ Mountains are beautiful

12 다음 대화의 주제로 가장 적절한 것은?

> A : What do you want to be in the future?
>
> B : I want to be a writer. What about you?
>
> A : Well, I'm interested in taking pictures. So, I want to be a photographer.
>
> B : Great. That's the perfect job for you.

① 가족 소개　　　② 공부 방법
③ 선물 구입　　　④ 장래 희망

13 다음 방송의 목적으로 가장 적절한 것은?

> Attention, students. The new science room is open from today. Let me tell you the safety rules to follow. First, make sure to use safety glasses. Second, don't run around in the room. Be safe and have fun.

① 수업 변경 공지
② 학생의 날 행사 홍보
③ 과학실 안전 수칙 안내
④ 동아리 회원 모집 공고

14 다음 대화에서 B가 부산에 간 이유는?

> A : You went to Busan last week, didn't you?
> B : Yes, I went there to attend my uncle's wedding.

① 바다 야경을 보려고
② 맛있는 음식을 먹으려고
③ 삼촌 결혼식에 참석하려고
④ 할머니 생신을 축하하려고

15 다음 대화의 빈칸에 들어갈 말로 가장 적절한 것은?

> A : I went to the food festival yesterday.
> B : Good for you! What food did you try?
> A : _____.

① It was very comfortable
② I always cook for my friends
③ He usually goes there on foot
④ I tried the ice cream sandwich

16 다음 대화의 내용에 따라 (a)~(c)를 순서대로 배열한 것은?

> A : Excuse me. How can I use this ticket machine?
> B : First, choose the station you want to go to. Next, press the number of tickets. Then, put your card into the machine.

> (a) 카드를 넣는다.
> (b) 승차권 매수를 누른다.
> (c) 가고 싶은 역을 고른다.

① (a)－(c)－(b)
② (b)－(a)－(c)
③ (c)－(a)－(b)
④ (c)－(b)－(a)

17 다음 연극 초대장을 보고 알 수 <u>없는</u> 내용은?

> **Invitation for a Play**
> Title : The Wooden Toy
> When : June 16th, 3 p.m.
> Where : School Gym
> Please come and enjoy the play.

① 연극 제목　　② 공연 일시
③ 공연 장소　　④ 주연 배우

18 다음 글의 내용과 일치하지 <u>않는</u> 것은?

> These days, we don't get many visitors to our town. This is because there is not enough information about our town on the internet. So we are planning to create a town homepage. We are also going to make a video introducing our town.

① 요즘 마을에 방문객이 많지 않다.
② 인터넷상에는 마을에 대한 충분한 정보가 있다.
③ 마을 홈페이지를 만들 계획이다.
④ 마을을 소개하는 비디오를 제작할 예정이다.

19 다음 글에서 코끼리가 발로 땅을 치는 이유로 가장 적절한 것은?

> Have you ever seen an elephant hit the ground with its feet? It does this to communicate with other elephants. Elephants can feel shaking with their feet, so they can get a message from far away.

① 운동을 하기 위해
② 소화를 촉진하기 위해
③ 발바닥 상태를 점검하기 위해
④ 다른 코끼리와 소통하기 위해

20 다음 그래프로 보아 빈칸에 들어갈 말로 가장 적절한 것은?

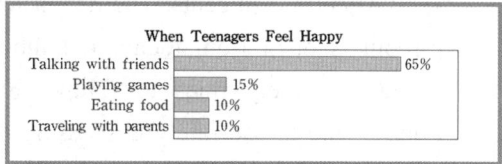

When Teenagers Feel Happy

Talking with friends	65%
Playing games	15%
Eating food	10%
Traveling with parents	10%

> More than half of the teenagers feel happy when they _____.

① talk with friends
② play games
③ eat food
④ travel with parents

21 다음 글에서 언급된 내용이 <u>아닌</u> 것은?

> Today, I saw the movie, *Move to Mars*. It is about a man who is trying to live on Mars. It is a science fiction movie made by my favorite director, Seho Lee. I think it is an interesting movie.

① 영화 제목   ② 영화 장르
③ 영화관 위치   ④ 감독 이름

22 다음 밑줄 친 them이 가리키는 것으로 가장 적절한 것은?

> I have two goals this year. The first one is to get along with my new classmates. I hope they are nice. The second one is to read many books. I will read them as often as possible.

① books   ② classes
③ feelings   ④ goals

24 다음 글의 주제로 가장 적절한 것은?

> Do you want to make special *ramyeon*? This is my recipe. First, boil water and put in *ramyeon* and sauce. Add some carrots and *gimchi*. And put in some milk and cheese. Now, enjoy!

① 다양한 김치의 종류
② 특별한 라면 요리법
③ 라면이 인기 있는 이유
④ 김치가 건강에 미치는 영향

25 다음 글의 바로 뒤에 이어질 내용으로 가장 적절한 것은?

> The earth is dying because of trash. Think about all the plastic bags and paper boxes you throw away each day. We need to do something about this. Let me tell you how we can reduce trash in our daily lives.

① 지구 온난화가 생기는 원인
② 미세 먼지로 인한 피해 사례
③ 쓰레기를 줄일 수 있는 방법
④ 과학자들이 우주를 연구하는 이유

23 다음 글을 쓴 목적으로 가장 적절한 것은?

> Hello, I'm Steve, and I would like to join your project, "No Unhappy Dogs." I love dogs and I'd be happy to do many things for them. I am sure I can be a big help to your project.

① 문화 센터 소개
② 도서관 공사 공지
③ 동물원 개장 안내
④ 프로젝트 참가 신청

01 다음에서 ㉠에 들어갈 자연 재해는?

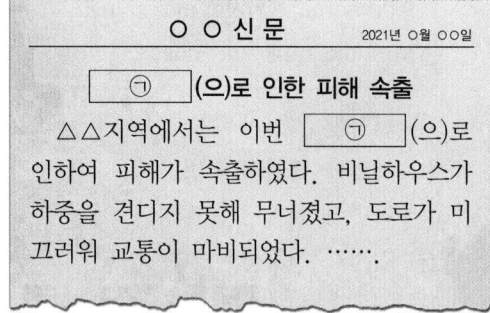

○○신문　　2021년 ○월 ○○일

　㉠　(으)로 인한 피해 속출

△△지역에서는 이번 　㉠　(으)로 인하여 피해가 속출하였다. 비닐하우스가 하중을 견디지 못해 무너졌고, 도로가 미끄러워 교통이 마비되었다. ……

① 가뭄　　　　　② 폭설
③ 폭염　　　　　④ 황사

02 다음에서 설명하는 개념으로 가장 적절한 것은?

- 상품의 생산, 유통, 소비의 전 과정에서 생산자를 포함한 여러 경제 주체들에게 이익이 공정하게 분배되도록 하는 무역이다.
- 생산자의 노동에 정당한 대가를 지급하고자 한다.

① 랜드마크　　　② 공정 무역
③ 원격 탐사　　　④ 노예 무역

03 다음에서 ㉠에 들어갈 주제로 가장 적절한 것은?

주제 : 　㉠

- 원인 : 육아 부담, 결혼 연령의 상승 등
- 대책 : 출산 장려금 지급, 양육 시설 확충 등

① 저출산　　　　② 난민 유입
③ 인종 차별　　　④ 지역 분쟁

04 다음에서 ㉠에 들어갈 것은?

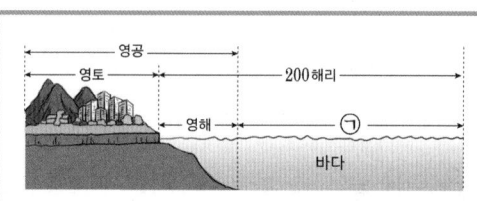

- 　㉠　은/는 영해 기선으로부터 200해리까지의 수역에서 영해를 제외한 수역이다.
- 　㉠　에서 연안국은 어업 활동과 천연 자원의 탐사·개발·이용·관리 등에 대한 독점적 권리를 갖는다.

① 백두대간
② 개발 제한 구역
③ 비무장 지대(DMZ)
④ 배타적 경제 수역(EEZ)

05 다음에서 설명하는 현상으로 가장 적절한 것은?

> • 낮에는 업무나 쇼핑 등으로 도심에 사람이 모이지만 밤에는 도심 밖의 집으로 돌아가 도심이 텅 빈 것처럼 한산해지는 현상이다.
> • 출·퇴근 시간대에 교통 혼잡을 불러일으키기도 한다.

① 슬럼화   ② 이촌 향도
③ 인구 공동화   ④ 성비 불균형

06 다음에서 설명하는 섬은?

> • 우리나라에서 제일 큰 섬이며, 화산 활동으로 형성되었다.
> • 대표적인 자연 경관으로 한라산, 성산 일출봉, 만장굴 등이 있다.

① 독도   ② 울릉도
③ 제주도   ④ 마안도

07 다음에서 설명하는 발전 방식은?

> • 밀물과 썰물의 수위 차이를 이용하여 전기를 생산한다.
> • 우리나라 시화호 발전소의 발전 방식이다.

① 화력 발전   ② 조력 발전
③ 지열 발전   ④ 원자력 발전

08 다음에서 설명하는 기후는?

> • 가장 따뜻한 달의 평균 기온이 10℃ 미만이다.
> • 전통적으로 주민들은 순록 유목, 수렵, 어로 활동을 한다.
> • 얼었던 땅이 여름에 녹아 건물이 기울어지는 것을 막기 위해 고상 가옥을 짓기도 한다.

① 열대 기후   ② 건조 기후
③ 온대 기후   ④ 한대 기후

09 다음에서 설명하는 집단은?

> • 구성원들 간에 직접적이고 친밀한 상호 작용이 이루어진다.
> • 대표적인 예로 가족, 또래 집단 등을 들 수 있다.

① 외집단   ② 1차 집단
③ 2차 집단   ④ 이익 집단

10 다음에서 ㉠에 들어갈 주제는?

> 주제 : ㉠
> • 의미 : 다른 사회의 문화는 우수한 것으로 여기고, 자신의 문화는 열등한 것으로 여기는 태도
> • 장·단점 : 선진 문물을 받아들이는 데 도움을 주기도 하지만, 자기 문화의 주체성을 잃을 수 있음.

① 문화 사대주의   ② 문화 상대주의
③ 문화 제국주의   ④ 자문화 중심주의

11 다음 중 '노동 3권'에 해당하지 <u>않는</u> 권리는?

① 단결권　　　② 단체 교섭권
③ 단체 행동권　④ 재판 청구권

12 다음에서 설명하는 법은?

> • 범죄의 종류와 처벌의 기준을 정한 법이다.
> • 공적인 생활 영역을 다루는 공법으로 분류된다.

① 민법　　　　② 형법
③ 상법　　　　④ 소비자 기본법

13 감사원의 기능으로 옳은 것은?

① 법률을 제정하거나 개정한다.
② 재판을 통해 분쟁을 해결한다.
③ 선거와 국민 투표를 공정하게 관리한다.
④ 행정 기관 및 공무원의 직무를 감찰한다.

14 다음에서 설명하는 금융 상품은?

> • 기업이 자본금을 마련하기 위해 발행한 것으로 이를 소유한 사람을 주주라고 한다.
> • 일반적으로 수익성이 높은 만큼 위험성도 높다.

① 주식　　　　② 보험
③ 적금　　　　④ 예금

15 그래프는 빵 시장의 수요·공급 곡선을 나타낸 것이다. 빵의 균형 가격과 균형 거래량은?

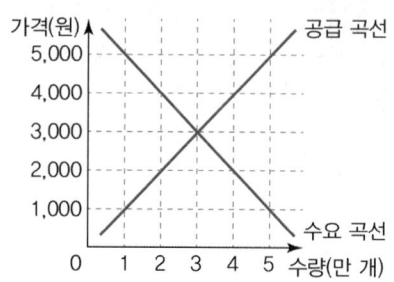

	균형 가격	균형 거래량
①	1,000원	1만 개
②	2,000원	4만 개
③	3,000원	3만 개
④	4,000원	2만 개

16 다음에서 설명하는 개념은?

> 한 개인이 가지는 둘 이상의 지위에 서로 다른 역할이 동시에 요구될 때, 어떤 역할을 우선적으로 수행해야 할지를 두고 느끼는 내적 고민이다.

① 재사회화　　② 역할 갈등
③ 귀속 지위　　④ 상호 작용

17 다음 유적이 처음으로 만들어진 시대의 생활 모습으로 가장 적절한 것은?

〈탁자식 고인돌〉

① 주로 동굴에서 생활하였다.
② 농경과 목축을 시작하였다.
③ 철제 농기구를 사용하였다.
④ 지배자인 군장이 등장하였다.

18 다음 정책을 시행한 고구려의 왕은?

| • 불교 수용 • 태학 설립 • 율령 반포 |

① 광종   ② 세종
③ 의자왕   ④ 소수림왕

19 조선 광해군의 정책으로 옳은 것은?

① 훈민정음 창제
② 수원 화성 축조
③ 중립 외교 추진
④ 노비안검법 시행

20 다음에서 ㉠에 들어갈 정책은?

조선 영조는 붕당 간의 대립을 완화하고자 [㉠]을/를 실시하여 노론과 소론의 온건파를 중심으로 각 붕당의 인물들을 고르게 등용하였다.

① 탕평책   ② 진대법
③ 사창제   ④ 독서삼품과

21 다음에서 ㉠에 들어갈 내용은?

〈거란의 침략과 격퇴〉
• 1차 침략 : 서희의 외교 담판으로 [㉠].
• 2차 침략 : 양규 등의 활약으로 거란군을 물리침.
• 3차 침략 : 강감찬 등이 귀주에서 거란군을 격퇴함.

① 우산국을 정복함
② 강동 6주를 획득함
③ 4군 6진을 개척함
④ 쓰시마 섬을 정벌함

22 다음 대화 내용에 해당하는 신라의 인물은?

나무아미타불만 외우면 극락에 갈 수 있다고 하여 불교 대중화에 힘썼어.

또 불교 종파 간의 사상적 대립을 조화시키려고 노력하였지.

① 원효   ② 김홍도
③ 이성계   ④ 정약용

23 다음에서 설명하는 단체는?

- 1907년 안창호, 양기탁 등이 조직한 비밀 결사
- 대성 학교, 오산 학교를 설립하여 민족 교육 실시
- 일제가 조작한 105인 사건으로 해체

① 삼별초   ② 화랑도
③ 신민회   ④ 별무반

24 다음에서 ㉠에 들어갈 사건은?

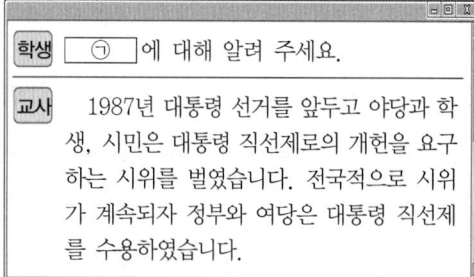

> **학생** ㉠ 에 대해 알려 주세요.
>
> **교사** 1987년 대통령 선거를 앞두고 야당과 학생, 시민은 대통령 직선제로의 개헌을 요구하는 시위를 벌였습니다. 전국적으로 시위가 계속되자 정부와 여당은 대통령 직선제를 수용하였습니다.

① 3·1 운동
② 6·25 전쟁
③ 6월 민주 항쟁
④ 동학 농민 운동

25 다음에서 ㉠에 들어갈 내용으로 가장 적절한 것은?

〈물산 장려 운동〉
- 평양에서 시작하여 전국으로 확산됨.
- '내 살림 내 것으로'라는 구호를 내세움.
- ㉠ 을/를 통해 민족 산업을 육성하고자 함.

① 대동법 실시
② 국산품 애용
③ 표준어 제정
④ 지계 발급 추진

01 그림과 같이 수평면에 놓여 있는 나무 도막을 화살표 방향으로 잡아당겼다. 용수철이 원래 길이보다 늘어났을 때 나무 도막에 작용하는 탄성력의 방향은?

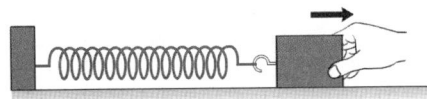

① ←
② →
③ ↑
④ ↓

02 다음 설명에 해당하는 것은?

- 매질의 한 점이 1초 동안 진동하는 횟수이다.
- 단위로 Hz(헤르츠)를 사용한다.

① 골
② 마루
③ 반사
④ 진동수

03 그림은 저항이 3Ω인 꼬마전구에 3V의 전압을 걸어 준 전기회로를 나타낸 것이다. 이때 전류계에 흐르는 전류의 세기는? (단, 꼬마전구를 제외한 모든 저항은 무시한다.)

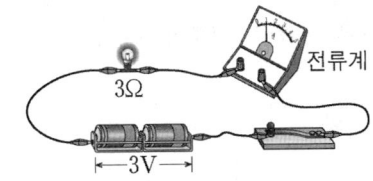

① 1A
② 2A
③ 4A
④ 5A

04 그래프는 온도가 다른 두 물체 A와 B를 접촉시켜 놓았을 때 시간에 따른 온도 변화를 나타낸 것이다. 열평형 상태의 온도는? (단, 외부와의 열 출입은 없다.)

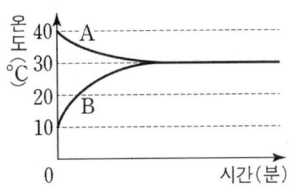

① 10℃
② 20℃
③ 30℃
④ 40℃

05 그림과 같이 무게가 10N인 물체를 지면으로부터 높이 1m까지 들어 올렸을 때 사람이 중력에 대하여 한 일은? (단, 공기의 저항은 무시한다.)

① 5J
② 10J
③ 15J
④ 20J

06 그림은 A에서 가만히 놓은 물체가 곡면을 따라 운동하는 모습을 나타낸 것이다. A~D 중 속력이 가장 빠른 지점은? (단, 모든 마찰은 무시한다.)

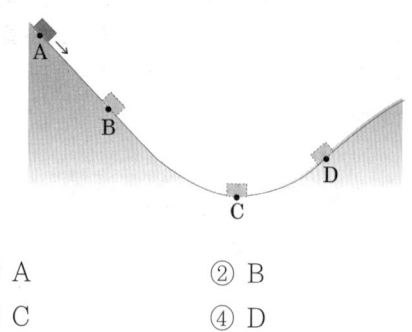

① A   ② B
③ C   ④ D

07 그림은 25℃의 물에 잉크를 넣었을 때 잉크가 확산되는 모습을 나타낸 것이다. 다음 중 25℃의 물과 비교하여 잉크가 더 빠르게 확산되는 물의 온도는?

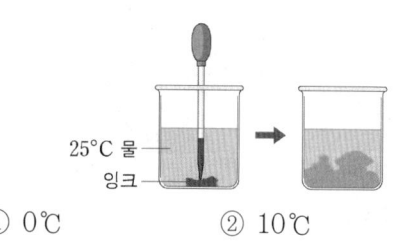

25℃ 물
잉크

① 0℃   ② 10℃
③ 20℃   ④ 50℃

08 그림은 여름철 물놀이 후 물 밖으로 나왔을 때 몸에 묻은 물이 기화하여 추위를 느끼는 상황이다. 이때 물이 흡수하는 열에너지는?

① 기화열   ② 승화열
③ 액화열   ④ 융해열

09 그림은 리튬의 원자 모형을 나타낸 것이다. 리튬 원자의 전자 개수는?

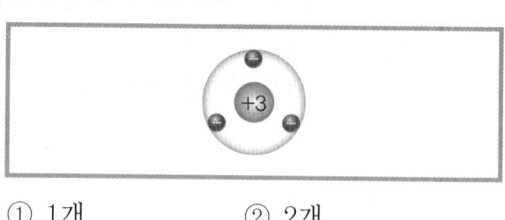

① 1개   ② 2개
③ 3개   ④ 4개

10 다음 중 원소 이름과 원소 기호를 옳게 짝지은 것은?

① 황 − He
② 칼슘 − Ca
③ 나트륨 − Li
④ 플루오린 − K

11 그림은 어떤 액체 물질의 가열 곡선이다. A~D 중 온도가 일정한 구간은?

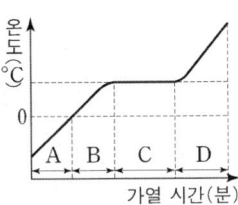

① A
② B
③ C
④ D

12 다음은 메테인(CH_4)이 산소와 반응하여 이산화 탄소와 물을 생성하는 화학 반응식이다. ㉠에 해당하는 물질은?

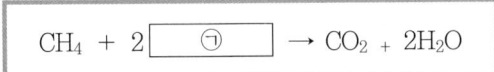

$$CH_4 + 2\boxed{\quad㉠\quad} \rightarrow CO_2 + 2H_2O$$

① O_2(산소)
② H_2(수소)
③ N_2(질소)
④ CO(일산화 탄소)

13 다음은 식물이 빛에너지를 이용하여 이산화 탄소와 물을 원료로 양분을 만드는 광합성 과정이다. ㉠에 해당하는 것은?

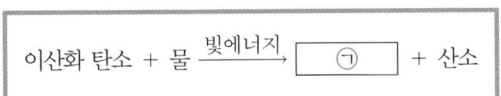

이산화 탄소 + 물 $\xrightarrow{\text{빛에너지}}$ ㉠ + 산소

① 메테인
② 포도당
③ 무기염류
④ 바이타민

14 다음 중 식물체 내의 물이 수증기 형태로 잎의 기공을 통해 공기 중으로 빠져 나가는 현상은?

① 생식
② 유전
③ 변이
④ 증산 작용

15 다음은 녹말이 침 속의 아밀레이스에 의해 소화되는 과정이다. 단맛이 나는 물질 ㉠은?

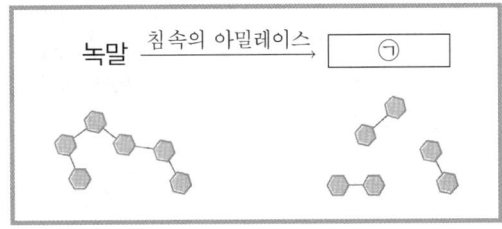

① 엿당
② 지방
③ 단백질
④ 쓸개즙

16 그림은 모형을 이용하여 호흡 운동 원리를 알아보기 위한 실험 과정이다. 고무 막을 아래로 당길 때 일어나는 변화는?

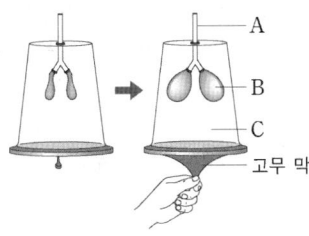

① A를 통해 공기가 나간다.
② B가 부풀어 오른다.
③ C의 부피가 감소한다.
④ C의 압력이 증가한다.

17 다음은 사람이 액체 상태의 화학 물질을 자극으로 받아들여 단맛, 짠맛, 신맛 등을 느끼는 과정을 나타낸 것이다. ㉠에 해당하는 감각 기관은?

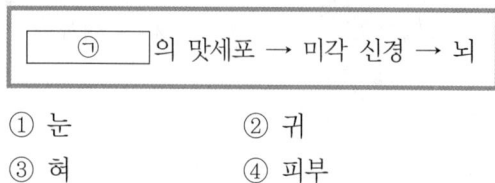

㉠ 의 맛세포 → 미각 신경 → 뇌

① 눈　　　　　　② 귀
③ 혀　　　　　　④ 피부

18 그림은 사람의 혈액을 구성하는 성분을 나타낸 것이다. A~D 중 가운데가 오목한 원반 모양이며 산소를 운반하는 것은?

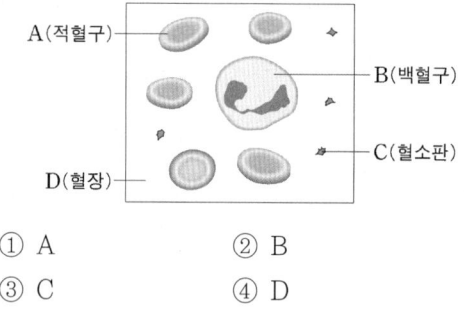

A(적혈구)
B(백혈구)
C(혈소판)
D(혈장)

① A　　　　　　② B
③ C　　　　　　④ D

19 그림은 순종 황색 완두(YY)와 순종 녹색 완두(yy)를 교배하여 잡종 1대에서 황색 완두를 얻은 결과를 나타낸 것이다. ㉠의 유전자형은? (단, 돌연변이는 없다.)

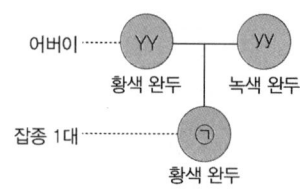

어버이 ── YY　　yy
　　　　황색 완두　녹색 완두

잡종 1대 ── ㉠
　　　　황색 완두

① YY　　　　　② Yy
③ yy　　　　　④ y

20 그림은 암석의 순환 과정을 나타낸 것이다. A~D 중 퇴적암에 해당하는 것은?

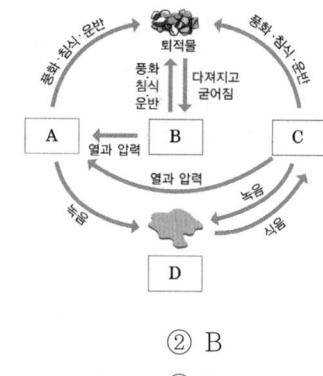

① A　　　　　　② B
③ C　　　　　　④ D

21 다음 중 지하 깊은 곳에서 형성된 마그마가 지각의 약한 틈을 뚫고 지표로 분출되는 현상은?

① 빙하　　　　　② 성단
③ 화산 활동　　　④ 석회 동굴

22 그림은 기온에 따른 포화 수증기량 곡선을 나타낸 것이다. A~D 공기 중 포화 수증기량이 가장 큰 것은?

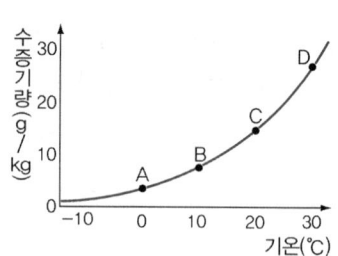

① A　　　　　　② B
③ C　　　　　　④ D

23 그림은 해수의 깊이에 따른 수온 분포이다. A~D 중 수심이 깊어질수록 수온이 급격히 낮아지는 구간은?

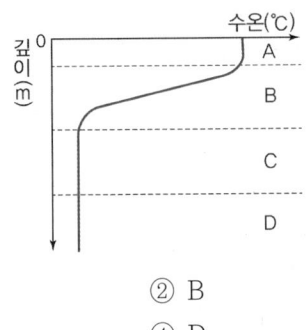

① A   ② B
③ C   ④ D

25 지구에서 바라본 우리 은하의 일부로 그림과 같이 밤하늘에 희뿌연 띠 모양으로 관측되는 것은?

① 맨틀   ② 흑점
③ 오존층   ④ 은하수

24 그림은 태양계 행성을 물리적 특성에 따라 지구형 행성과 목성형 행성으로 분류한 것이다. 다음 중 목성형 행성에 속하는 것은?

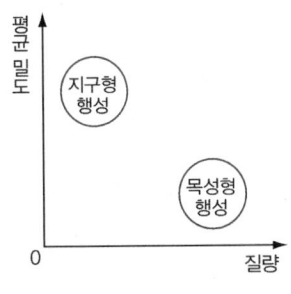

① 수성   ② 금성
③ 화성   ④ 목성

01 다음에서 설명하는 인간 본성에 대한 관점은?

> 모든 사람은 태어날 때부터 다른 사람을 불쌍히 여기고 자신의 잘못을 부끄러워하는 마음을 가지고 태어난다.

① 인간의 본성은 본래 선하다.
② 인간의 본성은 본래 악하다.
③ 인간의 본성은 본래 선하지도 악하지도 않다.
④ 인간의 본성은 환경에 의해 결정되는 것이다.

02 다음에서 설명하는 것은?

> 도덕적 추론의 과정에서 어떤 사실이나 주장의 타당성, 정확성 등을 합리적으로 검토하는 사고

① 독단적 사고
② 수동적 사고
③ 배타적 사고
④ 비판적 사고

03 ㉠에 들어갈 단어로 적절하지 <u>않은</u> 것은?

> 정신적 가치 : 사랑, 지혜, (㉠) 등

① 돈
② 봉사
③ 행복
④ 우정

04 다음에서 설명하는 용어는?

> 자신의 목표, 역할, 가치관 등을 통합적으로 이해하여 내가 누구인가를 일관되게 인식하는 것

① 가치 전도
② 자아 정체성
③ 도덕적 민감성
④ 도덕적 상상력

05 다음과 같은 갈등 해결 방법은?

> 얘들아, 계속 서로 말도 안 하고 지낼거야?
> 내가 자리 마련할 테니까 함께 이야기해 보는 게 어때?
>
> 학생 1   제3자   학생 2

① 경쟁
② 조정
③ 강요
④ 비방

06 도덕 공부의 올바른 목적을 〈보기〉에서 고른 것은?

> ┤ 보기 ├
> ㄱ. 타율적인 사람이 되기 위함
> ㄴ. 올바른 인격을 형성하기 위함
> ㄷ. 경제적 이익만을 추구하기 위함
> ㄹ. 바람직한 삶의 목적을 설정하기 위함

① ㄱ, ㄴ
② ㄱ, ㄷ
③ ㄴ, ㄹ
④ ㄷ, ㄹ

07 다음에서 소개하는 사상가는?

◈ 도덕 인물 카드 ◈
- 고대 그리스 철학자
- 우리가 궁극적으로 추구하는 것은 행복이라고 함
- 행복은 도덕적 행동을 습관화할 때 얻을 수 있음을 강조함

① 니체
② 홉스
③ 만델라
④ 아리스토텔레스

08 세대 간의 올바른 소통 방법을 〈보기〉에서 고른 것은?

┌─ 보기 ┐
ㄱ. 경청   ㄴ. 명령
ㄷ. 배려   ㄹ. 무시
└─────┘

① ㄱ, ㄴ
② ㄱ, ㄷ
③ ㄴ, ㄹ
④ ㄷ, ㄹ

09 사회적 약자를 지원하기 위한 방안으로 적절하지 않은 것은?

① 장애인 차별을 금지하는 법률을 제정한다.
② 저소득층을 위한 장학금 제도를 폐지한다.
③ 이주 노동자들에게 한국어 강좌를 주기적으로 제공한다.
④ 경제적으로 어려운 소외 계층을 위해 생계비를 지원한다.

10 다음은 어느 학생의 서술형 평가 내용이다. 밑줄 친 ㉠~㉣ 중 적절하지 않은 것은?

문제 : 다문화를 바라보는 올바른 자세를 서술하시오.

〈학생 답안〉
㉠ 문화가 다르다는 이유로 차별하지 말아야 하며, ㉡ 다른 문화에 대한 편견과 고정관념을 가져야 한다. 그리고 ㉢ 문화 상대주의적 태도를 가지며 ㉣ 다른 문화를 배려하고 존중하는 자세를 지녀야 한다.

① ㉠
② ㉡
③ ㉢
④ ㉣

11 다음에서 설명하는 인권의 특징은?

인간이라면 누구나 태어날 때부터 지니는 하늘로부터 부여받은 인간의 권리이다.

① 익명성
② 특수성
③ 천부성
④ 획일성

12 진정한 사랑을 실천하는 방법으로 적절한 것은?

① 자신의 욕망만을 채운다.
② 서로에게 지나치게 집착한다.
③ 서로의 부족한 면을 채워준다.
④ 상대방의 성공을 위해 무조건 희생한다.

13 과학 기술의 바람직한 활용 방향으로 적절한 것을 〈보기〉에서 고른 것은?

보기
ㄱ. 물질 만능주의를 조장한다.
ㄴ. 미래 세대에 미칠 영향을 고려한다.
ㄷ. 환경 오염과 생태계 파괴를 방치한다.
ㄹ. 인간 존중을 실천하는 방향으로 개발한다.

① ㄱ, ㄴ ② ㄱ, ㄷ
③ ㄴ, ㄹ ④ ㄷ, ㄹ

14 ㉠에 들어갈 대답으로 적절하지 <u>않은</u> 것은?

세계화 시대에 우리는 어떤 자세를 지녀야 할까요?

㉠

① 다른 문화를 무조건 수용해야 합니다.
② 외국인에 대해 개방적인 태도를 취해야 합니다.
③ 세계 시민으로서 보편적 가치를 추구해야 합니다.
④ 지구촌 문제에 적극적으로 관심을 가져야 합니다.

15 정의로운 국가가 추구하는 가치가 <u>아닌</u> 것은?

① 공정 ② 차별
③ 평등 ④ 복지

16 다음 사례에 해당하는 정보화 시대의 도덕적 문제는?

○○와 그의 친구들은 나를 단체 대화방으로 초대해 욕을 하며 괴롭히기 시작했다. 내가 대화방에서 퇴장하면 ○○는 바로 다시 나를 초대해 대화방에 가둔 채 끊임없이 조롱하고 욕설을 퍼부었다.

① 사이버 폭력
② 저작권 침해
③ 바이러스 유포
④ 인터넷 게임 중독

17 다음에서 설명하는 것은?

1. 의미 : 성품과 행실이 깨끗하고 맑으며 탐욕이 없는 것
2. 실천 방법
   - 맡은 일을 공정하게 처리하기
   - 청탁 금지법을 준수하기

① 참여 ② 분배
③ 청렴 ④ 부패

18 ㉠에 들어갈 용어는?

(㉠)은 주로 삶의 시련이나 고난을 겪더라도 곧 이겨내고 본래 자리로 돌아오는 긍정적인 마음의 힘을 뜻한다.

① 황금률 ② 고정관념
③ 갈등 비용 ④ 회복 탄력성

19 다음에서 자연을 바라보는 관점은?

> • 인간은 자연의 일부라고 여김
> • 자연의 본래적 가치를 중시함

① 생태 중심주의

② 개발 중심주의

③ 물질 중심주의

④ 인간 중심주의

20 ㉠에 공통으로 들어갈 용어는?

> 평화 감수성을 기르기 위해서는 폭력에 대한 민감성과 (㉠) 능력을 갖추어야 한다. 여기서 (㉠)(이)란 다른 사람의 감정을 함께 느끼고 이해하는 것이다.

① 공감   ② 혐오

③ 방관   ④ 억압

21 바람직한 시민의 자세로 가장 적절한 것은?

① 공직자의 잘못을 항상 용서한다.

② 시민 각자가 주인 의식을 가져야 한다.

③ 국가 구성원의 책임과 의무를 소홀히 한다.

④ 자신의 권리를 추구하기 위해 공익을 침해한다.

22 다음 내용에 해당하는 용어는?

> • 폭력이나 전쟁이 없는 상태
> • 고통과 갈등이 없는 안정된 마음의 상태

① 욕구   ② 당위

③ 불안   ④ 평화

23 북한 이탈 주민을 대하는 올바른 자세를 〈보기〉에서 고른 것은?

> ┤ 보기 ├
> ㄱ. 관계 맺기를 회피한다.
> ㄴ. 필요한 도움을 주기 위해 노력한다.
> ㄷ. 남한에 대한 부정적인 인식을 심어 준다.
> ㄹ. 편견을 갖거나 차별하는 일이 없어야 한다.

① ㄱ, ㄴ   ② ㄱ, ㄷ

③ ㄴ, ㄹ   ④ ㄷ, ㄹ

24 교사의 질문에 대한 대답으로 적절하지 **않은** 것은?

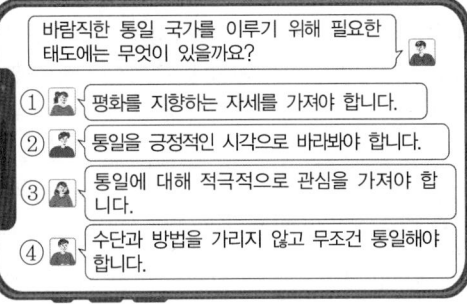

25 삶을 의미 있게 살아가기 위한 노력이 **아닌** 것은?

① 명확한 목표 설정하기

② 현재의 삶에 충실하기

③ 보람된 삶을 추구하기

④ 사회적 관계 단절하기

국어 2021년 제1회

01	②	02	①	03	③	04	④	05	①
06	②	07	②	08	④	09	②	10	③
11	③	12	③	13	①	14	①	15	①
16	③	17	③	18	④	19	①	20	④
21	④	22	①	23	②	24	④	25	③

01 정답 ②
수연이는 민재에게 물감을 빌려달라는 부탁을 하고 있다.
① 격려 : 상대방에게 용기나 의욕이 솟아나도록 북돋
워주는 말하기
② 부탁 : 상대방에게 어떤 일을 해 달라고 청하는 말
하기
③ 사과 : 자신의 잘못을 상대방에게 인정하고 용서를
비는 말하기
④ 조언 : 상대방에게 갈등이 생기거나 도움이 필요할
때 도움을 주는 말하기

02 정답 ①
'면담'은 일정한 목적을 위해 특정한 인물을 만나 질문을
하고 응답을 받는 말하기이다. 수의사의 가족 관계는 수
의사라는 직업에 대한 정보가 아닌 사적인 내용에 해당
되므로 질문의 목록으로 적절하지 않다.

03 정답 ③
③ '달린다'의 품사는 '동사'이다.
① 즐겁다 : 형용사
② 깨끗하다 : 형용사
④ 푸르다 : 형용사

04 정답 ④
① 그 일은 내가 먼저 할께. : '할게'가 올바른 표현이다.
② 이 설겆이는 누가 할래? : 현행 맞춤법상 '설거지'가
올바른 표현이다.
③ 감기가 어서 낳기를 바라. : '낳다'는 사람이나 동물
이 배 속의 아이 또는 새끼나 알을 몸 밖으로 내놓는
것을 뜻하고, '낫다'는 병이나 상처가 없어지는 것을
의미한다. 따라서 '낫기를'이 올바른 표현이다.

05 정답 ①
받침 "ㅎ" 뒤에 'ㄴ'이 결합되는 경우에, [ㄴ]으로 발음
한다.
예 놓는[논는], 쌓네[싼네]
② 입학[이팍] : 받침 "ㄱ, ㄷ, ㅂ, ㅈ"이 뒤 음절 첫소리
"ㅎ"과 결합되는 경우도, 두 소리를 합쳐서 [ㅋ, ㅌ,
ㅍ, ㅊ]로 발음한다.
③ 각해[가캐] : 받침 "ㄱ, ㄷ, ㅂ, ㅈ"이 뒤 음절 첫소리
"ㅎ"과 결합되는 경우도, 두 소리를 합쳐서 [ㅋ, ㅌ,
ㅍ, ㅊ]로 발음한다.
④ 쌓으니[싸으니] : "ㅎ" 뒤에 모음으로 시작된 어미나 접
미사가 결합되는 경우에는, "ㅎ"을 발음하지 않는다.

06 정답 ②
입술소리는 'ㅂ, ㅃ, ㅍ, ㅁ'이다.
① ㄱ : 여린 입천장 소리
③ ㅇ : 여린 입천장 소리
④ ㅎ : 목청 소리

07 정답 ②
'목적어'는 서술어의 동작이나 행위의 대상이 되는 말
이다.
① 소년은 어른이 되었다. – 보어
③ 화단에 장미꽃이 피었다. – 부사어
④ 강아지가 재채기를 하였다. – 주어

08 정답 ④

"통일성"은 하나의 주제에 초점을 두고 모든 내용이 조직되어야 한다는 원리이다. 이 글의 주제는 "건강을 위해 탄산 음료 섭취를 줄이자"이다. ㉣ "탄산음료 판매로 얻는 경제적 효과"는 탄산 음료 섭취를 줄이자는 주제와 무관하여 뒷받침하는 내용이 될 수 없다.

09 정답 ②

① 이 글은 독도에 살았던 강치에 대한 내용이다. ㉠은 독도의 암석, 지형, 지질 구조에 대한 문장으로 글 전체의 흐름에서 벗어난 내용이므로 삭제해야 한다.
③ '멸망'은 망하여 없어지다는 뜻이고, '멸종'은 생물의 한 종류가 없어지다는 뜻이다. 이 글에서는 강치가 없어졌다는 뜻이므로 '멸종'으로 바꿔야 한다.
④ 볼 수 없다 : 각 단어별로 띄어 쓰며, 의존 명사도 앞말과 띄어 써야 하므로 "볼 수 없다"로 고쳐야 한다.

10 정답 ③

보고서에 들어갈 내용 중 인터넷 및 책에서 찾은 자료들은 출처를 밝혀야 하고, 전문가에게 면담하여 얻은 자료들은 동의를 구하여 인용하며, 보고서에 쓸 자료들은 모두 과장하거나 필요에 따라 왜곡하지 않고 사실 그대로 적어야 한다.

[11~13] 〈자전거 도둑〉

갈래	현대 소설, 단편 소설
성격	교훈적, 비판적
시점	전지적 작가 시점
배경	1970년대, 청계천 세운 상가 뒷길
주제	도덕성과 양심 회복의 필요성

11 정답 ③

수남이가 서울에 가서 돈을 벌어 오겠다고 하던 날 아버지는 말리지 않고 "무슨 짓을 하든지 그저 도둑질을 하지 말아라, 알았쟈?"라고 타일렀다.

12 정답 ③

'형'은 식구들의 선물과 먹을 것을 잔뜩 사들고 2년 만에 집으로 돌아왔고, 가족들은 형을 반기며 기뻐하였다. 하지만 2년 만에 돌아오는 집에 빈손으로 집에 들어갈 수 없어서, 읍내 양품점을 털어 돈과 물건을 훔쳐 집에 가지고 왔던 '형'은 도둑질했다는 사실이 밝혀질까 두려워하고 있었다.

13 정답 ①

"누런 똥빛"은 도둑질한 형의 얼굴색으로, 비양심적이고 부도덕한 행동이며 그것이 옳지 못한 일이라는 수남이의 생각을 드러내는 표현이다.

[14~16] 〈우리가 눈발이라면〉

갈래	자유시, 서정시
성격	현실 참여적, 의지적, 비유적, 상징적
운율	내재율
제재	눈발
주제	상처받고 소외된 이웃에게 희망과 사랑을 주는 삶을 살고자 하는 소망

14 정답 ①

작가는 "되지 말자, 되어 내리자" 등의 청유형 문장을 사용하여 작가의 의지뿐만 아니라, 독자 또한 소외된 이웃에게 희망과 사랑을 주는 행동을 함께 하기를 바라고 있다.

15 정답 ①

시적 화자가 지향하는 대상은 긍정적인 의미의 시어로 "함박눈, 편지, 새살"이다.
① "진눈깨비"는 "되지 말자"는 청유형 문장과 함께 사용하여 불행, 고통, 좌절 등의 부정적 의미를 담긴 시어로 사용되고 있다.

16 정답 ③

"붉은 상처"는 시각적 심상이다.
① 후각적 심상
② 미각적 심상
④ 청각적 심상

[17~19] 〈박씨전〉

갈래	국문 소설, 역사 소설, 여성 소설, 영웅 소설, 군담 소설
배경	시간적 – 조선 시대, 병자호란 공간적 – 조선
주제	박씨 부인의 영웅적 기상과 재주, 청나라에 대한 적개심과 복수심

17 정답 ③

이 소설은 고전 소설이다.

구분	고전 소설
주제	권선징악적, 교훈적
내용	비현실적인 내용
결말	행복한 결말
인물	전형적 인물, 평면적 인물
구성	평면적 구성, 일대기적 구성
시점	전지적 작가 시점
사건	우연적, 비현실적
배경	비현실적, 막연한 배경
문체	운문체, 문어체
표현	과장, 나열, 한문투 문장

18 정답 ④

용골대는 왕비와 세자, 대군을 모시고 돌아가려 하였으나, 박 씨와 계화의 신기한 능력을 보고 겁을 먹은 뒤 무릎을 꿇고 애걸하며 왕비는 모셔 가지 않을 것이니 무사히 돌아가게 해 달라고 빌었다.

19 정답 ①

박 씨는 용골대 앞에서도 물러서지 않고 당당한 모습으로 용골대에게 자신의 비범한 능력을 보여주었다.

20 정답 ④

이 글은 독자에게 정보를 전달하고 이해시키는 설명문이다. 우리 음식 생활에서 가장 기본적인 식재료 중의 하나인 고추에 대한 정보를 제공하기 위해 질문을 던지고 그에 대한 답을 제시하는 형식으로 정보를 전달하고 있다.

21 정답 ④

'발효'는 효모나 세균 따위의 미생물이 유기 화합물을 분해하여 알코올류, 유기산류, 이산화 탄소 따위를 생기게 하는 작용을 말한다. 발효는 주로 술, 된장, 간장, 치즈 따위를 만드는 데에 쓴다.

22 정답 ①

우리나라와 인도, 동남아시아 등지에서 고추를 먹기 시작한 것은 16세기 들어서의 일이고, 고추의 고향은 중남미라고 본문에 제시되어 있다.

23 정답 ②

이 글은 모든 사람들의 인권을 지키기 위해 노력해야 한다는 주장을 펼치고 있는 논설문이다.
① 무대 공연을 상상하여 읽는 글은 희곡이다.
② 주장과 근거를 파악하며 읽는 글은 논설문이다.
③ 인물의 생애를 따라가며 읽는 글은 전기문이다.
④ 등장인물의 갈등에 유의하며 읽는 글은 소설, 희곡, 시나리오 등이다.

24 정답 ④

글쓴이는 모든 사람들의 인권을 지키기 위한 노력이 필요하다고 말하고 있다.
노력에 대한 구체적인 내용은 "인권은 국적, 종교, 직업, 성별 등에 상관없이 누구에게나 적용되어야 한다는 것을 인식해야 한다. 열악한 환경에서 인권을 침해받는 사람의 인권에 관심을 가져야 한다. 인권이 책임을 동반한 권리라는 것을 명심해야 한다"는 것이다.

25 정답 ③

ⓛ에 해당되는 "맺다"는 관계나 인연 따위를 이루거나 만든다는 의미이다.
① 물방울이나 땀방울 따위가 생겨나 매달리다.
② 열매나 꽃망울 따위가 생겨나거나 그것을 이루다.
④ 하던 일을 끝내다.

530 2021년 제1회

수학 2021년 제1회

01	①	02	①	03	③	04	④	05	②
06	②	07	②	08	③	09	③	10	④
11	④	12	③	13	②	14	①	15	④
16	④	17	④	18	①	19	③	20	①

01 정답 ①

| 풀이 |

$$24 = 2^3 \times 3$$
$$90 = 2 \times 3^2 \times 5$$
$$\overline{\text{최대공약수} : ㉠ \times 3}$$

그림과 같이 $24 = 2^3 \times 3$, $90 = 2 \times 3^2 \times 5$로 소인수분해 되어 있기 때문에, 공통의 소인수를 찾아 모두 곱하면 최대공약수를 구할 수 있다.

공통의 소인수를 찾는 방법은 소인수의 지수가 같으면 그대로, 다르면 작은 것을 택하여 곱하면 된다.

따라서, 소인수 2는 1번, 3은 1번 공통으로 들어있으므로, 두 수의 최대공약수는 2×3임을 알 수 있다.

그러므로 ㉠에 알맞은 수는 2이다.

| 참고 | 소인수분해를 이용하여 최대공약수 구하기
① 주어진 수를 각각 소인수분해한다.
② 공통인 소인수를 모두 곱한다.
이때, 소인수의 지수가 같으면 그대로, 다르면 작은 것을 택하여 곱한다.

02 정답 ①

| 풀이 |

수직선 위에서 원점으로부터 어떤 수에 대응하는 점까지의 거리를 그 수의 절댓값이라 하고, 이것을 기호 | |를 사용하여 나타낸다.

① -5 ➡ $|-5| = 5$
② -2 ➡ $|-2| = 2$
③ 1 ➡ $|1| = 1$
④ 4 ➡ $|4| = 4$

그러므로 절댓값이 가장 큰 수는 ① '-5'이다.

03 정답 ③

| 풀이 |

$a = 3$을 $2a + 1$에 대입하면 식의 값을 구할 수 있다.
$2a + 1 = 2 \times a + 1$과 같으므로, $a = 3$을 a대신 대입하면,
$= 2 \times (3) + 1 = 6 + 1 = 7$이다.

| 참고 | 식의 값 구하기
문자를 사용한 식에서 문자에 수를 대입하여 계산한 결과를 그 식의 값이라고 한다.
❶ 생략된 곱셈 기호가 있는 식의 경우 곱셈 기호를 다시 쓴다.
❷ 문자에 주어진 수를 대입하여 계산한다.
(대입 : 문자를 사용한 식에서 문자 대신 수를 넣는 것을 문자에 수를 대입한다고 한다.)

04 정답 ④

| 풀이 |

일차방정식 $5x - 2 = 3x + 8$의 우변의 $3x$를 좌변으로, 좌변의 -2를 우변으로 이항하면 $5x - 3x = 8 + 2$이다.
$(5-3)x = 10$ ⇐ 동류항끼리 정리한다.
$2x = 10$ ⇐ 양변을 2로 나눈다.
∴ $x = 5$

| 참고 | 일차방정식의 풀이
• 일차항은 좌변, 상수항은 우변으로 각각 이항하여 정리한다.
• 등식의 양변을 간단히 하여 $ax = b(a \neq 0)$의 꼴로 만든다.
• 등식의 양변을 x의 계수 a로 나눈다.

$$(일차식) = 0 \xrightarrow[\text{등식의 성질}]{\text{이항}} x = (수)$$

05 정답 ②

| 풀이 |

x축은 시간(분), y축은 이동거리(km)를 뜻하므로, 이동 시간과 거리를 순서쌍으로 표현하면 (시간, 거리)이다. 학생이 출발한지 30분 동안 이동한 거리를 a라 하여 좌표로 나타내면 $(30, a)$이다. 그래프에서 $x = 30$인 점을

찾으면 $(30, 2)$를 지남을 알 수 있다. 그러므로 $a = 2$, 즉 30분 동안 이동한 거리는 2km이다.

| 참고 |
두 변수의 순서쌍 (x, y)를 좌표평면 위에 나타낸 점이나 직선, 곡선을 그래프라고 한다. 그래프의 해석은 x축과 y축이 뜻하는 것을 파악하여 좌표를 뜻에 맞게 읽어내면 된다.

06 정답 ②

| 풀이 |

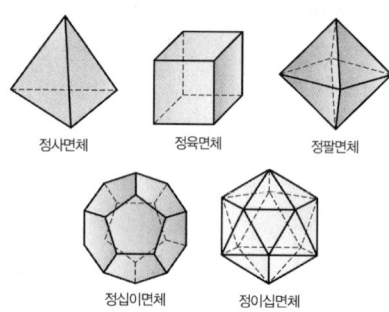

정사면체　　정육면체　　정팔면체

정십이면체　　정이십면체

정다면체의 종류는 모두 5가지로, 정사면체, 정육면체, 정팔면체, 정십이면체, 정이십면체이다.
정사면체, 정팔면체, 정이십면체는 모든 면의 모양이 정삼각형이고,
정육면체는 모든 면의 모양이 정사각형,
정십이면체는 모든 면의 모양이 정오각형으로 이루어져 있다.
따라서 모든 면의 모양이 정사각형인 정다면체는 정육면체이다.

07 정답 ②

| 풀이 |
주어진 도수분포표에서 독서한 시간이 6시간 이상 8시간 미만인 계급의 도수(학생의 수)는 4명이고, 8시간 이상 10시간 미만인 계급의 도수(학생의 수)는 1명이므로, 독서한 시간이 6시간 이상인 학생의 수는 두 계급의 도수의 합인 $4 + 1$(명) $= 5$(명)이다.

08 정답 ③

| 풀이 |
순환소수를 분수로 나타내는 방법은 두 가지가 있다.

방법 1 공식

$$\frac{분자}{분모} = \frac{전체의 수 - 순환하지 않는 부분}{순환마디 9, 순환하지 않는 자리만큼 0을 쓴다.}$$

$0.\dot{7}$ 은 순환마디가 7 한자리이므로 분모는 9이고, 분자는 전체의 수가 7이고, 순환하지 않는 부분이 없으므로 $7 - 0 = 7$이다.
그러므로

$$0.\dot{7} = \frac{전체의 수 - 순환하지 않는 부분}{순환마디 9, 순환하지 않는 자리만큼 0을 쓴다.} = \frac{7}{9}$$

방법 2

$0.\dot{7}$을 x라고 하면 $x = 0.7777 \cdots$ ➡ ㉠
㉠의 양변에 10을 곱하면
$10 \times x = 10 \times 0.777 \cdots$
$10x = 7.7777 \cdots$ ➡ ㉡

㉡에서 ㉠을 변끼리 빼면 $9x = 7$ 그러므로 $x = \frac{7}{9}$이다.

∴ $0.\dot{7} = \frac{7}{9}$

$$\begin{array}{r} 10x = 7.\underline{7777\cdots} \\ -) \quad x = 0.\underline{7777\cdots} \\ \hline 9x = 7 \end{array}$$

09 정답 ③

| 풀이 |
단항식의 곱셈은 계수는 계수끼리, 문자는 문자끼리 계산한다.
또한 같은 문자를 여러 번 곱한 것은 거듭제곱을 이용하여 간단히 표현한다.
$2x \times x^2$을 풀어서 표현하면, $2x \times x^2 = 2 \times x \times x \times x$이고, 거듭제곱을 이용하여 표현하면 $2 \times x \times x \times x = 2x^3$이다.

| 참고 |

지수법칙 $a^n \times a^m = a^{n+m}$을 이용하여 풀 수 있다.

이때, 계수는 계수끼리, 문자는 문자끼리 계산한다.

$2x \times x^2 = 2 \times x \times x^2 = 2 \times x^{1+2} = 2x^3$

10 정답 ④

| 풀이 |

$\begin{cases} y = 2x & \cdots\cdots ① \\ x + y = 9 & \cdots\cdots ② \end{cases}$

이 식에서 미지수 y를 없애기 위하여 ①을 ②에 대입하면 $x + 2x = 9$와 같이 미지수가 1개인 방정식을 얻는다.

일차방정식의 풀이를 이용하여 x의 값을 구하면,

$x + 2x = 9 \Rightarrow 3x = 9 \Rightarrow x = 3$

이것을 ①에 대입하면 $3 + y = 9 \Rightarrow y = 6$이다.

따라서 이 연립방정식의 해는 $x = 3$, $y = 6$이다.

| 참고 | 연립방정식의 풀이[대입법]

한 미지수를 없애기 위하여 한 방정식을 어떤 미지수에 대하여 정리한 식을 다른 방정식의 그 미지수에 대입하여 연립방정식을 푸는 방법을 대입법이라고 한다.

11 정답 ④

| 풀이 |

일차함수 $y = x + 2$의 그래프는 $y = x$의 그래프를 y축의 방향으로 2만큼 평행이동한 그래프이다.

$\therefore$ a는 2이다.

| 참고 | 일차함수의 평행이동

$y = ax$ 일차함수의 그래프를 y축의 방향으로 b만큼 평행이동한 식은 $y = ax + b$이다.

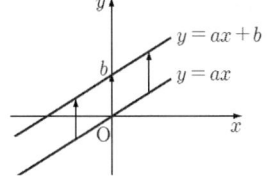

12 정답 ③

| 풀이 |

주어진 $\triangle ABC$는 $\angle B = \angle C = 50°$이다.

따라서, 두 각의 크기가 같으므로 이등변삼각형이다.

이등변삼각형의 정의는 두 변의 길이가 같은 삼각형이므로, $\overline{AB} = \overline{AC} = 5\text{cm}$이다.

| 참고 |

• 이등변삼각형의 정의 : 두 변의 길이가 같은 삼각형이다.

• 이등변삼각형의 성질 : 두 밑각의 크기가 같다.

13 정답 ②

| 풀이 |

$\triangle ABC$는 $\angle B = 90°$인 직각삼각형이므로, 피타고라스의 정리에 의해

$\overline{AC}^2 = \overline{AB}^2 + \overline{BC}^2$이다.

$\Rightarrow x^2 = 6^2 + 8^2 = 36 + 64 = 100$

$\Rightarrow x = 10$

| 참고 | 피타고라스의 정리

직각삼각형에서 빗변의 길이의 제곱은 다른 두 변의 길이의 제곱의 합과 같다.

14 정답 ①

| 풀이 |

주머니 안에 모두 10개의 사탕이 있으므로,

주머니에서 한 개의 사탕을 임의로 꺼내는 전체 경우의 수는 10가지,

포도 맛 사탕의 개수는 3개이므로,

한 개의 사탕을 꺼낼 때, 포도 맛 사탕을 꺼내는 경우의 수는 3가지이다.

$\text{확률} = \dfrac{\text{사건의 경우의 수}}{\text{전체 경우의 수}}$이므로

포도 맛 사탕을 꺼낼 확률 $= \dfrac{3}{10}$이다.

15 정답 ④

| 풀이 |

무리수의 덧셈과 뺄셈은 근호 안의 수를 같게 하였을
때, 계산할 수 있다.

$6\sqrt{3} - 2\sqrt{3}$ ⇨ 분배법칙을 이용하여

$6\sqrt{3} - 2\sqrt{3} = (6-2)\sqrt{3} = 4\sqrt{3}$ 이다.

> **| 참고 |** 제곱근의 덧셈과 뺄셈
>
> - $a > 0$, m, n이 유리수일 때,
> $m\sqrt{a} + n\sqrt{a} = (m+n)\sqrt{a}$
> - $a > 0$, m, n이 유리수일 때,
> $m\sqrt{a} - n\sqrt{a} = (m-n)\sqrt{a}$

16 정답 ④

| 풀이 |

분배법칙을 이용하여 하나씩 차례로 전개한 다음 동류
항끼리 간단히 계산한다.

$(x+1)(x+3) = x \times x + x \times 3 + 1 \times x + 1 \times 3$ ⇦ 분배법칙

$\qquad\qquad\quad = x^2 + 3x + x + 3$ ⇦ 거듭제곱 표현

$\qquad\qquad\quad = x^2 + 4x + 3$ ⇦ 동류항끼리 계산

> **| 참고 |** 다항식의 전개
>
>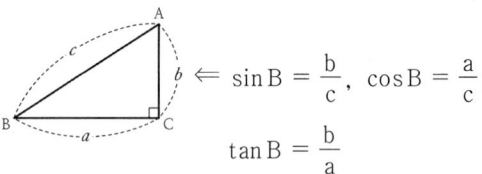

17 정답 ④

| 풀이 |

① $y = ax^2 + q$에서 $a > 0$이므로 아래로 볼록한 포물선
이다.

② $x = 1$을 대입하면 $y = 2 \times (1)^2 - 2 = 2 - 2 = 0$이므
로, $(1, 0)$을 지난다. 그러므로 $(1, 1)$을 지나지 않
는다.

③ 꼭짓점의 좌표는 $(0, -2)$이므로 축의 방정식은
$x = 0$이다.

④ $y = ax^2 + q$에서 꼭짓점의 좌표는 $(0, q)$이므로 꼭짓
점의 좌표는 $(0, -2)$이다.

> **| 참고 |**
>
>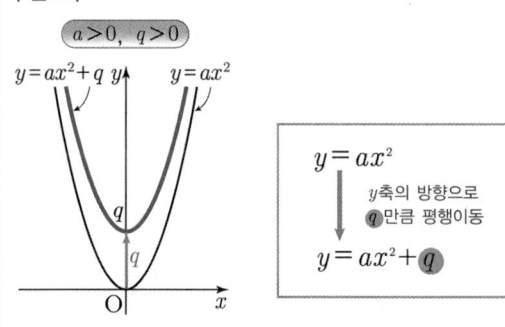
>
> $y = ax^2 + q$에서 $a > 0$이면, 그래프의 모양은 아래로
> 볼록하며, 꼭짓점의 좌표는 $(0, q)$, 축의 방정식은
> $x = 0$이다.

18 정답 ①

| 풀이 |

$\angle C = 90°$인 직각삼각형 ABC에서 $\angle B$의 크기가 정해
지면 직각삼각형의 크기에 관계없이 $\dfrac{\overline{AC}}{\overline{AB}}$, $\dfrac{\overline{BC}}{\overline{AB}}$, $\dfrac{\overline{AC}}{\overline{BC}}$
의 값은 항상 일정하다.

⇦ $\sin B = \dfrac{b}{c}$, $\cos B = \dfrac{a}{c}$,

$\qquad\qquad \tan B = \dfrac{b}{a}$

이때, $\sin B = \dfrac{\overline{AC}}{\overline{AB}}$이므로, $\sin B = \dfrac{5}{13}$임을 알 수 있다.

19 정답 ③

| 풀이 |

원 밖의 한 점에서 원에 그은 접선은 항상 2개이고, 그
길이가 같다.

따라서, $\overline{PA} = \overline{PB}$이다.

또한 $\overline{PA} + \overline{PB} = 12$이므로,

⇨ $\overline{PA} + \overline{PA} = 12$

⇨ $\overline{PA} = 12 \div 2 = 6$ cm

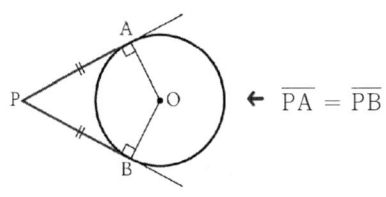

← $\overline{PA} = \overline{PB}$

20 정답 ①

| 풀이 |

두 변량 중 한쪽이 증가할 때, 다른 한쪽도 증가하는 경향을 나타내는 두 변량 사이의 관계를 양의 상관관계라고 한다. 또한 두 변량 중 한쪽이 증가할 때, 다른 한쪽은 감소하는 경향을 나타내는 두 변량 사이의 관계를 음의 상관관계라고 한다. 아래 산점도 중 1, 2번은 양의 상관관계를, 3, 4번은 음의 상관관계를 나타낸다.

〈양의 상관관계〉

〈음의 상관관계〉

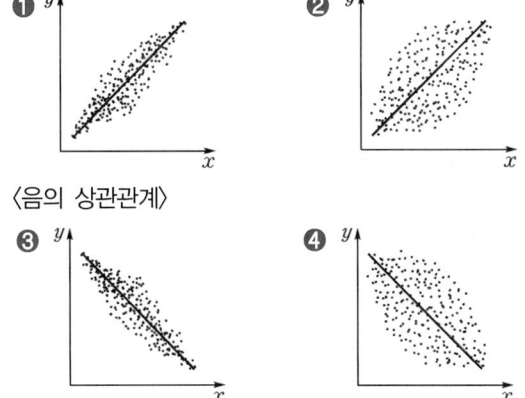

01	①	02	①	03	③	04	③	05	②
06	②	07	④	08	③	09	①	10	①
11	②	12	④	13	③	14	③	15	④
16	④	17	④	18	②	19	④	20	①
21	③	22	①	23	④	24	②	25	③

01 정답 ①

해석 넌 다른 사람들에게 공손해야 해.

어휘 • should ∼해야 한다

• polite 공손한, 예의 바른

• others 다른 사람들

해설 polite는 공손하다는 의미이다.

02 정답 ①

해석 사자는 크고 고양이는 작다.

① 빠른 – 빠른, ② 높은 – 낮은, ③ 가벼운 – 무거운, ④ 같은 – 다른

해설 ①은 동의어 관계이고 나머지는 반의어 관계다.

03 정답 ③

해석 이 신발들은 정말 비싸다.

어휘 • expensive 비싼

해설 주어가 복수인 shoes이므로 are 또는 were가 동사로 적절하다.

04 정답 ③

해석 A : 노래 잘 부를 수 있어?

B : 아니, 하지만 춤을 잘 출 수 있어.

어휘 • sing 노래하다

• well 잘

• dance 춤을 추다

해설 can으로 묻는 의문문에 Yes, I can 또는 No, I can't의 대답이 적절하다.

05 정답 ②

해석 A : 실례합니다. 은행이 어디에 있나요?

　　 B : 두 블록 직진해서 좌회전 하세요. 오른쪽에 있을
　　　　 겁니다.

어휘 • excuse me 실례합니다

　　 • bank 은행

　　 • go straight 직진하다

　　 • block 블록

　　 • left 왼쪽

　　 • right 오른쪽

해설 turn left 좌회전하다라는 의미로 turn이 빈칸에
　　 적절하다.

06 정답 ②

해석 A : 앨리스는 무엇을 잘하니?

　　 B : _____

　　 ① 그녀는 저녁을 먹고 있다.

　　 ② 그녀는 그림을 잘 그린다.

　　 ③ 그녀는 음악을 좋아하지 않는다.

　　 ④ 그녀는 여동생이 있다.

어휘 • have dinner 저녁을 먹다

　　 • draw 그리다

　　 • music 음악

해설 be good at은 무엇을 잘하는지를 묻는 의미로 질
　　 문한 것으로 ②번 대답이 적절하다.

07 정답 ④

해석 A : 이 식물들은 건조해 보여. 물을 줘야겠어.

　　 B : 네 말이 맞아. 그 녀석들은 많은 물이 필요해.

어휘 • water 물, 물을 주다

　　 • need 필요하다

　　 • a lot of 많은

해설 dry 건조한, 마른의 의미로 건조한 식물에 물을
　　 주는 것이 적절하다.

08 정답 ③

해석 목요일 : ① 해변에 가기, 금요일 : ② 길거리 음식
　　 먹기, 토요일 : ③ 박물관 방문하기, 일요일 : ④ 보
　　 트 타기

해설 토요일에는 박물관을 방문한다.

09 정답 ①

해석 A : 그 소년은 무엇을 하는 중인가?

　　 B : 그는 ① 세차를 하는 중이다. ② 산책을 하는 중
　　　　 이다. ③ 책상을 옮기는 중이다. ④ 드럼을 연주
　　　　 하는 중이다.

해설 그림에서 소년은 세차를 하고 있다.

10 정답 ①

해석 A : 아빠, 학교까지 태워주실 수 있어요?

　　 B : 미안, 데이빗. 나 업무회의 가야 해.

　　 A : 괜찮아요. 버스 타고 갈게요.

어휘 • give a ride to ~로 태워주다

　　 • business meeting 업무회의

해설 A는 버스를 탈 예정이다.

11 정답 ②

해석 A : 산 또는 바다 중 어느 곳이 더 좋으니?

　　 B : 난 수영이 좋아서 ② 바다가 더 좋아. ① 나는 신
　　　　 선한 공기가 좋아. ③ 그는 하이킹을 좋아해.
　　　　 ④ 산은 아름다워.

어휘 • prefer 더 좋아하다

　　 • ocean 바다

　　 • hiking 등산, 하이킹

해설 수영을 좋아하는 것으로 바다가 더 좋다는 ②번이
　　 적절하다.

12 정답 ④

해석 A : 장래에 뭐가 되고 싶어?

　　 B : 작가가 되고 싶어. 너는?

　　 A : 글쎄, 난 사진 찍는 것에 관심이 있어. 그래서, 사
　　　　 진작가가 되고 싶어.

　　 B : 멋지다. 그것은 네게 완벽한 일이네.

어휘 • want to ~하고 싶다

　　 • in the future 미래에, 장래에

　　 • be interested in ~에 관심을 가지다

　　 • take pictures 사진을 찍다

　　 • perfect 완벽한

해설 작가나 사진작가와 같은 장래 희망에 관한 주제로 대화를 나누고 있다.

13 정답 ③

해석 학생 여러분, 주목해 주세요. 새로운 과학실이 오늘 문을 엽니다. 여러분들에게 지켜야 할 안전 규칙들을 알려드릴게요. 첫째, 반드시 보안경을 사용하세요. 둘째, 과학실에서 뛰어다니지 마세요. 안전하고 즐거운 시간을 가지세요.

어휘 • attention 주목, 주의 집중
• safety rule 안전 규칙(수칙)
• follow 따르다, 지키다
• make sure to 반드시 ~하다
• safety glasses 보안경
• safe 안전한

해설 새로운 과학실의 안전 규칙을 방송하고 있다.

14 정답 ③

해석 A: 너 지난주에 부산 갔었지, 그렇지?
B: 응, 삼촌 결혼식에 참석하러 갔었어.

어휘 • attend 참석하다
• wedding 결혼식

해설 삼촌 결혼식에 참석하려고 부산에 갔다.

15 정답 ④

해석 A: 나 어제 먹거리(음식) 축제에 갔었어.
B: 좋았겠다! 무엇을 먹어봤어?
A: ④ 아이스크림 샌드위치를 먹어봤어.
① 그것은 매우 편했어.
② 난 항상 친구들에게 요리를 해줘.
③ 그는 항상 걸어서 그곳에 가.

해설 무엇을 먹었는지 말하는 것이 가장 적절하다.

16 정답 ④

해석 A: 실례합니다. 이 매표기를 어떻게 사용하나요?
B: 첫째, (c) 가려고 하는 역을 선택하세요. 다음, (b) 승차권 매수를 누르세요. 그리고 나서, (a) 기계에 카드를 넣으세요.

해설 (c) – (b) – (a)의 순서대로 진행한다.

17 정답 ④

해석 연극 초대장
제목 : 나무 장난감
시간 : 6월 16일 오후 3시
장소 : 학교 체육관
오셔서 연극 재미있게 보세요.

어휘 • invitation 초대, 초대장
• play 연극
• wooden 나무로 만든
• gym 체육관

해설 주연 배우에 관한 내용은 없다.

18 정답 ②

해석 요즘, 우리 마을에 방문객이 많지 않다. 이것은 인터 넷상에 마을에 대한 충분한 정보가 없기 때문이다. 그 래서 우리는 마을 홈페이지를 만들 계획이다. 우리는 우리 마을을 소개하는 비디오도 제작할 예정이다.

어휘 • these days 요즘
• visitor 방문객
• this is because 이것은 ~ 때문이다
• information 정보
• be planning to ~할 계획이다
• create 만들다
• homepage 홈페이지
• video 비디오
• introduce 소개하다

해설 인터넷에 마을에 대한 충분한 정보가 없다고 했으 므로 ②번은 일치하지 않는다.

19 정답 ④

해석 당신은 코끼리가 발로 땅을 치는 것을 본 적이 있는 가? 그것은 다른 코끼리와 소통을 하기 위해서 이것 을 한다. 코끼리는 그들의 발 진동(흔들림)을 느낄 수 있고, 그래서 멀리서 메시지를 받을 수 있다.

어휘 • elephant 코끼리
• ground 땅
• foot - feet 발
• communicate with ~와 의사소통하다
• shake 흔들다, 흔들리다

- get a message 메시지를 받다
- far away 멀리서

해설 코끼리는 발 진동으로 다른 코끼리와 소통한다.

20 정답 ①

해석 십대들이 행복을 느낄 때

친구들과 대화할 때 : 65%, 게임할 때 : 15%, 먹을 때 : 10%, 부모님과 여행할 때 : 10%

십대의 절반 이상이 그들이 ① 친구들과 대화할 때 행복감을 느낀다.

해설 절반 이상인 65%의 십대들이 친구들과 대화할 때 행복감을 느낀다.

21 정답 ③

해석 오늘, 난 영화 *Move to Mars*(① 제목)를 봤다. 그 영화는 화성에 살려고 애쓰는 한 사람에 관한 것이다. 그 영화는 내가 가장 좋아하는 이세호 감독(④ 감독이름)이 만든 공상과학(② 영화 장르)영화다. 난 그 영화가 재미있는 영화라고 생각한다.

어휘 • Mars 화성
- try to ~하려고 노력하다
- science fiction 공상 과학, SF
- director 감독

해설 영화관 위치는 언급되지 않았다.

22 정답 ①

해석 나는 올해 2개의 목표가 있다. 첫째는 반 친구들과 잘 지내는 것이다. 난 그들이 좋은 친구들이면 좋겠다. 두 번째는 많은 책을 읽는 것이다. 난 가능한 자주 책을 읽을 것이다.

어휘 • goal 목표
- get along with ~와 잘 지내다
- classmate 반 친구
- as often as possible 가능한 자주

해설 read them = read books를 나타낸다.

23 정답 ④

해석 안녕, 난 스티브야. 그리고 난 네 프로젝트 "No Unhappy Dogs"에 함께 하고 싶어. 난 개를 사랑하고 개들을 위해 많은 것을 할 수 있으면 행복할 거야.

난 네 프로젝트에 큰 도움이 될 수 있을 거라 확신해.

어휘 • would like to ~하고 싶다
- join 가입하다, 함께 하다
- project 프로젝트

해설 불행한 개를 없애자는 프로젝트에 참가하고 싶다는 글이다.

24 정답 ②

해석 특별한 라면을 만들고 싶니? 여기 요리법이 있어. 첫째, 물을 끓이고 라면과 스프를 넣어. 당근과 김치를 좀 넣어. 그리고 우유와 치즈를 조금 넣어. 이제, 즐겁게 먹기를!

어휘 • special 특별한
- ramyeon 라면
- recipe 요리법, 조리법
- boil 끓이다
- sauce 소스, 스프
- carrot 당근
- gimchi 김치

해설 특별한 라면 요리법에 대한 설명이다.

25 정답 ③

해석 지구는 쓰레기 때문에 죽어가고 있다. 매일 당신이 버리는 비닐봉지와 종이 상자를 생각해봐라. 이것에 대해 우리는 무엇인가를 할 필요가 있다. 내가 당신에게 일상생활에서 쓰레기를 줄일 수 있는 방법에 대해 말해주겠다.

어휘 • die 죽다
- dying 죽어가는
- trash 쓰레기
- plastic bag 비닐봉지
- paper 종이
- throw away 버리다
- each day 매일
- reduce 줄이다
- daily life 일상생활

해설 쓰레기를 줄일 수 있는 방법에 대해 말해준다는 것이 마지막 부분에 나오므로 ③번이 이어질 내용으로 적절하다.

사회 2021년 제1회

01	②	02	②	03	①	04	④	05	③
06	③	07	②	08	④	09	②	10	①
11	④	12	②	13	④	14	①	15	③
16	②	17	④	18	④	19	③	20	①
21	②	22	①	23	④	24	③	25	②

01 정답 ②
자연재해는 기후적 요인의 홍수, 가뭄, 열대 저기압, 폭설, 한파 등이 있으며 지형적 요인의 화산 활동, 지진, 지진 해일 등이 있다. 제시된 내용은 폭설에 해당한다.

02 정답 ②
공정 무역은 개발 도상국에서 생산하는 제품에 정당한 가격을 지급하여 생산자가 경제적으로 자립할 수 있도록 해주는 무역 방식이며 주요 상품으로 커피, 차, 카카오, 바나나, 의류, 수공예품 등이 있다.

오답 피하기
① 지역을 대표하거나 다른 지역과 구별되는 지형, 건물, 조형물 등을 기준으로 방향과 거리를 표현하는 것을 랜드마크라고 한다.
③ 원격 탐사는 인공위성이나 항공기 등을 이용하여 접근하기 어려운 곳의 정보를 수집한다.

03 정답 ①
저출산은 육아 부담, 결혼 연령의 상승이 원인이며 출산 장려금 지급, 양육 시설 확충 등은 저출산의 해결 방안에 해당한다.

04 정답 ④
배타적 경제 수역은 영해를 설정한 기준선으로부터 200해리까지의 바다 중 영해를 제외한 바다이다. 연안국이 바다에 대한 경제적 권리를 주장할 수 있다.

오답 피하기
① 백두대간은 백두산에서 지리산까지 이어지는 한반도의 가장 크고 긴 산줄기이다.

② 개발 제한 구역은 도시의 무질서한 팽창을 방지하고, 녹지 공간을 확보하기 위해 설정한 공간으로 그린 벨트라고도 한다.
③ 6·25 전쟁 이후 휴전 협정에 의해 설정된 완충 지대로 군사적 충돌을 막기 위해 군대와 무기의 배치가 금지되어 있는 지역을 비무장 지대(DMZ)라고 한다.

05 정답 ③
인구 공동화는 비싼 땅값으로 도심의 상주인구 감소로 인해 낮에는 일자리가 많아 인구 밀도가 높지만 밤에는 인구 밀도가 낮아지는 현상을 말한다.

오답 피하기
① 주거 환경이 나빠지는 현상을 슬럼화라 한다.
② 주로 촌락에서 도시로 인구 이동이 이루어지는 현상을 이촌 향도 현상이라 한다.
④ 여성과 남성의 비가 불균형한 상태를 말한다.

06 정답 ③
한라산, 성산 일출봉, 만장굴 등의 용암지형을 관찰할 수 있는 지역은 제주도이다.

오답 피하기
① 독도는 우리나라 가장 동쪽에 위치한 화산섬이다.
② 울릉도는 화산섬이며 성인봉과 나리분지가 있다.
④ 마안도는 우리나라 가장 서쪽에 위치한 섬이다.

07 정답 ②
밀물과 썰물(조수 간만의 차) 때의 바닷물의 높이 차이를 이용하여 전기를 생산하는 것은 조력 발전에 대한 설명이다.

오답 피하기
③ 지열 발전은 마그마에 의해 데워진 지하수로부터 나오는 증기를 이용하여 전기를 생산하는 방식이다.

08 정답 ④
한대 기후는 극지방 부근에서 나타나며 가장 따뜻한 달의 평균 기온이 10℃ 미만이다. 한대 기후는 툰드라 기후와 빙설 기후로 구분되며 나무가 자라지 않는 무수목 기후이다. 가옥은 고상 가옥과 이글루가 나타나며, 어로, 수렵, 순록의 유목 생활을 한다.

09 정답 ②
사회 집단의 종류는 접촉방식에 따라 1, 2차 집단, 결합 의지에 따라 공동 사회, 이익 사회, 소속감에 따라 내집단, 외집단으로 구분한다. 1차 집단은 친밀한 인간관계가 나타나며 2차 집단은 수단적 접촉이 나타난다. 공동 사회는 자연적으로 집단이 형성되며 이익 사회는 의도적으로 형성된 집단이다. 내집단은 자신이 소속되어 있으며 소속감이 있는 집단이며 외집단은 적대적, 또는 경쟁적 관계의 집단이다.

10 정답 ①
문화 사대주의는 다른 문화를 우수한 것으로 보고 자신의 문화는 부정적으로 바라보는 태도이다.

오답 피하기
② 문화 상대주의는 다른 사회의 문화를 그 사회의 특수한 자연환경과 역사적 맥락 속에서 객관적으로 이해하는 태도이다.
③ 문화 제국주의는 자문화 중심주의가 심화되면 나타나는 태도로 자신의 문화를 다른 사회에 강제적으로 이식하려는 태도이다.
④ 자문화 중심주의는 자신의 문화를 우수한 것으로 보고 다른 문화를 열등하거나 미개하다고 여기는 태도이다.

11 정답 ④
헌법에 보장된 근로자의 권리로 노동 3권이 있다. 단결권은 노동조합을 만들고 활동할 수 있는 권리이고, 단체 교섭권은 사용자와 협상할 수 있는 권리이다. 단체 행동권은 단체 교섭이 원만하게 이루어지지 않을 경우 쟁의 행위를 할 수 있는 권리이다.
④ 재판 청구권은 기본권 중 하나인 청구권으로 재판을 받을 수 있는 권리이다.

12 정답 ②
국가 기관과 관련되거나 개인과 국가 사이의 공적인 생활 관계를 규율하는 법을 공법이라 한다. 공법에는 헌법, 형법, 행정법, 소송법이 있다.

오답 피하기
①·③ 사법에 해당한다.
④ 사회법에 해당한다.

13 정답 ④
감사원은 대통령에 소속된 행정부의 최고 감사 기관으로 공무원의 직무를 감찰하고 국가의 세입, 세출의 결산을 검사하는 업무를 담당한다.

14 정답 ①
제시된 내용의 금융 상품은 주식이다. 주식은 수익성은 높지만 안전성이 낮다.

오답 피하기
② 보험은 미래에 발생할지 모르는 위험을 대비하여 정기적으로 보험료를 납부하고 보장받는 금융 상품이다.
③ 적금은 일정기간 매월 일정액을 납부하여 기간 만료 후에 이자가 포함된 금액을 돌려받는 예금 제도이다.
④ 예금은 금융 기관에 자금을 맡기고 이자를 받는 금융 상품이다.

15 정답 ③
균형 가격과 균형 거래량은 수요 곡선과 공급 곡선이 만나는 점에서 형성된다. 균형 가격은 3,000원이며 균형 거래량은 3만 개이다.

16 정답 ②
역할 갈등은 한 개인에게 기대되는 두 가지 이상의 역할이 서로 충돌하는 것을 의미한다.

오답 피하기
① 재사회화란 사회의 변화에 적응하기 위해 새로운 지식, 생활 양식, 기술, 규범 등을 다시 배우는 과정이다.
③ 귀속 지위는 태어나면서 자연적으로 주어지는 지위이다.

17 정답 ④

고인돌은 청동기 시대의 유적지이다. 고인돌은 청동기 시대에 계급이 발생했다는 증거이다. 군장은 여러 부족을 지배하는 권력자이며 종교 의식을 주관한다.

오답 피하기

① 구석기 시대는 동굴이나 바위 그늘, 막집에 거주하였다.

② 농경과 목축의 시작은 신석기 시대이며 이를 신석기 혁명이라 한다.

③ 철제 농기구 사용은 철기 시대에 해당한다.

18 정답 ④

고구려의 소수림왕은 중국의 전진으로부터 불교를 수용하였으며, 태학 설립, 율령을 반포하였다.

오답 피하기

① 광종은 고려의 왕으로 과거제 및 노비안검법을 실시하였다.

② 세종은 조선시대 왕으로 집현전을 설치하여 훈민정음을 창제하였다.

③ 의자왕은 백제의 마지막 왕이다.

19 정답 ③

조선 광해군은 방납의 폐단을 극복하기 위해 대동법을 실시하였으며, 명이 쇠퇴하고 여진족이 강성해지고 있는 정세의 변화를 파악하여 중립 외교를 실시하였다.

오답 피하기

① 훈민정음 창제는 조선의 세종이다.

② 수원 화성 축조는 정조 시기에 정약용이 만든 거중기를 이용하여 완성하였다.

④ 고려의 광종이 노비안검법을 시행하였다.

20 정답 ①

붕당 간의 대립으로 서인의 일당 전제화, 왕권이 약화되자 영조는 붕당의 대립 완화를 위하여 탕평책을 실시하였다.

오답 피하기

② 진대법은 고구려 고국천왕 때에 처음 실시된 제도로 봄에 곡식을 빌려 주고 가을에 거두어들이는 제도이다.

③ 삼정의 문란 중 환곡을 개선하기 위해 흥선 대원군이 사창제를 실시하였다.

④ 신라의 원성왕이 관리를 선발하기 위해 독서삼품과를 실시하였다.

21 정답 ②

제시된 내용은 고려 시대의 거란 1~3차 침입이다. 1차 침입은 거란의 소손녕 침략에 맞서 서희의 외교담판을 통해 강동 6주를 획득한 사건이다.

오답 피하기

① 신라 지증왕이 이사부로 하여금 우산국을 정복하게 하였다.

③ 조선 세종 때 최윤덕과 김종서는 여진족을 몰아내고 4군 6진을 개척하였다.

④ 조선 세종 때 박위가 쓰시마 섬을 토벌하였다.

22 정답 ①

통일 신라의 원효는 일심 사상 및 화쟁 사상으로 종파 간의 사상적 대립 해소 노력, 불교 대중화에 공헌하였다.

오답 피하기

② 김홍도는 조선 시대에 밭갈이, 추수, 씨름, 대장간 등 풍속화를 그렸다.

③ 이성계는 위화도 회군을 통해 군사력을 장악한 뒤 조선을 건국하였다.

④ 정약용은 『목민심서』와 『흠흠신서』, 『경세유표』 등을 저술하였다.

23 정답 ③

안창호, 이승훈, 양기탁 등이 1907년에 조직한 비밀 결사인 신민회는 자주 독립의 공화제 국가를 수립하는 데 목적을 두었다. 신민회는 대성 학교와 오산 학교를 세워 민족 교육과 신교육을 실시하며 민중을 계몽하였다.

① 삼별초는 고려 시대 최우가 만든 특수 부대로 몽골에 끝까지 항쟁하였다.

② 화랑도는 신라의 청소년 양성단체이다.

④ 고려 시대 윤관의 건의로 여진을 정벌하기 위해 편성되었다.

24 정답 ③

6월 민주 항쟁은 시민들이 군부 독재와 비리를 규탄하며 헌법 개정과 민주화를 요구하는 시민들의 열망이 전국적으로 확산 되어 대통령 직선제의 헌법 개정을 이끌어 냈다.

① 1919년 3 · 1 운동은 일제 강점기 최대 규모의 민족 운동이다.

② 6 · 25 전쟁은 1950년 북한의 남침으로 시작되었다.

④ 동학 농민 운동은 1894년 고부 농민 봉기로 시작되었다.

25 정답 ②

물산 장려 운동은 평양에서 조만식을 중심으로 시작하여 전국적 규모로 확산되었다. '내 살림 내 것으로', '조선 사람 조선 것' 등의 구호를 제창하면서 일본 상품 배격, 국산품 애용 강조, 근검 · 절약 · 금주 · 단연 운동을 전개하였다.

① 방납의 폐단을 시정하기 위해 광해군이 대동법을 시행하였다.

③ 조선어 학회는 한글 맞춤법 통일안과 표준어를 제정하는 활동을 하였다.

④ 고종이 구본신참을 바탕으로 광무개혁을 실시하였으며 토지 개혁으로 지계를 발급하였다.

과학 2021년 제1회

01	①	02	④	03	①	04	③	05	②
06	③	07	④	08	①	09	③	10	②
11	③	12	①	13	②	14	④	15	①
16	②	17	③	18	①	19	②	20	②
21	③	22	④	23	②	24	④	25	④

01 정답 ①

변형된 물체가 원래 모양으로 되돌아가려는 힘으로 접촉해야 작용한다. 탄성력의 방향은 물체가 변형된 방향과 반대 방향이다.

02 정답 ④

파동이 전파될 때 매질이 1초 동안 진동하는 횟수를 진동수라고 한다. 진동수의 단위는 헤르츠(Hz)이다.

① 골 : 파동에서 가장 아래로 내려간 지점이다.

② 마루 : 파동에서 가장 높이 솟아오른 지점이다.

③ 반사 : 빛이나 전파 따위가 어떤 물체의 표면에 부딪쳐 되돌아가는 현상이다.

03 정답 ①

옴의 법칙 → 도선에 흐르는 전류의 세기(I)는 전압(V)에 비례하고 저항(R)에 반비례한다.

옴의 법칙[V=IR]에 대입하면, $3V=(1A) \times 3\Omega$이다.

04 정답 ③

열평형은 온도가 다른 두 물체를 접촉시켰을 때 온도가 높은 물체에서 온도가 낮은 물체로 열이 이동하여 두 물체의 온도가 같아진 상태이다.

05 정답 ②

물체를 수직으로 들어 올려놓을 때에는 물체에 지구 중심 방향으로 중력이 작용한다. 이때 물체를 수직으로 들어 올리면서 한 일은 중력에 대해 한 일이다.

중력에 대해 한 일을 계산하면, 일=힘×이동 거리=물체의 무게×들어 올린 높이=10N×1m=10J이다.

06 정답 ③

공을 가만히 떨어뜨리면 공의 위치가 낮아지면서 속력이 빨라진다. 즉, 물체가 떨어지면서 위치 에너지는 감소하고, 운동 에너지는 증가한다. 떨어지는 공의 위치 에너지가 운동 에너지로 전환되기 때문이다.
따라서, 가장 낮은 위치에서 운동 에너지가 최대이므로 물체의 속력이 가장 빠르다.

07 정답 ④

확산 속도는 농도 차가 크고, 분자의 크기가 작을수록 빠르다. 또한 온도가 높을수록 분자의 운동 에너지가 커져 확산 속도가 빨라진다.

08 정답 ①

몸에 묻은 물이 기화하면 기화열에너지가 흡수되면서 온도가 낮아져 추위를 느낀다. 열에너지가 흡수되는 과정의 상태 변화에는 융해(고체 → 액체), 기화(액체 → 기체), 승화(고체 → 기체)가 있다.

오답 피하기

열에너지가 방출되는 과정의 상태 변화는 응고(액체 → 고체), 액화(기체 → 액체), 승화(기체 → 고체)이다.

09 정답 ③

그림에서 리튬의 원자핵은 +3이고, 전자는 (−)전하를 띠며 3이다. 리튬 원자는 중성 상태이므로 (+)전하량과 (−)전하량이 같다.

10 정답 ②

칼슘의 원소 기호는 Ca이다.

오답 피하기

① 황의 원소 기호는 S이다.
③ 나트륨의 원소 기호는 Na이다.
④ 플루오린의 원소 기호는 F이다.

11 정답 ③

액체 물질의 가열 곡선에서 상태 변화할 때 온도가 일정하므로 구간 C는 끓는점이다.

12 정답 ①

메테인이 산소와 반응하여 이산화 탄소와 물을 생성하므로 ㉠에 들어갈 반응물은 산소이다.

| 참고 | 화학 반응식

화학 반응이 일어나기 전의 물질을 반응 물질이라고 하고, 반응이 일어난 후의 물질을 생성 물질이라고 한다. 화살표를 기준으로 반응 물질을 화살표의 왼쪽에, 생성 물질을 화살표의 오른쪽에 쓴다. 화학 반응이 일어나는 동안 원자는 새로 생기거나 없어지지 않으므로 반응 물질과 생성 물질의 원자의 종류와 개수가 일치하도록 계수를 붙인다.

13 정답 ②

식물은 빛에너지를 이용하여 필요한 영양분을 스스로 합성하는데 이 과정을 광합성이라고 한다. 광합성에 필요한 것은 물, 이산화 탄소, 빛에너지이며 생성되는 물질은 포도당, 산소이다.

14 정답 ④

식물의 뿌리에서 흡수된 물은 줄기를 거쳐 잎까지 운반되어 광합성을 비롯한 생명 활동에 쓰이고, 남은 물은 식물의 잎을 통해 수증기의 상태로 증발하는 현상을 증산 작용이라고 한다. 증산 작용은 기공을 통해 이루어지므로 주로 잎 뒷면에서 많이 일어난다.

오답 피하기

① 생식 : 생물이 종족 유지를 위해 자손을 만드는 과정이다.
② 유전 : 부모가 지닌 특성이 자식에게 전해지는 현상이다.
③ 변이 : 같은 종에서 나타나는 다양한 형질의 차이이다.

15 정답 ①

침 속에 있는 소화 효소인 아밀레이스가 녹말(탄수화물)을 엿당으로 분해한다.

> **오답 피하기**
> ② **지방** : 지방은 지방 조직으로 저장되는 외에 탄수화물과 마찬가지로 1g에 대해 약 9kcal의 열량을 낸다.
> ③ **단백질** : 탄소(C), 수소(H), 산소(O), 질소(N)로 구성되며 에너지원(4kcal/g)으로 사용되고, 근육이나 세포 등 몸의 구성 성분이다.
> ④ **쓸개즙** : 간에서 만들어지는 소화를 돕는 액체이다.

16 정답 ②

B는 근육이 없어 스스로 운동하지 못하는 폐를 의미한다. 폐는 가로막과 갈비뼈의 상하 운동에 의해 호흡 운동을 한다. 고무 막은 가로막을 의미하며 고무 막을 당기면 가로막이 내려가는 들숨상태가 되어 고무 풍선인 B(폐)가 커진다.

> **오답 피하기**
> A는 목구멍에서 폐로 이어지는 관인 기관을 의미한다. 고무 막을 당기면 들숨 상태이므로 A(기관)를 통해 공기가 들어온다.

17 정답 ③

맛세포는 혀의 표면 돌기인 유두 양옆의 맛봉오리(미뢰)에 분포하며 맛을 느끼게 하는 감각 세포이다.

18 정답 ①

적혈구는 가운데가 오목한 원반형으로 핵이 없다. 적혈구는 혈액을 통해 산소를 운반·공급한다.

> **오답 피하기**
> ② **백혈구** : 핵이 있고 식균 작용을 한다.
> ③ **혈소판** : 출혈이 있을 때 혈액 응고 작용을 한다.
> ④ **혈장** : 혈장 성분은 대부분이 물로 영양분, 노폐물 등을 운반한다.

19 정답 ②

두 대립 형질 중 잡종 1대에서 겉으로 나타나는 형질을 우성 형질이라 하고, 잡종 1대에서 겉으로 나타나지 않는 형질을 열성 형질이라고 한다.
우성 순종과 열성 순종을 교배하면 잡종 1대에서 우성 잡종(Yy)이 나온다.

> **| 참고 | 유전자형**
> 어떤 개체의 유전자 구성을 기호로 나타낸 것이다. 우성인 형질을 나타내는 대립 유전자는 알파벳 대문자로 표기하고, 열성인 형질을 나타내는 대립 유전자는 소문자로 표기한다.

20 정답 ②

퇴적물이 다져지고 굳어져서 형성된 것은 퇴적암(B)이다.

> **오답 피하기**
> ① 퇴적암이 열과 압력을 받아 형성된 것은 변성암(A)이다.
> ③ 마그마(D)가 식으면 화성암(C)이 된다.
> ④ 암석이 녹으면 마그마(D)가 된다. 땅 속에서 뜨거운 열을 받고 녹아 액체 상태로 변한 암석 물질을 통틀어 마그마라고 한다.

21 정답 ③

화산 활동은 지하 깊은 곳에서 생성된 마그마가 지각의 약한 틈을 뚫고 지표로 분출되어 나오는 현상이다.

> **오답 피하기**
> ① **빙하** : 눈이 녹지 않고 굳어 생긴 두꺼운 얼음 덩어리가 아래로 움직이는 것이다.
> ② **성단** : 뭉쳐 있는 별들의 무리이다.
> ④ **석회 동굴** : 석회암이 지하수의 작용을 받아 만들어진 동굴이다.

22 정답 ④

포화 수증기량은 포화 상태의 공기 1kg 속에 포함된 수증기의 양(g)이다. 온도가 높으면 포화 수증기량도 많다.

23 정답 ②

B(수온 약층)는 혼합층 아래에 존재하며 수온이 급격히 낮아지는 층이다.

오답 피하기

① A(혼합층)는 바람에 의한 혼합 작용으로 온도가 일정 하다. 혼합층은 바람이 강할수록 두껍게 발달한다.
③·④ C와 D는 심해층으로 수온 약층 아래에 존재하 며 수온이 낮고 온도 변화가 거의 없다.

24 정답 ④

목성형 행성에는 목성, 토성, 천왕성, 해왕성이 있다. 이들은 크기와 질량이 크지만, 밀도가 상대적으로 작고 암석으로 된 표면이 없는 행성들이다. 또한, 목성형 행 성들은 지구형 행성과 달리 고리가 있다.

오답 피하기

지구형 행성은 태양과 가까운 수성, 금성, 지구, 화성 이다.

25 정답 ④

하늘을 가로질러 별들이 은가루를 뿌려 놓은 것처럼 희 미한 띠가 걸쳐 있는 모습이 은하수이다. 우리 은하를 측면에서 본 불규칙하고 희미한 띠를 우리나라에서는 은하수라고 한다.

오답 피하기

② 흑점 : 주위보다 온도가 낮아 검게 보이며 지구에서 볼 때, '동 → 서'로 이동한다.
③ 오존층 : 성층권 내에 오존이 집중적으로 분포한 층 으로 태양의 자외선을 차단하여 지상의 생명체를 보 호한다.

도덕 2021년 제1회

01	①	02	④	03	①	04	②	05	②
06	③	07	④	08	②	09	②	10	②
11	③	12	③	13	③	14	①	15	②
16	①	17	③	18	④	19	①	20	①
21	②	22	④	23	③	24	④	25	④

01 정답 ①

제시문은 성선설을 주장한 맹자의 사단 중 측은지심을 설명하고 있다. ② 성악설(순자), ③, ④ 성무선악설(고 자)에 대한 설명이다.

02 정답 ④

비판적 사고란, 어떤 주장이나 판단을 그대로 받아들이 지 않고 그 근거와 사고 과정의 타당성을 합리적으로 검토하는 것으로 도덕적 추론의 과정에서 반드시 필요 한 태도이다.

03 정답 ①

가치의 유형에는 물질적 가치, 정신적 가치, 도구적 가 치, 본래적 가치, 보편적 가치 등이 있는데 제시된 정신 적 가치는 인간의 정신 활동을 통해 얻을 수 있는 가치 로 지혜로움, 선함, 아름다움, 거룩함 등이 있다. ①은 물질적 가치 또는 도구적 가치라고 볼 수 있다.

04 정답 ②

자아 정체성은 자신의 목표, 역할, 가치관 등에 대해 명 확히 인식한 상태로 주로 청소년기에 형성된다.

• **도덕적 민감성** : 어떤 상황을 도덕적 문제로 민감하게 느끼고 도덕적으로 반응할 수 있는 마음
• **도덕적 상상력** : 도덕적 문제 상황에서 상대방의 처지 를 헤아리며, 도움이 되는 여러 행동을 상상하여 그 결 과를 예측해 볼 수 있는 능력

05 정답 ②

갈등을 평화적으로 해결하는 방법

- 협상 : 갈등 당사자들이 직접 대화하여 합의에 이르는 것이다.
- 조정 : 제삼자가 갈등 당사자들끼리 합의하도록 도와주는 것이다.
- 중재 : 제삼자가 갈등 당사자들 각자의 견해를 듣고 중립적 해결책을 제시하는 것이다.

06 정답 ③

올바른 인격을 형성하고 도덕적으로 살아가기 위한 공부를 도덕 공부라고 하는데 도덕 공부의 목적은 사람으로서의 올바른 도리와 가치의 습득 및 바른 인격의 형성 그리고 본래적 가치에 근거한 올바른 삶의 목적 설정 및 추구에 있다.

07 정답 ④

아리스토텔레스는 "행복이야말로 우리 삶에서 다른 모든 것이 추구하는 궁극적인 목적"이라고 말하며 도덕적 행동을 습관화하여 도덕적인 삶을 통해 행복을 이루어야 한다고 보았다.

08 정답 ②

세대 간 대화와 소통을 통해 갈등을 해결하면 서로를 좀더 이해하는 계기가 될 수 있다. 즉, 서로의 이야기에 귀를 기울여, 서로 더 깊이 이해하고 배려와 사랑의 마음을 키울 수 있다.

09 정답 ②

사회적 약자는 어떠한 이유로 다른 사회 구성원보다 열악한 상황에 처해있거나 고통을 받으며 살아가는 사람들로 편견과 차별, 경제적 어려움의 고통을 겪고 있다. 따라서 개인적으로 사회적 약자를 배려하는 마음을 함양하고 사회적으로 사회적 약자를 보호하기 위한 법률 제정 및 제도 정비를 해야 한다.

10 정답 ②

바람직한 다문화 공동체를 실현하기 위해서는 서로의 문화를 존중하면서, 구성원 모두의 공동체 의식을 드높일 수 있는 바람직한 자세를 가져야 한다.

11 정답 ③

인권의 특성

- 불가침성 : 어떤 경우에서라도 침해할 수 없는 권리
- 절대성 : 시대와 장소를 가리지 않고 모든 인간이 인간답게 살아가기 위해 보장받아야 하는 절대적 권리
- 보편성 : 어떤 이유와 관계없이 누구나 동등하게 누려야 하는 권리
- 천부성 : 인간이라면 누구나 태어날 때부터 지니는 하늘로부터 부여받은 인간의 권리

12 정답 ③

진정한 사랑을 실천하는 방법에는 상대방에 대한 존중과 배려를 바탕으로 예절을 지켜야 한다.

13 정답 ③

과학 기술을 인간 존엄성을 구현하고 삶의 질을 향상하는 데 이바지하는 방향으로 활용해야 한다.

14 정답 ①

세계화 시대에 다른 문화를 주체적이고 비판적으로 수용하며 보편 규범에 근거해 타문화를 성찰해야 한다.

15 정답 ②

정의로운 국가는 모든 구성원이 행복하게 살아갈 수 있도록 노력하는 국가로 인간의 존엄성을 보장하고 공정한 사회 제도의 확립과 운영, 보편적 가치를 지향해야 한다.

16 정답 ①

제시문은 정보화 시대에 가상공간에서 나타나는 폭력 행위로 사이버 불링 혹은 사이버 폭력이라 한다.

17 정답 ③
제시문은 성품과 행실이 깨끗하고 맑으며, 재물을 탐하는 마음이 없는 청렴의 자세로 부패를 예방하는 방법이다.

18 정답 ④
회복 탄력성은 크고 작은 다양한 역경과 시련 그리고 실패에 대한 인식을 도약의 발판으로 삼아 더 높이 뛰어오르는 마음의 근력을 의미한다고 할 수 있다.

19 정답 ①
생태 중심주의는 자연의 본래적 가치를 중시하여 무분별한 개발과 환경 파괴의 문제를 해결할 수 있으나 지나치면 경제 발전과 환경 개발을 멈추어야 한다고 주장할 수 있다.

20 정답 ①
제시문은 평화 감수성을 기르기 위해 폭력에 대한 민감성과 공감 능력을 바탕으로 폭력에 적극적으로 대처할 수 있는 능력을 함양하여 평화를 이루려는 노력을 의미한다.

21 정답 ②
바람직한 시민은 자신이 맡은 일에 최선을 다하려는 책임 의식과 구성원들이 서로 연결되어 있다고 믿는 연대 의식, 그리고 국가 공동체를 사랑하는 애국심을 갖추어야 한다.

22 정답 ④
평화는 고통이나 욕심, 분노, 질투 등의 감정이 잘 다스려져 평온하고 고요한 마음의 상태를 말한다.

23 정답 ③
북한 이탈 주민은 부정적 선입견과 차별과 같은 심리적, 문화적, 경제적 어려움을 겪고 있기 때문에 그들을 존중하고 배려하는 태도를 가져야 한다.

24 정답 ④
바람직한 통일을 이루기 위한 개인적 차원의 노력
• 통일에 관심 가지기
• 관용적이고 개방적인 자세 갖추기
• 올바른 국가 안보 의식 갖추기
• 평화를 사랑하는 마음을 바탕으로 세계 평화에 기여하려는 자세 지니기

25 정답 ④
삶을 의미 있게 살아가기 위해서는 보람과 만족을 추구하고 현재의 삶에 충실하며, 높은 이상을 추구하는 태도가 필요하다.

중학교 졸업학력 검정고시 답안지

성명 (한글)	

(1)	수험번호

(2)

⑨	⑨	⑨	⑨	⑨	⑨
⑧	⑧	⑧	⑧	⑧	⑧
⑦	⑦	⑦	⑦	⑦	⑦
⑥	⑥	⑥	⑥	⑥	⑥
⑤	⑤	⑤	⑤	⑤	⑤
④	④	④	④	④	④
③	③	③	③	③	③
②	②	②	②	②	②
①	①	①	①	①	①
⓪	⓪	⓪	⓪	⓪	⓪

교시	과목명	표기란
1		○
2		○
3		○
4		○
5		○
6		○
7		○

문항	답란	문항	답란	문항	답란
1	① ② ③ ④	11	① ② ③ ④	21	① ② ③ ④
2	① ② ③ ④	12	① ② ③ ④	22	① ② ③ ④
3	① ② ③ ④	13	① ② ③ ④	23	① ② ③ ④
4	① ② ③ ④	14	① ② ③ ④	24	① ② ③ ④
5	① ② ③ ④	15	① ② ③ ④	25	① ② ③ ④
6	① ② ③ ④	16	① ② ③ ④		
7	① ② ③ ④	17	① ② ③ ④		
8	① ② ③ ④	18	① ② ③ ④		
9	① ② ③ ④	19	① ② ③ ④		
10	① ② ③ ④	20	① ② ③ ④		

답안지
작성요령

1. 답안지 작성은 반드시 컴퓨터용 수성사인펜을 사용하여 다음 보기와 같이 표기합니다.
   〈보기〉 정상 답안 표기: ● 무효 처리 답안 표기: Ⓥ ⊗ ⊙ ◖ ⊘
2. 성명은 한글로 기재합니다.
3. 수험번호 (1)란은 아라비아 숫자를 쓰고, (2)란은 해당번호에 ● 표기 합니다.
4. 과목명 란은 해당교시 과목명을 한글로 기재하고 ● 표기 합니다.
5. 답안지에 낙서를 하거나 긋거나 구기면 안 됩니다.
6. 수정액(수정스티커)을 사용하거나 2개 이상 표기한 문항은 무효 처리 됩니다.

중학교 졸업학력 검정고시 답안지

성 명 (한 글)		

교시	과 목 명	표기란
1		○
2		○
3		○
4		○
5		○
6		○
7		○

문항	답 란				문항	답 란				문항	답 란			
1	①	②	③	④	11	①	②	③	④	21	①	②	③	④
2	①	②	③	④	12	①	②	③	④	22	①	②	③	④
3	①	②	③	④	13	①	②	③	④	23	①	②	③	④
4	①	②	③	④	14	①	②	③	④	24	①	②	③	④
5	①	②	③	④	15	①	②	③	④	25	①	②	③	④
6	①	②	③	④	16	①	②	③	④					
7	①	②	③	④	17	①	②	③	④					
8	①	②	③	④	18	①	②	③	④					
9	①	②	③	④	19	①	②	③	④					
10	①	②	③	④	20	①	②	③	④					

수 험 번 호						
(1)						
(2)	⓪	⓪	⓪	⓪	⓪	⓪
	①	①	①	①	①	①
	②	②	②	②	②	②
	③	③	③	③	③	③
	④	④	④	④	④	④
	⑤	⑤	⑤	⑤	⑤	⑤
	⑥	⑥	⑥	⑥	⑥	⑥
	⑦	⑦	⑦	⑦	⑦	⑦
	⑧	⑧	⑧	⑧	⑧	⑧
	⑨	⑨	⑨	⑨	⑨	⑨

답안지 작성 요령

1. 답안지 작성은 반드시 컴퓨터용 수성사인펜을 사용하여 다음 보기와 같이 표기합니다.

   〈보기〉 정상 답안 표기: ●   무효 처리 답안 표기: ⊘ ⊗ ⊙ ◑ ⊘

2. 성명은 한글로 기재합니다.
3. 수험번호 (1)란은 아래바의 숫자를 쓰고, (2)란은 해당번호에 ● 표기 합니다.
4. 과목명 란은 해당교시 과목명을 한글로 기재하고 ● 표기 합니다.
5. 답안지에 낙서를 하거나 긁거나 구기면 안 됩니다.
6. 수정액(수정스티커)을 사용하거나 2개 이상 표기한 문항은 무효 처리 됩니다.

※ 성명, 수험번호, 과목명 확인 후 감독관 날인.

감독관 확인란	

※ 응시자는 표기하지 마시오.

결시자 표기란	
	○

중학교 졸업학력 검정고시 답안지

중학교 졸업학력 검정고시 답안지

문항	답 란	문항	답 란	문항	답 란
1	① ② ③ ④	11	① ② ③ ④	21	① ② ③ ④
2	① ② ③ ④	12	① ② ③ ④	22	① ② ③ ④
3	① ② ③ ④	13	① ② ③ ④	23	① ② ③ ④
4	① ② ③ ④	14	① ② ③ ④	24	① ② ③ ④
5	① ② ③ ④	15	① ② ③ ④	25	① ② ③ ④
6	① ② ③ ④	16	① ② ③ ④		
7	① ② ③ ④	17	① ② ③ ④		
8	① ② ③ ④	18	① ② ③ ④		
9	① ② ③ ④	19	① ② ③ ④		
10	① ② ③ ④	20	① ② ③ ④		

답안지 작성 요령

1. 답안지 작성은 반드시 컴퓨터용 수성사인펜을 사용하여 다음 보기와 같이 표기합니다.

   〈보기〉 정상 답안 표기: ●　무효 처리 답안 표기: ⊘ ⊗ ⊙ ◐ ∅

2. 성명은 한글로 기재합니다.
3. 수험번호 (1)란은 아라비아 숫자를 쓰고, (2)란은 해당번호에 ● 표기 합니다.
4. 과목명 란은 해당교시 과목명을 한글로 기재하고 ● 표기 합니다.
5. 답안지에 낙서를 하거나 긋거나 구기면 안 됩니다.
6. 수정액(수정스티커)을 사용하거나 2개 이상 표기한 문항은 무효 처리 됩니다.

교시	과 목 명	표기란
1		○
2		○
3		○
4		○
5		○
6		○
7		○

성 명 (한 글)

(1) 수험번호

(2)
| ⓪ ① ② ③ ④ ⑤ ⑥ ⑦ ⑧ ⑨ | ⓪ ① ② ③ ④ ⑤ ⑥ ⑦ ⑧ ⑨ | ⓪ ① ② ③ ④ ⑤ ⑥ ⑦ ⑧ ⑨ | ⓪ ① ② ③ ④ ⑤ ⑥ ⑦ ⑧ ⑨ | ⓪ ① ② ③ ④ ⑤ ⑥ ⑦ ⑧ ⑨ | ⓪ ① ② ③ ④ ⑤ ⑥ ⑦ ⑧ ⑨ |

※ 성명, 수험번호, 과목명 확인 후 감독관 날인.

감독관 확인란	

※ 응시자는 표기하지 마시오.

결시자 표기란
○